Deutschsprachige Zivilrechtslehrer des 20. Jahrhunderts in Berichten ihrer Schüler

Band 1

Deutschsprachige Zivilrechtslehrer des 20. Jahrhunderts in Berichten ihrer Schüler

Eine Ideengeschichte in Einzeldarstellungen

Band 1

herausgegeben von

Stefan Grundmann Karl Riesenhuber

De Gruyter Recht · Berlin

Der zweibändigen Edition liegt die Ringvorlesung „Deutschsprachige Zivilrechtslehrer des 20. Jahrhunderts in Berichten ihrer Schüler“ zugrunde, die die Herausgeber an der Humboldt-Universität zu Berlin, der Europa-Universität Viadrina, Frankfurt (Oder), und der Ruhr-Universität Bochum durchführen. Die Veranstaltung wird gefördert von der Fritz Thyssen Stiftung.

Fritz Thyssen Stiftung
FÜR WISSENSCHAFTSFÖRDERUNG

Gedruckt auf säurefreiem Papier, das die US-ANSI-Norm über Haltbarkeit erfüllt.

ISBN 978-3-89949-456-3

Bibliografische Information der Deutschen Nationalbibliothek

Die Deutsche Nationalbibliothek verzeichnet diese Publikation in der Deutschen Nationalbibliografie; detaillierte bibliografische Daten sind im Internet über <http://dnb.d-nb.de> abrufbar.

Printed in Germany
Einbandgestaltung: Martin Zech, Bremen
Datenkonvertierung/Satz: WERKSATZ Schmidt & Schulz GmbH, Gräfenhainichen
Druck und Bindung: Hubert & Co., Göttingen

Vorwort

Das heutige Privatrecht ist nicht zuletzt durch das Werk der Zivilrechtslehrer des 20. Jahrhunderts geprägt. Was ihre Persönlichkeit und ihr Schaffen beeinflusst hat, worin das Besondere ihres Wirkens lag, wie ihr Werk im Zusammenhang seiner Entstehungsgeschichte einzuordnen ist, das ist für nachfolgende Generationen oft schwer nachzuvollziehen, und zwar gerade dann, wenn sich eine Lehre weithin durchgesetzt hat. Schüler sind mit Person und Werk des Lehrers regelmäßig am besten vertraut. In dem vorliegenden Band, hervorgegangen aus der gleichnamigen Ringvorlesung, werden daher Zivilrechtslehrer des 20. Jahrhunderts in Berichten ihrer Schüler dargestellt. Die Ringvorlesung, begonnen im Wintersemester 2005, dauert noch bis ins Wintersemester 2009/2010 an; ein zweiter Band wird folgen.

Es ist uns ein Herzensanliegen, für die vielfältige Unterstützung zu danken, die wir bei dem Vorhaben erfahren haben. Unser Dank geht zuerst noch einmal an die Autoren, die uns Leben und Werk ihrer Lehrer in reichhaltigen Beiträgen dargestellt und in oft sehr persönlich gehaltenen Referaten vorgetragen haben. Zum Gelingen der Veranstaltungen haben vielfältig auch die – oft regelmäßigen – Hörer der Ringvorlesung in den anschließenden Diskussionen beigetragen. Der *Fritz Thyssen-Stiftung* danken wir für die großzügige Förderung des Vorhabens. Nicht zuletzt haben unsere Mitarbeiter in Berlin sowie in Frankfurt (Oder) und Bochum uns gedankenreich unterstützt: Herr wiss. Mit. *Ronny Domröse* (Europa-Universität Frankfurt [Oder]) durch Anregungen und Recherchen bei der Ausarbeitung, Frau stud. iur. *Bilge Buz*, Herr Dipl.Kfm. RA Dr. *Florian Möslein* und Herr stud. iur. *Volker Wackwitz* (HU Berlin) sowie Frau Referendarin *Katharina Ziegler*, Herr Referendar *Frank Rosenkranz* und Herr Referendar *Martin Bredol* (Europa-Universität Viadrina, Frankfurt [Oder]) und Herr stud. iur. *Hans Schimmeck* (Ruhr-Universität Bochum) bei der Vorbereitung der Einzelveranstaltungen sowie unsere Sekretärinnen Frau *Angela Huhn* und Frau *Gabriele Bahl* bei der Organisation. Besonderer Dank gebührt den Bochumer Mitarbeitern von *Karl Riesenhuber* für die sorgfältige und gedankenreiche redaktionelle Betreuung des Manuskripts: Frau stud. iur. *Ulrike Koch*, Frau cand. iur. *Sarah Rohde* und vor allem Herrn Referendar *Alexander Jüchser.*

Berlin und Berkeley, im Wintersemester 2007

Stefan Grundmann
Karl Riesenhuber

Inhaltsübersicht

Autorenverzeichnis

Klaus Adomeit, Dr. iur., Professor i.R. an der Freien Universität Berlin

Kurt H. Biedenkopf, Dr. iur., Dr. iur. h.c. mult., o. Professor und Ehrenpräsident der Dresden International University, Mitglied des Landtags und sächs. Ministerpräsident a.D., LL.M. (Georgetown, Washington)

Erwin Deutsch, Dr. iur., Dr. h.c. mult., o. Professor an der Universität Göttingen

Ulrich Drobnig, Dr. iur, Dr. iur. h.c. mult., em. Direktor am Max-Planck-Institut für ausländisches und internationales Privatrecht, em. Professor an der Universität Hamburg, M.C.J. (NYU)

Wolfgang Fikentscher, Dr. iur., Dr. iur h.c., em. o. Professor an der Ludwigs-Maximillian Universität München, LL.M. (Michigan)

Holger Fleischer, Dr. iur., Dipl.-Kfm., o. Professor an der Universität Bonn, LL.M. (Michigan)

Bernhard Grossfeld, Dr. iur., em. o. Professor an der Westfälischen Wilhelms Universität Münster, LL.M. (Yale)

Stefan Grundmann, Dr. iur., Dr. phil., o. Professor an der Humboldt Universität zu Berlin, LL.M. (Berkeley)

Gerhard Kegel, Dr. iur., Dr. iur. h.c., Prof. h.c. an der juristischen Fakultät des Colegio Mayor de Nuestra Señora del Rosario, Bogotà, Kolumbien, weiland o. Professor an der Universität Köln

Johannes Köndgen, Dr. iur., o. Professor an der Universität Bonn

Friedrich Kübler, Dr. iur., o. Professor an der University of Pennsylvania in Philadelphia, em. o. Professor an der Johann Wolfgang Goethe-Universität Frankfurt am Main, MA (hon.)

Klaus Luig, Dr. iur., Dr. iur. h.c., em. o. Professor an der Universität zu Köln

Ernst-Joachim Mestmäcker , Dr. iur., Dr. iur. h.c., Dr. rer. pol. h.c., em. Direktor am Max-Planck-Institut für ausländisches und internationales Privatrecht, em. o. Professor an der Universität Hamburg

Karl Riesenhuber, Dr. iur., o. Professor an der Ruhr-Universität Bochum, M.C.J. (Austin)

Fritz Rittner, Dr. iur., Dr. h.c., em. o. Professor an der Universität Freiburg

Wilfried Schlüter, Dr. iur., Dr. h.c., em. o. Professor der Westfälischen Wilhelms-Universität Münster

Hans Schulte, Dr. iur., em. o. Professor an der Universität Karlsruhe, RA

Karl Heinz Schwab, Dr. iur., Dr. h.c., em. o. Professor an der Friedrich-Alexander-Universität Erlangen

Rolf Stürner, Dr. iur., o. Professor an der Universität Freiburg, Richter am OLG

Peter Ulmer, Dr. iur., Dr. iur. h.c. mult., M.C.L. (Michigan), em. o. Professor an der Universität Heidelberg, RA

Harm Peter Westermann, Dr. iur., em. o. Professor an der Universität Tübingen

Joseph Georg Wolf, Dr. iur., em. o. Professor an der Universität Freiburg

Wolfgang Zöllner, Dr. iur., Dr. iur. h.c., em. o. Professor an der Eberhard-Karls-Universität Tübingen

Abkürzungsverzeichnis

a.A.	anderer Ansicht
aaO.	am angegebenen Ort
ABGB	Allgemeines Bürgerliche Gesetzbuch (Österreich)
abl.	ablehnend
ABl.	Amtsblatt
Abt.	Abteilung
AcP	Archiv für die civilistische Praxis (Jahrgang [Jahr], Seite)
a.E.	am Ende
AEG	Allgemeine Elektricitäts-Gesellschaft
a.F.	alte Fassung
AG	1. Aktiengesellschaft; 2. Amtsgericht; 3. Die Aktiengesellschaft (Jahr, Seite)
AGB	Allgemeine Geschäftsbedingungen
AGBG	Gesetz zur Regelung der Allgemeinen Geschäftsbedingungen
AiB	Arbeitsrecht im Betrieb (Jahr, Seite)
AktG	Aktiengesetz
ALR	Allgemeines Landrecht für die preußischen Staaten (1794)
a.M.	anderer Meinung
AOG	Arbeitsordnungsgesetz
a.o. Prof.	außerordentlicher Professor
AöR	Archiv für öffentliches Recht (Jahrgang [Jahr], Seite)
AP	Arbeitsrechtliche Praxis
ArbG	Arbeitsgericht
ArbGG	Arbeitsgerichtsgesetz
ArbuR	Arbeit und Recht – Zeitschrift für Arbeitsrechtspraxis (Jahr, Seite)
ARSP	Archiv für Rechts- und Sozialphilosophie (Jahrgang [Jahr], Seite)
AStA	Allgemeiner Studierendenausschuss
Aufl.	Auflage
BAG	Bundesarbeitsgericht
BASF	Badische Anilin- & Soda-Fabrik AG
BB	Betriebsberater (Jahr, Seite)
BBauBl	Bundesbaublatt (Jahr, Seite)
BBauG	Bundesbaugesetz
BBergG	Bundesbergbaugesetz
Bd./Bde	Band/Bände
betr.	Betreffend
BetrVG	Betriebsverfassungsgesetz
BGB	Bürgerliches Gesetzbuch
BGH	Bundesgerichtshof
BGHZ	Entscheidungen des Bundesgerichtshofs in Zivilsachen
BImschG	Bundesimmissionsschutzgesetz
brit.	britische/n
BT-Drs.	Bundestagsdruckssache

BVerfG	Bundesverfassungsgericht
BVerfGE	Entscheidungen des Bundesverfassungsgerichts (Band, Seite)
bzgl.	bezüglich
bzw.	beziehungsweise
C.A.	Court of Appeal
CDU	Christlich Demokratische Union Deutschlands
CISG	United Nations Convention on Contracts for the International Sale of Goods (UN-Kaufrecht)
Code civil	Französischer Code civil
DB	Der Betrieb (Jahr, Seite)
DDR	Deutsche Demokratische Republik
ders.	Derselbe
DFG	Deutsche Forschungsgemeinschaft
DGB	Deutscher Gewerkschaftsbund
dgl.	dergleichen
d.h.	das heißt
dingl.	dinglich/e
DJT	Deutscher Juristentag
DJZ	Deutsche Juristenzeitung (Jahr, Seite)
DM	Deutsche Mark
DR	Deutsches Recht (Jahr, Seite)
DRW	Deutsche Rechtswissenschaft (Jahr, Seite)
dtv	Deutscher Taschenbuchverlag
DVBl.	Deutsches Verwaltungsblatt (Jahr, Seite)
EAG	Übereinkommen zur Einführung eines Einheitlichen Gesetzes über den Abschluß von internationalen Kaufverträgen über bewegliche Sachen (1964)
ebd.	ebenda
EG	1. Europäische Gemeinschaft; 2. Nach Bezeichnung eines Artikels: EG-Vertrag, Vertrag zur Gründung der Europäischen Gemeinschaft, Konsolidierte Fassung mit den Änderungen durch den Vertrag von Amsterdam vom 2.10.1997
EGV	EG-Vertrag, Vertrag zur Gründung der Europäischen Gemeinschaft in der Fassung des Vertrags über die Europäische Union vom 7.2.1992 (Maastrichter Fassung)
EheG	Ehegesetz
EKD	Evangelische Kirche in Deutschland
EKG	Übereinkommen zur Einführung eines einheitlichen Gesetzes über den internationalen Kauf beweglicher Sachen (1964)
em.	emeritiert
EMRK	Europäische Menschenrechtskonvention
EU	1.Europäische Union; 2. Nach Bezeichnung eines Artikels: EU-Vertrag, Vertrag über die Europäische Union, Konsolidierte Fassung mit den Änderungen durch den Vertrag von Amsterdam vom 2.10.1997
EUV	EU-Vertrag, Vertrag über die Europäische Union vom 7.2.1992 (Maastricht-Vertrag)
EuZW	Europäische Zeitschrift für Wirtschaftsrecht (Jahr, Seite)
e.V.	eingetragener Verein
EWE	Erwägen Wissen Ethik (Jahr, Seite)

EWG	Europäische Wirtschaftsgemeinschaft (siehe auch EG/EU)
EWS	Europäisches Wirtschafts- und Steuerrecht (Jahr, Seite)
f., ff.	folgende (singular/plural)
FamRZ	Zeitschrift für das gesamte Familienrecht (Jahr, Seite)
FAZ	Frankfurter Allgemeine Zeitung (Nr. Datum, Seite)
FGB	Familiengesetzbuch (DDR)
FGG	Gesetz über die Angelegenheiten der Freiwilligen Gerichtsbarkeit
FS	Festschrift
FU	Freie Universität zu Berlin
GBO	Grundbuchordnung
geb.	geborene
GewO	Gewerbeordnung
GG	Grundgesetz
GmbH	Gesellschaft mit beschränkter Haftung
GmbHG	Gesetz betreffend die Gesellschaft mit beschränkter Haftung
GPR	Gemeinschaftsprivatrecht (Jahr, Seite)
GrünhutsZ	Zeitschrift für das Privat- und öffentliche Recht der Gegenwart (Jahrgang [Jahr], Seite)
GRUR	Gewerblicher Rechtsschutz und Urheberrecht (Jahr, Seite)
GRUR Int.	Gewerblicher Rechtsschutz und Urheberrecht Internationaler Teil (Jahr, Seite)
HDSW	Handwörterbuch Sozialwissenschaften
HGB	Handelsgesetzbuch
h.M.	herrschende Meinung
Hrsg./hrsg.	Herausgeber/herausgegeben
ICLQ	International and Comparative Law Quaterly (Jahrgang [Jahr], Seite)
idF	in der Fassung
idR	in der Regel
i.e.	im einzelnen
i.E.	im Ergebnis
ieS	im engeren Sinne
IG	Industriegewerkschaft
IGRG	Internationales Privatrechtsgesetz (Schweiz)
IherJB	Iherings Jahrbücher (Jahrgang [Jahr], Seite)
iHv	in Höhe von
insb.	insbesondere
Int.Enc.Comp.L.	International Encyclopedia of Comparative Law
inzw.	inzwischen
i.O.	im Original
IPR	Internationales Privatrecht
IPRax	Praxis des Internationalen Privat- und Verfahrensrecht (Jahr, Seite)
iSv	im Sinne von
iVm	in Verbindung mit
iwS	im weiteren Sinne
JA	Juristische Arbeitsblätter (Jahr, Seite)
JBl.	Juristische Blätter (Jahr, Seite)
J. Law & Econ.	Journal of Law and Economics (Jahrgang [Jahr], Seite)
J. leg. Educ.	Journal of Legal Education (Jahr, Seite)
JR	Juristische Rundschau (Jahr, Seite)

JRP	Journal für Rechtspolitik (Jahr, Seite)
JurA	Juristische Analyse (Jahr, Seite)
JuS	Juristische Schulung (Jahr, Seite)
JW	Juristische Wochenschrift
JZ	Juristenzeitung (Jahr, Seite)
K.B.	Kings Bench
KG	Kommanditgesellschaft
KPD	Kommunistische Partei Deutschlands
krit.	Kritisch
KritJ	Kritische Justiz (Jahr, Seite)
KritV	Kritische Vierteljahresschrift für Gesetzgebung und Rechtswissenschaft
LAG	Landesarbeitsgericht
La. L. Rev.	Louisiana Law Review (Jahrgang [Jahr], Seite)
LG	Landgericht
LL.M.	Legium Magister (Master of Laws)
m.a.W.	mit anderen Worten
m.E.	meines Erachtens
m.N.	mit Nachweisen
m.W.	meines Wissens
m.w.N.	mit weiteren Nachweisen
Nachw.	Nachweise
n.F.	neue Fassung
NJW	Neue Juristische Wochenschrift (Jahr, Seite)
NJW-RR	Neue Juristische Wochenschrift Rechtsprechungsreport (Jahr, Seite)
Nov.	November
NRW	Nordrhein-Westfalen
NS	Nationalsozialismus, nationalsozialistisch/-es
NSDAP	Nationalsozialistische Deutsche Arbeiter Partei
NZA	Neue Zeitschrift für Arbeitsrecht (Jahr, Seite)
o./ob.	oben
OHG	Offene Handelsgesellschaft
Okt.	Oktober
OLG	Oberlandesgericht
ORDO	Jahrbuch für die Ordnung von Wirtschaft und Gesellschaft (Jahr, Seite)
PECL	Principles of European Contract Law
PhD	Doctor of Philosophy
RA	Rechtsanwalt
RabelsZ	Rabels Zeitschrift für ausländisches und internationales Privatrecht (Jahrgang [Jahr], Seite)
RdA	Recht der Arbeit (Jahr, Seite)
Rev. Jur. Univ. Puerto Rico	Revista Juridica Universidad de Puerto Rico (Jahrgang [Jahr], Seite)
Rev. Priv.	Revista de derecho privato (Jahrgang [Jahr], Seite)
RG	Reichsgericht
RGZ	Entscheidungen des Reichsgerichts in Zivilsachen (Band, Seite)
RheinZ	Rheinische Zeitung (Jahrgang [Jahr], Seite)
RIW	Recht der Internationalen Wirtschaft – Betriebs-Berater International (Jahr, Seite)

Rn./Rdnr.	Randnummer
RSiedlG	Reichsiedlungsgesetz
Rz.	Randziffer
S./s.	1. Seite, 2. Siehe/siehe
s.a.	siehe auch
SA	Sturmabteilung
SAE	Sammlung arbeitsrechtlicher Entscheidungen (Jahr, Seite)
SavZ	Savignyzeitschrift (Band [Jahr] Seite)
SDS	Sozialistischer Deutscher Studentenbund
SJZ	Süddeutsche Juristenzeitung (Jahr, Seite)
s.o.	siehe oben
sog.	so genannte/r/s
SPD	Sozialdemokratische Partei Deutschland
SS	Sommersemester
Std.	Stunde/-n
StGB	Strafgesetzbuch
Tul. L. Rev.	Tulane Law Review (Jahrgang [Jahr], Seite)
TVG	Tarifvertragsgesetz
u.	und
u.a.	unter anderem/anderen
u.ä.	und ähnliche/r/s
uam	und andere(s) mehr
UFITA	Archiv für Urheber- und Medienrecht (Jahrgang [Jahr], Seite)
UNCTAD	United Nations Conference on Trade and Development
UNESCO	United Nations Educational, Scientific and Cultural Organzation
UNIDROIT	International Institute for the Unification of Private Law
unveränd.	unverändert
USA	Vereinigte Staaten von Amerika
u.U.	unter Umständen
UWG	Gesetz gegen unlauteren Wettbewerb
VDJ	Verhandlungen des Deutschen Juristentages (Band, Ort [Jahr], Fundstelle)
v.	vom
Verf.	Verfasser
VersR	Versicherungsrecht (Jahr, Seite)
VersWiss.	Versicherungswissenschaft (Jahr, Seite)
vgl.	vergleiche
VuR	Verbraucher und Recht (Jahr, Seite)
WEG	Wohnungseigentumsgesetz
WM	Wertpapiermitteilungen (Jahr, Seite)
WRP	Wettbewerb in Recht und Praxis (Jahr, Seite)
WRV	Weimarer Reichsverfassung
WS	Wintersemester
WuW	Wirtschaft und Wettbewerb (Jahr, Seite)
Yale L.J.	Yale Law Journal (Jahrgang [Jahr], Seite)
ZAkDR	Zeitschrift der Akademie für Deutsches Recht (Jahr, Seite)
z.B.	zum Beispiel
ZEuP	Zeitschrift für Europäisches Privatrecht (Jahr, Seite)
ZfA	Zeitschrift für Arbeitsrecht (Jahr, Seite)

ZfdgVersWiss	Zeitschrift für die gesamte Versicherungswissenschaft (Jahrgang [Jahr], Seite)
ZfRV	Zeitschrift für Rechtsvergleichung (Jahr, Seite)
ZGR	Zeitschrift für Unternehmens- und Gesellschaftsrecht (Jahr, Seite)
ZgS	Zeitschrift für die gesamte Staatswissenschaft (Jahrgang [Jahr], Seite)
ZHR	Zeitschrift für das gesamte Handelsrecht und Wirtschaftsrecht (Jahrgang [Jahr], Seite)
ZPO	Zivilprozessordnung
z.T.	zum Teil
zul.	zuletzt
zust.	zustimmend
zutr.	zutreffend
ZVglRWiss	Zeitschrift für vergleichende Rechtswissenschaft (Jahrgang [Jahr], Seite)
ZZP	Zeitschrift für Zivilprozess (Jahrgang [Jahr], Seite)
ZZPInt	Zeitschrift für Zivilprozess International (Jahrgang [Jahr], Seite)

1. Teil
Einleitung

Einleitung

STEFAN GRUNDMANN / KARL RIESENHUBER

I. Eine Ideengeschichte des deutschsprachigen Zivilrechts in Einzelbildern

Die Ideengeschichte der deutschsprachigen Zivilrechtswissenschaften – mit ihren Ausfaltungen und Bezügen – hat nicht wirklich Konjunktur,[1] vielleicht eher noch in Teilgebieten.[2] Dennoch tut solch eine Ideengeschichte Not: für eine Besinnung auf das Gesamtbild in den deutschsprachigen Rechtswissenschaften selbst, jedoch durchaus auch, um ein Bild der deutschsprachigen Zivilrechtswissenschaften hinauszutragen nach Europa und darü-

[1] Nicht wirklich das Zivilrecht des 20. Jahrhundert behandeln zwei Sammlungen, die denn auch keinen der im Folgenden Besprochenen darstellen: E. *Wolf*, Große Rechtsdenker (4. Aufl. 1963); K.-P. *Schroeder*, Vom Sachsenspiegel zum Grundgesetz – eine deutsche Rechtsgeschichte in Lebensbildern (2001). Das gilt auch für *Kleinheyer*/J. *Schroeder* (Hrsg.), Deutsche und Europäische Juristen aus neun Jahrhunderten (4. Aufl. 1996), obwohl die Sammlung ein wenig ins 20. Jahrhundert hineinreicht (unter Einschluss von Heck). Am ähnlichsten, mit zehn Eintragungen (fünf aus dem hier behandelten Zeitraum), jedoch deutlich weniger breit in der Abdeckung ist *Hoeren* (Hrsg.), Zivilrechtliche Entdecker (2001). Ganz auf den Beck-Autoren zugeschnitten und auch nur jeweils sehr knapp ist die Auswahl im Beck-Band: Juristen im Porträt – Verlag und Autoren in 4 Jahrzehnten – Festschrift zum 225jährigen Jubiläum des Verlages C. H. Beck, München (1988). Jüdische Rechtsgelehrte bzw. das besondere Schicksal emigrierter deutscher Juristen sind dargestellt in: *Beatson/Zimmermann* (Hrsg.), Jurists Uprooted: German-speaking Émigré Lawyers in Twentieth-century Britain (2004); *Heinrichs/Franzki/Schmalz/Stolleis* (Hrsg.), Deutsche Juristen jüdischer Herkunft (1993). In manchem Zweifelsfall gingen die Herausgeber des vorliegenden Bandes auch einmal davon aus, dass die Behandlung in einem dieser Bände den Bedarf minderte, den fraglichen Zivilrechtslehrer auch vorliegend zu berücksichtigen. Insbesondere bei den Bänden über jüdische und über emigrierte Rechtsgelehrte liegt die gebündelte Abhandlung einer bestimmten Gruppe von Gelehrten als besondere Stärke auf der Hand.

[2] Vgl. jüngst Bayer/Habersack (Hrsg.), Aktienrecht im Wandel – 1807–2007 (2007).

ber hinaus. Dies gilt gerade in einer Zeit, in der Ideen zirkulieren und ihr Zirkulieren auch in besonderem Maße geeignet ist, transnationale Rechtswirklichkeit zu prägen.[3] Zu solch einer Ideengeschichte sollen daher die Darstellungen im Folgenden einen Beitrag leisten.

Solch eine Geschichte zu zeichnen, kann man auf verschiedene Weise unternehmen. Zwei Ansätze liegen besonders nahe: Man mag signifikante Einzelbilder nebeneinander stellen; alternativ kann man eine Gesamtsystematik in den Vordergrund stellen. In der Tat wird über beide Möglichkeiten beispielsweise in den Kunst- und Kulturwissenschaften intensiv debattiert – das wohl bekannteste Literaturlexikon, das Kindlers Literaturlexikon, wählte prominent den Weg über die Einzeldarstellungen. Ursprünglich war es sogar allein nach Werken – alphabetisch nach deren Titel – aufgebaut, während es heute alle Werk-Einzeldarstellungen jeweils unter dem jeweiligen Autor vereint und – alphabetisch – nach Autoren gliedert. Das Bild des jeweiligen Autors entsteht jedoch weiterhin im Wesentlichen durch die einzelnen Werkdarstellungen.

Beide Darstellungsformen haben ihre Vorzüge und Nachteile. Bei einer Darstellung in Einzelbildern steht tendenziell das Objekt selbst noch mehr im Vordergrund, es wird nicht primär Baustein in einem System des Verfassers der Geschichte. Wenn zwei Zivilrechtler über das Gros der großen Zivilrechtler der vorangegangenen Generationen nachdenken, mag solch eine – objektbetonte – Darstellung besonders adäquat erscheinen. Auch mag eine Darstellung der deutschsprachigen Zivilrechtswissenschaften in Einzelbildern im Ausland auf breiteres Interesse stoßen, wird doch das stark Systematische an den deutschsprachigen, vor allem deutschen (Zivil-) Rechtswissenschaften im Ausland keineswegs nur als Vorteil gesehen. Bei einer Darstellung in Einzelbildern stehen mehr die großen zivilrechtswissenschaftlichen „Persönlichkeiten" und „Entdeckungen" im Vordergrund.

Solch eine Herangehensweise hat dann zwangsläufig zur Folge, dass die Einzeldarstellungen ganz dominieren und jede Einleitung zu ihnen nur einige der unendlich vielen Linien skizzieren kann, die zwischen den Einzeldarstellungen verlaufen – parallel, konvergierend, teils diskrepant. Dennoch laden die Einzeldarstellungen mit ihrem ganzen Reichtum zu solch einer Skizze von Leitlinien lebhaft ein.[4]

Dabei wird das Skizzenhafte noch durch drei Umstände verstärkt:

Selbstverständlich ist die Auswahl einer (begrenzten) Anzahl von Zivilrechtswissenschaftlern als denjenigen, die besonders prägend wurden, stets

[3] Dies bedeutet heute („leider") auch, dass solch ein Werk ebenfalls in Englisch erscheinen muss; eine Übersetzung des vorliegenden Bandes ist in Planung.

[4] Zu weiteren solchen Skizzen aus der Hand weiterer Zivil- und Wirtschaftsrechtler der jüngeren Generation vgl. den zweiten Band.

auch subjektiv gefärbt. Rückmeldungen, die Diskussion mit Dritten und Ratschläge mögen geholfen haben, die echten „Ausrutscher" weit gehend zu vermeiden. Ausräumen können sie die Subjektivität bei der Auswahl jedoch nicht. Hinzu kommt, dass in einigen Fällen der darzustellende Zivilrechtslehrer – in einem Fall auch seine Schüler – es für unpassend hielten, solch eine Ideengeschichte unter Einschluss noch lebender Wissenschaftler anzulegen. Das 20. Jahrhundert und seine Ideengeschichte hätten jedoch gerade in den uns nahen, den letzten Dekaden große Lücken aufgewiesen, hätten wir danach ausgewählt, welcher Zivilrechtslehrer etwas früher gestorben ist, und diejenigen „Langlebigen" unberücksichtigt gelassen, die noch heute lebhaft in die Diskussion eingreifen. Wir wollten es statt dessen genügen lassen, dass beim fraglichen Zivilrechtslehrer schon heute von einem „Gesamtwerk" gesprochen werden kann – und dies schien uns relativ leicht anhand des formalen Kriteriums zu beantworten zu sein, ob die Gemeinschaft der Kolleginnen und Kollegen den jeweiligen Zivilrechtslehrer für sein Gesamtwerk bereits mit einer Festschrift geehrt hat (oder dies nur wegen des Votums des Jubilars unterlassen hat, wie etwa bei *Brox*). Beim gegenteiligen Vorgehen hätte doch viel Wesentliches aus der deutschsprachigen Zivilrechtsentwicklung des 20. Jahrhunderts ausgeblendet werden müssen – und dieser Nachteil schien uns ungleich schwerer zu wiegen als der, (nach Auffassung einiger weniger) nicht ganz das Dekorum zu achten.

Auch das Konzept der herausragend prägenden Wirkung lässt sich nicht auf ein Kriterium reduzieren. In manchem Fall mag schon ein methodischer Schritt allein – unabhängig von anderen großen Werken, etwa Lehrbüchern – solch eine Prägewirkung begründen, so etwa die Idee vom Vorverständnis, in anderen – wieder unabhängig von führenden Lehrbüchern oder Kommentierungen in einem zweiten Gebiet – allein schon der Umstand, dass die Verfassung des gesamten Zivilverfahrens grundlegend reformiert oder novelliert wurde, in manchen Fällen jedoch auch der Umstand, dass die internationale Rechtsgemeinschaft besonders intensiv auf ein Konzept reagiert hat oder durch es geprägt wurde, oder auch einmal, dass ein Wissenschaftler fast das gesamte deutsche Zivilrecht abgebildet und es zudem als Bundesverfassungsrichter mit wichtigen Entscheidungen zur Gleichbehandlung mit geprägt hat. Sollte Entscheidendes fehlen, wäre dies schmerzlicher, als wenn wir bei der Hereinnahme der einen oder anderen Person einmal – in der Wahrnehmung anderer Kollegen – Verdienste allzu hoch eingestuft hätten. Uns schien in diesen Dingen manchmal der freundliche Blick angemessener als der allzu mäkelige.

Die Auswahl ist nicht nur subjektiv gefärbt, es wird auch sehr Heterogenes zusammen geführt. Schon zwischen klassischen Zivilrechtlern und Wirtschaftsrechtlern besteht eine erhebliche Spannbreite. Freilich ist die Vergleichbarkeit hier noch relativ hoch, zumal wenn Wirtschaftsordnung und privatrechtliche Gestaltung als Komplementäre gesehen werden.[5] Wie viel breiter ist die methodische und gegenständliche Vielfalt zwischen Zivilrechtsdogmatik auf der einen Seite und – auf der anderen – Rechtsvergleichung oder Rechtsgeschichte, neuem, teils außerrechtlichem Methodenverständnis oder auch Rechtstatsachenforschung. Manches mag entsprechend den Vorlieben der Herausgeber zu stark gewichtet worden sein, manches umgekehrt zu schwach – vielleicht das Prozessrecht, vielleicht manche Nebengebiete. Dennoch wurde nach Ausgewogenheit gestrebt, andernfalls hätten beispielsweise noch deutlich mehr Europaprivatrechtler erwartet werden können. Dennoch erleichterte die Vielfalt der Richtungen auch nicht gerade die Anordnung.

Nicht zuletzt führte auch die Anlage des Werkes – Schüler berichten über ihre Lehrer, unten II. – dazu, dass dem zeitlichen Rahmen Grenzen gesteckt waren. Bis über *Rabel* und *Böhm* reicht die Sammlung nicht zurück. So konnten etwa *Staub*, *Enneccerus* oder *Heck* nicht mehr einbezogen werden. Denn über sie konnten keine Schüler mehr berichten. So werden zwar wichtige Anlagen in der Zwischenkriegszeit durchaus noch gut berücksichtigt: Genannt sei etwa der Beginn der breiten internationalen Rechtsvereinheitlichung bei *Rabel*, die machtvolle Vorbereitung eines echten Marktordnungsrechts bei *Böhm*, das Phänomen oder auch die Entwicklung, dass große (wirtschafts- und zivilrechtliche) Arbeiten an Rechtstatsachenforschung und neuen Wirtschaftsphänomenen ansetzen, dass also die moderne Wirtschaft Forschungsgegenstand wird, etwa in der Habilitation von *L. Raiser*. Dennoch ist nicht zu verkennen, dass etwa *Heck* bzw. *Enneccerus* und *Staub* ihre Hauptwirkungszeit oder doch eine wichtige Wirkungszeit ebenfalls (noch) im 20. Jahrhundert hatten. Die zeitliche Begrenzung hatte zur Folge, dass zwar die meisten, doch nicht alle wichtigen Entwicklungen der deutschsprachigen Zivilrechtslehre im 20. Jahrhundert abgebildet oder zumindest mit erfasst erscheinen: so zwar das moderne Wirtschaftsrecht, das zu einem Gutteil von den wirtschaftlichen Krisen der Zwischenkriegszeit inspiriert erscheint; so auch das moderne Methodenverständnis, da auch der Schritt hin zur Wertungsjurisprudenz breit die weitere Entwicklung nach *Heck* prägt; und so sogar auch die moderne transnationale Rechtsentwicklung; alle scheinen sie gut abgebildet. Anders ist dies umgekehrt jedoch mit mancher Entwicklung zum Bürgerlichen Gesetzbuch und seiner Dogmatik, die in den ersten drei Jahrzehnten bereits wesentlich vorangetrieben worden waren.

All dies führt dazu, dass die angestrebte Ideengeschichte in Einzeldarstellungen vor allem durch den Reichtum wirkt, umgekehrt jedoch die Systematik, die die Herausgeber darin erkennen mögen, nicht im Vordergrund steht.

[5] Zum insoweit wichtigen Konzept der Privatrechtsgesellschaft jüngst *Riesenhuber* (Hrsg.), Privatrechtsgesellschaft – Entwicklung, Stand und Verfassung des Privatrechts (2007); ursprünglich entwickelt in *Böhm,* Privatrechtsgesellschaft und Marktwirtschaft, ORDO 17 (1966), 75–151.

Dies wiederum erlaubt es, die erste Sequenz der Vorträge ohne Verlust bereits nach den ersten gut zweieinhalb Jahren erscheinen zu lassen und die zweite erst ca. zwei Jahre später folgen zu lassen. Dabei schlug sich die chronologische Reihenfolge zwar in der Anordnung der Vortragstermine und im Folgenden auch in der Anordnung der Beiträge durchaus mit nieder, jedoch nur als ein Element unter mehreren. Ähnlich wichtig erschienen vor allem thematische Gesichtspunkte.

II. Einzelbilder großer Zivilrechtler aus der Feder ihrer Schüler

Das subjektive Element in diesem Kompendium zu einer Ideengeschichte wird tendenziell noch dadurch verstärkt, dass die Einzeldarstellungen jeweils aus der Feder eines Schülers stammen. Umgekehrt mögen jedoch die Vorteile solch eines Vorgehens vielleicht überwiegen: Die grundsätzlich positive Einstellung zu einem wissenschaftlichen Werk – und regelmäßig auch zur Person des Lehrers – bringt es häufig auch mit sich, dass mit ihr entsprechendes Interesse für dieses Werk in besonderem Maße geweckt wird. Zudem sollte neben dem Werk, den großen Ideen, der eigentlichen Prägewirkung, jeweils auch die Persönlichkeit gezeichnet werden, durch die das Werk häufig noch anschaulicher wird. Insoweit war bei Schülern tendenziell jeweils die beste Informationslage zu vermuten. Und nicht zuletzt ist die häufig bestehende Nähe (zwischen Lehrer und Schüler) im – rechtswissenschaftlichen – Denken dazu angetan, genuin Wichtiges beim Lehrer in besonders hohem Maße zu erfassen und zu thematisieren.

In einer Reihe von Fällen erhielten wir darüber hinaus persönlich besonders anrührende und zugleich doch auch in hohem Maße wissenschaftliche Berichte. Es war bewegend, dass etwa *Gerhard Kegel*, der in der Auftaktveranstaltung über *Ernst Rabel* berichtete, uns schrieb, keinen anderen Vortrag hätte er mit über 90 Jahren noch fernab der Heimat übernommen – wohl aber diesen. Der Vortrag ist in der Tat sein letzter geblieben – eine Herzensangelegenheit. Ähnlich bewegend war der zweite Vortrag in der Auftaktveranstaltung, mit dem *Ernst-Joachim Mestmäcker* über *Franz Böhm* berichtete. Auch sonst wurde mehrfach gerade der Darstellung des eigenen Lehrers ein vergleichbar singulärer Stellenwert eingeräumt; in einem Fall konnte der Referent leider selbst nicht kommen, war jedoch seine gesamte „akademische Familie“ zugegen – auch dies ein Vorgang.

III. Themen und Zentren

Die Auftaktveranstaltung macht auch aus diesem Grunde im vorliegenden Band den Anfang. *Rabel* und *Böhm* war der erste Hauptteil zu widmen. Das muss nicht heißen, dass wir sie als die unumschränkten „Titanen“ in der deutschsprachigen Zivilrechtsentwicklung des 20. Jahrhunderts sehen. Es ist schlicht die angedeutete Geschichte dieser Vortragsreihe, die uns wie eine Aufforderung dazu erschien, die Auftaktveranstaltung auch als eigenen Teil stehen zu lassen. Vielleicht kann man das zusätzlich damit rechtfertigen, dass *Rabel* mit Abstand der älteste ist und auch *Böhm* zur Handvoll der im 19. Jahrhundert Geborenen zählt und dass beide (neben *L. Raiser*) die Einzigen sind, deren Hauptwerke oder -initiativen bereits zu einem Gutteil in die Zwischenkriegszeit fallen.

Beide stehen nicht nur rein menschlich für eine beeindruckende Breite. Wohl kein Rechtswissenschaftler des 20. Jahrhunderts hat das Kontinentaleuropäische (mit römischrechtlicher Geschichte) mit dem Angloamerikanischen in vergleichbarer Weise nach außen fruchtbar verbunden wie der jüdische Gelehrte *Ernst Rabel*, der spät emigrierte, dann aber immer wieder die Stärke aus jeder der beiden Welten glücklich wählte und miteinander kombinierte. Und *Franz Böhm* steht wie kein anderer (Zivil-)Rechtswissenschaftler in Deutschland, vielleicht in ganz Europa, für den Gedanken, dass Zivilrecht sich nicht in einem *laissez-faire* erschöpft, sondern ohne Marktordnung Effizienz und soziale Gerechtigkeit gleichermaßen leiden – weithin sichtbar in seinem beherzten Kämpfen für ein starkes Wettbewerbsrecht ... in der späten Weimarer Republik, gedanklich auch während des Nationalsozialismus, und politisch dann bis zum erfolgreichen Ende auch gegen seine Parteifreunde in der CDU.

Rabel und *Böhm* stehen für die Großthemen Rechtsvergleichung, Rechtsvereinheitlichung und transnationales Denken einerseits und Zivil- und Wirtschaftsrecht andererseits, verknüpft durch den Gedanken der Privatrechtsgesellschaft und Marktordnung als Voraussetzung für ein gutes Funktionieren privatautonomer Gestaltungsmacht. *Rabel* hatte das Glück, seine Gedanken im weltweit wichtigsten Vereinheitlichungswerk – zum Kaufrecht – zu verankern, *Böhm* – vielleicht international weniger sichtbar – ein vergleichbares Glück, daran mitzuwirken, dass für die Europäische Gemeinschaft die Idee vom freien Wettbewerb, der jedoch vor Verfälschungen geschützt werden muss, zum Herzstück avancierte.

War *Rabel* nach seiner Emigration nicht mehr in Deutschland persönlich präsent und wurde daher sein Vermächtnis nicht mehr so unmittelbar in seiner Umgebung fortentwickelt (sondern vor allem im Max-Planck-Institut unter *Zweigert*), so ist dies bei *Böhm* ganz anders. Gerade im Vortrag zu *Kronstein* wurde der Geist greifbar, der für einige Dekaden Frankfurt zum Hort einer spezifisch europäischen Idee (in den deutschen Zivil- und Wirtschaftsrechtswissenschaften) machte: mit der Idee von der Marktordnung (nahe verwandt: der sozialen Marktwirtschaft), die vor allem *Böhm* und auch *Hallstein* wissenschaftlich verkörperten, dann aber auch politisch in Deutschland und Europa durchsetzten, *Hallstein* als erster Kommissionspräsident, *Böhm* im Bundestag: mit der Idee einer europäischen Rechtsgeschichte, die in die Gegenwart hineinragt (*Coing*); und mit einer starken transatlantischen Rückbindung Europas (*Kronstein*). Das rechtsgeschichtliche Legat *Coings* lebte mit dem Max-Planck-Institut in Frankfurt sichtbar fort. Mindestens ebenso wichtig ist jedoch, wie in der Folge *Böhms*, *Hallsteins* und *Kronsteins* die zweite Generation ordoliberalen Wirtschaftsrechts in Frankfurt geboren und herangezogen wurde: mit *Mestmäcker*, *Biedenkopf*, auch *Fikentscher* und *Steindorff*. *Mestmäcker* sollte das maßgebliche Lehrbuch zum europäischen Wettbewerbsrecht schreiben, *Fikentscher* dasjenige zum Wirtschaftsrecht, in dem er (bereits vor der Globalisierung) erkannte, dass auszugehen ist vom Weltwirtschaftsrecht als Rahmen, das daher auch an der Spitze steht, darin eingebettet dann das europäische und darin eingebettet das nationale. *Biedenkopf* sollte manches davon weiter in der Politik fruchtbar machen.

Marktordnung, aber auch Internationalität blieben ein *basso continuo* des Wirtschaftsrechts fortan, mit anderen Worten: Wirtschaftsrecht und Grenzüberschreitung. Das kann sich dann so ausdrücken, dass die ganze Breite wirtschaftlichen Handelns, der Ausgleich, in einer Wissenschaftlerperson vereint erscheint, namentlich vom Gesellschaftsrecht bis hin zum Arbeitsrecht (prominent bei *Hueck*, später *Wiedemann*), oder auch in einem Arbeitsrecht, das stark vom Bild der vertrauensvollen Koexistenz geprägt ist (*Nipperdey*). Die Grenzüberschreitung kann jedoch auch räumlich verstanden werden, vom deutschen Recht bis hin zum Weltrecht, was dann etwa bei *E. Ulmer*, einem Vater des Urheberrechts und gewerblichen Rechtsschutzes, prominent und breit auch Rechtsvergleichung bedeutet. Nicht zuletzt ist aber auch die Ausarbeitung von grundlegenden Modellen als Wesensmerkmale des Gesamtsystems Wirtschaftsrecht Ausdruck dieses Grundthemas; beispielhaft steht dafür das Modell der Vertragsgerechtigkeit bei *Schmidt-Rimpler*.

Neben Marktordnung in Europa – mit einem geistigen Zentrum in Frankfurt – und Internationalität bis hin zur weltweiten Rechtsvereinheitlichung treten ein drittes und ein viertes Großthema.

Das dritte betrifft die Methoden. Zwar wird man für die letzten Dekaden des 20. Jahrhunderts die ökonomische Analyse wohl als die herausragende methodische Entwicklung verstehen müssen und muss gerade hierfür konstatiert werden, dass in den deutschsprachigen Zivilrechtswissenschaften kein ähnlich herausragender Kopf heranwuchs wie *Calabresi* oder auch *Posner*. Methodisch erscheint jedoch der Strauß der großen „Entdeckungen" in den ersten Dekaden nach dem 2. Weltkrieg absolut beeindruckend – auch nach dem Durchbruch der Interessen- und Wertungsjurisprudenz, deren Protagonisten mit *Jhering* und *Heck* in den Zeitraum fallen, den dieses Kompendium nicht mehr erfasst. International hat kaum ein Ansatz mehr Folgewirkung gezeitigt als der von der „kritischen Rechtsvergleichung" (*Zweigert*), die dieses Analyseinstrument fortentwickelt zu einer rechtspolitischen Orientierung. In vielen Rechtsakten der EG wird das nur allzu deutlich, mustergültig in der 1. gesellschaftsrechtlichen Richtlinie, in der sich das Verständnis von der Abstraktheit der Vertretungsmacht kraft Qualität durchsetzte, obwohl ein Mitgliedstaat gegen fünf andere stand. In letzter Konsequenz führt die Idee von der kritischen Rechtsvergleichung bis hin zum großen Konzept des Wettbewerbs der Regelsetzer oder sog. Systemwettbewerb. Ähnlich wichtig für das Methodenverständnis erscheint der Gedanke, dass dieses, die Methodenwahl, vom Vorverständnis maßgeblich geprägt wird (*Esser*). Das ist heute auch für die ökonomische Analyse hilfreich. Letztlich liegt darin nur eine besonders fruchtbare Ausprägung eines Ansatzes, in dem Rechtswissenschaften im Kontext mit Rechtstatsachen und anderen Disziplinen verstanden werden, wie etwa in der auf *Max Weber* zurückgehenden Rechtssoziologie. Nimmt man die großen Methodenlehren (*Larenz*, *Canaris*, *Bydlinski*) hinzu, die bis hin zur breiten rechtsvergleichenden Bestandsaufnahme bei *Fikentscher* reichen, so wird man die Methodenorientierung doch als einen herausragenden Grundzug der deutschsprachigen Zivilrechtswissenschaften des 20. Jahrhunderts verstehen können, zumal in der 2. Hälfte.

In diesem Umkreis möchten wir – jedenfalls für Zwecke der Anordnung – durchaus auch die großen Schritte in der Rechtsgeschichte sehen, die mit den Namen *Wieacker* und *Coing* verbunden sind. Für sie ist nicht zuletzt der verstärkte Gegenwartsbezug charakteristisch – auch etwa im Vergleich zu so großen anderen Romanisten wie *Kaser* oder *Kunkel*. Bei *Wieacker* rückt das Zentralinteresse der Rechtgeschichte mit seiner „Privatrechtsgeschichte der Neuzeit" in diejenige Zeit, in der gesellschaftspolitisch die Grundlagen der Gegenwart gelegt wurden, vor allem die Aufklärung und Folgezeit mit ihren großen Kodifikationen. Bei *Coing*, der auch als genuiner Privatrechtler manches Institut (wie etwa die Treuhand) maßgeblich durchstrukturiert hat, ist der Gedanke einer europäischen Rechtsgeschichte besonders prominent. Beides hat durchaus auch Rückwirkungen für das Methodenverständnis, etwa für das Verständnis von Privatrecht als Ausfluss einer Gesellschaftsordnung. Diese „politische" Dimension und Verankerung des Privatrechts ist dann zentral etwa für die Diskussion der Wechselwirkung zwischen Privatrecht und Verfassungsrecht oder auch Privatautonomie und öffentlichem Wohl (etwa im Verbraucherrecht).

Ein viertes Großthema bildet das des Systemdenkens und der Systembildung – wohl nirgends so stark wie gerade in den deutschsprachigen Zivilrechtswissenschaften.[6] Hort dieses Bemühens um System- und Wertungs-

[6] Für die Zeit seit dem 2. Weltkrieg herausragend: *Canaris*, Systemdenken und Systembildung in der Jurisprudenz (1969, 2. Aufl. 1983); beispielhaft für die Sicht im Ausland: *Wilhelmsson* im Konferenzband zum 4. Europäischen Juristentag (im Erscheinen), dort vor allem unter 3. (‚In Germanic doctrine, substantive coherence … implies the idea of a teleological order …'). *Wilhelmsson* bezieht sich primär auf Bemühungen im Europäischen (Privat-)Recht, etwa *Grundmann* (Hrsg.), Systembildung und Systemlücken in Kerngebie-

stimmigkeit ist zuvörderst das klassische Privatrecht, das damit manchmal auch weniger „pragmatisch", in der Außensicht zudem hoch komplex erscheint und von der Einwirkung exogener Effekte besonders empfindlich getroffen erscheint: Die lange skeptische Haltung der Kernzivilrechtswissenschaften gegenüber Europa und ökonomischer Analyse – skeptischer als etwa in den Wirtschaftsrechtswissenschaften –, mag teils auch damit zu erklären sein, dass die Systembildung zu stark betrieben wurde. Beim Europaprivatrecht handelt(e) es sich legislatorisch um den mit Abstand wichtigsten exogenen (Stör-)Faktor solch einer systeminternen Formbildung, bei der ökonomischen Analyse um den methodisch prominentesten. An diesem großen Werk haben alle hier unter dem Stichwort „Privatrechtsdogmatik und System" beschriebenen Rechtslehrer gearbeitet, teils über das ganze Privatrechtssystem ausgreifend, teils zentrale Einzelstücke stärker dominierend, von *Gernhuber* über *Brox* bis hin zu *Harry Westermann*, *Rosenberg* und *Baur*. Prominent auch an dieser Stelle zu nennen ist selbstverständlich *Esser*, bei dem man streiten mag, ob seine rechtsdogmatischen oder seine methodologischen Schriften prägender wurden. Einzig *L. Raiser* behandelte zwar sehr prominent Themen des klassischen Privatrechts, etwa des Vertragsrechts (und wird daher in dieser Abteilung besprochen), bevorzugt jedoch methodisch eher andere Ansätze als den der Systembildung (vgl. oben).

Die beiden zuletzt genannten Großthemen lassen ein zweites Zentrum – nach Frankfurt – in einem besonderen Licht erscheinen. Es mag ein Zufall sein, dass in der – „zurückgezogen" agierenden – Bonner Republik gerade die Kleinstadt Tübingen über einige Dekaden fast schon zum Zentrum der Rechtswissenschaften wurde. Maßgeblich war jedoch, dass man sich offenbar darum bemühte, moderne Methoden bis hinein ins Wirtschaftsrecht und Systembildung in der klassisch-privatrechtlichen Dogmatik in besonderem Maße zusammen zu bringen – nicht nur, aber gerade in den Zivilrechtswissenschaften. Nach den Berichten war die Hochachtung groß zwischen so unterschiedlichen Charakteren wie einerseits *Esser*, *L. Raiser*, später *Fikentscher* und andererseits *Gernhuber*, *Medicus* oder *Baur*, von denen jeder eine ganze Welt prägte.

Andere Zentren sollen darüber nicht vergessen werden: Die großen Beiträge zu Systemdenken, Methodik und die großen Lehrbücher von Münchener Zivilrechtlern (*Larenz*, *Medicus*, *Canaris*) folgen im zweiten Band. München löste zunehmend Tübingen als gefühlte Spitzenfakultät ab, u.a. auch weil einige der Genannten die schwäbische Kleinstadt für die bayerische

ten des Europäischen Privatrechts – Gesellschaftsrecht, Arbeitsrecht, Schuldvertragsrecht (2000); *Riesenhuber*, System und Prinzipien des Europäischen Vertragsrechts (2003); sowie inzwischen den Teil am Common Frame of Reference, den die sog. Acquis-Gruppe zu verantworten hat (Erscheinen angekündigt für Ende 2007; vgl. derzeit bereits *Schulte-Nölke/Twigg-Flesner/Ebers*, EC Consumer Law Compendium – Comparative Analysis, 12/12/2006).

Hauptstadt eintauschten, etwa *Fikentscher* oder *Medicus*. Auch Münster, Heidelberg oder Bonn entwickelten erhebliche Strahlkraft. Als ähnlich zusammenhängende „Schule“ wird wohl am ehesten diejenige von *Flume* in Bonn empfunden, ohne dass sie vergleichbare Außenwirkung gehabt hätte wie die ordoliberale Schule *Böhms* oder der Gedanke von der weltweiten Rechtsvereinheitlichung *Rabels*. In Bonn selbst, mit der Gründung des Zentrums für Europäisches Wirtschaftsrecht und mit seinem großen Lehrbuch zum Europäischen Gesellschaftsrecht, zeigte auch ein anderer, *Lutter*, die eigentliche Richtung der Zukunft auf. Auch diese Darstellungen folgen im zweiten Band.

IV. Skizze zu einem Buch

Eine mögliche Ordnung, eine Skizze, kann auf Grund des Gesagten folgendermaßen aussehen:

(1) In einem ersten Teil werden *Rabel* und *Böhm* vorgestellt, Protagonisten schon in der Zwischenkriegszeit, der eine für die Internationalisierung, der andere für die Einheit von Privat- und Wirtschaftsrecht (Marktordnung).

(2) In einem zweiten Teil folgen neben *Coing* und *Wieacker* vor allem *Zweigert* und *Esser*, von denen die erst genannten für den beschriebenen Sprung in der Rechtsgeschichte stehen, die zweit genannten für „kritische Rechtsvergleichung“ und „Vorverständnis und Methodenwahl“. Hinzu zu denken sind in diesem Kontext bereits die Beiträge zu Grundlagen und Methodik etwa von *L. Raiser*, *Schmidt-Rimpler* (Richtigkeitsgewähr des Aushandlungsmechanismus, gestörte Vertragsparität) und *Fikentscher* sowie natürlich die vielen genannten und im zweiten Bande besprochenen Zivilrechtslehrer mit ihren großen Gesamtentwürfen einer Methodenlehre.

(3) Die Wirtschaftsrechtswissenschaften, die in einem dritten Teil folgen, erscheinen, wie skizziert, von der Grenzüberschreitung besonders geprägt: in der Form des Ausgleichs zwischen den Interessen aller *stakeholder* (*Hueck*, *Nipperdey*, später *Wiedemann*), in Form von Internationalität (*Kronstein*, *E. Ulmer*, *Fikentscher*, im zweiten Band dann *Mestmäcker*, *Lutter* und *Hopt*), zunehmend auch in der Form methodischen Ausgreifens über das Recht hinaus. Mit *Hefermehl* tritt der größte Kommentator des Wirtschaftsrechts hinzu, außerdem *Schmidt-Rimpler*, dessen System eines Wirtschaftsrechts leider nur gedacht, nicht jedoch zu Papier gebracht wurde und der das Vertragsrecht, insbesondere die Privatautonomie, sehr pragmatisch (spezifisch „wirtschaftsrechtlich“) dachte.

(4) Besonders fruchtbar waren in puncto methodisches Ausgreifen Rechtswissenschaftler, die Themenbereiche am Übergang zum klassischen Privat-

recht bearbeiteten, dem der letzte Teil des Werkes gewidmet ist. Das sind namentlich *L. Raiser*, *Schmidt-Rimpler* und – am ehesten klassischer Schuldrechtler – *Esser*. Sie eröffnen den Reigen der Privatrechtsdogmatiker. Es folgen diejenigen Privatrechtslehrer, die (fast) die ganze Breite des Privatrechts systembildend durchwirkten, namentlich *H. Westermann*, der zwischen dem Sachenrecht und dem starken (personen-)gesellschaftsrechtlichen Schwerpunkt besonders breit ausgriff, sowie, auch als Verfassungsrichter wirkend, *Brox* und, am intensivsten die Gesamtsystematik in den Mittelpunkt rückend, *Gernhuber* (*Medicus* folgt dann im zweiten Band). In einer dritten Gruppe stehen mit *Rosenberg* und *Baur* die zwei großen Privatrechtswissenschaftler des Zivilverfahrens (mit seiner Reform) und je eines der mehr statusverhafteten bürgerlichrechtlichen Gebiete, des Sachen- und des Familienrechts.

2. Teil
Ernst Rabel und Franz Böhm

Ernst Rabel*

GERHARD KEGEL

I. Einstieg

Ernst Rabel habe ich erstmals erlebt, als ich Anfang der dreißiger Jahre an einer Pandektenübung teilnahm. Von den mündlichen Verhandlungen verstand ich fast nichts. Da war von *custodia*-Haftung die Rede, von *fiducia* und Interpolationen, die in den gängigen Lehrbüchern fehlten. Das Schriftliche verlief passabel.

Im Sommersemester 1932 besuchte ich *Rabels* rechtsvergleichendes Seminar. Es tagte im Kaiser-Wilhelm-Institut für ausländisches und internationales Privatrecht (heute Max-Planck-Institut in Hamburg). Damals hauste es im vierten Stock des Berliner Stadtschlosses neben dem Schwesterinstitut für ausländisches öffentliches Recht und Völkerrecht (jetzt in Heidelberg). In *Rabels* Seminar erblickte man Privatdozenten wie *Max Rheinstein* und *Eduard Wahl*, Assessoren, Referendare, ausländische Volljuristen, kaum einen Studenten. Nach meinem Referat bot mir der Meister eine Assistentenstelle in Ungarn an. Im folgenden Semester predigte ich abermals und das Referat erschien in der Institutszeitschrift.

Als frisch gebackener Referendar bat ich den Herrn Geheimrat, bei ihm promovieren zu dürfen. Freilich hätte ich bloß ausreichend bestanden. Er: „Das interessiert mich überhaupt nicht." Im Oktober 1936 nahm er mich als letzten in sein Institut. Zum Jahresende musste er es verlassen.

* Vortrag am 2. Dezember 2005 – Humboldt-Universität zu Berlin.

II. Vita

Bis dahin war sein Leben glanzvoll verlaufen. Geboren wurde er am 28. Januar 1874 in Wien. Dort war sein Vater Anwalt. Die Hauptstadt des Habsburgerreichs blühte in Wissenschaft und Kunst. *Rabel* nahm Klavierstunden bei *Anton Bruckner*, war auch ein flotter Tänzer.

Nebenbei: Zu *Bruckner* wäre ich nicht gegangen. Seine Musik liegt mir nicht. Auch ist zu beklagen, dass ihm drei Heiratsanträge missrieten. Die erste Frau zuckte bloß mit den Achseln. Zieht man für Heiraten eine Linie von minus über 0 zu plus, dann ergibt sich:

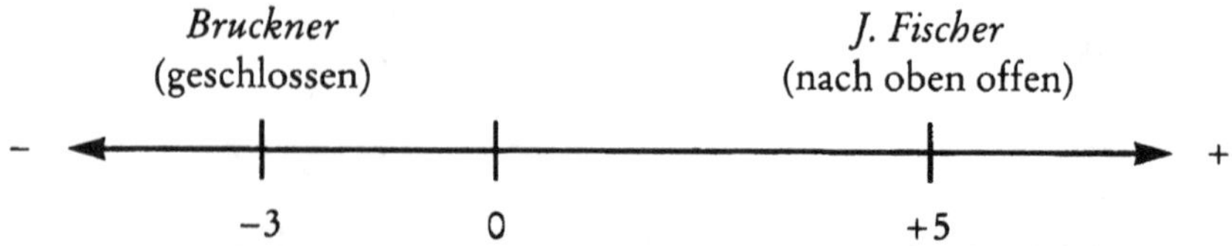

In seiner Heimatstadt promovierte *Rabel* mit 21 Jahren bei *Ludwig Mitteis*, dem damaligen Papst der antiken Rechtsgeschichte. Dem folgte er nach Leipzig und habilitierte sich dort 1902. Vier Jahre später wurde er Ordinarius in Basel, wechselte nach Kiel (1910), Göttingen (1911) und München (1916) und kam 1926 nach Berlin, hauptsächlich wohl, um die Leitung des Kaiser-Wilhelm-Instituts zu übernehmen. Mit seiner Frau *Anny*, die er 1912 geheiratet hatte, dem Sohn *Friedrich Karl* und Tochter *Lilli* bezog er ein Haus in Zehlendorf. Frau *Rabel* starb 1979 in Garmisch-Partenkirchen, 90 Jahre alt, *Lilli* sechs Jahre nach ihr in Kalifornien.

Rabel zögerte gefährlich lange auszuwandern. Erst 1939 ging er in die USA, seine Tochter folgte sogar noch ein Jahr später. Beide mussten erheblich gedrängt werden.

In der Neuen Welt machten Forschungsstipendien des *American Law Institute*, der Rechtsfakultät von Ann Arbor in Michigan und der *Harvard Law School* ein ebenso karges wie arbeitsintensives Dasein möglich.

Nach dem Krieg blieb *Rabel* in den Vereinigten Staaten sesshaft, arbeitete jedoch häufig in Tübingen und auch in Berlin. Am 17. September 1955 starb er in einem Zürcher Krankenhaus.

III. Werk

Am Anfang steht *„Die Übertragbarkeit des Urheberrechts nach dem österreichischen Gesetze vom 26. Dezember 1895“*[1]. In dieser Schrift von 1900 geht es um die personenrechtliche Seite des Urheberrechts im Unterschied

[1] *Rabel*, Die Übertragbarkeit des Urheberrechts nach dem österreichischen Gesetze vom 26. Dezember 1895, GrünhutsZ 27 (1900), 71–182.

zur älteren rein vermögensrechtlichen. Sie ist unvergessen, wie ein Nachdruck fast 90 Jahre später kundtut.[2] Die Auffassung des Rechts als ein Erzeugnis und Abbild des Lebens wird schon hier deutlich, desgleichen die Neigung zu bildhaften Ausdrücken.

Zwei Jahre danach erscheint als Habilitationsschrift „*Die Haftung des Verkäufers wegen Mangels im Rechte*". Sie ist rechtsgeschichtlich vom Römischen Recht über das frühgermanische bis hin zum ALR und ABGB. Hier zeigt sich bereits die künftige geschichtliche, vergleichende und dogmatische Sicht des Privatrechts.

In den Jahren 1906/07 bringt die SavZ die „*Nachgeformten Rechtsgeschäfte*"[3]. Durch solche wird das Vertragsrecht fortgebildet. Der Autor führt dies geschichtlich und vergleichend vor und bezieht erstmals das englische Recht ein.

Desgleichen erschienen noch vor dem Ersten Weltkrieg Arbeiten zur *Unmöglichkeit der Leistung*[4], die in den Abhandlungen über *Inflation* und *Aufwertung* fortgesetzt wurden.[5] Das Recht der Leistungsstörungen beschäftigt den Verfasser lebenslang.

Allgemein bewundert werden *Rabels* „*Grundzüge des römischen Privatrechts*" von 1915. Das Werk ist äußerst knapp und kompakt geschrieben, behandelt das „spätklassische Recht im Zeitalter der Severer (193–235 n.Chr.)"[6], bringt viel Neues, das „durch die spätere Einzelforschung ... glänzende Bestätigung erfahren hat"[7]. Freilich ist es für den Nichtfachmann alles andere als leicht zu lesen.

Die Liebe zum Römischen Recht stirbt nicht.[8] Doch das geltende Recht tritt nach vorn in Rechtsvergleichung und Rechtsvereinheitlichung. Beide hat *Rabel* mit enormem Einsatz vorangebracht.

[2] *Rabel*, Die Übertragbarkeit des Urheberrechts nach dem österreichischen Gesetze vom 26. Dezember 1895, UFITA 108 (1988), 185–276.

[3] *Rabel*, Nachgeformete Rechtsgeschäfte, SavZ/Rom. 27 (1906), 290–335 und 28 (1907), 311–379 = Gesammelte Aufsätze (siehe Anhang zu diesem Beitrag) IV, 9–10.

[4] *Rabel*, Origine de la règle „Impossibilium nulla obligatio", in: Audibert u.a. (Hrsg.), Mélanges Gérardin (1907), S. 473–512 = Gesammelte Aufsätze IV, 105–135; *ders.*, Zur Lehre von der Unmöglichkeit der Leistung nach österreichischem Recht, in: Wiener Juristen Gesellschaft (Hrsg.), Festschrift zur Jahrhundertfeier des Allgemeinen Bürgerlichen Gesetzbuches – 1. Juni 1911, Band II (1911), S. 821–846 = Gesammelte Aufsätze I, 79–102; *ders.*, Über die Unmöglichkeit der Leistung und heutige Praxis, RheinZ 3 (1911), 467–490 = Gesammelte Aufsätze I, 56–78.

[5] Z.B.: *Rabel*, Die reichsgerichtliche Rechtsprechung über den Preisumsturz – Ein Wort zur Verständigung, DJZ 1921, 323–327 = Gesammelte Aufsätze I, 361–366.

[6] *Rabel*, Grundzüge des römischen Privatrechts (2. Aufl. 1955), S. 1.

[7] *Kunkel*, Ernst Rabel als Rechtshistoriker, in: Dölle/Rheinstein/Zweigert (Hrsg.), Festschrift für Ernst Rabel, Band II (1954), S. 1, 3.

[8] Z.B.: *Rabel*, Die Gefahrtragung beim Kauf, SavZ/Rom. 42 (1921), 543–564 = Gesammelte Aufsätze IV, 354–371; *ders./Levy*, Index Interpolationum quae in Justiniani Digestis inesse dicuntur, I–III (1929–1935); *ders.*, Erbengemeinschaft und Gewährleistung – Rechts-

Von der antiken Rechtsgeschichte seines Lehrers *Mitteis* her war er rechtsvergleichend gesinnt. In München übernahm er 1916 das für ihn gegründete Institut für Rechtsvergleichung und zehn Jahre später das Berliner Kaiser-Wilhelm-Institut für ausländisches und internationales Privatrecht,[9] in dessen Arbeit die Rechtsvergleichung überwog.

Neben Programmschriften[10] und vielen Einzelarbeiten[11] finden wir eine Abhandlung *„Private Laws of Western Civilization"*[12]. Hier werden Römisches Recht, moderne Kodifikationen und Common Law genial, umfassend und tief durchleuchtet, ein Glanzstück des 20. Jahrhunderts wie für das 19. *Savignys* Würdigung von *Code civil*, ALR und ABGB.[13]

Im Stadtschloss der Reichshauptstadt entstand das monumentale *„Recht des Warenkaufs*. Eine rechtsvergleichende Darstellung von *Ernst Rabel* unter Mitwirkung der früheren und jetzigen wissenschaftlichen Mitarbeitern des Instituts", I, 1936. Eine Teamarbeit des Chefs und der im Institut versammelten Jungelite, bereichert zudem durch den Erfahrungsschatz, den der Hauptverantwortliche mit führenden ausländischen Juristen im Kaufrechtsausschuss des Instituts für Vereinheitlichung des Privatrechts zu Rom über Jahre

vergleichende Bemerkungen zu den neuen Gaiusfragmenten, in: Vallindas (Hrsg.), Mnemosyna Pappoulias (1934), S. 187–212 = Gesammelte Aufsätze IV, 549–573; *ders.*, Katagraphe, SavZ/Rom. 54 (1934), 189–232 = Gesammelte Aufsätze IV, 513–548; *ders.*, Die Stellvertretung in den hellenistischen Rechten und in Rom, in: Atti del Congresso Internazionale di Diritto Romano, Band I (1934), S. 237–242 = Gesammelte Aufsätze IV, 491–496; *ders.*, Zum Besitzverlust nach klassischer Lehre, in: Festschrift für Salvatore Riccobono, Band IV (1935), S. 203–229 = Gesammelte Aufsätze IV, 588–606.

[9] Zu seinem Wirken dort *Rabel*, Die Fachgebiete des Kaiser-Wilhelm-Instituts für ausländisches und internationales Privatrecht 1909–1935, in: M. Planck (Hrsg.), 25 Jahre Kaiser-Wilhelm-Gesellschaft zur Förderung der Wissenschaften, Band III (1937), S. 77–190 = Gesammelte Aufsätze III, 180–234; *Kegel*, 50 Jahre Max-Planck-Institut für ausländisches und internationales Privatrecht, in: Klug/Ramm/Rittner/Schmiedel (Hrsg.), Gesetzgebungstheorie, Juristische Logik, Zivil- und Prozessrecht, Gedächtnisschrift für Jürgen Rödig (1978), S. 302–312.

[10] *Rabel*, Aufgabe und Notwendigkeit der Rechtsvergleichung, RheinZ 13 (1924), 279–301 = Gesammelte Aufsätze III, 1–21; *ders.*, El fomento internacional del derecho privado, Rev. Priv. 18 (1931), 321–332 (326–332) und 363–371 = Gesammelte Aufsätze III, 35–72.

[11] *Rabel*, Zu den allgemeinen Bestimmungen über Nichterfüllung gegenseitiger Verträge, in: Festschrift für Dolenc, Krek, Küsej und Škerj (1937), S. 703–742 = Gesammelte Aufsätze III, 138–175; *ders.*, Deutsches und amerikanisches Recht, RabelsZ 16 (1951), 340–359 = Gesammelte Aufsätze III, 343–363; *ders.*, Un problema de derecho comparado, vendedor de garantías legales de saneamiento, Rev. Jur. Univ. Puerto-Rico 23 (1954), 219–227.

[12] *Rabel*, Private Laws of Western Civilization, La. L. Rev. 10 (1949/50), 1–14 (2–14), 107–119, 265–275, 431–460 = Gesammelte Aufsätze IV, 276–341 (277–289), 1950 auch selbständig erschienen.

[13] *v. Savigny*, Vom Beruf unserer Zeit für Gesetzgebung und Rechtswissenschaft (1814), S. 54–110 (bei *Hattenhauer*, Thibaut und Savigny, Ihre programmatischen Schriften [1973], S. 128–162).

hin gesammelt hatte, und fußend auf den Unterlagen, die man aus Berlin nach Rom geliefert hatte.[14] Von Anfang an stand hier Rechtsvergleichung im Dienste der Rechtsvereinheitlichung.

Der zweite Band des Rechts des Warenkaufs ist 1958 erschienen, drei Jahre nach dem Tod des Urhebers. Die damaligen wissenschaftlichen Mitarbeiter des (inzwischen Max-Planck-) Instituts für ausländisches und internationales Privatrecht *von Donanyi* und *Käser* haben dem Begründer des Werks zur Seite gestanden. Hier werden die Käuferpflichten, die Sachmängelhaftung und die Gefahrtragung dargestellt. Der Rechtsmängelhaftung galt schon die Habilitationsschrift von 1902. Der Haftung für Sachmängel hat sich *Rabel* noch in Aufsätzen von 1950 und 1953 gewidmet.[15] Er hat sich dazu durchgerungen, sie in einem System der Haftung für Vertragsverletzungen aufgehen zu lassen. Nur schwer trennt sich der Jurist von überkommenen Vorstellungen. Das deutsche Gesetz zur Modernisierung des Schuldrechts hat sich in die zutreffende Richtung bewegt.[16]

Rabels vergleichende Arbeiten zum Kaufrecht nach dem Ersten Weltkrieg dienten wesentlich auch der *Vereinheitlichung des Warenkaufrechts*. Im römischen Institut für Privatrechtsvereinheitlichung hat er sie tatkräftig, ja mit Leidenschaft gefördert und über den letzten Weltkrieg hinaus gewirkt in zwei Haager Abkommen von 1964 über internationale Warenkäufe (EKG und EAG) und schließlich im Wiener UN-Übereinkommen von 1980 über den internationalen Warenkauf (CISG). Vereinheitlicht ist hier das Recht grenzüberschreitender („internationaler") Warenkäufe zum Nutzen des Welthandels.

Das von *Ernst Rabel* geleitete Institut diente (und dient bis heute) nicht nur dem ausländischen, sondern auch dem *internationalen* Privatrecht. So widmete sich sein Direktor intensiv auch diesem Gebiet. Es entstanden Abhandlungen zum Kollisionsrecht der Stellvertretung, zum internationalen Währungs- und Wertpapierrecht und zum internationalen Familienrecht.[17]

[14] *Rabel*, Das Recht des Warenkaufs (unveränderter Neudruck der Ausgaben von 1936 und 1957), Vorwort S. V–VI.

[15] *Rabel*, The Nature of Warranty of Quality, Tul. L. Rev. 24 (1950), 273–287; *ders.*, A Specimen of Comparative Law, The Main Remedies for the Seller's Breach of Warranty, Rev. Jur. Univ. Puerto Rico 22 (1953), 167–191 (Einordnung der Sachmängelhaftung ins allgemeine Recht der Nichterfüllung).

[16] §§ 437–441 n.F. BGB.

[17] *Rabel*, Vertretungsmacht für obligatorische Rechtsgeschäfte, RabelsZ 3 (1929) = Gesammelte Aufsätze II, 249–282; *ders.*, Unwiderruflichkeit der Vollmacht, RabelsZ 7 (1933), 797–807 = Gesammelte Aufsätze II, 283–294; *ders.*, Aus der Praxis des deutschen internationalen Privatrechts, RabelsZ 6 (1932), 310–341 = Gesammelte Aufsätze II, 295–327; *ders.*, Golddollaranleihen mit Vereinbarung des New Yorker Rechts, RabelsZ 10 (1936), 492–522 = Gesammelte Aufsätze II, 328–359, kürzlich noch benutzt von OLG Dresden WM 2000, 1837, 1841.

Die wichtigste und weltberühmte Arbeit ist sein 1931 veröffentlichter Aufsatz über die *Qualifikation*[18]. Hier fragt sich, wie die Systembegriffe zu verstehen sind, die den jeweiligen Anknüpfungsnormen zugrunde liegen. Z.B. für „unerlaubte Handlungen" gilt das Recht des Tatorts, für die „Erbfolge" das Heimatrecht des Erblassers.

Beispiel: Ein Franzose und eine Deutsche sind verlobt. Sie leben in der Schweiz. Der Mann nimmt die Frau in Gigolomanier aus und verduftet. Sie spürt ihn auf und klagt auf Schadenersatz. In Deutschland entscheidet nach herrschender Meinung das Recht des in Anspruch genommenen Verlobten,[19] hier das französische (besser wählte man bei verschiedener Staatsangehörigkeit das Recht des Staates, in dem beide leben, hier das Recht der Schweiz). In Frankreich sähe man den Fall deliktisch, es käme auf das Tatortland an, also auf die Schweiz.

Nach der sog. *lex fori*-Theorie gibt die deutsche Sicht den Ausschlag, also französisches materielles Recht. Vom *renvoi* sehen wir hier und im Folgenden ab. Nach der *lex causae*-Theorie entscheidet die Sicht des berufenen Rechts, hier also die französische; aber französisches Deliktsrecht ist von uns nicht berufen, man stößt ins Leere.

Rabel will *rechtsvergleichend* vorgehen. Das dürfte hier schwierig sein. Tatsächlich erklärt er: „*It would be preferable for the conflict rule to be free from interfering substantive law; the rule should simply refer the rights and obligations flowing from an engagement to the law of the place regarded under the circumstances as the center of the social relation between the parties at the time of the engagement.*"[20] Also auch hier schweizerisches Recht.

M.E. ist *internationalprivatrechtlich* zu qualifizieren: Maßgeben sollten die Interessen, die zu der Kollisionsnorm geführt haben. Wenn wie bei uns eine spezielle Kollisionsnorm das Verlöbnis regelt, muss die allgemeine deliktsrechtliche zurücktreten. *In casu* würden wir somit zum schweizerischen Recht kommen wie *Rabel.*[21] Dort knüpft man das Verlöbnis an wie die allgemeinen (persönlichen) Ehewirkungen[22] und für die beruft Art. 48 I IPRG das Recht des Staates, in dem beide Gatten ihr Domizil haben.

[18] *Rabel,* Das Problem der Qualifikation, RabelsZ 5 (1931), 241–288 = Gesammelte Aufsätze II, 189–240.

[19] BGHZ 132, 105 (116 unter II b) und BGH FamRZ 2005, 1151 (1152 unter 3 b aa) = NJW-RR 2005, 1079; in beiden Fällen war die Frau verklagt.

[20] *Rabel,* The Conflict of Laws, A Comparative Study, Vol. I, Family Law (2. Aufl. 1958), S. 221.

[21] *Kegel/Schurig,* Internationales Privatrecht (2004), § 20 II S. 794 f. Wenn Rabel auf „the time of the engagement" abstellt (Zitat zu Fn. 14 im Text oben), bleibt offen, ob er Verlobung oder Verlöbnis meint; letzteres dürfte zutreffen.

[22] *Dutoit,* Droit international privé suisse, Commentaire de la loi fédérale du 18 décembre 1987 (4. Aufl. 2005), Art. 43 Rn. 1.

Der Qualifikationsaufsatz *Rabels* war ein Trompetenstoß. Den Großkampf führte er in den vier Bänden seines „*Conflict of Laws*"[23]. So viele Bände hatte vor ihm *Frankenstein*[24] geschrieben, drei Bände *Beale*[25], *Niboyet*[26] sogar sechs. Aber *Rabels* Werk ist das größte des letzten Jahrhunderts wie der knappe Band *Savignys*[27] die Krone des 19.[28]

Mit eiserner Energie sind hier materielle und Kollisionsrechte verglichen und wird sorgsam die beste internationalprivatrechtliche Lösung herauspräpariert: Eine Fundgrube und ein Lehrstück bis heute und vielleicht immer.

Dennoch hat es nicht so mächtig gewirkt, wie es hätte können und sollen. Das liegt einmal daran, dass man sich im *Common Law* sehr schwer tut, kontinentaleuropäische Einsichten zu übernehmen, wie auch umgekehrt. Das gewichtige „*Private International Law*" *Martin Wolffs*[29] hat gleichfalls zu wenig Anklang gefunden. Änderungen des Zeitgeists mögen hinzukommen, vor allem die lautstarke amerikanische „*conflicts revolution*" nach dem Zweiten Weltkrieg.[30]

IV. Rechtsauffassung

Für *Rabel* ist das Recht ein Spiegel, eine Funktion des Lebens – m.E. ein Teil: Es wird gelebt; man richtet sich nach ihm oder wird gerichtet. *Rabel* sieht es als raumzeitliche Einheit. Daher gibt es keinen „Geist" des Römischen Rechts wie bei *Jhering*[31], auch keinen des *Common Law* oder des festländischeuropäischen Rechts.[32] „Tausendfältig schillert und zittert unter Sonne und Wind das Recht jedes entwickelten Volkes. Alle diese vibrierenden Körper zusammen bilden ein noch von niemandem mit Anschauung

[23] *Rabel,* The Conflict of Laws, A Comparative Study, Vol. I, 2. Ed. prepared by Ulrich Dobnig (1958); Vol. II, 2. Ed. prepared by Ulrich Drobnig (1960); Vol. III, 2. Ed. prepared by Herbert Bernstein (1964); Vol. IV (1958).

[24] *Frankenstein,* Internationales Privatrecht, I (1926), II (1929), III (1934), IV (1935).

[25] *Beale,* Conflict of Laws, Bände I–III (1935).

[26] *Niboyet,* Traité de droit international privé francais, Band I (1947), Band II (1951), Band III (1944), Band IV (1947), Band V (1948), Band VI 1 (1949), Band VI 2 (1950).

[27] *Savigny,* System des heutigen Römischen Rechts, Band VIII (1849).

[28] Zur Kennzeichnung des 20. Jahrhunderts („Ausdehnung") *Kegel,* Ausdehnung, Rechtshistorisches Journal 19 (2000), 612–613.

[29] *Wolff,* Private International Law (2. Aufl. 1950, 1. Aufl. 1945).

[30] Kritisch *Kegel,* The Crisis of Conflict Laws, Recueil des Cours 112 (1964 I), 91–268.

[31] *Rabel,* Real Securities in Roman Law, Reflections on a Recent Study by the late Dean Wigmore, in: Seminar 1 (1943), 32, 33f. = Gesammelte Aufsätze IV, 628, 629f.

[32] *Rabel,* Deutsches und Amerikanisches Recht, RabelsZ 16 (1951), 340, 341f. = Gesammelte Aufsätze III, 342, 343f.

erfasstes Ganzes."[33] Man erinnert sich *Goethes*: „Wenn im Unendlichen dasselbe … ." Dies Ganze zu erfassen müssen eigene Termini, universale Rechtsbegriffe gefunden werden.[34] *Rabel* erhofft „eine universale Rechtslehre mit eigenen Begriffen und Wertmaßstäben"[35]. Seine rechtsvergleichende Sicht des Qualifikationsproblems[36] hat hier ihren Grund.

V. Person

Rabel war knapp mittelgroß, gertenschlank, trug schwarze Anzüge. Er konnte grantig sein. Unvergesslich ein Abend in seinem Haus, als er Bücher auswählte, die er nach Amerika mitnehmen wollte, und die anderen, ja die meisten der Reihe nach niedermachte. *Martin Wolff* soll gesagt haben: „Ich möchte den *Rabel* so gern einmal *wirsch* sehen."

Er genoss höchsten Respekt, wurde aber wohl mehr gefürchtet als geliebt. Im *Faculty Club* von Berkeley frühstückte ich eines Morgens mit *Fritz Kessler*. Der war einige Jahre Referent im Kaiser-Wilhelm-Institut gewesen, hatte dort ein vorzügliches Buch über die Fahrlässigkeit im Deliktsrecht der USA geschrieben[37] und war dahin emigriert, weil er seine jüdische Frau vor den Nazis retten wollte. Hier wurde er neben *Gilmore* der führende Vertragsrechtler seiner Generation. Ich wollte seine Erinnerung an *Rabel* herauslocken. Er rühmte dessen Wissenschaft, hegte jedoch menschliche Bedenken, über die er sich ausschwieg. Solche hatte ich gar nicht.

Sein Verhältnis zu *Martin Wolff*, dem anderen großen Privatrechtler Berlins, war distanziert. *Wolff* soll gesagt haben: „Ich mache gern bei Habel (berühmtes Weinlokal) Rast, weil diesen Ort der *Rabel* hasst." Andererseits haben dort, so heißt es, die beiden ein Wintersemester lang einmal die Woche gefrühstückt, um das erwähnte Qualifikationsproblem zu erörtern, angeblich ohne einander verstanden zu haben.

Ihr Stil war verschieden: *Wolff* schrieb kühl, *Rabel* mit Schwung, immer im Gespräch mit dem Leser. *Wolff* war ein Gebirge, *Rabel* ein Ozean. Oder: *Wolff* Stein, *Rabel* Wein. Doch bleiben solche Umschreibungen stümperhaft.

Wolff war ein Lehrer höchsten Ranges mit prallen Hörsälen. *Rabel* zog Studenten nicht an trotz oder wegen exzellenten Inhalts. Beide deutschnational und international. Im ersten Heft des griechischen Archivs für Privat-

[33] *Rabel*, Aufgabe und Notwendigkeit der Rechtsvergleichung, RheinZ 13 (1924), 279, 283 = Gesammelte Aufsätze III, 1, 5.

[34] *Rabel*, In der Schule von Ludwig Mitteis, Journal of Juristic Papyrology 7–8 (1954), 157, 160 = Gesammelte Aufsätze III, 376, 379.

[35] *Rabel*, Deutsches und Amerikanisches Recht, RabelsZ 16 (1951), 340, 358 = Gesammelte Aufsätze III, 342, 362.

[36] *Rabel*, RabelsZ 25 (1931), 241–288 = Gesammelte Aufsätze II, 189–240.

[37] *Kessler*, Die Fahrlässigkeit im nordamerikanischen Deliktsrecht (1932).

recht (ΑΡΧΕΙΟΝ ΙΔΙΩΤΙΚΟΥ ΔΙΚΑΙΟΥ[38]) von 1934 traten beide gemeinsam auf, wiewohl zu *Rabels* Missfallen.

Wolffs Frau war Engländerin und in deren Heimat emigrierte er, schrieb dort sein „*Private International Law*", umfänglicher als das frühere IPR Deutschlands. *Rabel* ging in die USA und erarbeitet in ihm ganz fremder Umgebung sein weltumspannendes Internationales Privatrecht in vier Bänden.

Jemand hat von Emigranten gesagt: die Engländer ließen keinen verhungern, aber auch keinen hochkommen; in den USA war es umgekehrt. *Wolff* fand in England immerhin geordnete Verhältnisse. *Rabel* musste sich durchquälen.

Man sollte sich stets wieder klar machen, wie grauenhaft es unter den Nazis zuging. Das Schlimmste widerfuhr den ungezählten Juden, die aus ihrer Existenz gerissen und in den Gaskammern ermordet wurden. Allein schon vor dem war es furchtbar, zumal im Sommer 1934, als *Hitler* in der Lichterfelder Kadettenanstalt viele politische und persönliche Feinde erschießen ließ und Reichsjustizminister *Gürtner* vor versammeltem Reichstag die Verbrechen als rechtens ausgab. Ob nun einer Jude war oder – nur – politischer Feind, es ging ums Ganze und man lebte in ständiger Gefahr.

Auf der Höhe des Lebens alles preisgeben ohne zu klagen, braucht enorme Kraft des Charakters. *Ernst Rabel* hat sie gezeigt, und auch darum verdient er unser Gedenken so sehr wie wegen seiner Werke.

Er hat einen Nachruf geschrieben auf *Josef Kohler*[39]. Der war ein Universaljurist: „Das Recht der Berber und Tiroler erforschte Deutschlands größter *Kohler*" (irgendwer hat das gedichtet). *Kohler* hatte die Rheinische Zeitschrift für Zivil- und Prozessrecht gegründet, die *Rabel* von ihm übernahm und in seiner Zeitschrift fortsetzte. *De mortuis nil nisi bene*. Doch *bene* ist nicht *bona*. *Rabel* ging im Nachruf voll auf Distanz. Es heißt dort: „Einer unser verehrungswürdigsten juristischen Meister sagte mir einmal nachdenklich: Es gibt keine juristischen Genies und kann keine geben. Aber genialische Züge hatte *Kohler* doch."[40] *Rabel* hatte nicht nur genialische Züge: Er *war* ein Genie.[41]

[38] *Rabel*, Das griechische Privatrecht und die Umwelt, ΑΡΧΕΙΟΝ ΙΔΙΩΤΙΚΟΥ ΔΙΚΑΙΟΥ 1934, 1–13 = Gesammelte Aufsätze III, 82–91; *Wolff*, Genehmigung und Zwischenverfügung, ΑΡΧΕΙΟΝ ΙΔΙΩΤΙΚΟΥ ΔΙΚΑΙΟΥ 1934, 14–22.

[39] *Rabel*, Josef Kohler, RheinZ 10 (1919/20), 123–133 = Gesammelte Aufsätze I, 340–350.

[40] *Rabel*, RheinZ 10 (1919/20), 123, 125 = Gesammelte Aufsätze I, 340, 342.

[41] Treffend *Rheinstein*, Ernst Rabel, in: Dölle/Rheinstein/Zweigert (Hrsg.), Festschrift für Ernst Rabel, Band I, Rechtsvergleichung und Internationales Privatrecht (1954), S. 1: „Das wissenschaftliche Werk Ernst Rabels zeichnet sich aus zugleich durch seine durchdringende Tiefe wie seine umfassende Weite."

VI. Werke

Fast vollständiges Schriftenverzeichnis von *des Coudres,* in: Hans Dölle/Max Rheinstein/Konrad Zweigert (Hrsg.), Festschrift für Ernst Rabel, Band I, Tübingen (Mohr) 1954, S. 685–704 = (mit Ergänzungen) Gesammelte Aufsätze III 731–755 (siehe anschließend).

Gesammelte Aufsätze (hier abgekürzt GA)

I. Arbeiten zum Privatrecht 1907–1930, hrsg. von Hans G. Leser, Tübingen (Mohr Siebeck) 1965

II. Arbeiten zur internationalen Rechtsprechung und zum internationalen Privatrecht 1922–1951, hrsg. von Hans G. Leser, Tübingen (Mohr Siebeck) 1965

III. Arbeiten zur Rechtsvergleichung und zur Rechtsvereinheitlichung 1919–1954, hrsg. von Hans G. Leser, Tübingen (Mohr Siebeck) 1967

IV. Arbeiten zur altgriechischen, hellenistischen und römischen Rechtsgeschichte 1905–1949, hrsg. von Hans Julius Wolff, Tübingen (Mohr Siebeck) 1971

Die Übertragbarkeit des Urheberrechts nach dem österreichischen Gesetz vom 26. Dezember 1895, GrünhutsZ 27 (1900), 71–182, Neudruck UFITA 108 (1988), 185–276

Die Haftung des Verkäufers wegen Mangels im Rechte, Teil 1: Geschichtliche Studien über den Haftungserfolg, Leipzig (Veit) 1902, Nachdruck Berlin/New York (de Gruyter) 1973

Nachgeformte Rechtsgeschäfte, SavZ/Rom. 27 (1906), 290–335 und 28 (1907), 311–379 = GA IV 9–104

Die Unmöglichkeit der Leistung – Eine kritische Studie zum Bürgerlichen Gesetzbuch, in: Franz Bernhöft/Paul Fréderic Girard/Otto Gradenwitz/Eduard Hölder/Paul Krüger/Rudolf Leonhard/Ludwig Mitteis/Ernst Rabel/Emil Seckel/Andreas v. Thur (Hrsg.), Festschrift für Ernst Immanuel Bekker, Weimar (Böhlau) 1907, S. 171–237, Neudruck Aalen (Scientia) 1970 = GA I 1–55

Origine de la règle „Impossibilium nulla obligatio", in: Audibert/Bartin/Cuq/Esmein/Girard/Jobbé-Duval/Lyon Caen/May, Mélanges Gérardin, Paris (Sirey) 1907, S. 473–512 = GA IV 105–135

Zur Lehre von der Unmöglichkeit der Leistung nach österreichischem Recht, in: Wiener Juristische Gesellschaft (Hrsg.), Festschrift zur Jahrhundertfeier des Allgemeinen Bürgerlichen Gesetzbuches – 1. Juni 1911, Band II, Wien (Manz) 1911, S. 821–846 = GA I 79–102

Über Unmöglichkeit der Leistung und heutige Praxis, RheinZ 3 (1911), 467–490 = GA I 56–78

Grundzüge des römischen Privatrechts, 1. Auflage, in: Franz v. Holtzendorff/Josef Kohler (Hrsg.), Enzyklopädie der Rechtswissenschaft in systematischer Bearbeitung, Band I, Leipzig/München/Berlin (Duncker & Humblot/Guttentag) 1915, S. 399–540; 2. Auflage, Darmstadt/Basel (Wissenschaftliche Buchgesellschaft/Schwabe) 1955

Dike exules und Verwandtes, SavZ/Rom. 36 (1915), 340–390 = GA IV 294–335

Die Gefahrtragung beim Kauf, SavZ/Rom. 42 (1921), 543–561 = GA IV 354–370

Die reichsgerichtliche Rechtsprechung über den Preisumsturz – Ein Wort zur Verständigung, DJZ 1921, 323–327 = GA I 361–366

Aufgabe und Notwendigkeit der Rechtsvergleichung, RheinZ 14 (1926), 279–301 = GA III 1–21

Rechtsvergleichung und internationale Rechtsprechung, RabelsZ 1 (1927), 5–47

Index Interpolationum quae in Justiniani Digestis inesse dicuntur. Cur. Ernestus Levy et Ernestus Rabel, Bände I–III, Weimar (Böhlau) 1929–1935

Das Problem der Qualifikation, RabelsZ 5 (1931), 241–288 = GA II 189–240

Die Stellvertretung in den hellenistischen Rechten und in Rom, in: Congresso Internazionale die Diritto Romano (Hrsg.), Atti di Congresso Internazionale di Diritto Romano, Band I, Pavia (Fusi) 1934/35, S. 237–242 = GA IV 491–496

Das griechische Recht und die Umwelt, ΑΡΧΕΙΟΝ ΙΔΙΩΤΙΚΟΥ ΔΙΚΑΙΟΥ 1 (1934), 1–13 = GA III 82–91

Katagraphe, SavZ/Rom. 54 (1934), 189–232 = GA IV 513–548

Erbengemeinschaft und Gewährleistung – Rechtsvergleichende Bemerkungen zu den neuen Gaiusfragmenten, in: Peter G. Vallindas (Hrsg.), Mnemosyna Pappulias, Athen (Verlag von „Pyrsos") 1934, S. 187–212 = GA IV 549–573

Der Entwurf eines einheitlichen Kaufgesetzes, RabelsZ 9 (1935), 1–79, 339–363 = GA III 522–612

Zum Besitzverlust nach klassischer Lehre, in: Studi in onore di Salvatore Riccobono, Band IV, Palermo (Arti Grafiche Castiglia) 1936, S. 203–229 = GA IV 580–606

Das Recht des Warenkaufs, Band I, Berlin (de Gruyter) 1936, unveränderter Nachdruck 1964, Band II, Berlin (de Gruyter) 1958, unveränderter Nachdruck 1964

Zu den allgemeinen Bestimmungen über Nichterfüllung gegenseitiger Verträge, in: Festschrift für Dolenc, Krek, Küseij und Škerlj, Lubljana (Jugoslovanska Tiskarna) 1937, S. 703–742 = GA III 138–179

Die Fachgebiete des Kaiser-Wilhelm-Instituts für ausländisches und internationales Privatrecht (gegründet 1926) 1900–1935, in: Max Planck (Hrsg.), 25 Jahre Kaiser-Wilhelm-Gesellschaft zur Förderung der Wissenschaften, Band III, Berlin (Springer) 1937, S. 77–190 = GA III 180–234

Real Securities Law in Roman Law – Reflections on a Recent Study by the Late Dean Wigmore, Seminar: Annual Extraordinary Number of „The Jurist" 1 (1943), 32–47 = GA IV 628–641

The Conflict of Laws, A Comparative Study, volume 1, Chicago 1945, 2. ed. prepared by Ulrich Drobnig, Ann Arbor 1958, volume 2, Chicago 1947, 2. ed. prepared by Ulrich Drobnig, Ann Arbor 1960, volume 3, Chicago 1950, 2. ed. prepared by Herbert Bernstein, Ann Arbor 1964, IV Ann Arbor 1958

Private Laws of Western Civilization, La. L. Rev. 10 (1949), 1–14, 107–119, 265–275, 431–460 = GA III 276–341

Deutsches und amerikanisches Recht, RabelsZ 16 (1951), 340–359 = GA III 342–363

Un problema de derecho comparado – Los remedios principales in caso del incomplimento por parte de vendedor de garantías legales de sanemiamento, Rev. Jur. Univ. Puerto Rico 23 (1954), 219–224

VII. Schrifttum zu Ernst Rabel (Auswahl)

Rheinstein, Max, Ernst Rabel, in: Hans Dölle/Max Rheinstein/Konrad Zweigert (Hrsg.), Festschrift für Ernst Rabel, Band I, Tübingen (Mohr Siebeck) 1954, S. 1–4

Kunkel, Wolfgang, Ernst Rabel als Rechtshistoriker, in: Hans Dölle/Max Rheinstein/Konrad Zweigert (Hrsg.), Festschrift für Ernst Rabel, Band II, Tübingen (Mohr Siebeck) 1954, S. 1–6

Caemmerer, Ernst von, Das deutsche Schuldrecht und die Rechtsvergleichung – Zum Tode von Ernst Rabel, NJW 1956, 569–571

Wolff, Hans Julius, Ernst Rabel †, SavZ/Rom. 73 (1956), XI–XXVIII

Leser, Hans G., GA II, Einleitung des Herausgebers IX–XVII und GA III, Einleitung des Herausgebers XV–XXXIV

Gamillscheg, Franz, Ernst Rabel (1874–1955), Rechtsgeschichte und Rechtsvereinheitlichung, in: Fritz Loos (Hrsg.), Rechtswissenschaft in Göttingen – Göttinger Juristen aus 250 Jahren, Göttingen (Vandenhoeck u. Ruprecht) 1987, S. 456–470

Kegel, Gerhard, Ernst Rabel, in: Jürgen F. Baur (Hrsg.), Festschrift für Bodo Börner, Köln/Berlin/Bonn/München (Heymann) 1992, S. 835–840

Kegel, Gerhard, Ernst Rabel (1874–1955), Vorkämpfer des Weltkaufrechts, in: Helmut Heinrichs/Harald Franzki/Klaus Schmalz/Michael Stolleis (Hrsg.), Deutsche Juristen jüdischer Herkunft, München (C.H. Beck) 1993, S. 571–591

Utermark, Timo, Rechtsgeschichte und Rechtsvergleichung bei Ernst Rabel, Frankfurt/Main (Lang) 2005

Franz Böhm*

Ernst-Joachim Mestmäcker

I. Werdegang

Franz Böhm wurde am 16. Januar 1895 in Konstanz geboren. Er entstammt einer badischen Juristenfamilie, der Vater war hoher Verwaltungsbeamter und badischer Kultusminister. Er besuchte das humanistische Gymnasium in Karlsruhe. Das Abitur fiel mit dem Ausbruch des Ersten Weltkriegs zusammen. Von 1914 bis 1918 war *Franz Böhm* Soldat. Nach dem Krieg studierte er in Übereinstimmung mit der Tradition seiner Familie Rechtswissenschaft und zwar an der Universität Freiburg. Es folgten 1922 das Erste und 1924 das Zweite Staatsexamen. 1926 heiratete *Franz Böhm Maria Antonia Ceconi*, eine Tochter *Ricarda Huchs*. Die erste Berufstätigkeit war die eines badischen Staatsanwalts. Schon 1925 wurde er von dort an das Reichsministerium für Wirtschaft und zwar in das Kartellreferat abgeordnet. Anzuwenden war die Kartellverordnung vom 2. November 1923 gegen den Missbrauch wirtschaftlicher Machtstellung. Zu beaufsichtigen waren erlaubte Kartelle. Der Reichswirtschaftsminister hatte zu entscheiden, ob Kartelle durch Verträge oder Beschlüsse die Gesamtwirtschaft oder das Gemeinwohl gefährdeten (§ 4). Es waren die Erfahrungen, die *Franz Böhm* in der Wahr-

* Vortrag am 2. Dezember 2005 – Humboldt-Universität zu Berlin.

nehmung dieser Aufgabe sammelte, die für seine späteren wirtschaftsrechtlichen Fragestellungen grundlegend wurden. Ein Aufsatz aus dem Jahre 1928 kündigte bereits den Grundton an, der das spätere Werk bestimmen sollte: „Das Problem der privaten Macht – Ein Beitrag zur Monopolfrage"[1]. 1932 ließ sich *Franz Böhm* vom Reichswirtschaftsministerium beurlauben, um an der Universität Freiburg bei Professor *Hoeninger* zu habilitieren. Der Titel der 1933 erschienenen Habilitationsschrift lautete: „Wettbewerb und Monopolkampf. Eine Untersuchung zur Frage des wirtschaftlichen Kampfrechts und zur Frage der rechtlichen Struktur der geltenden Wirtschaftsordnung"[2]. Das Jahr 1933 bezeichnete nicht nur aus politischen Gründen eine Zäsur in dem Leben von *Franz Böhm.* Als Privatdozent an der Universität Freiburg begegnete er dem Nationalökonomen *Walter Eucken.* Dies wurde der Ursprung der später so genannten Freiburger Schule, über deren Entstehung *Franz Böhm* selbst berichtet hat.[3] Juristen und Ökonomen vereinten sich in dem Bemühen, die Ordnungsprinzipien einer freien Verkehrswirtschaft zu erkennen und durchzusetzen. *Franz Böhm* hat darin auch ein den Beteiligten gemeinsames Wertbekenntnis gesehen.[4] Die Werte, um die es ging, waren die Behauptung der individuellen Freiheit gegen den Zeitgeist des Kollektivismus in der Ökonomie und im Recht. Konflikte mit dem Nationalsozialismus waren programmiert. Ein Rezensent der Habilitationsschrift meinte, *Franz Böhm* habe sich über die Bedeutung der nationalsozialistischen Revolution „offenbar getäuscht".[5] Wer das Vorwort zu „Wettbewerb und Monopolkampf" gelesen hat, konnte schwerlich zu dem Ergebnis kommen, dass es sich um eine Täuschung handelte. Zu persönlichen Konflikten mit dem Regime kam es 1937 in Jena. *Franz Böhm* vertrat dort als Privatdozent von 1936 bis 1938 einen Lehrstuhl an der Universität. In einer privaten geselligen Zusammenkunft kam es zu Auseinandersetzungen zwischen einem Funk-

[1] *Böhm*, Das Problem der privaten Macht – Ein Beitrag zur Monopolfrage, Die Justiz 1927/28, 328–345. Auch in: Mestmäcker (Hrsg.), Reden und Schriften. Über die Ordnung einer freien Gesellschaft, einer freien Wirtschaft und über die Wiedergutmachung (1960), S. 25–44.

[2] *Böhm*, Wettbewerb und Monopolkampf. Eine Untersuchung zur Frage des wirtschaftlichen Kampfrechts und zur Frage der rechtlichen Struktur der geltenden Wirtschaftsordnung (1933), unveränderter fotomechanischer Nachdruck 1933/1964.

[3] *Böhm*, Die Forschungs- und Lehrgemeinschaft zwischen Juristen und Volkswirten an der Universität Freiburg in den dreißiger und vierziger Jahren des 20. Jahrhunderts – Das Recht der Ordnung der Wirtschaft, in: Wolff (Hrsg.), Aus der Geschichte der Rechts- und Staatswissenschaften zu Freiburg im Breisgau (1957), S. 95–113; auch in: Mestmäcker (Hrsg.), Reden und Schriften (Fn. 1), S. 158–175.

[4] *Böhm* (Fn. 3), S. 95, auch in: Mestmäcker (Hrsg.), Reden und Schriften (Fn. 1), S. 158, 161.

[5] *Huber*, Dr. Franz Böhm: Wettbewerb und Monopolkampf. Eine Untersuchung zur Frage des wirtschaftlichen Kampfrechts und zur Frage der rechtlichen Struktur der geltenden Wirtschaftsordnung. Berlin 1933, JW 1934, 1038, 1039.

tionär und „alten Kämpfer" der NSDAP, *Richard Kolb*, *Ricarda Huch* und *Franz Böhm*. Gegenstand des Gesprächs und dann einer heftigen Auseinandersetzung war der Antisemitismus der Nationalsozialisten. *Ricarda Huch* trat für die Gleichberechtigung jüdischer Staatsbürger ein. Das daraus entstehende Streitgespräch, das alsbald von *Franz Böhm* geführt wurde, war heftig und unversöhnlich.[6] Die Konsequenz ließ nicht auf sich warten. Ein Disziplinar- und Dienststrafverfahren wurde eingeleitet. Es führte zur sofortigen Suspendierung vom Dienst, zum Ausschluss aus dem deutschen Rechtswahrerbund und 1940 zum Entzug der Lehrerlaubnis und zur beamtenrechtlichen Versetzung in den Wartestand. Der Reichsdienststrafhof verneinte in Übereinstimmung mit der Vorinstanz Verstöße gegen das sogenannte Heimtückegesetz, bejahte aber Verstöße gegen das Beamtengesetz, weil jeder Beamte sich jederzeit rückhaltlos für den nationalsozialistischen Staat einzusetzen habe. Eine Begebenheit aus der Verhandlung vor dem Reichsdienststrafhof verdient festgehalten zu werden. *Ricarda Huch* war als Zeugin geladen. Sie sollte über das erwähnte Gespräch Auskunft geben. Der Reichsanwalt fragte, ist es richtig, dass der Betroffene erklärte, die jüdischen Bürger hätten dieselben Rechte wie arische Bürger? Die Antwort war eine Frage: „na und?"

Das Ende des Krieges und des Nationalsozialismus bedeutete für *Franz Böhm* neue Freiheit zu ausgebreiteten wissenschaftlichen und politischen Tätigkeiten. In Freiburg wurde er im Mai 1945 als Privatdozent spontan zum Prorektor gewählt und zum ordentlichen Professor für Bürgerliches Handels- und Wirtschaftsrecht bestellt. Noch ehe er seine Lehrtätigkeit aufnehmen konnte, wurde er als Kultusminister in das von der US-Militärregierung gebildete Kabinett des Landes Hessen berufen. Dessen Ministerpräsident war der bekannte Wirtschaftsrechtler *Karl Geiler*. Diese Position erwies sich jedoch als ein kurzes Zwischenspiel. Kritik an der Militärregierung, die das humanistische Gymnasium abschaffen wollte, führte zur Entlassung aus dem Kabinett. Es folgte 1946 die Berufung auf einen Lehrstuhl für Bürgerliches, Handels- und Wirtschaftsrecht an der Rechtswissenschaftlichen Fakultät der Universität Frankfurt am Main. Dort blieb er bis zu seiner Emeritierung 1962.

1952 berief Bundeskanzler *Adenauer Franz Böhm* zum Leiter der deutschen Verhandlungsdelegation über ein Wiedergutmachungsabkommen mit Israel und den jüdischen Weltverbänden. Der Frankfurter Kollege und Professor *Walter Hallstein* war zu der Zeit Staatssekretär im Auswärtigen Amt. Die dramatische Geschichte dieser Verhandlungen hat *Franz Böhm* im Rück-

[6] Eine genaue Darstellung anhand des Franz Böhm Archivs findet sich in der fairen und genauen Darstellung von *Wiethölter*, Franz Böhm / 1895–1977, in: Diestelkamp/Stolleis (Hrsg.), Juristen an der Universität Frankfurt am Main (1989), S. 208, 222–224.

blick dargestellt.[7] Hier muss der Hinweis genügen, dass *Franz Böhm* das von ihm vertretene Konzept der Wiedergutmachung nur unter Konflikten und gegen die abweichende Konzeption von *Hermann Josef Abs*, dem Vorstandsvorsitzenden der Deutschen Bank, durchsetzen konnte. *Abs* war Leiter der Deutschen Delegation für die Schuldenregelungskonferenz in London. Er wollte die Wiedergutmachung in die Schuldenregelung einbeziehen. Auf Vorschlag von *Abs* hatte der Bundeskanzler zunächst dem Vorhaben zugestimmt, Israel eine vorläufige Entschädigung anzubieten, die gegebenenfalls durch eine Auslandsanleihe erhöht werden sollte. *Franz Böhm* sah darin den Versuch, eine eindeutige und kurzfristige Regelung der Wiedergutmachung zu verhindern, und trat als Delegationsleiter zurück. Nach einem, wie *Franz Böhm* berichtet, harten aber sachlichen Gespräch stimmte *Adenauer* der von *Franz Böhm* und den jüdischen Verhandlungspartnern in Aussicht genommenen Regelung zu. *Franz Böhm* kehrte als Delegationsleiter zurück, und die Luxemburger Wiedergutmachungsverträge wurden am 10. September 1952 in Luxemburg unterzeichnet. Nach der diplomatischen Anerkennung Israels bot die Bundesregierung *Franz Böhm* an, der erste Botschafter in Israel zu werden. Er lehnte ab. Seine Begründung lautete: Als unabhängiger Professor wolle er sich nicht in eine Rolle begeben, in der er Weisungen Vorgesetzter zu befolgen habe.

1953 wurde *Franz Böhm* als Abgeordneter der CDU in den Bundestag gewählt. Er gehörte dem Bundestag in 3 Legislaturperioden von 1953 bis 1965 an. 1953 war die hessische CDU nicht bereit, *Franz Böhm* einen aussichtsreichen Listenplatz einzuräumen. Man fürchtete sein bekanntes Engagement für ein Kartellverbot und erwartete Zurückweisung durch die Wählerinnen und Wähler wegen seines Engagements für die Wiedergutmachung. Für *Franz Böhm* war es eine große Genugtuung, dass er in einem als aussichtslos geltenden Wahlkreis als Direktkandidat mit Mehrheit gewählt wurde. Seine Interessen als Abgeordneter galten hauptsächlich der Wettbewerbsgesetzgebung, der Mitbestimmung der Arbeitnehmer und der Wiedergutmachung nationalsozialistischen Unrechts. Er war stellvertretender Vorsitzender des Wiedergutmachungsausschusses und Mitglied des wirtschaftspolitischen Ausschusses. An der Formulierung der innerdeutschen Wiedergutmachungsgesetzgebung war er maßgeblich, auch redaktionell, beteiligt.[8]

[7] *Böhm*, Das deutsch-israelische Abkommen 1952, in: Mestmäcker (Hrsg.), Freiheit und Ordnung in der Marktwirtschaft (1980), S. 613–646.

[8] Näher zur Wiedergutmachungsgesetzgebung, *Böhm*, Die politische und soziale Bedeutung der Wiedergutmachung (1956), in: Mestmäcker (Hrsg.), Reden und Schriften (Fn. 1), S. 193–215.

II. Politikverständnis

Keine Frage hat *Franz Böhm* leidenschaftlicher bewegt, als die Suche nach den Ursachen, aus denen gesittete und gebildete Menschen bereit sind, Inhaber von Macht, mögen sie staatliche oder private Macht innehaben, vom Sittengesetz und vom Recht zu dispensieren. Die doppelte Moral im persönlich kulturellen und im politischen Bereich aus dem Geist und aus der Wahrheit zu überwinden, bezeichnete er als die große politische Herausforderung unseres Staates.[9] Seine Antwort war nicht ein Appell zu verstärkter kultureller Bildung oder zur Orientierung an den guten Geistern der Menschheit: „Falsch ist die Erwartung, man könne bei ihnen lernen, wie man mit Canaillen umgeht."[10] Die Welt der persönlichen Kultur könne nämlich auf Dauer keinen Bestand haben, wenn es nicht gelinge, eine entsprechende Welt der politischen und sozialen Kultur zu erzeugen.[11] Nur so könne der Rückfall in Barbarei verhindert werden. Wir werden sehen, dass seine wohl größte wissenschaftliche und politische Leistung darin bestanden hat, das Privatrecht und die Privatrechtsordnung als Bausteine der Verfassung einer freien Verkehrswirtschaft und eines freien demokratischen Gemeinwesens zu erweisen. *Rudolf Wiethölter* hat in einer einfühlsamen Würdigung die Vermutung geäußert, *Franz Böhm* habe sich in der geistigen Welt, in der es um Reich und Recht, Macht und Freiheit, Natur und Geist gehe, mehr zuhause gefühlt als in der politökonomischen von Markt und Wettbewerb.[12] Gewiss liebte *Franz Böhm* die Dichter, besonders *Schiller* und *Gottfried Keller*. Trotzdem glaube ich nicht, dass dieser Eindruck dem Selbstverständnis von *Franz Böhm* gerecht wird. Er hat oft gesagt, die Wissenschaft solle sich mit den scheinbar einfachen Dingen des Alltags beschäftigen: Mit dem vollentgeltlichen Vertrag, mit Gewerbefreiheit oder Privateigentum. Hier bestehe keine Gefahr, dass man in höchstpersönliche Güter oder Werte eingreife. Im Anschluss an *Pestalozzi* heißt es: „Die Angelegenheiten gemeiner bürgerlicher Berufe sind immer je der weisesten Regierung höchster Gegenstand."[13] Dem stellt *Franz Böhm* die „politische Theologie" von *Carl Schmitt* gegenüber. Da geht es nicht – ich zitiere – um Handels- und Gewerbefreiheit und andere liberale Halbheiten, sondern um die absolute, das heißt aus dem Nichts geschaffene Entscheidung. Sie ist das Wesen der Diktatur.[14] Zu diesem

[9] *Böhm,* Ansprache zur Eröffnung des Internationalen Gelehrtenkongresses 1949 „Goethe und die Wissenschaft" in Frankfurt am Main, in: Mestmäcker (Hrsg.), Reden und Schriften (Fn. 1), S. 269, 279.

[10] Ebd. S. 275.

[11] Ebd. S. 279.

[12] *Wiethölter* (Fn. 6), S. 231.

[13] *Böhm,* Pestalozzi als Erzieher und Staatsdenker, in: Mestmäcker (Hrsg.) (Fn. 7), S. 569, 577.

[14] C. *Schmitt,* Politische Theologie (2. Aufl. 1934), S. 80–84.

Verständnis von Politik, die nur noch Freunde und Feinde kennt, hat *Franz Böhm* mir geschrieben, da gehe es nur noch um das Würfeln um Kronen. Aber wer gewinnen wolle, ohne falsch zu würfeln, sei auch kein Politiker.[15]

III. Der Lehrer

Diese Vorlesungsreihe soll der gegenwärtigen Generation von Studentinnen und Studenten einen Eindruck von meinem akademischen Lehrer vermitteln. Dazu gehört die Wahrnehmung durch den Schüler. Die Studenten, die 1946 ihr Studium aufnahmen, waren fast ausnahmslos Kriegsteilnehmer. In der Begrüßung der Erstsemester hat *Franz Böhm* als Rektor seiner Universität eindringlich auf den Gegensatz der militärischen und der wissenschaftlichen Tugenden hingewiesen. Dort der Gehorsam in einer gegliederten Organisation, hier das selbständige und freie Bemühen um den Zugang zu der selbst gewählten Wissenschaft. Meine persönliche Erinnerung an *Franz Böhm* beginnt mit der Übung im Bürgerlichen Recht für Anfänger im Wintersemester 1947/48. Ich schrieb meine erste Klausur. Der Sachverhalt betraf einen Fall, in dem der Eigentümer eines Bildes das Bild zweimal verkaufte. Einmal befristet an den ersten Käufer, der das Bild auch im Besitz hatte. Der zweite Kaufvertrag verstieß gegen ein relatives Veräußerungsverbot nach § 135 BGB, das der erste Käufer erwirkt hatte. Daraus folgte die Rechtsfrage, wie der Eigentümer angesichts der relativen Unwirksamkeit der zweiten Veräußerung das Eigentum an den ersten Käufer übertragen konnte. *Franz Böhm* trug als Lösung die Abtretung des Herausgabeanspruchs nach § 931 BGB vor. Dagegen machten wir, mein Freund und heutiger Kollege in Saarbrücken, *Gerhard Lüke* und ich, belehrt durch die Vorlesung im Sachenrecht bei dem unvergessenen *Ernst von Caemmerer*, die *Martin Wolff*-Lösung geltend: Bei Fehlen eines Besitzmittlungsverhältnisses, das § 931 voraussetzt, erfolgt die Eigentumsübertragung durch schlichte Einigung. *Franz Böhm* gab die Klausur nicht zurück und erklärte, die Lösung habe er nicht bedacht, er werde darauf in der nächsten Stunde zurückkommen. Dort akzeptierte er die „schlichte Einigung“ als eine wohlüberlegte und gut vertretbare Lösung.[16] Eine fast verloren gegebene erste Klausur wurde zu einem Erfolgserlebnis. Vielleicht können Sie sich die Ermutigung vorstellen, die dies für einen Drittsemester bedeutete. Zu erwähnen ist aber auch der pädagogische Effekt für den späteren akademischen Lehrer *Mestmäcker*, so hoffe ich jedenfalls. Im folgenden Semester nahm ich an *Böhms* Seminar für Wirtschaftsrecht teil.

[15] *Mestmäcker*, Über die Rolle der Politik in der Marktwirtschaft. Dargestellt anhand eines unveröffentlichten Briefes von Franz Böhm, ORDO 29 (1978), 3, 10.

[16] Dazu *Lüke*, Die schlichte Einigung, in: Sauermann/Mestmäcker (Hrsg.), Festschrift für Franz Böhm zum 80. Geburtstag (1975), S. 33–36.

Das Thema meines Vortrages lautete: „Der Wettbewerb als Lenkungs- und Steuerungseinrichtung und seine rechtliche Sicherung". Die Mehrheit der Teilnehmer des Seminars waren Professoren. Ich erinnere mich an den Finanzwissenschaftler *Fritz Neumann*, an die Ökonomen *Hans Möller* und *Sauermann*, vor allem aber an den katholischen Sozialwissenschaftler Pater *von Nell-Breuning*. Ihnen allen begegnete ich übrigens ein Jahrzehnt später im wissenschaftlichen Beirat des Bundeswirtschaftsministeriums. Ein nachhaltiger Eindruck ging insbesondere von Pater *von Nell-Breuning* aus. Er verband juristischen Scharfsinn mit einem nachhaltigen Eintreten für die Interessen der Arbeitnehmer, auch in der damals aktuellen Frage der unternehmerischen Mitbestimmung.

An den *Böhm* Seminaren für Wirtschaftsrecht, die in jedem Semester angeboten wurden, habe ich seit meinem 4. Semester bis zu meiner Habilitation 1958 teilgenommen, unterbrochen nur durch zwei längere Amerikaaufenthalte. Aus den gemeinsamen Besprechungen der Seminarthemen und aus den Diskussionen im Seminar ergaben sich für mich die wichtigsten Anregungen und die Vertrautheit mit der Gedankenwelt von *Franz Böhm*. Selbstverständlich haben wir auch über die Themen der Dissertation und der Habilitation gesprochen. Aber die Ausführung blieb mir allein überlassen.

In meine Assistentenzeit fällt eine mir vom Dekan *Franz Böhm* und der Fakultät übertragene redaktionelle Arbeit. Vorzubereiten war die von der Frankfurter Fakultät veranstaltete erneute Herausgabe des Buches von *Hugo Sinzheimer*: „Jüdische Klassiker der deutschen Rechtswissenschaft", erschienen 1953 bei Klostermann in Frankfurt a.M. *Sinzheimer* hatte das Buch 1937 im holländischen Exil geschrieben und veröffentlicht. In seinem Vorwort schreibt er, der Titel müsse jedem auffallen, der es bisher gewohnt gewesen sei, wissenschaftliche Denker nicht nach ihrer Herkunft, sondern nach ihrer Leistung zu beurteilen. Die Begründung, die er dafür gibt, gehört zu den Texten, die man nicht mehr vergisst. *Sinzheimer* zitiert die Reden, die 1936 auf der Tagung der Reichsgruppe Hochschullehrer des nationalsozialistischen Rechtswahrerbundes gehalten wurden. Das waren die Reden von Reichsminister *Frank* und der daran anschließende Vortrag von Staatsrat und Professor Dr. *Carl Schmitt*. Der Reichsminister führte aus, die deutsche Rechtswissenschaft sei deutschen Männern vorzubehalten, wobei das Wort deutsch im Sinne der Rassengesetzgebung des Dritten Reiches allein auszulegen sei. Den anschließenden so genannten wissenschaftlichen Vortrag hielt der preußische Staatsrat und deutsche Rechtswahrer *Carl Schmitt*. Er sagte unter anderem:

> „Wir müssen den deutschen Geist von allen jüdischen Fälschungen befreien, Fälschungen des Begriffes Geist [...]. Nur wer sich der geistigen Macht des Judentums bewusst geworden ist und ihre ganze Tiefe und Breite erkannt hat, wird erfassen können, welche Befreiung der Sieg des Nationalsozialismus für den deutschen Geist und die deutsche Rechtswissenschaft bedeutet".

Franz Böhm sagt dazu in seinem Geleitwort: „So sehen die Gesänge aus, mit denen die geistigen Väter, vielleicht aber sogar Gegner solcher Katastrophen als staats- und parteikommandierte Tempelpriester den Ausbruch [des Vulkans] rituell zu begleiten gezwungen werden oder sich veranlasst sehen."[17]

IV. Wirtschaftsverfassung

Das Konzept der Wirtschaftsverfassung prägt das wissenschaftliche Werk von *Franz Böhm* und begründet die Einheit seiner Theorie. Er stellte sich die Aufgabe, die freie Verkehrswirtschaft als eine Wirtschaftsverfassung im strengen juristischen Sinne zu erweisen. Die Lehren der klassischen Nationalökonomie seien in das Recht zu übersetzen. Seine Formulierung, es komme darauf an, das Naturgesetz zum Rechtsgesetz zu erklären, hat zu verbreiteten Missverständnissen geführt. Übersehen wurde und wird in dieser Kritik, dass die Aufgabe gerade darin bestand, die Eigengesetzlichkeit der Märkte, deren wissenschaftliche Erklärung Gegenstand der Nationalökonomie ist, auf ihren Rechtsgehalt zu befragen und in ihrer juristischen Eigenart zu erfassen. Das kommt in dem Titel der 1937 erschienenen Monographie „Die Ordnung der Wirtschaft als geschichtliche Aufgabe und rechtschöpferische Leistung" in aller Klarheit zum Ausdruck.[18] Das Vorwort zu der mit diesem Band eröffneten Schriftenreihe kann als ein Manifest der Freiburger Schule gelesen werden. Dazu gehört nicht zuletzt die Absage an den Historismus und seine Brüder im Geiste, den Relativismus und Fatalismus. Die Thesen richten sich gegen *Sombart* und *Schmoller* ebenso wie gegen *Karl Marx*. Es komme darauf an, Recht und Nationalökonomie als geistige Mächte in Auseinandersetzung mit der wirtschaftlichen Wirklichkeit zur Geltung zu bringen. Hier ist nicht auf die ideengeschichtliche Position der Freiburger Schule, auch nicht auf Verwandtschaften mit bestimmten Richtungen der Wirtschafts- oder Sozialwissenschaften einzugehen. *Franz Böhm* hat den Ursprung seiner Fragestellungen stets auf praktische Erfahrung und Anschauung der Wirklichkeit zurückgeführt. Seine ökonomische Theorie schließt weitgehend an die klassische politische Ökonomie bei *Adam Smith* und *David Hume* an. Trotz erheblicher Unterschiede im Einzelnen ist die Nähe zu *Walter Eucken* und *Friedrich von Hayek* unverkennbar. Mit ihnen versteht er den Marktprozess nicht als eine Art Organisation, deren Ziel die allokative Effizienz der Produktionsfaktoren ist (Wohlfahrtstheorie). Maß-

[17] *Böhm*, Geleitwort zu Sinzheimer, Jüdische Klassiker der deutschen Rechtswissenschaft (1953), S. XI, XX.

[18] *Böhm*, Die Ordnung der Wirtschaft als geschichtliche Aufgabe und rechtschöpferische Leistung (1937).

geblich ist vielmehr der Prozess der Koordination, der durch Wettbewerb und Privatrecht vermittelt wird.[19]

Den wichtigsten Anstoß für seine wissenschaftlichen Fragestellungen bildeten die bereits erwähnten Erfahrungen im Kartellreferat des Reichswirtschaftsministeriums. Das Rechtsgefühl von *Franz Böhm* war herausgefordert durch den Herrschaftsanspruch der Kartelle, mit dem sie ihre Marktordnungen rechtfertigten, und durch die Methoden des monopolistischen Schädigungskampfes, mit denen sie diese Marktordnungen durchsetzten und über die gewerbliche Existenz renitenter Außenseiter, Nachfrager oder Lieferanten verfügten. Die Privatrechtswissenschaft der Zeit registrierte diese Erscheinungsformen des sogenannten Spätkapitalismus als Organisationsprobleme, die mit den Mitteln des Vertrags- und des Gesellschaftsrechts zu lösen waren. *H.C. Nipperdey*, der spätere Präsident des Bundesarbeitsgerichts, rechtfertigte die Kartelle mit der Gewerbe- und Vertragsfreiheit und einer „deutschen Privatrechtsordnung" der kein manchesterliches Prinzip zugrunde liege.[20] Die Verordnung gegen den Missbrauch wirtschaftlicher Machtstellungen wurde als Teil des Polizeirechts behandelt. Diese Sichtweise lief darauf hinaus, dass man sich unvermeidlichen säkularen gesamtwirtschaftlichen und gesellschaftlichen Entwicklungen nicht in den Weg stellen sollte. *Franz Böhm* geht demgegenüber aus von der Anschauung des vorgefundenen Wirtschaftssystems, in dem die Koordination der unübersehbar vielfältigen Entscheidungen der Wirtschaftssubjekte, die der Konsumenten, Produzenten und Arbeitnehmer als solche außerhalb des Rechts liegt. Der Abwesenheit eines Plans für diese Koordination steht jedoch nicht entgegen, dass es sich bei der Entscheidung über das Koordinationsprinzip um eine Frage von gesamtgesellschaftlicher und damit verfassungsmäßiger Bedeutung handelt. Deshalb ist nach dem Ursprung und der Legitimation der Koordinationsordnung zu fragen. Das geschieht in rekonstruierender historischer Auseinandersetzung mit dem Privilegiensystem der Zünfte, mit dem Merkantilismus, den Besonderheiten des Industriezeitalters und in systematischer Auseinandersetzung mit einer ständischen Wirtschaftsverfassung.[21] In diesen Wirtschaftsordnungen sind Wettbewerb und Privatrecht die Lückenbüßer der hoheitlich nicht in Anspruch genommenen, also sich selbst überlassenen Koordination. Ganz anders ist die Situation jedoch in der freien Verkehrswirtschaft, die mit der Gewerbefreiheit entsteht. Die Gewerbefreiheit ist zuerst ein Freiheitsrecht. Seine Besonderheit sieht *Böhm* darin, dass es nicht allein zum Schutz individueller Menschenrechte gewährt wird. Die Staatsge-

[19] Näher dazu *Streit*, Wirtschaftsordnung, Privatrecht und Wirtschaftspolitik. Perspektive der Freiburger Schule, in: ders., Freiburger Beiträge zur Ordnungsökonomik (1995), S. 71, 79 ff.

[20] Zitiert bei *Nörr*, Die Leiden des Privatrechts (1993), S. 73.

[21] *Wiethölter* hat in seiner oben zitierten Würdigung (Fn. 6) zutreffend und wiederholt auf diese kontrafaktische, Geschichte rekonstruierende Betrachtungsweise, hingewiesen.

walt dankt nämlich hier nicht zugunsten der isolierten Einzelpersönlichkeit, sondern vielmehr zugunsten eines anderen, nicht spezifisch staatlichen, nicht spezifisch politischen Ordnungsprinzips sozialen Zusammenwirkens ab. Man könne daher mit Bezug auf diese so motivierten Freiheitsgarantien auch nicht mit *Carl Schmitt* sagen „die Freiheit konstituiert nichts". Die Freiheit konstituiert in diesem Falle vielmehr genau das, was sonst auf dem ihm vorbehaltenen Sozialgebieten das politische Herrschaftsprinzip zu konstituieren berufen ist, nämlich eine straffe soziale Kooperationsordnung.[22] Die Institution, die auf diese Weise verfassungsgemäße Bedeutung erlangt, ist der aus der Gewerbefreiheit entstehende rechtlich zu ordnende Wettbewerb. Gleichen Rang gewinnen die privatrechtlichen Institute. Diese verändern ihre soziale Bedeutung und Funktion: Sobald die Wirtschaftspolitik auf die staatlich politische Lenkung des Wirtschaftsprozesses verzichtet, kann sich der Staat der Aufgabe nicht entziehen, die auf das Wirtschaftsleben bezüglichen Privatrechtsinstitute sowohl einzeln wie in ihrer Gesamtheit als rechtliche Strukturelemente der geltenden Wirtschaftsverfassung zu begreifen.[23] *Franz Böhm* nennt dies die öffentlich-rechtliche Betrachtungsweise privatrechtlicher Institutionen. Er erteilte damit dem Verständnis des öffentlichen Rechts als Wahrnehmung öffentlicher Interessen und des Privatrechts als Wahrnehmung privater Interessen eine grundlegende Absage. Das Privatrecht wird mit der Entscheidung zugunsten der Gewerbefreiheit als einer herrschaftsfreien Sozialordnung zum rechtlichen Substrat der freien Verkehrswirtschaft.

Das Kernstück einer freien Verkehrswirtschaft ist die Kampfordnung des geregelten Leistungswettbewerbs. Der Wettbewerb ist gewiss nur ein Ausschnitt aus dem rechtlichen und wirtschaftlichen Panorama, das *Franz Böhm* in immer neuen Wendungen für die in der Freiheit ruhenden häufig unsichtbaren Ordnungspotenzen entworfen hat. Das Kartellwesen zeigt jedoch zugleich die Gefahren, die für die Freiheit vom Missbrauch privatrechtlicher Institute ausgehen. Es sind dieselben Rechtsinstitute, die für die freie Ordnung grundlegend sind, die jedoch ordnungswidrig genutzt werden können. Die Versuchungen der Macht sind, wie *Franz Böhm* im Anschluss an *Pestalozzi* gesagt hat, nicht Bosheit, sondern Menschennatur. Die rechtliche Domestizierung des Wettbewerbs ist historisch und systematisch die größte Herausforderung für die Wirtschaftsverfassung. Historisch, weil der Wettbewerb seit *Thomas Hobbes* und *Karl Marx* als moderner Naturzustand wahrgenommen wurde, systematisch, weil mit dem Schutz des Wettbewerbs, insbesondere durch das Kartellverbot, der ständestaatliche Anspruch auf „Selbstverwaltung der Wirtschaft" zurückgewiesen wird. Die anhand von Gewerbefreiheit und Wettbewerb gewonnenen Prinzipien der Wirtschafts-

[22] *Böhm* (Fn. 2), S. 121.
[23] Ebd. S. 124.

verfassung sind in das positive Recht umzusetzen, sei es durch den Gesetzgeber, sei es durch die Auslegung des geltenden Rechts.[24] Langfristige Gesetzgebung und Rechtsprechung sind die wichtigsten Ordnungsfaktoren. Die Exekutive bleibt auf Hilfsfunktionen beschränkt. Wettbewerbsbehörden stehen dazu nicht im Widerspruch. Ihre Aufgabe soll es nicht sein, ein anderes Koordinationsprinzip durchzusetzen, sondern den Wettbewerb funktionsfähig zu erhalten. Organisationsrechtlich sind sie mit der Wirtschaftsverfassung nur unter der Voraussetzung ihrer Unabhängigkeit von den politischen Instanzen vereinbar.

V. Wettbewerbspolitik

Das Engagement von *Franz Böhm* in der Wettbewerbspolitik lässt sich in zwei Maximen zusammenfassen: Wer Macht hat, darf nicht frei sein. Der Wettbewerb ist das großartigste und genialste Entmachtungsinstrument der Geschichte.[25]

Aus dem Problem der privaten und staatlichen wirtschaftlichen Macht folgt die politische Dimension der Lehre von der Wirtschaftsverfassung. Rechtlich konkretisiert sie sich hauptsächlich im gesetzlichen Schutz des Wettbewerbs. *Franz Böhm* war sich dieser politischen Bedeutung seiner Wissenschaft stets bewusst und war entschlossen, seine Lehren auch in der politischen Praxis zur Geltung zu bringen. In einem Arbeitskreis der Akademie für Deutsches Recht wurde über die Wirtschaftsordnung der Nachkriegszeit beraten. Angeregt wurde das Vorhaben von *Carl F. Goerdeler*, der Reichskommissar für die Preisbildung und Leipziger Oberbürgermeister war. *Franz Böhm* stand mit ihm in einem regelmäßigen persönlichen Kontakt, ohne dass aber *Goerdeler* ihn in die Pläne eines Attentates auf Hitler einweihte.[26] In dem Arbeitskreis legte *Franz Böhm* sein Konzept einer auf Wettbewerb gegründeten Wirtschaftsordnung vor.[27] Im Einzelnen begründet wurde deren

[24] Ein viel diskutiertes Beispiel für eine solche Rechtsauslegung gibt *Franz Böhm* anhand der Rechtsprechung des Reichsgerichts: *Böhm*, Das Reichsgericht und die Kartelle, Eine wirtschaftsverfassungsrechtliche Kritik am Urteil des Reichsgerichts vom 4.2.1897, RGZ 38/155, in: Mestmäcker (Hrsg.), Reden und Schriften (Fn. 1), S. 69–83.

[25] *Böhm*, Demokratie und ökonomische Macht, in: Institut für Ausländisches und Internationales Wirtschaftsrecht an der Johann-Wolfgang-Goethe-Universität Frankfurt a.M. (Hrsg.), Kartelle und Monopole im modernen Recht, Bd. I (1961), S. 3, 22.

[26] Aufschlussreich dazu *Böhm*, Widerstandsbewegung oder Revolution. Zur Auseinandersetzung um Carl Goerdelers Kampf gegen Hitler, in: Mestmäcker (Hrsg.), Reden und Schriften (Fn. 1), S. 281–293.

[27] *Böhm*, Der Wettbewerb als Instrument staatlicher Wirtschaftslenkung, in: Akademie für Deutsches Recht (Hrsg.), Der Wettbewerb als Mittel volkswirtschaftlicher Leistungssteigerung und Leistungsauslese (1942), S. 51 ff.

Unvereinbarkeit mit der auf Planung aufgebauten Kriegswirtschaft. Nach Kriegsende war *Franz Böhm* Mitglied eines Sachverständigenausschusses, der 1949 der Verwaltung für Wirtschaft für die amerikanische und britische Zone den „Entwurf zu einem Gesetz zur Sicherung des Leistungswettbewerbs und zu einem Gesetz über das Monopolamt“ vorlegte.[28] Der Entwurf gefiel der amerikanischen Militärregierung nicht. Sie hielt an ihrem Dekartellierungsgesetz Nr. 56 fest. *Franz Böhm* bemerkte dazu, es sei doch merkwürdig, dass die Amerikaner den Deutschen als Strafe auferlegen wollten, was sie zu Haus zum Wohle ihrer Demokratie mit den Antitrustgesetzen praktizierten.

Nach seiner Wahl in den Bundestag wurde *Franz Böhm* Mitglied des Ausschusses für Wirtschaft. Der Regierungsentwurf eines Gesetzes gegen Wettbewerbsbeschränkungen wurde in der ersten Legislaturperiode eingebracht, konnte jedoch erst in der zweiten Legislaturperiode verabschiedet werden. Das Gesetz gegen Wettbewerbsbeschränkungen trat am 1. Januar 1958 in Kraft. Der Regierungsentwurf folgte dem Verbotsprinzip. Er führte zu einem in der deutschen Parlamentsgeschichte wohl einmaligen Kampf der Interessenten gegen ein Gesetzesvorhaben. Der Bundesverband der Deutschen Industrie organisierte den Widerstand auf allen Ebenen der Wirtschaft, der Gesellschaft und auch der Wissenschaft. Verbreitet war die Meinung, die selbst von einem amtierenden Bundesverfassungsrichter vertreten wurde, dass das Kartellverbot verfassungswidrig sei, dass es insbesondere gegen die verfassungsrechtlich garantierte Vertrags- und Koalitionsfreiheit verstoße.[29] Sieht man von der kaum übersehbaren Vielfalt der Argumente ab, mit denen für und gegen das Kartellverbot gestritten wurde, so ergibt sich eine eindeutige verfassungspolitische Grundsatzfrage: Anhand des Kartellverbots wurde über die Alternative von ständestaatlicher und marktwirtschaftlicher Wirtschaftsordnung gerungen. Das ständestaatliche Prinzip formulierte der Präsident des Bundesverbandes der Deutschen Industrie, *Fritz Berg*, am 31. März 1953: „Es komme darauf an, das im Falle des Kartellverbots auf den Märkten zu erwartende Chaos des unbeschränkten Wettbewerbs zu verhindern und die Ordnung der Märkte durch die Selbstverwaltung der Industrie

[28] Entwurf zu einem Gesetz zur Sicherung des Leistungswettbewerbs und zu einem Gesetz über das Monopolamt mit Stellungnahme des Sachverständigenausschusses und Minderheitsgutachten. Dem Direktor der Verwaltung für Wirtschaft, Herrn Prof. Dr. *Erhardt*, am 5.7.1949 vorgelegt. Mitglieder des Sachverstsändigenausschusses waren: Dr. *Bauer*, Prof. Dr. *Franz Böhm*, Dr. *Curt Fischer*, Ministerialdirektor im Ruhestand Dr. *Paul Josten*, Dr. *Wilhelm Köppel*, Prof. Dr. *Wilhelm Komphardt*, Prof. Dr. *Bernhard Pfister*.

[29] Im Anschluss an seine Untersuchung aus dem Jahre 1933 wendete sich Franz Böhm gegen die verfassungsrechtliche Rechtfertigung von Kartellen durch die Koalitionsfreiheit in Art. 9 Abs. 3 Grundgesetz und durch die Vertragsfreiheit in Art. 2 Abs. 1 GG: *Böhm*, Verstößt ein gesetzliches Kartellverbot gegen das Grundgesetz?, WuW 1966, S. 173–187.

zu gewährleisten. Mit dieser Aufgabe der Selbstverwaltung sei allenfalls die Missbrauchsaufsicht einer Kartellbehörde vereinbar."[30]

Franz Böhm brachte zur Entlastung des unter starkem politischen Druck auch seiner eigenen Partei stehenden Wirtschaftsministers *Ludwig Erhard* den eigenen Entwurf eines Gesetzes gegen Wettbewerbsbeschränkung im Bundestag ein.[31] Die Rede, die *Franz Böhm* im Bundestag zur Begründung seines Entwurfs gehalten hat, zeigt den seine Position vertretenden Politiker in Kampfeslaune. An seine Kritiker gewendet, die ihn zum weltfremden Theoretiker abstempeln wollten, erklärte er: „Ich bitte um Verzeihung, wenn ich die Diskussion der großen Praktiker in meiner Eigenschaft als theoretisierender Sandkastenhosenmatz noch einmal unterbreche"[32]. In der wirtschaftpolitischen Kritik der Missbrauchsgesetzgebung heißt es sodann: „Es kommt mir so vor, daß sich der Gesetzgeber und die Regierung je komplizierter und uneinheitlicher der Ablauf der freien Wirtschaft wird, um so mehr in die Rolle von Medizinmännern und Zauberern begeben, die nun allerlei Räucherkerzen anzünden und Nebel verbreiten, Gebetsmühlen ableiern und so tun, als ob die ganze Sache einen Sinn hätte." Die wahre Aufgabe bestehe darin, gute Theorie und gute Gesetzgebung zu verbinden: Sie sind Zwillinge.

Bei *Franz Böhm* kann man lernen, warum eine „mehr ökonomische Betrachtung" nicht genügt, um den Rechtsgehalt von Normen gegen Wettbewerbsbeschränkungen zu erfassen. Den individualrechtlichen Freiheitsgehalt der Wettbewerbsordnung hat *Franz Böhm* in Auseinandersetzung mit den Entartungen und Missbräuchen des monopolistischen Schädigungskampfes der Kartelle in der Weimarer Republik entwickelt. Im Mittelpunkt seines Interesses standen nicht die volkswirtschaftlichen Kosten und Verschwendungen, die mit dem Kampf um den Erwerb erlaubter Monopolmacht auch verbunden sind, und auf die er sehr wohl aufmerksam machte. Es war vielmehr der Unrechtsgehalt der Eingriffe in die Gewerbe- und Wettbewerbsfreiheit von Außenseitern, Lieferanten und Nachfragern, die zu der Einsicht führten, dass es mit dem Verbot von Missbräuchen nicht getan sei. Nur das Verbot der kooperativen Monopolisierung sei geeignet, den Verwüstungen zu begegnen, die der erlaubte Monopolkampf in der Privatrechtsordnung anrichte. Reiches Fallmaterial für diese Wirkungen sind der Rechtsprechung des Kartellgerichts zu Art. 9 der Kartellverordnung von 1923 zu entnehmen. Sperren und sperrähnliche Nachteile, die von Kartellen verhängt wurden,

[30] *Berg*, Beiträge von Präsident Fritz Berg zur Wettbewerbspolitik, abgedruckt in: Arbeitskreis Kartellgesetz im Ausschuß für Wettbewerbsordnung des Bundesverband der Deutschen Industrie (Hrsg.), 10 Jahre Kartellgesetz (1968), S. 429, 432 ff.

[31] Verhandlungen des Deutschen Bundestages 2. Wahlperiode, Anlagen zu den stenographischen Berichten, BT-Drs. II/1269. Näher dazu *Mestmäcker*, Der Böhm Entwurf eines Gesetzes gegen Wettbewerbsbeschränkungen, WuW 1955, 285–295.

[32] Stenographischer Bericht, 2. Deutscher Bundestag, 77. Sitzung 31.3.1955.

bedurften der Einwilligung des Vorsitzenden des Kartellgerichts. Das Gesetz selbst gab den Kartellen gewerbepolizeiliche Eingriffsrechte. Die Einschränkung der wirtschaftlichen Bewegungsfreiheit war insbesondere dann nicht unbillig, „wenn der Geschäftsbetrieb des Betroffenen von Personen geleitet wird, welche die im Geschäftsverkehr erforderliche Zuverlässigkeit nicht besitzen". Auch politische Straftaten waren geeignet, diese Unzuverlässigkeit zu begründen.[33]

Diese Erfahrung erklärt die verfassungspolitische Bedeutung des Kartellverbots. Private Macht lässt sich zu politischen Zwecken instrumentalisieren. Eben dies war die Strategie der nationalsozialistischen, nur scheinbar ständestaatlichen Wirtschaftspolitik. Mit dem Gesetz zur Vorbereitung des organischen Aufbaus der deutschen Wirtschaft vom 27. April 1934 wurden die Kartelle in den Dienst der Plan- und dann der Kriegswirtschaft gestellt. Der Reichswirtschaftsminister wurde ermächtigt, Wirtschaftsverbände als alleinige Vertretung ihres Wirtschaftszweiges anzuerkennen, deren Satzungen zu ändern und zu ergänzen und den Führergrundsatz einzuführen. Das Zwangskartellgesetz vom 19. Juli 1937 beseitigte dann die letzten Reste von Wettbewerb, die neben erlaubten Kartellen noch möglich waren. Die Folgerungen, die sich daraus für die Wettbewerbsgesetzgebung ergeben, sind weittragend. In dem bereits zitierten *Böhm* Entwurf eines Kartellgesetzes heißt es zur ausnahmsweisen Erlaubnis von Kartellen, sie sei ein Akt der staatlichen Wirtschaftspolitik, der die Wirkung habe, dass das Recht zum Eingriff in die wirtschaftliche Freiheit von Staatsbürgern und zur Beeinflussung von Märkten in die Hand von Privatpersonen gelegt werde, die keine politische Verantwortung trügen.

Das Gesetz gegen Wettbewerbsbeschränkungen, wie es 1958 als Kartellverbot mit Ausnahmevorbehalt verabschiedet wurde, hat sich trotz aller politischen Kompromisse als grundlegend erwiesen. *Ludwig Erhard*, der die Verabschiedung des Gesetzes in seiner eigenen Partei nur mit einer Rücktrittsdrohung durchsetzen konnte, hat die Schlüsselrolle bestätigt, die *Franz Böhm* in dem Jahrzehnt zugekommen ist, das wirtschaftspolitisch durch den Streit um die Wettbewerbspolitik geprägt war.[34]

Die Vorbildwirkung des deutschen Gesetzes gegen Wettbewerbsbeschränkungen für die europäischen Wettbewerbsregeln ist historisch weitgehend

[33] Näher *Müllensiefen/Dörinkel*, Kartellrecht VIII (3. Aufl. 1938), § 9 K 2, S. 25. Als mein erster Assistent hat *Kurt H. Biedenkopf* die Rechtsprechung des Kartellgerichts systematisch erfasst.

[34] *Erhard*, Franz Böhms Einfluss auf die Politik, in: Sauermann/Mestmäcker (Hrsg.), Wirtschaftsordnung und Staatsverfassung, Festschrift für Franz Böhm zum 80. Geburtstag (1975), S. 15–22.

unstreitig.[35] Diesen Zusammenhang kann man feststellen, ohne damit die unstreitige Autonomie des geltenden europäischen Wettbewerbsrechts in Frage zu stellen. Auf dem Hintergrund der dargestellten Erfahrungen ist an einige, der als spezifisch deutsch wahrgenommenen Prioritäten in der Wettbewerbspolitik zu erinnern. Dazu gehört der Gegensatz von rechtlicher und mehr ökonomischer Betrachtung: Es war und ist eine Errungenschaft des Gesetzes gegen Wettbewerbsbeschränkungen, den Vorrang des Rechts vor korporativer Autonomie und politischer Opportunität im Grundsatz durchgesetzt zu haben. Angloamerikanische Kommentatoren heben gern den Gegensatz vom legitimen Schutz des Wettbewerbs in den USA und illegitimen Schutz der Wettbewerber in Europa hervor. Als Rechtsfrage erkannt wurden Wettbewerbsbeschränkungen im deutschen Recht jedoch zuerst, weil Kartelle mit gerichtlicher Billigung die gewerbliche Existenz von renitenten Außenseitern vernichten durften. Schutz des Wettbewerbs und von Wettbewerbern war historisch zunächst identisch. Das gilt insbesondere für die höchst streitige Beurteilung monopolistischer Kampfpreise (*predatory pricing*).[36] Hierhin gehört schließlich der Gegensatz von Wettbewerbs- und Industriepolitik, der die Entwicklung der EG begleitet hat. Es ist eine deutsche Erfahrung, wie leicht sich Unternehmen und ihre Verbände zu politischen Zwecken instrumentalisieren lassen, wenn man ihnen nur die Beschränkung des Wettbewerbs überlässt.

VI. Privatrechtsgesellschaft

Knut Wolfgang Nörr hat *Franz Böhm* aus Sicht der deutschen Rechtsgeschichte zu den großen Innovatoren des 20. Jahrhunderts gezählt.[37] Vor ihm habe es nur wenige Juristen gegeben, die die Dimension der Volkswirtschaft in ihr Denken einbezogen hätten. Wenn sie es taten, konnten sie sich aber nur eine Volkswirtschaft in den Formen der organisierten Wirtschaft vorstellen. Seit *Böhm* sei diese Erkenntnis in alle juristischen Stuben gedrungen. Ich will dieser optimistischen Einschätzung nicht widersprechen, obwohl über die Art und Weise, wie die Ökonomie Eingang in das Recht finden sollte, damit nicht entschieden ist. Wenn wir das Werk *Böhms* unter diesem Gesichtspunkt und im Hinblick auf das Privatrecht betrachten, dann wird es mit der Privat-

[35] Grundlegend *Schulze/Hoeren* (Hrsg.), Dokumente zum Europäischen Recht, Bd. 3 Kartellrecht (bis 1957) (2000), Einführung S. XVII–XXVI. Zu verweisen ist auch auf das Vorwort von *Hans v. d. Groeben*, der als Mitglied der Kommission der Europäischen Gemeinschaft für die erste Phase der Wettbewerbspolitik zuständig war.

[36] Zu dem berühmten Benrather Tankstellenfall, siehe *Böhm*, Wettbewerb und Monopolkampf (Fn. 2), S. 279 ff. und 303 ff.

[37] *Nörr*, Die Republik der Wirtschaft, Teil I, Von der Besatzungszeit bis zur großen Koalition (1999), S. 83.

rechtsgesellschaft auf den Begriff gebracht. In der Privatrechtsgesellschaft geht es um eine Gesellschaft, die ihren Zusammenhalt dem Privatrecht verdankt. Ich zitiere den von *Franz Böhm* anhand einer umfassenden rekonstruierenden historisch-theoretischen Untersuchung begründeten Befund:

> „Wer eine Gesellschaft wünscht, in der es keine Standesunterschiede und keine institutionellen Abhängigkeiten zwischen den Mitgliedern der Gesellschaft mehr gibt, der kann das ohne Mühe auch positiv ausdrücken und sagen, daß er eine Gesellschaft von Gleichberechtigten wünscht. Eine Gesellschaft, deren Mitglieder einander nicht über- oder untergeordnet (subordiniert), sondern gleichgeordnet (koordiniert) sind."

Diese Gesellschaft ist die Privatrechtsgesellschaft.[38] Die Privatautonomie ist die privatrechtliche Entsprechung zur Gewerbefreiheit, ohne die diese folgen- und wirkungslos bliebe. Der neue Status des Privatrechtssubjekts ist die Privatautonomie. Sie begründet eine Generalzuständigkeit ohne Herrschafts- und Repräsentationsbefugnisse. Gleichwohl ist der Einzelne durch das Medium der Privatrechtsgesellschaft in seinen Staat eingebunden. Die politische und rechtliche Autorität auf die die Privatrechtsgesellschaft angewiesen ist, stellt der Staat zur Verfügung.[39] Im Übrigen wirkt die Privatrechtsordnung als eine umfassende Koordinationsordnung, auf die sich der Einzelne mit der Teilnahme am Wirtschaftsverkehr einlässt. Das Verhalten wird nicht vorgeschrieben, es ist vielmehr das Ergebnis von *trial and error.* Die notwendigen Informationen gehen von dem individuellen Erfolg oder Misserfolg aus, den der Einzelne durch seine Teilnahme am Rechtsverkehr erfährt. Nicht nur der Wettbewerb ist ein Entdeckungsverfahren, auch die Privatrechtsordnung wirkt als Entdeckungsverfahren. Der voll entgeltliche Austauschvertrag und seine Erfüllung ist die für den Verkehr zwischen gleichberechtigten autonomen Willensträgern kennzeichnende Weise der Kooperation. Der Mensch, hat *Franz Böhm* bemerkt, ist das einzige Wesen, das tauscht, und hat keine Ahnung, wie genial er sich dabei verhält.[40] Das Prinzip der herrschaftsfreien Kooperationsordnung führt dazu, dass die auf das Wirtschaftsleben bezüglichen Privatrechtsinstitute sowohl einzeln wie in ihrer Gesamtheit als rechtliche Strukturelemente der geltenden Wirtschaftsverfassung zu begreifen und auf ihre indirekten Ordnungsfunktionen zu untersuchen sind.[41] Der Wettbewerb konstituiert sich als Institution einmal durch den Schutz derjenigen individuellen Vermögens- und Freiheitsrechte, die notwendiger Bestandteil des Wettbewerbsprozesses sind, zum anderen

[38] *Böhm*, Privatrechtsgesellschaft und Marktwirtschaft, ORDO 17 (1966), S. 75–151, auch in: Mestmäcker (Hrsg.) (Fn. 7), S. 105–168.

[39] *Böhm* (Fn. 2), S. 114.

[40] *Böhm*, Die Idee des ORDO im Denken Walter Euckens, ORDO 3 (1950), S. XV–LXIV. Auch in: Mestmäcker (Hrsg.) (Fn. 7), S. 11–52.

[41] *Böhm* (Fn. 2), S. 124.

durch das strikte Verbot, auf die individuelle Wettbewerbsfreiheit in welcher Form auch immer zu verzichten. In den Blick kommen neben dem Wettbewerb alle Privatrechtsinstitute, die für den Wirtschaftsverkehr erheblich sind. Beispielhaft nennt *Franz Böhm* das Privateigentum, den Besitzschutz, den Schutz des gutgläubigen Erwerbs, die allgemeine Handlungsfreiheit, das Recht der Handelsgesellschaften oder den Grundsatz von Treu und Glauben.[42]

1. Folgerungen

Die Folgerungen, die sich aus diesem Verständnis des Privatrechts für die Rechts- und Verfassungsordnung im Ganzen ergeben, betreffen das Verhältnis von öffentlichem Recht und Privatrecht und das von Organisationsrecht und Verhaltensregeln sowie das Verhältnis von Gemeinfreiheit zu Eigentum, besonders zu gewerblichen Schutzrechten. Hervorzuheben ist vorab ein grundlegender Unterschied zwischen der Behandlung der Grundfrage des Wettbewerbs und der übrigen Institute des Privatrechts. Der Wettbewerb wird in seiner wirtschaftlichen und rechtlichen Eigenart im buchstäblichen Sinne seziert. Im Übrigen geht es jedoch um mittelbare, nämlich durch die von Instituten des Privatrechts und von Marktpreisen vermittelte Koordination der unübersehbar vielfältigen individuellen Wirtschaftspläne. Dies begründet die Interdependenz von Wirtschaftsordnung, Staatsordnung und Rechtsordnung.[43] Die Rechenhaftigkeit unternehmerischer Entscheidungen, *rational choice* and *cost benefit analysis*, auch die durch Privatautonomie generierte Mobilität der Vermögensrechte gehören zur Privatrechtsordnung ebenso wie zum marktwirtschaftlichen System. Sie begründen die Überlegenheit privatwirtschaftlicher Tätigkeiten über jede Art staatlich organisierter unternehmerischer Funktionen. Zu diesem System gehört notwendig die Enttäuschung ganz richtig berechneter Erwartungen durch Wettbewerb. Ihm sind die Vertragspartner im Hinblick auf die Vertragsleistung auf ihren eigenen, jedoch verschiedenen Märkten ausgesetzt. Skeptisch war *Franz Böhm* gegenüber der Möglichkeit, die Ergebnisse des Marktes oder des Wettbewerbs bei Fehlen von Märkten zu simulieren („*to mimic the market*"). Die Skepsis galt nicht nur der Missbrauchsaufsicht bei erlaubten Kartellen oder der Regulierung von Monopolmärkten. Generell fehlen die Informationen, um Markt- oder Rechtsverhältnisse zu rekonstruieren, wie sie unter Wettbewerbsverhältnissen zustande gekommen wären.

[42] *Böhm* (Fn. 2), S. 125.

[43] *Eucken*, Grundsätze der Wirtschaftspolitik (7. Aufl. 2004), S. 332ff.

2. *Organisation oder Regeln*

Eine der Grundlagen der *Böhm'schen* Rechtstheorie ist der Gegensatz von Ordnung durch Organisation und Ordnung durch Regeln. Daraus folgt einmal die Neubestimmung des Verhältnisses von Öffentlichem Recht und Privatrecht. Die übliche Grenzziehung führe zu einem rechtswissenschaftsleeren Raum, wenn man unter einem staatsmäßig organisierten Zusammenwirken nur diejenigen Arten von Kooperation zwischen Rechtsgenossen verstehe, deren Organisationsprinzip der obrigkeitliche Befehl sei.[44] Der Gegensatz von Organisation und Regeln setzt sich im Privatrecht fort. Privatrechtssubjekte können für sich zwar das Organisationsprinzip durch Rechtsgeschäft begründen, etwa im Gesellschaftsrecht oder im Arbeitsrecht. Aber es war ein grundlegender Irrtum, dass man die Kartellfrage als ein Anhängsel des Gesellschaftsrechts behandelte. Diese Lehre verkenne, dass das Kartellproblem in Wahrheit mit dem Problem des Gesellschaftsrechts überhaupt nichts zu tun habe, denn dass sich die Kartelle in der Regel irgendwelcher gesellschaftlicher oder gesellschaftsähnlicher Rechtsformen bedienen, sei doch nur eine technische und durchaus untergeordnete Angelegenheit.[45] Trotz dieser klaren, 1933 getroffenen Unterscheidung hatten Teile der Kartellrechtswissenschaft und selbst der Bundesgerichtshof noch in der Anwendung des Kartellverbots nach § 1 GWB Schwierigkeiten, den tradierten Vertragsbegriff mit dem Kartellverbot in Einklang zu bringen. Es blieb dem europäischen Gemeinschaftsrecht vorbehalten, den Gegensatz von Organisation und Regeln auch gegenüber öffentlich-rechtlichen Organisationen und gegenüber dem Staat selbst allgemein zur Geltung zu bringen.

3. *Wirtschaftsdemokratie und Mitbestimmung*

Über die Wirtschaftsordnung für die Bundesrepublik wurde nach dem Zweiten Weltkrieg neben dem Kartellrecht anhand der Mitbestimmung diskutiert und politisch gestritten. Das Stichwort, unter dem die Gewerkschaften und zunächst auch die SPD eine Alternative zur marktwirtschaftlichen Ordnung suchten, war das der Wirtschaftsdemokratie. Darunter verstand man zunächst, wie ein Aufsatz von *Adolf Arndt* aus dem Jahre 1946 zeigt, die demokratische Kontrolle einer Zentralverwaltungswirtschaft.[46] Es lohnt daran zu erinnern, dass man sich zu dieser Zeit die Überwindung der unabsehbaren Kriegsschäden und den Wiederaufbau überwiegend mit Hilfe zentraler Planung vorstellte. Erste Entwürfe zu Landesverfassungen, darunter die des Landes Bayern, wollten die zentrale Planwirtschaft als Verfas-

[44] *Böhm* (Fn. 2), S. 118.

[45] *Böhm* (Fn. 2), S. 173.

[46] *Arndt*, Das Problem der Wirtschaftsdemokratie in den Verfassungsentwürfen, SJZ 1946, 137–141.

sungsgrundsatz normieren. Es hieß dort: „Die Volkswirtschaft wird nach einem einheitlichen Plan durch die Staatsregierung geleitet“[47]. Es blieb der späteren DDR vorbehalten, dieses Konzept zu praktizieren. Die Tradition der Wirtschaftsdemokratie verwies indessen auf ein anderes Modell. Es war die Idee, die Großorganisationen der Wirtschaft, vor allem aber die Kartelle und Großbetriebe mit einer demokratischen Verfassung zu versehen.

Wenn wir von Mitbestimmung sprechen, ist es zweckmäßig, vorab die betriebliche von der unternehmerischen oder wirtschaftlichen Mitbestimmung zu unterscheiden. Die betriebliche Mitbestimmung, wie sie im Betriebsverfassungsgesetz von 1952 verwirklicht wurde, war in den Grundzügen unstreitig. Auch *Franz Böhm* stimmte der Betriebsverfassung als Teil der Privatrechtsordnung ausdrücklich zu. Ganz anders verhält es sich mit der wirtschaftlichen Mitbestimmung im Unternehmen. Sie wurde zuerst im Gesetz über die Mitbestimmung der Arbeitnehmer in den Aufsichtsräten der umsatzstarken Unternehmen des Bergbaus und der Eisen und Stahl erzeugenden Industrie vom 1. Mai 1951 verwirklicht. Fortan konzentrierte sich die Politik der Gewerkschaften darauf, dieses Modell auf alle Unternehmen einer bestimmten Größenordnung zu übertragen. Hier ist nicht der Gang der Diskussion nachzuzeichnen, auch nicht der Kompromiss, der unter dem Eindruck des Berichts der Mitbestimmungskommission durch das Gesetz über die Mitbestimmung der Arbeitnehmer vom 4. Mai 1976 erzielt wurde. Hinzuweisen ist jedoch in der gebotenen Kürze auf *Böhms* grundlegende Untersuchung über das wirtschaftliche Mitbestimmungsrecht der Arbeitnehmer aus dem Jahre 1951.[48] Auf der Grundlage einer umfassenden Würdigung der historischen Grundlagen und politischen Interessen der Arbeitnehmer und ihrer gewerkschaftlichen Organisationen analysiert *Franz Böhm* die für die Mitbestimmung kennzeichnenden Interessenlagen und die in einer marktwirtschaftlichen Ordnung zu erwartenden Konflikte.

Ich fasse seine wesentlichen Thesen zusammen: Das Unternehmen ist kein Herrschaftsverband nach Art des Staates oder öffentlich-rechtlicher Körperschaften und Anstalten. Als privatrechtliche Organisation gelten für sie die allgemeinen Grundsätze des Privatrechts. Dazu gehört der Grundsatz der unbeschränkten Haftung des Unternehmers für seine Verbindlichkeiten. In marktwirtschaftlichen Ordnungen wird das öffentliche Interesse nicht durch Befehl und Gehorsam, auch nicht durch eine Doppelherrschaft von Kapital und Arbeit gewährleistet, sondern durch den Wettbewerb. Die Doppelherrschaft ist mit dem von nur einer Seite zu tragenden unternehmerischen Risiko unvereinbar.

[47] Zitiert bei *Böhm*, Die Bedeutung der Wirtschaftsordnung für die politische Verfassung, in: Mestmäcker (Hrsg.), Reden und Schriften (Fn. 1), S. 46, 51.

[48] *Böhm*, Das wirtschaftliche Mitbestimmungsrecht der Arbeiter im Betrieb, in: Mestmäcker (Hrsg.) (Fn. 7), S. 315–506.

Im Hinblick auf die Gesamtwirtschaft ist die Mitbestimmung demokratisch nicht legitimiert. Eigentümerinteressen und Arbeitnehmerinteressen sind Produzenteninteressen. Die Interessen der anderen Marktseite – die der Verbraucher – bleiben unberücksichtigt. Sie sind die vergessenen Sozialpartner.

Die Erwartung, dass die Mitbestimmung den Gegensatz von Kapital und Arbeit mildere, sei nur allzu berechtigt. Für eine siegreiche Mitbestimmung sei eine volkswirtschaftliche Wirkung zu erwarten, wie sie etwa ein die gesamte Industrie umfassendes *gentlemen's agreement* mit stark fühlbarer konservativer Tendenz haben würde.[49] Erhöht werde ferner der politische Einfluss mitbestimmter Unternehmen auf die Regierung und deren Fähigkeit, protektionistische Privilegien durchzusetzen.

Unzutreffend ist die verbreitete, durch *Karl Marx* geprägte Meinung, dass das Eigentum an den Produktionsmitteln den Charakter der Wirtschaftsordnung und die wirtschaftliche Macht der Unternehmer begründe. Daran knüpft die Mitbestimmung insofern an, als Eigentümerinteressen neutralisiert oder kontrolliert werden sollen. Das Recht, ein Unternehmen zu betreiben, beruhe jedoch auf der Gewerbefreiheit und gelte für jedermann. Soweit der Unternehmer zu dem Betrieb eines Unternehmens auf Dritte angewiesen sei, könne er deren Mitwirkung nur durch Verträge gewinnen. Eigentum sei im Verhältnis des Eigentümers zu Dritten Herrschaft über Gegenstände nicht über Menschen. Die Unternehmensorgane, im Falle der Aktiengesellschaft, Vorstand und Aufsichtsrat, haben keine Herrschaftsbefugnisse, sondern vertraglich oder körperschaftsrechtlich begründete Funktionen. Sie lassen das Risiko desjenigen unberührt, in dessen Namen und auf dessen Rechnung Kapital und Arbeit zu einem Produktionserfolg kombiniert werden sollen („Unternehmer").

Das Weisungsrecht des Arbeitgebers gegenüber dem Arbeitnehmer folgt nicht aus dem Eigentum, sondern aus dem Arbeitsvertrag.[50] Das war und ist nur scheinbar selbstverständlich, und es handelt sich nicht nur um Ideologiekritik. Verwiesen wird damit zugleich auf eine weitere Grundfrage, nämlich auf das Verhältnis von Mitbestimmung und Tarifautonomie. Die Beteiligung der Arbeitnehmer und insbesondere der Gewerkschaften auf beiden Seiten von Lohnverhandlungen ist bei maßgeblichem Einfluss der Arbeitnehmervertreter auf die Unternehmen mit der Tarifautonomie unvereinbar.

[49] Ebd. S. 501.

[50] Dazu näher *Böhm,* Der Zusammenhang zwischen Eigentum, Arbeitskraft und dem Betreiben eines Unternehmens, in: Biedenkopf/Coing/Mestmäcker (Hrsg.), Festgabe für Heinrich Kronstein (1967), S. 12–45.

VII. Recht im Wohlfahrtstaat

Die Gefahr des Wohlfahrtstaates, der zum Gefälligkeitsstaat wird, hat *Franz Böhm* 1953 in dem Befund zusammengefasst: Schmerzloses Regieren bedeutet Siechtum ohne Warnung. Die Rolle des Staates im Denken von *Franz Böhm*[51] folgt hauptsächlich aus dem Konzept des Rechtsstaates auf der Grundlage der Privatrechtsgesellschaft: „Wenn man sich unter modernen Verhältnissen einen reinen Rechtsstaat vorstellen wollte, dann würde die Aufgabe, das berufliche, konsumtive, kulturelle Zusammenleben, Zusammenwirken und Nebeneinander der Bürger zu regeln, ausschließlich in die Privatrechtsordnung verlegt werden."[52] Den Grundsatz findet er bestätigt bei *John Locke*: „Gesetze werden gemacht und Regeln niedergelegt als Schutz und Gehege für das, was allen Mitgliedern der Gesellschaft zu Eigen ist: Um die Macht zu begrenzen und die Herrschaft jeden Teils und jedes Mitglieds der Gesellschaft zu mäßigen."[53] Dieser Grundsatz ist eine der Grundlagen des Rechtsstaates. Danach dient das Recht dem Schutz der Freiheit der Person in der Gesellschaft im Verhältnis von Privatrechtssubjekten ebenso wie im Verhältnis zum Staat. Anzumerken ist, dass *property* im Sinne von *Locke* die eigene Person einschließt: „Every man has a property in his own person. This normally has nobody any right to but himself"[54]. *Franz Böhm* bringt diesen Gedanken häufig dadurch zum Ausdruck, dass die Gesetze und nicht die Menschen herrschen sollen. Gemeint ist jedoch nicht der moderne Gesetzgebungsstaat, bei dem die Gesetzgebung unter die Kontrolle der Exekutive geraten ist; gemeint sind auf Dauer angelegte Gesetze, an denen sich Bürger langfristig orientieren können. Anhänger des Rechtsstaates trauen wenigen lapidaren Grundmaximen der Rechtsordnung und einigen Spielregeln die Kraft zu, eine Gesellschaft von Menschen sehr verschiedener Kulturstufen, verschiedener Denkweisen und verschiedener Zeitalter zu ordnen.

Diese Idee des Rechtsstaates, zu der die Gewaltenteilung, insbesondere die Unabhängigkeit der Gesetzgebung und Rechtsprechung von der Exekutive gehört, ist sehr viel älter als alle modernen Staats- und Rechtstheorien. *Franz Böhm* verweist dazu auf die englische *Magna Charta* vom 5. Juni 1215. Die Idee des Rechtsstaates erhielt durch die klassische englische politische Öko-

[51] Dazu jetzt zuverlässig informierend *Zieschang*, Das Staatsbild Franz Böhms (2003).

[52] *Böhm*, Der Rechtsstaat und der soziale Wohlfahrtsstaat, in: Mestmäcker (Hrsg.), Reden und Schriften (Fn. 1), S. 82, 104.

[53] *Locke*, Two treatises of Civil Government (1823), Vol. V § 222: „The reason why men enter into society is the preservation of their property; and the end why they choose and authorize a legislative is, that there may be laws made, and rules set, as guards and fences to the properties to all the members of the society: to limit the power, and moderate the dominion, of every part and member of the society".

[54] *Locke* (Fn. 53), Vol. V § 27.

nomie einen mächtigen politischen und theoretischen Verbündeten. War es jetzt doch Allgemeingut geworden, dass aus wirtschaftlichen Freiheitsrechten kein Chaos entsteht, wenn sie – mit *Adam Smith* zu sprechen – mit der *„perfect administration of justice"* einhergehen.

Franz Böhm untersucht im Einzelnen die Gründe, aus denen Rechtsstaat, Privatrechtsordnung und Marktwirtschaft politisch in Verruf kommen konnten und ihnen weithin die Fähigkeit abgesprochen wurde, Freiheit und ein menschenwürdiges Dasein für alle zu gewährleisten. Der vernichtendste Schlag, so *Franz Böhm*, gegen die Idee des Rechtsstaates wurde von *Karl Marx* geführt. Es waren die Missstände des Frühkapitalismus und die darauf gegründete Theorie der notwendig und systematisch gewollten Verelendung der Arbeiterklasse, die in Verbindung mit den großen Wirtschaftskrisen dazu führten, dass das Ordnungspotential von Rechtsstaat und Marktwirtschaft in Verruf geriet.[55]

Hier ist nicht *Böhms* sorgfältige, ideengeschichtliche Analyse und Kritik des Werkes von *Karl Marx* nachzuzeichnen. Seine Kritik lässt sich in dem Befund zusammenfassen, dass *Marx* kaum einen Gedanken darauf verwendet habe, was denn die aus der Revolution als Sieger hervorgegangene sozialistische Gesellschaft mit den in ihr Eigentum übergegangenen hochindustrialisierten Produktionsapparat anfangen solle, welche Folgerungen aus der unerbittlichen Notwendigkeit zu ziehen seien, diesen Apparat in Gang zu halten.[56]

Die zusammengebrochenen sozialistischen Diktaturen, die ihre Herrschaft auf Planwirtschaft gründeten, haben die Planwirtschaft als Weg zu einer gerechten Wohlstandsgesellschaft ohne Unterdrückung der Arbeiterklasse diskreditiert. Es gehört zu den Errungenschaften der politischen Entwicklung im 20. Jahrhundert, dass sich über Parteigrenzen hinweg Einigkeit über eine Staatsverfassung ergeben hat, die demokratischen, rechtsstaatlichen und sozialen Grundsätzen folgt. Das Problem der Wirtschaftsordnung wurde damit jedoch nicht gegenstandslos. Der moderne Wohlfahrtsstaat stellt zwar nicht das formelle Prinzip des Rechtsstaates, wohl aber seine materiellen Funktionen, in Frage. *Franz Böhm* fasst die Gründe dahin zusammen, dass sich der Wohlfahrtszweck nicht mit dem Rechtsstaat und der Marktwirtschaft, sondern mit der Exekutive und einem System der Umverteilung im großen Stil verbunden habe. Die Exekutive, die über Haushaltsmittel weitgehend frei verfügen könne und faktisch auch die Gesetzgebung kontrolliere, entziehe sich weitgehend rechtsstaatlichen Kontrollen. Die Anhänger des Wohlfahrtstaates dagegen vertrauten im Grunde allein auf die bewusste Organisation, den lenkenden und gestaltenden politischen Willen. Die

[55] *Böhm*, in: Mestmäcker (Hrsg.), Reden und Schriften (Fn. 1), S. 82, 116.

[56] *Böhm*, Wirtschaftsordnung und Geschichtsgesetz, in: Mestmäcker (Hrsg.) (Fn. 7), S. 169–193.

Instrumente der Wohlfahrtspolitik seien so verfeinert, dass sie eine möglichst geräuschlose Politik ermöglichen und Sonderwünschen – je nach dem politischen Einfluss der Klienten – Rechnung tragen könnten, aber: „Schmerzloses Regieren bedeutet Siechtum ohne Warnung.“[57] Im Wohlfahrtsstaat verwahrlost das rechtsstaatliche Denken zunehmend. Zwangsfürsorge verdrängt die Selbständigkeit der Bürger-Regierung, und Sozialpolitiker treibt die Sorge um, was die Bürger mit den Resten ihrer Privatautonomie wohl anstellen. Es wird zur Regel, dass jeder Gesellschaftsgruppe, die sich in irgendeiner Verlegenheit befindet, dass jeder Industriezweig, der vorübergehend unter Absatzmangel und Unrentabilität seiner Betriebe leidet, subventioniert oder privilegiert wird. Eine solche Politik führe dazu, dass alle Gruppen der Bevölkerung, die überhaupt organisierbar sind, versuchen müssen, sich zu organisieren, um die Regierung, das Parlament und die politischen Parteien unter Druck zu setzen. Alle politische Energie und Fantasie wird auf diese „einzige Magen- und Machtfrage“ konzentriert.[58] Dies wurde 1953 geschrieben. *Franz Böhm* plädierte für die Vereinigung des rechtsstaatlichen und des sozialen Anliegens. Nach einem halben Jahrhundert hat diese Forderung nichts von ihrer Aktualität verloren.

Am Ende dieses Vortrages ist mir bewusst, wie wenig die Darstellung des großen Wissenschaftlers und des selbstbewussten Politikers geeignet ist, ein lebendiges Bild des liebenswürdigen, kunstsinnigen und fürsorglichen Menschen zu zeichnen. Ich schließe mit einer Anekdote, die er gern erzählte und die er zum Schluss eines Vortrages vor der evangelischen Arbeitsgemeinschaft der CDU zitierte.[59] Es ging bei dieser Veranstaltung u.a. auch um die Kritik, die von kirchlicher Seite an der Wettbewerbsordnung geübt wurde, die dem Egoismus einen zu breiten Raum gewähre. Das Thema des Vortrages war „Die verantwortliche Gesellschaft“. Es heißt dort: „Zu unseren Politikern aber, die da glauben, das Wort von der verantwortlichen Gesellschaft löse auch nur ein einziges der Probleme, die ihnen aufgegeben sind, sollten wir etwa das Gleiche sagen, was jetzt vor fast 300 Jahren der englische König Wilhelm III zu einem gebrechlichen Kranken gesagt hat, der gekommen war, um sich durch königliches Handauflegung heilen zu lassen. Der König, der ein frommer Calvinist war und diese Handauflegung nur schwer mit seinem Gewissen vereinigen konnte, legte dem Kranken gleichwohl die Hand auf und sagte: Gott gebe Euch Gesundheit und mehr Verstand.“

[57] *Böhm*, in: Mestmäcker (Hrsg.), Reden und Schriften (Fn. 1), S. 82, 133.

[58] Ebd., S. 82, 141.

[59] *Böhm*, Die verantwortliche Gesellschaft, in: Mestmäcker (Hrsg.), Reden und Schriften (Fn. 1), S. 3–24.

Anhang

1. *Hauptwerke von Franz Böhm*

Wettbewerb und Monopolkampf. Eine Untersuchung zum wirtschaftlichen Kampfrecht und zur Frage der rechtlichen Struktur der geltenden Wirtschaftsordnung, 1933, unveränderter Nachdruck 1964

Die Ordnung der Wirtschaft als geschichtliche Aufgabe und rechtschöpferische Leistung. Schriftenreihe Ordnung der Wirtschaft. Herausgegeben von Franz Böhm, Walther Eucken, Hans Großmann-Doerth, Heft 1, 1937

Reden und Schriften. Über die Ordnung einer freien Wirtschaft, einer freien Gesellschaft und über die Wiedergutmachung, 1960. Herausgegeben von Ernst-Joachim Mestmäcker

Freiheit und Ordnung in der Marktwirtschaft (Aufsatzsammlung) 1980. Herausgegeben von Ernst-Joachim Mestmäcker

2. *Würdigungen*

Backhaus, Jürgen G./Stephen, Frank H. (Hrsg.), Franz Böhm, Pioneer in Law and Economics, European Journal of Law and Economics, Vol. 3 No. 4, 1996

Coing, Helmut/Kronstein, Heinrich/Mestmäcker, Ernst-Joachim, Wirtschaftsordnung und Rechtsordnung, Festschrift zum 70. Geburtstag von Franz Böhm am 16.2. 1965, 1965

Konrad Adenauer Stiftung (Hrsg.), Forschungsberichte 8, Franz Böhm, Beiträge zu Leben und Wirken, 1980. Mit Beiträgen von Kurt H. Biedenkopf, Eberhard Günther, Bruno Heck, Yohanan Meroz, Ernst-Joachim Mestmäcker, bearbeitet von Brigitte Kaff

Ludwig-Erhard Stiftung (Hrsg.), Wirtschaftsordnung als Aufgabe. Zum 100. Geburtstag von Franz Böhm, 1995: mit Beiträgen von Kurt H. Biedenkopf, Ernst-Joachim Mestmäcker, Wernhard Möschel, Knut Wolfgang Nörr, Dieter Reuter, Otto Schlecht

Sauermann, Heinz/Mestmäcker, Ernst-Joachim (Hrsg.), Wirtschaftsordnung und Staatsverfassung, Festschrift für Franz Böhm zum 80. Geburtstag, 1975

Wiethölter, Rudolf, Franz Böhm, in: Bernhard Diestelkamp/Michael Stolleis (Hrsg.), Juristen an der Universität Frankfurt am Main, 1989, S. 208–252

Zieschang, Tamara, Das Staatsbild Franz Böhms, 2003

3. Teil

Methoden – Rechtsgeschichte, Rechtsvergleichung und Rechtstheorie

Helmut Coing (1912–2000)*

Klaus Luig

I. Lebenslauf

Helmut Coing, geboren im Jahre 1912 und im August des Jahres 2000 verstorben, darf keineswegs übergangen werden, wenn von den großen deutschen Juristen der zweiten Hälfte des 20. Jahrhunderts die Rede ist. Die

* Vortrag am 1. Februar 2007 – Humboldt-Universität zu Berlin. Der Vortrag ist eine überarbeitete Fassung des Nachrufs auf Helmut Coing in der Zeitschrift der Savigny Stiftung für Rechtsgeschichte, Romanistische Abteilung 119 (2002), 662–678. Der Nachruf enthält alle wesentlichen bibliographischen Nachweise.

überragende Bedeutung von *Coing* liegt auf dem Gebiet, das er selbst als rechtswissenschaftliche Grundlagenforschung bezeichnete, also den Fächern Rechtsgeschichte, Rechtsvergleichung und Rechtsphilosophie. Doch fehlt es auch nicht an gewichtigen Beiträgen zur Dogmatik des geltenden Rechts. Außerdem erwarb sich *Coing* große Verdienste weit über die Rechtswissenschaft hinaus in den Bereichen der zentralen Aufgaben von Universitätsverwaltung und Wissenschaftsorganisation.

Geboren wurde *Helmut Coing* am 28. Februar 1912 in Celle. Seine Vorfahren väterlicherseits waren als hugenottische Flüchtlinge in Deutschland eingewandert. *Coings* Vater fiel als Offizier im Ersten Weltkrieg. Daher wuchs er bei einem Onkel auf. Über seine Schulzeit findet sich eine Notiz in der Autobiographie eines Klassenkameraden und Freundes, des späteren Bundeswehrgenerals *Ulrich de Maizière*. Danach war *Coing* ein sehr guter Schüler, aber auch ein Schüler, der sich tatkräftig für die Klassengemeinschaft einsetzte. So sollte eigentlich *Coing* bei der Abiturfeier für die Klasse sprechen. Das wurde ihm aber von der Schulleitung verwehrt, weil er gegen eine ungerechte Maßnahme protestiert hatte.

Coings Großvater auf Vaters Seite war Senatspräsident am Oberlandesgericht Celle und Ehrendoktor der Universität Göttingen. So lag es nicht fern, dass sich *Coing* zum Studium der Rechtswissenschaft entschloss, das er in Kiel, München, Göttingen und Lille absolvierte. 1935 wurde er mit 23 Jahren als Schüler von *Wolfgang Kunkel* mit einer Arbeit über „Die Frankfurter Reformation von 1578 und das Gemeine Recht ihrer Zeit" in Göttingen zum *Doctor iuris* promoviert. Ein sich daran anschließendes freiwilliges Jahr des Wehrdienstes hat ihn vor Konzessionen an das nationalsozialistische Regime bewahrt. Die Habilitation erfolgte bereits 1938 in Frankfurt am Main mit einer ganz aus den Archivmaterialien erarbeiteten Untersuchung über „Die Rezeption des römischen Rechts in Frankfurt am Main". Damals war *Coing* Assistent von *Erich Genzmer*, von dem die Anregung zur Bearbeitung der neueren europäischen Rechtsgeschichte stammt, die *Coings* wichtigstes Arbeitsgebiet werden sollte.

In seiner Habilitationsschrift schildert *Coing*, wie das römische Recht allmählich in die Rechtsprechung des Schöffengerichts der Reichsstadt Frankfurt am Main eindrang. Ausdrücklich wird der Begriff „die gemeyne Recht" erstmals im Jahre 1482 von einem Schöffen zitiert. Und 1503 war der Sieg des römischen Rechts bereits entschieden. Es ist hochinteressant zu sehen, wie beispielsweise plötzlich in den Gerichtsakten die einjährige Verjährungsfrist der römischen *actio iniuriarum* erscheint oder das *beneficium excussionis* des Bürgen nach justinianischem Recht.

Bereits 1940 wurde *Coing* außerordentlicher Professor in Frankfurt am Main. Gleich zu Beginn des Krieges wurde er zur Wehrmacht eingezogen. Das Kriegsende erlebte er als Hauptmann der Reserve in Kriegsgefangenschaft. Während des Krieges, im Jahre 1941, schloss *Coing* die Ehe mit *Hilde-*

gard Knetsch, deren großes Verdienst an allen seinen beruflichen Erfolgen er stets betont hat, wenn er aus Anlass so genannter runder Geburtstage dem öffentlichen Lob ausgesetzt war, das er mehr duldete als genoss. Die Tochter *Marga* wurde 1946 geboren. 1948 erfolgte die Ernennung zum ordentlichen Professor für Bürgerliches Recht und Römisches Recht und später auch für Rechtsphilosophie in Frankfurt am Main.

Trotz zahlreicher Rufe an andere Universitäten blieb *Coing* in Frankfurt. Das lohnte ihm die Stadt mit der Überreichung ihrer Goethe-Plakette. Geist und Lage der Stadt machten Frankfurt geeignet als Zentrum von *Coings* großen Aktivitäten: Zunächst wurde er Dekan seiner Fakultät, dann 1955–1957 Rektor der Johann-Wolfgang-Goethe-Universität und Präsident der Westdeutschen-Rektorenkonferenz, 1958–1961 Mitbegründer und Vorsitzender des Wissenschaftsrates, sodann Vorsitzender der Verwaltungsräte und Beiräte der Fritz Thyssen-Stiftung, Werner Reimers-Stiftung und der Gerda Henkel Stiftung.

1964 gründete *Coing* das Max-Planck-Institut für europäische Rechtsgeschichte, das er bis zu seiner Emeritierung im Jahre 1980 leitete. Als Institutsdirektor war er wissenschaftliches Mitglied der Max-Planck-Gesellschaft, später zudem Vorsitzender der Geisteswissenschaftlichen Sektion und von 1978 – 1984 Vizepräsident der Max-Planck-Gesellschaft.

Es ist schwer vorstellbar, dass *Coing* jemals einem Gremium angehört hat, das nicht sehr bald erkannt hätte, dass es nichts Besseres tun könne, als gerade ihn zu bitten, die Leitung der Verhandlungen zu übernehmen. *Coing* verstand es wie kaum einer, eine Sitzung fair und geduldig zu führen, die verschiedenen Meinungen zu würdigen und zu bündeln und letzten Endes genau auf den Beschluss hinzuführen, mit dem im Kopf er den Sitzungssaal betreten hatte.

Das Institut führte *Coing* am langen Zügel. Er ließ jedem der wissenschaftlichen Mitarbeiter die Freiheit sich zu entfalten, er gängelte nicht, griff aber auch kaum fördernd ein. Dank seiner Liberalität hat er einen zwar recht großen, aber wenig einheitlichen Kreis von Schülern mit höchst unterschiedlichen Forschungsrichtungen und beruflichen Karrieren um sich geschart.

Coings kontrolliertes, verbindliches Auftreten ist ihm manchmal als kühl und abweisend vorgeworfen worden – meines Erachtens zu Unrecht. *Coing* war insbesondere im Verhältnis zu seinen Mitarbeitern im Institut – das ist meine Perspektive – distanziert, aber nicht uninteressiert. Er war durchaus um das Wohlergehen der ihm anvertrauten Wissenschaftler bemüht. So soll beispielsweise zu seiner Zeit das Institut für europäische Rechtsgeschichte, was die Gehälter anbelangt, den besten Stellenkegel aller geisteswissenschaftlichen Max-Planck-Institute gehabt haben.

Die Anerkennungen für seine wissenschaftlichen Leistungen und für die mit allen hier aufgezählten Ämtern verbundenen Mühen blieben nicht aus.

Coing wurde nicht nur als Ehrendoktor der Universitäten Lyon, Montpellier, Wien, Brüssel und Aberdeen zu einem „*Doctor mult.*“, er wurde darüber hinaus auch geehrt durch den Titel eines *Commendatore* des italienischen *Ordine al Merito*. Er war Offizier der französischen *Légion d'Honneur* und Träger des Großen Verdienstkreuzes der Bundesrepublik Deutschland und schließlich auch Kanzler des Ordens „*Pour le Mérite* für Wissenschaften und Künste“. Zudem war *Coing* Mitglied der Akademien der Wissenschaft von Paris, Rom, Mailand, Bologna, London, Göttingen und München.

II. Das wissenschaftliche Werk

1. *Philosophie*

a) „Neugründung des Naturrechts“

Coing begann seine wissenschaftliche Laufbahn als Rechtshistoriker und blieb zeitlebens in erster Linie Rechtshistoriker. Doch bereits in seinen ersten, auf Dissertation und Habilitationsschrift folgenden Arbeiten überschritt er die Grenzen der Rechtsgeschichte und wandte sich zusätzlich der Rechtsphilosophie und dem geltenden Recht zu.

Im Jahre 1947, dem ersten Jahrgang der nach dem Kriege gegründeten Neuen Juristischen Wochenschrift veröffentlichte *Coing* eine Abhandlung mit dem Titel „Allgemeine Rechtsgrundsätze in der Rechtsprechung des Reichsgerichts zum Begriff der „guten Sitten“, worin er das Prinzip der „gleichmäßigen Machtlosigkeit aller Teilnehmer am privatrechtlichen Verkehr“ entwickelte. Dieser Aufsatz konkretisierte die Prinzipien von *Coings* Schrift „Die obersten Grundsätze des Rechts“, die ebenfalls im Jahre 1947 als „Versuch zur Neugründung des Naturrechts“ (so der Untertitel) erschienen war, und mit der *Coing* zu einem der Wortführer der für das Recht der Nachkriegszeit so bedeutsamen „Renaissance des Naturrechts“ wurde, mit der die Juristen auf die „Unrechtsgesetze“ des NS-Staates reagierten. Diese Rolle als einer der Wortführer bei der „Neugründung“ des Naturrechts ist charakteristisch für *Coing*. In der Regel sah er die Probleme und Aufgaben seines Fachs eher als andere und artikulierte sie auch mit großer Klarheit. Dass er dazu in der Lage war, ergab sich nicht als Frucht besonderer Hellsichtigkeit, sondern eher als Folge genauer, im eigentlichen Sinne historischer Beobachtung des Bestandes und der Entwicklung der Phänomene. Zu bewähren hatten sich *Coings* oberste Grundsätze bei der Suche nach einer Antwort „Zur Frage der strafrechtlichen Haftung der Richter für die Anwendung naturrechtswidriger Gesetze“. Ganz konkret handelte es sich um die Frage der Bestrafung von Richtern, die während der NS-Zeit Unschuldige auf Grund naturrechtswidriger Strafbestimmungen wegen Hochverrats zum Tode verurteilt hatten. *Coing* kam zu dem Ergebnis, dass von einem Richter gefordert werden müsse, dass er einem Unrechtsgesetz auch unter dem Einsatz seines Lebens den Gehorsam verweigere. Der Richter, so *Coing*, habe ein Recht zum Widerstand und sogar die Pflicht dazu. Doch fordere das Naturrecht keine Bestrafung dessen, der von diesem Recht keinen Gebrauch mache und dadurch seine sittliche Pflicht zum Widerstand verletze. Die Begründung dafür war, dass es kein Sittengebot gebe, das eine Forderung nach Bestrafung begründen würde. Diese Gedanken hat *Coing* 1965 in einem Vortrag näher ausgeführt und begründet und gegen den Vorwurf verteidigt, damit Naziverbrechen zu decken.

b) Materiale Wertethik

Wichtigstes Werk *Coings* auf dem Gebiete der Rechtsphilosophie sind die „Grundzüge der Rechtsphilosophie", die zwischen 1959 und 1993 in fünf Auflagen erschienen sind. Darin bekannte sich *Coing*, wie auch schon in den „obersten Grundsätzen" in der Nachfolge von *Max Scheler* und *Nicolai Hartmann* zu einer materialen Wertethik, deren Werte objektiv vorgegeben und rational erkennbar sind. Die wichtigsten dieser Werte, wie *Coing* bei vielen Gelegenheiten betont hat, sind Menschenwürde, persönliche Freiheit, Gleichheit vor dem Gesetz, Rechtspersönlichkeit, Leben und Gesundheit, Ehre, Eigentum, Schutz der Geheimsphäre, Freiheit der Meinungsäußerung, Freiheit der künstlerischen Schöpfung und Freiheit des religiösen Bekenntnisses, Recht auf Erziehung und Freiheit zur Bildung von Vereinen und Gesellschaften. Diese Rechtsphilosophie ist weniger wegen der Inhalte der von ihrem Autor aufgestellten Werte kritisiert worden als wegen ihrer methodischen Grundvoraussetzung, wonach man die Inhalte der Wertethik mit den Mitteln der Wissenschaft erarbeiten kann. *Coings* historische Arbeiten verstehen es jedoch, in einleuchtender Weise klarzumachen, was er in Wirklichkeit unter der rationalen Feststellung der Werte verstanden hat, an denen er stets festgehalten hat.

2. *Rechtsgeschichte*

a) Epochen der Rechtsgeschichte

Für *Coing* war es klar, dass derjenige, dem als Dogmatiker das geltende Recht am Herzen liegt und der als Rechtsphilosoph an seiner Verbesserung mitarbeiten will, auch die Geschichte des Rechts kennen muss. In der Absicht, die in der deutschen „Rechtsordnung lebendige Kulturtradition einem breiteren Publikum näherzubringen", verfasste *Coing* im Jahre 1967 unter dem Titel „Epochen der Rechtsgeschichte in Deutschland" eine kurze Übersicht über die Entwicklung des Rechts in Deutschland seit dem Hochmittelalter.

Eine wichtige Grundlage des großen Erfolges, den diese „Epochen" hatten, ist die Fähigkeit *Coings*, auch komplizierte Vorgänge und Zusammenhänge der Rechtsgeschichte so einfach und mit so treffenden Beispielen angereichert zu schildern, dass sie in der Tat jeder Interessierte, zumindest jeder interessierte Jurist, verstehen kann. Dahinter steckt System. *Coing* wollte Geschichte nicht nur beschreiben, sondern mit Hilfe der Geschichte deutliche Einsichten vermitteln. Sein Geschichtsbild wurde durch die Aufgaben des Rechts bestimmt. Aufgabe des Rechts ist es nach *Coing*, das Überleben der menschlichen Gesellschaft in Würde zu sichern. Diese Aufgabe kann aber nur verwirklicht werden, wenn die grundlegenden sittlichen Werte gewahrt bleiben. Gemessen an diesen Werten gibt es für *Coing* im Bereiche der Erscheinungen einerseits „historisch zufällige Bildungen", die keine Existenzberechtigung haben, und andererseits auch historisch sinnvolle und richtige Erscheinungen, die beizubehalten sind. Das, was überlebt, ist nicht schon deswegen richtig, weil es überlebt hat. Vielmehr ist es so, dass der Mensch den Prozess des Ausscheidens und Festhaltens zu steuern hat. *Coings* Rechtsgeschichte diente daher nicht nur der Deskription vergangener Rechtswirklichkeit, sondern der Aufklärung über das Schicksal der von ihm verteidigten Prinzipien und dem Nachweis der Möglichkeit ihrer Verwirklichung in gegebenen historischen Gesellschaften. Geschichte ist aus dieser Sicht in erster Linie Rückbesinnung auf positive Erfahrungen. Die Bestandsaufnahme öffnet den Blick für die noch ungelösten Probleme. Trotz alledem ist es aber nicht das Ziel der Rechtsgeschichte, zu überreden. Vielmehr öffnet sie die Augen sowohl für die Möglichkeiten als auch die Gefahren konkreter Gestaltungen der Rechtsgemeinschaft.

Angesichts dieser Grundhaltung ist es nicht überraschend, dass dem Historiker *Coing* das Zeitalter der Aufklärung und die bürgerliche Revolution des 19. Jahrhunderts besonders nahe standen. Beispiele misslungener Versuche der Ordnung der Gesellschaft mit Hilfe von Folter und Hexenprozessen, Ausbeutung und Vernichtung, Eroberungen und Erbkriegen spielten in *Coings* Rechtsgeschichte eine geringere Rolle als erfolgreiche Versuche, mit den Mitteln des Rechts zwischen den Bürgern untereinander und im Verhältnis von Bürger und Staat Friede und Sicherheit herzustellen. Die Rechtsgeschichte war für *Coing* somit eine Geschichte der Rechtskultur, die im engen Zusammenhang mit der allgemeinen Kultur- und Geistesgeschichte steht. Das bedeutet nicht, dass *Coing* sich nicht auch für rechtliche Normen und Institutionen interessiert hätte, die im Laufe der Zeit ihre Bedeutung verloren haben und heute überlebt sind. Diese müssen in dem Wert gewürdigt werden, den sie zur Zeit ihrer Geltung hatten. Und sie sind immer auch wichtig als die Grundlage, auf der spätere Generationen aufgebaut haben.

Die jeweils geltenden Gesetze waren für *Coing* immer nur spezielle Lösungsversuche von dauernden Problemen der Ordnung unter dauernden Prinzipien einer Gerechtigkeit, die ihren Grund in der Sittlichkeit hat. Wenn der Jurist „wissenschaftlich“ arbeitet, so heißt das, dass er die Gesetze in diesem Sinne zu verstehen versucht – mit den Mitteln einer angewandten Geisteswissenschaft und mit den Zielen einer Sozialwissenschaft.

b) Subjektives Recht

Von ganz zentraler Bedeutung für *Coings* Verständnis vom Sinn der Rechtsgeschichte ist der Aufsatz „Zur Geschichte des Begriffs ‚subjektives Recht'“ aus dem Jahre 1959, also aus einer Zeit, in der die Pläne für die Gründung eines Max-Planck-Instituts für europäische Rechtsgeschichte keimten, das die geschichtlichen Grundlagen für die Arbeit der dem modernen Recht und der Rechtsvergleichung gewidmeten Max-Planck-Institute aufarbeiten sollte. Veröffentlicht wurde der Vortrag gleichsam programmgemäß in einem Heft der Gesellschaft für Rechtsvergleichung mit einem Vorwort von *Konrad Zweigert*, dem damaligen Direktor des „Schwesterinstituts“ für Rechtsvergleichung, der zustimmend zitierte, dass *Coings* historisch angelegter Vortrag „eine Wahrheit, einen echten vorgegebenen Sachzusammenhang (...) aufdecke“.

Coing begann seinen Vortrag mit der Feststellung, dass Rechtsgeschichte und Rechtsvergleichung aufeinander angewiesen seien. Damit meinte er im Grunde, die Rechtsvergleichung, die ja zu dieser Zeit schon an dem Hamburger Max-Planck-Institut für ausländisches und internationales Privatrecht intensiv betrieben wurde, könne nicht mehr länger auf Rechtsgeschichte verzichten, für die man also endlich ebenfalls ein Max-Planck-Institut gründen solle. *Coing* ging es nicht lediglich um den simplen Nachweis, dass auch die Rechtsgeschichte, ebenso wie die Rechtsvergleichung, eine Fülle verschiedener Lösungen ähnlicher Probleme anbiete und somit gleichsam ein großes „Schatzhaus“ für Problemlösungen sei. Dabei würde nämlich, so *Coing*, die horizontale Vergleichung lediglich um die vertikale ergänzt. Entscheidend für *Coing* war vielmehr die Einsicht, dass die normalerweise vergleichend studierten Rechtsordnungen im Lichte der Rechtsgeschichte nicht nur Parallelentwicklungen offenbarten, sondern die Verbundenheit „durch eine gemeinsame Geschichte“ vor Augen führten. Daher, meinte *Coing*, könnte die Vergleichung der Rechtsordnungen ohne Kenntnis der Verbindungen durch gemeinsame Wurzeln und gegenseitige Rezeptionen überhaupt nicht durchgeführt werden.

Inhaltlich kam *Coing* bei der Schilderung der Wissenschaftsgeschichte des Begriffs des subjektiven Rechts zu dem Ergebnis, dass das Hervortreten des Begriffs des subjektiven Rechts Ausdruck einer Sozialphilosophie der Freiheit sei, die in der Wahrung der Autonomie des Einzelnen das Hauptziel der Rechtsordnung erblickt. Dann aber stellte *Coing* die Frage, die man seiner Meinung nach jeder „geistesgeschichtlich angelegten Studie“ stellen muss, ob nämlich die geschichtlich gewordene Gedankenentwicklung zu dieser

„Sacherkenntnis“ geführt hat. Diese Frage nach der Sacherkenntnis war darauf gerichtet, ob der Begriff des subjektiven Rechts sich „bewährt“ habe. Und das war nun aus der Perspektive von *Coings* philosophischen Grundüberzeugungen in der Tat der Fall. Denn der Begriff des subjektiven Rechts hält nach *Coing* den Gedanken aufrecht, dass das Privatrecht dem Schutz der Freiheit des Einzelnen in der Gesellschaft gilt. Im Ergebnis hat also die „große geschichtliche Gedankenentwicklung“, die *Coing* verfolgt hat, – um es mit den Worten von *Zweigert* zu sagen – die „Wahrheit, einen echten vorgegebenen Sachzusammenhang aufgedeckt“.

3. Europäische Rechtsgeschichte

Das Stichwort einer europäischen Privatrechtsgeschichte „Von Bologna bis Brüssel“, wie *Coing* einmal einen seiner brillanten Vorträge genannt hat, ist zum ersten Male im Jahre 1952 in der Rezension von *Ernst Robert Curtius'* „Europäische Literatur und lateinisches Mittelalter“ gefallen, in der *Coing* feststellte: „Dem Gedanken der europäischen Literaturgeschichte entspricht die Idee einer europäischen Rechtsgeschichte“. *Coing* hat in zahlreichen Vorträgen und Aufsätzen in allen europäischen Ländern für seinen Leitgedanken der Einheit einer europäischen Rechtswissenschaft „in Vergangenheit, Gegenwart und Zukunft“ geworben. In dieser Perspektive sollte der Schritt in die Zukunft der gemeineuropäischen Rechtswissenschaft durchaus auf „Erinnerung“ und gar „Rückkehr“ beruhen. Seinen prägnantesten Ausdruck hat dieses Programm in einem 1978 von dem italienischen Rechtsvergleicher *Mauro Cappelletti* herausgegebenen Band zum Thema *„New Perspectives for a Common Law of Europe“* gefunden. *Coings* Beitrag zu diesem Band beginnt mit den Worten: *„One possible contribution which legal science can make to open the way for greater unity of law in Europe is to make us conscious of the rich heritage the European countries have in common. The object of this paper is, therefore, to try to analyse the conditions present when this heritage was formed and to show how the knowledge of this history can be used to make the way in the future easier“*.

Und schließlich meinte *Coing*, dass die Erinnerung daran, dass alle europäischen Völker im Schutz der gemeinsamen Rechtsideen des *ius commune* groß geworden seien, die Europäer ermutigen könnte, auch für die Zukunft wieder gemeinsame Ideen zu entwickeln.

4. Lehren der Rechtsgeschichte

Coings Plädoyer für eine applikative Rechtsgeschichte fand seine solide theoretische und methodische Grundlage in einer Schrift über „Aufgaben des Rechtshistorikers“, in der *Coing* sehr entschieden darauf bestand, dass die Rechtsgeschichte einen „unentbehrlichen Bestandteil der historischen

Gesamtforschung" bilde, deren moderne Richtung das Ziel habe, „die Geschichte des Menschen in der Totalität seiner Lebensäußerungen" zu schreiben. Dabei erachtete *Coing* es keineswegs für gering, dass „die Rechtsgeschichte der Auslegung des geltenden Rechts eine wesentliche Hilfe bieten" könne. Das galt insbesondere für den historischen Vergleich, der „auf geschichtlich wiederkehrende Probleme und Lösungen aufmerksam macht".

Ein weiterer wichtiger Gedanke dieses Vortrages war, dass es, vermittelt durch das kanonische Recht in der Tradition von *civil law* und *common law*, mehr Gemeinsamkeiten gebe, als man gemeinhin annehme.

Coings Rechtsgeschichte war somit im Grunde trotz aller Betonung ihrer Nähe zur Geschichtswissenschaft allgemein im Grunde eine applikative Rechtsgeschichte, eine Rechtsgeschichte, die Bedeutung für das moderne Recht haben sollte.

5. Hermeneutik

Methodische Grundlage der Rechtsgeschichte ist die Hermeneutik. Denn wie die Geschichte überhaupt, so muss auch die Rechtsgeschichte nach *Coing* die Zeugnisse vergangener Epochen als Äußerungen menschlichen Lebens in ihrem Sinn verstehen. Aus dieser Erkenntnis heraus hat *Coing* der Hermeneutik auch eine eigene Untersuchung gewidmet, die in für *Coing* typischer Weise einen perfekten historischen und systematischen Überblick über juristische Auslegungsmethoden und allgemeine Hermeneutik bietet. *Coing* stellte nach dem Vorbild von *Emilio Betti* die Frage, welche Konsequenzen die juristische Auslegungsmethode aus den allgemeinen Regeln der Hermeneutik zu ziehen hat. Die Antwort war, dass die fünf Hauptpunkte der allgemeinen Hermeneutik – Objektivität, Einheit gegründet auf System, genetisch-historische und objektiv-genetische Auslegung, Auslegung nach der Sachbedeutung, Vergleich – sämtlich auch für die juristische Auslegung von Bedeutung sind. Damit verbunden ist die Einsicht, dass das interpretatorische Verfahren topisch und nicht deduktiv ist. Unterschiede zur Topik ergeben sich nach *Coing* allerdings daraus, dass die Rechtswissenschaft im Gegensatz etwa zur Literaturwissenschaft stets auf Anwendung, auf die gerechte Entscheidung im Einzelfall zielt.

6. Stationen der Rechtsgeschichte

a) Ius Romanum Medii Aevi

Das erste Ergebnis der Bemühungen um eine Intensivierung der Erforschung der mittelalterlichen Rechtsgeschichte bildete *Coings* Beitrag zu dem internationalen Forschungsunternehmen des *„Ius Romanum Medii Aevi"* (IRMAE), zu dem *Coing* im Jahre 1964 den Band „Römisches Recht in

Deutschland" beisteuerte. *Coing* schilderte hier, wie zunächst die politische Romidee entstand, wohingegen die rechtliche Praxis in Deutschland bis zum Ende der Stauferzeit vom römischen Recht unberührt blieb. Das Eindringen des römischen Rechts vollzog sich dann als Folge der überall ausschließlich auf das römisch-kanonische Recht abstellenden Juristenausbildung, zuerst in Italien und Frankreich und seit der zweiten Hälfte des 14. Jahrhunderts auch in Deutschland. Daraus entstand ein deutscher Juristenstand, der zunächst nur der Kirche und erst später auch Städten und Territorien diente. Erst danach entfaltete sich eine eigene deutsche Rechtsliteratur.

b) Die Einheit der europäischen Rechtswissenschaft

Dabei blieb allerdings „Die ursprüngliche Einheit der europäischen Rechtswissenschaft", – auch das ist ein Aufsatztitel *Coings* – die auf den überall in gleicher Weise geübten Methoden der Interpretation der *„ratio scripta"* der Texte des römischen und kanonischen Rechts beruhte, bis zum Ende des 18. Jahrhunderts erhalten. Einigendes Band zu Beginn der Neuzeit, einer Zeit der Anfänge der Entwicklung nationaler Rechtsordnungen, die *Coing* weniger stark betonte, waren zuerst der Humanismus und später der Naturrechtsgedanke. Danach wurde die Einheit durch die einsetzenden nationalen Kodifikationsbewegungen des späten 18. Jahrhunderts aufgelöst. Lediglich der in verschiedenen europäischen Ländern geltende französische *Code civil* hatte auch Einfluss auf Gemeinsamkeiten in der Rechtswissenschaft. Und daneben wurde die Pandektenwissenschaft zu einem gesamteuropäischen Programm. Die neuen Probleme, die sich dem Recht im 19. Jahrhundert stellten, wurden dann jedoch weithin durch eine auf vergleichender Basis arbeitende Gesetzgebung (*„législation comparée"*) gelöst.

7. Das „Handbuch"

Die soeben überflogene Entwicklung sollte unter *Coings* Leitung in dem „Handbuch der Quellen und Literatur der neueren europäischen Privatrechtsgeschichte" erforscht werden, das ab 1964 zunächst die Hauptaufgabe des Max-Planck-Instituts für europäische Rechtsgeschichte bildete.

Die grundlegenden Ideen dieses Projekts hat *Coing* im November 1965 unter dem Titel „Die europäische Privatrechtsgeschichte der neueren Zeit als einheitliches Forschungsgebiet" auf der ersten Tagung des aus Gelehrten aller europäischen Länder zusammengesetzten auswärtigen wissenschaftlichen Beirates des Instituts vorgestellt und im ersten Heft der unter dem Titel *„Ius Commune"* erscheinenden „Veröffentlichungen" des Instituts publiziert.

Das Handbuch sollte die Zeit vom Mittelalter bis zum Ende des 19. Jahrhunderts umfassen. Von dem Herausgeber *Coing* stammte der Gesamtplan. Als Autor steuerte er die Einführungen in den Plan des Werkes, Bemerkungen über die allgemeinen geistesgeschichtlichen und sozialgeschichtlichen Grundlagen der Rechtsentwicklung in den einzelnen Epochen und die Kapitel über die juristische Fakultät und ihr Lehrprogramm bei. *Coing*, der selbst ein begeisterter und begeisternder Lehrer war, lag die Geschichte der Ausbildung der Juristen an den Universitäten stets besonders nahe. Die europäische Rechtskultur war eine an den Universitäten vermittelte Kultur. Und daran musste man nach der Überzeugung von *Coing* auch anknüpfen, wenn man für die Zukunft Fortschritte im Bemühen um ein europäisches Recht erhoffte. Verwirklicht wurde schließlich der Plan des Handbuchs in drei Bänden und mehreren Teilbänden mit Hilfe der Mitarbeiter des Instituts und über 50 weiteren Autoren aus fast allen europäischen Ländern.

8. *Europäisches Privatrecht*

a) Dogmengeschichte

Angesichts der Tatsache, dass *Coing* von Anfang an als wichtigste Aufgabe des Instituts die Geschichte der materialen Regeln und Normen, d.h. die Dogmengeschichte des Privatrechts, vor Augen hatte, kann man das von ihm als Emeritus geschriebene zweibändige „Europäische Privatrecht" durchaus als krönenden Abschluss seines rechtshistorischen Lebenswerkes betrachten. Eine solche Dogmengeschichte ist stets als dringendes Desiderat der Disziplin empfunden worden, seitdem *Wieacker* seine „Privatrechtsgeschichte der Neuzeit" als Geschichte des „rechtswissenschaftlichen Bewusstseins" geschrieben hatte.

b) Der politische Grund

Hervorzuheben ist, dass *Coing* im Vorwort seines „Europäischen Privatrechts" getreu seinen Prinzipien erklärt hat, er habe auch einen „außerwissenschaftlichen, einen politischen Grund für sein ‚Europäisches Privatrecht'". Da wir in einer Zeit der Annäherung und der Vereinheitlichung des Rechts in Europa lebten, so meinte er, sei es notwendig, die Erinnerung an die gemeinsame Rechtstradition zu wecken und sie lebendig zu erhalten. Es war somit für *Coing* etwas anderes, ob man die überall als notwendig erkannte europäische Rechtsvereinheitlichung als Wiederaufnahme einer unglücklicherweise unterbrochenen gemeinsamen Tradition propagieren konnte, oder ob man sie als mühsamen Versuch der Überwindung einer schon immer bestehenden selbständigen Entwicklung zahlreicher, in ihren Wurzeln höchst unterschiedlicher nationaler Rechtsentwicklungen ins Werk setzen musste. Mit der Berufung auf die gemeinsame Geschichte hatte man natürlich noch keine Rezepte etwa für ein europäisches Vertragsrecht in der Hand. Das war aber kein entscheidender Mangel. Denn die Rechtseinheit Europas war, wie *Coing* betont hat, schon immer zuerst eine Sache der Wissenschaft und Ausbildung. Aufgabe seiner Dogmengeschichte sollte somit nicht nur schlicht die Schilderung vergangener Rechtsordnungen sein, sondern weit mehr noch die Herstellung der für eine wissenschaftliche Dogmatik unentbehrlichen Verbindung zwischen der Rechtsgeschichte und dem geltenden Recht.

c) Quellen

Mit einem gewissen Kunstgriff schöpfte *Coing* sein Material für das „Europäische Privatrecht" für die Zeit bis 1800 unmittelbar aus den Systemen und Kommentaren der knapp zwei Dutzend großen Juristen von *Cujas* bis *Vinnius* und *Leyser*, deren Werke in allen großen Bibliotheken der Universitäten und Obergerichte aller europäischen Länder vertreten waren. Eine solche nach der Methode *Coings* aus Quellen und Literatur geschöpfte Institutionengeschichte des europäischen Privatrechts vertraut also mit Recht darauf, dass die in Wissenschaft und Praxis führenden Juristen einer jeden Epoche ein Gespür hatten für die sich in ihrer Zeit stellenden Probleme und dass sie in ihren literarischen Erzeugnissen ernsthaft an deren Bewältigung arbeiteten. Wenn das aber zutrifft, ist es erlaubt, an eine bestimmte Epoche der Rechtsgeschichte so heranzugehen, dass man versucht, die leitenden Grundsätze des Rechts der Literatur zu entnehmen. Erst wenn man davon ein Bild gewonnen hat, hat man die Maßstäbe in der Hand, mit denen man sich dem Handeln der Juristen in der Praxis, den Leistungen und auch den Fehlgriffen oder gar Fehltritten der Richter und Dorfrichter bei der Durchsetzung des Rechts („Rechtsverwirklichung") zuwenden kann.

d) Rezeption

Sein „Europäisches Privatrecht" hatte *Coing* von langer Hand durch eine große Zahl dogmengeschichtlichen Themen gewidmeter Arbeiten vorbereitet – Themen wie Sittenwidrigkeit, Scheingeschäfte, subjektives Recht, Persönlichkeitsrechte und Menschenrechte, Treuhand, *Trust*, Erbrecht, aber auch Prozessrecht usw. All das verdeutlicht, dass anders als es die herrschende These von der Rezeption als Verwissenschaftlichung des Rechts will, die Rezeption nicht die Denkweise der Juristen veränderte, sondern dass vielmehr umgekehrt die Verwissenschaftlichung – mit den Worten von *Coing* – „im Rahmen der Übernahme der materiellen Sätze des römischen Rechts" stattfand.

e) Methode und System

Coings „Europäisches Privatrecht" galt aber selbstverständlich auch methodischen Fragen, der Rechtsquellenlehre und Rechtsanwendungslehre, der Philosophie und dem Naturrecht, weiter auch Fragen von System und Auslegung, der Rolle der Wissenschaft und des Richterrechts sowie den Prinzipien von Rechtsgeschichte und Rechtsvergleichung und ihrem Verhältnis zueinander. Trotz aller häufig geäußerten Bewunderung für die Leistungen der Topik, hatte das systematische Denken für *Coing* große Bedeutung. Für ihn war das System wichtig und unverzichtbar als innerer Begründungszusammenhang der Rechtssätze, die man nicht einfach als unableitbare Fakten sollte hinnehmen müssen. Das war es auch, was nach *Coing* die moderne Rechtswissenschaft noch von *Savigny* lernen kann. Daher sah *Coing* auch keine Schwierigkeit darin, das Pandektensystem des 19. Jahrhunderts für sein europäisches Privatrecht zu verwenden.

9. *Ausbildung*

„Das Recht ist um des Menschen willen da", aber ohne Menschen, die ihm dienen, funktioniert auch das Rechtswesen nicht. Daher bildeten die Juristen, ihre Ausbildung, ihre Aktivitäten und ihre Einbindung in einen Stand ebenfalls einen Schwerpunkt im Werk von *Coing*. Das begann schon in der Habilitationsschrift, deren fünftes Kapitel „Die Träger der Rezeption in Frankfurt am Main" behandelte, setzte sich in zahlreichen Aufsätzen fort und fand seinen Abschluss in den der juristischen Fakultät und ihrem Lehrprogramm gewidmeten Beiträgen zum „Handbuch" und vielen diesem Thema gewidmeten Vorträgen und Aufsätzen.

10. *Dogmatik des geltenden Rechts*

a) Treuhand

aa) Duplex interpretatio

Mit der im Jahre 1973 erschienenen Monographie zur Treuhandlehre bewegte sich *Coing* als Dogmatiker auf seinem Lieblingsgebiet freier wissenschaftlicher Forschung über dogmatische Grundsätze. Aus der rein praktischen, das heißt ohne irgendeine gesetzliche Grundlage stattfindenden Anwendung der Treuhand in der Rechtsprechung erarbeitete *Coing* ein System des Treuhandrechts, das Einsicht in die wirtschaftlichen und politischen Gründe der Entstehung der einzelnen Regeln gestattete, eine Kritik des geltenden Treuhandrechts ermöglichte und auf dieser Grundlage der Rechtsprechung Weisungen für die Zukunft erteilte. In diesem Buch wird deutlicher als in mancher historischen Untersuchung *Coings*, was er sich von einer ihre Geschichte beherzigenden Rechtswissenschaft erhoffte, wenn er schrieb, es gehe darum, „bewußt zu machen, wie und warum die einzelnen Regeln ursprünglich gefunden worden sind" und „anhand dieser Feststellungen vorsichtig zu prüfen, wieweit die vorhandenen Regeln fortzuentwickeln sind, wieweit sie also den gegebenen Problemen noch entsprechen, wieweit sie heute als historisch zufällige Bildungen anzusehen und daher abzustoßen sind".

Nachdem der Glaube an die Überlegenheit des Gesetzgebers und an die Kodifikationsidee brüchig geworden war, kehrte *Coing* mit dem Treuhandbuch zu der Jahrhunderte lang von den europäischen Juristen geübten Methode zurück, im Wege einer „*duplex interpretatio*" aus konkreten Fallentscheidungen – früher der Kasuistik der Digesten *Justinians* und jetzt der Rechtsprechung der Gerichte – die „*rationes decidendi*" zu ermitteln, zu diskutieren und sie zur Grundlage neuer Fallentscheidungen zu machen.

bb) Inhalte

Auch die materialen Inhalte der Botschaft, deren Verkündung *Coing* sich zum Ziel gesetzt hatte, traten in dem Treuhandbuch erneut ganz plastisch hervor. Die Treuhand erweitert den Aktionsradius schuldrechtlicher Vereinbarungen in Freiheit von genau definierten Formen und Typen von Geschäften. Sie erlaubt es den Parteien, einer vorhandenen objektiven Form, deren man sich der Klarheit halber gegenüber Dritten bedienen muss (Zession, Eigentumsübertragung), einen „*inter partes*" frei vereinbarten Inhalt zu geben, ohne sich damit dem Vorwurf des Scheingeschäftes oder des Umgehungsgeschäftes auszusetzen. So lässt sich die Sicherheit, die im Rechtsverkehr generell die Einhaltung einer bestimmten Form gebietet, mit dem frei ausgehandelten Konsens zweier Vertragspartner vereinbaren.

b) Erbrecht

Einen gewichtigen Beitrag zum geltenden Recht leistete *Coing* weiter mit seinen 1953 begonnenen Bearbeitungen des Lehrbuchs des Erbrechts von *Theodor Kipp*, die er, flankiert von zahlreichen Aufsätzen zum Erbrecht, von der neunten bis zur 1990 erschienenen 14. Auflage fortgeführt hat. Von 1957 bis 1995 hat *Coing* zudem mitgearbeitet an „J. von Staudingers Kommentar zum Bürgerlichen Gesetzbuch". Besondere Hervorhebung verdient die im Jahre 1978 dem Kommentar vorangestellte Einleitung, in der *Coing* die Entstehungsgeschichte und die Wirkungsgeschichte des BGB schildert.

III. Schluss

Inzwischen ist das Werk von *Helmut Coing* selbst Objekt historischer Betrachtung. Wir müssen also im Geiste *Coings* versuchen, den Sinn seines Lebenswerkes zu verstehen und seinen Wert zu beurteilen. Alle Arbeiten *Coings* dienten in einem weiteren Sinne der Suche nach der richtigen Ordnung des menschlichen Zusammenlebens. Dabei ist die gründliche Kenntnis früherer, misslungener und geglückter, Bemühungen um vernünftige Lösungen und die Kenntnis der Bemühungen anderer Völker und Kulturen unverzichtbar. Das war jedenfalls *Coings* grundlegende Überzeugung.

Franz Wieacker*
(5. August 1908–17. Februar 1994)

Joseph Georg Wolf

Franz Wieacker, Jurist und Rechtshistoriker, hat die Dogmatik des geltenden Rechts und die Rechtstheorie bereichert; der europäischen Privatrechtsgeschichte hat er Grund und Gestalt gegeben; das römische Recht hat er in seiner ganzen geschichtlichen Wirklichkeit vollends erschlossen.

I.

Franz Wieacker wurde geboren am 5. August 1908 in Stargard in Hinterpommern. Mit seinem Geburtsort hatte er nichts weiter zu tun. Die Eltern hatten sich den Platz auch nicht ausgesucht: Der Vater war dort als junger preußischer Richter berufen worden. Und schon demnächst verließ die Familie den Ort, um nach Prenzlau überzusiedeln, wo der Vater aus dem Richteramt in das eines Ersten Bürgermeisters wechselte. Im Januar 1912 wollte er für den Reichstag kandidieren. Aber noch vor der Wahl wurde ein schwerer Autounfall der Anlass, sich vorerst aus dem öffentlichen Amt zurückzuziehen und als Rechtsanwalt niederzulassen. Jetzt zog die Familie nach Weilburg a. d. Lahn, und so wurde diese anmutige nassauische Residenz zu *Franz Wieackers* eigentlichem Kindheitsort.

Wieacker war gerade aufs Gymnasium gekommen, als die Familie erneut aufbrach, jetzt nach Stade, am Unterlauf der Elbe, wo der Vater die Richterlaufbahn wieder aufnahm und später nach Zwischenjahren in Celle, als Präsident des Stader Landgerichts auch beendete. Für den Sohn wurde Stade die Heimat: Landschaft und Menschenschlag haben in diesen empfänglichen Jugendjahren seine Empfindungswelt in einer tiefen Schicht geformt. Bis in sein hohes Alter waren die häufigen Ausflüge in die Küstenlandschaft seine liebsten Unternehmungen. Celle schließlich, wo er 1926 die Reifeprüfung bestand, hat in den letzten Schuljahren sein norddeutsch geprägtes Selbst-

* Vortrag am 1. Februar 2007 – Humboldt Universität zu Berlin. Der Vortrag beruht weitgehend auf meiner Gedenkrede bei der Akademischen Gedenkfeier am 19. November 1994 in Göttingen (J. G. *Wolf*, Die Gedenkrede, in: In memoriam Franz Wieacker, Akademische Gedenkfeier am 19. November 1994 in Göttingen [1995], S. 17–42).

gefühl um die Erfahrung einer residenzlichgesitteten, gebildeten und auf Bildung auch bedachten Stadtgesellschaft bereichert.

Wieacker war noch siebzehn, als er das Abitur machte. Seine außerordentliche Begabung war auch eine Frühbegabung und er durchaus ein ‚Wunderkind'. Rückblickend hat er den Einfluss der Schule auf seine Entwicklung eher gering veranschlagt, den Anteil von Herkunft und Elternhaus dagegen hoch.

Beide Eltern sind westdeutscher Herkunft, die *Wieackers* vom Niederrhein, die mütterliche Familie aus Westfalen. Die direkten väterlichen Vorfahren sind seit dem Beginn des 17. Jahrhunderts ausgewiesen als Bauern im rechtsrheinischen Beeck, ein paar Kilometer nördlich von Duisburg. Sie waren ein lebensfreundlicher Schlag, und vieles ist von ihnen auf den Großvater, auf den Vater und auf *Wieacker* selbst übergegangen: eine verhaltene Fröhlichkeit, Witz und Einbildungskraft, eine elementare, lebhafte Redegabe, ein bewegliches, freilich auch stimmungsreiches Temperament, aber auch Gutmütigkeit und Versöhnlichkeit, und bei allem ein spannungsloses Verhältnis zu den Lebensgenüssen.

Für die intellektuelle Biographie dieser problemlosen Sippe wurde die Verbindung des Großvaters *Johann Wieacker* mit der Theologenfamilie *Zahn* bedeutsam. *Franz Ludwig Zahn*, auf den *Wieackers* erster Vorname zurückgeht, kam 1832 nach Moers und machte sich hier als Reformpädagoge einen Namen. *Johann Wieacker* war noch in Beeck geboren, hatte aber das Lehrfach eingeschlagen und war dadurch seinem Schwiegervater nahegekommen. Durch seine Heirat mit *Maria Zahn* ist der Enkel *Franz Wieacker* auch der Nachfahre einer langen Reihe von Pastoren.

Predigerblut kam auch aus der mütterlichen Familie. Hier ist der Großvater Sohn und Enkel von Pastoren. Sein eigener Beruf war allerdings schon der höhere Schuldienst, er war bereits in jungen Jahren Gymnasialdirektor geworden. Seine Fächer, in denen er auch wissenschaftlich arbeitete und mit den Universitätskollegen, im Stile der Zeit, Fehde pflegte, waren die der Klassischen Philologie.

Mit nur einer Ausnahme waren alle Vorfahren Protestanten. Das konfessionelle Selbstverständnis folgte, auf der mütterlichen Seite schon seit der Vorgeneration, dem so genannten Kulturprotestantismus, wie er sich seit dem 19. Jahrhundert gerade im akademischen Mittelstand schnell durchsetzte. In dieser Ausprägung hat sich die protestantische Tradition in *Wieacker* fortgesetzt. Sie erschließt uns Vieles in seiner Person. So die Reserve gegen das etablierte Kirchentum, ebenso seine Kritik primär des theologischen, praktisch jedes Dogmatismus, eine andere Konstante seiner Weltanschauung.

Die Erziehung im Elternhaus bestand, wie *Wieacker* es gern schilderte, darin, dass sie eigentlich gar nicht stattfand. Nicht aus Prinzip, sondern aus Gutartigkeit und natürlicher Großzügigkeit waren die Eltern das Gegenteil von ‚autoritär'. Da die Schule die Freizeit kaum einschränkte, trieb er im Allgemeinen, was ihm Spaß machte. Die Wahl des Studiums hat indessen das Vorbild des Vaters bestimmt, dem auch der Bruder gefolgt war.

Wieacker studierte in Tübingen, in München, die letzten beiden Semester in Göttingen. Im Sommer 1929 besteht er in Celle das Referendarexamen. Aus den Hörsälen hat er keine tieferen Eindrücke mitgenommen und erst am Ende der Studienzeit überhaupt eine Vorliebe für ein bestimmtes Fach gefasst: Eingenommen von der Persönlichkeit *Pringsheims*, für das römische Recht. Als er gegen Ende des Jahres *Pringsheim* als Assistent nach Freiburg folgte, war auch seine Berufswahl getroffen, von der man sich allerdings kaum vorstellen kann, dass sie in eine andere Richtung hätte gehen können.

Wieacker ist jetzt einundzwanzig. Freiburg überschüttet ihn mit Zuneigung und Sympathie. Der Aufbruch in die Wissenschaft ist stürmisch. *Eduard Fraenkel*, der klassische Philologe, zieht ihn in sein Seminar; *Claudius von Schwerin* macht ihn mit den altnordischen Rechtsquellen bekannt; die Einführung in die juristische Papyrologie durch *Andreas Bartelan Schwarz* zeitigt auf der Stelle einen Aufsatz über die Verzichtserklärung eines Pfandberechtigten in den griechischen Urkunden Ägyptens – *Wieackers* erste Publikation und eine der wenigen Spuren seines niemals erloschenen papyrologischen Interesses. Sein eigentliches Fach ist das römische Recht. Und mit einer Arbeit aus dem römischen Recht erfolgt nach einem Jahr, im Dezember 1930, die Promotion, nach zwei weiteren Jahren, am 16. Februar 1933, wieder mit einer romanistischen Arbeit, die Habilitation.

So war der Auftakt, und was dieser Auftakt versprach, wurde fortan Jahr für Jahr eingelöst. *Wieacker* hat niemals gerastet. Er hat sich unerbittlich den Fleiß abgefordert, der erst seine große Begabung für die Wissenschaft zum Ereignis machte.

Die Karriere begann zögerlich. Erst nach Lehrstuhlvertretungen in Frankfurt (WS 33/34 und 34/35), Kiel (SS 35 und WS 35/36) und Leipzig (seit SS 36) wurde er ebendort am 1. Januar 1937 zunächst planmäßiger außerordentlicher Professor, am 1. Mai 1939 Ordinarius. Jetzt allerdings folgte ein Ruf dem andern: in den nächsten Jahren wurden Kiel, Prag, Berlin und Straßburg ausgeschlagen. Bei Kriegsende war *Wieacker* Soldat in Italien. Aus britischer Kriegsgefangenschaft bald entlassen, kehrte er nicht nach Leipzig zurück, sondern übernahm in Göttingen schon zum 1. Dezember 1945 einen Lehrauftrag. Als er 1948 gleichzeitig nach Göttingen und Freiburg berufen wurde, gab er Freiburg, 1953 bei erneuter Berufung Göttingen den Vorzug. Die Freiburger Wohnung hat er dagegen nicht wieder aufgegeben. Darum fiel auch die Entscheidung, in Göttingen zu bleiben, nicht schwer, als ihm die Freiburger Fakultät 1963 die Nachfolge *Pringsheims* anbot. Der doppelte Wohnsitz bewährte sich. Seinem fortdauernd engen Verhältnis zur Freiburger Fakultät gab 1971 die Verleihung der Honorarprofessor Form und Status. Aber schon mit 65 Jahren ließ sich *Wieacker* 1973 emeritieren. Auf den Entschluss der vorzeitigen Emeritierung wirkte unmittelbar die Erfahrung der so genannten Studentenrevolution. Für *Wieacker* war die Universität wirklich „Genossenschaft der Lehrenden und Lernenden". Dass diese Gemeinschaft nun als Herrschaftsverhältnis denunziert, dass die Universität, die so völlig sein Lebensraum war, durch Gewalt entwürdigt wurde, dies hat ihn tief verletzt.

Ruhestand hat *Wieacker* niemals gekannt. Mit der Emeritierung begann vielmehr ein neuer Lebensabschnitt von vollen zwanzig Jahren Arbeit. Es sind die Jahre des Handbuchs der ‚Römischen Rechtsgeschichte'. Er arbeitete noch an den Anmerkungen zum Zweiten Band, als er im sechsundachtzigsten Lebensjahr, am 17. Februar 1994, in Göttingen starb.

Hohe Auszeichnungen haben auch noch in diesen Jahren sein europäisches Ansehen und die Wertschätzung seiner Person bekräftigt. Sie haben ihn jedes Mal erfreut. Als das glücklichste Ereignis seines Alters empfand er jedoch die Wiedervereinigung Deutschlands.

II.

Wieackers Habilitation erfolgte wenige Tage nach der nationalsozialistischen Machtergreifung. Schüler eines angesehenen, aber jüdischen Gelehrten, glänzend ausgewiesen, aber für ein Fach, das die Partei bekämpfte: Die Zukunft war plötzlich ungewiss. *Wieacker* steht fest zu seinen verfolgten Freunden. Die Verbindung zu *Pringsheim*, der seit 1936 in Berlin lebte und erst 1939 das Land verließ, wird in allen Formen aufrechterhalten. Auch an seinem Fach macht er keine Abstriche; die romanistischen Publikationen reißen nicht ab. Ein offenes Bekenntnis zu seinen jüdischen Lehrern, Freunden und Mitbürgern war der große Beitrag zu den ‚*Symbolae Friburgenses*' zu Ehren von *Otto Lenel*, die 1935 erschienen. Zugleich allerdings erscheint eine Folge zivilrechtlicher Abhandlungen und Rezensionen, die, zusammen mit einem Lehrbuch des ‚Bodenrechts' von 1938, heute als prominente Zeugnisse der nationalsozialistischen Eigentumslehre gelten.

In diesen Schriften verbindet *Wieacker* radikale Kritik des herrschenden abstrakt-formalen und individualistischen Eigentumsbegriffs mit dem Vorschlag einer konkreten, die Sachgüter nach ihrer sozialen Funktion unterscheidenden Eigentumsbestimmung. Da die soziale Bindung der Sachgüter von unterschiedlicher Intensität ist, muss das Konzept auch den abstrakten Sachbegriff der individualistischen Eigentumsformel aufgeben und durch konkrete Sachgütergruppen ersetzen. Das Eigentum gibt es danach nicht mehr, sondern nur noch Eigentum an ‚Erbhöfen', Eigentum an ‚Waren' usw.; denn für jede dieser konkreten Einzelordnungen gelten entsprechend ihrer sozialen Funktion besondere Regeln.

Auch dieses Eigentum ist Zuordnung von Sachgütern an eine Person durch die Rechtsgemeinschaft: aber nicht zu freier Sachherrschaft, sondern zu funktionsgerechtem, durch das Gemeinwohl bestimmten Gebrauch.

Diese Zuordnung gründet nach *Wieacker* in der Anerkennung der Rechtsperson durch die Gemeinschaft, weil nur so Person und Sache ihre Funktion in der Gemeinschaft erfüllen könnten. Damit wird das Eigentum durch den funktionsgerechten Gebrauch der Sachgüter gebunden, aber auch, personalistisch, auf den konkreten Status der Person in der Gemeinschaft etwa als ‚Bauer' oder ‚Händler' gegründet.

Dieser Entwurf entsprach den sozialkritischen Überzeugungen des Autors: einer leidenschaftlichen Verpflichtung gegen den ökonomischen Liberalismus sowie klaren sozialistischen Optionen unterschiedlicher Provenienz. Nationalsozialistisch war der Entwurf aber nicht. Die vehemente Ablehnung der abstrakten Begrifflichkeit des Privatrechts zugunsten einer naturalistischen Rechtszweckbetrachtung ist vielmehr der Methodenkritik seit *Jhering* verpflichtet; die Konzeption eines konkreten Eigentumsbegriffs der dogmenkritischen Überlieferung germanistischer Prägung seit *Georg Beseler* und *Otto von Gierke*. Und die personalistische Begründung des Eigentums könnte nur dann nationalsozialistisch genannt werden, wenn *Wieacker* die Gemeinschaft, von der die Rechtsperson ihre Anerkennung empfängt, rassisch definierte; aber das ist nicht der Fall.

Dass diese Schriften gleichwohl als Zeugnis der nationalsozialistischen Eigentumslehre gelten, beruht darauf, dass *Wieacker* sie ausdrücklich als Beitrag zur so genannten ‚Rechtserneuerung' verfasste, dass sie als solche im Schrifttum auch aufgenommen wurden und dass sowohl der Ort ihrer Veröffentlichung wie das Vokabular, das sie verwenden, die erklärte Absicht beglaubigen. Der engagierte Sozialkritiker hatte nach seinen eigenen Worten die ‚Illusion', das neue Regime habe es „ernstlich auf eine gerechte Neuordnung der Sozial- und Besitzverfassung abgesehen". Und er hatte den Ehrgeiz, diese ‚gerechte Neuordnung' nach seinen Vorstellungen mitzugestalten. Dass darin zugleich eine Konzession an das Regime lag, wohl des beruflichen Fortkommens wegen, wird man annehmen müssen. Dies gilt in gesteigertem Maße für einen allerdings vereinzelten, 1937 erschienenen Aufsatz zur damals bevorstehenden Eherechtsreform.

Seine weiteren zivilrechtlichen Arbeiten sind durchweg Beiträge zur fachwissenschaftlichen Diskussion: zum Eigentumsvorbehalt, zur Lehre von den faktischen Vertragsverhältnissen, zur Theorie der Geschäftsgrundlage oder zur Übernahme des strafrechtlichen Handlungsbegriffs in das Recht der unerlaubten Handlung. Daneben finden wir immer wieder Arbeiten zu zeitlosen Grundfragen: zu den Ordnungsaufgaben der Forderung im Vermögensrecht, zum Dualismus von Leistungshandlung und Leistungserfolg oder zur Theorie der Juristischen Person.

Viele dieser Arbeiten sind maßgebend geworden. Schon die erste dogmatische Untersuchung von 1936 ist beispielhaft und hat diesen Rang. Sie behandelt den Grundbuchberichtigungsanspruch und erkennt, was uns heute selbstverständlich ist, dass die Zustimmung zur Berichtigung funktionell

Herausgabe des Buchbesitzes ist, der Berichtigungsanspruch mithin nichts anderes als ein Herausgabeanspruch, ausgedrückt nur in der Sprache des formellen Grundbuchrechts.

Ähnlich die Untersuchung zum Eigentumsvorbehalt von 1938. Sie unterscheidet im Funktionsgehalt des Eigentums zwei Teilfunktionen: die Zuweisung der Sache als Nutzgut und ihre Zuweisung als Haftungsgut. Nach diesen Funktionen werde das Eigentum durch den Eigentumsvorbehalt auf Veräußerer und Erwerber aufgeteilt; das vorbehaltene Eigentum sei darum nach seinem Funktionsgehalt als Mobiliarhypothek, die Anwartschaft des Käufers als belastetes Vollrecht zu interpretieren.

Nicht anders verfährt noch die Abhandlung zur ‚Juristischen Person' von 1973. Die pragmatische Bestimmung der Funktion erlaubt es, die großen Theorien des 19. Jahrhunderts, die Fiktions-, die Zweckvermögens- und die Genossenschaftstheorie, nicht mehr als konkurrierende, sondern als komplementäre Modelle zu verstehen, und ihre bewährten Elemente für eine moderne Theorie der Juristischen Person zu verwenden.

Wie in diesen Arbeiten dienen überall scharfe Strukturanalysen und klare Funktionsbestimmungen zunächst der deutlichen Formulierung und damit oft schon einer Reduktion des Problems, schließlich seiner dogmatischen Erfassung und so der Einordnung in den Wertungszusammenhang der Gesamtordnung.

III.

In 60 Schaffensjahren haben die rastlose Anstrengung des Gedankens, die Leidenschaft, sich mitzuteilen, und die volle Verfügung über das Wort ein immenses Werk gezeitigt. Neben den *opera magna*: der ‚Privatrechtsgeschichte', den ‚Textstufen klassischer Juristen' und dem Handbuch der ‚Römischen Rechtsgeschichte', zählt die Bibliographie von 1931 bis 1994 mehr als 350 Publikationen. Nach ihrem Gegenstand verteilen sich die Titel auf das antike römische Recht und die europäische Privatrechtsgeschichte, die Zivilrechtsdogmatik und Rechtstheorie, die Methodologie und, mit ethischen Grundfragen, auch die Rechtsphilosophie. Gut zwei Drittel des Gesamtwerks fallen in den Bereich des römischen Rechts, das in *Wieackers* Arbeitsplan immer dominierte. Von der zweiten Stelle wurde nach dem Kriege die moderne Zivilrechtsdogmatik zunächst von der Privatrechtsgeschichte verdrängt, später dann, in ständig steigendem Maße, von Fragen der Theorie und Methode. Hier ist *Wieackers* Grundthema die Rechtsfindung, seine Absicht eine praktische Lehre vom richtigen Handeln des Richters, sein Anspruch die öffentliche Verantwortung des Juristen – auch in der Wissenschaft. Und so versteht *Wieacker* auch die Rechtsgeschichte: Als Geschichte des verantwortlich handelnden Juristen und seiner Anleitung durch die Rechtswissenschaft.

1. Im Römischen Recht stehen am Anfang zwei für das romanistische *Œuvre* untypische, nämlich institutionengeschichtliche Arbeiten: die Dissertation über die *Lex commissoria* (1932), ein kaufrechtliches Thema, und die Habilitationsschrift über die *Societas* (1936), die Erwerbsgesellschaft des römischen Privatrechts – beide, trotz zeitgebundener Grundkonzeption, von Bestand und dauerndem Interesse. Ihre Konzeption ist die der Leipziger *Mitteisschule*, deren Protagonist seit Mitte der zwanziger Jahre *Pringsheim* wurde. Sie glaubte an eine Überlagerung des klassischen Rechts in den oströmischen Rechtsschulen von Beryt und Konstantinopel durch neue unter dem Ansturm der hellenistischen und orientalischen Volksrechte ausgebildete Lehren und an deren unmittelbaren Niederschlag in vorjustinianischen und justinianischen Interpolationen der klassischen Texte. In den beiden Frühwerken *Wieackers* werden darum die wirklichen und vermuteten byzantinischen Neubildungen noch zuversichtlich von den klassischen Texten abgelöst. So die dingliche Wirkung des Rücktritts nach der *lex commissoria*, die *Wieacker* modellgerecht aus der Rezeption des hellenistischen Arrhalkaufs durch die oströmischen Schuljuristen erklärt. Ebenso werden in der *Societas* alle für eine willenstheoretische Vertragslehre verwendbaren Texte zu Unrecht den Juristen *Justinians* zugewiesen.

Zu dogmatischen Fragen des römischen Privatrechts hat sich *Wieacker* nach seiner Habilitation nur noch selten geäußert. Auch die „Überzeugung (seiner) Lehrjahre von der überwältigenden substanziellen Tragweite der Umformung (der klassischen Texte) durch Beryt" hat er bald aufgegeben; dennoch hat sie ihn lebenslang bewegt: weil er „diese Überzeugung abschwor", so schreibt er an *Schmidt-Ott* in einem seiner letzten Briefe, habe ihn in der Frage der Herkunft nachklassischer Textveränderungen „bis in die ‚Römische Rechtsgeschichte' hinein ein gewisser Dogmatismus gegen die ‚oströmische Schuldoktrin' eingenommen".

2. In *Wieackers* romanistischem *Œuvre* gibt es drei Hauptlinien, die seine Betrachtung leiten können: das frührömische Recht, die Textkritik und die römische Jurisprudenz. Diese Themen bestimmen weithin auch das Bild der heutigen Romanistik.

a) Die Beiträge zum frührömischen Recht verbinden von Anfang an Rechts- und Sozialgeschichte; sie zeigen Ertrag und Grenzen der indoeuropäischen Rechtsvergleichung und sie sind Beispiel und Vorbild für die Verwendung des gesamten altertumswissenschaftlichen Instrumentariums; in den späteren Jahren überschreiten sie auch die Grenze zur Rechtstheorie und untersuchen an den frührömischen Rechtszuständen die Entstehung von Recht überhaupt. Aber auch hier bleibt ihr erstes Ziel die Entdeckung der geschichtlichen Lebenswelt des altrömischen Rechts.

In einer Untersuchung von 1940 erklärt *Wieacker* die Entstehung des Erbeinsetzungstestaments aus der Überforderung des Hauserbenkonsortiums durch die Bevölkerungsexpansion seit dem 4. Jh. v. Chr. Für die genossenschaftliche Bewirtschaftung durch die Erbengemeinschaft musste das Familiengut auf die Dauer zu eng werden; seine seit den XII Tafeln mögliche Teilung musste zur Zersplitterung führen. Das Testament löst dieses Dilemma; es ist eine bewusste Zweckschöpfung zur Erhaltung des bäuerlichen Besitzes.

Nach dem Kriege erweitert sich der Blick noch einmal: *Wieacker* untersucht jetzt „Zwölftafelprobleme" und demonstriert, wie nur die Aufbietung aller altertumswissenschaftlichen Disziplinen, von der Archäologie bis zur Sprachwissenschaft, ihre Lösung fördern kann.

Auf der Grundlage vieler Einzeluntersuchungen fragt *Wieacker* schließlich, in den achtziger Jahren, nach der Rechtsvorstellung der Frühzeit überhaupt und nach der „Entstehung einer Rechtsordnung im archaischen Rom". Unser Begriff der Rechtsordnung als einer abstrakten Normenordnung ist seit der späten Republik ausgebildet. In Roms Frühzeit dagegen sind *ius* und *iustum* nur Aussagen über die Rechtmäßigkeit konkreter Einzelakte – und zwar, nach *Wieacker*, über solche Akte, durch die jemand in förmlicher Weise Macht über eine Person oder Sache ausübt. Solche an Rituale gebundenen Zugriffsakte wären ohne jene Ritualisierung nicht *ius*, sondern rechtlose Gewalt, *vis*. Die sozialdarwinistische Vorstellung „von der Geburt des Rechts aus der Gewalt" wird damit abgelehnt und die Qualifizierung des förmlichen Zugriffs als *ius* abgeleitet aus seiner bewährten Leistung für die friedliche Regelung sozialer Konflikte. Für *Wieacker* treffen sich an diesem Punkt Rechtsgeschichte und Rechtstheorie: in der frührömischen Rechtsordnung sieht er auch ein Paradigma der Entstehung von Recht schlechthin.

b) Die zweite Leitlinie ist die Textkritik. Ihr Problem ist die Authentizität der Quellen. Die Hauptmasse bilden die klassischen Juristenschriften, die Schriften der Juristen des 1., 2. und frühen 3. Jahrhunderts n. Chr. Sie sind indessen fast nur in Fragmenten und fast nur durch *Justinians* Digesten aus den dreißiger Jahren des 6. Jahrhunderts überliefert. Da *Justinian* selbst mitteilt, dass die Juristentexte bei der Aufnahme in die Digesten verändert wurden, richtete sich das Interesse der Textkritik zunächst auf diese sogenannten Interpolationen und vernachlässigte praktisch und methodisch die Möglichkeit vorjustinianischer Textveränderungen. Die Fixierung des Interesses auf die justinianischen Interpolationen und wohl noch entschiedener die dogmatische Fragestellung, die nach wie vor das Forschungsinteresse beherrschte und die historische Individualität der Texte ignorierte, führten seit den zwanziger Jahren die Textkritik in eine Dauerkrise.

An der großen Krisendebatte, die sich Mitte der dreißiger Jahre erschöpfte, war *Wieacker* noch nicht beteiligt; aber nach dem Kriege ist er es, der 1949 das drängende Thema wieder aufgreift, und der 1960, im Anschluss an *Niedermeyer* und *Fritz Schulz*, mit seiner großen Monographie ‚Textstufen klassischer Juristen' die Methodenkrise prinzipiell beendet: Als die klassischen

Juristenschriften von den Kompilatoren exzerpiert wurden, lag ihre Erstveröffentlichung drei- bis fünfhundert Jahre zurück. Da wir nicht davon ausgehen können, dass sie in diesen Jahrhunderten unverändert blieben, muss die Textkritik außer mit justinianischen auch mit vorjustinianischen Textveränderungen rechnen. Während aber für die justinianischen einheitliche Kriterien greifbar sind, verlangen die vorjustinianischen Textänderungen eine ‚Textstufenforschung', welche den ‚Lebenslauf jeder einzelnen Juristenschrift von ihrer ersten Veröffentlichung bis zu ihrer Verwertung durch die Kompilatoren rekonstruiert. In den ‚Textstufen' hat *Wieacker* die allgemeinen Vorgaben jeder Textgeschichte dargestellt und dann sein Programm soweit durchgeführt, wie außerjustinianische Doppelüberlieferungen methodisch strenge Rekonstruktionen gestatten.

Lenels berühmte *Palingenesie* der klassischen Juristenschriften von 1889 hat der jungen historischen Romanistik ihre eigentlichen Quellen gezeigt. *Wieackers* ‚Textstufen' haben die Geschichten dieser Quellen entdeckt. Indem er die Romanistik so auf den der klassischen Philologie längst geläufigen Standard verpflichtete, hat er seine Wissenschaft endgültig in die historische Altertumswissenschaft integriert: Ein epochemachender Schritt, hinter den es kein Zurück mehr gibt.

c) Keinem anderem Thema hat *Wieacker* so viele Beiträge gewidmet, wie den römischen Juristen und ihrer Wissenschaft. Sie bilden die dritte Leitlinie in seinem romanistischen Werk.

Eine schnell voranschreitende Forschung hat in den Jahrzehnten seit dem Zweiten Weltkrieg das Bild der römischen Jurisprudenz völlig verändert. Sie hat die soziale Wirklichkeit der Juristen erschlossen, ihre persönliche und literarische Individualität, ihre öffentliche Rolle und ihre Stellung in der politischen Gesellschaft; und zum ersten Mal ist sie in die Methoden ihrer Rechtsfindung eingedrungen, in ihre Argumentations- und Begründungsverfahren, in ihre Begriffs- und Systembildung. All das findet seit der Nachkriegszeit ein neues selbständiges Interesse, als hätte die dogmatische Tradition des *ius commune* die römische Rechtswissenschaft erst jetzt der historischen Erfahrung überlassen. *Wieacker* hat diese Entwicklung wesentlich mitgestaltet. Wo der Anstoß nicht von ihm selbst ausgeht, reagiert er seismographisch auf jede Gedankenbewegung; jeder neue Ansatz wird aufgegriffen, verworfen oder in ein Gesamtbild integriert, das er wie kein anderer beherrscht.

Etwa: *Kunkels* bekannte Formel von der ‚Adelsjurisprudenz' der hohen Republik wird präzisiert: Nicht Monopol der Nobilität ist die Jurisprudenz, sondern ein Weg, in die Nobilität aufzusteigen. Oder: *Augustus*' Ermächtigung senatorischer Juristen, *ex auctoritate sua* Rechtsgutachten zu erteilen, war keine Beschränkung der Respondierfreiheit, sondern die Politik, das professionelle Ansehen der Fachjurisprudenz seiner Staatserneuerung dienstbar zu machen. Andere Themen kehren immer wieder: Wenn *Wieacker* 1982 die Herkunft der römischen Fachjurisprudenz aus der Pontifikaldisziplin und die enorme Tragweite der Sakraltechniken für die profane Rechtskunde untersucht, kann er an einen Aufsatz über ‚Religion und Recht im römischen Freistaat' von 1935 anknüpfen. Ebenso hat er seit seinem frühen Essay ‚Vom römischen Juristen' die Resistenz der römischen Fachjurisprudenz gegen Einflüsse der hellenistischen Rhetorik immer wieder und immer konkreter begründet. Und mit der gleichen Konstanz, aber zunehmend leidenschaftlich hat *Wieacker* bis in seine letzten Jahre die Vorstellung bekämpft, die hellenistische Wissenschaftslehre habe die methodischen Grundlagen der römischen Jurisprudenz seit ihren Ursprüngen im Pontifikalkollegium prinzipiell verändert.

Wieackers vielleicht bedeutendster Beitrag zum neuen Bild der römischen Jurisprudenz gilt ihrer Methode. Nach herkömmlicher Vorstellung war die römische Jurisprudenz praktisches Überlieferungs- und Erfahrungswissen; war ihre Rechtsfindung intuitiv und spontan, und stützte sich auf die persönliche *auctoritas* des Juristen.

Heute wissen wir: Schon früh hat sich die römische Jurisprudenz gegen eine irrationale Rechtsfindung für die Rationalität ihrer Begründungen entschieden. Seit der hohen Republik hat sie sich aus einem bloßen professionellen Erfahrungswissen von Gesetzen, Entscheidungen, Geschäftsformularen und Klagformeln zu einem wissenschaftlichen Erkenntniszusammenhang von Institutionen und Regelsätzen entwickelt. Der entscheidende Schritt war die Problematisierung des Erfahrungswissens, ihr Impuls ein Erkenntnisinteresse, das über den praktischen Anlass der Fallentscheidung hinausging. Die Kasuistik der juristischen Literatur ist darum keine amorphe Fallsammlung; sie ist vielmehr das Medium für Fallvergleichung und Ähnlichkeitsurteil, durch die die Widerspruchsfreiheit des Erkenntniszusammenhangs gesichert wird. In dieser kohärenten Ordnung von Institutionen, Regeln und Prinzipien sieht *Wieacker* das Charakteristikum des inneren Systems der römischen Privatrechtsordnung.

Wieackers Untersuchungen zum frührömischen Recht, zur Textkritik und zur römischen Jurisprudenz sind zwar die Hauptlinien, erschöpfen das romanistische *Œuvre* aber nicht. Hinzu kommen Abhandlungen etwa ‚Zur Verfassungsgeschichte des Augusteischen Prinzipats', ‚Zur Herstellung der Digesten' oder über Vulgarrecht und Vulgarismus – ein Thema, das *Wieacker* seit dem großen Beitrag ‚Vulgarismus und Klassizismus im Recht der Spätantike' in den Sitzungsberichten der Heidelberger Akademie von 1955 immer wieder aufgegriffen hat.

d) All das repräsentiert die wesentlichen Entwicklungszüge der Wissenschaft vom römischen Recht in den letzten 50 Jahren. Es mündet ein in das monumentale Handbuch der ‚Römischen Rechtsgeschichte'. Der erste Band ist 1988 erschienen, der zweite, aus dem Nachlass herausgegeben, vor wenigen Wochen, im November 2006. Dessen Anmerkungsteil hat *Wieacker* nicht mehr abschließen, nämlich nur zu einem Fünftel, fertigstellen können.

Absicht und Gegenstand des Handbuchs ist die Darstellung der empirischen Realität aller an der Rechtsbildung beteiligten Faktoren von ihren präurbanen Anfängen bis zur justinianischen Kodifikation. Das Handbuch gilt darum – mit den Worten *Wieackers* – „in der Hauptsache den allgemeinen Entstehungsbedingungen der römischen Rechtsordnung, sodann der Gesetzgebung, dem Amtsrecht und dem Kaiserrecht, der Jurisprudenz und der Rechtsliteratur, und schließlich den politischen, sozialen und wirtschaftlichen Grundstrukturen des römischen Gemeinwesens in der jeweiligen Periode als notwendiger Rahmenbedingung der Rechtsbildung" (S. 6). Der erste Band behandelt die ‚Romanistische Quellenkunde', ‚Die römische Frühzeit' und ‚Den klassischen Freistaat'. Die ‚Romanistische Quellenkunde' (S. 61–182) aber ist in Wahrheit eine allgemeine Quellenkunde, unter besonderer Berücksichtigung der rechtshistorischen Überlieferung, die Rechtsgeschichte der Frühzeit (S. 185–340) und Republik (S. 343–675) eine allgemeine Geschichte Roms, unter dem besonderen Aspekt ihrer Rechtsordnung. Der zweite Band behandelt ‚Die Jurisprudenz vom frühen Prinzipat bis zum Ausgang der Antike im weströmischen Reich und die oströmische Rechtswissenschaft bis zur justinianischen Gesetzgebung'.

Das Handbuch vollzieht die Historisierung der Romanistik mit ihrer endgültigen Integration in die Altertumswissenschaften, ohne ihre Eigenständigkeit aufzugeben. Diese völlige Historisierung öffnet die römische Rechtsgeschichte für einen unendlichen Zufluss aus den Realien aller empirischen Altertumswissenschaften, den politischen und sozioökonomischen Bedingungen, der Sachphilologie, der Papyrologie und Diplomatik, der Epigraphik und Prosopographie. Diese Öffnung machte das Handbuch auch zu einem Wagnis, schon für das Zeitalter der Republik, vor allem aber für die Kaiserzeit. *Wieacker* sah es darin, die Konturen der Rechtsgeschichte klar zu erhalten, sie nicht in dem großen Kontinuum der Disziplinen verschwimmen zu lassen. Es verstand sich, dass schon ihrem Gegenstande nach die Rechtsgeschichte nicht in der Sozial- und Wirtschaftsgeschichte aufgehen kann. Darum musste *Wieacker* stets die Gesamtüberlieferung im Auge behalten, sich aber auf die Materien beschränken, die für die Geschichte der Rechtsbildung, besonders der Gesetzgebung, der Jurisprudenz, der Rechts- und Urkundenpraxis erheblich sind.

Wieackers ‚Römische Rechtsgeschichte' ist denn auch kein Handbuch im üblichen Sinne. Nirgends beschränkt sie sich auf eine kritische Darstellung des Forschungsstandes. Sie ist vielmehr eine weiterführende Bearbeitung praktisch aller Daten der Rechtsbildung als Teil des allgemeinen geschichtlichen Prozesses – und immer, wie das Vorwort des ersten Bandes sagt, „eine Rechenschaft über die eigenen Standpunkte". Die römische Rechtsgeschichte in dieser Weise zu erfassen, ist ohne Vorbild. Es zu tun, war in der Geschichte der modernen Romanistik nur *Wieacker* in der Lage.

IV.

Für die ‚Privatrechtsgeschichte der Neuzeit', *Wieackers* berühmtestes Buch, gilt Entsprechendes. Doch während die ‚Römische Rechtsgeschichte' ausbaut und vollendet, ist die ‚Privatrechtsgeschichte' Grundstein und Fundament.

Das Buch war als Lehrbuch zur gleichnamigen Vorlesung geplant, die seit den *Eckhardtschen* ‚Richtlinien' von 1935 zum Studienplan der deutschen Rechtsfakultäten gehört. Die erste Auflage ist 1952 erschienen, die zweite 15 Jahre danach, 1967. Gegenüber der ersten ist in der zweiten Auflage kaum mehr als der Gesamtplan gewahrt. Ihr vielleicht größter Gewinn ist eine Darstellungsform, die nicht mehr gegen die Fülle der Einfälle ankämpft, sondern zu einer Prosa entwickelt ist, die ohne Einbuße an Temperament und Frische das Ungewöhnliche mit Selbstverständlichkeit zu sagen vermag.

Wieackers ‚Privatrechtsgeschichte' ist die Geschichte des rechtswissenschaftlichen Denkens und der Wirkungen dieses Denkens auf die sozialen und politischen Wirklichkeiten, auf die Entwicklung von Staat und Gesellschaft. *Wieacker* beschreibt die Entstehung der europäischen Rechtswissenschaft durch die Wiederentdeckung des römischen Rechts in Bologna, ihre Ausbreitung über Europa und, als deren Folge, die vollständige Rationalisierung von Recht und Herrschaft: Es ist der am römischen Recht geschulte Jurist, der früh die leitenden Funktionen im öffentlichen Leben Europas übernimmt und wissenschaftlichmethodisch das gesamte Rechtsleben durchdringt und systematisch neu ordnet. Gleichzeitig wird das Rechtsdenken durch die ‚Verwissenschaftlichung' des Rechts ein für allemal Teil der europäischen Geistesgeschichte. So werden drei Grundkomponenten sichtbar: die Kontinuität der antik-okzidentalen Rechtstradition, die Einheit der europäischen Rechtsentwicklung und die beständige Wechselwirkung der Rechtswissenschaft mit den geistigen Strömungen und der sozialen Realität ihrer jeweiligen Epochen.

Nach Jahrzehnten nationaler Absonderung erneuert *Wieacker* wenige Jahre nach dem Zweiten Weltkrieg den vollen Blick auf die Einheit der europäischen Rechtsentwicklung. Diese Einheit hat entscheidend auch zu jenem gemeinsamen Werthorizont beigetragen, der über alle Unterschiede hinweg die Verständigung erst ermöglicht.

Seit der Erstauflage vor mehr als 40 Jahren ist das Ansehen des Buches dauernd gestiegen, und so leicht wird es nicht ersetzt werden können. *Wieackers* ‚Privatrechtsgeschichte' gehört zu den geistvollsten Büchern, die unsere Wissenschaft zur europäischen Kulturgeschichte beigesteuert hat. Sie ist in viele Sprachen übersetzt worden, in den neunziger Jahren auch ins Englische und Chinesische; eine russische Übersetzung ist in Arbeit, die portugiesische soeben in 3. Auflage erschienen.

V.

Auf den letzten Seiten der ‚Privatrechtsgeschichte' diagnostiziert *Wieacker* eine Methodenkrise der modernen Zivilrechtswissenschaft. Offen sei vor allem die rechtstheoretische Grundfrage, was die vorgeordnete Aufgabe der Dogmatik sei: eine „Kunstlehre richtiger Problemlösung" oder ein logisch organisiertes „Lehrgebäude durchlaufender Ableitungszusammenhänge". Für sich hat *Wieacker* die Entscheidung schon in den fünfziger Jahren getroffen. Seit der prominenten Abhandlung „Zur rechtstheoretischen Präzisierung des § 242 BGB" und dem Karlsruher Vortrag über „Gesetz und Richterkunst" hat *Wieacker* konsequent und energisch und gelegentlich auch ungeduldig für eine praktische Lehre vom richtigen Handeln des Richters gekämpft. In all seinen Beiträgen, bis in die achtziger Jahre, geht es um die Empirie der Rechtsanwendung, um das Verfahren der Rechtsfindung, letzten Endes um das richtige, gerechte Urteil. Sein Grundmodell ist einfach.

Rechtsanwendung ist öffentliches rechtsförmiges Handeln; sein Kernbereich sind rechtliche Entscheidungen; das Paradigma der rechtlichen Entscheidung ist das richterliche Urteil, das richterliche Urteil im Gesetzesstaat meistens Gesetzesanwendung. Entgegen der Vorstellung des klassischen Gesetzespositivismus erschöpft sich die Gesetzesanwendung gewöhnlich jedoch nicht in der logischen Operation eines einfachen Subsumtionsakts; vielmehr hat der Richter die Regel, nach der er entscheidet, meist erst zu bilden. Und hier ist der Sitz des Problems. Wie kommt er zu dieser Regel? Wo findet der Richter das Material für die Regelbildung? Welche Maßstäbe, welche Richtlinien binden ihn?

Die Beantwortung dieser Fragen ist *Wieackers* einziges methodologisches Thema. Wegen seiner Rechtsförmigkeit muss sich das Rechtsfindungsverfahren als Anwendung einer allgemeinen Regel verstehen lassen; darum sind seine Kriterien der freien topischen Erörterung entzogen. Weil die Rechtsanwendung ihre allgemeine Überzeugungskraft auf die Plausibilitätsurteile der praktischen Vernunft stützt, sind ebenso die Angebote des modernen Szientismus, etwa der normativen Logik oder der sprachlichen Analyse, von geringem Nutzen für das Rechtsfindungsverfahren. Andererseits wird die ‚praktische Leistung der Rechtsdogmatik', werden System, Institution und Begriff als bedeutende Instrumente der Rechtsfindung rehabilitiert – und damit auch die Arbeit des Dogmatikers als öffentliches Handeln in die öffentliche Verantwortung eingebunden. An den unmittelbaren Nutzen rechtshistorischer Erfahrung für die Rechtsanwendung hat über die Grenzen der Rechtstheorie hinaus die Arbeit zu § 242 BGB erinnert. Und unvergessen bleibt *Wieackers* Einspruch gegen eine Rechtsprechung, die die richterliche Rechtsfindung an Normen einer „vorgegebenen“ absoluten Ethik binden wollte. In Sorge um den Bestand der Rechtsordnung selbst warnt er Gesetzgeber und Richter, die Grenze zu überschreiten „zwischen einer praktikablen Moral für alle“ und einer anspruchsvolleren Sonderethik. Seine Begründung war nicht nur für den Tag geschrieben: „Gesetzesgehorsam und allgemeine Rechtstreue“, schreibt er, „nicht weltanschauliche Wertvorstellungen sind es, welche Rechtsordnung und Gerichte vom Rechtsgenossen zu fordern haben“.

VI.

Soweit das Werk. Es ist bedeutend in all seinen Teilen; die rechtshistorische Leistung ist unvergleichlich: *Wieacker* hat die Historisierung der Romanistik vollendet und die Privatrechtsgeschichte der Neuzeit konstituiert.

Dieses großartige historische Werk ist das eines Juristen, mehr noch: seine Absicht ist es, der es dient. Diese Absicht ist die Erfahrung von Gerechtigkeit in ihren historischen Gestalten und damit der konkreten Bedingungen, unter denen sie Wirklichkeit werden kann.

Ich bin am Ende meines Berichts und schließe mit wenigen Worten persönlicher Erinnerung: Als Lehrer wirkte *Franz Wieacker* durch sein Vorbild. Niemals spielte er seine Überlegenheit aus. Jede wissenschaftliche Meinung achtete er. Seine eigene durchzusetzen oder auch nur aufzudrängen, lag ihm fern; Indoktrination und Machtbildung waren ihm wesensfremd. Wie es *Pringsheim* mit ihm gehalten hatte, so hielt er es mit seinen Schülern: er ermutigte sie, ihren Weg zu gehen.

Konrad Zweigert *

Ulrich Drobnig

I. Einleitung

Konrad Zweigert war – und ist noch immer – eine der großen Figuren der internationalen Rechtsvergleichung des 20. Jahrhunderts. Aber sein Repertoire reichte weit über die Rechtsvergleichung hinaus: Er war auch Kollisionsrechtler, Zivilist, Verfassungsrechtler und Verfassungsrichter – kurzum ein Jurist mit hohen Gaben und großer Streubreite. Jedoch auch diese Stichworte genügen noch nicht, ihn in seiner ganzen Fülle zu erfassen: *Zweigert* war auch eine faszinierende Persönlichkeit.

Ich möchte zunächst versuchen, Ihnen den Menschen *Konrad Zweigert* nahezubringen. Denn das ist gleichsam der Grund, aus dem *Zweigert* als Jurist gewachsen ist und aus dem er keinen kleinen Teil seiner Wirkung bezogen hat.

II. Der Mensch

Zweigert wurde am 22. Januar 1911 im damals westpreußischen Posen geboren und starb am 12. Februar 1996 in Hamburg.

* Vortrag am 19. Mai 2006 – Humboldt-Universität zu Berlin.

1. Herkunft und Jugend

Seine Herkunft bestimmte seinen Berufsweg als Jurist: Der väterliche Großvater war Oberreichsanwalt im deutschen Kaiserreich, sein mütterlicher Großvater Königlich Sächsischer Justizminister gewesen; sein Vater zunächst Landrichter und dann zehn Jahre lang Staatssekretär im Reichsministerium des Innern – bis zum Rücktritt am 30. Januar 1933; sein Onkel *Kurt* (1886–1967) nach dem Krieg u. a. Richter am Bundesverfassungsgericht und später Präsident des Oberverwaltungsgerichts Berlin. Diese geradezu erdrückende und verpflichtende familiäre Tradition mag den jungen Mann auch belastet haben.

Die ersten 25 Lebensjahre von *Konrad Zweigert* verliefen in den normalen Bahnen eines Kindes aus großbürgerlicher Familie: Humanistisches Gymnasium in Berlin-Friedenau, dann mit 19 Jahren Beginn des Jura-Studiums. Aber bereits der erste Studienort liegt außerhalb des Normalen: es ist Grenoble. Während der anschließenden drei Studienjahre in Göttingen und Berlin besuchte der Jurastudent Ferienkurse in Paris, London und Barcelona – weitere Vorboten seines Interesses an ausländischen Rechtsordnungen. 1933 und 1937 folgten die juristischen Staatsexamina mit sehr guten Noten.

2. Erste Berufsjahre – 1937 bis 1945

Angesichts der politischen „Belastung“ seiner Familie und auch seiner eigenen Abneigung gegen das nationalsozialistische Regime, aus der er keinen Hehl machte, kam eine Karriere im öffentlichen Dienst nicht in Betracht. Darum und auch aufgrund seines bereits im Studium bewiesenen Interesses am Auslandsrecht entschied sich *Zweigert* für eine wissenschaftliche Karriere in einem rechtsvergleichenden Institut, nämlich dem damaligen Kaiser-Wilhelm-Institut für ausländisches und internationales Privatrecht in Berlin – dem größten und angesehensten unter den damals bestehenden wenigen rechtsvergleichenden Instituten.

Als er 1937 in dieses Institut eintrat, war freilich gerade dessen erste Blütezeit unter seinem weltberühmten Gründer und ersten Direktor *Ernst Rabel* zwangsweise beendet worden; *Rabel* hatte als Jude zurücktreten müssen und konnte gerade noch rechtzeitig vor Kriegsausbruch in die USA emigrieren. Der Bruch mit ihm bedeutete auch den Abbruch der weltweiten Verbindungen des Instituts, die *Rabel* aufgebaut hatte, insbesondere auch den Abbruch der breit angelegten langfristigen Vorarbeiten zu einem weltweiten Kaufrecht – die erst 45 Jahre später in dem Wiener Übereinkommen über den internationalen Kauf beweglicher Sachen von 1980 ihren weltweiten Durchbruch und Erfolg erleben sollten.

Zweigert wurde im Institut – wie üblich – die Verantwortung für ein Länderreferat übertragen, nämlich die romanischen Rechtsordnungen, insbesondere also das französische Recht, sowie ferner für eine neue Sachabteilung, das Währungs- und Devisenrecht – ein Spiegel der damaligen wirtschaftlichen Notlage gerade Deutschlands als eines devisenarmen Landes mit Devisenzwangswirtschaft – ein Notrecht mit erheblichen internationalrechtlichen Bezügen. Auch das erste Institutsprojekt, an dem *Zweigert* maßgeblich beteiligt war, spiegelte die damalige Notzeit wider: Für das mit *Gerhard Kegel* und *Hans Rupp* herausgegebene Gemeinschaftswerk „Die Einwirkung des Krieges auf Verträge" (1941 erschienen) schrieb *Zweigert* die Einleitung und bearbeitete den französischen Teil, mit dem er 1942 an der Berliner Universität promoviert wurde. Daneben hatte er an der Berliner Universität einen Lehrauftrag für französisches Zivilrecht. Die nächste Leistung *Zweigerts*, wenn auch nur indirekt wissenschaftlicher Art, bestand darin, dass er 1943/44 – nach Beginn des Bombenkrieges und als sich für kritische und skeptische Geister wie ihn der negative Ausgang des 2. Weltkrieges abzeichnete – gegen den hinhaltenden Widerstand des regimefrommen damaligen Institutsdirektors *Professor Ernst Heymann* – mit seinem Kollegen *Rupp* die Auslagerung und damit die Rettung der Bücherei des Instituts organisierte, und zwar in die richtige Richtung, nämlich in den Süden Deutschlands nach Tübingen. Das Institut, dessen Berliner Heimstatt im Schloss durch Bomben und Kriegshandlungen verwüstet und später gesprengt worden war, folgte seinen Büchern nach Tübingen, wo es provisorisch in der Universität und später in einem Verbindungshaus am Ufer des Neckar unterkam.

Im Oktober 1945 heiratete *Zweigert Irmgard Koenigs*. Diese künstlerisch hochbegabte Frau schenkte ihm neun Kinder. Die Einladung eines hohen sowjetischen Besuchers zu noch mehr Produktivität, denn mit zehn Kindern könne *Frau Zweigert* den Titel einer „Heldin der Sowjetunion" erringen, hat das Ehepaar nicht angenommen. Bei der späteren Verlegung des Instituts – das inzwischen in den Verband der Funktionsnachfolgerin der Kaiser-Wilhelm-Gesellschaft, nämlich die Max-Planck-Gesellschaft zur Förderung der Wissenschaften aufgenommen worden war – nach Hamburg kaufte *Zweigert* vor den Toren der Stadt in Wedel für seine große Familie und das zugehörige Getier ein geräumiges Bauernhaus. Dort baute er auch eine Kirchenorgel ein – ein Instrument, das er sehr gern und gut spielte. In dieses gastfreie Haus lud er häufig ausländische Gäste und Kollegen aus dem Institut ein – zu ländlicher Kost, gutem Wein und feinem Orgelspiel: *Zweigert*, der Grandseigneur, der seine Gäste mit Witz und Charme auch bestens zu unterhalten wusste.

1981 verstarb seine Frau. Ein Sohn, ein ausgebildeter Krankenpfleger, übernahm die Pflege seines mittlerweile erkrankten Vaters bis zum Ende. Am 12. Februar 1996 verstarb *Zweigert* im Alter von 85 Jahren in Wedel.

Im Gedächtnis bleibt die Gestalt eines großgewachsenen Mannes von Welt, mit lässig-eleganter Haltung, witzig, nie um ein frech-mokantes Wort verlegen, jeder Situation gewachsen – mit einem Wort: ein echter Berliner.

III. Wirken und Werk *Zweigerts*

1. *Akademische Laufbahn*

Die akademische Laufbahn ist glatt und reibungslos:

- 1946 Habilitation in Tübingen auf Grund seiner früher veröffentlichten Arbeiten;[1]
- 1948 Ruf auf ein Ordinariat in Tübingen, nach Ablehnung eines Rufes nach Jena;
- 1956 Ruf an die Universität Hamburg im Zusammenhang mit dem Umzug des Max-Planck-Instituts von Tübingen nach Hamburg;
- von 1963–1979 Direktor des Max-Planck-Instituts in Hamburg als Nachfolger von *Hans Dölle*;
- von 1967–1978 zugleich auch Vizepräsident der Max-Planck-Gesellschaft.

Ehrendoktorate von Uppsala (1974), Paris II (1975) und Southampton (1979) zeigen die weltweite Reputation an, die *Zweigert* genoss. Ein schriftliches Zeugnis ist die opulente Festschrift, die ihm Autoren aus aller Welt zu seinem 70. Geburtstag darbrachten.[2]

2. *Rechtsvergleichung*

Zweigert war in erster Linie Rechtsvergleicher. Dabei galt sein Interesse weniger der bilateralen Feinvergleichung einzelner Institute des deutschen Rechts mit Entsprechungen in einer bestimmten fremden Rechtsordnung als vielmehr der allgemeinen, der internationalen Rechtsvergleichung.

Programmatisch ist seine Tübinger Antrittsvorlesung von 1949: „Rechtsvergleichung als universale Interpretationsmethode“. Darin entwirft er ein anspruchsvolles Programm für die Anwendung der Vergleichung: Sie habe eine wichtige Rolle zu spielen bei der Vorbereitung von Gesetzgebung; sie sei eine Quelle der Erkenntnis für die wissenschaftliche Fortbildung des Rechts; und sie müsse auch in der Rechtsprechung ein Mittel zur Fortbildung der nationalen Rechtsordnungen sein. Universal ist also der Anwendungsbereich der Komparation. Aber universal, d.h. nicht beschränkt auf einzelne Kontinente, sondern weltumspannend soll auch ihr Gegenstand sein. Aufgabe der Rechtsvergleichung sei es, wieder „eine genuin weltweite Rechtswissenschaft zu schaffen“, heißt es in einem Aufsatz von 1972. Konsequent hat er mehrmals den Nutzen, ja die Notwendigkeit der Rechtsvergleichung für die Rechtsvereinheitlichung unterstrichen, sowohl für die europäische wie für

[1] Der Habilitationsvortrag (*Zweigert*, Bereicherungsansprüche im internationalen Privatrecht, SJZ 1947, 247–253) hat die spätere Diskussion stark befruchtet.

[2] *Bernstein/Drobnig/Kötz* (Hrsg.), Festschrift für Konrad Zweigert (1981), 941 Seiten.

die universale Rechtsvereinheitlichung, wenn er auch ein Weltrecht nicht kommen sah.

a) „Einführung in die Rechtsvergleichung"

Die zahlreichen Untersuchungen der Aufgaben und Ziele, der Methoden und der Nutzanwendungen der Rechtsvergleichung werden später zusammengefasst in seinem mit *Hein Kötz* verfassten zweibändigen Hauptwerk, der „Einführung in die Rechtsvergleichung auf dem Gebiete des Privatrechts", in 1. Auflage 1969–1971 erschienen. Das Werk – immerhin rd. 900 S. umfassend – war ein durchschlagender Erfolg. Die deutsche Ausgabe erlebte bisher drei Auflagen; es erschienen drei Übersetzungen des Gesamtwerkes (ins Englische – ebenfalls in drei Auflagen; sowie ins Italienische und Russische); nur der 1. Band wurde übersetzt ins Albanische (!), Chinesische (mit zwei Auflagen) und Japanische; nur der 2. Band ins Koreanische.

Die Bedeutung des Werkes liegt darin, dass es einmal weltweit zum ersten Mal auf breiter Grundlage eine ausgearbeitete Theorie der Vergleichung bietet; sodann einen weltweiten, geordneten Überblick über alle wesentlichen Rechtsordnungen; und ferner auch in seinem 2. Band bzw. der 2. Hälfte des Werkes eine umfassende Vergleichung von drei Kerninstitutionen des Zivilrechts vermittelt, nämlich des Vertrages, der ungerechtfertigten Bereicherung sowie der unerlaubten Handlung.

Damit ragt das Buch weit über den bis zum 2. Weltkrieg erreichten Stand der Rechtsvergleichung hinaus. Wegen seiner methodischen Bedeutung verdient der 1. Band bzw. die 1. Hälfte zu den Grundlagen der zivilistischen Vergleichung besonderes Interesse. Von seinen 30 Kapiteln behandeln die ersten vier von *Zweigert* selbst verfassten Kapitel die „Generalia" der Vergleichung, während die restlichen Teile den „Rechtskreisen der Welt" gewidmet sind. Die Verfasser stellen vier große Rechtskreise vor, den romanischen, den deutschen, den anglo-amerikanischen und den sozialistischen, sowie vier kleine Rechtskreise, den nordischen, den fernöstlichen, den islamischen sowie denjenigen des Hindu-Rechts – auf rund 350 S. ein Panorama der Zivilrechte der gesamten Welt. Während diese Stoffmasse im Wesentlichen der jüngere Mitverfasser *Kötz* präsentiert, steuert *Zweigert* selbst ein wichtiges einleitendes Kapitel über den „Stil der Rechtskreise" bei.

Die allgemeine Theorie der Rechtsvergleichung verdanken wir *Zweigert* selbst als dem erfahrenen Seniorpartner des Autorenpaares. Er meldet sofort einen hohen Anspruch an. Im Anschluss an *Lambert*, einen französischen Gelehrten aus dem Anfang des 20. Jahrhunderts, zieht er in Zweifel, „ob die bloße Interpretation geltender Gesetze mit den üblichen Methoden der Jurisprudenz den Charakter einer Wissenschaft ... beanspruchen kann. Von Wissenschaft wird in der Jurisprudenz wohl erst dort gesprochen werden können, wo sie sich über die positiven nationalen Rechtsnormen erhebt, wie es vornehmlich in der Rechtsphilosophie, in der Rechtsgeschichte, in der Rechtssoziologie und eben auch in der Rechtsvergleichung geschieht".[3]

Wenig später heißt es ergänzend und ins Positive gewendet: Rechtswissenschaft sei nicht eine lediglich auf nationale Gesetze und Grundsätze bezogene Interpretationswissenschaft, „sondern die Erforschung von Modellen für die Verhinderung und Lösung sozialer Konflikte"; daraus folge, dass „die Rechtsvergleichung als Methode einen breiteren Fächer von Lösungsmodellen zur Verfügung hat als eine national introvertiertere Rechtswissenschaft"; denn „den Rechtssystemen der Welt sind notwendigerweise mehr und in ihrer Differenzierung reichhaltigere Lösungen eingefallen ..., als der noch so phantasiereiche in den Grenzen seines eigenen Rechtssystems befangene Jurist in seinem kurzen Leben ersinnen kann".[4]

Bei Darstellung der praktischen Aufgaben der Rechtsvergleichung nimmt *Zweigert* die Gedanken seiner Tübinger Antrittsvorlesung über „Rechtsvergleichung als universale Interpretationsmethode" auf:

- Rechtsvergleichung als Material für den Gesetzgeber;
- als Anregung für die Schließung von Lücken oder die Entwicklung neuer Regeln des eigenen Rechts durch den Richter;
- als didaktisches Material für den Rechtsunterricht;
- und als unentbehrliche Vorarbeit für Rechtsvereinheitlichung.

Besondere Aufmerksamkeit verdient und erfährt die „Methode der Rechtsvergleichung"[5], ist sie doch das Handwerkszeug des Rechtsvergleichers. Dem möglichen Einwand, die Beschäftigung mit Methodenproblemen sei ein Krankheitssymptom, begegnet *Zweigert* mit dem recht aggressiven Argument, der „unreflektiert-selbstsichere Dogmatismus" der nationalen Rechtswissenschaften sei ein Selbstbetrug: Diese Rechtswissenschaft selbst sei krank und die Rechtsvergleichung eine gute Arznei.[6]

Methodisches Grundprinzip der gesamten Rechtsvergleichung, aus dem sich die Lösung aller weiteren methodischen Details ergibt, ist für *Zweigert* die „Funktionalität"[7]: „Vergleichbar ist im Recht nur, was dieselbe Aufgabe, dieselbe Funktion erfüllt"[8]. Dies ist das viel gesuchte *tertium comparationis*.[9] Die Ausgangsfrage jeder vergleichenden Untersuchung muss daher rein funktional gestellt werden und nicht etwa in den (vorgeprägten) systematischen Kategorien des Heimatrechtes des Vergleichers oder irgendeiner ande-

[3] *Zweigert/Kötz*, Einführung in die Rechtsvergleichung auf dem Gebiete des Privatrechts, Bd. I: Grundlagen (1971), S. 4.
[4] *Zweigert/Kötz* (Fn. 3), S. 14.
[5] *Zweigert/Kötz* (Fn. 3), S. 27–48.
[6] *Zweigert/Kötz* (Fn. 3), S. 28 f.
[7] *Zweigert/Kötz* (Fn. 3), S. 29 f.
[8] *Zweigert/Kötz* (Fn. 3), S. 30.
[9] *Zweigert/Kötz* (Fn. 3), S. 43.

ren Rechtsordnung. Ein drastisches Beispiel: Der Schutz des öffentlichen Glaubens durch das aufwendige und notwendig bürokratische deutsche Grundbuch wird in den USA durch die sog. *„title insurance"* ersetzt, also eine privatwirtschaftliche Versicherung gegen etwaige Mängel des Eigentumstitels am Grundstück.[10] Obwohl in Ansatz und Durchführung völlig verschieden, sind beide Lösungswege im Hinblick auf den angestrebten Erfolg und Zweck vergleichbar: Wie sichert sich der Erwerber eines Grundstücks oder eines Rechtes am Grundstück gegen Rechtsmängel des Verkäufers bzw. des Inhabers eines Grundstücks?

Aus dieser Grundregel der Funktionalität, die einen durchaus soziologischen Aspekt hat, leitet der Verfasser die Antworten auf die meisten methodischen Folgefragen ab:

- Für die mehr neutralen und sozusagen technischen Bereiche stellt er eine – natürlich widerlegbare – *presumptio similitudinis* auf. Er postuliert also mehr Übereinstimmungen der Rechtsordnungen der Welt als Divergenzen – außer in politisch oder moralisch aufgeladenen Bereichen, wie etwa dem Familien- und dem Erbrecht[11]; diese letzteren Bereiche lässt er übrigens in seinem Werk auch beiseite und spart sie auch sonst aus.
- Bei der Auswahl der zu vergleichenden Rechtsordnungen lässt sich *Zweigert* von seiner Konzeption der Rechtskreise leiten. Ihr liegt eine – jedenfalls früher – unzweifelhaft zutreffende Beobachtung zugrunde: Es gibt eine beschränkte Zahl von Rechtsfamilien. In diesen hat jeweils ein Mutterrecht einen gewissen Kreis aus politisch, sprachlich oder auch nur kulturell verwandten Ländern rechtlich so stark beeinflusst, dass man sie als Tochterrechte bezeichnen kann. Besonders augenfällig ist dies für das englische Recht: Die meisten früheren und heutigen Mitglieder des *British Commonwealth of Nations*, auch wenn sie heute selbständig sind oder gar das *Commonwealth* verlassen haben, gehören dem englischen Rechtskreis an – von Irland über Indien bis Neuseeland. Die politischen Entwicklungen und nicht zuletzt auch Rechtsreformen, die auf breiter rechtsvergleichender Grundlage beruhen, relativieren freilich heute vielfach die geographischen Grenzen der ursprünglichen Rechtskreise. Das könnte das Anwendungsfeld der *presumptio similitudinis* beeinflussen.
- Beim eigentlichen Prozess der Vergleichung sind die verschiedenen nationalen Lösungen gleichsam zu denationalisieren, indem sie der Funktionalität des Untersuchungsgebietes eingepasst werden; erst damit erreicht man Vergleichbarkeit zwischen ihnen. Diese anationale Funktionalität bedarf dann auch eigener Begriffe und eines eigenen Systems. So steht nach *Zweigert* der vergleichende Begriff der „Seriositätsindizien" für so unter-

[10] *Zweigert/Kötz* (Fn. 3), S. 35.
[11] *Zweigert/Kötz* (Fn. 3), S. 36 f.

schiedliche nationale Rechtsinstitute wie Form, *consideration* und teilweise auch *causa* eines Rechtsgeschäfts.[12]
- Verhältnismäßig knapp geht *Zweigert* am Ende seiner Funktionallehre auf die kritische Wertung ein; er nennt lediglich Zweckmäßigkeit und Gerechtigkeit als *topoi* einer solchen Wertung.[13]

Auch heute noch, 35 Jahre nach ihrer ersten Veröffentlichung, ist diese Methodenlehre der privatrechtlichen Rechtsvergleichung ein imposanter, inzwischen weithin anerkannter und angewandter Werkzeugkasten für jeden Rechtsvergleicher – jedenfalls für die zivilistische Rechtsvergleichung, aber wohl nicht nur für diese.

b) „International Encyclopedia of Comparative Law"

Von ganz anderer Art als die „Einführung in die Rechtsvergleichung" ist das zweite Hauptwerk der Rechtsvergleichung, das *Konrad Zweigert* in Gang gebracht hat, die *International Encyclopedia of Comparative Law*. Sie ist in Deutschland wohl wenig bekannt, da sie in englischer Sprache erscheint und wegen ihres Umfangs und Preises wohl nur in wenigen großen Bibliotheken vorhanden ist.

Ich möchte offen legen, dass ich vom Beginn dieses Unternehmens an – nach Anlage und Dimension ist dies die angemessene Klassifizierung – *Zweigerts* Mitarbeiter und später Mitherausgeber gewesen bin: So bin ich Insider – mit allen Vor- und Nachteilen einer solchen Nähe zu diesem Projekt.

Von 1929 bis 1940 war in Berlin in sieben Bänden das „Rechtsvergleichende Handwörterbuch für das Zivil- und Handelsrecht" erschienen – wegen des Krieges nicht mehr ganz abgeschlossen, aber immerhin bis zum Stichwort „Vermächtnis" publiziert. Der 1. Band enthält auf über 1000 S. in alphabetischer Reihenfolge Länderberichte – mehr oder minder ausführliche Berichte über das allgemeine Zivil- und Handelsrecht des betreffenden Landes. Die folgenden Bände sind in kurze oder lange alphabetisch angeordnete Stichworte eingeteilt, in denen nahezu ausschließlich deutsche Rechtsvergleicher in deutscher Sprache die Rechtslage im Ausland vergleichend darstellen. Ein Glanzstück ist etwa das Stichwort „Kaufvertrag", verfasst von *Ernst Rabel* und seinen Mitarbeitern bei der Vorbereitung eines einheitlichen Kaufgesetzes: *Karl Arndt*, *Arwed Blomeyer*, *Ernst v. Caemmerer*, *Friedrich Kessler*, *Konrad Raiser*, *Max Rheinstein* und *Eduard Wahl* und einigen anderen – eine Blütenlese deutscher Zivilrechtler der Nachkriegszeit, die im Institut ihren wissenschaftlichen Schliff erhalten haben.

[12] *Zweigert/Kötz* (Fn. 3), S. 44.
[13] *Zweigert/Kötz* (Fn. 3), S. 48.

Die *International Encyclopedia of Comparative Law* ist in nahezu jeder Hinsicht anders angelegt:

- Sie steht nicht unter deutscher Schirmherrschaft, sondern unter internationaler; nämlich derjenigen der zuständigen Unterorganisation der UNESCO, der International Association of Legal Science in Paris;
- Sie ist nicht in deutscher Sprache, sondern in englisch, der neuen Weltsprache erschienen (und nicht auch in französisch, wie aus Paris dringlich verlangt);
- die beiden wichtigsten *sachlichen* Veränderungen sind: Einmal, anstelle der alphabetisch angeordneten Einzelstichworte werden in 16 Bänden umfassende Sachgebiete behandelt, wie Internationales Privatrecht, Familienrecht, Erbrecht, Sachenrecht, Vertragsrecht (in 3 Bänden), ungerechtfertigte Bereicherung, Deliktsrecht, Transportrecht, Gesellschaftsrecht, Arbeitsrecht, Urheberrecht, Prozessrecht und Wirtschaftsrecht. Jeder Band ist selbst unterteilt in Kapitel. Ich gebe beispielsweise die besonders weit ausholende Gliederung des 1. Teilbandes zum Vertragsrecht wieder, konzipiert von dem amerikanischen *Chief Editor*, dem kürzlich verstorbenen *Arthur von Mehren*: Die Geschichte des Vertragsrechts; das Vertragsrecht von Großunternehmen; der öffentlich-rechtliche Vertrag; der Vertrag im sozialistischen Recht; der Vertrag in Ostasien; und – besonders zeitgemäß eben erschienen – im islamischen Recht. Erst danach in weiteren 7 Kapiteln die klassischen Kategorien: Abschluss, Form, Willensmängel, Allgemeine Geschäftsbedingungen, Vertragspartei, Vertragsverletzung und Rechtsbehelfe bei Vertragsverletzung.

Unverändert ist nur der Gegenstand des 1. Bandes: Er enthält die Länderberichte – allerdings in durchgehender alphabetischer Reihenfolge und nicht separat für jeden der fünf Kontinente.

Für jeden Band ist ein *Chief Editor* verantwortlich, der jeweils weltbeste Fachmann (für das Urheberrecht *Eugen Ulmer*), der seinerseits von einem kleinen Stab von internationalen Beratern umgeben ist. Jeder *Chief Editor* bestimmt die Untergliederung seines Bandes in Kapitel und sucht für jedes Kapitel den besten Experten oder die beste Expertin aus.

Nicht geändert hat sich hingegen die Vergleichsmethode gegenüber dem deutschen Vorläufer. Sie weicht jedoch ab von der Methodik, die *Zweigert* in seiner „Einführung“ empfiehlt. Während er dort die Abfassung von Länderberichten der zu vergleichenden Rechtsordnungen vorschlägt, erscheint dieses mögliche, aber nicht unbedingt notwendige Vorstadium für eine Veröffentlichung in einer Enzyklopädie der Rechtsvergleichung nicht zweckmäßig, weil umständlich und Raum fressend. Vielmehr haben wir uns für die Enzyklopädie – wie im Ansatz bereits im Rechtsvergleichenden Handwörterbuch – bewusst für eine integrierte Rechtsvergleichung entschieden: Die Beiträge sind gegliedert nach den international typischen Lösungen von Sachkomplexen.

Was ist das Ergebnis von ca. 30 Jahren buchstäblich weltweiter wissenschaftlicher Kooperation von und mit rund 350 Autoren, *Chief Editors* und Beratern? Quantitativ: Im Rahmen der Enzyklopädie sind bisher in jährlichen Lieferungen rund 150 Länderberichte sowie ca. 160 vergleichende Beiträge erschienen – zusammen über 16.000 Druckseiten.

In der Sache abgeschlossen, d.h. in Form von Einzelkapiteln bereits veröffentlicht sind 7 Bände; für die meisten restlichen Bände fehlt nur noch jeweils ein Beitrag; viele davon liegen aber bereits im Manuskript vor oder werden für den Druck vorbereitet. Als komplette Bände, d.h. einschließlich Einführungen und Sachverzeichnis sind bisher zwei Bände erschienen – jeweils rund 1.500 Druckseiten umfassend. Weitere Bände werden ab 2007 in dichter Folge hinzutreten.

Wenn in den kommenden Jahren die Bände erscheinen werden, können seit der Veröffentlichung der ersten Beiträge zu einem Band bis zu 30 Jahre verstrichen sein. Um diese Zeitlücke zu schließen, werden die *Chief Editors* in etwas ausführlicheren Einleitungen die wichtigsten Veränderungen der vergangenen 30 Jahre zusammenfassen. Genauer: Die wesentlichen Veränderungen, die seit Abschluss der einzelnen Kapitel international zu verzeichnen sind.

Sobald alle Bände erschienen sein werden, wird ein nach Umfang wie nach Inhalt einmaliges Großwerk der internationalen Rechtsvergleichung vorliegen – ein würdiges Denkmal der Inspiration seines großen Initiators.

3. *Internationales Privatrecht*

International wie die Rechtsvergleichung ist auch das Internationale Privatrecht. Es lebt, wie die Rechtsvergleichung, von den Unterschieden der Rechtsordnungen; aber da es positives Recht ist, verlangt es praktische und einfache Lösungen. Die sog. Kollisionsnormen bestimmen, welche von mehreren kollidierenden, d.h. in Betracht kommenden Rechtsordnungen auf einen konkreten grenzüberschreitenden Fall anzuwenden ist.

Zweigert hat sowohl Anregungen zu der allgemeinen Theorie des Internationalen Privatrechts geliefert als auch mit scharfem Blick Mängel an Einzelpunkten erkannt; mehrere Vorschläge der letzteren Art haben sich auch in Rechtsprechung und Gesetzgebung durchgesetzt. Im Rahmen dieses Beitrags muss ich auf Einzelheiten verzichten, sondern möchte mich auf Probleme allgemeinerer Bedeutung konzentrieren.

Bereits 1966 sprach *Zweigert* sich für die Vereinheitlichung des Internationalen Privatrechts in der Europäischen Gemeinschaft aus. Dieses Postulat ist für das Vertragsrecht früh in Erfüllung gegangen, nämlich mit dem Übereinkommen der Mitgliedstaaten über das auf Schuldverträge anzuwendende Recht von 1980 (im Expertenjargon Rom I). Für das Internationale Privatrecht im Übrigen sowie für das Internationale Zivilprozessrecht bahnt sich eine europäische Vereinheitlichung bekanntlich erst an, seit der Vertrag von Amsterdam von 1997 der Gemeinschaft den Auftrag dazu gegeben hat, nun aber auch in großer Breite (s. den neuen Art. 65 EG).

Zeugnis des breiten Blicks von *Zweigert* ist, dass er mehrfach die Grenzen des Internationalen **Privat**rechts zum öffentlichen Recht untersucht hat. Dieses Interesse knüpft an sein erstes Sachreferat im Kaiser-Wilhelm-Institut an, nämlich an das Währungs- und Devisenrecht. Nahezu gleichzeitig mit *Wengler* hat er für die Beachtung ausländischen öffentlichen Rechts plädiert und dazu eine Sonderanknüpfung vorgeschlagen, also unabhängig von der normalen Anknüpfung für Zwecke des Privatrechts. Selbst für die Beachtung ausländischer Enteignungen im Rahmen der Dekolonisierung von Entwicklungsländern in den 60er und 70er Jahren hat er plädiert.

4. *Verfassungsrecht*

Angesichts seiner eigenen politischen Erfahrungen während der Nazizeit wie der politischen Tradition und der Erfahrungen seines Elternhauses nimmt es nicht Wunder, dass *Zweigert* sich politisch stark engagierte. Er war Mitglied der SPD und nahm rechtspolitisch viele linke Positionen ein: Er plädierte für soziale Grundrechte und empfahl Sozialisierungen, lehnte jedoch den Kommunismus entschieden ab. Er trat für die Wahl des Bundespräsidenten durch das Volk ein.

Dieses politische Engagement führte offensichtlich dazu, dass *Zweigert* bei der Errichtung des Bundesverfassungsgerichts 1951 für vier Jahre zum Richter an diesem Gericht gewählt wurde. Er übte dieses Amt neben seinem Ordinariat in Tübingen aus und behielt dort auch seinen Wohnsitz. Das politisch wichtigste Verfahren, das er im 1. Senat vorbereiten half, war der bereits 1951 eingereichte Antrag der Bundesregierung, die KPD zu verbieten; bei Erlass des Verbotsurteils im August 1956[14] war jedoch die Amtszeit von *Zweigert* bereits abgelaufen. Er bezweifelte alsbald die politische Weisheit dieses Verbotsverfahrens. 1959 schrieb er, es wäre „politisch weiser gewesen, diese Partei den leisen Tod des Erfolglosen sterben zu lassen, statt sie mit der blanken Waffe des Art. 21 GG zu erschlagen." 13 Jahre später wiederholte er diese Empfehlung im Rahmen einer Untersuchung über „Die Rehabilitierung einer aufgelösten politischen Partei", für die er sich aussprach.

Breite öffentliche Aufmerksamkeit zog *Zweigerts* Einsatz für eine Reform des Rechts der unehelichen Kinder im Bürgerlichen Gesetzbuch auf sich. Auf dem Deutschen Juristentag von 1966 hielt er als krasser Außenseiter ein kritisches Hauptreferat zu dem Gutachten des konservativen damaligen Papstes des deutschen Familienrechts, *Professor Friedrich Wilhelm Bosch*. Mit seinem Plädoyer, das Verfassungsgebot des Art. 3 II GG nach Ablauf der vierjähri-

[14] BVerfGE 5, 85.

gen Übergangsfrist des Art. 117 I GG ernst zu nehmen und auch auf das Unehelichenrecht anzuwenden, siegte *Zweigert* auf Anhieb. Später hat das Bundesverfassungsgericht bekanntlich seinen Standpunkt bestätigt.

5. *Allgemeine Rechtslehre*

Neben den eigenen Werken *Zweigerts* wird oft sein Beitrag zur allgemeinen Rechtslehre übersehen, den er durch die Weiterführung von *Gustav Radbruch's* „Einführung in die Rechtswissenschaft“ erbracht hat. *Radbruch* war nach Ende des 2. Weltkriegs außerstande, sein Werk selbst fortzuführen, das zuletzt 1929 in 8. Auflage erschienen war und zwischen 1933 und 1945, als der Verfasser zum Schweigen gebracht worden war, nicht erscheinen konnte. Deshalb trat nach seinem Tode im Jahr 1949 seine Witwe an *Zweigert* mit der Bitte heran, eine neue Auflage zu besorgen – rund 25 Jahre nach Erscheinen der letzten Auflage und gewaltigen Umbrüchen im deutschen Rechtssystem. Aus welchen Gründen die Wahl für diesen Auftrag gerade auf *Zweigert* fiel, hat sich nicht klären lassen.

Zweigert nahm den Auftrag an und hat ihn mit großem Taktgefühl und Erfolg für nicht weniger als fünf Auflagen erfüllt, die zwischen 1958 und 1980 erschienen sind. Es galt, zwei verschiedene Aufgaben zu erfüllen: Einerseits waren die Grundzüge des positiven Rechts und insbesondere seiner tiefgreifenden Änderungen in allen Rechtsgebieten zu skizzieren, um dem angehenden (und dem ausländischen) Juristen eine erste Orientierung im Gesamtgefüge des positiven deutschen Rechts zu bieten, von der Staatsverfassung, den verschiedenen Zweigen des materiellen Rechts und Prozessrechts bis hin zum Kirchenrecht und Völkerrecht. Hier galt es, aus der Fülle der Gesetzgebung und Rechtslehre das Wichtige vom weniger Wichtigen zu trennen. Wesentlich heikler war jedoch die zweite Aufgabe, nämlich die von *Radbruch* betonten Grundlagen des Rechts in angemessener Weise zu präsentieren. *Zweigert* hat sich hierzu zwei Maximen gesetzt und auch erfolgreich umgesetzt: Einmal hat er es sich versagt, hier seine eigenen Überzeugungen zum Ausdruck zu bringen, sondern hat allein die Gedanken des Verfassers sprechen lassen. Ausdruck findet dieses Zurücktreten vor der Gedankenwelt *Radbruchs* auch in der Äußerlichkeit, dass *Zweigert* nicht als Mitverfasser erscheint, sondern lediglich als Bearbeiter. Schwieriger aber war die positive Aufgabe, vor die *Zweigert* bei der Bearbeitung gestellt war: Galt es doch, dem Wandel von *Radbruch's* eigenen Grundgedanken Rechnung zu tragen, die insbesondere nach Ende des 2. Weltkriegs zum Durchbruch gekommen war. *Radbruch* hatte den früher vertretenen Positivismus im Lichte der Erfahrungen in einem Unrechtsstaat relativiert, und diese Fortentwicklung seines Grundansatzes konnte selbstverständlich in den Neuauflagen nicht unberücksichtigt bleiben. Zwei Kernsätze hat der Herausgeber nach ausdrücklicher Mitteilung „im wesentlichen wörtlich übernommen“: „Im

Tiefsten kann das Recht weder auf Macht oder Anerkennung, sondern nur auf ein höheres oder höchstes Sollen gestützt werden, auf einen überpositiven Wert“ und: „... bleibt in gewissen Ausnahmefällen horrend ungerechter Gesetze die Möglichkeit, solchen Gesetzen ihrer Ungerechtigkeit wegen die Geltung abzusprechen. So gelangt man von einer soziologischen zu einer philosophischen Geltungstheorie.“[15]

IV. Schluss

Wirken und Werk *Konrad Zweigerts* in seiner Breite und Fülle zeigen ihn als den großen, weltläufigen Rechtsvergleicher und Kollisionsrechtler; aber auch als den Verfassungsrechtler und sogar als einfühlsamen Herausgeber eines ganz großen Rechtsdenkers.[16] Und zu allem als einen äußerst anregenden und klugen Mann, mit Stil und breiten Interessen, wissenschaftlich wie privat – eine faszinierende Persönlichkeit!

[15] *Radbruch*, Einführung in die Rechtswissenschaft (9. Aufl. 1958; unverändert 13. Aufl. 1980), S. 14, nach dem Tode des Verfassers besorgt von Konrad Zweigert.

[16] Nachweise der Schriften von Konrad Zweigert im Anhang zu seiner Festschrift (Fn. 2), S. 923–941.

Josef Esser – Grenzgänger zwischen Dogmatik und Methodologie*

Johannes Köndgen

I. Biografische Notizen

1. Werdegang und Bildungsweg

Josef Esser ist am 12. März 1910 in Schwanheim am Main (heute ein Vorort von Frankfurt) geboren; sein Vater wirkte dort als Bürgermeister. Nach dem Abitur 1928 in Frankfurt nahm er ebendort das Studium der Rechtswissenschaften auf. Bereits in diesem frühen Stadium seines akademischen Weges wurde unter dem Einfluss bedeutender Gelehrtenpersönlichkeiten *Essers* Interesse an den theoretischen Grundlagen der Jurisprudenz geweckt. In einem seiner wenigen Selbstzeugnisse – der Antrittsrede vor der Heidelberger Akademie der Wissenschaften – bekennt er freimütig, prägende Eindrücke aus „den Seminaren weniger der Juristen, als der Anthropologen, Soziologen und Philosophen“ mitgenommen zu haben.[1] Und: „Neben Riez-

* Vortrag am 30. Juni 2006 – Humboldt-Universität zu Berlin. Die Passagen zum methodologischen Werk (nachfolgend unter III) hat der Verf. bereits weitgehend übereinstimmend anlässlich eines Vortrages zur akademischen Gedächtnisfeier für *Josef Esser* in Tübingen vorgetragen, abgedruckt in JZ 2001, 807–813.

[1] *Esser*, Heidelberger Akademie der Wissenschaften. Gesamtsitzung am 17. November

ler und Tillich waren es Karl Mannheim und Julius Kraft, die mich aus der Enge des juristischen Fachinteresses befreiten und die Fragestellungen nach den Wegen und Irrwegen rechtlicher Selbstverständnisse und juristischer Praxis und Berufsanschauung nahe brachten"[2]. Ebenfalls bereits in der Studienzeit angelegt war *Essers* Interesse an der Rechtsvergleichung. Er hat nämlich nicht nur in Frankfurt, sondern auch je ein Semester in Lausanne und Paris studiert – recht ungewöhnlich in einer Zeit, die noch keinen organisierten internationalen Studentenaustausch kannte, geschweige denn ein europäisches Erasmus-Programm. Beide Neigungen – jene zur Theorie ebenso wie jene zur Rechtsvergleichung – sollten für *Essers* gesamtes Gelehrtenleben prägend bleiben. Fahren wir aber erst in der Biographie fort.

Nach Ablegung der beiden Staatsexamina und einer auf Anregung von *Fritz v. Hippel* verfassten Erstlingsarbeit zu einem rechtstheoretischen Thema[3] war *Esser* 1936–40 Stadtsyndikus in Mönchengladbach – nach eigenem Bekunden, weil ihm „das Verbleiben an der gleichgeschalteten Hochschule unsinnig schien"[4], nach anderer (und nicht unplausibler) Vermutung aber wohl auch, um einer soeben gegründeten Familie ungeachtet der von Anfang an geplanten akademischen Laufbahn zu einem Broterwerb zu verhelfen. In diese Zeit fallen die ersten literarischen Gehversuche[5] im Haftpflichtrecht – ebenfalls schon ein Terrain, welches einen Schwerpunkt im späteren literarischen Schaffen bilden sollte. Erster Glanzpunkt dieser Spezialisierung ist die – nur knapp 140 Seiten starke – Schrift zu „Grundlagen und Entwicklung der Gefährdungshaftung"[6]. Nach der im März 1940 erfolgten Frankfurter Habilitation für Bürgerliches Recht, Zivilprozessrecht und Rechtsphilosophie und einer anschließenden Lehrstuhlvertretung in Freiburg wurde *Esser* zum Sommersemester 1941 auf seine erste Professur an die Universität Greifswald berufen. Bereits zum Sommersemester 1943 zog er weiter an die Universität Innsbruck. Dieser Umzug bewahrte ihn nicht nur davor, Kriegsdienst leisten

1973. Antrittsrede des ordentlichen Mitglieds der phil.-hist. Klasse, in: Häberle/Leser (Hrsg.), Josef Esser, Wege der Rechtsgewinnung, Ausgewählte Aufsätze (1990), S. 449–450.

[2] AaO.

[3] *Esser*, Wert und Bedeutung der Rechtsfiktionen. Kritisches zur Technik der Gesetzgebung und zur bisherigen Dogmatik des Privatrechts (1940, 2. unveränd. Aufl. 1969). Im Vorwort zur zweiten Auflage datiert *Esser* selbst die Entstehungszeit seiner „Erstlingsarbeit" auf die Jahre 1933–35. Auffällig ist, dass in den Akten der promovierenden und habilitierenden Juristischen Fakultät der Frankfurter Johann-Wolfgang-Goethe-Universität diese Arbeit mit jeweils nur geringfügig variiertem Titel sowohl als Dissertationsschrift (Thema: „Bedeutung und Wert der Rechtsfiktionen unter besonderer Berücksichtigung der Gesetzesfiktionen. Ein Beitrag zur Systematik des Privatrechts und zur Technik der Gesetzgebung") als auch als Habilitationsschrift (Thema: „Wert und Bedeutung der Rechtsfiktionen") verzeichnet ist.

[4] *Esser*, Antrittsrede, in: Häberle/Leser (Hrsg.) (Fn. 1), S. 449.

[5] Ein Verzeichnis des literarischen Gesamtwerks findet sich in: Häberle/Leser (Hrsg.) (Fn. 1), S. 451–465.

[6] *Esser*, Grundlagen und Entwicklung der Gefährdungshaftung (1941).

zu müssen, sondern auch vor Verstrickungen in den organisierten Nationalsozialismus.[7] Von Innsbruck wechselte *Esser*, bereichert um manch neue Erkenntnis aus dem österreichischen Haftpflicht- und Zivilprozessrecht, 1949 nach Mainz. In die Mainzer Zeit fällt auch ein kurzjähriger (und, wie *Esser* selbst später freimütig einräumte) weitgehend folgenloser Ausflug in die Praxis als Richter im Nebenamt am OLG Zweibrücken. Weitaus wichtiger war für ihn, der ein ausgesprochen kunstsinniger Mensch war, die Zeit als Leiter der Rechtsabteilung der Internationalen Atomenergiebehörde in Wien und als Vorsitzender des Ausschusses für Atomhaftpflichtrecht in der deutschen Atomkommission. In Mainz hielt es ihn, trotz zwischenzeitlicher Rufe nach Kiel, Göttingen und Freiburg, 12 Jahre lang, bis ihn 1961 eine ehrenvolle Berufung an die damals wohl beste deutsche Juristenfakultät, jene der Universität Tübingen, erreichte. Tübingen ist er dann ungeachtet weiterer Rufe nach Wien, Bonn, Freiburg und Konstanz bis zu seiner Emeritierung im Jahre 1977 treu geblieben. Danach hat er sich, inzwischen multipler Ehrendoktor renommierter Universitäten, recht schnell nicht nur aus dem Lehrbetrieb, sondern auch aus der Forschungsdiskussion zurückgezogen, um das zu tun, was er immer schon am liebsten und mit nie erlahmender intellektueller Neugier und atemberaubender Geschwindigkeit getan hatte: gute Bücher zu lesen. Am 21. Juli 1999 ist *Josef Esser* im Alter von 89 Jahren verstorben.

2. *Das Forscherprofil: Dogmatiker, Theoretiker, Rechtsvergleicher*

Publiziert hat *Esser* auf den Gebieten der Zivilrechts-, insbesondere der Schuldrechtsdogmatik, der Rechtstheorie mit Schwerpunkt auf der Methodologie sowie des Zivilprozessrechts. Dieser letzte Teil des literarischen Werks ist eher schmal, aber von hoher Originalität und einer Charakteristik, die das gesamte *Œuvre* auszeichnet: ein durchgängig spürbares Interesse an Grundsatz- und Theoriefragen und eine Neugier, die ihn dem literarischen *mainstream* zumeist einen Erkenntnisschritt voraus sein lässt. So haben *Esser* am Prozess nicht die dogmatischen Schulkontroversen um den Streitgegenstandsbegriff, die Drittwirkung der Rechtskraft oder die streitgenössische Nebenintervention interessiert, sondern das Verhältnis von Parteimacht und Richtermacht,[8] Freiheit und Bindung des Richters bei der Sachaufklärung[9] und die theoretischen Grundfragen des Revisionsrechts[10].

[7] Auskunft von Frau *Elisabeth Esser*, der Witwe von *Josef Esser*, gegenüber dem Verf. Eine mit nationalsozialistischem Gedankengut gespickte Kölner Dissertation von *Josef Esser*, Sorgfaltspflichten im Straßenverkehr unter Berücksichtigung des durch die nationalsozialistische Revolution geschaffenen Auffassungswandels in der Reichsstraßenverkehrsordnung vom 28. Mai 1934 (1936), stammt von einem zufällig namensgleichen Autor.

[8] *Esser*, Richtermacht und Ermittelungsbetrieb in Italiens künftigem Zivilprozess, DRW 1942, 1–25.

[9] *Esser*, Freiheit und Bindung des Zivilrichters in der Sachaufklärung (1966).

[10] *Esser*, Not und Gefahren des Revisionsrechts. Zur Problematik der „Grundsatzrevision" in Zivilsachen, JZ 1962, 513–517.

Nach Umfang und Gewicht ragen aus dem literarischen Werk die Schriften zur Schuldrechtsdogmatik sowie jene zur Rechtsphilosophie und Methodologie heraus. Diese beiden Teile des *Œuvres* stehen nicht, wie bei vielen anderen, beziehungslos nebeneinander. Von Anfang an hat *Esser* gleichgewichtig zur Theorie und zur Dogmatik publiziert, und vor allem in der Mainzer Zeit beginnen sich die beiden Forschungsstränge zu verquicken. „In den ... 12 Jahren meines Mainzer Ordinariats", schreibt *Esser*, „versuchte ich, methodologische Kritik mit dogmatischer Fachdurchdringung zu verbinden"[11]. Glanzvolle Zeugnisse dieser Periode der Integration sind ein methodentheoretisches und ein zivilrechtsdogmatisches Hauptwerk: die 1956 erschienene Monographie „Grundsatz und Norm"[12] und die legendäre zweite Auflage des „Schuldrechts"[13] von 1960. Das spätere Schaffen gehört dann nahezu gänzlich der Theorie. In diese Zeit fällt nicht nur die zweite Monographie zur richterlichen Methodik, „Vorverständnis und Methodenwahl in der Rechtsfindung"[14]. In mehreren grundlegenden Aufsätzen und Vorträgen präzisiert *Esser* auch seine Position zum Richterrecht, zur Dogmatik und zu Argumentation und Argumentationsmustern im Zivilrecht.

Die beiden Stränge sind bei *Esser* aber auch inhaltlich eng verschränkt. Die beiden knappen Untersuchungen zu § 242 BGB[15] zählen m.E. nach wie vor zum Besten und Originellsten, was zu dieser unheimlichen Generalklausel jemals geschrieben worden ist. Wer könnte auch klüger über die Konkretisierung des § 242 BGB räsonieren als einer, der sein Leben lang über den Umgang des Richters mit offenen Tatbeständen und Generalklauseln reflektiert hat. Umgekehrt sind die methodologischen Schriften gespeist von einer profunden Kenntnis nicht nur des rechtsdogmatischen Bestandes, sondern auch und vor allem der Kasuistik, und hier keineswegs nur der Zivilrechtsprechung sondern namentlich auch der Judikatur des Bundesverfassungsgerichts. Rechtsprechung ist für *Esser* sozusagen die Empirie der Methodentheorie.

Die beiden Hauptpfeiler des Werkes werde ich gleich noch im Detail würdigen. Deshalb hier nur noch ein kurzes Wort zur Bedeutung *Essers* als Rechtsvergleicher. Ein Rechtsvergleicher im schulmäßigen Sinne ist er nie gewesen. Es existiert keine einzige einschlägige Publikation zur dogmatischen Mikro-

[11] *Esser*, Antrittsrede, in: Häberle/Leser (Hrsg.) (Fn. 1), S. 449, 450.

[12] *Esser*, Grundsatz und Norm in der richterlichen Fortbildung des Privatrechts. Rechtsvergleichende Beiträge zur Rechtsquellen- und Interpretationslehre (1956, 4. unveränd. Aufl. 1990). Das Buch existiert auch in einer japanischen Übersetzung.

[13] *Esser*, Schuldrecht. Allgemeiner und Besonderer Teil. Ein Lehrbuch (2. Aufl. 1960).

[14] *Esser*, Vorverständnis und Methodenwahl in der Rechtsfindung. Rationalitätsgrundlagen richterlicher Entscheidungspraxis (1970), ins Italienische übersetzt unter dem Titel: Precomprensione e scelta del metodo nel processo di individuazione del diritto (1983).

[15] *Esser*, § 242 BGB und die Privatautonomie, JZ 1956, 555–557; *ders.*, Aufbau und Verzahnung des Richterrechts zu § 242 BGB im Spiegel der Kommentierung, AcP 161 (1962), 270–283.

vergleichung, und die zahlreichen fremdsprachlichen Aufsätze gelten allesamt rechtsphilosophischen oder rechtstheoretischen Themen. Überreichlich und produktiv eingegangen sind *Essers* rechtsvergleichende Erfahrungen hingegen in das methodologische Werk, wo er insbesondere im *Common Law* und im französischen Recht aus dem Vollen schöpft. Es ist diese transnationale Perspektive, die das methodologische Werk in weiten Teilen bis heute als einzigartig erscheinen lässt. Keiner der bedeutenden Methodologen des 20. Jahrhunderts – von *Philipp Heck* über *Karl Engisch* und *Karl Larenz* bis zu *Franz Bydlinski* und *Claus-Wilhelm Canaris* – hat ja die Grenzen des deutschen Rechtskreises jemals überschritten.[16] Auch die wenigen wichtigen zeitgenössischen Methodologen jenseits des Atlantik[17] sind in fast schon provinzieller Weise im nationalen Rahmen befangen geblieben.

3. *Josef Esser als akademischer Lehrer*

Im Hörsaal war *Esser* nicht einer jener Dompteure, die mit einer Mischung aus rhetorischer Finesse und einem Talent zum *Conferencier* ein studentisches Massenpublikum fesseln können. Seine Zielgruppe war eine kleine, aber ergebene Gemeinde überdurchschnittlich befähigter Studenten, die bereit waren, ihm bei seinem weniger systematischen als assoziativen und mitunter auch sprunghaften *Raisonnement* zu folgen. Seine Seminare – deren disziplinäre Breite auch durch die Beteiligung von Hochschullehrern benachbarter Fakultäten ausgewiesen war – lebten von seiner Fähigkeit, spontan Neues zu entwickeln und den Hörern das Gefühl zu vermitteln, sie seien soeben Zeuge einer wissenschaftlichen Neuentdeckung geworden.

Seine akademischen Schüler hat *Esser* nicht durch paternalistische Anleitung und gezielte Schulenbildung geprägt, sondern durch Ausstrahlung.[18] *Esser* neigte in Gegenwart seiner Schüler – zumeist, wenn er aus der Vorlesung kam – zu selbstvergessenem Monologisieren. Oft fielen dabei spontan entwickelte Ideen ab, über die man den Rest des Tages sinnieren konnte; aber er war im kleineren Kreise auch zu ironischer Kritik fähig, die vor großen Namen nicht halt machte. In diesem liberalen und zugleich respektlosen intellektuellen Klima gedieh ein Schülerkreis mit recht unterschiedlichen intellektuellen Profilen. Ich nenne nur einige: *Theodor Viehweg* war einer jener Gelehrten, die sich durch ein einziges Buch bekannt machen und dann wieder verstummen: „Topik und Jurisprudenz“. *Roland Dubischar* ist der Autor einiger schöner und feinsinniger Studien zur Rechts-

[16] Von profunder rechtsvergleichender Belesenheit, aber ohne produktive Synthese die enzyklopädische Methodenlehre von *Fikentscher*, Methoden des Rechts in vergleichender Darstellung (1975–77).

[17] Beispielhaft erwähnt seien M. *Eisenberg*, The Nature of the Common Law (1988) und P. S. *Atiyah*/R. *Summers*, Form and Substance in Anglo-American Law (1996).

[18] Zur privaten Seite des akademischen Lehrers *Josef Esser* vgl. den Nachruf aus der Feder seines Schülers Eike *Schmidt*, Nachruf Josef Esser †, JZ 1999, 986.

theorie[19], aber auch durch ein Lehrbuch zum Transportrecht[20] hervorgetreten. *Eike Schmidt* und *Hans-Leo Weyers* haben seit der fünften Auflage *Essers* berühmtes Schuldrechtslehrbuch – von dem noch die Rede sein wird – fortgeführt: der Erste ein scharfsinniger, aber darum nicht unpolitischer Dogmatiker deutscher Schule mit bleibenden Beiträgen zum Haftpflicht- und Schadensrecht, zum Bereicherungs- und zum AGB-Recht; der Andere ein in der Rechtsvergleichung geschulter, dem Problemdenken verhafteter Spezialist im Haftpflicht- und Versicherungsrecht[21], dessen Habilitationsschrift über „Unfallschäden"[22] Anfang der 1970er Jahre inhaltlich wie methodisch Pionierarbeit geleistet hat. *Dietrich Rothoeft* wiederum hat in seiner Habilitationsschrift *Essers* rechtsvergleichende Methodenlehre an der Dogmatik des Irrtumsrechts „kleingearbeitet", sie aber zugleich durch ein prononciertes Systemdenken variiert.[23] In der Tradition des rechtstheoretischen Erbes von *Esser* steht schließlich *Gerhard Struck*, der in einer allzu kurzen Phase literarischer Produktivität mit einigen hochoriginellen und gegen den Strich gebürsteten rechtstheoretischen Skizzen geglänzt hat.

II. Das zivilrechtsdogmatische Werk

Das zivilrechtsdogmatische Schaffen von *Josef Esser* hat einen klaren Schwerpunkt im Schuldrecht – damals wie heute die Königsdisziplin des Zivilrechts. Innerhalb des Schuldrechts wiederum ist eine Fokussierung auf das Haftpflichtrecht erkennbar. Sie beginnt bereits mit der frühen Monographie zu „Grundlagen und Entwicklung der Gefährdungshaftung" aus dem Jahre 1941. Man muss sich heute noch einmal vergegenwärtigen, wo die Theorie der Gefährdungshaftung damals stand. Entwickelt hat sich die Gefährdungshaftung bekanntlich parallel zum BGB, oder besser: zum klassischen, dem *culpa*-Prinzip verhafteten Zivilrecht.[24] Als illegitimes Kind des Deliktrechts musste dieser ungeliebte Bastard in Sondergesetze verbannt werden. Auch diesen Sondergesetzen lag freilich keine überwölbende dogmatische Konzeption zugrunde; sie wurden vielmehr sukzessive, als eine Art Maßnahmegesetzgebung erlassen, sobald einmal wieder ein technisches Risiko auftauchte, welches den Haftpflichtrechtsdogmatikern irgendwie un-

[19] Neben einer Reihe von Aufsätzen vgl. *Dubischar,* Vorstudium zur Rechtswissenschaft (1974); *ders.,* Einführung in die Rechtstheorie (1983).

[20] *Dubischar,* Grundriss des gesamten Gütertransportrechts (1987).

[21] *Weyers,* Versicherungsvertragsrecht (3. Aufl. 2003).

[22] *Weyers,* Unfallschäden (1971).

[23] *Rothoeft,* System der Irrtumslehre als Methodenfrage der Rechtsvergleichung (1968).

[24] Nachgezeichnet von *Ogorek,* Untersuchungen zur Entwicklung der Gefährdungshaftung im 19. Jahrhundert (1975). Zusammenfassend nochmals *Zöllner,* Gefährdungshaftung wohin?, in: Bernat/Böhler/Weilinger (Hrsg.), Festschrift für Krejci, Bd. II (2001), S. 1355–1369.

heimlich vorkam. Als man schließlich über eine einheitliche dogmatische Konzeption nachzudenken begann, wurde die Gefährdungshaftung überwiegend als eine zum Äußersten verschärfte Haftung für rechtswidrig-fahrlässiges Tun begriffen. An diesem Punkt hat *Esser* mit seiner kleinen Monographie den Paradigmenwechsel eingeleitet. Gefährdungshaftung, so dozierte er, sei als Handlungshaftung bereits im Ansatz missverstanden. Sie sei vielmehr eine Verantwortlichkeit *sui generis* für die Innehabung und Nutznießung eines mit menschlicher Sorgfalt nicht restlos zu beherrschenden technischen Risikos. Damit war der theoretisch naiven, aber damals gängigen Theorie der Kausalhaftung ebenso eine Absage erteilt wie der auf *Hegel* sich berufenden *Larenz'schen* Kategorie der „objektiven Zurechnung". *Esser* wusste es besser und brachte es mit einer ebenso knappen wie plastischen Formel auf den Punkt: Gefährdungshaftung ist nicht Haftung für getanes *Unrecht*, sondern für geschehenes *Unglück*.[25] Die Gefährdungshaftung erhielt damit eine sozusagen sozialrechtliche Schlagseite. Man wird nicht fehlgehen in der Annahme, dass diese Pointierung der „sozialen Schadenverteilung"[26] nicht nur der *iustitia distributiva* geschuldet,[27] sondern auch ein Kind des Zeitgeistes war – eines Zeitgeistes, der bekanntlich dem Gemeinschaftsgedanken verpflichtet war. Theoretisch überwunden und sozusagen wieder zurückgedreht worden ist *Essers* neues Paradigma erst in den 1980er Jahren durch die Ökonomische Analyse des Rechts. Sie kehrt wieder zum Paradigma der Handlungshaftung und zum Präventionszweck der Gefährdungshaftung zurück. Deren eigenständige Bedeutung neben der Verschuldenshaftung wird jetzt darin gesehen, dass sie nicht nur das Sorgfaltsniveau steuert, sondern auch das Aktivitätsniveau bei besonders gefährlichen Tätigkeiten reduziert.[28]

Ich komme zu einem zweiten Buch, welches *Josef Esser* geradezu zu einer Ikone der Schuldrechtsdogmatik gemacht hat: das Lehrbuch des Schuldrechts. Unter den vier von *Esser* selbst verantworteten Auflagen gilt unter Kennern die zweite Auflage einhellig als die beste. Man kann sie bis heute noch mit Gewinn benutzen. Ich greife nur einige wenige *Highlights* heraus. Die einleitenden Grundlegungen zur Theorie des Schuldvertrages und zu den Strukturen des Schuldverhältnisses sollten Pflichtlektüre für jedes Zweitsemester sein, denn diese Art von theoretischer Fundierung ist den auf den seichten Publikumsgeschmack zielenden Kurzlehrbüchern heutiger Tage abhanden gekommen. Weitere Höhepunkte waren die – inzwischen z.T. unver-

[25] *Esser* (Fn. 6), S. 30 ff.

[26] *Esser* (Fn. 6), S. 83.

[27] So ausdrücklich *Esser* (Fn. 6), S. 69 ff.

[28] Vgl. monographisch M. *Adams*, Ökonomische Analyse der Gefährdungs- und Verschuldenshaftung (1985).

meidlich veralteten – Darstellungen des Bereicherungs- und des Deliktrechts. Damals ging es noch darum, das Bereicherungsrecht den Untiefen eines reinen Billigkeitsrechts zu entreißen und ihm ein dogmatisches Gerüst zu geben. An den späteren Hypertrophien einer narzisstisch um sich selbst kreisenden Bereicherungsdogmatik trägt *Esser* hingegen keine Schuld.

Lehrbücher werden im Laufe der Auflagen meistens besser, bis sie etwa ab der fünften Auflage in sklerotischer Routine erstarren und dann entweder eines langsamen Todes sterben oder von einem begabten Schüler wiederbelebt werden. Beim *Esser'schen* Lehrbuch war das anders. Zwischen der legendären zweiten Auflage und der anschließenden dritten wird eine Diskontinuität sichtbar, die sich allein durch Lerneffekte und Reifungsprozesse nicht erklären lässt. Der Schüler in mir möchte es gerne, der Chronist darf es nicht verheimlichen: Ab der dritten Auflage erlahmte bei *Esser* die Freude am dogmatischen Arbeiten. Die Fortschreibung des Lehrbuchs nahm nicht nur – zu viel – Rücksicht auf die Bequemlichkeit des Leserpublikums, sondern war in weiten Passagen auch einem Team von Mitarbeitern überlassen. Beispielsweise wurde die in der zweiten Auflage noch zu höchster Raffinesse getriebene Dogmatik von Zweckfortfall und Zweckverfehlung sang- und klanglos wieder in die Unmöglichkeitsdogmatik zurückgeholt. Erst als das Buch beginnend mit der fünften Auflage offiziell in die Hände der Schüler *Eike Schmidt* und *Hans-Leo Weyers* überging, hat es wieder sein unverwechselbares Gesicht.[29]

III. Theorie und Methodologie

Man wird es heute nicht bedauern, dass *Esser* seit jener Zeit die kreativen Energien, die er der dogmatischen Arbeit entzog, in zahlreiche Publikationen zur Theorie und Methodologie investiert hat. Diese haben nicht nur eine dritte große Monographie hervorgebracht,[30] sondern in einigen grundlegenden Aufsätzen auch entscheidende Präzisierungen zu Detailproblemen.[31] Aber gehen wir auch hier chronologisch vor.

1. *„Einführung in die Grundbegriffe des Rechtes und Staates" (1949)*

Nach einigen Jahren der Rückkehr zum Haftpflichtrecht erschien 1949, also in der Innsbrucker Zeit, die „Einführung in die Grundbegriffe des Rech-

[29] Zuletzt erschienen als *Esser/Schmidt*, Schuldrecht Band I Allgemeiner Teil, Teilband 1 (8. Aufl. 1995); Teilband 2 (8. Aufl. 2000); *Esser/Weyers*, Schuldrecht Band II Besonderer Teil, Teilband 1 (8. Aufl. 1998); Teilband 2 (8. Aufl. 2000).

[30] Unten, 2 c).

[31] Unten, 3.

tes und Staates"[32] – ein für Studienanfänger geschriebenes Buch, welches sich das ehrgeizige Ziel setzt, dem angehenden Juristen nicht nur Stoffkenntnisse und Falllösungstechnik „fürs Examen" zu vermitteln, sondern ihn zu lehren, „den sozialen und ethischen Sinn seiner Begriffe von Anfang an mitzudenken"[33]. Nach wie vor beherzigenswert die Klage, „daß man bisher die Rechtstheorie als eine Art philosophischen Luxus von der ersten Stoffdarbietung getrennt und es damit versäumt hat, das eigentlich wissenschaftliche Interesse rechtzeitig wachzurufen"[34]. Dabei erschöpft sich die Grundlegung nicht in der nach dem Zusammenbruch des Totalitarismus in der Luft liegenden Rückbesinnung auf die sittlichen Grundlagen des Rechts. In Vorwegnahme von – erst sehr viel später ernst genommenen – rechtssoziologischen Fragestellungen wird der Jurisprudenz auch die Aufgabe zugewiesen, „unser Gemeinschaftsleben (die soziale Wirklichkeit) zu beobachten und dessen Zusammenhänge, Gesetzmäßigkeiten und Ordnungsaufgaben zu verstehen"; als „verstehende" Rechtssoziologie darf sich dieses Unterfangen nicht mit „der bloßen Beschreibung der Erscheinungen" bescheiden, sondern hat „auch die treibenden und waltenden Kräfte, die *Ideen*" in den Blick zu nehmen. Dieses noch heute fesselnde[35] Buch konnte wohl nur darum nicht zum Klassiker werden, weil es von einem in Österreich dozierenden Hochschullehrer in erster Linie für österreichische Studenten geschrieben war.

2. *Die großen Monographien*

a) „Wert und Bedeutung der Rechtsfiktionen" (1940)

Auch wenn die ersten literarischen Gehversuche noch dem Haftpflichtrecht gelten, tritt *Esser* bereits 1940 mit einer methodentheoretischen Monographie über „Wert und Bedeutung der Rechtsfiktionen"[36] an die Öffentlichkeit.

Der Untertitel dieses Buches – „Kritisches zur Technik der Gesetzgebung und zur bisherigen Dogmatik des Privatrechts" – ist programmatisch und kündet vom Selbstbewusstsein des jungen Gelehrten. Gewiss, die Fragestellung war kein ganz großes Thema und sie war überdies zeitgebunden. Es galt aufzuräumen mit einer zeittypischen neukantianischen Übertreibung,

[32] *Esser*, Einführung in die Grundbegriffe des Rechtes und Staates (1949).

[33] *Esser* (Fn. 32), Vorwort S. VI.

[34] AaO.

[35] Dies gilt auch für die geglückte Synthese von theoretischem Anspruch und didaktischer Hilfestellung; erstaunlich modern etwa ein Anhang über „die Verwendungsmöglichkeiten der Zeichnung in Studium und Fallbehandlung", *Esser* (Fn. 32), S. 299ff.; differenziert das Votum zu Sinn und Unsinn des Lernens beim Repetitor, aaO. S. 289.

[36] *Esser*, Wert und Bedeutung der Rechtsfiktionen. Kritisches zur Technik der Gesetzgebung und zur bisherigen Dogmatik des Privatrechts (1940, 2. unveränd. Aufl. 1969).

die den Gebrauch von Fiktionen in Normtexten als ein – sozusagen bewusst falsches – Substitut für Wirklichkeit erkenntnistheoretisch missverstand. Sollenssätze, hält *Esser* entgegen, bezeichnen kein Sein, und deshalb können Rechtsfiktionen auch keine Wirklichkeit substituieren, sondern sind in Wahrheit eine schlichte Verweisungstechnik, ein Instrument legislativer Ökonomie in Gestalt „summarischer Kurzverweisungen"[37].

Aber Fiktionen wecken darüber hinaus – und insofern ist auch dieses Buch schon eine Arbeit zur Methodologie – *Essers* dogmenkritisches Interesse. Sie lassen ihn auch im scheinbar Peripheren oder sogar Exotischen ein Grundsatzproblem entdecken. Warum etwa – fragt *Esser*[38] – sagt das BGB, der *nasciturus* „gilt ... als geboren" und formuliert nicht einfach: „der nasciturus ist für Zwecke des Erwerbes von Todes wegen teilrechtsfähig"? Augenscheinlich erfüllt die Fiktion hier den Zweck, die Durchbrechung juristischer Axiome – in unserem Fall der Regel, dass die Rechtsfähigkeit erst mit der Vollendung der Geburt beginnt – im Interesse der äußeren Stimmigkeit des Systems zu *camouflieren*. Ähnliches geschieht mit der Praxis, zu hoch generalisierte und der Vielfalt der lebensweltlichen Ordnungsprobleme nicht mehr gewachsene dogmatische Obersätze durch versteckte Ausnahmenbildung zu „sabotieren"[39]. Nur kraft solcher Fiktionen können auch dogmatische Konstrukte wie das Sicherungseigentum, die Inkassozession oder der konkludente Haftungsausschluss bei der Probefahrt den Vorwurf der Gesetzesumgehung vermeiden. Insofern erkennt Esser der Fiktionstechnik eine geradezu unentbehrliche innovative Funktion zu: Als „Krücken des Denkens"[40] helfen Fiktionen, das noch Undenkbare zu denken und werden so zum Wegbereiter einer späteren schulmäßigen Dogmatisierung, die letztendlich auf den Kunstgriff der Fiktion nicht mehr angewiesen ist. In diesem Sinne haben wir heute die Freiheit zu sagen, die Sicherungstreuhand sei nicht etwa ein Scheingeschäft, sondern ein besitzloses Pfandrecht und müsse jedenfalls in Zwangsvollstreckung und Insolvenz auch als solches behandelt werden. Und ebenso sind wir inzwischen in der Lage, das Haftungsprivileg des Probefahrers ohne Umweg über scheinbar der Privatautonomie geschuldete Willensfiktionen aus „objektiven" Interessen- und Schutzerwägungen zu gewinnen, indem wir das Privileg mit dem Erwerbsinteresse des Fahrzeughändlers und der mangelnden Vertrautheit des Probefahrers mit dem Fahrzeug rechtfertigen.

Ich breche hier ab, um mich jener Monographie *Josef Essers* zuzuwenden, der auf lange Sicht wohl die größte Breitenwirkung beschieden war (und

[37] *Esser* (Fn. 36), S. 37 ff., 200.

[38] *Esser* (Fn. 36), S. 82.

[39] Ausdruck von *Esser* selbst (Fn. 36), S. 81.

[40] *Esser* (Fn. 36), S. 200.

ist)[41] – auch wenn die Verbindungslinien zu späterem Theoretisieren nicht immer ganz klar hervortreten.

b) „Grundsatz und Norm“ (1956)

Als ich im fünften Studiensemester zum Studium nach Tübingen kam, genoss dieses Buch unter uns Jüngeren einen Nimbus, der jenem der späten Streichquartette *Ludwig van Beethovens* vergleichbar war.[42] Das sei wohl ein hochbedeutendes Buch, räumte man ein, aber doch auch eines, welches letztlich dunkel und manchmal unverständlich bleibe.[43] Und diejenigen, die vorgäben, es verstanden zu haben, sagten wohl nicht ganz die Wahrheit. Mit solchen Verständnisschwierigkeiten haben wir heute, 45 Jahre nach Erscheinen des Buches, kaum mehr zu kämpfen. Trotzdem trifft die Analogie zu den späten *Beethoven*-Quartetten nach wie vor viel Richtiges. Auch „Grundsatz und Norm“ bricht mit überkommenen (um nicht zu sagen: klassischen) juristischen Denkformen. Wie es *Esser* selbst vor der Heidelberger Akademie formuliert hat: Das Buch ist eine „Kritik kontinentaler Dogmatikambitionen“[44]. Und noch eine Parallele: Die Themen werden nicht in säuberlichen Ableitungsketten entwickelt, sondern durch Annäherungsversuche eingekreist und variiert,[45] und es herrscht eine Lust an aperçuhaften Einwürfen. Schließlich: Wie Beethoven war *Esser* im Jahre 1956 seiner Zeit weit voraus. Es sind im Wesentlichen drei theoretische Entdeckungen, die diesem Buch unbeschadet mancher Unvollkommenheiten[46] einen Ehrenplatz in der Geschichte unserer Disziplin sichern.

Essers Theorie der Rechtsprinzipien entzündet sich an einer Aporie der kontinentaleuropäischen, normgestützten Methode der Rechtsgewinnung. Einerseits steht auch der normgebundene Richter immer wieder – und nicht erst im Angesicht von Gesetzeslücken oder von delegierenden Generalklau-

[41] Nicht zuletzt daran abzulesen, dass das Buch (Fn. 15) bis 1990 insgesamt vier Auflagen erlebt hat.

[42] Es sei bei dieser Gelegenheit daran erinnert, dass *Josef Esser* selbst zum Zwecke didaktischer Verdeutlichung immer wieder gern Analogien zu Phänomenen der Musik und Musikinterpretation suchte; vgl. etwa *Esser* (Fn. 32), S. 37: „Wie die Melodie des Volksliedes jedem unbewußt eingeht, ohne daß er sie lernen müßte, so lebt auch das Recht einer einfach gebauten Gesellschaft unbewußt in jedem einzelnen Mitglied als Treue, Kameradschaft, Anständigkeit usw. ... Die kunstreiche Rechtsbildung hoch entwickelter Kulturen ... dagegen gleicht dem durchdachten Bau einer Symphonie oder Fuge. Hier erscheint dem naiven Hörer fast alles erdacht und gekünstelt ...; ferner S. 191: der „Begriffsdenker im Recht“ ist „einem tauben Musiker vergleichbar, der nur die Notenbilder sieht und ohne Gehör nach ihnen spielt“.

[43] Vgl. insoweit auch schon die einfühlsame Würdigung des Werks durch *Dubischar*, Rechtstheorie als Literatur, AcP 171 (1971), 440, 441 f.

[44] *Esser*, Antrittsrede, in: Häberle/Leser (Hrsg.) (Fn. 1), S. 449, 450.

[45] Vgl. schon – mit durchaus kritischem Unterton – die Rezension des Buches durch *Wieacker*, Gesetzesrecht und richterliche Kunstregel, JZ 1957, 701–706.

[46] Zurückhaltend nachgezeichnet bei *Dubischar*, AcP 171 (1971), 440 passim.

seln – vor der praktischen Notwendigkeit, auf allgemeinere Rechtsgrundsätzen zurückgreifen zu müssen. Andererseits: Soweit diese Grundsätze nicht bloß formal-äußerliche Ordnungsleistungen vollbringen (wie etwa reine Aufbau- oder Lehrprinzipien), steht der Rechtsanwender vor dem Legitimationsproblem, wie ein juristischer *Münchhausen* „die Rechtsautorität seines eigenen Schöpfungsaktes zu begründen und zu begrenzen“[47]. Es lag nahe, zur Lösung dieses Dilemmas auf den Erfahrungsschatz eines Rechtskreises zurückzugreifen, dem die nicht normtextgebundene Rechtsfindung ebenso tägliches Brot ist wie die – in einem prinzipiell unabgeschlossenen Rechtssystem unvermeidliche – Arbeit mit und an Rechtsprinzipien. Das lenkt den Blick auf die Methodenlehre des *Common Law*. Weit davon entfernt, deutschen Juristen angelsächsische Methoden zu predigen, geht *Esser* mit dem rezipierten Theoriengut relativ frei um. Dieses bestärkt ihn einerseits in dem (dazumal noch ketzerischen) Gedanken, dass richterliche Rechtsbildung ein nicht nur normaler, sondern geradezu notwendiger Teil der Rechtssatzbildung ist.[48] Andererseits distanziert er sich von dem etwas kruden Empirismus des *legal realism*. Er verwirft gleichermaßen den positivistischen Ansatz, welcher vermeint, ein Prinzip zwanglos aus den *rules* „gewinnen“ zu können,[49] wie den naturrechtlichen oder auch den wertphilosophischen, an *Scheler* geschulten Versuch, Rechtsgrundsätze aus spekulativ erfahrbaren ethischen Wahrheiten zu konstruieren. *Esser* leugnet die Möglichkeit solcher „letzter“ ethischer Prinzipien nicht. Aber aus dem angelsächsischen Denken gewinnt er die Einsicht, dass auch die meisten Rechtsprinzipien teilhaben an der Positivität des Rechts, nur eben nicht durch Deduktion aus gesetztem Recht, sondern durch Rückgriff auf die Natur der Sachen und in Auseinandersetzung mit dem je zur Entscheidung stehenden Problem. In ihrer ständigen Übung werden Prinzipien damit zu richterlichen Konstruktionen der Wirklichkeit, die eine permanente Anpassungsfähigkeit des Rechts an gesellschaftliche Veränderungen ermöglichen. Zugleich entwickeln Prinzipien, sind sie erst einmal formuliert, ihr positives Eigenleben, indem sie sich von einem rhetorischen zu einem dogmatischen Prinzip wandeln, wie etwa der Vertrauensgrundsatz zum Abstraktionsprinzip.

Wie bahnbrechend diese Thesen zu ihrer Zeit waren, mag man daran ermessen, dass sie 20 Jahre später als ein Kernstück in *Ronald Dworkins* Werk „Taking rights seriously“[50] wiederkehren. Gewiss nehmen sie dort eine andere, von *H. L. A. Hart* inspirierte Prägung an.[51] Doch mag man an diesem

[47] *Esser* (Fn. 15), S. 2.

[48] *Esser* (Fn. 15), S. 23.

[49] *Esser* (Fn. 15), S. 10 f.

[50] Letzte deutsche Ausgabe: *Dworkin*, Bürgerrechte ernstgenommen (1990).

[51] *Esser* teilte weder *Dworkins* Ausgangspunkt von der normprägenden Kraft der *„general principles of law“* nur in *„hard cases“*, noch hätte er *Dworkin* zugegeben, dass es für einen Fall immer nur eine richtige Entscheidung geben kann.

Beispiel die Provinzialität unserer Disziplin beklagen, die es zulässt, dass das Rad zweimal erfunden wird.

Eigentlich nur Nebenprodukte der Theorie juristischer Prinzipien, aber nicht minder zukunftsweisend waren zwei Einsichten *Josef Essers*, die hier nur beiläufig erwähnt seien. Wiederum in Anlehnung an angelsächsische Theoretiker rezipiert *Esser* das *Denken in Standards* und grenzt dieses vom Prinzipiendenken ab. Den Unterschied sieht er in zwei Merkmalen: Standards sind im Gegensatz zu Prinzipien, etwa dem Vertrauensprinzip, nicht axiomatisch-absolut, sondern enthalten skalierbare Maßstäbe wie die im Verkehr erforderliche Sorgfalt oder die guten Wettbewerbssitten. Damit eignen sie sich im Gegensatz zu Prinzipien gerade für die einzelfallbezogene Rechtsbildung; andererseits sind sie aber auch nicht Gegenstand rechtsdogmatischer Ableitung. Und: Sie sind zwar Normen, aber sie sind der Wirklichkeit sozusagen abgeschaut. Später wird man von einer Verweisungsfunktion der Standards auf gesellschaftliche Normenbestände sprechen.

In „Grundsatz und Norm" sind schließlich die Grundlagen der funktionalen Methode der Rechtsvergleichung entwickelt. Diese Entdeckung darf man getrost als einen Quantensprung der vergleichenden Rechtswissenschaft bezeichnen. Sie verabschiedet die bis dahin fast ausschließlich gepflogene „phänotypische" Methode der Rechtsvergleichung und setzt an ihre Stelle eine Methode, die statt dogmatischer Konstrukte Institutionen und deren soziale Problemlösungsfunktion vergleicht. Diese Entdeckung weist weit über die Rechtsvergleichung hinaus,[52] weil sie nicht nur die dogmatische Durchdringung des eigenen Rechts verändert, sondern auch Brücken zur funktionalen Methode in der Rechtstheorie gebaut hat. Nicht von ungefähr ist die funktionale Methode demgemäß auch für *Niklas Luhmanns* Theorie juristischen Entscheidens einflussreich geworden.[53] Daran ändert nichts, dass *Esser* später der Radikalisierung der funktionalen Methode durch *Luhmann* die Gefolgschaft verweigert hat, weil er sich dessen Funktionalisierung des ultimativen Richtigkeits- oder „Wahrheits"-Ziels juristischen Entscheidens nicht zu eigen machen und den Juristen nicht von jeder inhaltlichen Überzeugungsanforderung (mit den entsprechenden Internalisierungschancen seitens der Entscheidungsunterworfenen) dispensieren mochte.[54]

[52] Als rechtsvergleichende Untersuchung, die die funktionale Methode konsequent anwendet, sei verwiesen auf die Monographie von *Essers* Schüler *Rothoeft*, System der Irrtumslehre als Methodenfrage der Rechtsvergleichung (1968).

[53] *Luhmann*, Funktionale Methode und juristische Entscheidung, AöR 94 (1969), 1, 24.

[54] *Esser*, Vorverständnis und Methodenwahl (Fn. 17), S. 202 ff. *Luhmann* hat seinerseits auch den *Esser*'schen Widerspruch durchaus noch zu schätzen gewusst; vgl. *Luhmann*, Rechtssystem und Rechtsdogmatik (1973), Vorwort S. 8.

c) „Vorverständnis und Methodenwahl in der Rechtsfindung“ (1970)

Während „Grundsatz und Norm“ ein Buch war, das von Anfang an als ein großer Wurf galt (sogar bei jenen, die bekannten, es nicht verstanden zu haben), ist die zweite, und die alten Fragen fortdenkende, Monographie „Vorverständnis und Methodenwahl in der Rechtsfindung“ nicht auf ungeteilte Anerkennung gestoßen; dies, obwohl sie die, für den herrschenden deutschen Geschmack immer noch esoterische rechtsvergleichende Perspektive beiseite lässt und stärker um technisch-begriffliche Strenge bemüht ist als das Vorgängerwerk. Aber lassen Sie mich zunächst einmal den Gedankengang des Buches entwickeln.

Ausgehend von der empirischen Beobachtung, dass Richter sich aus dem *Savigny*'schen Kanon der Interpretationselemente relativ eklektisch und gelegentlich geradezu willkürlich bedienen, d.h. ihre Methodenwahl nicht sachlich rechtfertigen, fragt *Esser*: Wie gelangt der Richter denn tatsächlich zu seiner Entscheidung?

Es ist kaum bemerkt worden, dass in „Vorverständnis und Methodenwahl“ Gedanken aufgegriffen werden, die bereits gut 20 Jahre früher den jüngeren *Josef Esser* in seinen Innsbrucker „Grundbegriffen des Rechtes und des Staates“ [55] beschäftigt hatten. Schon damals galt sein methodenkritisches Interesse nicht allein den schulmäßig-dogmatischen Verfahren der Norminterpretation, sondern auch den vorrationalen (ich sage bewusst nicht: irrationalen) Elementen der Rechtsfindung. Damals war es noch, ganz in Anknüpfung an *Essers* akademischen Lehrer *Riezler*, das Rechtsgefühl, welches das Entscheidungsverhalten mitsteuert: „Das Rechtsgefühl ist (...) der *Impuls* rechtlichen Handelns und Beurteilens, aber es liefert keine objektiven Maßstäbe.“ [56] Die Determinanten des Rechtsgefühls sucht *Esser* nicht (was dem damals gerade wieder erwachten Glauben an Psychologie und Psychoanalyse entsprochen hätte), in der Triebstruktur der menschlichen Natur, sondern – geschult an der Wissenssoziologie *Karl Mannheims*[57] – „in der ‚Schicht‘ des Geistes“[58], die jedoch dem sozialen Sein verhaftet[59] ist – was heißt, dass das Rechtsgefühl auch durch Sozialisation und Enkulturation geprägt wird.[60] Und doch misstraut er dem „naiven“ Rechtsgefühl wegen dessen „Affektgeladenheit“[61], d.h. er verweist es zurück in die Schicht des Emotionalen und Irrationalen.

[55] *Esser* (Fn. 32), S. 31 ff.

[56] *Esser* (Fn. 32), S. 36.

[57] Den er an dieser Stelle nicht zitiert, der ihn jedoch nach eigenem Bekunden in seiner Frankfurter Studienzeit geprägt hat, vgl. bereits oben bei Fn. 2.

[58] *Esser* (Fn. 32), S. 33.

[59] Dazu K. *Mannheim*, Wissenssoziologie. Auswahl aus dem Werk (Hrsg. Kurt H. Wolff) (1964), S. 308 ff., 317 ff.

[60] *Esser* (Fn. 32), S. 35 f.

[61] *Esser* (Fn. 32), S. 37.

In „Vorverständnis und Methodenwahl" wird diese theoretische Unklarheit revidiert und durch eine produktive Rezeption des von *Hans-Georg Gadamer* als Grundbegriff der Hermeneutik konstituierten Terminus „Vorverständnis" ersetzt. Zugleich verlässt *Esser* damit die noch für „Grundsatz und Norm" zentrale, aber als zu simplistisch erkannte Dichotomie von „kognitiven" und „volitiven" Determinanten der Rechtsfindung. Wenn das Rechtsgefühl tatsächlich noch ein irrationales Steuerungselement der Rechtsfindung war, so ist die Entscheidungssteuerung durch richterliche Vorverständnisse zwar gleichfalls nicht Teil der schulmäßigen Urteilsbegründung, aber doch keineswegs mehr irrational oder nur ein „volitiver Akt"[62], sondern Teil der indirekten und professionell geschulten Verstehensbedingungen. Allerdings ist *Esser* in seinem Sprachgebrauch weiter als *Gadamer* – und macht damit den Begriff des Vorverständnisses anfällig für Missdeutungen. „Vorverständnis" ist bei *Esser* gewiss nicht gleich „Vorurteil"; aber individuelle Vorurteile – die keineswegs immer nur „verzerrt" sein müssen – beeinflussen unvermeidlich das Vorverständnis. Vorverständnis ist auch nicht nur wissenssoziologische Verstehensbedingung; andererseits anerkennt er aber sehr wohl die Einflüsse der beruflichen Sozialisation auf die Fähigkeit des Richters, „selbständig zu problematisieren und rechtspolitische Alternativen offen anzusprechen"[63]. Das komplexe Geflecht aus den individuellen Vorurteilen des Rechtsanwenders und dessen kulturell, historisch und gesellschaftlich geformten Sinnerwartungen in einer simplifizierenden Dichotomie zu entwirren, widerstrebte seiner intellektuellen Redlichkeit. Im theoretischen Halbdunkel bleibt des Weiteren die Interaktion zwischen Vorverständnis und tradiertem Methodeninstrumentarium. Gerade von Kritikern gerne zitiert wird das überzeichnende Diktum, die Praxis gehe „nicht von doktrinären ‚Methoden' der Rechtsfindung aus, sondern sie benutzt sie nur, um die nach ihrem Rechts- und Sachverständnis angemessenste Entscheidung *lege artis* zu begründen"[64]. Wenige Jahre zuvor las man noch ganz Anderes: Es sei geradezu eine Selbstverständlichkeit, „daß ein Urteil nicht zuerst ‚volitiv' oder ‚emotional' gefällt und erst danach technisch begründet wird" bzw. „daß die gerechte Entscheidung nicht unabhängig von der eingeübten Überlegung der positiven Möglichkeit und Begründbarkeit erkannt wird"[65].

[62] *Esser* (Fn. 15), S. 254 (Zitat), 256ff. Wie häufig bei *Esser*, ist auch das Konzept der „volitiven Elemente der Rechtsfindung" nicht ganz klar umrissen. Teilweise soll es wohl nicht mehr besagen, als dass richterliche Methode sich nicht im richtigen Normverständnis erschöpft, sondern auch unter Entscheidungszwang steht. Hingegen spricht die Gleichsetzung mit dem richterlichen *„hunch"* (aaO. S. 256) eher dafür, dass der „volitive Akt" ein theoretischer Vorläufer des Vorverständnisses war.

[63] *Esser* (Fn. 17), in der (für die 2. Auflage 1972 umgeschriebenen) Einleitung, S. 13.

[64] *Esser* (Fn. 17), S. 7.

[65] *Esser*, Wertung, Konstruktion und Argument im Zivilurteil (1965), S. 4.

Freilich haben die Kritiker des Buches sich nie auf diese Subtilitäten der Theoriebildung[66] eingelassen. Manche haben das Werk, welches ein ambitionierter Entwurf der Methoden*theorie* war, als eine schulmäßige, richterliches Handeln anleitende Methoden*lehre* missverstanden und darauf das Recht gestützt, Gewissheitsverluste im juristischen Denken zu beklagen.[67] Dabei hätten sie sich spätestens durch *Rüdiger Lautmanns* empirische Richterforschung[68] belehren lassen müssen, dass „Vorverständnis und Methodenwahl" nicht Wegbereiter dieser Gewissheitsverluste war, sondern die längst (oder vielleicht sogar immer schon) geübte Praxis richterlicher Entscheidungsfindung endlich auf einen theoretischen Begriff bringt und im Gegenteil die nicht offen gelegten Entscheidungsdeterminanten wieder einfangen will. Des Weiteren hat man dem Buch vorgeworfen, die Schleusen einer stringenten Methodik für eine politische Jurisprudenz geöffnet zu haben.[69] Daran ist richtig, dass die Öffnung juristischen Denkens für gesellschaftlichen Bewusstseinswandel auch eine Einbruchsstelle des Politischen sein kann.[70] Aber für Missverständnisse soll man nicht primär einen Autor,[71] sondern jene verantwortlich machen, die ihn nicht sorgfältig und nuancenbewusst genug gelesen haben.

Mit der „Konsensfähigkeit" richterlicher Entscheidung taucht in „Vorverständnis und Methodenwahl" noch ein weiterer neuer Begriff auf. Freilich hat *Esser* dieses Kriterium immer sehr pragmatisch verstanden und ist den in der Logik des Begriffs liegenden Weg zu einer Theorie des rationalen Diskurses nie zu Ende gegangen. Er beanspruchte nicht, die vorrationalen Grundlagen der Rechtsfindung ohne Rest auflösen zu können – im Gegenteil, er hat sie bis zum Schluss als deren durchaus produktiven Bestandteil gerechtfertigt:

> „Meine Position ist mit den Versuchen zur Aufdeckung aber auch Anerkennung wertmäßiger Irrationalität nicht schlechthin eine aufklärerische. Die Einblicke in die kulturschöpferische Kraft des immer neuen magischen Beherrschungs- und Eingliederungswillens des Menschen im Kosmos haben einen utopischen Rationalitätsgedanken ebenso verhindert wie ein Aufgehen in neopositivistischer Wissenschaftstheorie. Das Kreative im Sozialbereich und besonders im Recht wurzelt wie das Künstlerische in Impulsen, die nur zum Teil der evolutionär verstandenen Zweckrationalität zugänglich sind."[72]

[66] Die durch *Frommel*, Die Rezeption der Hermeneutik bei Karl Larenz und Josef Esser (1981), S. 90 ff., eine kompetente Darstellung erfahren haben.

[67] Etwa *Picker*, Richterrecht oder Rechtsdogmatik – Alternativen der Rechtsgewinnung?, JZ 1988, 1, 5 ff.

[68] *Lautmann*, Justiz – die stille Gewalt (1972).

[69] Allen voran (und in gelegentlich martialischer Rhetorik) *Picker*, JZ 1988, 1, insb. 5–8.

[70] Dazu Weiteres noch unten, Text nach Fn. 102.

[71] So aber *Zöllner*, Zivilrechtswissenschaft und Zivilrecht im ausgehenden 20. Jahrhundert, AcP 188 (1988), 85, 89 bei Fn. 17.

[72] *Esser*, Antrittsrede, in: Häberle/Leser (Hrsg.) (Fn. 1), S. 449, 450.

Damit darf er sich bestätigt fühlen durch sehr moderne Strömungen der Philosophie, die, etwa im Dekonstruktivismus *Jaques Derridas*[73] oder in der Renaissance *Friedrich Nietzsches*, vom Vernunftoptimismus der *Habermas'*-schen Diskurstheorie wieder Abstand zu nehmen beginnen und der Eigenständigkeit vorrationaler, ja irrationaler Handlungs- und Erkenntniselemente bewusst sind.

3. *Fixpunkte im Denken*

Neben den drei großen Monographien *Essers* stehen noch zahlreiche und grundlegende Aufsatz- und Vortragsmanuskripte.[74] Und doch wird man in diesem *Œuvre* vergeblich nach so etwas wie einem abgeschlossenen theoretischen Gebäude suchen. Im Gegenteil: Gerade weil *Esser* immer bereit war, Neues aufzugreifen und weiterzuverarbeiten, ist das Werk nicht ganz frei von Brüchen. Großtheorien sind das Privileg der Rechtstheoretiker und der Rechtsphilosophen. In beiden Disziplinen war *Esser* überaus kenntnisreich; aber sich selbst verstand er als Methodologe und als Brückenbauer zwischen Theorie und Praxis – vor allem der richterlichen Praxis. Trotz dieser Praxisnähe, vergeblich suchen wird man allerdings eine – nach Art einer Checkliste abzuarbeitende – Handlungsanleitung für die Rechtsfindung, wie sie selbst in den theoretisch anspruchsvollen Entwürfen von *Savigny* (Kanon der Interpretationselemente) oder der Interessenjurisprudenz *Philipp Hecks* zu finden sind. Ein Lehrwerk zur Methodenlehre hat *Josef Esser* nie geschrieben und, soweit ich weiß, auch niemals projektiert – bedauerlicherweise, wenn man das heutige Lehrbuchangebot Revue passieren lässt. Allerdings: Ein solches Lehrwerk zu verfassen, hätte dem Stil seines Denkens auch nicht entsprochen. *Josef Esser* war nicht nur in seinen zivilrechtsdogmatischen, sondern auch in seinen methodologischen Arbeiten eher dem offenen Problemdenken verhaftet. Anstatt von einem System lässt sich bei ihm von Fixpunkten des Denkens sprechen, um die er teilweise über Jahrzehnte kreist und an die er immer wieder neue Annäherungen sucht. Gravitationspunkt dieser Fixpunkte ist nicht „die“ Methode des Juristen, sondern *das Verhältnis des Richters zum Gesetz*[75]. Und in dieser Thematik gilt *Essers* Hauptaugenmerk wiederum der Frage: Wie lassen sich die „vagabundierenden“ Billigkeitselemente[76] richterlicher Rechtsfindung einfangen?

[73] Der Dekonstruktivismus *Derridas* lässt sich nicht durch wenige Zitate belegen. Herauszuheben immerhin die Textstelle in: *Derrida*, Gesetzeskraft. Der „mystische Grund der Autorität“ (1991), S. 53–55.

[74] Vollständige Bibliographie in: Häberle/Leser (Hrsg.) (Fn. 1), S. 451–465.

[75] So auch das Selbstverständnis *Essers*, Antrittsrede, in: Häberle/Leser (Hrsg.) (Fn. 1), S. 449, 450.

[76] *Esser*, Wandlungen von Billigkeit und Billigkeitsrechtsprechung im modernen Privatrecht, in: Rechtswissenschaftliche Abteilung der Rechts- und Wirtschaftswissenschaftlichen

Ich beschränke mich darauf, die wichtigsten dieser Fixpunkte schlagwortartig zu beleuchten.

a) Umgang mit Generalklauseln und Richterrecht

Wer die führenden aktuellen Großkommentierungen des § 242 BGB mit den Vorauflagen aus den Fünfziger und Sechziger Jahren vergleicht, stellt fest: Es liegen Welten dazwischen. Frühere Kommentatoren hatten versucht, das Wirken von Treu und Glauben im Privatrecht durch (weitgehend tautologische und ihrerseits noch zu hoch generalisierte) Paraphrasierungen des Prinzips zu erklären und, wo dies nicht weiterhalf, Kasuistik zusammenzutragen und zu guter letzt die Gerichte mit *Hedemann* pflichtschuldig vor der „Flucht in die Generalklauseln" zu warnen. Die offenkundigen theoretischen Fortschritte seither sind ohne die Arbeiten *Josef Essers* zu Billigkeitsrechtsprechung und richterlicher Institutionenbildung kaum denkbar.[77] Hinsichtlich der „aus § 242 BGB" begründeten inhaltlichen Maßstäbe haben wir gelernt, dass die geschwinde Berufung auf Treu und Glauben nicht den Vorwand liefern darf, die Grenzen zwischen Sozialmoral, Billigkeit und bloßer Sach- oder Zweckgerechtigkeit zu nivellieren. Wenn man in der Ausbildungsliteratur nach wie vor liest, dass etwa die ordentliche Verpackung der Ware durch einen Versendungsverkäufer eine Nebenpflicht „aus Treu und Glauben" sein soll, dann zeigt sich (auch als bloße *façon de parler* verstanden), dass dieser Lernprozess noch längst nicht am Ende ist.[78] Fortschritte verdanken wir *Esser* ferner in der Analyse des Rechtsanwendungsprozesses bei § 242 BGB. Dass es hier nicht mehr um die Subsumtion von Tatbestandsmerkmalen geht, hat man schon vor *Esser* gewusst. Ihm kommt jedoch das Verdienst zu, auch das unverbindliche Reden von „Konkretisierung der Generalklausel" durch die Einsicht ersetzt zu haben, dass Generalklauseln nichts anderes sind als Ermächtigungen zu tatbestandsfreiem Judizieren und dass der Richter hier selbst zur Bildung des syllogistischen Obersatzes berufen ist.[79]

In der so genannten Konkretisierung von Generalklauseln – aber nicht nur dort – gedeiht auch jene Rechtsproduktion, deren Resultat wir seit *Josef Esser* Richterrecht zu nennen gewohnt sind. Der Terminus geht uns heute so leicht

Fakultät der Universität Tübingen (Hrsg.), Summum ius – summa iniuria (1963), S. 22–40, hier zitiert aus dem Nachdruck in: Häberle/Leser (Hrsg.) (Fn. 1), S. 141, 142: „In unserem heutigen Privatrecht ist die Billigkeit ein vagabundierendes Element der Rechtsgestaltung …".

[77] Nicht zu vergessen hier allerdings auch *Wieacker*, Zur rechtstheoretischen Präzisierung des § 242 BGB (1956).

[78] *Esser* selbst hat in der Fixierung des Leistungsmaßstabes durch § 242 BGB nur eine Wiederholung der „Regel des § 157 BGB an einer ins Auge fallenden Stelle des Schuldrechts" gesehen; *Esser*, § 242 BGB und die Privatautonomie, JZ 1956, 555, 557.

[79] *Esser* (Fn. 17), S. 56 f.

von der Zunge, dass man zu vergessen geneigt ist, welch bedeutsame theoretische Errungenschaft sich dahinter verbirgt. *Esser* hat mit diesem Entwurf auf Kritiker von „Grundsatz und Norm" geantwortet, die dieses Werk nur als eine kunstvolle Darstellung des im Grunde schon damals nicht mehr umstrittenen Befundes gelesen hatten, dass auch dem Richterspruch zu einem gewissen Grade rechtsschöpferische Funktion zukommt.[80] *Essers* Konzept des Richterrechts verabschiedet (oder modifiziert jedenfalls) gleich mehrere tradierte Kategorien der Rechtsquellen- und der Methodenlehre. Modernes Richterrecht übernimmt zum einen die Funktion des Gewohnheitsrechts. Das Tempo des technischen Fortschritts und des gesellschaftlichen Wandels und die im Gleichschritt wachsende Komplexität des Rechts lässt einer *opinio iuris*, die sich als breiter Konsens der Rechtsgenossen ausbildet, nicht mehr die Zeit zu wachsen. Der Gesetzgeber andererseits findet sich nur noch selten in der Lage, wenigstens die Grundlagen der Sozialbeziehungen in der Bürgergesellschaft zu regeln.[81] Richterrecht auf der Basis eines Konsenses der Fachgenossen ist die Antwort auf dieses normative Vakuum. Es manifestiert sich weniger in (eher seltenen) spektakulären Rechtsfortbildungen (die dann auch eigene, d. h. gesetzesvertretende Rechtsquelle sind) als in mikroskopischen, aber permanenten Anpassungsprozessen *from case to case*. Sie sind mehr, als was man zuvor unter der Verlegenheitsrubrik „ständige Rechtsprechung" abzulegen pflegte. Aber sie sind (im Unterschied zum angelsächsischen Recht) auch nicht eigenständige Rechtsquelle, sondern „bleiben Erkenntnisquellen des Gesetzesinhalts selbst"[82]. Bedauerlicherweise scheint diese Einsicht wieder zunehmend in Vergessenheit zu geraten.[83]

b) Dogmatik und Systemdenken

Essers Verhältnis zur Rechtsdogmatik ist Zeit seines Lebens komplex und geradezu ambivalent gewesen. Das beginnt mit seiner eigenen dogmatischen Praxis. Er war ein Schuldrechtsdogmatiker von hohen Graden – und hat doch in den letzten anderthalb Jahrzehnten seines literarischen Schaffens nahezu völlige Abstinenz vom dogmatischen Geschäft geübt. Er hat mit „Grundsatz und Norm" eine „Kritik kontinentaler Dogmatikambition" bezweckt[84] und in „Vorverständnis und Methodenwahl" die Unmöglichkeit

[80] Allen voran die Rezension von *v. Mehren*, RabelsZ 22 (1957), 548–549. Zusammenfassend *Dubischar*, AcP 171 (1971), 440, 446 f.

[81] Auch die ambitionierte Schuldrechtsreform 2001 wird alsbald von Richterrecht überlagert und, wo nötig, korrigiert werden.

[82] *Esser*, Richterrecht, Gerichtsgebrauch und Gewohnheitsrecht, in: ders./Thieme (Hrsg.) Festschrift Fritz v. Hippel (1967), S. 95, 129.

[83] Nur wenn man die These vom Richterrecht als Rechtsquelle neben dem Gesetz teilt, mag man dem Frontalangriff von *Picker*, JZ 1988, 1 ff. auf das moderne Richterrecht in einigen Aspekten zustimmen.

[84] *Esser*, Antrittsrede, in: Häberle/Leser (Hrsg.) (Fn. 1), S. 449, 450.

einer „Abdichtung" dogmatischer gegenüber „vorsystematischen" Richtigkeitskriterien behauptet.[85] Zugleich hat er aber vor einer „Unterbewertung" von Dogmatik gewarnt und deren je verschiedene Funktion in „Forschungsmethode, Lehrmethode und Praktikerdenken" betont.[86] Schon im Titel programmatisch dann der Vortrag auf der Wiener Zivilrechtslehrertagung 1972 über „Möglichkeiten und Grenzen des dogmatischen Denkens im modernen Zivilrecht"[87]. Dieser Beitrag ist ein notwendiger, teilweise offen apologetischer Nachtrag zu „Vorverständnis und Methodenwahl", und man darf die eine Schrift nicht ohne die andere lesen.[88] Zusammengefasst: In bester konservativer Tradition bedeutet Dogmatik mit ihrer Selektions- und Reproduktionsleistung – gerade auch für „politische" Wertungen[89] – einen unschätzbaren Gewinn für die Ökonomie juristischen Entscheidens. Aber darüber hinausgehend kommt ihr die schöpferische Aufgabe zu, „Gerechtigkeitsfragen in ihren Einzelbereichen juristisch operational zu machen", indem sie „Richtigkeitserwägungen in Denkbarkeitsfragen und Denkaufgaben" transformiert. Das hat Rückwirkungen auf die dogmatische Begriffsbildung: Die Begriffe dürfen nicht immer weiter ausdifferenziert, sondern müssen eher zurückgebildet werden, „um sie für die individuelle Wertung durchlässiger zu machen".

Unentbehrlicher Bestandteil dogmatischen Denkens ist, gleichermaßen als Ordnungsfaktor für die Darstellung des Rechts wie für die wertungsmäßige Folgerichtigkeit schöpferischer Rechtsfindung, das Systemdenken. Kritiker von „Grundsatz und Norm" hatten zu erkennen gemeint, *Esser* habe dort,[90] ganz im Banne der angelsächsischen Methodentradition, das Problemdenken über das Systemdenken gestellt. Das hat in der anschließenden Diskussion eine „akademischen Polarisierung von ‚System- und Problemdenken'"[91] provoziert, durch die *Esser* sich seinerseits wieder zu einer klarstellenden Replik veranlasst sah: Die Ordnungsleistung des Systems sei nicht nur in der kontinentalen Tradition, sondern sogar im *case law* unverzichtbar; ebenso unentbehrlich sei aber das topische Argumentieren, und zwar gleichermaßen zur „Sachkontrolle der sogenannten juristischen Logik und ihrer Schlüsse"

[85] *Esser* (Fn. 17), S. 88 f.

[86] *Esser*, Zur Methodenlehre des Zivilrechts, Studium Generale 12 (1959), 97–107; hier zitiert nach dem Nachdruck in: Häberle/Leser (Hrsg.) (Fn. 1), S. 307, 323.

[87] *Esser*, Möglichkeiten und Grenzen des dogmatischen Denkens im modernen Zivilrecht, AcP 172 (1972), 97–130; ebenfalls in: Häberle/Leser (Hrsg.) (Fn. 1), 363–396.

[88] Absurd deshalb die Charakterisierung von *Essers* Position als „antidogmatisch" und als eine Art Fortsetzung der Freirechtsschule durch *Picker*, JZ 1988, 1, 5, 8 (bei Fn. 66).

[89] Was etwa die Polemik von *Picker*, JZ 1988, 1, 6, verkennt, wenn sie *Essers* Dogmatikbegriff „trostlose Wertfreiheit" unterstellt.

[90] *Esser* (Fn. 15), S. 44 ff., 218 ff.

[91] *Dubischar*, AcP 171 (1971), 440, 459. *Esser* selbst hat sich von dieser „Verwirrung" stiftenden Antithetik ausdrücklich distanziert; *Esser*, Rezension: *Canaris*, Systemdenken und Systembegriff in der Jurisprudenz, RabelsZ 33 (1969), 757–761.

wie vermöge seines Innovationswertes für die Gewinnung neuer Sachgesichtspunkte.[92] In durchaus konservativer Manier hat *Esser* auch gegenüber *Walter Wilburg* und, später, *Claus-Wilhelm Canaris* darauf beharrt, dass das „bewegliche System" als *regulative Idee praktischer Methodik* nicht etwa eine fruchtbare Paradoxie ist, sondern die Idee eines Systems als Kontrollfaktor des Rechtsdenkens (auch des problemorientierten Rechtsdenkens) insgesamt in Frage stellt.[93] Soweit das Konzept hingegen für eine Theorie der Evolution und Anpassungsflexibilität dogmatischer Systeme steht, trifft es sich in der Tat mit *Essers* schon in Grundsatz und Norm formulierten Vorstellungen eines durch Dogmatisierung „nur" rhetorischer Prinzipien (Topoi) permanent lernfähigen und sich ergänzenden Systems.

4. *Unverlierbare Errungenschaften*

Josef Essers methodentheoretisches Werk steht in der Methodendiskussion des 20. und des beginnenden 21. Jahrhunderts relativ einsam. Gewiss: Wie andere große Gelehrte auch hat er seine Gewährsleute gehabt und deren Errungenschaften mit wachem Verstand rezipiert und produktiv weiterverarbeitet: in der Frühphase die Interessenjurisprudenz *Philipp Hecks* und, unter dem Eindruck seines Schülers *Theodor Vieweg*, die Topik; in „Grundsatz und Norm" die amerikanischen Theoretiker *Pound*, *Cardozo* und *Llewellyn*; in „Vorverständnis und Methodenwahl" *Gadamer* und die Tradition der Hermeneutik. Aber er hat keine wirklichen Vorläufer gehabt, in deren Tradition man ihn stellen dürfte. Und er hat – soweit das heute abzusehen ist – auch keine eigentlichen Nachfolger gefunden, die auf seinem Forschungsansatz weitergearbeitet hätten. Wie lässt sich das erklären? Oder besser: Was macht das *Œuvre* so unverwechselbar (und Unverwechselbarkeit ist das Markenzeichen großer wissenschaftlicher Entwürfe)?

(1) Wenn ich recht sehe, dann liegt das unverwechselbare Profil *Esser*'schen Denkens in der von ihm verkörperten und gelebten „Fluidität der Disziplinen"[94]. Diese mag man auch für manche Unvollkommenheit des *Œuvres* verantwortlich machen – etwa für eine häufig untechnische und sogar schillernde Begrifflichkeit, die es den Lesern mitunter schwer und Kritikern mit einer Vorliebe für holzschnitthafte Dichotomien leicht macht. Auch ist das Werk reich an inneren Widersprüchen[95] – die sich nicht ausnahmslos als Resultat von Lernprozessen ausweisen lassen. Beides ist der Preis, den der Leser für einen unermesslichen Gedanken- und Perspektivenreichtum des Werks bezahlt.

[92] *Esser* (Fn. 17), S. 153.
[93] *Esser* (Fn. 17), S. 153; *ders.*, RabelsZ 33 (1969), 757, 759.
[94] Ich nehme hier einen von dem Soziologen *Rainer Lepsius* geprägten Terminus auf.
[95] Vgl. als einziges Beispiel die bei Fn. 64 f. wiedergegebenen Textstellen.

Die Vielseitigkeit *Essers* hat sich nicht nur in seinem Theoretisieren, sondern auch in seiner akademischen Lehrtätigkeit widergespiegelt. Während heute schon die Methodologie selbst sich in einzelne Teildisziplinen oder Schulen wie analytische Rechtstheorie, Argumentationstheorie, deontische Logik oder Semantik auffächert,[96] hat *Esser* nicht nur die Methodenlehre, sondern auch die Rechtsphilosophie und die Rechtssoziologie und, nicht zu vergessen, das Zivilverfahrensrecht gelesen. Er verstand viel zu viel von Prozess und Prozessrecht, als dass er das *Habermas*'sche Diskursmodell auf die richterliche Rechtsfindung übertragen hätte.[97] Er war ein zu guter Zivilrechtsdogmatiker, um zu übersehen, dass mit der Rechtsdogmatik dem praktischen Diskurs eine Dimension zuwächst, die anderen diskursiv arbeitenden Disziplinen abgeht. Und er war zu sehr Soziologe,[98] um nicht zu wissen, dass sich die Methode der Juristen wesentlich daran orientiert, in welcher Berufsrolle sie jeweils Recht zu finden haben. *Josef Esser* war wohl der erste Methodentheoretiker, der nicht mehr schlechthin von juristischer Methode der Norminterpretation oder Rechtsgewinnung gesprochen hat. Durch ihn wissen wir, dass die Methode des Richters eine andere ist als jene des Wissenschaftlers, und dass der Zivilrichter eine andere Methode hat als der Verfassungsrichter.

Umgekehrt setzte die sozialwissenschaftliche und hermeneutische Erfahrung *Esser* in die Lage, die selbstreflexive Geschlossenheit des fachjuristischen Diskurses – auch des methodologischen Diskurses, wie etwa bei *Savigny* oder *Heck* – zu transzendieren. Schließlich: Als der Rechtsvergleichung geöffneter Theoretiker hat *Esser* nicht nur frühzeitig jener Konvergenz der Methoden den Weg gewiesen, die Voraussetzung einer gelebten (und nicht nur durch Richtlinien verordneten) Rechtsharmonisierung im zusammenwachsenden Europa ist.[99] In der Kategorie des Richterrechts hat er auch den schroffen Gegensatz von angelsächsischem Präjudizienrecht und normgesteuertem kontinentalem Recht relativiert.

(2) Die Einsicht in die Spezifität, aber auch in die Pluralität der juristischen Methode kann nicht ohne Einfluss auf die Diskurstheorie der juristischen Begründung bleiben, deren große Zeit anbrach, *nachdem Esser* seine wichtigsten Schriften bereits publiziert hatte. Rechtsprechung ist für ihn –

[96] Als Übersicht *Zaccaria*, Deutsche und italienische Tendenzen in der neueren Rechtsmethodologie, ARSP 72 (1986), 291–314.

[97] Zu den Grenzen der Diskurstheorie im Recht noch der anschließende Text.

[98] Der allerdings zu einer konsequent soziologischen Perspektive der Interpretations- und Rechtsquellenlehre auch dort nicht gefunden hat, wo sich diese aufgedrängt hätte; vgl. bereits *Dubischar*, AcP 171 (1971), 440, 463 f.

[99] Vgl. hierzu weiterführend E. A. *Kramer*, Konvergenz und Internationalisierung der juristischen Methode, in: Meier-Schatz (Hrsg.), Die Zukunft des Rechts (1999) (Bibliothek zur Zeitschrift für Schweizerisches Recht Beiheft 28), S. 71–88.

in Übereinstimmung mit dem späteren *Ernst Tugendhat* – wesentlich *monologische Rede*, die lediglich dem Anspruch auf Überprüfbarkeit zu genügen hat, indem sie regelgeleitet ist.[100] Und ungeachtet der Verpflichtung des Richters zum Rechtsgespräch mit den Parteien und deren verfassungskräftigem Anspruch auf rechtliches Gehör und auf Ernst-genommen-werden: Der Richter, der bestenfalls eine Stunde für die mündliche Verhandlung hat und in wenigen Tagen sein Urteil absetzen muss, dieser Richter muss den Diskurs relativ bald abbrechen.[101] So kann weder die Findung des Urteils diskursiv sein, noch auch nur dessen Kontrolle in einem hierarchisch organisierten Instanzenzug. Diskurstheoretikern wie *Jürgen Habermas* oder *Robert Alexy* hätte *Esser* mutmaßlich entgegengehalten: Der Ort für den so genannten idealen Diskurs ohne Zugangs- oder Zeitgrenzen ist nicht der Gerichtssaal, sondern allenfalls der literarische Diskurs in der Rechtswissenschaft, allerdings auch er mediatisiert durch die Dogmatik. Wirklich zu sich selbst kommt der ideale Diskurs erst in der Diskussion um die Grundlagen unseres Zusammenlebens in der Demokratie, wie sie *Peter Häberle* mit seiner „offenen Gesellschaft der Verfassungsinterpreten" auf eine glückliche Metapher gebracht hat.[102]

(3) Im Zentrum von *Josef Essers* Denken steht – ich sagte es schon – das Verhältnis des Richters zum Gesetz. Trotzdem ist sein Werk reich an zumindest impliziten Aussagen und Hinweisen zu einigen Fundamentalproblemen der allgemeinen Rechtstheorie. Eine dieser Grundfragen ist das Verhältnis des Rechts zu Gesellschaft und Politik. *Esser* war ein zu differenzierter Denker, um nicht auch dieses Verhältnis als eine komplexe Interaktion zu begreifen. Recht ist weder – in den Worten von *Niklas Luhmann* – ein prinzipiell geschlossenes selbstreferentielles System, noch geht es im Politischen auf. Die Programmbegriffe der Rechtsreformer der Sechziger und Siebziger Jahre: „Rechtswissenschaft als Sozialwissenschaft" oder „Richter als Sozialingenieure" waren *Josef Esser* zutiefst suspekt. Wer genau liest – und nicht alle haben dies getan – erkennt in seiner Theorie eine kontrollierte Öffnung und Anpassungsfähigkeit des Rechts zur Gesellschaft. Die Eckpunkte seines Theoretisierens – Rechtsprinzipien, Standards, richterliche Vorverständnisse – sind nichts anderes als Kontaktbegriffe auf der Schnittstelle zwischen Recht und Gesellschaft. *Esser* wusste zweifelsohne um die Einbruchsstellen des Politischen in das Recht, wie sie uns *Bernd Rüthers* in seinem Begriff der „unbegrenzten Auslegung" so eindringlich vor Augen geführt hat.[103] Aber er war optimistisch, dass das erlernte dogmatische Handwerkszeug des Juristen

100 *Tugendhat*, Zur Entwicklung von moralischen Begründungsstrukturen im modernen Recht, ARSP Beiheft 14 (1980), 1, 6.

101 Vgl. die bereits zitierte Wiederholung dieser Einsicht durch *Derrida* (Fn. 73).

102 *Häberle*, Die offene Gesellschaft der Verfassungsinterpreten, JZ 1975, 297–305.

103 *Rüthers*, Die unbegrenzte Auslegung (1968).

und seine in der beruflichen Sozialisation gefestigten Wertorientierungen in normalen Zeiten – heute dürfen wir präzisieren: in einer stabilen Demokratie – diesem latenten Gefahrenpotential steuern könnten. Die Autonomie rein dogmatikgesteuerten richterlichen Entscheidens relativiert sich so historisch als das Rechtsfindungskonzept einer Welt, in der Richter sich noch den Zumutungen des Absolutismus und, später, dem Allmachtswahn des Totalitarismus ausgesetzt sahen. Hingegen ist es eine Illusion zu glauben, der Richter von heute könne gegenüber den politischen Interessen- und Gruppenantagonismen der modernen Demokratie seine politische Unschuld bewahren.

Anders freilich als sein Antipode *Rudolf Wiethölter* und dessen Forderung nach „politischer Rechtswissenschaft" sah *Esser* die Aufgabe des modernen Rechts, sich zu öffnen, nicht oder doch nicht primär in einer Hinwendung zum Politischen. Damit hat er sich (man darf vermuten: bewusst) zwischen die Stühle gesetzt und die paradoxe Erfahrung machen müssen, dass ihm von den einen die voreilige Preisgabe dogmatischer Selbstgewissheiten des Rechts,[104] von anderen gerade umgekehrt ein unpolitisches Privatrechtsverständnis[105] vorgehalten wurde. *Essers* immer und immer wieder gebrauchte Legitimations- und Begründungsformeln für richterliches Handeln lauteten: Orientierung am *common sense* oder *bon sense*, an der Natur der Sache oder, im Handelsrecht, den guten Kaufmannssitten. All dies sind augenscheinlich keine politischen Kategorien, sondern Grundmaximen der Bürgergesellschaft, deren es unter dem Vorzeichen des Wertepluralismus sich immer wieder neu zu vergewissern gilt. Wenn also zum Schluss überhaupt eine politische Etikettierung gewagt sei, dann würde ich formulieren: *Josef Esser* war ein liberaler Rechtstheoretiker der Zivilgesellschaft.

(4) Jeder ernsthafte Jurist ist auf seine Art auf der Suche nach der Gerechtigkeit. *Josef Esser* hat in der Festschrift zum 500jährigen Bestehen der Tübinger Juristenfakultät eindringlich über „traditionale und postulative Elemente der Gerechtigkeitstheorie" nachgedacht.[106] Es ist seine zweitletzte Publikation, und man möchte glauben, dass diese Placierung am Ende einer langen Forschungs- und literarischen Tätigkeit nicht auf Zufall beruht. Mit teilweise ungewohnter Polemik wendet er sich hier gegen moderne neoliberale Versuche, Gerechtigkeit entweder auf ökonomische Effizienz zu verkürzen oder sie mit *John Rawls* auf die „Summe vereinbarer Individualinteressen" zu reduzieren, die nach dem Prinzip der größtmöglichen Freiheit

[104] Die „Ermutigung" zu „folgenlosem ideologischem Gerede" ist *Esser* etwa von *Ernst Forsthoff* vorgeworfen worden (zitiert in: *Esser*, Dogmatisches Denken, in: Häberle/Leser [Hrsg.] [Fn. 1], S. 363, 368).

[105] *Rüthers* (Fn. 103), S. 9 f.

[106] *Esser*, Traditionale und postulative Elemente der Gerechtigkeitstheorie, in: Gernhuber (Hrsg.), Tradition und Fortschritt im Recht. Festschrift gewidmet der Tübinger Juristenfakultät zu ihrem 500jährigen Bestehen (1977), S. 113–130. Im Folgenden wird zitiert nach dem Abdruck in: Häberle/Leser (Hrsg.) (Fn. 1), S. 428–445.

aller definiert werden.[107] Nicht nur in dieser Schrift sondern in seinem ganzen Denken war ihm – wenn diese Aussage einem *Esser* auch persönlich nahestehenden Schüler erlaubt ist – ein „heimliches" und geradezu altmodisches Gerechtigkeitspathos zu eigen. Dieses Pathos unterschied ihn von der Vorstellung bloßer mechanistischer Systemgerechtigkeit bei *Niklas Luhmann*, dessen theoretische Virtuosität er im Übrigen bewundert hat.[108] Von heimlichem Gerechtigkeitspathos zeugt aber auch die lebenslange Suche nach Richtigkeitsverbürgungen richterlicher Entscheidungen. In der *Entscheidungs*gerechtigkeit findet *Esser* denn auch noch am ehesten eine jedenfalls komparativ begründbare Richtigkeit. Wenn wir sagen können: Eine Lösung ist immerhin „gerechter bzw. weniger ungerecht als eine andere"[109], dann haben wir als Juristen, um ein letztes Mal *Josef Esser* selbst zu zitieren,[110] einen Beitrag zu „Schutz und Entwicklung des Humanen" geleistet.

IV. Schlusswürdigung

Josef Esser war einer jener wenigen Zivilrechtslehrer des 20. Jahrhunderts, die überragende Forschungsleistungen gleichermaßen in der Rechtsdogmatik wie in der Grundlagenforschung erbracht haben. Man darf ihn in eine Reihe mit *Philipp Heck*, *Ernst Rabel*, *Gustav Böhmer*, *Ludwig Raiser* und *Karl Larenz* stellen.[111] Den meisten dieser Gelehrten hatte er indes nicht nur die reiche rechtsvergleichende Erfahrung voraus, die er „als ausbeutungsfähige Ressourcen für die Beförderung und Weiterentwicklung des eigenen Rechtsdenkens zu nutzen"[112] wusste, und zwar für die Dogmatik nicht minder als für die Theorie. Ausgezeichnet hat ihn auch eine grenzenlose Wissbegier und die Bereitschaft, neues Gedankengut geradezu aufzusaugen und produktiv weiterzuverarbeiten. *Esser* war Zeit seines Lebens in einem positiven Sinne Avantgarde. Er blieb als Gelehrter ein Solitär – und hat doch durch seine Kreativität mehr Entwicklungen angestoßen als manche so genannte Schulen. Auch künftige Generationen werden aus seinem wissenschaftlichen Werk noch reichen Gewinn ziehen.

[107] *Esser*, Gerechtigkeitstheorie in: Häberle/Leser (Hrsg.) (Fn. 1), S. 428, 432.

[108] Vollständigkeit gebietet es zu erwähnen, dass *Esser* sich nur noch mit den Schriften des früheren und mittleren *Luhmann* auseinandergesetzt hat, namentlich mit: Legitimation durch Verfahren (1969); Rechtssoziologie (1972).

[109] *Esser*, Gerechtigkeitstheorie in: Häberle/Leser (Hrsg.) (Fn. 1), S. 428, 444.

[110] *Esser*, Gerechtigkeitstheorie in: Häberle/Leser (Hrsg.) (Fn. 1), S. 428.

[111] Jede derartige Auswahl ist bekanntlich willkürlich. Mit Einschränkungen könnte hier auch noch *Franz Wieacker* genannt werden. *Wieackers* primär aus den Jahren 1935–1942 stammende rechtsdogmatische Arbeiten zum „Bodenrecht" haben allerdings nicht überdauert und können darum schwerlich in eine Reihe mit den dogmatischen Leistungen der anderen hier genannten Gelehrten gestellt werden.

[112] So *Wolfgang Zöllner* in seinem – unveröffentlichten – Nachruf auf Josef Esser.

4. Teil
Wirtschaftsrecht und Grenzüberschreitung

Alfred Hueck
Rechtslehrer in Weimarer Republik, Nazidiktatur und Bundesrepublik*

Wolfgang Zöllner

Meine sehr verehrten Damen und Herrn,

der Mann, der Sie auf diesem Bild in einer charakteristischen Mischung aus Güte, Würde und durchschauender Klugheit anblickt, war einer der bedeutendsten Juristen der ersten Hälfte des 20. Jahrhunderts. Das *epitheton ornans* werde ich im Laufe des Vortrags mit Inhalt füllen und am Schluss noch einmal zusammenfassend erläutern. 1889 geboren und damit noch ganz und gar im 19. Jahrhundert verwurzelt, hat er seine Ausbildung zum Juristen und seine erste berufliche Tätigkeit – unmittelbar nach dem 2. Staatsexamen (ab 1915) als Gerichtsassessor – noch im Kaiserreich absolviert. Im Dezember 1918, direkt nach dem Ende des ersten großen Krieges und zugleich des Kaiserreiches, wurde er, neunundzwanzigjährig, in Münster habilitiert und hat damit seine akademische Laufbahn als Privatdozent in der Weimarer Republik begonnen, sie auch in dieser ab 1925 als ordentlicher Professor in Jena fortgesetzt. In der NS-Zeit, in der ihn sein Weg 1936 als ordentlicher Professor nach München führte, hat er seine Tätigkeit als Wissenschaftler und akademischer Lehrer ohne Unterbrechung fortsetzen können, 1945 wurde er durch Verfügung der Militärregierung wie fast alle Professoren zunächst vom Dienst suspendiert, konnte ihn aber alsbald wieder aufnehmen und weit in die Ära der Bundesrepublik hinein fortsetzen, in deren besten Jahren, nämlich jenen, in denen Aufstieg, Erfolg und Wachstum allgegenwärtig waren. Auch nach seiner Emeritierung im Jahr 1957 hat *Alfred Hueck* noch gelegentlich Vorlesungen gehalten, sein letztes Seminar im Wintersemester 1958/59. Seine Tätigkeit als wissenschaftlicher Autor hat er noch bis in seine letzten Jahre – er ist 1975 gestorben – erfolgreich fortgesetzt. 15 Jahre Weimarer Republik, 12 Jahre Nazidiktatur und mehr als 15 Jahre Nachkriegsdemokratie bilden einen wahrhaft gezeitenträchtigen Hintergrund seines Wirkens. *Hueck* hat dieses wechselvolle Leben persönlich mit erstaunlicher Konstanz gelebt, sich nicht nach außer-wissenschaftlichen Aufgaben, schon gar nicht nach der Politik drängend, auch exponierteren akademischen

* Vortrag am 29. Mai 2006 – Europa-Universität Viadrina Frankfurt (Oder). Die Vortragsform ist beibehalten.

Ämtern, d.h. solchen oberhalb des Dekans, fernbleibend. Wer nach Spektakulärem sucht, findet es in seiner Biografie nicht, aber der vielleicht aufkeimende Verdacht, es bei *Alfred Hueck* mit einer langweiligen Person zu tun zu haben, wäre gänzlich verfehlt.

Von seinem Leben und seiner Person werde ich Ihnen nur weniges berichten. Viel davon zu vermelden, wäre ich gar nicht in der Lage, weil ich von seiner privaten Existenz, die er eher bedeckt hielt, nicht viel weiß. Ich kenne kein lebensbegleitendes Fotoalbum, keine Briefe, und ich habe ganz gewiss nicht den Versuch gemacht, über Interviews mit Familienmitgliedern Details daraus zu erfahren. An nicht wenigen Sonntagnachmittagen war ich schon als Student zu ihm nach Hause zum Kaffee eingeladen, dem sich manchmal die Aufforderung anschloss, zum Abendessen zu bleiben. Oft kam *Hueck* bei diesen Gelegenheiten erst spät hinzu oder er ging früh zurück an seinen Schreibtisch. Ansonsten erlebte ich ihn in seinen Vorlesungen. Als Student habe ich fast jedes Semester bei ihm gehört. Das Pausieren der Professoren in so genannten Freisemestern gab es damals noch nicht. Als sein Doktorand – unmittelbar nach dem Studium – ergaben sich einige Gespräche, als Übungsassistent begegnete ich ihm bei den Korrekturbesprechungen, dann nach meinem 2. Staatsexamen wurde ich wissenschaftlicher Assistent bei ihm. Auch das bot nur lockeren und gelegentlichen Kontakt. Die Distanz war nicht nur aufgrund des Altersunterschiedes – fast 40 Jahre – sehr groß, sondern auch, weil *Hueck* auf Distanz hielt, keineswegs herzlos, keineswegs kalt, sondern in großer Freundlichkeit und Güte. So wird, was ich Ihnen mitteile, sich auf das beschränken, was mit Augen zu sehen, mit Ohren für mich zu hören war und was als äußeres Faktum überliefert ist.

Ob solche Mitteilungen sinnvoll sind, lasse ich offen. Schon *Heinrich Heine* hat sich biografische Aufschließungen verbeten. In einem Brief an *Immermann* schreibt er 1823: „und wie wenig ist oft das äußere Gerüste unserer Geschichte mit unserer wirklichen inneren Geschichte zusammenpassend! Bei mir wenigstens passt es nie“. Und wie sehr fühlen wir uns einig mit dem, was *Hugo von Hofmannsthal* 1927 an *Rilkes* Tochter *Ruth Sieber-Wilke* schrieb: „(…) wenn ich meinen Tod sehr nahe kommen fühlte, würde ich Weisungen hinterlassen (…) diese vielen schalen und oft indiskreten Äußerungen über einen produktiven Menschen und seine Hervorbringungen, dieses verwässernde Geschwätz zu unterdrücken, zumindest ihm möglichst die Nahrung zu entziehen durch Beiseitebringen der privaten Briefe und Aufzeichnungen, Erschwerung des läppischen Biographismus und aller dieser Unziemlichkeiten.“ Ganz im Sinn *Heines* hat *Hofmannsthal* von der Unfähigkeit gesprochen, durch Anekdoten, Aufenthaltsorte und Begegnungen das rein geistige Abenteuer zu erfassen.

Und doch, jetzt kommt *WZ*, ist auch die Antithese richtig, dass wir der Biografien bedeutender Männer bedürfen, dass wir ihre Lebensläufe und ihre Leistungen kennen und – ich füge hinzu – bewundern *wollen*, dass ihr Beispiel uns Halt und Orientierung zu geben vermag oder doch Stoff zum Nachdenken in der Hoffnung besserer Erkenntnis dessen, was sich zu ewig gültiger Lebensnorm nicht formulieren lässt.

I.

Alfred Hueck stammt aus Lüdenscheid, das aus der Sicht eines Bayern wie mir im finstersten Westfalen liegt. Lüdenscheid war schon in der Zeit von *Alfred Huecks* Geburt eine Industriestadt. Sein Vater war Fabrikant, er fungierte als die Geschäfte leitender Komplementär der Firma Eduard Hueck KG, eines durch eine Familiengesellschaft betriebenen Unternehmens der metallverarbeitenden Industrie, das es dort heute noch gibt. Seine Mutter *Eugenie Hueck*, eine gebildete Düsseldorferin, die als imponierende Persönlichkeit mit warmherziger Ausstrahlung geschildert wird, hat ihm geistige Anregung, verbunden mit Nestwärme vermittelt. In Lüdenscheid ist *Alfred Hueck* auch zur Schule gegangen und hat im dortigen Realgymnasium 1908 das Abitur gemacht. Realgymnasium: das bedeutet, dass er zwar Latein, aber Griechisch nur kurz als Wahlfach gelernt hat, dafür mehr Grundlagen in den Naturwissenschaften, für die sich *Hueck* lebenslang überdurchschnittlich interessiert hat. Anschließend hat *Hueck* in Freiburg und Münster studiert. Das Referendarexamen hat er 1911 in Hamm mit Auszeichnung abgelegt, die zweite juristische Staatsprüfung, die in Preußen zentralisiert war, 1915 in Berlin mit der Note gut. Da er wehruntauglich war, wurde er nicht zum Militär eingezogen und im unmittelbaren Anschluss an das Staatsexamen, das mit der Ernennung zum Gerichtsassessor verbunden war, zum Richter bestellt, zunächst am Amtsgericht, später auch am Landgericht. Richterlich war er schließlich auch noch 1926 bis 1929 am Oberlandesgericht in Jena tätig, da freilich nur noch im Nebenamt. Seinem sorgsam abwägenden Wesen kam die Richtertätigkeit sicherlich entgegen. Es ist schwer vorstellbar, dass ihm die Aufgaben eines Staatsanwalts oder Rechtsanwalts in gleicher Weise zugesagt hätten. Die ideale berufliche Aufgabe fand er indessen in der Tätigkeit als Hochschullehrer. Einen ersten Ausflug in die Wissenschaft hatte er schon kurz vor dem Ersten Weltkrieg mit seiner Promotion bei *Ernst Jacobi* in Münster unternommen. Die Dissertation über unkörperliche Geschäftswerte brachte *Hueck* in engen Kontakt mit Grundfragen des Handels- und Unternehmensrechts. Im Ersten Weltkrieg schrieb er dann ein Buch über den Sukzessivlieferungsvertrag, das vor allem die Klärung der bei dieser Figur recht vertrackten Leistungsstörungsfragen unternahm – stellen Sie sich bitte vor, wie jung das BGB damals noch war. Als er seinen Doktorvater *Ernst Jacobi* aufsuchte, um ihn wegen der Möglichkeit einer Habilitation samt einem Thema zu befragen, bot *Jacobi* ihm mit den Worten: „Sie haben doch gerade ein Buch geschrieben“ die Habilitation aufgrund dieses Werkes an.

So wurde *Hueck* ab Dezember 1918 Privatdozent in Münster. Seine Antrittsvorlesung hielt er dort über den Rechtsirrtum im Zivilrecht. Seine Richtertätigkeit am Landgericht Hagen setzte er fort. Denn das Wesen des Privatdozenten bestand früher darin, dass er kein öffentliches Salär erhielt. *Hueck* musste bis 1925 warten, bis ihm in Jena ein Lehrstuhl angeboten wurde. Einen Ruf nach Heidelberg 1930 lehnte *Hueck* ab. Warum er das tat, obwohl Heidelberg sicherlich auch im damaligen stillen *Ranking* der Unis und Fakultäten einen beträchtlich höheren Platz einnahm, wissen wir nicht genau. Bei Entscheidungen über Annahme oder Ablehnung eines Rufs ist das häufig so. Vermutlich haben, wie fast immer, mehrere Gründe zusammengewirkt. *Hueck* fand es in Jena schön, er hatte gerade ein Haus gebaut, die Familie fühlte sich wohl. Eine wichtige Rolle wird auch gespielt haben, dass dem Institut an der Universität Jena trotz der wirtschaftlich schwierigen Zeiten nicht unbeträchtliche Geldmittel aus einer Stiftung des großen *Ernst Abbe von Zeiss* zur Verfügung standen. Heidelberg hätte dem kaum Adäquates entgegenstellen können. Einem Ruf nach München ist *Hueck* dann aber 1936 gefolgt. Dort ist er bis zu seinem Tod geblieben.

1919 hat *Hueck* sich mit der 8 Jahre jüngeren *Auguste Martha Ebbinghaus* verheiratet, einer hellwachen, gut aussehenden, temperamentvollen und energischen jungen Dame, Pfarrerstochter aus Plettenberg, der die Eltern trotz ihres reichen Kindersegens – 5 Töchter – ermöglicht hatten, das Abitur abzulegen.

Alfred Hueck war ein hochgewachsener Mann von würdevoller, aber niemals starrer Haltung, der den Kopf leicht nach vorn geneigt trug, was seiner Erscheinung einen freundlichen Charakter gab. Niemand der ihn sah, konnte sich dem Eindruck entziehen, eine bedeutende Persönlichkeit vor sich zu haben. An dem hohen Ansehen, das *Alfred Hueck* zeitlebens genoss, hatte diese persönliche Ausstrahlung, seine Aura, gewiss wesentlichen Anteil. Es wird Sie nicht wundern, dass ich *Alfred Hueck* auch bei sich zuhause nie anders als in voller Montur gesehen habe, d.h. mit Anzug und Krawatte. Er gönnte sich nicht einmal ein Sakko zu einer Hose aus anderem Stoff. Ein einziges Mal sah ich ihn ohne Jacke, als er mich an einem heißen Sommernachmittag zu sich nach Hause in den Garten gebeten hatte. Die Krawatte legte er auch da nicht ab. Auffallend an seinem Gesicht waren viele Falten und Fältchen, die er jedenfalls schon in seinen Fünfzigern hatte. Obwohl sie ihn nicht eigentlich alt machten, das Gesicht vielmehr eher nur einer exakten Altersschätzung entzogen, hieß er damals schon in der Universität der *Alte Hueck*.

Hueck war in der Vorlesung wie auch in der sonstigen Öffentlichkeit ein Mann der leisen Töne, dem schnellen Witz ebenso wie der geistreichen Formulierung abhold, aber dennoch ein faszinierender Lehrer, der durch die Klarheit, Vernunft und Anschaulichkeit seiner Gedanken in Bann schlug. Bei ihm trugen sich Verstand und rechter Sinn mit wenig Kunst aufs trefflichste vor; mit wenig Kunst, aber nicht primitiv. Seine Vorlesungen waren gedanklich und sprachlich sehr gut verständlich, aber geistig gleichwohl anspruchsvoll, die Konzentration des Hörers fordernd. Nie hat er so etwas wie ein Skriptum verteilt oder eine Übersicht an die Tafel gemalt – höchstens ein einzelnes Wort, einen Begriff. Der Laptop war noch nicht erfunden, auch das Episkop noch kaum in Gebrauch. Unter heutigen Standards der Evaluation von Dozenten hätte *Hueck* möglicherweise schlecht abgeschnitten, was freilich mehr über das Evaluationswesen als über den Rang heutiger Professoren aussagt. Ich habe diese Vorlesungen, die ein System vortrugen, keine Fälle mit Lösungen brachten, kein Verweilen bei Problemen praktizierten – all das was ich später als Dozent ganz anders gemacht habe – ich habe diese Vorlesungen gern gehört und in ihnen etwas erfahren, was modernem Vorlesungsbetrieb vielfach abgeht: geistigen Anspruch. Dieser in seinen Vorlesungen vermittelte Anspruch war es wohl, der *Alfred Hueck* eine hohe Zahl ihn bewundernder Schüler brachte.

Seine außerordentliche Stellung als Zivilist in seinem Zeitalter rührte freilich noch mehr aus seinen Veröffentlichungen her. Frühen Rang gewann *Hueck* über das Arbeitsrecht. 1920 veröffentlichte er eine Schrift zum Recht des damals gerade erstmals vom Gesetzgeber geregelten Recht des Tarifvertrags. In vielen Abhandlungen und Urteilsbesprechungen erarbeitete sich *Hueck* in den Folgejahren die umfassende Beherrschung des Arbeitsrechts, die 1928 in dem großen Lehrbuch von *Hueck-Nipperdey* kulminierte, in dem *Hueck* den ersten Band über das Individualarbeitsrecht allein verfasst hat. Es war sogleich das führende Werk zur Materie Arbeitsrecht, das noch in der Weimarer Zeit mehrere Auflagen erreichte. Nach dem Zweiten Weltkrieg ist es bei angeschwollenem Stoff 1959 in 6. Auflage erschienen – im Vorwort können Sie lesen, dass *Alfred Hueck* Herrn Assessor Dr. *Wolfgang Zöllner*, Assistent am Institut für Arbeitsrecht, für die mühevolle Arbeit der Anfertigung des Sachregisters dankt. Ich schwöre bei Gott, das ich zum Text des Lehrbuchs (wie übrigens auch zu allen anderen Veröffentlichungen *Huecks*) nicht einen einzigen Satz beitragen durfte, anders als die Assistenten von *Nipperdey* zum 2. Band. Sie können generell davon ausgehen, dass da, wo *Alfred Hueck* draufsteht, auch ausschließlich *Alfred Hueck* drin ist. Die 7. und letzte Auflage des ersten Lehrbuchbandes erschien 1963. Da war ich schon selber Ordinarius. Inzwischen war dem Werk Konkurrenz erwachsen in Gestalt des zunächst ein-, dann in der 2. Auflage zwei- und in der 3. Auflage dreibändigen Lehrbuchs von *Arthur Nikisch*. Der geistige Rang dieses Konkurrenzwerkes ist hoch, sein Einfluss auf die Praxis blieb aber weit hinter dem des *Hueck-Nipperdey* zurück. Starken Einfluss auf das Arbeitsrecht nahm *Alfred Hueck* nach dem Zweiten Weltkrieg auch durch den führenden Kommentar zum Kündigungsschutzgesetz, den er bis zur 8. Auflage allein betreut hat, und er war durch mehrere Auflagen maßgeblich am ebenfalls führenden Kommentar zum Tarifvertragsgesetz beteiligt.

Im Gesellschaftsrecht, dem zweiten großen Schwerpunktgebiet *Alfred Huecks*, verlief sein Aufstieg langsamer. Immerhin hat er sich 1924 mit einer die Entwicklung von Rechtsprechung und Gesetzgebung nachhaltig beeinflussenden umfangreichen Monographie zu Anfechtbarkeit und Nichtigkeit von Hauptversammlungsbeschlüssen bei Aktiengesellschaften zu Wort gemeldet, die seinen Rang und Ruf als Gesellschaftsrechtler begründet hat, den er in der Folgezeit durch viele Aufsätze ausgebaut hat, in den dreißiger Jahren auch in das Recht der Personengesellschaften übergreifend. In diesem Teilgebiet des Gesellschaftsrechts wurde die 1946 in erster Auflage erschienene umfangreiche Monographie zum Recht der OHG das Standardwerk, das vier Auflagen erfuhr, ein damals ganz und gar überraschender Erfolg. 1948 kommt das Kurzlehrbuch Gesellschaftsrecht hinzu, das wir literaturhungrigen Studenten verschlungen haben. Es hat unter *Alfred Hueck* sechzehn Auflagen erreicht. Übrigens war es neben dem Sachenrecht von *Friedrich Lent* eines der ersten Kurzlehrbücher der Beckschen Reihe. 1949 folgten der Kurzkommentar zum AktG und 1951 zum GmbHG, beide in der von *Baumbach* begründeten Kurzkommentar-Reihe im Beck-Verlag. Diese beiden Kommentare zum Kapitalgesellschaftsrecht wurden über Jahre zu den die Praxis bestimmenden Werken. Sie, meine Damen und Herren, die Sie in einem Zeitalter überquellender Buchproduktion und mit Literatur ordentlich ausgestatteten Gerichtsbibliotheken lernen und arbeiten, können sich nur schwer vorstellen, dass die meisten Landgerichte und die meisten Rechtsanwälte sich damals pro Gesetz nur einen Kurzkommentar leisten konnten, und das waren im Kapitalgesellschaftsrecht die *Baumbach-Huecks*. Was in diesen Kommentaren stand, galt. Es war getragen von dem hohen Ansehen des Verfassers, von dessen Meinung man ungern abwich.

Für uns heutige ist der allein stehende Rang einzelner Wissenschaftler wie der *Alfred Huecks* nurmehr schwer nachvollziehbar. Allerorten gibt es in allen wichtigeren Gebieten stets eine ganze Anzahl guter Leute. Sie mögen nicht so gut sein wie *Alfred Hueck*, vor allem nicht dem Rang seiner Persönlichkeit gleichkommen, aber gut und ernst zu nehmen sind sie. Anfang der 50er Jahre hätte man auf die Frage nach guten Arbeits- und Gesellschaftsrechtlern zu jedem dieser Rechtsgebiete allenfalls eine Handvoll nennen können, und dass es innerhalb einer Handvoll leichter war, den Spitzenplatz einzunehmen, versteht sich. Diese Feststellung soll *Alfred Huecks* Bedeutung nicht verkleinern – ich bin sicher, dass er auch heute einen Spitzenplatz einnehmen würde – es soll nur erklären, warum diese Spitzenstellung so unangefochten, so sehr *communis opinio* war.

Was ich ihnen bisher zum Rang *Alfred Huecks* vorgetragen habe, ist unvollständig. Es besagt im Kern, dass die Gerichte bei ihren Entscheidungen und die sonstige Rechtspraxis bei der Beilegung außergerichtlicher Streitigkeiten sich in erheblichem Ausmaß an *Alfred Huecks* Rechtsmeinungen ausgerichtet haben. *Hueck* hat indessen ebenso sehr die Entwicklung der Rechtsdogmatik seiner Gebiete beeinflusst. So hat er eine differenzierte, auf die Willenseinigung der Parteien, nicht auf das tatsächliche Geschehen der

Eingliederung in den Betrieb gründende Dogmatik des Arbeitsvertrags ausgearbeitet, die Jahrzehnte lang herrschend blieb und erst in den sechziger Jahren des vorigen Jahrhunderts durch die ungeschickte Rechtsprechung des Bundesarbeitsgerichts zur Problematik der Abgrenzung von Arbeitnehmer- und freier Mitarbeiterstellung relativiert worden ist, unnötigerweise, wie man hinzufügen muss.

Hoch bedeutsam und einflussreich waren *Huecks* Lehren zur Geltendmachung rechtlicher Mängel des Arbeitsvertrags, zu der sich eine aufschlussreiche Parallele im Gesellschaftsrecht ergab, die *Hueck* als einer der seltenen Sachkenner beider Rechtsgebiete fruchtbar zu machen wusste. Es geht dabei nicht um den so genannten faktischen Vertrag, wie im Anschluss an *Günter Haupt* noch immer oder wieder vielfach gesagt wird, sondern darum, dass eine vom Willen beider Parteien, wenn auch einen rechtlich fehlerhaften, getragene und zur Durchführung gekommene Rechtsbeziehung unter bestimmten Voraussetzungen nicht rückwirkend beseitigt oder als von Anfang an unwirksam behandelt werden kann. *Hueck* hat diese rechtsfortbildend in Abweichung von den Regelungen des BGB zu Rechtsgeschäftsmängeln entwickelte Auffassung sorgsam für den Arbeitsvertrag in seinem Lehrbuch und für den Gesellschaftsvertrag in seinem OHG-Recht näher begründet, leider freilich keine zusammenführende Abhandlung dazu geschrieben, aber die gegenseitige Befruchtung der Problembehandlung in beiden Rechtsgebieten ist bis in Formulierungsdetails erkennbar.

Eine beide Rechtsgebiete übergreifende zentrale Thematik, die *Alfred Hueck* wie kein anderer gefördert hat, ist die Treupflicht. *Hueck* hat sie sowohl zur Begründung von Pflichten wie zur Begrenzung der Ausübung von Rechten im Gesellschaftsrecht wie im Arbeitsrecht näher entwickelt, im Arbeitsrecht auch unter dem Begriff der Fürsorgepflicht des Arbeitgebers. Man hat das später in den aufmüpfigen 60er Jahren verschiedentlich teils belächelt, teils kritisiert. Die in der Jurisprudenz besonders stark vertretene Gruppe der Neunmalgescheiten hat auf den Leerformelcharakter der Treupflicht verwiesen (unzutreffenderweise, versteht sich), auf eine angebliche Willkürlichkeit der Ergebnisse und – zutreffend – auf eine Ausweitung der Kompetenzen der Rechtsprechung zur Rechtsfortbildung in Abweichung vom Gewaltenteilungsprinzip. Wer indessen die Unvollkommenheiten des Systems „Recht“ samt seiner politischen und alltagspraktischen Zwänge verinnerlicht hat, weiß um die Unverzichtbarkeit der Treuegeneralklausel. In der Konkretisierung der Treuebeziehungen offenbart sich die Kunst des sorgsam die Interessen der Konfliktbeteiligten abwägenden Juristen. Die Lösungen, die *Hueck* entwickelt und vertreten hat, erschienen seinen Zeitgenossen als die in ihrer Zeit optimalen. Jurisprudenz wird unter solcher Meisterschaft nicht nur zur Kunst, vorauszusagen, wie die Gerichte entscheiden werden, sondern sie wird zur Kunst, diese Entscheidungen im Voraus zu beeinflussen. Auch insoweit hatte *Hueck* es leichter als wir heutigen. Der Begriff des

Richterrechts war noch nicht bekannt, vermutlich noch gar nicht geprägt, und er war schon gar nicht in aller wohlfeilem Munde, die Gerichte sahen ihre Rolle nicht als Rechtsschöpfung, sondern als Gesetzesvollzug, und auch hohe Richter lauschten in Bescheidenheit (!) den von Wissenschaftlern dargelegten Rechtsmeinungen. Heute ist es umgekehrt. Professoren leisten Ergebenheitsadressen an hohe Richter. Richter wissen um ihre Schlüsselstellung bei der Rechtsfortbildung, sie wissen, dass sie das letzte Wort haben, und sie betrachten demgemäß die Arbeit der Rechtswissenschaft nur als Vor- und Aufbereitung des Rechtsstoffs für den richterlichen Rechtsschöpfungsakt. Dass *Huecks* Einfluss unter derart veränderten Konstellationen geschwunden wäre, ist wahrscheinlich.

Ich könnte das Bild, das ich von *Alfred Huecks* Bedeutung in seiner Zeit skizziert habe, in vielen Details ausmalen, etwa für den Kündigungsschutz, dieses für das Arbeitsrecht ungemein bedeutungsvolle Gebiet, in dem *Huecks* Konkretisierung der Treu und Glauben verpflichteten Generalklauseln des allgemeinen Kündigungsschutzes lange Zeit herrschend blieb. Das Bild des Einflusses von *Alfred Hueck* auf das Recht seiner Zeit würde dadurch vielleicht kräftiger werden, aber nicht genauer. Sie wissen aus anderen Bereichen, dass die Skizze oft mehr vermittelt als die fertige detailreiche Zeichnung.

II.

Stattdessen möchte ich eine ganz andere Frage genauer aufgreifen und behandeln: die Publikationstätigkeit *Alfred Huecks* in der NS-Zeit.

1. Ich tue das nicht, um Angriffe auf *Alfred Hueck* abzuwehren, die es nur in geringem Umfang und von wenig qualifizierter Seite gegeben hat, sondern um zum Verständnis (zur sogenannten „Bewältigung“) des Verhaltens von Universitätslehrern der Jurisprudenz in der NS-Zeit beizutragen,[1] bevor es

[1] Recht und Rechtswissenschaft in der NS-Zeit ist ein anfangs gar nicht bis zögerlich, inzwischen aber recht viel behandeltes Thema. Die wohl wichtigste Arbeit hat *Bernd Rüthers* vorgelegt, vgl. sein: Die unbegrenzte Auslegung (6. Aufl. 2005, 1. Aufl. 1968). Mit Recht geißelt *Rüthers* im Vorwort zur 6. Aufl. die Mauer des Schweigens, die von Schülern der in der NS-Zeit tätigen Rechtslehrer um die einschlägige Vergangenheit verstärkt und verteidigt worden sei. Vgl. im Übrigen z.B. *Flitner* (Hrsg.), Deutsches Geistesleben und Nationalsozialismus (1965); *Gernhuber,* Das völkische Recht, ein Beitrag zur Rechtstheorie des Nationalsozialismus, in: Rechtswissenschaftliche Abteilung der Rechts- und Wirtschaftswissenschaftlichen Fakultät der Universität Tübingen (Hrsg.), Tübinger Festschrift für Eduard Kern (1968), S. 167–200; Salje (Hrsg.), Recht und Unrecht im Nationalsozialismus (1985), mit Beiträgen von *Rainer Schröder, Stefan Chr. Saar* u.a.; *Dreier/Sellert* (Hrsg.), Recht und Justiz im Dritten Reich (1988); *Hattenhauer* (Hrsg.), Rechtswissenschaft im NS-Staat (1987); *Stolleis/Simon* (Hrsg.), Rechtsgeschichte im Nationalsozialismus (1989); R. *Schröder,* Die Bewältigung des Dritten Reichs durch die Rechtsgeschichte, in: Mohn-

zu spät ist. Denn ich gehöre zu den ganz Wenigen, die einerseits vom Nationalsozialismus ganz unbelastet sind, die aber andererseits noch so viel von jener Zeit miterlebt haben, dass sie aus der Kenntnis der Zeit und ihrer Bedrängnisse heraus mitreden und urteilen können. *Alfred Hueck* ist für Betrachtungen in diese Richtung insofern ein besonders geeigneter Gegenstand, als er nichts geschrieben hat, dessen er sich heute zu schämen bräuchte. Aber die Problematik des Mitmachens im Betrieb der Rechtswissenschaft tritt dadurch umso spezifischer hervor.

2. Will man die Problematik dieses „Mitmachens" voll verstehen, muss man sich zunächst ins Gedächtnis rufen, wie es zur sogenannten Machtübernahme der Nationalsozialisten gekommen ist. Mit den Wirren des Ersten Weltkriegs und der totalen Niederlage an seinem Ende begann eine für Deutschland politisch schwere, äußerst wechselvolle Zeit. In den nur vier Jahren des Krieges hatte die Monarchie im Reich wie in den Ländern vollständig abgewirtschaftet, der Wechsel zur Demokratie wurde andererseits sozialpsychologisch noch kaum bewältigt. Gründung und Erstarken der kommunistischen Partei, 1919 allgemeine Unruhen und Straßenkämpfe, 1920 der *Kapp*-Putsch und anschließend kommunistische Aufruhrbewegungen im Ruhrgebiet, gegen sie Kampf so genannter Freikorps, Eingriff der Reichswehr zur Wiederherstellung der Ruhe, 1921 und 1922 ausgedehnte Streitigkeiten mit den Alliierten Siegermächten über deutsche Reparationszahlungen, die in absurder Höhe festgesetzt wurden, dazu die schwer nachvollziehbare Behauptung deutscher Alleinkriegsschuld durch die Alliierten, 1923 der Einmarsch der Franzosen in das gesamte Ruhrgebiet und Beginn des Ruhrkampfes, totaler Zusammenbruch des Währungssystems. Erst 1929 erlangt Deutschland mit dem Fortfall der Reparationskommission und des Alliierten Wirtschafts- und Finanzkontrollsystems seine volle wirtschaftliche und finanzielle Souveränität wieder. Gleichzeitig beginnt aber mit dem schwarzen Freitag an der New Yorker Börse die Weltwirtschaftskrise, die mit dem Zusammenbruch der österreichischen Creditanstalt 1931 auch Mitteleuropa schwer erfasst. Auch in Deutschland brechen Banken zusammen, nur durch eine zeitweilige Auszahlungssperre wird ein allgemeiner Bankencrash verhindert. Die Weltwirtschaftskrise ging 1933 zu Ende, vielleicht bedauerlicherweise, denn ihre Fortdauer hätte den Erfolg *Hitlers* vermutlich verhindert. Generell kam hinzu, dass das Regierungswesen in Deutschland über die gesamte Weimarer Republik hinweg durch häufigen Kanzler- und Regierungswechsel ein allgemeines Gefühl der Führungslosigkeit und Instabilität verbreitete.

haupt (Hrsg.), Rechtsgeschichte in den beiden deutschen Staaten (1988–1990) (1991), S. 604–647; spezieller *Mayer-Maly,* Nationalsozialismus und Arbeitsrecht, in: Davy u.a. (Hrsg.), Nationalsozialismus und Recht (1990), S. 173–190.

Ab 1930 wird Deutschland unter dem Zentrumsmann *Heinrich Brüning* durch eine Minderheitsregierung „geführt". Da notwendige Gesetze im Parlament nicht zustande kommen, werden die erforderlichen Regelungen durch Notverordnungen getroffen. Mehrmals kommt es zur Auflösung des Reichstags mit anschließenden Neuwahlen, weil der Reichstag die Aufhebung von Notverordnungen verlangt. Die Turbulenzen des Jahres 1932 münden dann schließlich in die schlimme Fehlentscheidung *Hindenburgs*, der am 30. Januar 1933 *Hitler* zum Reichskanzler beruft. Bei den Reichstagswahlen vom 5. März 1933 gewinnen die Nationalsozialisten zwar Stimmen hinzu, von 33,5 % steigen sie auf 44 %, aber die Mehrheit der Wähler steht nicht hinter ihnen. Mit Hilfe der Deutschnationalen hat *Hitler* aber eine Mehrheit von 52 % im Reichstag hinter sich. Und nun geht es Schlag auf Schlag:

Am 24. März 1933 wird das so genannte Ermächtigungsgesetz vom Reichstag abgesegnet, das schlau als „Gesetz zur Behebung der Not von Volk und Reich" etikettiert war. Nach diesem Gesetz konnten Gesetze von der Reichsregierung außerhalb des von der Verfassung vorgesehenen Verfahrens und von der Verfassung abweichend erlassen werden. Dieses Gesetz war sicherlich staatsrechtlich aus unserer heutigen Sicht rechtswidrig und widersprach zumindest dem Geist der Weimarer Verfassung, aber die Juristen haben es damals geschluckt, möglicherweise war die erforderliche Sensibilität durch das mehrjährige Notverordnungswesen in der Weimarer Zeit schon abhanden gekommen. Prominente Staatsrechtler wie *Carl Schmitt* haben das Ermächtigungsgesetz ausdrücklich als verfassungsrechtlich unbedenklich bezeichnet. Am 31. März 1933 werden die Länderparlamente mit dem Reichstag gleichgeschaltet, am 7. April werden per Gesetz „Reichsstatthalter" in den Ländern eingesetzt, am 11. April 1933 werden mit dem Gesetz zur Wiederherstellung des Berufsbeamtentums – auch das eine irreführende Bezeichnung – Nichtarier von der Beamtenschaft ausgeschlossen. Am 2. Mai 1933 werden die Gewerkschaften aufgehoben. Im Juni 1933 wird die Selbstauflösung aller demokratischen Parteien erzwungen, die SPD wird ausdrücklich verboten. Am 14. Juli 1933 wird ein Gesetz gegen die Neubildung von Parteien erlassen und dadurch die NSDAP zur alleinigen Partei gemacht. Den letzten gesetzgeberischen Coup bildet das unmittelbar beim Tod des Reichspräsidenten *Hindenburg* am 2. August 1933 erlassene Gesetz über das Oberhaupt des Deutschen Reichs, das bestimmte, dass das Amt des Reichspräsidenten mit dem des Reichskanzlers vereinigt wird und dass die Befugnisse des Reichspräsidenten auf den Führer und Reichskanzler *Adolf Hitler* übergehen, ferner der Titel Reichspräsident künftig entfällt.

Damit war in Windeseile der Prozess der Machtübernahme abgeschlossen. Mochten rechtsunkundige Bürger die Bedenken gegen die von mir herausgestellten Gesetze vielleicht nicht erkennen: für Juristen musste sonnenklar sein, mit welcher Art von Regime man es zu tun hatte. Und der verbrecherische Charakter *Hitlers* zeigte sich dem auch nur einigermaßen aufmerksamen Zeitgenossen spätestens im Jahr 1934 bei seinen Mordaktionen gegenüber hundert von ihm vermuteten Gegnern seiner Macht, insbesondere dem SA-Chef *Röhm*, dem NSDAP-Mitgründer *Gregor Strasser* sowie dem General und früheren Reichskanzler *von Schleicher*. Von den Konzentrationslagern konnte und musste man damals noch nichts wissen.

3. *Alfred Hueck* war, als der Nationalsozialismus hereinbrach, 44 Jahre alt, er war Professor an einer der eher kleineren deutschen Universitäten und noch keineswegs im Zenit seiner Laufbahn, immerhin aber eine feste Größe im rechtswissenschaftlichen Geschehen namentlich des Arbeitsrechts. Die besondere Natur des Nationalsozialismus hat er mit Sicherheit erkannt. Dass er seine Professorenstelle nicht aufgab, kann viele Gründe haben, über die man spekulieren kann. Der naheliegendste dürfte sein, dass er damit sowohl seine Lebensgrundlage als auch seine Lebensaufgabe verloren hätte. Wahrscheinlich hat er auch wie viele andere gehofft und angenommen, dass er sich in Lehre und Wissenschaft wenn auch nicht frei, so doch hinreichend seinen Auffassungen entsprechend werde äußern können. Dass es nicht so kam, wird an den insgesamt elf Aufsätzen deutlich, die *Hueck* in den Jahren 1933 bis 1944 veröffentlicht und mit denen er geschickt auf die Situation eines in brisanten Bereichen Publizierenden reagiert hat. Keiner dieser Aufsätze ist nach meinem Eindruck – im Gegensatz zu den vor 1933 und ab 1945 veröffentlichten – wirklich bedeutend. Manches war aber für die Praxis insofern wichtig, als es eine Handreichung dafür gab, welche Rechtsänderungen im Bereich der angesprochenen Themen eingetreten waren und wie mit ihnen umzugehen sei. Im Ganzen überwiegt dabei eine bewahrende Tendenz, d.h. *Hueck* bemüht sich um Grundsätze, mit denen eine vernünftige Rechtsanwendung sichergestellt wird. Darin liegt ein Verdienst jedenfalls insofern, als damit für „fortschrittlich“ im nationalsozialistischen Sinne rechtsverändernde Kräfte ein Vorpreschen zwecks NS-Rechtsfortbildung erschwert wurde. Zwar betont *Hueck* in den meisten seiner Aufsätze, dass der Nationalsozialismus grundlegende Änderungen der Rechtsordnung und insbesondere auch des Arbeitsrechts mit sich gebracht habe. Als wichtigstes werden das Führerprinzip und der Gemeinschaftsgedanke herausgestellt. Aus dem Führerprinzip zieht *Hueck* aber keine Folgerungen, im Gegenteil macht er in mehreren Aufsätzen deutlich, dass es schwer bis unmöglich sei, ohne konkrete Maßnahmen des Gesetzgebers solche Folgerungen zu ziehen. Der Gemeinschaftsgedanke wird hingegen expliziter herangezogen. So führt *Hueck* etwa in einem Aufsatz in der Juristischen Wochenschrift 1934 aus, es gehe dem neuen Recht um die Überwindung des Klassenkampfgedankens, die Versöhnung des Interessengegensatzes zwischen Arbeitgebern und Arbeitnehmern und um die Schaffung, ich zitiere wörtlich, „echten Gemeinschaftsgeistes und wirklicher Zusammenarbeit im beiderseitigen Interesse

und zum Nutzen der Gesamtheit“. Dogmatische Kurzkennzeichnung für dieses Verständnis ist die berühmte Formel vom Arbeitsverhältnis als einem personenrechtlichen Gemeinschaftsverhältnis, die *Hueck* seither in seinen Aufsätzen und in seinem 1938 veröffentlichten Grundriss des deutschen Arbeitsrechts verwendet hat. In seinem Lehrbuch hatte er noch 1931, also bis in die letzte Vorkriegsauflage betont, dass das Arbeitsverhältnis ein schuldrechtlicher Vertrag sei. Vom Gemeinschaftscharakter war nicht die Rede. Seine gewandelte Auffassung hat *Hueck* dann aber nach dem Zusammenbruch des Nationalsozialismus auch im großen Lehrbuch beibehalten. Diese Entwicklung seiner Auffassung ist ein interessanter Vorgang. Man darf annehmen, dass *Hueck* seine Lehre vom personenrechtlichen Gemeinschaftsverhältnis nicht bloß zur Tarnung oder zum Schutz vorgeschoben hat, sondern dass sie ihm zutreffend erschien.

Kritiker *Huecks* haben darin faschistische Elemente seiner Arbeitsrechtsauffassung erkennen wollen. Sie haben dabei nur übersehen, dass schon in der Weimarer Zeit von faschismusunverdächtigen Arbeitsrechtlern wie *Heinz Potthoff* und *Hugo Sinzheimer* vertreten worden ist, das Arbeitsverhältnis schaffe eine über schuldrechtliche Beziehungen weit hinausgehende Verbundenheit zwischen Arbeitgeber und Arbeitnehmer, ein „sozialrechtliches Personenverhältnis“. Im Übrigen war der Wandel der *Hueckschen* Auffassung ohnehin nur ein geringer, denn auch er hat einen personenrechtlichen Einschlag des Arbeitsverhältnisses schon in der Weimarer Zeit vertreten, und vor allem hat er eine weit reichende Treupflicht zwischen den Arbeitsvertragsparteien angenommen. Wie *Hueck* in einem Aufsatz aus dem Jahr 1938 selbst erläutert, sollte die Kennzeichnung des Arbeitsverhältnisses als personenrechtliches Gemeinschaftsverhältnis die Überwindung des rein vermögensrechtlichen Verständnisses des Arbeitsverhältnisses erleichtern und die Achtung und den Schutz der Persönlichkeit des Arbeitnehmers als zentrales Anliegen des Arbeitsrechts sichtbar machen. Damit kann man sich auch heute uneingeschränkt identifizieren.

Vorgeworfen hat man *Hueck*, dass er das AOG von 1934 kommentiert hat (zusammen mit *Rolf Dietz* und *Hans Carl Nipperdey*). Dieses Gesetz war das zentrale NS-Gesetz zur Arbeitsverfassung. Der Sache nach enthielt es freilich nichts im eigentlichen Sinn Böses. Dorn im Auge des kritischen Betrachters unter demokratischen Verhältnissen ist die in dem Gesetz implizit zum Ausdruck kommende, freilich durch andere Gesetzgebungsakte angeordnete Abschaffung des Tarifvertrages, des arbeitsrechtlichen Verbandswesen und der ansatzweise demokratischen Betriebsverfassung. Diese aus heutiger Sicht gebotene Einschätzung des AOG haben freilich die Juristen der Weimarer Zeit nicht in gleicher Weise geteilt. Sie standen unter dem Eindruck eines übersteigerten wirtschaftsfeindlichen Arbeitskampf- und Tarifvertragsgeschehens und mochten die Ersetzung des Tarifvertrages durch von den Treuhändern der Arbeit erlassene Tarifordnungen zunächst vielleicht nicht als nationales Unglück empfinden. Sie war ja letztlich nicht so weit entfernt von der in der Weimarer Zeit zur Beilegung von Arbeitskämpfen überhand nehmenden staatlichen Zwangsschlichtung. Auch heute ertönt übrigens vielfach der Ruf nach Einschränkung oder Zurückdrängung der Flächentarifverträge. Was jahrzehntelang als Element einer freiheitlichen Ordnung erschienen ist, hat sich wiederholt als gemeinwohlgefährdend gezeigt. Wie *Alfred Hueck* rechtspolitisch zum Tarifvertragswesen stand, weiß ich nicht. Er hat diese Sparte des Rechts jedenfalls schon frühzeitig durch eine Monographie und durch viele Aufsätze gefördert. Ich vermute, dass es ihm über die Jahrzehnte hinweg nicht anders ging als mir: im Tarifvertrag eine ambivalente Rechtseinrichtung zu sehen, die je nach den Umständen ihrer Nutzung Segen oder Unsegen mit sich bringt.

4. Lassen sich bei *Alfred Hueck* weder in der Wortwahl noch in der Sache kompromittierende Äußerungen finden, so spitzt sich die Fragestellung seines Wirkens im Nationalsozialismus dahin zu, ob er nicht, wenn er auf seinem Posten verblieb, es hätte meiden müssen, zu NS-Gesetzen Stellung zu nehmen, insbesondere zu solchen, die man als typischen Ausdruck der neuen politischen Richtung einzuordnen hatte wie das AOG von 1934. Offene, mehr oder weniger totale Kritik an solchen Gesetzen kam unter dem Nationalsozialismus nicht ernstlich infrage. Zwar ist überliefert, dass *Alfred Hueck* in seinen Lehrveranstaltungen vielfache Kritik geübt hat, aber er tat es immer nur mündlich. Ebenso wenig kam für *Hueck* emphatische Zustimmung in Betracht, die im Übrigen weder seinem Naturell noch seinem Intellekt entsprochen hätte. Insgesamt hat er wie seine ganze Generation Gesetzgebungsakte als hinzunehmende Gegebenheiten angesehen, von denen die juristische Arbeit auszugehen hat. Die verfassungs- oder naturrechtliche Hinterfragung von Gesetzen, wie sie heute ständig erfolgt, ja selbst die Befragung von Gesetzen auf ihre ökonomische oder sonstige Zweckmäßigkeit, wie wir sie im modernen Recht üben, hätte nicht nur das politische Regime des Nationalsozialismus nicht geduldet, vielmehr lag es außerhalb des damaligen überkommenen juristisch-methodischen Zeitgeistes. Was *Hueck* tat, war die interpretierende Ausdeutung unter Ausnutzung der durch Text und Zweckverständnis eröffneten Auslegungsspielräume in eine der sinnvollen Konfliktlösung möglichst dienliche Richtung.

5. Zum Verständnis der Rechtsordnung und der Rechtswissenschaft im Nationalsozialismus scheint mir noch eine Bemerkung wichtig, wenngleich riskant. Riskant deshalb, weil die Bemerkung Anlass zu Missverständnissen geben kann und weil es fast immer jemanden gibt, der die Gelegenheit zu maligner Interpretation nutzt. Man kann das Wirken der Juristen im Dritten Reich nur dann gerecht würdigen, wenn man sich klarmacht, welche enormen Durchlässigkeiten das Regime trotz seines Zwangscharakters und seiner verbrecherischen Züge aufwies. Gerade die Gesetzgebung zu konkreten

privatrechtlichen Bereichen war im Einzelnen keineswegs schlecht oder gar verbrecherisch. Ich nenne nur zwei prominente Beispiele: das EheG von 1938 und das Aktiengesetz von 1937. Das lag nicht zuletzt daran, dass die Ministerialbürokratie auch im Dritten Reich weithin mit fähigen und vernünftigen Personen besetzt war. Selbst der Reichsjustizminister *Gürtner* war kein in der Wolle gefärbter Nazi, sein die Bürokratie dirigierender Staatssekretär *Schlegelberger* war es ebenso wenig. Es ist kein Zufall, dass *Adolf Hitler*, der bekanntlich weder von Juristen noch von der Festlegung politischen Handelns durch Gesetze etwas hielt, in seinen Tischgesprächen sich über *Schlegelberger* geringschätzig, ja voller Hass geäußert hat. Die Juristen waren für *Hitler* emotional unerwünschte, von der Sache her freilich – jedenfalls vorerst – nicht entbehrliche Kräfte, in damals noch nicht geläufiger Terminologie gleichsam nützliche Idioten. Der Erläuterung kurzer Sinn: nicht nur die große Zahl in der NS-Zeit unverändert weiter geltender Gesetze, wie vor allem des BGB, sondern auch viele in der Nazizeit selbst erlassene Gesetze boten für Rechtspraxis und Rechtswissenschaft inhaltlich unverfänglichen Rechtsstoff. Auch das AOG gehört zu diesen Gesetzen. Damit ist nicht gemeint, dass diese Gesetze unter politologischer Betrachtung keine Demokratiedefizite aufwiesen. Um grobe Missverständnisse auszuschließen füge ich auch an, dass das Gesagte selbstverständlich für die Gesetzgebung nicht durchgängig galt, vielmehr sich in ihr in nicht geringer Zahl schwer akzeptable, ja zuweilen verbrecherische Inhalte fanden, besonders abschreckend etwa in den sog. Nürnberger Gesetzen.

6. Im Zusammenhang mit solchen schlimmen Normenwerken zeigt sich eine verhängnisvolle bis sogar verbrecherische Mitwirkung der deutschen Rechtswissenschaft, die sich in Teilen der Forderung eines inneren Wandels der überkommenen Rechtsordnung durch nationalsozialistische Rechtsgedanken verschrieb. Wichtigstes Element eines solchen Wandels der Rechtsordnung war nach seinen Verfechtern die auf Artgleichheit gegründete Ordnung des Volkes, wie *Carl Schmitt* 1934 formuliert hat.[2] Der Rechtsphilosoph *Binder* bezeichnete als Recht nur das, „was einem bestimmten, aus einer bestimmten Rasse hervorgetretenen Volke vermöge seiner Eigenart zu fühlen, zu denken, zu wollen als richtige Ordnung seines Gemeinschaftslebens erscheint“[3]. Auch *Erik Wolf* hat „völkische Rechtsstandschaft“ (was immer das ist) und Artgleichheit als Kern des neuen Rechtsideals bezeichnet.[4] Dem folgte eine Rechtsquellenlehre, die das Recht als eine der rassisch-

[2] C. *Schmitt*, Der Weg der deutschen Juristen, DJZ 1934, 691, 698.

[3] *Binder*, Die Bedeutung der Rechtsphilosophie für die Erneuerung des Privatrechts, in: Reichsminister Dr. Hans Frank, Präsident der Akademie für Deutsches Recht (Hrsg.), Zur Erneuerung des bürgerlichen Rechts. Schriften der Akademie für Deutsches Recht, Gruppe Rechtsgrundlagen und Rechtsphilosophie Nr. 7 (1938), S. 18, 20.

[4] E. *Wolf*, Das Rechtsideal des nationalsozialistischen Staates, ARSP 28 (1934/35), 348–363. Weitere Nachweise bei *Rüthers* (Fn. 1), S. 119 Fn. 23.

völkischen Ordnung unmittelbar entspringende Erscheinung ansah, der gegenüber das Gesetz im Rang zurückzutreten hatte. Vom Volksgeist ist da vielfach die Rede[5] – ein Begriff, den schon *Savigny*, wenn auch in anderem Sinn gebraucht hatte – und vom Recht als einer „Funktion der Volksseele".[6] Wohin Juristen sich versteigen können, mag ihnen ein Zitat verdeutlichen: „Blut muss Geist, Geist muss Blut werden (...) weil der Geist verfallen kann muss das Blut den Geist wagen. Der Geist aber wird gewinnen, wo er sich aus dem Blut erneuert."[7] Solch letztlich unsägliches Geschwafel stammt von einem so bedeutenden Juristen wie *Karl Larenz*. Von ihm stammt auch, viel schlimmer, die berüchtigte Schrift über „Gegenstand und Methode des völkischen Rechtsdenkens" (1938), in der *Larenz* die privatrechtliche Entrechtung der Juden aus seinen rechtsquellentheoretischen Erwägungen rechtfertigt. Ich erinnere mich meines Entsetzens, als mir diese Schrift in die Hände kam. Ich kannte *Larenz* bis dahin vor allem aus seinem bewunderungswürdigen Schuldrecht, und ich kannte ihn als einen persönlich ungewöhnlich liebenswürdigen und netten Mann, der keiner Fliege etwas zu Leid tun konnte. Wie wir die Mitwirkung biederer Familienväter als Peiniger und Mörder in Konzentrationslagern nicht begreifen können, so wird uns auch die Schreibtischtäterschaft prominenter Juristen ein Rätsel bleiben.

7. *Alfred Hueck* gehört nicht in diese Kategorie. Er war, das ist sicher und wird durch den Bescheid der Berufungskammer der Spruchkammer München vom 24. Januar 1949[8] bestätigt, kein Nazi. Nach diesem Bescheid hat er zwar 1942 unter dem Druck der Gestapo einen Aufnahmeantrag in die NSDAP gestellt, der er bis dahin fernzubleiben verstanden hatte; zu einer Aufnahme ist es aber nicht mehr gekommen. Nach dem Bescheid der Spruchkammer ist durch mehr als 20 einwandfreie Zeugen die Gegnerschaft *Huecks* zum Nationalsozialismus bestätigt worden, sowie „das Fehlen jeder äußeren nationalsozialistischen Merkmale und Fernhalten aller Naziideologien bei seinen juristischen Vorlesungen". Die Berufungskammer hat *Hueck* demgemäß als entlastet eingestuft. Ob dennoch aus seinem begrenzten „Mitmachen" ein Vorwurf gegen ihn abzuleiten ist, führt zu einer Grundsatzfrage. Sie stellt sich letztlich für jeden Bürger des Deutschen Reiches nach 1933, auch für den Milchmann. Die spektakulären Fälle großer Musiker wie *Richard Strauss* und *Wilhelm Furtwängler* sind weithin diskutiert worden. Von ihnen hat man behauptet, dass sie durch ihr künstlerisches Wirken das Regime gestützt hätten, eine Behauptung, deren Richtigkeit voraussetzt, dass ohne

[5] Insbesondere bei *Larenz*, Volksgeist und Recht. Zur Revision der Rechtsanschauung der historischen Schule, Zeitschrift für deutsche Kulturphilosophie 1935, 40–60.

[6] *Kisch*, Der deutsche Richter, ZAkDR 1934, 9–11.

[7] *Larenz*, Zeitschrift für deutsche Kulturphilosophie 1935, 40, 42.

[8] Das Dokument ist mir liebenswürdigerweise in Kopie durch Herrn Prof. Dr. *Goetz Hueck* zugänglich gewesen.

ihre Mitwirkung das Regime früher zu Ende gegangen wäre, was äußerst wenig wahrscheinlich ist. Die ungezählten Dankadressen von Bürgern an *Wilhelm Furtwängler*, die sich in Angst und Bedrohung des Krieges durch seine außerordentlichen Konzerte getröstet fühlten, belegen gewiss keine Regimestützung, sondern Hilfe für unschuldige Mitmenschen, die unter Krieg und Gräueln zu leiden hatten . Ich nehme Ihnen den Rest der Gedankenübung nicht ab: was wäre gewesen, wenn *Alfred Hueck* sich verweigert hätte, als Hochschullehrer, als Kommentator des AOG? Wenn Sie zu dem Ergebnis kämen, dass eine solche Verweigerungshaltung dem Regime eher nützlich gewesen wäre, weil dann Lehre und Rechtsanwendung in der Ausübung durch andere mit hoher Wahrscheinlichkeit regimefreundlicher ausgefallen wären, stehen Sie vor der gleichsam letzten Frage: Kann das von der „Schuld der Mitwirkung" entlasten? Das Nachdenken darüber ist jedem Staatsbürger und in Sonderheit jedem Juristen aufgegeben. Meine eigene Antwort auf diese Frage wird sie nicht verwundern. Wenn menschliche Gemeinschaften politisch schwere Zeiten überdauern wollen, ist nicht die Verweigerung die gültige Antwort, so ehrenwert sie sein mag, sondern das Ausharren in tunlichstem Anstand, so wie *Hueck* es praktiziert hat.[9]

III.

Ich komme zum Schluss. Lassen Sie mich ein Fazit ziehen zur Bedeutung *Alfred Huecks*: *Alfred Hueck* war kein Rechtsfortbildner im eigentlichen Sinn. Die spektakuläre Veränderung der Rechtsordnung mit den Mitteln der Rechtswissenschaft war seine Sache nicht. Anders als sein Weggenosse *Hans Carl Nipperdey* hat er sich vor allem der grundlegenden Neuausrichtung der Privatrechtsordnung durch Instrumentalisierung der Grundrechte verschlossen, die unserem Privatrecht bis heute mehr geschadet als genützt hat und nun in der Antidiskriminierungsgesetzgebung in schlimme Auswüchse mündet. Der größten rechtspolitischen Herausforderung des Gesellschaftsrechts durch die Konzernbildung stand *Hueck* durch ein eher positivistisches Festhalten am Aktiengesetz mehr retardierend gegenüber. Seine Sache war der

[9] *Yehudi Menuhin* hat in einem in der FAZ vom 20.4.1991 abgedruckten Interview über Musiker auf die Frage: „Haben Sie mit Furtwängler je darüber gesprochen, weshalb er in Deutschland geblieben ist?" folgendes gesagt: „Das habe ich ihn nie gefragt, weil ich es als selbstverständlich betrachte, dass derjenige, der bleibt, wahrscheinlich mutiger ist als derjenige, der wegläuft (...). Die Deutschen, die geblieben sind, haben die richtige Entscheidung getroffen. Ich muß gestehen, wenn ich in Amerika lebte und Amerika ein faschistisches Regime bekäme, wäre ich der erste, der das Land verlassen würde, und das finde ich überhaupt nicht mutig. Ich hätte eine viel höhere Meinung von mir selber, wenn ich mich entschlösse, zu bleiben und zu tun, was ich könnte. Furtwängler hat viel gewagt. Er hat Hindemith verteidigt, er hat viele Mitglieder der Philharmoniker gerettet. Goldberg verdankt ihm sein Leben (...)."

unspektakuläre Fortschritt bei der gerechten Konfliktlösung durch Auslegung und vorsichtige Heranziehung von Generalklauseln. Das bietet der Nachwelt für das Flechten von Kränzen keinen fortdauernden Anlass. Wir, die wir ihn kannten, wussten um seine überragende Bedeutung in seiner Zeit. Der Leser seiner Schriften kann sie aus vielen Formulierungen noch erahnen. Wir, die wir in dem großen Brei der Rechtsordnung mit herum rühren ohne allzu viel zu bewegen, können bewundernd ermessen, was es bedeutet, das Recht seiner Zeit merkbar mitgestaltet zu haben. Die Zukunft des Rechts geht freilich auch im Gefolge einflussreicher Juristen ihre eigenen Wege, und jeder, auch der große Jurist taucht hinab in den Strom des Gewesenen, aus dem der Einzelne nichts mehr bewirkt.

Hans Carl Nipperdey als Anreger für eine Neubegründung des juristischen Denkens*

Klaus Adomeit

Der Name des bedeutenden Juristen wird in vielen Zusammenhängen genannt, zuletzt besonders häufig zum 50-Jahres-Jubiläum des Bundesarbeitsgerichts 2004, dessen erster Präsident er gewesen war und dessen Rechtsprechung, namentlich zum Arbeitskampf, er geprägt hatte (vgl. die Festschrift 50 Jahre BAG, hrsg. von *H. Oetker, U. Preis* und *V. Rieble*, 2004). Unter den Anfeindungen, gegen die er sich letzten Endes erfolgreich zur Wehr setzen konnte, war die, das NS-Regime unterstützt zu haben. Seine Lehre von der „Drittwirkung der Grundrechte", schon 1950 in einem Gutachten über Frauenlöhne entwickelt, hat starke Wirkungen ausgelöst, auch international. Die soeben vorgelegte Biographie von *Thorsten Holstein* (Fn. 6) über *Nipperdey* trägt den gut gewählten Titel „Die Verfassung als ‚Allgemeiner Teil'". Das Allgemeine Gleichbehandlungsgesetz (2006) lässt sich als radikale Umsetzung von Art. 3 III GG für das gesamte Privatrecht verstehen. *Nipperdeys* Werk zeigt bei aller fortschrittlichen Kühnheit aber auch das Bestreben, den soliden Bestand der Rechtsordnung zu wahren, was sich als Mahnung verstehen lässt.

I. Leben und Wirken

In Bad Berka, im Thüringischen wurde *Nipperdey* 1895 als Sohn eines Sanitätsrates geboren, aus einer protestantischen Familie mit akademischer Tradition, es gab dort Pfarrer, Juristen, Beamte, Professoren. *Nipperdey* bestand 1916, mitten im Krieg, nach einigen Monaten freiwilligem Front-

* Vortrag am 9. Februar 2006 – Humboldt-Universität zu Berlin.

einsatz, das Referendarexamen mit Auszeichnung, wurde im selben Jahr in Jena promoviert, 21-jährig. Sein Habilitationsverfahren Jena 1920 fiel in die Zeit revolutionärer Unruhen. Ab 1925 Ordinarius in Köln, blieb und wirkte er dort bis zum Lebensende. Von *Heinrich Lehmann* (neben *Hedemann* sein akademischer Lehrer) übernahm er dessen „Seminar für Handelsrecht" und baute es zum „Institut für Arbeits- und Wirtschaftsrecht" aus, ein Zentrum für Lehre und Forschung mit weitreichender Ausstrahlung. *Wiedemann*, einer seiner Nachfolger, nach *Mayer-Maly* und *Zöllner*, hat über das „Haus im Weyertal" berichtet.[1] Noch vor dem Ende der Weimarer Republik war *Nipperdey* mit drei Großwerken unübersehbar präsent

1. als Herausgeber und Mitautor des Kommentars „Die Grundrechte und Grundpflichten der Reichsverfassung" 1929/30 – ein für einen Privatrechtler ungewöhnliches Engagement;
2. durch Fortführung des Lehrbuchs zum Allgemeinen Teil des BGB nach der von *Ludwig Enneccerus* bearbeiteten, von *Theodor Kipp* und *Martin Wolff* herausgegebenen 12. Aufl.; seine 13. Aufl. von 1931 bringt entscheidende Veränderungen;
3. das Lehrbuch des Arbeitsrechts zusammen mit *Alfred Hueck* 1928/29, hier *Nipperdey* mit meisterhafter Darstellung des Kollektiven Arbeitsrechts, das ihn, für die posthume Auflage 1970, noch auf seinem letzten Krankenlager beschäftigte (wir Assistenten mussten Druckfahnen in die Klinik schummeln, gegen das Verbot des Chefarztes). Bedauerlicherweise wurde das Werk nicht fortgeführt.

In den Jahren der Weimarer Republik in Köln wuchs auch die Familie. Die Eheleute *Hildegard* und *Hans Carl Nipperdey* waren schon mit ihren beiden Söhnen *Carl* und *Otto* von Jena nach Köln gezogen. 1927 wurde *Thomas* geboren, der spätere Historiker, die Tochter *Dorothee* 1929, als Theologin und Publizistin *Dorothee Sölle* bekannt geworden, *Sabine* 1932. *Thomas Nipperdey* ist sehr früh gestorben, 1992, konnte sich nur wenige Jahre über den großen Erfolg seiner „Deutschen Geschichte" freuen.

Über das Thema „Nipperdey und der Nationalsozialismus"[2], gibt es eine bis heute fortgeführte Debatte, die an ähnliche Kontroversen über *Furtwängler*, über *Gustaf Gründgens* erinnert. Fest steht, dass die Nazis ihm von Anbeginn her misstrauten. Mehrere Ministerien und Behörden waren 1933

[1] *Wiedemann*, 75 Jahre Institut für Arbeits- und Wirtschaftsrecht der Universität zu Köln, RdA 2005, 321–323, vgl. auch *Mayer-Maly* (Hrsg.), Gedenkrede auf Hans Carl Nipperdey, 1970; *Rückert*, Hans Carl Nipperdey, Neue Deutsche Biographie, Bd. 19 (1999), S. 280–282; *Adomeit*, Nipperdey, Deutsche Biographische Enzyklopädie, Bd. 7 (2001), S. 479.

[2] Vgl. *Ramm*, Nationalsozialismus und Arbeitsrecht, KritJ 1969, 108–120; diffamierend *Wahsner*, Das Arbeitsrechtskartell – Die Restauration des kapitalistischen Arbeitsrechts in Westdeutschland, KritJ 1974, 369–386.

damit befasst, seine Abstammung zu überprüfen. 1941 wollte die Gauleitung der NSDAP in ihm einen „jüdischen Mischling 2. Grades" sehen, warf ihm unrichtige Angaben im Personalbogen vor. So etwas war bedrohlich bis zur Existenzvernichtung. Fest steht außerdem, dass er sich für gefährdete und verfolgte Kollegen und Freunde immer wieder eingesetzt hatte. Berühmt geworden ist der „Kölner Juristenbrief" vom April 1933, in dem die Fakultät sich geschlossen für den zwangsbeurlaubten *Hans Kelsen* einsetzte,[3] mit allen Unterschriften außer der von *Carl Schmitt*, der offenbar schon auf eine große Karriere als Staatsphilosoph spekulierte. *Nipperdey*, als Dekan, reiste selbst nach Berlin, um diesen Brief im Preußischen Kultusministerium zu überbringen und zu erläutern, er erhielt eine Abfuhr. Mit anderen NS-Instanzen gelang ihm offenbar, auch ohne Parteibeitritt, ein gewisses Einvernehmen. *Heinrich Lehmann* hatte sich im Kollegenkreis dafür eingesetzt, die insgeheim in Opposition Stehenden sollten möglichst „jede Stellung halten". Mit *Alfred Hueck* und *Rolf Dietz* brachte *Nipperdey* 1934 bei Beck den maßgebenden Kommentar zum AOG heraus, „Gesetz zur Ordnung der nationalen Arbeit", 4. Aufl. 1943, mit eigener Kommentierung zur Betriebsordnung und Tarifordnung, natürlich den ideologischen Vorgaben der Zeit gehorchend. Der Akademie für Deutsches Recht unter dem „Reichsrechtsführer" *Hans Frank*, der später ein Schreckensregime ohnegleichen in Polen verübte – dessen Memoiren haben den Titel: Im Angesicht des Galgens, 1953 – hatte sich *Nipperdeys* Lehrer *Hedemann* schon gleich 1933 zur Verfügung gestellt. *Nipperdey* wurde 1935 Mitglied, gehörte dem Arbeitsrechtsausschuss an und vertrat im Stil des Hauses den Gedanken einer Rechtserneuerung durch Schaffung eines „Volksgesetzbuches"[4]. Die Akademie wurde in den 40er Jahren mit immer weniger Einsatzfreude betrieben, kriegsbedingt, aber auch, weil der oberste Führer und Kriegsherr für Rechtsregeln, wie auch immer beschaffen, keinerlei Sinn hatte; sein Element war die nackte Gewalt.

Die „Stunde Null" des Jahres 1945 traf auch die Familie *Nipperdey* in schlimmen Verhältnissen. Das Haus in Köln-Marienburg war Dezember 1944 bei einem der Bombenangriffe ausgebrannt, mit der Privatbibliothek. Frau *Hildegard* erlebte mit den drei jüngeren Kindern die Befreiung durch US-Truppen in Jena, jedoch jetzt erneut bedroht vom Einmarsch sowjetischer Truppen (vereinbart unter den Alliierten im Tausch gegen West-Berlin). Der Sohn *Carl* kam in russischer Kriegsgefangenschaft um. Köln war zu 90 % zerstört, eine Trümmerwüste. *Nipperdey* hatte Mut und Tatkraft zum Wiederaufbau seines Hauses, zum Wirken in der Kommunalpolitik (1946 Stadtverordneter für die SPD), zur Wiederbelebung der Universität, als

[3] *Golczewski*, Kölner Universitätslehrer und der Nationalsozialismus – personengeschichtliche Ansätze, in: Senatskommission für die Geschichte der Universität zu Köln (Hrsg.), Studien zur Geschichte der Universität zu Köln, Bd. 8 (1988).

[4] *Hattenhauer*, Das NS-Volksgesetzbuch, in: Buschmann (Hrsg.), Festschrift für Rudolf Gmür zum 70. Geburtstag (1983), S. 255–279.

kommissarischer Prorektor und provisorischer, dann bestätigter Dekan. Zur Wiederaufnahme der juristischen Vorlesungen konnte er benennen *Heinrich Lehmann, Rudolf Schmidt, Ernst v. Hippel, Ernst Friesenhahn, Gustav Heinemann*. Vorlesungen begannen im WS 45/46 mit über 400 Jura-Studenten. Für das wiederbegründete Studentenwerk entwickelte *Nipperdey* ungeahnte Fähigkeiten, er organisierte Quäker- und Schwedenspeisung, Care-Pakete, Schreibzeug und Rübenschnaps,[5] letzteren hoffentlich nur für Schwarzhandel. Als Gegenleistung brachten die Studenten in freiwilligem Hilfsdienst das zerbombte Institut wieder notdürftig in Ordnung.

Langwierig und nervlich belastend gestaltete sich das Entnazifizierungsverfahren für *Nipperdey*, es zog sich über $1^1/_2$ Jahre hin. Aus den Akten der Akademie entnahm der Untersuchungsausschuss des Foreign Security Service (FSS) der brit. Militärregierung, „that *Nipperdey* supported the National Socialist philosophy and aims", es gab sogar eine Zeugenaussage, *Nipperdey* sei „als Kronjurist Hitlers" bekannt gewesen.[6] Das Votum lautete auf „Recommended dismissal". Die Entlassung wurde Oktober 1946 ausgesprochen und ließ die Familie mittellos in dieser Notzeit. In der Berufungsschrift, begründet von RA Dr. *Haubrich*, hieß es, eine genaue Analyse der angegriffenen Texte lasse

> „klar seine Bestrebung erkennen, in geschickt getarnter Form und durch Verfechtung gesunder demokratischer Rechtsanschauungen[7] die Durchführung nazistischer Ziele und Gedankengänge zu verzögern, sie zu zersetzen und zu unterhöhlen."

Solche Dialektik war für die Ausschussmitglieder schwer zu begreifen. Das Verfahren verzögerte sich. Der Anwalt legte 60 Schreiben von Leumundszeugen vor, darunter 39 von ehemaligen Studenten oder Mitarbeitern. Unterstützung erhält er auch vom Gewerkschafts-Vorsitzenden *Hans Böckler* und sogar von *Kurt Schumacher*. Erst im Mai 1947 wurde *Nipperdey* wieder rehabilitiert, er war 9 Monate ohne Anstellung gewesen.

Er wurde auch sogleich wieder zum Dekan gewählt. *Gerhard Kegel*[8] schreibt, ihm war die Führungsrolle „dank seiner Vitalität ... von selbst zugefallen".

Vom Zentrum seiner universitären Tätigkeit aus engagierte sich *Nipperdey* in den Aufbaujahren der (westlichen) Bundesrepublik vielfältig: Gründung

[5] *Stumpf*, Fünfzig Jahre Institut für Arbeits- und Wirtschaftsrecht der Universität zu Köln, RdA 1979, 322–324.

[6] *Hollstein*, Die Verfassung als „Allgemeiner Teil" – Privatrechtsmethode und Privatrechtskonzeption bei Hans Carl Nipperdey (2005), S. 96.

[7] So wohl richtig statt „Rechtseinrichtungen".

[8] *Kegel*, Humor und Rumor (1997), S. 131. Gerhard Kegel ist am 16.2.2006 gestorben, sein letzter Auftritt an der Humboldt-Universität zu Berlin Dezember 2005 war seinem Lehrer Ernst Rabel gewidmet, vgl. oben S. 17 ff. u. den Nachruf von *Schurig*, Nachruf, Gerhard Kegel †, JZ 2006, 355–356 sowie *Adomeit*, Gerhard Kegels Berliner Vortrag, IPRax 2007, 67.

der Zeitschrift RdA 1948; Mitgründung des Arbeitsgerichtsverbandes, ab 1950 Vorsitzender (*Nipperdey* war ab 1926 auch Richter beim LG und später LAG Köln gewesen); Richter am Verfassungsgerichtshof NRW in Münster; Obmann des Bühnenoberschiedsgerichts. In der Internationalen Gesellschaft für das Recht der Arbeit und der sozialen Sicherheit Ehrenpräsident und Vorsitzender der deutschen Sektion.[9] Für das in der Britischen Zone für 1949 geplante Oberste Arbeitsgericht wurde *Nipperdey* **übereinstimmend** von Gewerkschaften und Arbeitgeberorganisationen zum Präsidenten vorgeschlagen.

Dies war ein Schritt auf dem Wege zum höchsten Amt, das wie auf ihn zugeschnitten war und in dem *Nipperdey* deutsche Sozialgeschichte schreiben konnte: Präsident des Bundesarbeitsgericht in Kassel 1954–1963. In den Verhandlungen hatte er die Beibehaltung seiner Kölner Professur durchgesetzt, in seltener Doppelbeamtenstellung. Einem damaligen on-dit zufolge soll die Bundesbahn vom Bundesarbeitsminister aufgefordert worden sein, für *Nipperdey* eine Schnellbahnstrecke Köln-Kassel einzurichten. Die Ernennung erfolgte am 12. April 1954.

Als Präsident des I. Senats und Vorsitzender des Großen Senats prägte *Nipperdey* für ein knappes Jahrzehnt die Entwicklung vor allem des Kollektiven Arbeitsrechts in der frühen Bundesrepublik, drückte der Rechtsprechung stärker seinen persönlichen Stempel auf als irgendein anderer Chefpräsident eines Oberen Bundesgerichtes, man möchte sagen, einschließlich des BVerfG. Die berühmte und folgenreiche Entscheidung zum Arbeitskampfrecht erging am 28. Januar 1955. *Hermann Stumpf*, später Senatsvorsitzender beim BAG, hat geschildert, wie es an Beratungstagen des *Nipperdey*-Senats, die sich oft bis in die Nacht hinein hinzogen, im Hause zuging.

> „Es herrschte ... Hochbetrieb. Bibliothek, Telefonzentrale, Schreibkräfte, wissenschaftliche Mitarbeiter, Fahrer mussten verfügbar sein, ohne Rücksicht auf Dienststunden, Überstunden und sonstige Vorschriften. Den Ausgleich dafür hatte Nipperdey pauschal so geregelt, dass alle Betroffenen zufrieden waren."

Daraus darf man folgern, dass ein Erbringen von Höchstleistungen mit voller Beachtung des Arbeitsrechts nicht leicht zu vereinbaren ist.

Das wissenschaftliche Wirken *Nipperdeys* schwächte sich in der Präsidentenzeit keineswegs ab, eher steigerte er sich noch. 1957 schrieb er seinem Lehrer *Hedemann*:

> „Ich selbst bin durch die Doppelbelastung schrecklich in Anspruch genommen und weiß noch heute nicht, wie ich die Neuauflage meines Enneccerus trotz mancher Mithilfe durch jüngere Herren herausbringen soll. Man muss eben dazu ungefähr ein Jahr Ruhe und Zeit zum Nachdenken haben ...".

[9] *Bulla*, Hans Carl Nipperdey, RdA 1965, 41–44.

Diese Ruhe gab es nicht, der Allgemeine Teil kam zustande, 1959/60, mit einer ganz neuen dogmatischen Konzeption des Deliktsrechts, inspiriert durch die finale Handlungslehre von *Hans Welzel*. Die „jüngeren Herren" hatten offenbar gute Arbeit abgeliefert. Im Kollegenkreis wurde gespöttelt, auf *Nipperdeys* Grabstein werde es heißen *H.C.N.*, „diesmal wirklich er selbst". Aber gutes Delegieren ist auch eine Kunst, und an seiner geistigen Oberhoheit konnte es nie einen Zweifel geben.[10] Die 6. Auflage *Hueck/Nipperdey* Arbeitsrecht erschien 1957/59 in spannungsvoller Konkurrenz zu *Arthur Nikisch*, die Kommentierung zum Dienstvertrag im Staudinger 1958, in Zusammenarbeit mit *Heinz Mohnen* und *Dirk Neumann*. Größte Wirkung hatte das „Handbuch der Theorie und Praxis der Grundrechte", ab 1954 herausgegeben zusammen mit *Franz L. Neumann* und *Ulrich Scheuner*, mit einer Ableitung des allgemeinen Persönlichkeitsrechts aus Art. 1 und 2 GG und der Zubilligung von Geldersatz bei immateriellen Schäden. Das juristische Denken wurde revolutioniert, indem man lernte, dass Grundrechte nicht bloß „Ö-Recht", ein Spezialgebiet aus dem Staatsrecht sind, sondern überall im Recht relevant (vergleichbar später die allmählich wachsende, alsbald beherrschende Stellung des Europarechts).

Politisch gesehen wanderte der Schwerpunkt des *Nipperdey'schen* Denkens mehr und mehr vom Sozialen in das Liberale. Die Marktwirtschaft im Sinne von *Ludwig Erhard* erschien ihm so überzeugend, dass er die These wagte, genau diese Wirtschaftsverfassung sei vom GG garantiert[11] – eine These, der das BVerfG bekanntlich nicht folgte (Investitionshilfe-Entscheidung), die heute aber kaum noch von Widerspruch bedroht ist. Die SPD verlor auf diesem Wege ein prominentes Mitglied, das aber auch wohl kaum mit vollem Herzen dabeigewesen war (berühmt wurde die Briefanrede „Sehr geehrter Herr Genosse ..."). Wiederum bewegte sich die SPD nach vielen Skrupeln in dieselbe Richtung, bekannte sich im Godesberger Programm 1959 zur Marktwirtschaft. Das „Wirtschaftswunder" der 50er Jahre – das wir in den 90er Jahren vergeblich erhofften, als „Aufbau Ost" wiederzuerleben – hatte enorme Zug- und Schubkraft, erlaubte immer neue erfreuliche Verbesserungen in der Rechtsstellung der Arbeitnehmer ohne jede Beeinträchtigung der Wirtschaft, weil die damit verbundenen Kosten allein aus dem Zuwachs finanziert werden konnten. Das höhere Einkommen der Arbeitnehmer steigerte, als man noch Grundig kaufte statt Sony und in deutschen Gegenden Urlaub machte, den inländischen Konsum (Nachfragetheorie). Daran, dass auf fette Jahre auch magere folgen können, hatte man – aus der Sicht von heute – nicht gedacht, obwohl dies eine alte Weisheit ist, s. die

[10] Kritische Äußerungen des früheren Assistenten *Gerhard Schnorr*, Von mir über mich, in: Martinek/Wachter (Hrsg.), Arbeitsleben und Rechtsordnung, Festschrift Gerhard Schnorr zum 65. Geburtstag (1988), S. XV.

[11] *Nipperdey*, Soziale Marktwirtschaft und Grundgesetz (3. Aufl. 1965).

Bibel, 1 Mose 41, „Joseph und seine Brüder". Im Rentenrecht – die dynamische, umlagenfinanzierte Rente 1957 – lässt sich das leichter nachweisen und ausrechnen als im Arbeitsrecht.

II. Drei Problembereiche: Unabdingbarkeit von Tarifnormen (1.), kollektivrechtliche Konzeption vom Arbeitskampf (2.), Drittwirkung der Grundrechte (3.)

1. Nach der Habilitationsschrift von 1920 über den **Kontrahierungszwang** – das Thema ist heute im Zeichen des Schutzes vor Diskriminierungen[12] höchst aktuell – widmete sich *Nipperdey* der neu im Recht anerkannten Institution des **Tarifvertrages,** fußend auf Arbeiten von *Hugo Sinzheimer*. In der Veröffentlichung des Privatdozenten *Nipperdey* von 1924 „Beiträge zum Tarifrecht" ist der erste Teil dem Prinzip der Unabdingbarkeit gewidmet.[13] Dies wird mit folgenden, durchaus modern erscheinenden Worten erklärt:

> „Der Arbeitnehmer, nur im Besitze seiner Arbeitskraft, ist dem Arbeitgeber, dem Inhaber der Produktionsstätte und aller Produktionsmittel gegenüber in einer schwächeren Position, die notwendig zu einer (tatsächlich) einseitigen Festsetzung der Arbeitsbedingungen durch den Arbeitgeber führen muss. ... Ein Hilfsmittel, die formale Gleichberechtigung in eine tatsächliche umzuwandeln, ist der automatisch und unabdingbar wirkende TV."

Eine Beeinträchtigung der Vertragsfreiheit sei das schon, aber es gelte

> „... den Arbeitnehmer vor sich selbst, vor dem Gebrauch seiner Vertragsfreiheit zu schützen."

Der spätere *Nipperdey* hätte darin bestimmt ein verfassungsrechtliches Problem gesehen. Dabei hätte sich wohl auch als relevant gezeigt, von welchem Niveau der Arbeitsbedingungen die Rede ist, etwa ob die 48-Std.- oder die 35-Std.-Woche zur Disposition gestellt werden soll. Die Unterlegenheit des Arbeitnehmers ist keineswegs „strukturell", sondern **relativ**, muss in veränderten Zusammenhängen neu überprüft werden. Nachteile des zwingenden Rechts sieht *Nipperdey* durchaus:

> „So kann der TV zu einer gewissen Unterdrückung des Verantwortungsbewusstseins des einzelnen Arbeitnehmers gegen sich selbst, des Höherstrebens führen und die Mittelmäßigkeit fördern."

Von der Unabdingbarkeit dürfe es nur zwei Ausnahmen geben: **Öffnungsklauseln** (auch Zulassungsnormen genannt) und Abweichungen

[12] Vgl. das Allgemeine Gleichbehandlungsgesetz v. 14.8.2006, von den sehr unterschiedlich wertenden Kommentaren etwa *Adomeit/Mohr*, Kommentar zum Allgemeinen Gleichbehandlungsgesetz (2007).

[13] Es galt die TarifVO vom 23.12.1918.

zugunsten der Arbeitnehmer (aaO. S. 8ff.). In Krisenzeiten könne man daran denken, dass eine Lohnreduzierung im Interesse des einzelnen Arbeitnehmers liege, weil er zum Tariflohn keine Anstellung findet oder – dies mein Zusatz! – sein Arbeitsplatz dadurch gefährdet ist. Dies ginge aber nicht an, vielmehr müsste **tarifvertraglich** der Tariflohn herabgesetzt werden, wenn die betreffende Industrie diesen nicht aufbringen könnte und es wegen Unrentabilität von Betrieben zu Arbeitsstreckungen und Entlassungen käme. Zu vergleichen sei nicht Arbeitslosigkeit (plus Erwerbslosenunterstützung) und reduzierter Tariflohn, sondern Tariflohn und untertariflicher Lohn[14].

Diese Gedankengänge von 1920 sind 2006 hochaktuell, finden sich in der heutigen Literatur zum Stichwort „Bündnis für Arbeit“ oder „Standortsicherung“, hatten im Okt./Nov. 2005 nach der Bundestagswahl entscheidende Bedeutung vor Eröffnung der Koalitionsverhandlungen. 1984 in einem NJW-Beitrag „Das Günstigkeitsprinzip – neu verstanden“ habe ich mich gegen diese Lehre des Meisters gestellt. An meinem Standpunkt halte ich fest, auch wenn das ArbG Marburg im Fall Viessmann und das BAG 1. Senat unter *Dieterich* am 20. April 1999 im Fall Burda[15] individualvertragliche Abweichungen vom Tarifniveau verboten haben. Wir stehen heute, wie in der Zwischenkriegszeit überhaupt nicht vorstellbar, im vollen Strom der Globalisierung, das ökonomische Umfeld hat sich grundlegend verändert. Mein Ausgangsfall 1984 war die Existenzbedrohung für eine Werft in Kiel durch die koreanische Schiffsproduktion gewesen. Alsbald ging es nicht mehr nur um den Import von Produkten, sondern um den „Export“ von Arbeitsplätzen, um Verlagerung im größten Stil. In unserem 21. Jahrhundert vollzieht sich die Herausbildung und Angleichung von Weltmarktlöhnen, etwa für die Programmierstunde eines IT-Experten, bestimmt nicht auf unterstem, aber auf mittlerem Niveau, und wir müssen uns auf eine lange Phase von Anpassungen und Reduzierungen einstellen. Dafür ist aber der Flächentarifvertrag mit dem hinter ihm stehenden Verbandsegoismus ungeeignet oder unfähig, und es muss das Selbsthilferecht der Belegschaften anerkannt werden, sich ihre Arbeitsplätze aus eigener Kraft zu erhalten, auch im Interesse der nachfolgenden Generation. Wer hier aus Prinzip an der kollektiven Bevormundung festhält, dem fehlt elementar soziales Empfinden. Die alte TarifvertragsVO von 1918, wie noch das TVG von 1949, beruhten auf dem Bild einer

[14] Fortgeführt in: *Nipperdey/Hueck*, TVG, Kommentar (1950), § 4 Rn. 88.

[15] Fall Viessmann: ArbG Marburg NZA 1996, 1331–1337; Fall Burda: dazu *Buchner*, Der Unterlassungsanspruch der Gewerkschaft – Stabilisierung oder Ende des Verbandstarifvertrages? Zum Beschluss des BAG v. 20.4.1999 – 1 ABR 72/98, NZA 1999, 897–902; *Däubler*, Das neue Klagerecht der Gewerkschaften bei Tarifbruch des Arbeitgebers, AiB, 1999, 481–485; *Walker*, Rechtsschutz der Gewerkschaft gegen tarifwidrige Vereinbarungen, ZfA 2000, 29–51; *Dieterich*, Flexibilisiertes Tarifrecht und Grundgesetz, RdA 2002, 1–17. Meiner Lehre folgen *Löwisch/Rieble*, Kommentar zum TVG (2. Aufl. 2004), § 4 Rn. 256.

geschlossenen Volkswirtschaft, innerhalb derer Lohnunterbietung, auch Schmutzkonkurrenz genannt, etwa durch polnische Wanderarbeiter – *Max Weber* hatte darüber geforscht![16] – von den Gewerkschaften mit Erfolg bekämpft werden konnte. Heute sehen wir, wie es in traditionellen Werken wie Siemens oder AEG zugeht. Schon der Buchtitel von *Adam Smith* von 1776 trat übrigens bereits im Plural auf, „The Wealth of Nations", und erneut lesenswert ist auch *Karl Marx*, 1848, Das kommunistische Manifest, über den siegreichen Internationalismus des Kapitals.

Ich traue mir zu, meine Lehre von der Unentbehrlichkeit der Vertragsfreiheit auf betrieblicher Ebene auch gegenüber dem wiedererstandenen Geist des Großmeisters zu behaupten. Mit der heute resignativ hingenommenen Praxis, tarifwidrige Arbeitsbedingungen gelten zu lassen, besonders in unseren neuen Bundesländern, kann kein Tarifrechtler zufrieden sein. Die bereits verschwundenen Arbeitsplätze in Millionenzahl sind eine bittere Lehre oder, in meiner Formulierung von 1984: „Die Helgen sind leer, aber das TVG gilt!" Die dem Tarifvertrag früher einmal zugeschriebene „Richtigkeitsgewähr" war rundum eine Illusion.

2. Der **Streik** war schon das Doktor-Thema des 21-jährigen *Nipperdey*, vollständiger Titel „Grenzlinien der Erpressung durch Drohung – unter besonderer Berücksichtigung der modernen Arbeitskämpfe", gedruckt 1917. Es ist eine Arbeit zum Strafrecht, über den damals wie heute bestehenden § 253 StGB. Diese Vorschrift war im größten Umfang gegen streikende Arbeiter und Gewerkschaftsführer eingesetzt worden, jeder Streik rief die Staatsanwälte auf den Plan, noch im Geiste von *Bismarcks* Sozialistengesetz. Nach dem Reichsgericht – in Strafsachen – war „rechtswidrig" jeder Vermögensvorteil, auf den man keinen Rechtsanspruch hatte, d.h. folglich jede Forderung auf Lohnerhöhung. Hier hatte der juristische Anfänger *Nipperdey* Aufräumarbeit zu leisten, und er tat das mit schönem Schwung und beachtlichem Selbstbewusstsein, etwa indem er gegenüber einem ihn nicht überzeugenden Gesetz Änderungsvorschläge formulierte. Nicht um Nötigung geht es, das war seine Lehre, sondern um neue Vertragsverhandlungen, erst im Falle des Scheiterns um die mögliche Abkehr vom Vertrag.

Fast 40 Jahre später kam die Entscheidung des Großen Senats (1955), eine Herausforderung, auf die Präsident *Nipperdey*, frisch im Amte, sozusagen gewartet hatte, die Ermächtigung zur Rechtsfortbildung aus § 45 ArbGG wollte genutzt sein. Immer noch galt nach damals allgemein, auch international vertretener Lehre der Streik zwar nicht mehr als Straftat, aber als **Vertragsbruch**, wenn nicht die Streikenden vorher wirksam gekündigt hatten – eine weltfremde Idee! Der Streik war also wichtiger Grund zur fristlosen Entlassung durch die Arbeitgeber. Arbeitskämpfe waren dann Verzweif-

[16] *Radkau*, Max Weber – Die Leidenschaft des Denkens (2005), S. 133: „Die Landarbeiterenquête des Vereins für Socialpolitik".

lungsakte, mit unabsehbaren Folgen. Die neue Lehre – von *Nipperdey* zusammen mit *Bulla* entwickelt – löste Streik und Aussperrung ganz aus vertraglichen, individualrechtlichen Zusammenhängen, begründete sie neu als kollektivrechtliche Institute, mit eigens zu prüfender Legitimation.

Ein Streik ist danach zulässig, wenn er 1. von einer Gewerkschaft geführt wird (also kein „wilder“ Streik), 2. ein tariflich regelbares Ziel verfolgt (also kein „politischer“ Streik[17]), 3. keine Friedenspflicht aus einem laufenden Tarifvertrag besteht, 4. der Streik *„ultima ratio“* ist, also die Verhandlungen gescheitert sind und schließlich 5. die Regeln der fairen Kampfführung eingehalten werden, also keine Totalblockade von Betrieben, kein Verprügeln von Streik-„brechern“, kein Eindringen in die Privatsphäre des Unternehmers, positiv die Zulassung von Notmaßnahmen.

Dies war eine Revolution für unser Arbeitsrecht, mit weiter Ausstrahlung auf die gesamte Rechtsordnung, mit rascher Anerkennung auch international, etwa in Spanien, wo die Kurzfassung von *Hueck/Nipperdey*, Compendio de Derecho del Trabajo, schnelle Anerkennung fand, belohnt mit dem Ehrendoktor für *Nipperdey* durch die Rechtsfakultät der *Universidad Complutense* in Madrid. Die Überzeugungskraft des Spruchs[18] von 1955 ist in den vergangenen 50 Jahren eher gewachsen. Alle spätere Rechtsprechung, soweit man verbessern oder korrigieren wollte, fällt hinter dieses Niveau zurück, lässt jede Plausibilität vermissen, etwa bei der Gefährdung des *ultima-ratio*-Prinzips durch Zulassung von Warnstreiks auch bei noch laufenden Verhandlungen oder mit der Fehleinschätzung der Gefahren durch eine übermäßig weit erstreckte Aussperrung.[19] Der Weg in die tariflich durchgesetzte 35-Stunden-Woche wurde geebnet, und das war, wie wir heute wissen, ein Irrweg.

Die klare Absage an den politischen Streik war von den Gewerkschaften schwer verschmerzt worden, so viel sie auch durch die neue kollektivrechtliche Sicht gewonnen hatten. *Thilo Ramm* ritt in der JZ 1964[20] eine besonders scharfe Attacke. Heute würde stärker verbreitet die Anerkennung sein, dass ein Betreiben von politischen Zielen durch öffentliche Diskussion und auf parlamentarischem Wege allein der Verfassung entspricht und dass die Gewerkschaften hier keinesfalls einflusslos sind, siehe die Zahl von Gewerkschaftsmitgliedern unter den Bundestagsabgeordneten.

Aktuell drängt sich noch eine Frage auf: Wie steht es mit einem Streik gegen die Schließung eines Werkes, etwa AEG Nürnberg, eine der letzten Produktionsstätten für Haushaltselektronik, mit 1700 Arbeitsplätzen? Die Schließung oder Fortführung von Betrieben ist aber kein tariflich regelbarer

[17] Vgl. *Kissel*, Arbeitskampfrecht (2002), S. 233 ff.

[18] Vgl. *Kittner*, Arbeitskampf (2005), mit zahlreichen Hinweisen.

[19] Drei Urteile des BAG, 1. Senat v. 10.6.1980, NJW 1980, 1642 ff. = BAGE 33, 140.

[20] *Ramm*, Die Rechtsprechung des Bundesarbeitsgerichts, JZ 1964, 494–501, 546–555, 582–587; vgl. auch *Däubler*, Das soziale Ideal des Bundesarbeitsgerichts (1975).

Tatbestand, für den Sozialplan ist der Betriebsrat zuständig, Mitbestimmung in wirtschaftlichen Angelegenheiten, §§ 111 ff. BetrVG. Wer hätte nicht für das letzte ziemlich hilflose Aufbegehren der AEG-Werker volles Verständnis?[21] Aber es ist wie beim Kündigungsschutz: wird das Beenden von Arbeitsverhältnissen zu sehr erschwert, werden keine neuen begründet.

Die eindrucksvolle Lehre *Nipperdeys* vom Arbeitskampf ist für einen wichtigen Bereich unvollständig, mit immer wieder sichtbaren schädlichen Konsequenzen: der **Öffentliche Dienst**. Hier fehlt ein gewinnsüchtiger Arbeitgeber als Gegenspieler. Dies ist vielmehr die Allgemeinheit, und genau sie soll auch aufgeschreckt werden, wenn Müllabfuhr, Bahnverkehr oder Krankenhäuser bestreikt werden. Für solche Ausstände ist die frühere strafrechtliche Einschätzung als Nötigung/Erpressung bei Fehlen besonderer Rechtfertigung keineswegs völlig überholt, das Lahmlegen einer Intensivstation kann bestimmt nicht vom Arbeitsrecht gebilligt werden. Es ist daran zu erinnern, dass alle Arbeitnehmer ihr **Demonstrationsrecht** haben, es aber **nach** getaner Arbeit ausüben müssen, und Demos für bessere Arbeitsbedingungen sind keineswegs nur „kollektives Betteln".

3. Zu den Grundrechten! *Thorsten Hollstein* hat seine neue Frankfurter (Main) Dissertation (bei *Joachim Rückert*) über *Nipperdeys* Privatrechtskonzeption betitelt „Die Verfassung als Allgemeiner Teil" (Fn. 6). In diese beherrschende Stellung ist das GG aufgestiegen, mit stärksten Anteil von *Nipperdey* an dieser Entwicklung – jemand hat formuliert „Von Null auf Lüth in nur 9 Jahren" – gemeint ist das Lüth-Urteil des BVerfG v. 15. Januar 1958 .[22] Dies alles begann schon mit den drei Bänden „Die Grundrechte und Grundpflichten der Reichsverfassung", 1929/30 herausgegeben von *Nipperdey*, an sich keine Aufgabe für einen Privatrechtler, und noch überraschender dadurch, dass die Grundrechte in Weimar eine schwache Stellung als bloße Programmsätze hatten. Ein solches Handeln hat etwas Napoleonisches: man sieht ein fremdes Territorium, fühlt sich zur Beherrschung berufen, marschiert ein und erzwingt rasch die allgemeine Anerkennung. Gleich danach 1931 in der 13. Aufl. zum Allgemeinen Teil des BGB hieß es schon in § 1 zum „Begriff des bürgerlichen Rechts" (*Enneccerus-Nipperdey*):

> „Die Wissenschaft des bürgerlichen Rechts darf aber nicht im Positivismus stecken bleiben. Sie hat sich auch mit dem Recht, das sein soll, mit der Frage nach dem gerechten Recht, dem Rechtsideal zu befassen … So bestimmt auch Art. 151 WRV: ‚Die Ordnung des Wirtschaftslebens muss den Grundsätzen der Gerechtigkeit mit dem Ziel der Gewährleistung eines menschenwürdigen Daseins für alle entsprechen …' Zur Ordnung des Wirtschaftslebens gehört aber auch die richterliche entscheidende Tätigkeit im einzelnen Fall … namentlich für die Rechtsfindung bei Lücken, aber auch für die Auslegung der Gesetze …"

[21] Vgl. *Däubler*, Offshoring und die Hilflosigkeit des Arbeitsrechts, NJW 2005, 30–31.

[22] *Henne/Riedlinger*, Das Lüth-Urteil aus (rechts-)historischer Sicht (2005).

Der Fakultätskollege *Heinrich Lehmann* musste hierzu einwenden, dass dieses Gerechtigkeitsideal sehr vage sei, jeder könne sich Beliebiges dazu einfallen lassen, wo bleibe hier die Rechtssicherheit? Es wurde das neue Methodenprogramm *Nipperdeys* erst einmal 1933 von der Geschichte stillgelegt, auf unabsehbare Zeit, so schien es, aber nach 15 Jahren, eine relativ kurze Unterbrechung, gab es neue Grundrechte in neuer Verfassung und alsbald das Gutachten von *Nipperdey* „Gleicher Lohn der Frau für gleiche Leistung" von 1951 mit dem kühnen Vorstoß zur absoluten Wirkung der Grundrechte, zuerst von Art. 3 II, später verallgemeinert in „Grundrechte und Privatrecht", 1961. („Gleicher Lohn der Frau ..." war übrigens juristisch richtiger formuliert als, wie oft im Anschluss an Art. 3 II gesagt „... für Männer und Frauen", denn es geht nur um Frauenlöhne, nicht um ein doppelwirkendes Grundrecht. Im GG Art. 3 II hätte es heißen müssen „Frauen sind den Männern gleichberechtigt." Ein Unsinn wie § 611a BGB mit dem „geschlechtsneutralen" Schutz hätte sich zu Lebzeiten *Nipperdeys*, so möchte es scheinen, gar nicht erst hervorgewagt).

Nipperdey verlangte von der gesamten Juristenzunft nicht weniger als ein neues Denken, etwa mit der bisher unbekannten Figur eines grundrechtswidrigen Rechtsgeschäfts, das natürlich nur nichtig sein konnte, unerhört! Irgendjemand musste nach dem Verbleib der Privatautonomie unter so viel Verfassungsrecht fragen, und es war keineswegs paradox, wenn damit ein Lehrer des **Staatsrechts**, *Günther Dürig* auftrat, denn auch hierfür steht ein Grundrecht, Art. 2[23]. Die „freie Entfaltung der Persönlichkeit" hat *Nipperdey* in Antwort auf *Dürig* und auch auf *Flume* besonders gründlich abgewogen dargestellt (in Zusammenarbeit mit *Günther Wiese*).[24] Großmeisterkämpfe wurden hier ausgetragen, sehr faszinierend. Der kritische Beobachter darf anmerken, dass der Zivilrechts- und Methodenlehrer *Nipperdey* durch Liberalisierung der Auslegungsgrenzen zugleich den Wirkungskreis des herausgehobenen Richters *Nipperdey* erweiterte, also nicht unparteiisch sein konnte, außerdem nicht bedachte, **wer** ihm einmal nachfolgen könnte. *Montesquieu* und das Rechtsstaatsprinzip sind hier einschlägig, zuletzt noch hat *Bernd Rüthers* einen NJW-Aufsatz nach seiner Art kräftig betitelt: „Geleugneter Richterstaat und vernebelte Richtermacht" (NJW 2005, 2759). Um ein sanfteres Zitat zu bringen: *Elke Herrmann* sagt im Einführungsband zum Staudinger (2005, Redaktor *Michael Martinek*), wer über das bürgerlichrechtliche Eigentum schreibe, sollte nicht gleich bei Art. 14 GG ansetzen, das

[23] *Dürig* in: Maunz/Dürig, Kommentierung Art. 1 und 2 GG (Sonderdruck 1958); s. schon *ders.*, Der Grundrechtssatz von der Menschenwürde, Entwurf eines praktikablen Wirtschaftssystems der Grundrechte aus Art. 1 Abs. I in Verbindung mit Art. 19 Abs. II des Grundgesetzes, AöR 81 (1956), S. 117–157.

[24] *Nipperdey*, Freie Entfaltung der Persönlichkeit, in: Bettermann/ders. (Hrsg.), Die Grundrechte, Handbuch der Theorie und Praxis der Grundrechte, Bd. 4, zweiter Halbband (1962), S. 741–909.

ist eine nützliche Ermahnung. Die Ermahnung wird gestützt von der Philosophie her: Würde des Menschen, Freiheit und Gleichheit sind Grundrechte, aber dazu erst geworden, nachdem *Platon* und *Aristoteles*, *Hobbes* und *Rousseau*, *Kant* und *Hegel* über Jahrhunderte hinweg eine Denktradition erarbeitet hatten. Das BVerfG ist zu diesen Werten eine Autorität, aber eine abgeleitete. Ein Zivil- oder Arbeitsrichter, der Privatrechtsverhältnisse unter drittwirkende Grundrechte stellt, operiert in großräumigen geistigen Zusammenhängen, die er vielleicht nicht übersehen kann. *Canaris* in seiner Schrift über die *iustitia distributiva* hat darüber einiges aufscheinen lassen.[25]

III. Lehren für uns aus der Lehre von Nipperdey

Im Zentrum der späten Jahre *Nipperdeys* 1963–68 – jetzt nur noch Emeritus in Köln – stand der glanzvoll gefeierte 70. Geburtstag 1965 mit einer Vielzahl von Würdigungen, der stattlichen 2-bändigen Festschrift, dem Großen Bundesverdienstkreuz und – dies freute den Jubilar besonders – einem Fackelzug von Studenten zu seinem Privathaus, wo natürlich ein Fässchen Bier bereitstand. Sieht man genauer hin, so gab es schon vor und zunehmend nach diesem Datum Anzeichen schwerwiegender Veränderungen, Vorboten nahenden Unheils. Dabei spreche ich nicht von der Person *Nipperdeys* (seiner angegriffenen Gesundheit), sondern von den Zielen, denen er sein Wirken gewidmet hatte, das Arbeitsleben und Arbeitsrecht der Bundesrepublik. *Ludwig Erhard*, Vater des Wirtschaftswunders, war sozusagen das erste Globalisierungsopfer. Das Heizöl verdrängte mit Kampfpreisen – später gezielt erhöht – die Kohleöfen, im Ruhrgebiet gab es Kohlehalden und Zechenstilllegungen, die Kumpels demonstrierten in Bonn, ihre schwarzen Fahnen wehten über das Fernsehen in allen Wohnstuben. Zu einem konsequenten Umschulungsprogramm für Bergleute konnte der große Marktwirtschaftler sich nicht aufraffen, er verlor sein Amt als Bundeskanzler (1966). Die Gewerkschaften hatten keine überzeugende Perspektive für ihre Lohnpolitik, stellten Nebenforderungen auf wie Einziehung der Gewerkschaftsbeiträge in den Betrieben[26] oder Differenzierung nach Gewerkschaftszugehörigkeit, d.h. tarifliche Vergünstigungen für Gewerkschaftsmitglieder, Thema auf dem Juristentag Essen 1966.[27] Die Habilitationsschrift von *Biedenkopf* „Grenzen

[25] *Canaris*, Die Bedeutung der iustitia distributiva im deutschen Vertragsrecht (1997) (dazu *Adomeit*, NJW 1998, 3259; vgl. auch *Adomeit*, Unisextarife und Aristoteles, NJW 2005, 721–722).

[26] Dagegen *Dietz* und *Nipperdey* im Gutachten 1963., hrsg. v. d. Bundesregierung der Deutschen Arbeitgeberverbände.

[27] Vgl. Bericht *Adomeit*, 46. Deutscher Juristentag, vom 27. bis 30. September 1966 in Essen, RdA 1966, 374–378; über die Wiederkehr dieses Typs von Forderung *Gamillscheg*, Ihr naht euch wieder, schwankende Gestalten – „Tarifbonus" für Gewerkschaftsmitglieder, NZA 2005, 146–150.

der Tarifautonomie" 1964 hatte Aufsehen erregt, beherrschte die Diskussion, es fehlten nur klare und umsetzbare Anweisungen. Das Vermögensbildungsgesetz von 1961, auch 312-Mark-Gesetz genannt (dagegen seinerzeit eine Verfassungsklage der IG Chemie), rechtspolitisch weitergeführt von *Georg Leber*, bot neue Perspektiven[28], und es war der Vorschlag *Nipperdeys*, dass ich darüber meine Habilitationsarbeit schreiben sollte, ein höchst vernünftiger Vorschlag. Leider war ich damals fasziniert von der Lehre *Kelsens*, wollte unbedingt die „Rechtsquellenfragen des Arbeitsrechts" lösen, die man aber nur umkreisen kann. Gegen *Kelsen* konnte *Nipperdey* nichts haben, er ließ mir dieses unbescheidene Thema mit freundlichem Kopfschütteln durchgehen. Politisch und nationalökonomisch hat die Bundesrepublik 40 Jahre versäumt, in denen sich echtes Vermögen in Arbeitnehmerhand hätte bilden können, auch für die Familien und die nächste Generation, was stattdessen als Konsum in alle vier Winde verweht ist. Wenn man heute den **Verbraucherschutz** als Fortsetzung des Arbeitnehmerschutzes sieht (*Norbert Reich*), bestätigt man nur eine Fehlentwicklung, Eigentumsschutz wäre besser gewesen.[29] Die durch die unfinanzierbare Rente entstehende Versorgungslücke wäre dann ein nicht so großes Problem.

Kriseln tat es auch an der Universität. 1965 erschien die Denkschrift des SDS „Hochschule in der Demokratie", eine Fundamentalkritik. Zur richtigen Antwort fehlt bis heute der Mut, sie müsste lauten: die Universität ist eben eine aristokratische Einrichtung, und genau das soll sie bleiben, alle profitieren davon. Wir haben uns leider ein schlechtes Gewissen einreden lassen. In Oxford witzelte man, das neue Problem sei „how to be excellent and equal too!" Ob meine FU oder die Humboldt-Universität exzellenter sei, ist albern gefragt bis zur Lächerlichkeit! Fest steht, dass die Hochschulen im aufgeklärten Feudalismus nicht schlecht aufgehoben waren. *Johann Braun* in Passau hat gerade ein schönes Buch über *Eduard Gans*[30] veröffentlicht, und schildert ein Mittagsgespräch an der Tafel des Kronprinzen, etwa 1830, *Hegel* war eingeladen, um über neuere Entwicklungen der Rechtsphilosophie zu plaudern, man wird rückwirkend neidisch. Die Bundesrepublik, auch in den letzten gesamtdeutschen Jahren, hat keinen bedeutenden Kultus- und Wissenschaftsminister hervorgebracht, *Johannes Rau* als Ausnahme, stattdessen gibt es eine Rechtschreibereform unter Zerstörung der Rechtschreibung und viel Hochschulreform, die unsere hohen Schulen immer mehr an Höhe verlieren ließ.

[28] *Adomeit*, Vermögensbildungsgesetz und Koalitionsfreiheit (Tarifvertrag), RdA 1964, 309–314.

[29] Vgl. die Bonner Habilitationsschrift *Meller-Hannich*, Verbraucherschutz im Schuldvertragsrecht (2005), darüber *Adomeit*, JZ 2006, 615.

[30] *Braun*, Eduard Gans – Naturrecht und Universalrechtsgeschichte (2005).

Nipperdey stand dem damals von draußen eindringendem Lärm mit freundlichem Interesse gegenüber, er hatte politisch schon Ernsteres durchgestanden. Bei einem Mittagsgespräch an seiner Tafel in seinem Haus in Köln-Marienburg – es ging um die neuen linken Strömungen – sagte er: „Adorno wollte ich lesen, aber ich verstehe ihn nicht". Es lassen sich auch keine größeren Gegensätze denken: das geheimnisvolle Dunkel, in das *Adorno* seine Texte hüllte, wohl weil sein als Ästhetik missverstandener Marxismus keine Klarheit verträgt, dagegen die beispielhafte Schlichtheit und Verständlichkeit jeder Zeile von *Nipperdey*, auch in den kompliziertesten Zusammenhängen. Als Assistent jammerte man zuweilen, wenn er rigoros in den Entwürfen die Nebensätze strich, aber Hauptsachen gehören in Hauptsätze; das ist eben so. In den Bibliotheken stehen heute die beiden Halbbände *Enneccerus-Nipperdey*, drohend in schwarzes Leinen gebunden, ziemlich unbeachtet da, aber es sind sehr lesbare Bücher. Die alte Frakturschrift schreckt natürlich ab, aber dafür sind die vielen lateinischen Zitate in gebräuchlicher Schrift leicht zu lesen.

Von der Universität als aristokratischer Einrichtung war die Rede, und *Nipperdey* hatte durchaus Anlage zum Feudalherrn. *Gamillscheg* in Göttingen wies die Berufung auf den *Nipperdey*-Lehrstuhl zurück mit der intern kolportierten Begründung, zum Renaissance-Fürsten sei er weniger geeignet. In **einem** Bereich seines Wirkens zeigte sich der Hochschullehrer *Nipperdey* aber demokratisch; als Doktor-Vater. Über viele Jahre hinweg verteidigte er die liberale Promotionsordnung der Kölner Fakultät, die ohne jedes Prädikatserfordernis ein „ausreichend" genügen ließ. Sein Argument war, Juristen sollten wie jeder Mediziner den Zugang zum nützlichen Doktor-Titel haben, und ein 120-Seiten-Text, der Hand und Fuß hatte, ein ordentliches Literatur-Verzeichnis mit nachprüfbaren Zitaten brachte, dazu die Nervenprobe im *rigorosum*, das sei genug. Ein zweites Argument, als er von anspruchsvolleren Kollegen immer mehr in die Enge getrieben wurde: die Fakultät solle nicht darauf verzichten, zu früheren Studenten, jetzt erwachsene Juristen, im produktiven Kontakt zu bleiben. Freilich verlor er zuletzt den Überblick. Nach seinem Tode wurde ich, jetzt Privatdozent, von der Fakultät beauftragt, aus den Akten die Zahl unabgeschlossener Promotionsverfahren zu ermitteln, Ergebnis: 194. Die Lehre für mich war, meine eigenen Promotionen zum Ende meiner aktiven Zeit rechtzeitig unter Dach und Fach zu bringen. Ergebnis: insgesamt 65.

Nipperdey verstarb 1968, und ich gestatte mir, dieses Datum symbolisch zu nehmen: mit den 68ern und ihrer Philosophie wollte er nichts zu tun haben,[31] dazu war sein Sinn zu sehr auf das Praktische gerichtet, schon vom väter-

[31] Dies galt, mit besonders heftigen Angriffen, auch gegenseitig: vgl. die 1968 gegründete „Kritische Justiz" mit Beiträgen in den ersten Jahrgängen von *Azzola*, *Unterseher*, *R. Hoffmann*, *R. Wahsner*, *Th. Blanke* (dazu *Wahsner*, KritJ 1974, 369–386).

lichen Arztberuf her. Es war für ihn eine kindliche wenn nicht schon kindische Idee, wissenschaftliches Arbeiten durch Endlos-Diskussion – auch Diskurs genannt – zu ersetzen, auch wenn ein *Habermas* dies zur Philosophie erhoben hatte. Kennzeichnend für die 68er war deren Illusion, Dauergarantien für Frieden, Freiheit und Wohlstand zu besitzen, sich ein spielerisches Leben ohne Bindung und Verantwortung gönnen zu dürfen, natürlich besoldet mit A 13 oder C 3 aufwärts. Die so geprägte Epoche ist vorüber, kennzeichnend ist das Abtreten der letzten Regierung und ihrer Repräsentanten, im Geistesleben der Republik die „Kultur der Freiheit" von *Udo Di Fabio*, 2005, wenn nicht *Peter Hahne*, „Schluss mit lustig – das Ende der Spaßgesellschaft", 2004, letzteres Buch mit größerer Breitenwirkung. Man ist sich allgemein bewusst, dass Veränderungen notwendig sind – „Reformen" ist ein verbrauchtes Wort – und keineswegs in Richtung *Wellness* und Zuwachs, ganz im Gegenteil. Auch im Zivilrecht erscheinen Rückbesinnung und Revision dringend geboten. Eine direkte Anknüpfung bei *Nipperdey*, als *Retro-Look*, ist unmöglich, das wäre auch unhistorisch, aber seine Welt des Zivilrechts war vernünftiger eingerichtet als unsere Welt, daraus ist zu lernen.

Das gilt schon quantitativ: die Überfülle von Regelungen ist verderblich, sogar im dunklen Europa-Wald will man sich daran wagen, das Unterholz zu lichten. Die Richtlinien zum Schutz vor Diskriminierungen sind leider nicht auf ihren sinnvollen Kern zurückgebracht worden, es wird durch die ausweitende Umsetzung beträchtlicher Schaden entstehen, wenn das gesamte Personalwesen der gerichtlichen Prüfung ausgesetzt werden soll, womöglich mit eigener Klagebefugnis von Betriebsräten und Gewerkschaften. Lernbedarf besteht auch qualitativ, denn die Zahl missglückter, gleich nach der Verkündung korrekturbedürftiger Regulierungen ist bedrückend, womit auch das Niveau von Kommentierungen verfällt, letzten Endes sogar der rechtswissenschaftliche Standard. Zu § 611a BGB hatte *Putzo* seinerzeit als Kommentator im *Palandt* in einer ersten Aufwallung gerechten Zorns geschrieben „ein neuer Höhepunkt von Gesetzgebungsdilettantismus", heute hat man sich – auch *Putzo* – womöglich schon an Schlimmeres gewöhnt. Die 131 Novellen zum BGB 1964–2004 haben das BGB nicht besser gemacht, im Gegenteil. Von unserem BGB-Kaufrecht nach der Schuldrechtsreform gibt es inzwischen eine spanische Übersetzung, die *Harm Peter Westermann* im September 2005 den Kollegen in Málaga erläutern sollte, zu allgemeinem Befremden, z.B. über die zugemuteten Verweisungen in § 437 (Sachmängel). Über unsere Arbeitsgesetze, Text-Ausgabe dtv mit über 800 Seiten, d.h. etwa 2400 Vorschriften habe ich gefordert,[32] sie sollten auf den Bestand Mitte der 60er Jahre zurückgeführt werden, mit verbleibendem Umfang von etwa einem Drittel.

[32] *Adomeit*, Mehr Beschäftigung durch Neues Arbeitsrecht (2005); vgl. auch den Diskussionsentwurf eines Arbeitsvertragsgesetzes von M. *Henssler* und U. *Preis*, NZA 2006, Beil. Heft 23, 6–31.

Vor allem aber sind elementare Einsichten verloren gegangen, die sich aus den Institutionen des *Justinian* leichter erschließen als aus neuester Gesetzgebung. Wer sich scheut, das Vertragsrecht mit *„pacta sunt servanda"* zu beginnen, sollte sich nicht wundern, wenn die Geschäfte schlecht gehen. Wer die **Ehe** so gestaltet, dass sie sich nach Belieben in eine nacheheliche Versorgungseinrichtung verwandeln lässt – denn in unserem **Recht der Scheidung** gilt ja keineswegs ein Zerrüttungsprinzip, das ist Propaganda, sondern das Prinzip der Beliebigkeit[33] – hat die von den Familienreports gemeldeten Defizite hinzunehmen. Soll man das wirklich alles so weiterlaufen lassen? Es gibt ein eindringlich mahnendes Buch von *Arnulf Baring* – als wirklicher Exzellenz-Nachweis für die FU – „Scheitert Deutschland?", aber das Scheitern haben wir schon hinter uns, die Bundesrepublik als exemplarischer Wohlstands- und Wohlfahrtsstaat **ist** gescheitert, spätestens im ökonomisch verheerend ausgegangenen Experiment der Wiedervereinigung. Verfehlt war und ist die Privilegierung des Konsums anstatt der produktiven Leistung, mag auch der Verbraucherschutz europäisch abgesegnet sein. Fällig ist seit langem der Wiedereinzug ernsthaften Lernens im Schulunterricht und im Lehrbetrieb der Hochschulen für Anfangssemester. Aufräumarbeiten warten auf unseren Zugriff. Es sollte den Heutigen viel leichter fallen als der *Nipperdey*-Generation in den Trümmern von 1945, den Wiederaufbau zu leisten.

[33] Darüber *Adomeit,* BGB – Bürgerliches Gesetzbuch, Eine Orientierungshilfe für Neugierige, Erstaunte, Verzweifelte und Frustrierte (2005), S. 34 ff.

Herbert Wiedemann*

Holger Fleischer

I. Einführung

Herbert Wiedemann, über den ich heute berichten darf, wird in wenigen Monaten 75 Jahre alt. In dem ehrwürdigen Reigen großer Zivilrechtslehrer des 20. Jahrhunderts gehört er damit zu den Jungspunden. Sein Werk wirkt nicht nur in das neue Millennium herüber, sondern ist greifbare Gegenwart: Der von ihm herausgegebene und maßgeblich mitverfasste Kommentar zum Tarifvertragsgesetz ist noch druckfrisch[1], und sein Lehrbuch zum Personengesellschaftsrecht stammt aus dem Jahre 2004[2]. Diese fortwährende literari-

* Vortrag am 29. Juni 2007 – Humboldt-Universität zu Berlin.

[1] Vgl. *Wiedemann* (Hrsg.), Tarifvertragsgesetz (7. Aufl. 2007).

[2] Vgl. *Wiedemann*, Gesellschaftsrecht, Bd. II: Recht der Personengesellschaften (2004).

sche Präsenz macht eine Würdigung schwerer und leichter zugleich: *leichter*, weil die eigenen Eindrücke unverändert lebendig sind; *schwerer*, weil die fehlende zeitliche Distanz eine unbefangene Annäherung verhindert. Dieses letzte Handicap haben die Veranstalter der Vortragsreihe freilich bewusst in Kauf genommen: Wenn Schüler ihre akademischen Lehrer vorstellen, färbt die persönliche Verbundenheit unweigerlich auf ihren Vortrag ab. Sie dürfen daher von mir keinen nüchternen Sachbericht nach Art eines Lexikoneintrages in einem Gelehrtenkalender erwarten,[3] sondern ein in Pastellfarben gemaltes, höchst subjektives Juristenporträt.

II. Biographische Grunddaten

Beginnen wir mit einem gedrängten Lebenslauf: *Herbert Wiedemann* wurde 1932 in Berlin-Grunewald geboren. Sein Vater, ein Jurist, war als Ministerialrat im Reichsarbeitsministerium und später im bayerischen Staatsdienst tätig, seine Mutter kümmerte sich um die Familie und ließ sich nebenbei zur Sängerin ausbilden. Die Familie verschlug es kriegsbedingt nach Bayern, wo *Wiedemann* bis zum Alter von 33 Jahren blieb. Er hatte in seinem musikorientierten Elternhaus schon früh Geige- und Klavierspielen gelernt und nahm – zum Wohlgefallen seiner Mutter – ein Musikstudium in München auf. Einer „Auflage" seines Vaters folgend, schrieb er sich zugleich für Rechtswissenschaften ein und schloss dieses Studium nach acht Semestern mit Auszeichnung ab. Eine gesellschaftsrechtliche Vorlesung hat er während dieser Zeit nie besucht, doch sollten sich – wenn dieser halbernste Zwischenruf erlaubt ist – die heutigen Studenten hieran kein Beispiel nehmen. Während der Vorbereitung auf die Erste Juristische Staatsprüfung beim stadtbekannten Münchener Repetitor *Rottmann* trat die musikalische Instrumentalausbildung in den Hintergrund, und nach dem zwischenzeitlichen Tod seines Vaters entschloss sich *Wiedemann*, allein die juristische Laufbahn weiterzuverfolgen. Seine Geige hat er, der bei *Schneiderhahn* in Salzburg und Luzern Meisterkurse besucht hatte, seither nie wieder angerührt.

Während der damals noch dreieinhalbjährigen Referendarzeit schrieb *Wiedemann* eine von *Alfred Hueck* betreute Doktorarbeit über den verbandswidrigen Streik.[4] Mit einer bei *Rolf Dietz* entstandenen zweiten Schrift „Die Übertragung und Vererbung von Mitgliedschaftsrechten bei Handelsgesellschaften" wurde er 1963 habilitiert.[5] Nach kurzer Zeit als Privatdozent

[3] Dazu etwa *Schmiederjürden (u.a.)*, Wiedemann, in: K.G. Saur Verlag (München) (Hrsg.), *Kürschners* Deutscher Gelehrtenkalender (21. Aufl. 2007), Bd. III, S. 4010 f.

[4] Vgl. *Wiedemann*, Urabstimmung und wilder Streik. Der verbandswidrige Streik, Münchener Dissertation (1958) (Maschinenschrift).

[5] Vgl. *Wiedemann*, Die Übertragung und Vererbung von Mitgliedschaftsrechten bei Handelsgesellschaften (1965).

in München und Hamburg nahm *Wiedemann* 1965 einen Ruf an die Freie Universität Berlin an. Zum 1. Oktober 1967 wechselte er an die Universität zu Köln, dessen Institut für Arbeits- und Wirtschaftsrecht (AWR) ihm zur zweiten Heimat geworden ist.[6]

III. Forschungsgebiete

Wie die Themen seiner beiden Qualifikationsschriften schon ankündigen, hat *Herbert Wiedemann* akademische Einseitigkeit stets vermieden. Sein Forschungsprogramm umfasst drei große Rechtsgebiete: Gesellschaftsrecht, Arbeitsrecht und Vertragsrecht. Sie wechselten einander in loser Folge ab, wobei sich vielleicht ein gewisses Übergewicht im Gesellschaftsrecht ausmachen lässt.

1. Gesellschaftsrecht

Das gesellschaftsrechtliche Werk beginnt mit der wirkungsmächtigen Habilitationsschrift, deren Thema *Wiedemann* der Rechtspraxis abgelauscht hat: Die Initialzündung gab die Rechtssache *Rotzler* gegen *Rotzler*, mit der er als Referendar bei der Sozietät *Endrös & Pauli* befasst war und in der es um Erbschaftsstreitigkeiten in einer Familiengesellschaft ging. Weitere Veröffentlichungen folgten in hoher Taktzahl, wobei zunächst das Aktienrecht mit umfangreichen Kommentierungen im Großkommentar zur Kapitalerhöhung und Satzungsänderung im Vordergrund stand.[7] Später verschoben sich die Akzente zum Konzernrecht[8] und zu den Personengesellschaften[9]. Die beiden großen Lehrbücher zum Gesellschaftsrecht führten die weit ausgesponnenen Fäden dann wieder kunstvoll zusammen. Auf Einzelheiten komme ich später zurück.[10]

Nicht alle *Wiedemannschen* Ideen erwiesen sich indes als Selbstläufer. Vor allem für seine frühen Vorstöße zum Kapitalmarktrecht war die Zeit noch nicht reif. Seine Artikel in der Frankfurter Allgemeinen Zeitung vom März

[6] Zum 75-jährigen Bestehen dieses von *Nipperdey* begründeten „Hauses im Weyertal" *Wiedemann*, 75 Jahre Institut für Arbeits- und Wirtschaftsrecht der Universität zu Köln, RdA 2005, 321–323.

[7] Vgl. Großkommentar zum Aktiengesetz – *Wiedemann* (3. Aufl. 1971), §§ 179–191, 207–220, 262–277; *Wiedemann* – Großkommentar zum Aktiengesetz (4. Aufl. 1994), §§ 179–191.

[8] Vgl. vor allem *Wiedemann*, Die Unternehmensgruppe im Privatrecht (1988); ferner *ders./Hirte*, Konzernrecht, in: Canaris u.a. (Hrsg.), 50 Jahre Bundesgerichtshof, Festgabe aus der Wissenschaft, Bd. 2 (2000), S. 337–386.

[9] Vgl. etwa *Wiedemann*, Der Gesellschaftsvertrag der Personengesellschaften, WM 1990, Sonderbeilage Nr. 8, 1–30.

[10] Dazu unten VII.

1968 „Warum kein Aktienamt in Deutschland?"[11] und „Die Börsenspielregeln fair und flexibel halten"[12], in denen er für ein gesetzliches Insiderhandelsverbot warb, stießen in Wirtschaftskreisen auf eisige Ablehnung und entschiedenen Widerspruch. Ein einflussreicher Rechtsanwalt beim Bundesgerichtshof und Mitherausgeber der NJW, so hat *Wiedemann* mir einmal erzählt, bestellte ihn daraufhin zum „Rapport" in ein Berliner Grand-Hotel und bedeutete ihm, er möge sich doch fortan aus dem Börsen- und Gesellschaftsrecht heraushalten. Seither hat *Wiedemann* zu den Mächtigen in Rechtspolitik und Wirtschaft stets eine gewisse Distanz gewahrt.

2. *Arbeitsrecht*

Im Arbeitsrecht ist *Wiedemann* zunächst mit einer schmalen Einzelschrift „Das Arbeitsverhältnis als Austausch- und Gemeinschaftsverhältnis" hervorgetreten,[13] die auf seinem Münchener Habilitationsvortrag beruht. Ihre Anlage weist bereits charakteristische Merkmale der *Wiedemannschen* Forschungsmethode auf, indem sie zunächst die Strukturelemente des Arbeitsverhältnisses und deren Wirkungsweise freilegt, um sie sodann an ausgewählten Einzelfällen zu erproben.[14] *Wiedemann* selbst vergleicht die von ihm herausgearbeiteten Elemente mit einem „das Gefüge des Arbeitsverhältnisses tragenden Stahlskelett"[15]; als Gesellschaftsrechtler ist man geneigt, von einer *„Anatomy of Labor Law"*[16] zu sprechen. Dieser (Röntgen-)Blick auf die strukturellen Zusammenhänge eines Rechtsgebiets und der Rückgriff auf seinsgesetzliche Begründungsmuster gehören zu seinen methodischen Markenzeichen.

Wiedemanns Forschungsschwerpunkt in der arbeitsrechtlichen Abteilung bildet im Weiteren das kollektive Arbeitsrecht, während er sich mit Fragen des Kündigungsschutzes oder der Entgeltfortzahlung so gut wie nie abgegeben hat.[17] Diese unübersehbare Neigung zum privatrechtlichen Organisationsrecht entsprang allerdings weniger einer persönlichen Vorliebe, sondern vielmehr dem Zufall oder – um der Wahrheit die Ehre zu geben – fürsorg-

[11] *Wiedemann*, Warum kein Aktienamt in Deutschland, FAZ Nr. 73 vom 26. März 1968.

[12] *Wiedemann*, Die Börsenspielregeln fair und flexibel halten, FAZ Nr. 75 vom 28. März 1968.

[13] Vgl. *Wiedemann*, Das Arbeitsverhältnis als Austausch- und Gemeinschaftsverhältnis (1966).

[14] Vgl. *Wiedemann* (Fn. 13), S. 9ff. (Erstes Kapitel: Die Strukturelemente des Arbeitsverhältnisses), S. 47ff. (Zweites Kapitel: Die Wirkung der Strukturelemente), S. 75ff. (Drittes Kapitel: Einzelfragen).

[15] *Wiedemann* (Fn. 13), S. 47.

[16] In Anlehnung an *Kraakman/Davies/Hansmann/Hertig/Hopt/Kanda/Rock*, The Anatomy of Corporate Law (2004).

[17] Für eine wichtige Ausnahme *Wiedemann*, Subjektives Recht und sozialer Besitzstand nach dem Kündigungsschutzgesetz, RdA 1961, 1–8.

lichem Oktroi der Altvorderen: Als der von *Alfred Hueck* und *Hans Carl Nipperdey* begründete Kommentar zum Tarifvertragsgesetz fortgesetzt werden sollte, ordneten *Alfred Hueck* und *Rolf Dietz* kurzerhand an, dass dies *Wiedemann* machen müsse, während *Reinhard Richardi* den *Dietzschen* Kommentar zum Betriebsverfassungsgesetz zu übernehmen habe – eine Art Pflichtaufgabe zur Erfüllung nach Weisung, die eine spätere Herzensbildung freilich nicht ausschließt.

Die Liste weiterer einflussreicher Aufsätze zum Arbeitsrecht ist lang. Hervorheben möchte ich hier noch einen mit „Unternehmensautonomie und Tarifvertrag" überschriebenen Beitrag in der Festschrift für *Riesenfeld*[18], der rechtsvergleichende Einsichten zur *„managerial prerogative"* im US-amerikanischen Arbeitsrecht verarbeitet und damit die Rechtsprechung des Bundesarbeitsgerichts zur tarifvertragsfreien Unternehmensautonomie vorbereitet und maßgeblich mitgeprägt hat.[19]

3. Vertragsrecht

Der wissenschaftlichen Beschäftigung mit dem Vertragsrecht hat sich *Wiedemann* von den Flügeln her genähert. Erste wichtige Veröffentlichungen beschäftigen sich mit der Schnittstelle zwischen allgemeinem Vertragsrecht einerseits und Gesellschafts- und Arbeitsrecht andererseits. Dazu gehören etwa der Festschriftenbeitrag zu Ehren von *Hans Carl Nipperdey* über die Haftung des Verkäufers von Gesellschaftsanteilen für Mängel des Unternehmens[20] sowie die Studie in der *Herschel*-Festschrift zur *culpa in contrahendo* beim Abschluss des Arbeitsvertrages[21]. Dort findet sich auch ein bemerkenswertes Bekenntnis zur Einheit der Zivilrechtswissenschaft, die *Wiedemann* trotz aller Zentrifugalkräfte durch die zunehmende Ausdifferenzierung der Sonderprivatrechte für bewahrenswert hält:

> „Die Aufgabe der Zivilrechtswissenschaft ist eine doppelte: sie muß einerseits den Verästelungen des Vertragsrechts nachgehen, andererseits den Strom der Entscheidungen zu seinen prinzipiellen Quellen zurückverfolgen. Die begriffliche, systematische und funktionale Einheit ist auch dann weiterzuführen, wenn einheitliche Rechtsregeln nur begrenzt aufrechterhalten werden können."[22]

[18] Vgl. *Wiedemann*, Unternehmensautonomie und Tarifvertrag, in: Jayme/Kegel/Lutter (Hrsg.), Festschrift Riesenfeld (1983), S. 301–327.

[19] Vgl. BAG NZA 1990, 886, 889 unter mehrfachem ausdrücklichen Hinweis auf *Wiedemann*; fortgeführt in BAG NZA 2001, 271, 273.

[20] Vgl. *Wiedemann*, Die Haftung des Verkäufers von Gesellschaftsanteilen für Mängel des Unternehmens, in: Dietz/Hübner (Hrsg.), Festschrift Nipperdey, Bd. I (1965), S. 815–836.

[21] Vgl. *Wiedemann*, Zur culpa in contrahendo beim Abschluß des Arbeitsvertrags, in: Hanau u.a. (Hrsg.), Festschrift Herschel (1982), S. 463–481.

[22] *Wiedemann*, FS Herschel (1982), S. 463.

Ins Zentrum des Vertragsrechts ist *Wiedemann* sodann mit seiner Kommentierung zum Leistungsstörungsrecht in der 11. und 12. Auflage des *Soergel*[23] vorgedrungen, zu der ihn *Hans-Joachim Mertens* als zuständiger Bandredakteur verführt hat. Sie beeindruckt – wie viele seiner Schriften – durch den Willen und die Kraft zur Systembildung. Dass jeder juristische Stoff der gliedernden Ordnung bedarf, weil sie uns hilft, die mannigfachen Einzelheiten präsent zu halten und über die äußere Einteilung allmählich zu den inneren Begründungszusammenhängen vorzustoßen, gehört zu *Wiedemanns* festen Grundüberzeugungen. Für das Vertragsrecht findet sich der Systemgedanke wie in einem Brennglas eingefangen in *Wiedemanns* Festschriftenbeitrag zur 600-Jahr-Feier der Universität zu Köln, deren Rektor er von 1979 bis 1983 war. Sein Titel lautet: „Das System der Leistungsstörungen im deutschen Vertragsrecht"[24]. Der Beitrag schließt mit einer skeptischen Einschätzung der modernen Gesetzgebung, von deren Qualität sich *Wiedemann* zunehmend enttäuscht zeigt:

> „Wir nähern uns dem Ende des Jahrhunderts nicht mit dem gleichen Zutrauen in eine unfehlbare Gesetzgebung wie unsere Vorväter in der Wilhelminischen Zeit, haben dafür aber berechtigtes Zutrauen in eine gefestigte Rechtsprechung gewonnen."[25]

Diese Zustandsbeschreibung erinnert an ein frühes Diktum von *Alexander Hamilton* in den *Federalist Papers*, die Rechtsprechung sei doch *„the least dangerous branch"*[26]. *Wiedemann* selbst würde dies – anders als viele Kollegen im In- und Ausland[27] – sicher unterschreiben.

4. *(...) und ein Rat an seine Schüler*

Gesellschaftsrecht, Arbeitsrecht, Vertragsrecht – von seinen Schülern hat *Herbert Wiedemann* eine ähnliche wissenschaftliche Breite nicht verlangt, ja

[23] Vgl. Soergel/Siebert-*Wiedemann*, Kommentar zum Bürgerlichen Gesetzbuch (11. Aufl. 1986), §§ 275–304, 320–327 BGB; sowie Soergel-*Wiedemann*, Kommentar zum Bürgerlichen Gesetzbuch (12. Aufl. 1990), vor § 275, § 275, §§ 279–292, §§ 293–304, vor § 320–§ 327 BGB.

[24] *Wiedemann*, Das System der Leistungsstörungen im deutschen Vertragsrecht, in: Festschrift der Rechtswissenschaftlichen Fakultät zur 600-Jahr-Feier der Universität zu Köln (1988), S. 367–395.

[25] *Wiedemann*, FS 600 Jahre Universität zu Köln (1988), S. 367, 395.

[26] Vgl. *Madison/Hamilton/Jay*, The Federalist Papers (1788), hier zitiert nach der von *Kramnick* (Penguin Books, London 1987) herausgegebenen Ausgabe, Number LXXVIII: A View of the Constitution of the Judicial Department in Relation to the Tenure of Good Behaviour: „Whoever attentively considers the different departments of power must perceive that, in a government in which they are separated from each other, the judiciary, from the nature of its functions, will always be the least dangerous to the political rights of the Constitution."

[27] Fundamentalkritik bei *Flaherty*, The Most Dangerous Branch, Yale L.J. 105 (1996), 1725–1783.

sogar ausdrücklich von ihr abgeraten. Bestanden hat er allerdings auf einem festen Fundament im Bürgerlichen Recht. Zur Ehrenrettung der nachfolgenden Generationen sei freilich vorgetragen, dass sich der Zuschnitt der einzelnen Forschungsgebiete verändert hat: So wird etwa von einem Gesellschaftsrechtler heute erwartet, dass er sein Fach nicht nur in materiellrechtlicher und rechtstatsächlicher Hinsicht, sondern selbstverständlich auch mit seinen gemeinschaftsrechtlichen, rechtsvergleichenden und kollisionsrechtlichen Bezügen betreut und zudem den zivilprozessualen Rahmen – das sog. *Corporate Enforcement* – nicht aus den Augen verliert. Dazu kommt der ständig expandierende Kosmos des Kapitalmarktrechts, dessen Erkundung heute zum akademischen Pflichtprogramm gehört.

IV. Herausgeberschaften

Wissenschaft ist, soziologisch betrachtet, eine *Kollektiv*veranstaltung. Ein *einzelner* Gelehrter kann sein Fach zwar durch wegweisende Veröffentlichungen voranbringen; zur vollen Blüte gelangt es freilich erst durch eine wissenschaftliche Infrastruktur, die zu errichten strategischen Weitblick und hohen zeitlichen Einsatz verlangt. *Herbert Wiedemann* hat diesen Weitblick bewiesen, als er im Jahre 1972 zusammen mit *Marcus Lutter* die Zeitschrift für Unternehmens- und Gesellschaftsrecht (ZGR) gründete, und er hat den zeitlichen Einsatz nicht gescheut, über mehrere Jahrzehnte die Archivzeitschrift Recht der Arbeit (RdA, seit 1968) sowie die Entscheidungssammlung Arbeitsrechtliche Praxis (AP, seit 1972) als Herausgeber zu betreuen. Weitere Herausgeberschaften betreffen den Großkommentar zum Aktiengesetz (4. Aufl. seit 1992 zusammen mit *Klaus J. Hopt*) und die renommierte, auf über 100 Bände angewachsene Schriftenreihe des Instituts für Arbeits- und Wirtschaftsrecht der Universität zu Köln. All diese Aufgaben als *gatekeeper* des Wissenschaftsbetriebs mehren natürlich Ansehen und Einfluss eines Gelehrten, doch weiß jeder, der selbst Erfahrungen als Herausgeber gesammelt hat, dass man in dieser Rolle zugleich Herr *und* Diener, Vordenker und *bonne à tout faire* ist.

V. Forschungsstil

Nach einer mündlich überlieferten Äußerung von *Ernst Rabel* hat jeder ordentliche Jurist eine Methode, aber er redet nicht darüber.[28] Versucht man, die wissenschaftliche Methode – besser vielleicht: den Forschungsstil – von

[28] Wiedergegeben etwa von *Bydlinski*, Die „Elemente" des Beweglichen Systems: Beschaffenheit, Verwendung und Ermittlung, in: Schilcher/Koller/Funk (Hrsg.), Regeln, Prinzipien und Elemente im System des Rechts (2000), S. 9, 23.

Herbert Wiedemann zu entschlüsseln, so beruht seine Strahlkraft auf einer einzigartigen Kombination verschiedener Teilelemente.

1. *Rechtsvergleichende Ausrichtung*

An erster Stelle zu nennen ist *Wiedemanns* Passion für die Rechtsvergleichung, die durch einen Aufenthalt als junger Gastprofessor an der *University of California at Berkeley* im Jahre 1966 geweckt wurde. Erst dort, so sagt er häufig, habe er seine Liebe zur Jurisprudenz entwickelt. Eine Frucht dieses Forschungsaufenthalts ist die rechtsvergleichende Studie Minderheitenschutz und Aktienhandel,[29] die anhand der berühmten Entscheidung *Perlman v. Feldmann* der Verteilung einer Kontrollprämie zwischen Mehrheits- und Minderheitsaktionären bei einem Paketverkauf nachspürt. Fortgeführt und auf das französische Gesellschaftsrecht ausgedehnt wird der rechtsvergleichende Rundblick durch ein Referat *Wiedemanns* auf der Rechtsvergleichertagung 1967 in Berlin zur Haftung des GmbH-Gesellschafters,[30] dessen Lektüre vor dem Hintergrund der jüngsten Vorschläge zur GmbH-Reform besonders reizvoll ist. Seither sind komparative Begründungselemente aus *Wiedemanns* Argumentationsreservoir nicht mehr hinwegzudenken, und er hat seine Doktoranden und Habilitanden stets ermuntert, sich im angelsächsischen oder romanischen Ausland fortzubilden. Er selbst nahm noch als Sechzigjähriger Französischunterricht, um seine Sprachkenntnisse aufzufrischen, und gelegentlich mussten seine Assistenten mit der Besprechung warten, bis die französische Konversationsstunde vorbei war.

2. *Rechtsethische Grundierung*

Einen weiteren *basso continuo* in *Wiedemanns* wissenschaftlichem Werk bildet die Rückbindung gesellschafts- und arbeitsrechtlicher Regeln an vorpositive Gerechtigkeitsprinzipien und christliche Moralvorstellungen – letzteres wohl auch eine Mitgift des frommen protestantischen Elternhauses. Besonders deutlich zum Ausdruck kommt dies in seiner Kölner Rektoratsrede aus dem Jahre 1979, die den programmatischen Titel „Rechtsethische Maßstäbe im Unternehmens- und Gesellschaftsrecht" trägt und sich auf die Suche nach moralischen Kategorien und ihrer inhaltlichen Überprüfung im Unternehmensinnen- und -außenrecht begibt.[31] Mit wohlwollender Zustim-

[29] Vgl. *Wiedemann*, Minderheitenschutz und Aktienhandel. Eine rechtsvergleichende Studie zum amerikanischen und deutschen Gesellschaftsrecht (1968).

[30] Vgl. *Wiedemann*, Haftungsbeschränkung und Kapitaleinsatz in der GmbH, in: Wiedemann/Bär/Dabin (Hrsg.), Die Haftung des Gesellschafters in der GmbH (1968), S. 5–61.

[31] Abgedruckt in: *Wiedemann*, Rechtsethische Maßstäbe im Unternehmens- und Gesellschaftsrecht, ZGR 1980, 147–176.

mung hat *Wiedemann* auch die Spruchpraxis des Bundesverfassungsgerichts zur Inhaltskontrolle im Privatrecht begleitet, wie sie namentlich im Handelsvertreter-Beschluss von 1990[32] und in der Bürgschafts-Entscheidung von 1993[33] zum Ausdruck kommt. Geradezu bekenntnishaft heißt es in seiner Urteilsanmerkung:

> „Im modernen Meinungsbild stößt die rechtsethische Orientierung der Nachkriegszeit als Reaktion auf den Unrechtsstaat zwar heute noch durchweg auf Verständnis; sie wird aber gleichzeitig als ‚moralische Aufrüstung' belächelt oder jedenfalls für überholt erklärt. Statt dessen werden die Prinzipien der Gestaltungsfreiheit, der strengen Vertragsbindung und der Verantwortung des mündigen Bürgers betont. Das sind gewiß Vorbedingungen eines funktionierenden Leistungs- und Wettbewerbsmarktes. Sie können aber nicht dazu führen, die christlich geprägte Basis der verfassungsrechtlichen Wertordnung in Abrede zu stellen, deren Ausrichtung zeitlos angelegt und durch keine andere konsensfähige Grundordnung ersetzbar ist. Die Jurisprudenz würde ihre Aufgabe mißachten und sich womöglich selbst aufgeben, wenn sie das Privatrecht an den Marktmechanismus auslieferte." [34]

3. *Rechtstheoretisches Fundament*

Über die rechtsvergleichende Vogelschau und die rechtsethische Ergebniskontrolle hat *Wiedemann* nie die dogmatische Erdung und rechtstheoretische Einordnung der von ihm befürworteten Lösung vergessen. Dieses Interesse an System- und Methodenfragen wurde durch die Seminare bei *Karl Larenz* geweckt, die er in seiner Münchener Assistentenzeit zusammen mit *Canaris* und *Diederichsen* regelmäßig besucht hat. Man darf vermuten, dass die in seinen Schriften gelegentlich eingestreuten *Hegel*-Zitate ebenfalls dort ihren Ursprung haben. In der Festschrift für *Larenz* hat er diesem denn auch einen rechtstheoretischen Beitrag zugeeignet, der einen für *Wiedemann* typischen Titel trägt: „Rechtssicherheit – ein absoluter Wert?"[35]. Seine rechtstheoretischen Interessen enden aber nicht – wie das *Larenzsche* Seminar – bei *Hegel* oder *Heck*, sondern erstrecken sich auch auf die Gegenwartsliteratur. Besonders die Schriften von *Ronald Dworkin*, die ich ihm aus Amerika mitgebracht habe, üben eine große Faszination auf ihn aus und standen beispielsweise bei einem Zeitschriftenbeitrag Pate, der in Anlehnung an *Dworkins „Taking Rights Seriously"* den Titel „Minderheitsrechte ernst genommen"[36] trägt. Im Gegenzug ließ er mich in der mündlichen Doktorprüfung die Wertpapiertheorien aufsagen, um daran als intellektuellen Prüfstein die

[32] Vgl. BVerfGE 81, 242 mit Anm. *Wiedemann*, JZ 1990, 695.

[33] Vgl. BVerfGE 89, 214 mit Anm. *Wiedemann*, JZ 1994, 411.

[34] *Wiedemann*, JZ 1994, 411.

[35] Vgl. *Wiedemann*, Rechtssicherheit – ein absoluter Wert, in: Paulus/Diederichsen/Canaris (Hrsg.), Festschrift Larenz (1973), S. 199–215.

[36] *Wiedemann*, Minderheitenrechte ernst genommen, ZGR 1999, 857–872.

Frage anzuschließen, was denn eigentlich eine „juristische Theorie" ausmache.[37]

4. *Rhetorische Strahlkraft*

Schließlich wird man *Wiedemanns* wissenschaftlichen Erfolg auch auf seine enorme Sprachkraft und stilistische Eleganz zurückführen dürfen. Nicht anders als in der politischen Auseinandersetzung setzt sich in der Jurisprudenz eine *einleuchtende Idee* häufig erst durch, wenn sie sich mit einem *einprägsamen Begriff* paart. Solche Begriffsprägungen finden sich in *Wiedemanns* Schriften zuhauf, und nicht wenige von ihnen gehören heute zum Zitatenschatz des Gesellschaftsrechts, wie „Das Rätsel Vorgesellschaft"[38], das geflügelte Wort vom Garantiekapital als „Kulturleistung ersten Ranges"[39] oder die Sentenz „Im Konzern ist alles anders"[40]. Zur Beförderung eigener Grundüberzeugungen hat *Wiedemann* gelegentlich auch suggestive Bilder verwendet, z.B. bei der Herleitung der mitgliedschaftlichen Treuepflicht in der Kapitalgesellschaft: Deren Existenz, so schrieb er in einem Festschriftenbeitrag aus dem Jahre 1974 – also noch vor der *ITT*-Entscheidung des Bundesgerichtshofs und lange vor seinen *Linotype*- und *Girmes*-Urteilen –, zeige sich besonders deutlich bei der Umwandlung einer Personengesellschaft in eine GmbH oder AG, könne doch der Mehrheitsgesellschafter seine vielfach betonte Pflichtenstellung beim Eintritt in die Kapitalgesellschaft nicht einfach „in der Garderobe abgeben"[41]. Andere Bilder haben einen hohen didaktischen Wert, wie die Erläuterungen zur Kapitalersatz-Funktion der persönlichen Haftung („Der mitfliegende Pilot flößt die Zuversicht einer sicheren Reise ein") und deren Leerlaufen in der Kapitalgesellschaft & Co. („Bei der GmbH & Co. KG soll ein Bordcomputer den mitfliegenden Piloten ersetzen. Das muß die Rechtsingenieure veranlassen, für ein automatisches Sicherheitssystem zu sorgen, mit dem der Ausfall des persönlich steuernden Gesellschafters wettgemacht wird"[42]). Wieder andere Metaphern erinnern in ihrer wortschöpferischen Kraft an den amerikanischen Richterjuristen *Benjamin Cardozo*, den *Wiedemann* selbst gerne zitiert.

[37] Für eine mögliche Antwort: *Canaris*, Funktion, Struktur und Falsifikation juristischer Theorien, JZ 1993, 377–391.

[38] *Wiedemann*, Das Rätsel Vorgesellschaft, JurA 1970, 439–465.

[39] *Wiedemann*, Gesellschaftsrecht, Bd. I (1980), § 10 IV 1 b, S. 558.

[40] *Wiedemann*, Die Unternehmensgruppe im Privatrecht (1988), S. 9: „Im Konzern ist alles anders – oder genauer formuliert, jede Rechtsregel ist auf ihre Anpassungsnotwendigkeit an den Tatbestand der Unternehmensgruppe zu prüfen."

[41] *Wiedemann*, Unternehmerische Verantwortlichkeit und formale Unternehmensziele in einer zukünftigen Unternehmensverfassung, in: Fischer/Möhring/Westermann (Hrsg.), Festschrift Barz (1974), S. 561, 569.

[42] *Wiedemann*, Anmerkung zu BGH, Urteil v. 8.7.1985, JZ 1986, 855, 856.

VI. Veröffentlichungsformen

Schriftsteller ordnet man gewöhnlich nach ihren bevorzugten Ausdrucksformen: Sie sind Lyriker oder Romanciers, verfassen mit Vorliebe Kurzgeschichten oder Novellen, oder verstehen sich in erster Linie als Essayisten. Das Verfahren lässt sich auf die juristischen Literaturgattungen übertragen.

1. *Große Lehrbücher*

Für *Wiedemann* war und ist die Form des großen Lehrbuchs wie geschaffen, weil sie ihm die Möglichkeit bietet, den systematisch richtigen Ort eines Rechtsinstituts in einem übergreifenden gedanklichen Zusammenhang zu bestimmen. Dies tat und tut im deutschen Gesellschaftsrecht besonders Not, das bisher keine geschlossene Kodifikation kennt, sondern über verschiedene Einzelgesetze verstreut ist, die zudem aus ganz unterschiedlichen Epochen stammen. In seinen beiden großen Lehrbüchern von 1980 und 2004 hat sich *Wiedemann* von dieser zerklüfteten Gesetzeslandschaft nicht entmutigen lassen und eine rechtsformübergreifende Landvermessung unternommen, aber weniger wie ein *Geodät*, der nur die Oberfläche vermisst, sondern vielmehr wie ein *Geologe*, der auch zu den tieferen System- und Prinzipienschichten vordringt. Ich komme darauf zurück.[43]

2. *Urteilsanmerkungen*

Weiterhin hat *Wiedemann* im Arbeits- und Gesellschaftsrecht stets die Literaturgattung der Urteilsanmerkung gepflegt. Das Schriftenverzeichnis in seiner Festschrift verzeichnet zum Stichtag Dezember 2001 davon nicht weniger als 177. Urteilsanmerkungen eröffnen ihrem Verfasser sprachlich und sachlich größere Freiheiten als einem Kommentator, von dem man in erster Linie Selbstzucht und nüchterne Berichterstattung erwartet. *Wiedemann* hat diesen Freiraum ausgiebig zu nutzen gewusst: Manche seiner Entscheidungsbesprechungen, die vor allem in der Juristenzeitung und in der Arbeitsrechtlichen Praxis erschienen sind, gleichen funkelnden Essays und haben die nachfolgende Spruchpraxis nicht selten beeinflusst.[44]

Darüber hinaus hat *Wiedemann* Urteilsanmerkungen als ein Medium begriffen, den Dialog zwischen Rechtspraxis und Rechtswissenschaft fortzusetzen, den er als einen komparativen Vorteil der deutschen Rechtskultur ansieht.[45] Als ihm ein Doktorand zu Weihnachten ein Exemplar von *Jürgen*

[43] Näher unten VII.

[44] Vgl. stellvertretend für viele *Wiedemann*, Die Bedeutung der ITT-Entscheidung, JZ 1976, 392–397.

[45] Ausführlicher *Wiedemann* (Fn. 2), § 1 III 4, S. 40.

Habermas' Werk „Faktizität und Geltung. Beiträge zur Diskurstheorie des Rechts und des demokratischen Rechtsstaates" schenkte, nahm er dies zum Anlass, der *Habermasschen* Kritik an dem monologischen Ansatz der Rechtsprechung entgegenzutreten und auf den dialogischen Meinungsbildungsprozess vor den Bundesgerichten aufmerksam zu machen.[46] Zugleich hat er einige „Spielregeln" für den virtuellen Gesprächskreis zwischen Spruchpraxis und Rechtslehre aufgestellt:

> „Die freie Meinungsbildung ist *idealiter* gewährleistet, wenn die höchstrichterlichen Urteile regelmäßig mit bezug auf das einschlägige Schrifttum begründet werden, so daß das Ergebnis in seinen Fundamenten und Schlußfolgerungen nachvollziehbar wird. Zu den Verfahrensbedingungen gehört deshalb die Bereitschaft der Gerichte, den Meinungsmarkt offenzuhalten, die Auswahl der Gesprächspartner und ihrer Argumente unvoreingenommen zu treffen und nicht nur zustimmende, sondern auch kritische Literatur zu berücksichtigen. Daß es dabei ein Beurteilungsermessen des jeweiligen Spruchkörpers gibt, einzelne Autoren oder Theorien zu gewichten, versteht sich von selbst. Personalpolitik mit Zitaten, wie sie vereinzelt in gerichtlichen Entscheidungen anklingen mag, trägt zur Rationalität der Rechtsprechung nicht bei."[47]

Schließlich hat *Wiedemann*, der selbst von 1986 bis 1996 Richter im Nebenamt am OLG Düsseldorf war, bereits den Studierenden die Bedeutung der höchstrichterlichen Spruchpraxis nahe gebracht. In seinen Vorlesungen verteilte er hektographierte Leitentscheidungen im Volltext – in einer Schuldrechtsvorlesung sogar den englischen Krönungszugfall *Krell v. Henry*[48], was einen verschreckten Studenten zu der Frage veranlasste, ob das in der nächsten Klausur drankomme.

3. *Kleine Einzelschriften*

Eine dritte Literaturgattung, die *Wiedemanns* Denk- und Schreibstil besonders entgegenkommt, ist die juristische Novelle: eine Einzelschrift von 80 bis 120 Seiten, in der ein größeres Thema aus verschiedenen Blickwinkeln ausgeleuchtet und entfaltet wird. Verschiedene dieser Studien sind aus Vorträgen vor der Rheinisch-Westfälischen Akademie der Wissenschaften hervorgegangen, deren Mitglied *Wiedemann* seit 1981 ist. Das gilt auch für eine neuere Abhandlung zur Gleichbehandlung im Arbeitsrecht, die dem Andenken an seinen akademischen Lehrer *Alfred Hueck* gewidmet ist.[49] Sie beginnt höchst anschaulich mit dem Gleichnis vom Weinberg aus dem Mat-

[46] Vgl. *Wiedemann*, Ein Diskurs zwischen Rechtsprechung und Rechtslehre, RdA 1999, 5, 6 ff.

[47] *Wiedemann*, RdA 1999, 5, 7.

[48] *Krell v. Henry* [1903] 2 K.B. 740 (C.A.).

[49] Vgl. *Wiedemann*, Die Gleichbehandlungsgebote im Arbeitsrecht (2002).

thäus-Evangelium und stellt die Frage nach der Lohngerechtigkeit an einen Arbeitgeber, der gerade nicht differenziert, sondern allen den gleichen Lohn für verschiedene Arbeit zahlt. Ihr thematischer und methodischer Zuschnitt ist repräsentativ für viele von *Wiedemanns* Einzelschriften: Es geht um ein grundsätzliches Regelungsproblem, das nach rechtssystematischer Ordnung ruft, von rechtsvergleichenden Seitenblicken auf die *employment discrimination* im US-amerikanischen Arbeitsrecht profitiert, in rechtstheoretischer Hinsicht die Konkretisierung eines Rechtsprinzips verlangt und rechtsethische Fragen der Verteilungsgerechtigkeit aufwirft.

Ähnlich angelegt sind weitere Einzelschriften, auf die ich hier aus Zeitgründen nur hinweisen kann: eine Abhandlung zur „Unternehmensgruppe im Privatrecht", die das Konzerngesellschafts- und das Konzernarbeitsrecht in den Blick nimmt[50] und vom Bundesgerichtshof in den *Gelatine*-Entscheidungen zur ungeschriebenen Hauptversammlungszuständigkeit in jüngerer Zeit wieder ausgewertet wurde,[51] sowie eine Studie zu Organverantwortung und Gesellschafterklagen in der Aktiengesellschaft.[52]

VII. Forschungsleistungen

Was macht juristische Größe aus: Originalität? Schaffenskraft? Einfluss auf die Rechtspraxis? Klare Maßstäbe dafür fehlen in der Jurisprudenz wie in vielen anderen Geisteswissenschaften, und auch Wissenschaftspreise fallen als Gradmesser akademischer Wertschätzung nahezu vollständig aus: Es gibt keine *Field*-Medaille für herausragende Forschungsleistungen, wie sie die Mathematikergilde verleiht, und erst recht keinen Nobelpreis in „Legal Science", wie ihn *Thomas Ulen* in einem lesenswerten Beitrag in der *University of Illinois Law Review* vor einiger Zeit ins Spiel gebracht hat.[53] Wer nicht

[50] Vgl. *Wiedemann* (Fn. 40).

[51] Vgl. BGHZ 159, 30–48.

[52] Vgl. *Wiedemann*, Organverantwortung und Gesellschafterklagen in der Aktiengesellschaft (1988).

[53] Vgl. *Ulen*, A Nobel Prize in Legal Science: Theory, Empirical Work, and the Scientific Method in the Study of Law, University of Illinois Law Review 2002, 875–920. Besonders aufschlussreich ist eine erläuternde Fußnote in diesem Beitrag (S. 878 Fn. 8): „The analogy I have in mind is between the study of law and the sciences for which the Royal Swedish Academy of Sciences and the Royal Bank of Sweden award Nobel Prizes – physiology or medicine, physics, chemistry, and economics. But several commentators at the Symposium [...] asked if the more appropriate analogy for law might not be the Nobel Prizes in Peace and Literature. Presumably they meant to suggest that the more nuanced, contextual, culturally determined, and case-by-case analysis that may characterize the Peace and Literature Prizes might be more apt to a Nobel Prize in Law. I, of course, see the point, but my contention will be that the analogy between law and the natural and social sciences is the more appropriate one."

auf das Zählen von Zitaten zurückgreifen will,[54] wie es in Evaluierungskommissionen gang und gäbe ist, muss andere, weichere Kriterien heranziehen. Für Zivilrechtslehrer des 20. Jahrhunderts hält der Zeitablauf einen *natürlichen* Test bereit: Welche Werke sind der Vergessenheit anheim gefallen, welche sind im wissenschaftlichen Diskurs unverändert präsent?

1. *Was ist ein juristischer Klassiker?*

Will man den Klassikerbegriff für die juristische Literatur fruchtbar machen, liegt es nahe, Anleihen bei der Literaturwissenschaft zu nehmen. Die dort genannten Kriterien sind freilich unterschiedlich streng: Werke, die in die Weltliteratur hineinragen[55] oder denen Weltbedeutung zugeschrieben wird[56], gibt es in der Jurisprudenz kaum, und wenn doch, stammen sie, wie der Institutionen-Grundriss des *Gaius*[57], aus ferner Zeit.

Für unsere Zwecke hilfreicher sind andere Umschreibungen, die sich in dem Essayband des südafrikanischen Nobelpreisträgers *J.M. Coetzee* „Was ist ein Klassiker?“[58] oder in *Italo Calvinos* berühmter Studie „Warum Klassiker lesen?“[59] finden. Einige Definitionsvorschläge lauten: (1.) Klassiker sind die Bücher, von denen man üblicherweise sagt: „Ich lese gerade wieder“ und nie „Ich lese gerade“; oder (2.) es werden die Bücher Klassiker genannt, die einen besonderen Einfluss ausüben – sowohl wenn sie sich als unvergesslich behaupten, als auch wenn sie sich in den Falten der Erinnerung verstecken und sich als kollektiv oder individuell Unbewusstes tarnen; oder – aus juristischer Sicht mit ihrem starken Gegenwartsbezug besonders anschaulich – (3.) es ist das klassisch, was dazu neigt, die Aktualität auf den Rang eines Hintergrundgeräusches zu verweisen, aber gleichzeitig auf dieses Hintergrundgeräusch nicht verzichten kann.

[54] Vgl. etwa für die Rechtsökonomie *Landes/Posner*, The Influence of Economics on Law: A Quantitative Study, J. Law & Econ. 36 (1993), 385–424.

[55] So die Definition bei *v. Wilpert*, Sachwörterbuch der Literatur (8. Aufl. 2001), Stichwort: Klassiker, S. 415.

[56] So die Definition bei *Träger* (Hrsg.), Wörterbuch der Literaturwissenschaft (1986), Stichwort: klassisch, Klassik(er), Klassizismus, S. 264, 265.

[57] Institutionen des *Gaius*, um 160 n. Chr.; später verarbeitet in den Institutionen *Justinians*, dem maßgeblichen Lehrbuch des römischen Rechts, das mit Wirkung vom 30.12. 533 mit Gesetzeskraft ausgestattet wurde.

[58] *Coetzee*, Was ist ein Klassiker? Essays (Originalausgabe 2001, deutsche Übersetzung 2006).

[59] *Calvino*, Warum Klassiker lesen (Originalausgabe 1991, deutsche Übersetzung 2003).

2. *Das ist ein juristischer Klassiker: Wiedemann, Gesellschaftsrecht, Bd. I (1980)*

Alle genannten Merkmale vereint, so meine ich, *Wiedemanns* großes Lehrbuch, Gesellschaftsrecht, Bd. I: Grundlagen (1980), auf sich. Zunächst: Nicht nur Doktoranden oder Kollegen lesen dieses Buch noch immer oder schon wieder, sondern auch der Bundesgerichtshof. In einer Leitentscheidung aus diesem Jahr zum Bestimmtheitsgrundsatz und zur nachträglichen Beitragserhöhung wird das Recht der Gesellschafter, nicht ohne eigene Zustimmung mit zusätzlichen Beitragspflichten belastet zu werden, unter Hinweis auf *Wiedemann* als „mitgliedschaftliches Grundrecht" bezeichnet.[60]

Der besondere Einfluss, der von diesem Werk ausgeht, zeigt sich in seiner Wirkungsgeschichte[61]: Die konsequente Einbeziehung ausländischen Rechts in die eigenen Überlegungen gehört heute zur allseits anerkannten Arbeitsweise im Gesellschaftsrecht. Gleiches gilt für das von *Wiedemann* vorexerzierte Denken in Rechtsprinzipien: Deren Bedeutung steigt für das Gesellschafts- und Kapitalmarktrecht in dem Maße, in dem das Haltbarkeitsdatum von Detailregeln sinkt.[62] In Anlehnung an ein bekanntes Wort *Otto Meyers* könnte man sagen: Einzelregeln vergehen, Prinzipien bestehen![63] Die von *Wiedemann* filigran herausgemeißelten Struktur- und Wirkungsprinzipien[64] fördern aber nicht nur das Verständnis der gesellschaftsrechtlichen Gesamtzusammenhänge, sondern helfen auch bei der Lösung von Einzelproblemen, indem sie die Nachvollziehbarkeit der Begründung gegenüber bloß historisch-beschreibenden oder intuitiv-vorschlagenden Ansätzen verbessern.[65]

[60] Vgl. BGH ZIP 2007, 766, 767 Tz. 12: „Für den in § 4 GV genannten Fall haben die Verfasser des Gesellschaftsvertrages richtig erkannt, dass das mitgliedschaftliche Grundrecht (*Wiedemann*, GesR, Bd. I, S. 357 f., 393 f.), nicht ohne eigene Zustimmung mit zusätzlichen Beitragspflichten belastet zu werden, wie es in § 707 BGB, § 53 Abs. 3 GmbHG und § 180 AktG niedergelegt ist, Beachtung finden muss."

[61] Allgemein zum Prinzip der Wirkungsgeschichte *Gadamer*, Wahrheit und Methode (6. Aufl. 1990), Bd. 1, S. 305 ff.

[62] Allgemein zur Aktienrechtsreform in Permanenz *Zöllner*, Aktienrechtsreform in Permanenz – Was wird aus den Rechten des Aktionärs?, AG 1994, 336–342; im Anschluss an ihn *Spindler*, Kapitalmarktreform in Permanenz – Das Anlegerschutzverbesserungsgesetz, NJW 2004, 3449–3455.

[63] Für eine ähnliche Beobachtung *Goode*, Commercial Law (3. Aufl. 2004), Preface to the First Edition, XXVI: „The greatest difficulty confronting the student lies not in the sophisticated rule, but in the fundamental concept. Rules may change, concepts are more permanent. Hence it is the theoretical framework of a subject which demands the closest attention, for it is this that endures when the detailed rule has passed into oblivion."

[64] Vgl. *Wiedemann* (Fn. 39), §§ 3–6 (Strukturprinzipien), §§ 7–11 (Wertungsprinzipien).

[65] In diesem Sinne *Bydlinski*, System und Prinzipien des Privatrechts (1996), S. 471 mit Fn. 519.

Zudem eignen sie sich in hervorragender Weise zur Entfaltung und Weiterentwicklung des Europäischen Gesellschaftsrechts.[66]

Neben seiner konzeptionellen Anlage besticht das Buch durch eine Fülle von Einzelbeobachtungen, die in der aktuellen Literatur – häufig in rechtsökonomischer Einkleidung – wiederkehren: Dies gilt etwa für die leicht soziologisch eingefärbte Wendung von den gesellschaftsrechtlichen Bezugsgruppen,[67] die man im angelsächsischen Jargon heute *constituencies* nennt,[68] oder die Deutung der juristischen Person als Sondervermögensordnung,[69] für die sich international der Begriff des *asset partitioning* durchzusetzen beginnt.[70]

Hans-Georg Gadamer bringt in seinem Buch „Wahrheit und Methode" das Prinzip der Wirkungsgeschichte mit dem Begriff des Horizontes in Verbindung: „‚Horizont-haben' [heißt] Nicht-auf-das-Nächste Eingeschränktsein, sondern über es Hinaussehenkönnen. Wer Horizont hat, weiß die Bedeutung aller Dinge innerhalb dieses Horizontes richtig einzuschätzen nach Nähe und Ferne, Größe und Kleinheit."[71] Was den bleibenden Wert des *Wiedemannschen* Lehrbuchs ausmacht, ist meines Erachtens eine so verstandene Erweiterung des gesellschaftsrechtlichen Gegenwartshorizonts.

VIII. Forscherpersönlichkeit

Hinter jedem wissenschaftlichen Werk steht eine Forscherpersönlichkeit, die bald beherzter hervortritt, bald vorsichtiger hervorlugt. *Herbert Wiedemann* gehört zur zweiten Gruppe der eher introvertierten Gelehrten. Veranstaltungen im großen Kreis waren und sind ihm nie ganz geheuer, und auch die Reisetätigkeit hat er stets auf das unerlässliche Minimum beschränkt. Am liebsten sitzt und denkt er in aller Ruhe am heimischen Schreibtisch in Bergisch-Gladbach-Immekeppel. Ins 25 Autominuten entfernte Institut kam er zu meiner Assistentenzeit nur montags und donnerstags. An einem dieser Tage fanden auch die wöchentlichen Mitarbeiterbesprechungen statt, die meistens um sechs Uhr abends begannen und nicht selten bis neun oder zehn Uhr dauerten. Besprochen wurden Textentwürfe aus *Wiedemanns* Feder.

[66] Ähnlich zur methodischen Konzeption eines Europäischen Privatrechts *Flessner*, Juristische Methode und europäisches Privatrecht, JZ 2002, 14, 18.

[67] Vgl. *Wiedemann* (Fn. 39), § 1 V 1 b, S. 84.

[68] Näher *Kraakman/Davies/Hansmann/Hertig/Hopt/Kanda/Rock*, The Anatomy of Corporate Law (2004), S. 21ff.; dazu *Wiedemann*, Auf der Suche nach den Strukturen der Aktiengesellschaft, ZGR 2006, 240, 242ff.

[69] Vgl. *Wiedemann* (Fn. 39), § 4 I 2, S. 196ff.

[70] Vgl. *Hansmann/Kraakman*, The Essential Role of Organisational Law, Yale L.J. 110 (2000), 387, 393ff.

[71] *Gadamer* (Fn. 61), S. 307f.

Vorarbeiten, die über Zusammenstellungen von Rechtsprechung und Literatur hinausgingen, ließ er sich so gut wie nie machen. Für ihn ist Wissenschaft ein „höchstpersönliches Rechtsgeschäft", und auch bei seinen Kommentierungen hielt er sich fern von jener arbeitsteiligen, industriellen Großproduktion, wie sie von manchen Lehrstühlen kolportiert wird.

In der Erfassung neuartiger Fragestellungen neigt *Wiedemann* fast nie zu juristischen Schnellschüssen, sondern legt Wert auf gründliches und bedächtiges Nachdenken. Seine Urteilsanmerkungen gehören daher meistens zu den letzten, und eine von ihnen trägt sogar den selbstironischen Titel „Spätlese zu Autokran. Besprechung der Entscheidung BGHZ 95, 330"[72]. Auch sonst wird man seiner Forscherpersönlichkeit wohl am ehesten gerecht, wenn man ihn – mit einem Vergleich aus dem Sport – nicht als Sprinter, sondern als Langstreckenläufer charakterisiert. Nach der Lektüre der *Mitterrand*-Memoiren[73] hat *Wiedemann* dies einmal selbst mit dem Begriff der *persévérance* umschrieben.

Wie jeder bedeutende Wirtschaftsrechtler hat *Wiedemann* durch Parteigutachten und Schiedsgerichte tiefe Einblicke in die unternehmensrechtliche Praxis gewonnen, doch hat er hierbei – wie auch sonst – Maß gehalten. Der häufig unterschätzten Gefahr übermäßiger Gutachtentätigkeit für die Unvoreingenommenheit der eigenen Forschung, die *Rebecca Eisenberg* in einem lesenswerten Beitrag im *Journal of Legal Education* herausgearbeitet hat,[74] war er daher nie ausgesetzt. Es spricht im Übrigen für seine persönliche Integrität und geistige Unabhängigkeit, dass er als einer der wenigen Arbeitsrechtler sowohl für Gewerkschaften als auch für Arbeitgeberverbände gutachterlich tätig war.

Bis auf den heutigen Tag hat sich *Wiedemann* das für Wissenschaftler lebenswichtige „Neugier-Gen" bewahrt. Davon zeugen im Arbeitsrecht die Beschäftigung mit dem Allgemeinen Gleichbehandlungsgesetz[75] und im Gesellschaftsrecht mit der gemeinschaftsrechtlich vorgeprägten Gründungstheorie[76] sowie dem Wert der rechtsökonomischen Forschung[77]. Für ihn gilt wie für alle großen Zivilrechtslehrer, dass er Wissenschaft als Beruf betreibt,

[72] *Wiedemann*, Spätlese zu Autokran, Besprechung der Entscheidung BGHZ 95, 330ff., ZGR 1986, 656–671.

[73] Vgl. *Mitterrand*, Mémoires interrompus (1996), S. 203 und passim.

[74] Vgl. R. *Eisenberg*, The Scholar as Advocate, J. Leg. Educ. 1993, 391, 393: „A more subtle distortion might arise from the tendency of good advocates to believe their own arguments. In other words, rather than taking positions that they don't agree with, law professors may find themselves agreeing with positions that they would not otherwise have taken. Most litigators have seen their own views on legal questions transformed by the experience of advocacy."

[75] Vgl. *Wiedemann* (Fn. 49).

[76] Vgl. *Wiedemann* (Fn. 2), § 1 IV, S. 43ff.

[77] Vgl. *Wiedemann* (Fn. 2), § 1 III 4, S. 41f.

und er kennt das ambivalente Verhältnis von Wissenschaft und Fortschritt, das *Max Weber* einmal wie folgt umschrieben hat: „Jede wissenschaftliche ‚Erfüllung' bedeutet neue Fragen und will überboten werden und veralten [...]. Wissenschaftlich aber überboten zu werden, ist – es sei wiederholt – nicht nur unser aller Schicksal, sondern unser aller Zweck. Wir können nicht arbeiten, ohne zu hoffen, daß andere weiter kommen als wir."[78] Darauf, so möchte man *Herbert Wiedemann* zum Schluss zurufen, wird er noch eine gute Weile warten müssen.

[78] M. *Weber*, Wissenschaft als Beruf (10. Aufl. 1996), S. 15f.

Heinrich Kronstein*

Kurt Biedenkopf

Vielen Dank, Herr Kollege *Riesenhuber*. Vielen Dank Herr Kollege *Grundmann*. Meine Damen und Herren, ich freue mich über die Einladung, ich freue mich über jede Gelegenheit, etwas über meinen Lehrer *Kronstein* sagen zu können. Ich tue das umso lieber, als ich ihm, neben zwei, drei anderen Wissenschaftlern, die ich als meine Lehrer betrachte, zu denen ich aber nicht das enge Verhältnis eines Assistenten hatte, sehr viel verdanke. Deshalb wird nicht nur von meinem Lehrer, sondern auch von dem die Rede sein, was ich ihm verdanke.

Nur eine kleine Anmerkung zu den biographischen Ausführungen. Ich bin nicht direkt von der Hochschule in die Politik gegangen. 1969, und erneut 1970 wurde ich von *Konrad Henkel* gefragt, ob ich mir vorstellen könnte, das Ordinariat mit einer Tätigkeit im Zentralvorstand der Holding zu tauschen. Ich war keineswegs sicher, was ich machen wollte. Wie ich es immer in meinem Leben gemacht habe, habe ich meinen Lehrer, und zwar diesmal *Helmut Coing*, gefragt. Ich wusste, dass ich eine ehrliche aber auch eine strenge Antwort zu erwarten hatte. Das war bei ihm so üblich. Ich rief ihn an. Das Gespräch war sehr kurz. Auf meine kurze Problembeschreibung

* Vortrag am 21. Juni 2007 – Humboldt-Universität zu Berlin.

antwortete er: „*Biedenkopf*, es würde Ihnen nicht schaden, wenn Sie einmal praktizieren, was Sie predigen." *Coing* brachte auf den Punkt, was meine akademische Laufbahn und alles, was sich seitdem daran anschloss, geprägt hat: die sehr enge Verbindung zwischen der Wirklichkeit der Sachverhalte und ihrer theoretischen und wissenschaftlichen Durchdringung.

I. Wie wurde ich sein Schüler?

Um *Heinrich Kronstein* zu charakterisieren, möchte ich mit der Art und Weise beginnen, wie ich sein Schüler wurde. Denn dieser Vorgang war für den Lehrer und Wissenschaftler *Kronstein* charakteristisch. Ich war *Kronstein* nie begegnet. Seit längerem war ich in *Franz Böhms* Seminar und wollte als frisch gebackener Referendar dort weiter mitarbeiten, hatte aber nicht die Absicht, eine Universitätslaufbahn einzuschlagen. In einer der Sitzungen erschien Mitte 1955 ein weißhaariger, aus meiner damaligen Sicht älterer Herr (*Kronstein* war 56 Jahre alt). Wir diskutierten über kartellrechtliche Fragen. Er vertrat eine Auffassung, ich vertrat eine andere, wie dies im *Böhm-Seminar* so üblich war. Einige Tage später wurde ich zum Dekan bestellt. Für einen jungen Rechtsreferendar war dies damals eine ungewöhnlich aufregende Sache. Die Autoritätsstrukturen waren wesentlich ausgeprägter als heute. Als ich zur festgesetzten Stunde vorsprach, sah mich der Dekan prüfend an und fragte, ob ich Universitätsassistent werden wolle. Es war ein Traumangebot. Völlig überrascht fragte ich zurück: „Bei wem denn?", worauf der Dekan antwortete: „Bei Herrn Professor *Kronstein*." „Aber den kenne ich doch nicht", war meine erstaunte Reaktion. Worauf der Dekan erklärte: „Er muss Sie aber kennen, denn er kam vor wenigen Tagen zu mir und sagte: ‚Da ist einer, den will ich haben'".

II. *Kronstein*, ein lernender Lehrer

Kronstein war nicht nur Wissenschaftler. *Kronstein* war ein leidenschaftlicher Lehrer. Er hat in ganz ungewöhnlicher Weise immer wieder junge Leute gefördert, bis hin zu ihrer finanziellen Unterstützung. Einer seiner Schüler, der später als Wissenschaftler über die Grenzen Deutschlands hinaus bekannt wurde, ist *Meinhard Miegel*. 1957 kam *Miegel* als Flüchtling von Thüringen nach Frankfurt. *Kronstein* entdeckte, förderte ihn und ermöglichte ihm einen Studienaufenthalt in Amerika. So zu handeln war ein wesentlicher Teil seiner Persönlichkeit.

Er war ein besonderer Lehrer. Er lehrte seine Schüler nicht nur, er wollte auch von ihnen lernen. Die Dialoge mit ihm waren jedoch nicht nur Dialoge des Gebens und Nehmens. *Kronstein* wollte auch den Widerspruch, die Auseinandersetzung mit den Jüngeren. Er wollte wissen, was sie denken und warum sie denken, was sie denken. Und dies keineswegs nur im streng wissenschaftlichen Bereich, aber immer bezogen auf ihn und auf wissenschaftlich relevante Fragestellungen. Er wollte sich selbst ständig in seinem eigenen Wissen weiterentwickeln. Er war ein lernender Lehrer und ließ daran nie einen Zweifel.

Kronstein war ungewöhnlich neugierig. Er besaß eine fast unfehlbare Intuition für relevante Sachverhalte. Sie beruhte nicht auf Misstrauen. Ähnlich wie sein Freund *Franz Böhm* mochte er die Menschen und respektierte ihre Unvollkommenheit. Und wie *Franz Böhm* konnte sich *Kronstein* darüber freuen, wenn er Wege gefunden hatte, um – wie es *Franz Böhm* formulierte –, die Unvollkommenheit des Menschen zu überlisten. Beide hatten großes Vertrauen in die Möglichkeit, derartige Wege zu finden: durch die Organisation und den Schutz der Märkte, durch Regelkreise, durch verdeckte Regelstrukturen, denn sie hatten Vertrauen in die eigene Handlungsfähigkeit der Bürger.

Kronstein war immer anregend, leistete auch Widerstand, wenn er anderer Meinung war. Aber er hat seine Schüler nie in dem Sinne begrenzt, dass er sie davon abgehalten hätte, Meinungen zu vertreten, die er nicht teilte oder für falsch hielt.

III. Der ordoliberale Ansatz

Meinen ersten Aufsatz habe ich 1956 im Betriebsberater veröffentlicht. Es ging um ein kartellrechtliches Thema: um die Frage nach der Vereinbarkeit eines Kartellverbotes mit dem Grundgesetz, konkret um die Antwort auf das Gutachten des angesehenen Staatsrechtslehrers *Huber*. Er hatte in einem Gutachten für den Verband deutscher Maschinenbauanstalten die Meinung vertreten, ein Kartellverbot sei verfassungswidrig. Es war der Versuch, das Gesetz gegen Wettbewerbsbeschränkungen und mit ihm das Verbot von Kartellverträgen abzuwehren, welches das von der Besatzungsmacht eingeführte Recht ablösen sollte.

Meine Antwort fußte auf der Überzeugung, dass die Beschränkung des Wettbewerbs mit privatrechtlichen Mitteln und die Beeinträchtigungen der Freiheit Dritter, die von der so gewonnenen Macht ausgingen, mit der Verfassung unvereinbar seien. Im Grunde gab schon dieser Aufsatz wieder, was ich bei *Kronstein* und *Böhm* gelernt hatte: nämlich ein Verständnis des Privatrechts, das sich parallel zum ordoliberalen Denken von *Eucken*, *Böhm* und Anderen entwickelt hatte. Der grundlegende Zusammenhang zwischen beiden: diese Grundidee ist tief verwurzelt in uns Schülern *Böhms* und *Kronsteins* (*Mestmäcker* gehört dazu, als Doktorand auch *Meinhard Miegel*). Alle waren durchdrungen von der Überzeugung, dass enge Beziehungen bestehen zwischen dem Privatrecht, seinen Strukturen, seinen Funktionsweisen und seinem Auftrag in einer freiheitlichen Ordnung.

Diese Verbindung zwischen Privatrechtsinstitutionen und freiheitlicher Wirtschafts- und Gesellschaftsordnung war und ist der eigentliche rote Faden, an dem sich unsere wissenschaftliche Arbeit orientierte und durch den sie geprägt wurde. Damals ging es, wie gesagt, um den Zusammenhang zwischen Verfassungsgeboten und Privatrechtsinstitutionen. Daher lautete die Antwort auf *Huber*: Das Privatrecht begründet keine Legitimation, mit privatrechtlichen Institutionen, insbesondere mit dem Privatrechtsvertrag, wirtschaftliche Macht zu begründen; faktische Macht, die den Mächtigen in die Lage versetzt, andere zu Handlungen oder zu Unterlassungen zu veranlassen, denen sie normalerweise nicht zustimmen würden. Mit anderen Worten: Eine Machtposition zu erlangen, die zu einem faktischen Verhältnis der Unterordnung der Marktteilnehmer führt. Mit der Aufgabe privatrechtlicher Institutionen sind derartige privatrechtlich organisierte Strukturen nicht vereinbar.

IV. Biographisches

Kronsteins wissenschaftliche Entwicklung begann nicht mit der Beschäftigung vertragsrechtlicher Sachverhalte, sondern mit Untersuchungen im Bereich des Gesellschaftsrechts, besonders des Konzernrechts. 1897 als Sohn einer nordbadischen Familie geboren, diente er im ersten Weltkrieg als deutscher Offizier. Er diente als deutscher Jude. Er teilte damit zugleich das Schicksal der deutschen jüdischen Bevölkerung, die sich uneingeschränkt als Deutsche empfanden und lebten und ihrem Land dienten. Nach dem ersten Weltkrieg wurde er Jurist und arbeitete später – Ende der zwanziger bis in die dreißiger Jahre – in einer Mannheimer Kanzlei. Angeregt durch die Beschäftigung mit gesellschaftsrechtlichen Sachverhalten untersuchte er sie zugleich mit dem Ziel, sie wissenschaftlich zu durchdringen und die neuen gesellschaftsrechtlichen Entwicklungen in das bisherige gesellschaftsrechtliche Gebäude einzuordnen.

Das erste Buch, das seine Habilitationsarbeit werden sollte, befasste sich mit der abhängigen juristischen Person. Diese Rechtsfigur wurde damals nicht als ein selbständiges rechtliches Problem angesehen. Abhängigkeit bestand allenfalls, wenn sie ausdrücklich geregelt war. Die reine Mehrheitsbeteiligung, die nach heutigem Recht – § 17 AktG – bereits zu rechtlich relevanten Folgen führt, begründete damals keine rechtlich relevante Abhängigkeit, insbesondere nicht das Recht, die Mehrheitsgesellschafterin für Verpflichtungen der Tochter in Anspruch zu nehmen (Durchgriffsrecht). Der Durchgriff durch die juristische Person war für *Kronstein* die notwendige Folge ihrer Abhängigkeit, widersprach jedoch der positivistischen Definition der juristischen Person. Heute ist uns *Kronsteins* Gedanke völlig geläufig. Er konnte sich mit dieser Arbeit nicht mehr habilitieren. Er musste das Land mit seiner Familie verlassen, um der Verfolgung durch die Nazis zu entgehen, und emigrierte, wie viele andere herausragende Wissenschaftler, in die Vereinigten Staaten.

An der *Columbia University* studierte er noch einmal Rechtswissenschaften, erwarb zunächst einen *„Master of Law"* und anschließend einen *PhD*, der in etwa einer Promotion entspricht, war aber noch nicht amerikanischer Staatsbürger. Im *Justice Department* fand er deshalb zunächst eine Anstellung als Dolmetscher. Denn solange er nicht Staatsbürger war, standen ihm andere Tätigkeiten nicht offen. Tatsächlich hatte man ihn als Experten für deutsches Wirtschafts-, insbesondere Kartellrecht gewonnen. Man war an den Kartellstrukturen und ihrer Bedeutung für die deutsche Wirtschaft, insbesondere im Zusammenhang mit der deutschen Aufrüstung in den dreißiger Jahren, interessiert.

1943 schrieb *Kronstein* einen anonymen Aufsatz gegen den *Morganthau*-Plan. Anders als die verbreitete Mehrheit hielt er die Idee, Deutschland in einen Agrarstaat zu verwandeln, für Wahnsinn. Als man im Justizministerium geeignete Mitarbeiter zur Vorbereitung der Nürnberger Prozesse suchte, bat er – inzwischen amerikanischer Staatsbürger – ins Pentagon versetzt zu werden. Als ehemals deutscher Emigrant wollte er nicht an den Kriegsverbrecherprozessen mitwirken. Seinem Wunsch wurde entsprochen. Nach dem Ende des Krieges kehrte er in der Uniform eines Majors nach Deutschland zurück, suchte *Franz Böhm* und andere frühere Weggefährten auf und begann, Brücken zu schlagen; eine Aufgabe, die er immer als eine seiner wichtigsten angesehen hat, nicht nur zwischen Ländern sondern auch zwischen Menschen.

Später übernahm er eine Professur am *Georgetown University Law Center*, lehrte dort *Corporation-* und *Antitrust Law*, setzte seine Arbeiten im Bereich des Gesellschaftsrechts fort und verfasste bedeutende Lehrbücher. Für die Beschreibung des Durchgriffs durch die juristische Person wählte er die Formulierung *„to pierce the corporate veil"*, zur großen Heiterkeit seiner Studenten, denn er sprach das Wort *„veil"* (Schleier) wie *„whale"* (Wal) aus. Viele seiner Schüler, die er in großer Zahl hatte, erinnern sich gerne daran und an die selbstverständliche Art, wie er die Heiterkeit aufnahm.

Mit seiner Berufung nach Frankfurt im Jahre 1955 – er hatte zuvor bereits als Gastprofessor gelesen – übernahm er den Lehrstuhl *Walter Hallsteins*. *Hallstein* war im Zusammenhang mit den Römischen Verträgen ins Auswärtige Amt berufen worden und wurde später der erste Präsident der Europäischen Kommission. Auch wenn das Verhältnis zwischen beiden eher kühl war, so teilten sie doch ihre Vorstellungen von der politischen Bedeutung der europäischen Einigung und deren Auswirkungen auf das Recht.

V. Neue Fragen und Sachverhalte

Die Machtfragen haben *Kronstein* im Grunde immer beschäftigt. Früh befasste er sich mit Fragen der internationalen Schiedsgerichtsbarkeit, geleitet von dem berechtigten Misstrauen, sie könnte als Instrument der Marktorganisation und der Rechtsvermeidung missbraucht werden. Für derartige Zusammenhänge und Entwicklungen hatte er eine besondere Intuition. *Kronstein* konnte in eine Bibliothek gehen, eine Zeit lang suchen und dann nach einem Buch greifen, das ungefähr mit dem Thema zu tun hatte. In einem Fall fiel ihm dabei ein Brief in die Hände, der vom Empfänger offenbar vergessen worden war. Ein Anwalt hatte als Vertreter eines Kartells an ein internationales Schiedsgericht geschrieben und dabei seine Absicht offen gelegt, die Aktivitäten des Kartells mit Hilfe eines Schiedsgerichtsprozesses der rechtlichen Kontrolle durch ordentliche Gerichte zu entziehen. Für ihn war es eine Genugtuung, einen solchen Sachverhalt gewissermaßen dokumentieren zu können.

Coing hat ihm später, in der Festschrift zu *Kronsteins* 70. Geburtstag, attestiert, er sei ein „Sachverhaltsfanatiker“. Auch das habe ich von ihm gelernt und im Grunde bis heute beibehalten. Meinen Studenten habe ich stets klar zu machen versucht, dass man die Rechtsfragen nur dann wirklich beurteilen kann, wenn man sich nicht mit dem offensichtlichen Sachverhalt begnügt, sondern in die Interessenkonflikte und Interessenstrukturen eindringt, die sich offenbaren, wenn man der Sache auf den Grund geht, ehe man sie bewertet. Es war diese Freude an der Erforschung der Sachverhalte und den Grundfragen des Verhältnisses von Privatrecht und wirtschaftlicher Macht, die uns zusammenführten.

Später erprobten wir beides bei der Arbeit an der großen Aktienrechtsreform. *Kronstein* war maßgeblich an den Vorarbeiten und der Begleitung der Gesetzgebung beteiligt. Die stimmrechtslose Aktie war ebenso ein Thema wie Fragen der Transparenz, der Publizität, des Rechnungswesens und der Organisationsstrukturen der Aktiengesellschaft oder der nennwertlosen Aktie, die dem deutschen Recht fremd war, sich aber im angelsächsischen Raum entwickelt hatte.

VI. Wirtschaftsrechtliche Macht, Frankfurter Schule

Das Problem der privatrechtlichen Organisation wirtschaftlicher Macht war mir schon bei *Franz Böhm* begegnet. *Mestmäcker*, mein Kollege in Frankfurt, hatte mich mit den einschlägigen Fragen ebenfalls näher vertraut gemacht. Von ihm erhielt ich als junger Assistent meinen ersten Forschungsauftrag in Sachen Kartellrecht. So entwickelte sich eine Gruppe von Menschen, von Lehrern und Schülern, die nach dem Zweiten Weltkrieg, die Frage nach dem Verhältnis von wirtschaftlicher Macht und Privatrecht stellten – und zwar nicht wie heute, sondern in einem sehr viel tiefer gehenden Sinne, nämlich in der Auseinandersetzung mit dem Positivismus. Ich muss deutlich machen, was ich damit meine.

Kronstein war zutiefst davon überzeugt, dass es einen engen Zusammenhang zwischen der positivistischen Betrachtung des Rechts und der Möglichkeit gab, eine Schreckensherrschaft, wie die nationalsozialistische in Deutschland, zu errichten. Immer wieder wies er darauf hin, dass eine positivistische, allein am Wortlaut orientierte Interpretation von Normen, ohne Rücksicht auf die Bedingungen ihrer Entstehung und ihrer Wirkungen ihrer Anwendung, den Weg bereiten könne für Entwicklungen, an deren Ende der Führerbefehl als Legitimationsgrundlage für Gesetze stehe. Für die Jüngeren war eine derartige Möglichkeit kaum nachvollziehbar. Aber in der ersten Hälfte des 20. Jahrhunderts wurde sie eindrucksvoll und mit schrecklichen Auswirkungen Wirklichkeit. Und niemals sollten wir vergessen, dass die entscheidenden Entwicklungen von maßgeblichen Juristen mitgetragen wurden. Der Terror hatte den Raum des Rechts besetzt und das Wesen des Rechts pervertiert.

Allerdings lag der Ausgangspunkt dieser Entwicklung lange vor der Zeit der Naziherrschaft. *Kronstein* hat sich immer wieder mit ihr auseinandergesetzt, so in seiner Polemik gegen die Ansichten eines Mannes wie *Robert Wiener*. Er hielt ihn für einen gefährlichen Positivisten, der davon überzeugt war, ein Gesetz, wenn es denn formal ordnungsgemäß zustande gekommen sei, auch ein richtiges Gesetz sein müsse – unbeschadet seiner Auswirkungen auf die Wertordnung – und deshalb auch nach seinem reinen Wortlaut angewandt werden. Was verfassungsgemäß beschlossen wurde, sei richtig, wobei verfassungsgemäß schon nicht mehr funktional oder teleologisch verstanden wurde, sondern rein formal.

VII. Positivismus und Kartellierung

Ich will dies an einem Beispiel deutlich machen, von dem ich weiß, dass es auch für *Kronstein* und seine Tätigkeit im Justizministerium in den Vereinigten Staaten eine große Bedeutung hatte. Im Jahr 1869 wurde in Deutschland die Gewerbeordnung erlassen, welche die Gewerbefreiheit garantierte und damit unter anderem die bisherigen Zunftordnungen und Konzessionsverfahren beendete. Im Jahr 1897 hatte das Reichsgericht die Frage zu entscheiden, welche Bedeutung die Gewerbefreiheit für zivilrechtliche Verträge hatte, die geeignet waren, die Ausübung der Gewerbefreiheit Dritter einzuschränken. Konkret ging es um eine von einem Kartell verhängte Sperre eines Mitgliedes, das die Kartellbindungen verletzt und sich dafür auf die Gewerbefreiheit berufen hatte. Durch die Sperre wurde das nun zum Außenseiter gewordene Unternehmen vom Markt ausgeschlossen. Seine Klage auf Schadensersatz, gestützt auf unerlaubte Handlung und die Gewerbefreiheit, wurde vom Reichsgericht abgewiesen. Der Kläger habe sich durch sein Verhalten außerhalb der Ordnung des Kartells gestellt und damit die Sperre gemäß den Regeln des Kartells selbst herbeigeführt. Fragen der Gewerbeordnung seien nicht relevant. Es handele sich um eine rein zivilrechtliche Frage. Dass das Kartell mit Hilfe zivilrechtlicher Vereinbarungen die Macht begründet hatte, den Markt zu regulieren, Außenseiter vom Markt auszuschließen und damit an der Ausübung ihrer Gewerbefreiheit zu hindern, erschien dem Gericht nicht entscheidungserheblich. Die Folge dieser Rechtsprechung war eine Legalisierung planwirtschaftlicher Strukturen auf der Grundlage des Privatrechts durch die Rechtsprechung. Kartelle und Monopole und die mit ihnen verbundenen Herrschaftsstrukturen konnten hinfort mit zivilrechtlichen Strukturen – wie der so genannten Doppelgesellschaft – geschaffen werden. Dank dieser Möglichkeit entwickelte sich die deutsche Wirtschaft zu einer Art privatrechtlich organisierter Planwirtschaft. In den zwanziger Jahren des letzten Jahrhunderts war sie zur am weitesten kartellrechtlich durchorganisierten Wirtschaft in Europa geworden.

Die Kartelle verfügten über eindrucksvolle Planungsinstrumente. Sie waren in der Lage, ihre Politik der „Wirtschaftslenkung“ sowohl gegenüber ihren Mitgliedern wie ihren Marktaußenseitern wirksam und schnell durchzusetzen. Sie waren als „Doppelgesellschaften“ organisiert: die gesellschaftsrechtlich gestalteten horizontalen Bindungen der Mitglieder an die Kartellpolitik war verbunden mit einer ebenfalls gesellschaftlich organisierten Geschäftsführung, der die Befugnis zustand, mit ihren Gremien die Kartellpolitik zu beschließen und ihre Durchsetzung zu sichern.

Zu diesem Zwecke hatten die Kartellmitglieder unter anderem bei der Geschäftsstelle Blankowechsel zu hinterlegen. Wurde mit einem Verstoß gegen die Kartellbeschlüsse – gewissermaßen die Planziele des Kartells – eine Kartellstrafe fällig, so war die „Kartellbehörde“ berechtigt, die Strafe festzusetzen und den durch die Strafzahlung konkretisierten Blankowechsel in Umlauf zu bringen. Da es gegen Wechsel keine Einrede aus dem Grundgeschäft gibt, musste der Delinquent zunächst zahlen. Diese privatrechtlich organisierte Exekution der Kartellpolitik war jeder verwaltungsrechtlichen weit überlegen. Sie war als planwirtschaftliche Organisation der betroffenen Märkte so effizient, dass sie nach der Machtergreifung durch die Nationalsozialisten im Jahre 1933 den neuen Herren als privatrechtlich organisierte Basis ihrer Vierjahrespläne diente. Sie mussten die Wirtschaft weder sozialistischer Planung unterwerfen noch sie verstaatlichen. Diese Leistung hatte die Wirtschaft bereits selbst erbracht.

Sie hatte sich eine privatrechtliche Organisation geschaffen, die man für planwirtschaftliche Zwecke in Anspruch nehmen konnte, ohne dass darin ein fundamentaler Widerspruch zu den Grundlagen des Privatrechts, insbesondere des Grundsatzes der Herrschaftsfreiheit, gesehen wurde. Für *Franz Böhm*, der in den zwanziger Jahren Einblick in die Praxis der Kartelle und der Kartellbehörden erhielt, war diese Entwicklung Anlass, sich mit den Ordnungsfragen des Privatrechts zu befassen. Sein Buch „Wettbewerb und Monopolkampf" wurde zu einer der bedeutsamsten Grundlagen der ordnungspolitischen Vorstellungen einer wertgebundenen Wettbewerbsordnung. Aus ihr leitete er die Überzeugung ab, dass privatrechtlich begründete Macht mit der freiheitlichen – und demokratischen – Rechtsordnung unvereinbar sei. Sie wurde nach dem Zweiten Weltkrieg in Gestalt der sozialen Marktwirtschaft zum Gesetz unserer wie der neuen europäischen Wirtschaftordnung und der Übereinstimmung mit den Grundsätzen des amerikanischen *Antitrustrechts*.

VIII. Kartellrecht und die Grundwertebindung

Wenige Jahre vor der Entscheidung des Reichsgerichts und der praktischen Legalisierung privatrechtlich geschaffener Wirtschaftsmacht hatte Senator *Sherman* im amerikanischen Senat den Entwurf eines Gesetzes eingebracht, das später als „*Sherman-Act*" bekannt wurde. Zu seiner Begründung formulierte er seine Überzeugung in dem folgenden Satz: „Wenn unser Land keinen politischen Diktator duldet, dann darf es auch keinen Diktator über die Preise dulden." Dieser Satz ist für mich und für viele von uns zu einer Art *Credo* geworden. Der angelsächsischen Welt und ihrem Denken erschien die Verbindung von politischer Diktatur und monopolistischer Marktbeherrschung dagegen durchaus plausibel. Politische und wirtschaftliche Freiheit gehören nach ihrer Vorstellung untrennbar zusammen. Der Einsicht in diesen Zusammenhang stand nicht die scharfe Trennung zwischen Öffentlichem Recht und Privatrecht entgegen, die es uns erschwert, in beiden komplementäre Teile eines Ganzen zu sehen: die Ordnung der Freiheit.

So war es auch *Kronsteins* Überzeugung, dass die Rechtsauslegung wertgebunden sein muss und Interpretationen der Normen unzulässig sind, welche die Bindungen ignorieren, die sich aus den Grundlagen einer Gesamtrechtsordnung für ihre Teile, und damit auch für das Privatrecht, ergeben. Diese Überzeugung ist zweifellos auch aus den Erfahrungen seines eigenen Schicksals erwachsen: Aus der Erfahrung, dass positivistische Normeninterpretation geeignet ist, die Freiheit zu gefährden – und Kartelle letztlich zu einer Vereinnahmung des Privatrechts durch staatliche Machtausübung führen.

IX. Ein Beispiel aus der Zeit der Wende

Betrachten wir die beschriebenen Zusammenhänge nun einmal vor dem Hintergrund eines Sachverhaltes, der mit der deutschen Wiedervereinigung zu tun hat und geeignet ist, unsere grundsätzliche Fragestellung zu beleuchten. Wie Sie vielleicht wissen, wurde ich im Januar 1990 als Gastprofessor nach Leipzig berufen, um junge Leute zu unterrichten, die sich mit ihrem Studium zugleich auf den Umbruch vorbereiten wollten, welcher für sie mit der Wiedervereinigung verbunden war.

Bei der Gelegenheit konnte ich mich intensiv mit der sozialistischen Planwirtschaft befassen, die sich nach dem Krieg in der DDR unter sowjetischem Einfluss entwickelt hatte. Auch in der DDR-Planwirtschaft kannte man das Instrument des Kredits. Nur diente es einer grundsätzlich anderen Funktion und hatte deshalb auch eine völlig andere Bedeutung. Kredite wurden den sozialistischen Unternehmen vom Staat im Rahmen der Zentralplanwirtschaft gewährt, denen er zuvor Liquidität entzogen hatte. Er übernahm damit die Rolle des Gläubigers der Unternehmen. Tatsächlich wälzte die DDR auf diesem Wege die Staatsverschuldung auf die Unternehmen ab und erweckte zugleich den Eindruck, nicht verschuldet zu sein.

Die Zinsen wiederum, die die Unternehmen für die staatlichen Kredite zu zahlen hatten, dienten Zielen der Planung. Mit Marktzinsen hatten sie nichts gemeinsam. Ihre Höhe richtete sich vielmehr nach planwirtschaftlichen Vorgaben. Wurden die Kredite für notwendige Investitionen gewährt, betrugen die Zinsen 1 bis 2 Prozent. Die Zinshöhe war abhängig von der Planerfüllung. Bei unzureichender Planerfüllung konnten sie auch 12 Prozent betragen. Für das Ergebnis spielte diese Form der Steuerung durch Zinsen jedoch keine Rolle. Denn die Kreditgewährung vollzog sich im geschlossenen System der zentralen staatlichen Planwirtschaft. Nach außen jedoch, im Bereich der Außenwirtschaft und der Kreditwürdigkeit der DDR, wurde der Eindruck erweckt, die DDR sei solvent.

Nun kommt mit der Wiedervereinigung die Währungs- und Wirtschaftseinheit. Die Unternehmen und Kombinate sind durch die Kredite gegenüber dem Staat verschuldet. Dieser Umstand und seine Entstehungsgründe, allgemeiner: Entstehung und Funktion der Kredite im Rahmen der Planwirtschaft und der Staatsfinanzierung, werden jedoch weitgehend ignoriert. Die Kredite werden ohne Rücksicht auf die bestehenden Zusammenhänge wie Marktkredite behandelt. Unternehmen, die zur Finanzierung von Waren aus Westdeutschland in Höhe von DM 100.000 einen Kredit von 420.000 DDR-Mark aufnehmen mussten, finden sich so nach der Einheit als Schuldner eines Kredites in DM wieder, der weit höher ist als der Wert der Importe. Der Begriff Kredit wurde ohne Berücksichtigung der jeweiligen Funktionszusammenhänge marktwirtschaftlich verstanden. Das heißt, er wurde positivistisch, losgelöst von seinen bisherigen Funktionen in eine andere Ordnung übertragen, mit der Folge, dass nun DM-Zinsen geschuldet waren. Hunderte von Betrieben sind an dieser Übertragung gescheitert.

Als Mitglied des Wirtschaftsausschusses des Bundestages und Leipziger Hochschullehrer habe ich mich vergeblich darum bemüht, auf diese Folgen der positivistischen Interpretation des Begriffes Kredit hinzuweisen und eine Korrektur zu bewirken. Weder der damalige Wirtschaftsminister *Haussmann* noch der Präsident der Bundesbank *Karl Otto Pöhl* ließen sich überzeugen. Kredit war eben Kredit. Die Folgen konnte ich später selbst als Ministerpräsident und im Verwaltungsrat der Treuhandanstalt erleben. Sie hatten viel mit dem zu tun, was uns bereits in meiner Frankfurter Zeit mit meinem Lehrer *Heinrich Kronstein* beschäftigt hatte.

X. Transatlantische Ausrichtung

Für seine Schüler war es außerordentlich wertvoll, dass *Kronstein* intim vertraut war mit zwei unterschiedlichen Rechtskreisen: dem deutschen Recht, Ausdruck eines kontinentalen, auf das römische Recht zurückgehenden Rechtsverständnisses, im Wesentlichen gestaltet durch Gesetze, und dem Angelsächsischen, das sehr viel stärker ausgerichtet ist auf das Richterrecht. Heute haben sich die Entwicklungen zwar stärker angeglichen. Aber die Wurzeln und Grundlagen des angelsächsischen Rechts haben ihre prinzipielle Bedeutung nicht verloren. Die Spannung zwischen beiden, die ich immer als außerordentlich fruchtbar empfunden habe, hat naturgemäß auch *Kronsteins* Denken geprägt.

Auch nach seiner Berufung nach Frankfurt hielt er weiterhin auch Vorlesungen an der *Georgetown University Law School* in Washington. Das war möglich, weil die Semester- und Examenszeiten nicht deckungsgleich waren. Es war eine unglaubliche Arbeitsleistung, die er dabei auf sich nahm. Zweimal, 1958/59 und 1961/62, war es mir vergönnt, meinen Lehrer für ein akademisches Jahr nach Washington zu begleiten und mich so mit dem dortigen Recht und seiner Lehre vertraut zu machen. Das Spannungsverhältnis zwischen beiden Rechtskreisen veranlasste mich, der Entwicklung des amerikanischen Kollektivarbeitsrechts und der Gewerkschaftsbewegung nachzugehen. Ich wollte wissen, welche Konflikte in diesem Bereich existierten und wie das amerikanische Recht sie bewältigt. Vergleichbare Konfliktssachverhalte werden in Deutschland eher weniger erforscht. Zwar widmeten sich in den zwanziger Jahren zahlreiche nationalökonomische Diplomarbeiten den unterschiedlichsten Kartellsachverhalten. Diese Praxis wurde jedoch nach dem Kriege nicht mit der gleichen Intensität wieder aufgenommen. Wir alle haben jedenfalls viel von der Zweigleisigkeit und der Vertrautheit mit zwei unterschiedlichen Rechtssystemen profitiert und unsere Erkenntnisse auch in die europäische Entwicklung hineingetragen.

XI. Wirkungsorientierung und Sozialpolitik

Kodifikationsrecht und Richterrecht, der Gedanke der *equity*, Grundprinzipen der Gerechtigkeit der Rechtsanwendung und das Wissen um die enge Verbindung der Rechtsordnung mit der politischen waren die Gebiete, die wir gemeinsam behandelten. *Kronstein* half uns, einen anderen Gerechtigkeitsbegriff zu entwickeln, als den, von dem die Sozialpolitik ausgeht – was außerordentlich wichtig ist für Bedeutung und Eigenständigkeit des Privatrechts. Denn der auf Umverteilung zielende Gerechtigkeitsbegriff der Sozialpolitik und des Sozialrechts ist für das Privatrecht nicht ohne Gefahr. Er ist geeignet, privatrechtliche Freiheiten durch die sozialpolitisch begründeten interventionistischen Reglementierungen zu relativieren und letztlich zu verdrängen.

Kronstein interessierte sich nicht nur für das nationale Recht, sondern gleichermaßen für die Interaktionen zwischen nationalen Rechtsordnungen und die Ausgestaltung des internationalen Rechts: Fragen, die angesichts der globalen Durchdringung der bisher souveränen Rechtsordnungen wieder eine enorme Bedeutung gewinnen. Zu ihnen gehörte die Auseinandersetzung mit der Extraterritorialität des *Antitrustrechts*, dem *extraterritorial effect of antitrust law*. *Kronstein* ließ uns an einem Gutachten mitarbeiten, um das ihn die Schweizer Uhrenindustrie gebeten hatte. Die Schweizer Uhrenindustrie war ebenso wie früher die deutsche durch Kartelle organisiert: eine planwirtschaftliche Organisation mit privatrechtlichen Mitteln, in der sich alle wohl fühlten.

Die *US-Antitrustbehörde* nahm Anstoß an dieser Organisation und war entschlossen, amerikanisches Recht auf sie anzuwenden, soweit sie Waren in die USA lieferte. Dies betraf insbesondere die Ausdehnung des Kartells auf Abnehmer in den USA. Nach amerikanischer Auffassung war diese Erstreckung unvereinbar mit dem amerikanischen Recht. Das musste zu einer Bedrohung des gesamten Schweizer Kartellsystems führen. Diese Fragen gewinnen heute wieder eine enorme Bedeutung. Denn es geht darum, wer im Rahmen der Globalisierung der Märkte entscheidet, welchen Regeln sie unterworfen sind, und welche Institutionen berechtigt sind, Regeln für globale Märkte aufzustellen.

Es geht um eine neue Rechtsordnung, die in der Lage ist, dem Prozess der Globalisierung zu folgen und ihn zu gestalten. Sie zu schaffen, ist wiederum die Voraussetzung dafür, dass wir nicht auf globaler Ebene die gleichen Fehlentwicklungen erleben, die als Folge eines ungebundenen Liberalismus im 19. Jahrhundert zur großen sozialen Frage führten – mit allen ihren Konflikten und politischen Folgen. Kann dieser Herausforderung mit Mitteln der Extraterritorialität des Rechts einzelner Staaten entsprochen werden? Die Europäische Union nimmt sie in Anspruch, wenn sie ihr Recht auf alle Sachverhalte anwendet, die ihre Jurisdiktion berühren. Die Vereinigten Staaten haben nach dem Krieg ebenso gehandelt – gegen den zum Teil erbitterten Widerstand der Europäer. *Kronstein* hat damals versucht, zwischen beiden zu vermitteln und neue Wege zu finden.

XII. *Kronsteins* Rolle in der Frankfurter Fakultät und Europapolitik

Schließlich und letztlich: *Kronsteins* Rolle in der Frankfurter Fakultät. *Mestmäcker* hat in seinem Beitrag zur Festschrift für *Kronstein* die besondere Bedeutung angesprochen, die der Universität Frankfurt und ihrer rechtswissenschaftlichen Fakultät in der damaligen Zeit für die europäische Integration zugewachsen ist. Er schreibt: „Sie ergab sich aus einer Symbiose, zwischen den zu politischen Akteuren gewordenen Wissenschaftlern und denen für ihre Politik wegweisenden, an der Fakultät hervorragend vertretenen Wissenschaftsrichtungen." Und er nennt *Hallstein* und *Mosler*, der später zum Direktor des Max-Planck-Instituts für Völkerrecht in Heidelberg berufen wurde. Beide waren an den Verhandlungen beteiligt, die zunächst zur Montanunion führten und später die Römischen Verträge vorbereiteten. Er nennt seinen Lehrer *Franz Böhm*, der von 1953 bis 1965 Mitglied des Bundestages war, und – für den Zusammenhang von Wirtschaftsordnung und Privatrechtsordnung – *Helmut Coing*, der von Anfang an diese Fragestellung in seine wissenschaftliche Arbeit übernommen habe. Die atlantische Perspektive war durch *Heinrich Kronstein* stets gegenwärtig. Es war wirklich eine einmalige Konstellation. Für diejenigen von uns, die in ihr Schüler und Assistenten sein konnten, war sie ein großes Glück.

1957 gewinnt *Adenauer* zum ersten und einzigen Mal eine absolute Mehrheit für die CDU, was allerdings weniger seinem Reformwerk als mit der Tatsache geschuldet ist, dass es ihm gelang, 1955 die deutschen Gefangenen in Russland nach Hause und die Bundesrepublik in die Souveränität zu führen. Es war eine unglaublich spannende Zeit. Zwischen 1953 und 1957 wurden entscheidende Reformen verabschiedet: die Römischen Verträge, das Kartellrecht, die Aktienrechtsreform, die gesetzliche Renten- und Krankenversicherung. Die politische Willensbildung im Bundestag war übersichtlich. Die Zahl der Lobbyisten war klein, die Bürokratien überschaubar. *Eberhard Günther*, der später erster Präsident des Kartellamtes wurde, war Regierungsrat im Wirtschaftsministerium. Ein Regierungsrat konnte damals zuständig sein für Fragen wie die Entwicklung des Kartellrechts. Dafür zuständige Abteilungen, geführt von Ministerialdirigenten oder Ministerialdirektoren mit einem breiten Unterbau, haben sich erst später entwickelt.

Diese Dichte der politischen Entwicklung der damaligen Zeit hat unseren Lehrern ganz andere Wirkungsmöglichkeiten erschlossen, ohne dass sie sie gesucht hätten. Es war einfach so. Ich habe damals aber auch erfahren, was mir heute erst als Defizit wirklich deutlich wird: Bonn war zwar ein kleiner Ort.

Aber unter den Eliten dieser Zeit bestanden direkte, selbstverständliche, nicht durch Organisationen und Verbände vermittelte fruchtbare Kontakte. Es war eine Welt der kurzen Wege, sehr direkt und deshalb außerordentlich kreativ.

XIII. Das bleibende Vermächtnis von *Kronstein* – einige letzte Fragen und Zusammenfassung

Erlauben Sie mir, zum Schluss noch wenige inhaltliche Punkte anzusprechen, die mehr genereller Natur sind. Sie haben zu tun mit dem Gedanken des ORDO. *Kronstein* fand den Gedanken, der durch die Freiburger Schule entwickelt worden war, einerseits außerordentlich bedeutend. Zugleich erschien er ihm aber auch etwas zu abstrakt – nicht im inhaltlichen Sinne, wohl aber seiner Anwendung nach. *Kronstein* war kein deduktiv, sondern ein induktiv denkender Mensch. Er interessierte sich dafür, was passierte, wo Bedarf an Regelungen bestand und wie diese Regelungen aussehen müssten, um ein angemessenes Verhältnis von Begrenzung, Freiheit und Verantwortung zu gewährleisten. Seine Orientierung fand er in der Erfahrung der Freiheit und ihrer Bedrohungen.

Fragen der Begrenzung waren für ihn von zentraler Bedeutung. Dies vor allem in den letzten Jahren seines Lebens und angesichts der Entwicklungen, die wir heute unter dem Rubrum der 68er Jahre zusammenfassen. Es war auch die Zeit meines Bochumer Rektorats. Dabei ging es ihm weniger um die 68er Unruhen der Jüngeren, als um die Hilflosigkeit der Älteren gegenüber den Fragen der Jüngeren. Vielleicht war es auch Ausdruck dieser Hilflosigkeit, dass sich in dieser Zeit in Deutschland, in ganz Europa, letztlich in der ganzen westlichen Welt eine Tendenz entwickelte, Rechtsinstitutionen zu relativieren, sie ihrer klaren Konturen zu berauben oder sie doch zu verwischen.

Im Privatrecht findet diese Tendenz in wahrlich eindrucksvoller Weise im Familienrecht ihren Niederschlag. Man mag die damaligen Normen einer konservativen Gesellschaft für überzogen und zu eng gehalten und deshalb das Bedürfnis empfunden haben, sie zu ändern und zu modernisieren. Was tatsächlich geschah, war jedoch weit mehr. Man relativiert den Begriff Familie, dehnt ihn und seine rechtliche Bedeutung auf eine immer größere Anzahl von Sachverhalten aus, die dem ursprünglichen Sachverhalt mehr oder weniger ähnlich sind. Resultat ist letztlich die entsprechende Anwendung des Begriffes und der in ihm angelegten Rechtsstrukturen auf absolute unähnliche Sachverhalte. Mit ihrer Ausdehnung verliert die Norm ihre ursprüngliche Ordnungsfunktion. Die Folge: die Menschen müssen die Ordnungsleistung, die bisher von der Rechtsordnung erbracht wurde, selbst erbringen. Das heißt, sie müssen das, was ihnen die Norm früher an Unterstützung leistete, durch eigene Willensleistung ersetzen.

Das ist außerordentlich schwierig. Die Erwartung, dass diese Leistung zuverlässig erbracht werden könne, widerspricht im Grunde einer jahrtausendelangen menschlichen Erfahrung. Sie besagt, dass die Institutionen, mit deren Hilfe sich menschliche Gesellschaft gestaltet, ohne die Hilfe von Normen und deren gesellschaftliche sowie gemeinschaftliche Unterstützung (auch im Sinne von *social control*) nicht dauerhaft stabil sein werden.

Wir finden derartige Prozesse, die ich als Entgrenzungen bezeichnen möchte, in eindrucksvoller Weise im Sozialrecht, im Haushaltsrecht, vor allem in den staatlichen Defiziten. Stets werden dabei bisherige Begrenzungen, also Grenzen, relativiert und aufgehoben. Der Ideenreichtum, mit dem dafür Gründe vorgetragen werden, ist kaum zu übertreffen. Betrachten wir den Versuch, mit Hilfe der Verfassung der Staatsverschuldung Grenzen zu setzen, indem man sie an investive Maßnahmen bindet. Art 115 GG wurde geradezu als Einladung verstanden, Begründungen zu erfinden, welche es rechtfertigen könnten, die der Staatsverschuldung gezogenen verfassungsrechtlichen Grenzen zu überwinden oder zu ignorieren. Störungen des gesamtwirtschaftlichen Gleichgewichts wurden noch unter Bedingungen angenommen, die man unter anderen Umständen als erfolgreiche Stabilitätspolitik gepriesen hätte.

Was nur beweist, dass derartige Normen die Kraft verloren haben, Begrenzungen zu bewirken. Es sind diese Erscheinungen, die meine Lehrer beunruhigten – und die uns heute umso mehr beunruhigen sollten. Aber sie haben nicht nur meine Lehrer sondern auch den späten *Ludwig Erhard* beunruhigt. Er fürchtete, die in der Nachkriegszeit und unter dem Eindruck der zurückliegenden Katastrophe neu entwickelte Ordnung der Wirtschaft könne durch die wachsende Bereitschaft Schaden nehmen, bestehende Begrenzungen zu relativieren oder zu ignorieren und so zur Schwächung der Institutionen beizutragen, die das Gerüst einer freiheitlichen Ordnung bilden.

Die Älteren hatten in der Zeit, von der hier die Rede ist, noch erhebliche Schwierigkeiten mit dem Denken in Wettbewerbsordnungen und ihrer Bedeutung für eine freiheitliche und demokratische Verfassung. Als mein bereits erwähnter Aufsatz im Betriebsberater erschien, sprach mich eines Tages mein Vater, damals im Vorstand des Arbeitsrings der Arbeitgeberverbände Chemie, darauf an und wollte wissen, was ich da geschrieben hätte. Mein Vater war Ingenieur, er war an juristischen Fragen weniger interessiert. Aber der Syndikus seines Verbandes hatte ihn angeschrieben. Es sei doch tragisch, teilte er meinem Vater mit, wie die Brüche mitten durch die Familie gingen. Er meinte das damals ernst. Es war für ihn unvorstellbar, dass die Jüngeren die „Selbstverwaltung" der Wirtschaft, die sie so erfolgreich praktiziert hatte, als unfreiheitlich und verfassungswidrig verwarfen. Man kann sich den Konflikt heute nicht mehr vorstellen. Er spielt keine politische oder wissenschaftliche Rolle mehr, obwohl er uns in neuem Gewande in den nächsten Jahren wieder begegnen könnte – und zwar dramatischer als damals.

Zusammengefasst erscheint mir das bleibende Vermächtnis von *Heinrich Kronstein*, für die, die das Glück hatten, seine Schüler zu sein, in der an uns weitergegebenen tiefen und bleibenden Überzeugung zu bestehen: dass das Recht, eine gerechte Ordnung und die dienende Funktion der auch durch Wertvorstellungen definierten Institutionen zusammengehören. Man kann beides nicht trennen, ohne das Ganze der Freiheit zu gefährden. Die Älteren werden sich erinnern, dass wir in den fünfziger Jahren eine leidenschaftliche Diskussion über die Drittwirkung der Grundrechte führten. Der Versuch, die Wertgebundenheit des Privatrechts durch die Drittwirkung von Grundrechten zu erklären, ist ein typischer Zugang zu jenen Problemen, die ich beschrieben habe. Man suchte nach einer höheren Norm, um die in Frage stehende vor unzulässiger Relativierung oder positivistischer Auslegung zu schützen. Deswegen der Versuch, die Wertgebundenheit privatrechtlicher Institutionen durch die Drittwirkung der Grundrechte zu erklären. Was gemeint war, ist, dass gewisse Wertvorstellungen die gesamte Rechtsordnung durchdringen und dass sie sich in den verschiedenen Bereichen der Rechtsordnung auf unterschiedliche Weise offenbaren.

Aus diesem Grundgedanken leite ich die These ab, dass die in Art. 14 GG dem Gebrauch des Eigentums gesetzten Grenzen ‚Eigentum verpflichtet. Sein Gebrauch soll zugleich dem Wohle der Allgemeinheit *dienen*' dem Grunde nach auf alle Autonomien Anwendung finden sollten, die unsere Verfassung gewährt. So im Zusammenhang mit der Pressefreiheit, der Lehrfreiheit, der Versammlungs- oder der Vereinigungsfreiheit. Die einzige Ausnahme, die ich sehe, ist die Freiheit der Kunst.

Für die anderen jedoch sollte in Analogie zum Eigentumsrecht gelten, dass auch ihre Ausübung kompatibel bleiben muss mit einer allgemeinen, deshalb nicht notwendig erzwingbaren, aber als Obliegenheit existierenden Verpflichtung, auch zum Wohle des Ganzen zu handeln. Denn es kann nicht bestritten werden, dass etwa die elektronischen Medien über Beeinflussungsmöglichkeiten verfügen, die weit über die hinausgehen, die Eigentümern auch großer Unternehmen zur Verfügung stehen. Mit dem Gedanken der Geschlossenheit und inneren Konsistenz der Gesamtrechtsordnung wäre es schwer vereinbar, nur den Gebrauch des Eigentums auf das Wohl der Allgemeinheit zu verpflichten, alle anderen, von derselben Verfassung gewährten Autonomien aber davon frei zu stellen, obwohl auch von jenen Macht ausgehen kann, die das Wohl der Allgemeinheit tangiert. Allerdings muss hier noch viel dazu gelernt werden.

Kronstein hat uns immer ermutigt, derartige Sachverhalte aufzuspüren. Noch vor seinem Tode im Jahre 1972 hat er unmittelbar erfahren, wie sich mit den elektronischen Medien neue Einflussmöglichkeiten entwickeln. Er war empört über die Behauptung der Intendanten der Rundfunkanstalten, sie besäßen keine Macht. Formal war die Feststellung zutreffend. Tatsächlich war sie es ebenso wenig, wie es die der Kartellmitglieder früher gewesen war.

Genau hier, im Unterschied zwischen der formalen und der wirklichkeitsbezogenen Betrachtungsweise liegt der Unterschied, um den es mir geht. Nie werde ich eine Sitzung der Intendanten vergessen, zu der wenige Jahre später – nach den Bundestagswahlen 1976 – Frau *Noelle-Neumann* und ich geladen waren, um uns für die Behauptung zu rechtfertigen, die Medien verfügten über Macht und hätten diese auch im Wahlkampf eingesetzt. Heute beteiligen sich die Politiker an eben dieser Macht, um sie zu begrenzen, aber hin und wieder auch zu nutzen. Dazu fällt mir der schöne und für *Franz Böhm* so typische Satz ein: „Der einzige Unterschied zwischen einem öffentlich-rechtlichen und einem privatrechtlichen Kartell besteht darin, dass das erstere kein schlechtes Gewissen hat."

Böhm traf seine Feststellung voller Menschlichkeit, denn er wusste um die Unvollkommenheit des Menschen, die er immer aufs Neue durch rechtliche Prozesse wie den Wettbewerb zu überlisten trachtete. Aber er wollte auch warnen: Wenn es Menschen gelingt, einen Legitimationsgrund für ihre Macht vom Staat abzuleiten, fühlen sie sich bei der Ausübung dieser Macht gerechtfertigter als diejenigen, denen eine vergleichbare staatliche Legitimation fehlt. Diesen ist man eher geneigt vorzuwerfen, sie handelten nicht gerecht. Dieser Unterschied in der Bewertung öffentlichen und privaten Handelns zieht sich durch unser gesamtes deutsches Denken. Letztlich trauen wir dem fürsorglichen und vormundschaftlichen Staat mehr Gerechtigkeit zu als privatrechtlichen Ordnungen.

Ein schönes Beispiel bietet der Versuch der Länder, durch Staatsvertrag ihr Monopol für Spielbanken zu sichern. Frappierend die Ähnlichkeit der Argumentation der Länder für diesen Staatsvertrag und der Argumente der Kartelle zur Rechtfertigung ihrer Marktregelungen in den zwanziger Jahren. Die Kartelle begründeten ihr Wirken stets mit dem Argument, sie wollten ihre Kunden schützen. Sie sollten nur gute Produkte beziehen und vor der Schlamperei der Außenseiter geschützt werden. Dieselbe Inanspruchnahme moralischer Gründe für die Verfolgung wirtschaftlicher Interessen finden wir auch bei den Ländern. Sie wollen ihre Bürger vor den Folgen der Spielleidenschaft schützen – was sie nicht davon abhält, für das Spiel zu werben, dessen Erträge sie sich durch ihr Monopol sichern wollen. Wir treffen hier auf die gleiche Art der Unehrlichkeit oder fehlenden Wahrhaftigkeit, gegen die *Kronstein* stets anging. Er forderte zur Ehrlichkeit auf, auch dort, wo es schwer war. „Benennt Eure Interessen auf ehrliche Weise. Dann können wir prüfen, ob ihre Verfolgung vereinbar ist mit den Grundsätzen der allgemeinen Wertordnung einer freiheitlichen, sozialen und verantwortungsverpflichteten Gesellschaft."

In diesem Sinne war *Kronstein* mehr als ein lernender Lehrer. Er war auch ein ungewöhnlich befruchtender Lehrer. Ihm ging es darum, den Sachverhalten auf den Grund zu gehen, die Probleme zu definieren, die letztendlich durch die Lebenswirklichkeit bestimmt werden. Die Normen, auf die es ankommt, sollen einerseits diese Lebenswirklichkeit gestalten. Aber sie müssen dabei dem allgemeinen Ordnungsprinzip verpflichtet bleiben. Dieses allgemeine Ordnungsprinzip darf nicht zunehmend relativiert und verdrängt werden durch interventionistisches staatliches Handeln. Das nun wieder war auch *Böhm* sehr wichtig. Er lehrte: „Je mehr in den Ablauf der Wirtschaft interveniert wird, desto chaotischer wird ihre Ordnung, desto größer also die Unordnung. Überschreitet diese ein gewisses Maß, dann verliert sie ihre Legitimation". Nicht im formalen, aber im realen Sinne.

Beide, *Böhm* und *Kronstein*, waren sich in einer Grundannahme einig. Beide waren überzeugt, dass ein Gesetz, dessen Einhaltung nur mit einem ungewöhnlichen Aufwand an moralischer Anstrengung möglich wäre, letztlich unmoralisch ist. Betrachten wir auch hier einen konkreten Sachverhalt. Nehmen wir an, Zweck eines Sozialgesetzes ist es, Menschen zu unterstützen, welche sich selbst nicht helfen können. Nun erweitern wir die vom Gesetz gewährte Unterstützung in der Weise, dass es auf den Nachweis, sich selbst nicht helfen zu können, in der Regel nicht mehr ankommt und der Versuch, sich selbst zu helfen, für den Betroffenen eher negative Wirkungen haben könnte. Wie sich die Betroffenen dann verhalten werden, ist vorhersehbar: Sie werden sich systemimmanent verhalten, seine Leistungen also auch dann in Anspruch nehmen, wenn sie sich selbst helfen könnten. Der im Gesetz jetzt enthaltenen Versuchung werden sie nur mit einem erheblichen moralischen Aufwand widerstehen können. Ihn kann man jedoch nicht voraussetzen.

Wird das Zusammenleben von Menschen zugleich nicht mehr nur durch rechtliche Familienstrukturen bestimmt, sondern in Gestalt von Bedarfsgemeinschaften organisiert, über deren Zusammensetzung die Betroffenen disponieren können – was ihr gutes Recht ist, wie es das gute Recht eines Unternehmers ist, durch Wahl der günstigsten Gesellschaftsform Steuern zu sparen –, dann werden die Betroffenen ihre Bedarfsgemeinschaft unter dem Gesichtspunkt optimieren, die höchste Unterstützung zu erzielen. Daneben werden sie, soweit sie dazu in der Lage sind, auch Privatinitiativen entfalten, aber in der Schattenwirtschaft.

Die öffentliche Aufregung und Empörung über die Arbeit in der Schattenwirtschaft und die „missbräuchliche" Veränderung von Bedarfsgemeinschaften ist zwar verständlich. Aber sie ist nicht gerechtfertigt. Die Diskussion sollte vielmehr über die Frage geführt werden: Hat der Gesetzgeber mit den sozialpolitischen Gesetzen, wie der Grundsicherung für Arbeitssuchende, die Grenzen der *minima moralia* beachtet? Hat er den durch sie definierten Zumutbarkeitsbereich respektiert, innerhalb dessen Grenzen der Gesetzgeber die Achtung seiner Gesetze einfordern darf?

Oder handelt es sich um ein interventionistisches Gesetz, dessen allgemeine Befolgung wir nur erwarten dürfen, wenn wir mit der Bereitschaft der Betroffenen rechnen können, die Umsetzung des Gesetzes mit einer besonderen moralischen Anstrengung zu unterstützen? In diesem Falle haben wir es bei Fehlentwicklungen als Ursache nicht mit schlechten Menschen, sondern mit einer schlechten Gesetzgebung zu tun. Deren Folgen kann man mit Aussicht auf Erfolg nicht dadurch korrigieren, dass man von den Bürgern ein Übermaß einer moralischen Anstrengung verlangt, mit deren Hilfe die Mangelhaftigkeit der Gesetzgebung ausgeglichen werden soll.

Dass es auch auf diese Grenzen einer guten Gesetzgebung ankommt, wenn es um Gerechtigkeit geht, das habe ich bei *Heinrich Kronstein* gelernt.

Eugen Ulmer*
Ein Zivilrechtslehrer des 20. Jahrhunderts

Erwin Deutsch

Die Wissenschaften und den Mann rufe ich, der, von Stuttgart ausgehend, über Tübingen, Berlin, Rostock, vor allem Heidelberg und schließlich München das deutsche Zivilrecht geprägt und in ihm unauslöschliche Spuren hinterlassen hat. Ich möchte meine Darstellungen in fünf Teile gliedern. Sie reichen von den Lebensdaten über die wissenschaftliche Ausbildung zu den wissenschaftlichen Veröffentlichungen und dann weiter zur juristischen Methode, zu *Eugen Ulmer* als Lehrer und abschließend als Verwalter. Seine Tätigkeit als Gründer und Direktor des Max-Planck-Instituts für ausländisches und internationales Patent-, Urheber- und Wettbewerbsrecht ist an anderer Stelle ausführlich und intensiv gewürdigt worden. Ich möchte mich *Eugen Ulmer* als Zivilrechtler, Zivilrechtslehrer, Lehrer des ausländischen Rechts und der in seinen Werken zu Tage tretenden Methode zuwenden.

I. Lebensweg Eugen Ulmers

Am 26. Juni 1903 wurde *Eugen Ulmer* in Stuttgart als Sohn des Verlegers Dr. *Richard Ulmer* und seiner Frau, geb. *Hedinger*, geboren. Von 1913 bis 1921 besuchte er das Karls-Gymnasium in Stuttgart. Anschließend studierte er Rechtswissenschaft in Tübingen und Berlin. Nach abgelegtem Referendarexamen in Tübingen hatte er eine dreijährige Referendarausbildung in Stuttgart und Tübingen zu absolvieren, die er mit einem im Wortsinne „guten" Assessorexamen beendete. Zwischendrin hatte er an der Tübinger Fakultät mit dreiundzwanzig Jahren promoviert. Seine Arbeit, die von Professor *Phi-*

* Vortrag am 19. Mai 2006 – Humboldt-Universität zu Berlin.

lipp Heck angeregt wurde, trug den Titel „Die direkte Anweisung im modernen Zahlungsverkehr". Sie ist heute auf normalem Wege nicht mehr zu erhalten. Stattdessen gibt es einen langen Artikel im Archiv für die civilistische Praxis des Jahres 1926 über „Akkreditiv und Anweisung". Diese in zwei Teilen erschienene Abhandlung beruht im Wesentlichen auf seinen Vorarbeiten zur Promotion. Sie zeigt bereits den typischen Stil von *Eugen Ulmer*, der später noch einmal aufgegriffen werden soll.

In Tübingen und Berlin, hier bei dem großen *Martin Wolff*, war *Ulmer* Assistent. Schon sehr früh, mit fünfundzwanzig Jahren, habilitierte er sich an der Universität Tübingen, mit einer Arbeit, die erneut von *Philipp Heck* betreut wurde. Ihr Titel lautete: „Warenzeichen und unlauterer Wettbewerb in ihrer Fortbildung durch die Rechtsprechung". Diese Untersuchung ist heute noch führend bei der Erörterung des Verhältnisses von Warenzeichenrecht und Recht des unlauteren Wettbewerbs. Sie setzt sich nicht nur mit der Rechtsprechung auseinander, sondern zeigt, dass formale Warenzeichenrechte auszunutzen, sich als unlauterer Wettbewerb darstellen kann. Das war um diese Zeit eine noch ziemlich neue These, die jedoch alsbald Anhänger gefunden hat und schließlich zur herrschenden Lehre geworden ist.

Im Jahre 1929 wurde er ordentlicher Professor in Rostock, wo er jedoch nur ein Jahr blieb. 1930 wurde er bereits nach Heidelberg berufen, als Nachfolger von *Heinsheimer* auf den Lehrstuhl für deutsches und ausländisches Privatrecht, Handels-, Wechsel- und Arbeitsrecht. Seine Antrittsvorlesung unter dem Titel: „Sinnzusammenhänge im modernen Wettbewerbsrecht", 1931 gehalten, ist als Sonderveröffentlichung 1932 erschienen. Der Schluss dieser Veröffentlichung ist zitierenswert:

> „Und wenn ich ausging vom Präjudiziensystem und seinen Gefahren, so ziemt es mir, noch an ein weises Wort zu erinnern, an das Wort, das *Karl Heinsheimer* in seiner Rede über lebendiges Recht geprägt hat, die Gefahren tunlichst zu bannen. Präjudizien sind nur „Überzeugungsgründe", nicht „Geltungsgründe der von ihnen anerkannten Rechtsnormen". Die Formel wird, wenn sie befolgt wird, uns vor der Erstarrung der Rechtsentwicklung schützen und es wird unter den Faktoren des Werdens auch die rechtswissenschaftliche Arbeit ihren bedeutsamen Platz haben. Hierbei mitzuschaffen im Dienste des Rechts sei das Gelöbnis dieser für mich so denkwürdigen Stunde, in der ich es als Geschenk und Aufgabe mir vor Augen halten darf, daß die Arbeit an der Ruperto-Carola ihre Stätte hat."

In Heidelberg wirkend erfüllte *Eugen Ulmer* dieses Versprechen mit seinem Werk „Das Recht der Wertpapiere", das 1938 erschien. Es folgte sein Referat beim Deutschen Juristentag 1950 über die Gleichberechtigung der Frau und alsbald danach sein tiefgehend nachdenkliches Werk „Urheber- und Verlagsrecht", 1951. Mit diesem Werk, das er auch mit einer Vorlesung „Urheberrecht" begleitete, die ich im Jahre 1949 gehört habe, richtete *Eugen Ulmer* sich weitgehend auf das Urheberrecht aus. Nicht vergessen werden soll, dass er in Vorlesungen und Übungen sehr viel Zeit und Kraft investierte, auch als er dieses Buch schrieb. So habe ich im Wintersemester 1948/49 und im Sommersemester 1950 die Anfänger- und Vorgerücktenübung im Bürgerlichen Recht bei *Professor Ulmer* besucht. Die Vorgerücktenübung im BGB hielt er übrigens noch als gewählter Rektor im Sommersemester 1959 in München. Doch wir sind der Entwicklung vorausgeeilt: *Eugen Ulmer* folgt 1955 einem Ruf an die Universität München, der er sehr bald als Dekan der Juristischen Fakultät und als, wie gesagt, Rektor dienen sollte. Im Jahre 1960 erschien dann, trotz aller Belastungen durch akademische Ämter und Lehraufgaben, die zweite Auflage des Urheberrechts, ein besonders nachdenkliches Werk und von den insgesamt drei Auflagen vielleicht das eindringlichste und besonders wegweisende.

Der Rest des Lebenslaufs von *Eugen Ulmer* ist bald zu Ende erzählt. Er übernahm 1957 das von *Eduard Reimer* gegründete Institut für Patent-, Urheber- und Markenrecht, was 1965 zum Max-Planck-Institut für „Ausländisches und Internationales Patent-, Urheber- und Wettbewerbsrecht" ausgebaut wurde. Er ging über von der Fakultät zum Max-Planck-Institut. Im Jahre 1965 erhielt er den Ehrendoktor der Juristischen Fakultät der Universität Stockholm. 1980 erschien die dritte Auflage des „Urheber- und Verlagsrechts", wie auch schon die Vorauflagen geheißen hatten, wenn sie auch nie so genannt wurden. Dies Alterswerk trägt noch den Stempel der beiden Vorauflagen, ist aber offensichtlich durch Mitarbeiter mitgestaltet worden, wie aus dem größeren Umfang und den nicht stets konzisen Subsumtionsformen erkennbar ist. Von 1981 bis 1986 hat er dann in Kreuth am Tegernsee gelebt. Nach dem Tode seiner Frau ist er jedoch zurück nach Heidelberg gezogen und dort im Jahre 1988 gestorben. Er ist auf dem Handschuhsheimer Friedhof beigesetzt, in der Stadt, in der er sein Haus erbaute, seine großen wissenschaftlichen Leistungen erdachte und zu einem führenden Zivilrechtler aufstieg.

II. Wissenschaftliche Veröffentlichungen

Das literarische Werk von *Eugen Ulmer* ist wesentlich beeinflusst von seinen drei Lehrern, nämlich *Philipp Heck, Martin Wolff* und *Ernst Rabel. Philipp Heck* war nicht nur sein Doktorvater und Habilitationsvater, sondern hat ihn auch mit seiner interessenjuristischen Methode tief geprägt, wenn das auch nicht immer in seinen Schriften so deutlich zum Ausdruck gekommen ist. Die knappe, scharfe, logisch unwiderlegliche Darstellung, wie sie *Martin Wolff* in seinem großen „Sachenrecht" vorgelegt hat, hat *Eugen Ulmer* offenbar tief beeindruckt. Seine frühen Schriften tragen deutlich Stempel dieser genauen, konzisen und exakten Argumentation, wie sie *Martin Wolff* eigen war. Von *Ernst Rabel* ist *Eugen Ulmer* in die Rechtsvergleichung eingeführt worden und hat sich dort insbesondere mit dem englischen Recht befasst. Seine Aufsätze zur Bedeutung der Form im englischen Wechselrecht und sein

Beitrag zur Festgabe *Heck* u.a. über geschichtliche und rechtsvergleichende Studien im englischen Wechselrecht belegen das. So hielt *Eugen Ulmer* sogar noch im WS 1949/50 eine Vorlesung „Einführung in das anglo-amerikanische Privatrecht", die auf mich großen Eindruck gemacht hat. Dieser Vorlesung folgte im SS 1950 ein zusammen mit seinem Lehrer *Rabel* veranstaltetes rechtsvergleichendes Seminar. Ich habe daran teilgenommen und nach dem mir vorliegenden Schein sogar ein Referat über die „Fahrlässigkeit im englischen Privatrecht" gehalten, eine frühe Neigung in dieses Gebiet zeigend. *Eugen Ulmer* war ein anzuerkennender Rechtsvergleicher: Er sammelte nicht die fremden Rechte in einzelner Form und ungeheurer Menge des Materials. Von seinem Lehrer *Rabel* dazu angehalten, schaute er selektiv auf das fremde Recht und betonte mehr die Unterscheidungen als die Übereinstimmungen.

Lassen Sie mich auf die drei großen Werke von *Eugen Ulmer* zu sprechen kommen, die jeweils in einer total verschiedenen Zeit geschrieben und veröffentlicht worden sind. Die Habilitationsschrift des jungen Privatdozenten trug den Titel: „Warenzeichen und unlauterer Wettbewerb" und ist in den rechtsvergleichenden Abhandlungen erschienen, die unter anderem von *Martin Wolff* herausgegeben worden sind. Im Dritten Reich erschien dann beim Kohlhammer Verlag im Jahre 1938 „Das Recht der Wertpapiere", eine 361 Seiten lange, umfassende Darstellung des Wechsel- und Scheckrechts, welches soeben durch die europäisch vereinheitlichten Gesetze von 1933 interessant geworden war. In die Zeit der Bundesrepublik Deutschland fällt dann sein eindringliches Korreferat zur Gleichberechtigung der Frau und Neuausgestaltung des Ehevermögensrechts. Kurz danach folgt dann das „Urheber- und Verlagsrecht", das in gemessenen Auflagen erscheint und die Wandlungen auch des Juristen *Ulmer* offenbar macht.

In der Habilitationsschrift wird anfangs die Monopolverleihung durch Registereintragung im englischen und französischen Recht dargestellt, ein Einfluss der Berliner Schule, die *Eugen Ulmer* durchgemacht hat. Der Kern seiner Darstellung findet sich in dem Kapitel über die „gedankliche Synthese von Wettbewerbs- und Warenzeichenrecht im deutschen Recht". Er stimmt der neueren Haltung des Reichsgerichts zu, dass das formale Zeichenrecht nur innerhalb der Grenzen ausgeübt werden kann, die das Recht höherer Ordnung setzt, insbesondere nur innerhalb der Grenzen des lauteren Wettbewerbs und der guten Sitten. Er führt das Reichsgericht sacht seine Straße entlang, indem er die Eintragung des Warenzeichens für wesentlich hält und den Gebrauch des Wortes „übergeordnet" relativiert. Er erkennt, dass eine Gleichsetzung von Warenzeichenmonopol und unlauterem Wettbewerb auf einheitlicher Ebene schwer durchzuführen ist. Den wesentlichen Grund sieht er darin, dass das Zeichenrecht es sich zur Aufgabe gemacht hat, die Entwicklung, also das werdende Zeichen, zu begünstigen, während das Wettbewerbsrecht erst dem anerkannten Zeichen Schutz verleiht. Schon hier ist zu erkennen, dass *Eugen Ulmer*, von der Interessenjurisprudenz seines Lehrers *Philipp Heck* herkommend, auf die Funktion der Eintragung in das Register und die Funktion der Untersagung des unlauteren Wettbewerbs abhebt. Sicherlich sei mit dieser funktionalen Anschauung das Register ein dienendes Glied im Rahmen des Ganzen. Er stellt sich dann die große Aufgabe, durch eine Betrachtung der einzelnen Funktionen des Registers an dem als einheitliches aufgefassten Wettbewerbsrecht zur Erfassung eines einheitlichen Rechts der Warenbezeichnungen selbst zu kommen. Zu dieser Vereinheitlichung nach Funktionen ist es in der herrschenden Lehre und auch wohl in der Rechtsprechung nicht gekommen. Allerdings hat die Arbeit *Eugen Ulmers* das Übergewicht des lauteren Wettbewerbsrechts auch in das Markenrecht selbst vertieft. Heute bei einem vereinheitlichten europäischen Markenrecht würde die Forderung und das System von *Eugen Ulmer* gut zu verwenden sein. Erste Ansätze dafür liegen in der Praxis des Europäischen Markenamtes und des Europäischen Gerichtshofs vor.

Das zweite große hier zu besprechende Werk ist das „Recht der Wertpapiere", erschienen 1938. Wie gesagt, angestoßen durch die neuen Gesetze zum Wechsel- und Scheckrecht, bemüht sich *Eugen Ulmer* um eine einheitliche Betrachtung der verschiedenen Wertpapiere in der Rechtswissenschaft. Er betont, dass in der neuen Wertpapierrechtstheorie vor allem die Lehre vom Vertrauensschutz fruchtbar geworden sei. So lesen wir: „Der Vertrauensschutz ist ein Lebensnerv des Wertpapierrechts. Die Rücksicht auf den Umlauf und auf die Verkehrssicherheit erfordert sowohl den Schutz des redlichen Erwerbers wie einen solchen des redlichen Schuldners." Der Text des Buches selbst zeigt deutlich den Einfluss seiner beiden Lehrer. Herkunft und Interessenforschung hinsichtlich Wechsel und Scheck werden im Text deutlich gemacht. Im Übrigen aber wird das neue Recht als strengrechtliche Institutionen formend verstanden, die im Einzelnen dargestellt werden. Die exakte und genaue Darstellung der neuen Gesetze und auch ihrer Probleme und Fragen kennzeichnen das Werk. Es ist für Jahrzehnte führend auf seinem Gebiet geblieben. Man kann nur bedauern, dass es bei dieser einen Auflage geblieben ist.

Das Referat von *Eugen Ulmer* auf dem Deutschen Juristentag 1950 über die Gleichberechtigung der Frau geht gleichfalls von der funktionalen Betrachtung aus. Nach *Ulmers* Auffassung ist sie notwendig, aber auch berechtigt, von den besonderen Aufgaben zu sprechen. Hier zeigt sich deutlich seine Herkunft aus der Interessenjurisprudenz, wenn er über die Berufstätigkeit der Frau und die Notwendigkeit der Entfaltung der eigenen Persönlichkeit spricht. Er sieht sogar schon, dass es Fälle gibt, „in denen die Frau berufstätig ist und der Mann für die Häuslichkeit sorgt". Nichtsdestotrotz soll der Hausfrauentätigkeit die gebührende Bewertung zuteil werden. Er wendet sich dann dem Beitrag der Frau zum Familienunterhalt durch ihre Tätigkeit im Hauswesen zu. Er gibt der Frau einen Anspruch auf Wirtschaftsgeld zuzüglich des zu ihrem persönlichen Bedarf erforderlichen Betrages.

Was die Entscheidungsbefugnis der Frau in gemeinschaftlichen Angelegenheiten angeht, so gibt es drei ernstliche Lösungsvorschläge: Manche wollen an der Entscheidungsbefugnis des Mannes festhalten, die zweite Meinung will die Entscheidung durch das Vormundschaftsgericht fällen lassen. Dies verwirft *Eugen Ulmer*, weil viele dieser Dinge nicht „judikabel" sind. Daher bleibt die dritte Lösung: das Gesetz schweigt und überlässt es den Ehegatten, sich zu einer Einigung durchzuringen. Was die Namensfrage angeht, so muss der Familienname im Kern einheitlich sein, die Mutter will so heißen wie ihr Kind. Der schon empfohlene Doppelname eignet sich zuweilen, aber nicht stets. Er kommt dann auf das Beispiel der Familie „Krupp von Bohlen und Halbach" zu sprechen, im Allgemeinen sei ein Doppelname aber schwerfällig. Der Familienname soll grundsätzlich der Mannesname bleiben. Was das eheliche Güterrecht angeht, so konstatiert er im gesetzlichen Güterstand schwere Mängel zum Nachteil der Frau. Er schließt sich dann der vom Heidelberger Juristentag von 1924 angenommenen Entschließung an, wonach die Gütertrennung in Verbindung mit einer Beteiligung beider Ehegatten an der Errungenschaft vorzusehen ist. Dieser Typus, damals noch Zugewinnstgemeinschaft genannt, sei der „relativ beste Güterstand, den wir als gesetzlichen vorschlagen können." *Eugen Ulmer* will aber Eheverträge im bisherigen Rahmen zulassen. Nicht vorausgesehen hat er, dass der dann später Gesetz gewordene gesetzliche Güterstand der sog. Zugewinngemeinschaft oft abgewählt wird. Junge Familien mit Aussicht auf erhebliches Einkommen gehen regelmäßig von der Zugewinngemeinschaft ab, was *Eugen Ulmer* in seinem Referat bereits in geringerem Rahmen vorausgesehen hat.

Was schließlich die „elterliche Gewalt" angeht, so wie man sie damals nannte, ist nach *Ulmer* das oberste Prinzip die Einigung der Eltern. Am Ende bleibt freilich nur, etwa im Bereich der Religionsverschiedenheit der Eltern die Entscheidung des Vormundschaftsgerichts. Allerdings unterstreicht *Ulmer*: „Das Vormundschaftsgericht soll nicht in einer Einzelfrage entscheiden." Schließlich kommt er zur gesetzlichen Vertretung. Sie muss sinngemäß eine Gesamtvertretung sein, nur für Not- und Eilfälle ist eine Einzelvertretung vorzusehen, was insbesondere für die Zustimmung zur ärztlichen Operation in Unglücksfällen wichtig sein könnte. Die Nutznießung am Kindesvermögen sollte beseitigt werden. Die Erträgnisse des Kindesvermögens, die nicht zur Bestreitung des Unterhalts des Kindes erforderlich sind, sollen dem Kind belassen bleiben. Die Vorbereitung des Referats über die Gleichberechtigung der Frau für den Deutschen Juristentag hat sich bei *Eugen Ulmer* auch in den Vorlesungen niedergeschlagen. Im Wintersemester 1948/49 habe ich selbst bei ihm die Vorlesung „Deutsches Bürgerliches Recht: Familienrecht" gehört.

Schließlich komme ich zum *magnum opus* von *Eugen Ulmer*, nämlich dem Urheber- und Verlagsrecht. Trotz erheblicher Belastungen, durch Vorlesungen und Übungen, bei denen die Arbeiten vom Professor selbst zu korrigieren waren, setzte *Eugen Ulmer* alles daran, das für ihn als Sohn eines Verlegers so interessante Gebiet zu erobern. Man brauchte in Heidelberg nur abends über den Universitätsplatz zu gehen und hinüber in die Augustinergasse zu schauen, dann sah man beim Schein der Lampe den Kopf von *Eugen Ulmer*, gebeugt über Literatur, Entscheidungen und vielleicht auch den eigenen Text zum Urheberrecht. Wir alle wussten aus seiner Vorlesung über das Urheberrecht, wie angestrengt er an diesem Thema arbeitete. Mit dem 1951 erschienenen Werk ist ihm der große Wurf gelungen. Wenn ich mich diesem Werk zuwende, dann nehme ich am liebsten die zweite, neu bearbeitete Auflage aus dem Jahre 1960 zur Hand. Sie stammt noch ganz aus der Hand von *Eugen Ulmer* selbst, und die Widmung verrät, dass er das Werk persönlich seinem Vater, dem Verleger Dr. *Richard Ulmer* und seiner Mutter zugedacht hat. Das Vorwort sagt, welche Teile des Buches völlig neu geschrieben worden sind, nämlich die Darstellung des Persönlichkeitsrechts, des Filmrechts, des Rechts der Verwertungsgesellschaften und der verwandten Schutzrechte. Ein besonderer Abschnitt wurde dem Welturheberrechtsabkommen gewidmet.

In der Einleitung lässt *Eugen Ulmer* vertraute Töne anklingen, etwa wenn er über das Verhältnis von technischen Schutzrechten und Urheberrechten schreibt. Auch das Verhältnis zum Wettbewerbsrecht ist behandelt, und die Anklänge an die Habilitationsschrift vor vielen Jahren sind deutlich erkennbar. Man liest einzelne Abschnitte besonders gern, weil sie an seinen Lehrer *Philipp Heck* erinnern. In der „Geschichte des Urheberrechts" zeigt er die verschiedenen Interessen auf und den langsam sich ausdehnenden Privilegien der Buchdrucker entwickelnden Schutz des geistigen Eigentums. Ganz deutlich wird auch bei ihm die Internationalität der Entwicklung. Nach der Darstellung der englischen Entscheidungen, insbesondere des Urteils des *House of Lords* im Falle *Donaldson v. Beckett* (1774) hat der Gedanke gesiegt, dass das Urheberrecht an veröffentlichten Werken ein befristetes Recht ist. Die Zurückhaltung der Rechtsprechung ist verständlich, gab es in England doch schon relativ früh einen *Copyright Act*, nämlich das im Jahr 1709 beschlossene *Statute of Anne*.

Eugen Ulmer verfolgt auch die französische Entwicklung, bei der die Französische Revolution zu einer entscheidenden Wendung führte. Die Bücherprivilegien des *ancien régime* werden beseitigt, der Schutz wird auf das geistige Eigentum gestützt, es gibt ein *propriété littéraire et artistique*. Es wird schon in Gesetzen von 1791 und 1793 anerkannt. Dort taucht auch zuerst der Gedanke auf, dass das Urheberrecht über den Tod hinaus wirkt. Zunächst wurde hier eine Frist von zehn Jahren gewährt, die mittlerweile auf siebzig angeschwollen ist.

In Deutschland kam es auch erst langsam zum Übergang vom privilegierten zum gesetzlichen Schutz. So erfahren wir, dass *Goethes* Dichtungen vielfach nachgedruckt wurden und auch Gesamtausgaben seiner Werke ohne seine Zustimmung erschienen sind. Für die Ausgabe letzter Hand sicherte er sich und seinem Verleger durch 39 Privilegien der einzelnen Bundesstaaten das alleinige Veröffentlichungsrecht. Womit *Eugen Ulmer* eigentlich in der zweiten Auflage seines Werkes zu kämpfen hatte, waren die beiden Urheberrechtsgesetze von 1901 und 1907, welche das Urheberrecht an Werken der Literatur und der Tonkunst und später an Werken der bildenden Kunst und der Photographie anerkannten. Nur wenige Novellen haben diese Gesetze beeinflusst, etwa 1910 die Bestimmung, wonach die Schallplattenaufnahme als Bearbeitung anzusehen sei, und die Verlängerung der Schutzfristen im Jahre 1934 aufgrund der völkerrechtlichen Verpflichtung auf 50 Jahre *post mortem auctoris*. Als Vorreiter der künftigen Entwicklung erkennt *Eugen Ulmer* die Entscheidungen des Reichsgerichts über das Urheberpersönlichkeitsrecht, über die Rundfunksendung und über den Tonfilm an. Auch Entscheidungen des Bundesgerichtshofs über das Persönlichkeitsrecht und öffentliche Konzerte werden genannt. Lesenswert sind seine Darstellungen der ausländischen Urheberrechtsgesetze, insbesondere des Urheberrechts der Vereinigten Staaten von Amerika, dem ein besonderes Kapitel gewidmet ist.

Hoch interessant ist auch der Abschnitt über das internationale Urheberrecht. Ausgehend vom Territorialitätsprinzip erörtert *Eugen Ulmer* die Verpflichtungen durch die Berner Übereinkunft und das Welturheberrechtsabkommen. Dann kommt er zur Idee und der Lehre vom geistigen Eigentum, die in der Naturrechtslehre im 18. Jahrhundert ihren Höhepunkt erreichte. Mit Recht hebt er hervor, dass wir uns der Bedeutung der Lehre vom geistigen Eigentum bewusst bleiben sollen. *Ulmer* kämpft dagegen an, dass es Eigentum nur an Sachen geben soll. Zwar sei es methodisch verfehlt, wenn der Inhalt des Sacheigentums als Vorbild und Maß für den Inhalt des geistigen Eigentums genommen wird. In dem Buch finden sich weitere juristische Juwelen, etwa das Kapitel über die Erschöpfung des Verbreitungsrechts oder die Sendung durch Rundfunk und Fernsehen.

Es wäre noch viel aus der zweiten und auch aus der dritten Auflage des Urheber- und Verlagsrechts zu erwähnen, sie stellen jeweils eine vollständige Darstellung des Gegenstandes dar. Man hat sie nicht zu unrecht als „Meisterwerke" bezeichnet.

III. Die Methode Eugen Ulmers

Als Schüler zweier so vollkommen verschiedener Lehrer wie *Philipp Heck* und *Martin Wolff* hatte *Eugen Ulmer* die Wahl zwischen der strengen Sachlichkeit und der Interessenjurisprudenz. Er ist keiner von beiden Lehren ausdrücklich gefolgt. Man findet jedoch in seinen Schriften häufiger Hinweise auf die Funktionen der Rechte. Deutlich wird die *Ulmersche* Methode in seiner Heidelberger Antrittsvorlesung, die 1932 unter dem Titel „Sinnzusammenhänge im modernen Wettbewerbsrecht" erschienen ist. Anfangs stellt er hier, ganz der Interessenjurist, die Probleme der Wirtschaft dar, meint aber, dass das Gesetz gegen den unlauteren Wettbewerb von 1909 in richtiger Auslegung das Mindestmaß der der Konkurrenz zu setzenden Schranken festlege. *Eugen Ulmer* setzt sich für den freien Wettbewerb ein und sieht diesen in Grenzen durch das UWG bestätigt. Probleme bereitet das Kartell, dem mit den damaligen Gesetzen kaum beizukommen war, jedoch gelte auch im Wettbewerbsrecht der Satz, dass Sperre, Boykott und Ähnliches nicht zur Vernichtung der wirtschaftlichen Existenz führen dürfen. Methodisch sieht *Eugen Ulmer*, dass sich im Wettbewerbsrecht ein Abschichtungsprozess vollzogen hat, „um den Kern des Wettbewerbsrechts, bei dem es noch immer um die Reinhaltung freier Konkurrenz geht, lagert sich eine Schicht anders gearteter Normen."

Da die Normen, nach denen die Unternehmen geschützt sind, verschieden geartet seien, wird der Systematiker den Fehler vermeiden müssen, die auf den verschiedenen Prinzipien ruhenden Normen zur Einheit zu fügen. So liest man: „wir finden nicht nur eine verwandte Lagerung der Interessengegensätze, sondern wir finden darüber hinaus auch aus der gleichartigen Interessenlage hervorgehend hier und dort gleich geartete Forderungen, die an die rechtliche Gestaltung gestellt werden." Der Jurist sollte von der *par condicio concurrentium* ausgehen, so dass der Gleichheitsgrundsatz eine erste Forderung an das Wettbewerbsrecht ist. *Eugen Ulmer* kommt dann zum Wahrheitsgrundsatz, bei dem es freilich kein Bewenden hat. Der Inhalt der Reklame dürfe nicht zum Kundenfang, zum Anreißertum werden. Das Verbot der subjektiven Irreleitung sei sowohl im Warenzeichenrecht als auch im Wettbewerbsrecht anzuerkennen. Als letztes Gemeinsames bleibt noch zu betonen, das wie in den Reklamefällen die Interessen der Mitbewerber und des Publikums parallel laufen. Derartig finden sich viele Sinnzusammenhänge im modernen Wettbewerbsrecht des Jahres 1931. Mit dem Wort „Zusammenhang" hat *Eugen Ulmer* die Brücke von der strengen Darstellung *Martin Wolffs* zur Interessenforschung *Philipp Hecks* geschlagen.

IV. Eugen Ulmer als Lehrer

Die Breite der *venia legendi* von *Eugen Ulmer* ist beeindruckend. Im Jahre 1929 beginnt er seine Vorlesungen in Rostock, um sie dann 1930 bis 1955 in Heidelberg und danach in München fortzusetzen. Ich habe in meinen eigenen Studienjahren in Heidelberg von 1948 bis 1951 bei *Eugen Ulmer* gehört: Familienrecht, Übungen im Bürgerlichen Recht für Anfänger, Handels- und Gesellschaftsrecht, Urheberrecht, Recht der Kapitalgesellschaften, Einführung in das angloamerikanische Privatrecht, Handelsrechtliche Nebengebiete, Übungen im Bürgerlichen und Handelsrecht für Vorgerückte, zivilrechtliches Seminar (zusammen mit Professor *Rabel*) und erneut ein zivilrechtliches Seminar. Allein die Veranstaltungen in den Jahren 1948 bis 1951 waren so umfassend und anstrengend, dass man staunt, dass *Eugen Ulmer* Zeit blieb für das Referat über die Gleichberechtigung der Frau auf dem Deutschen Juristentag und insbesondere zu seinem *opus magnum* über das Urheberrecht.

Professor Ulmer, wie wir ihn jetzt nennen wollen, las seine Vorlesung nicht von vorgegebenen Texten ab. Er benutzte zwar gewisse Unterlagen, sprach aber im Allgemeinen frei und auch verständlich für die Hörer. Das war nicht immer einfach, im 4. Semester die Einführung in das anglo-amerikanische Privatrecht und das Urheberrecht zu verstehen. Im letztgenannten Fach gab es auch eine sog. Fleißprüfung, die auch noch am Faschingsdienstag des Jahres 1950 vorgenommen wurde. Ich erinnere mich nicht mehr an den Inhalt der Prüfung, sondern nur noch an ihr Ergebnis. Ich habe den Schein mit dem „sehr gut“ noch heute, obwohl ich sicherlich vom Urheberrecht noch wenig verstand.

In Übungen erwies sich *Eugen Ulmer* als echter Schüler von *Martin Wolff*. Guter Jurist, der er war, wie sein gutes Assessorexamen beweist, hielt er auf exakte Subsumtion und Einhaltung der Termini. Ich habe die Besprechung der Hausarbeiten und Klausuren bei *Eugen Ulmer* immer besonders gern gehört. Zum Schluss wurden dann die Übungsarbeiten ausgeteilt, und im Sommersemester 1950 konnte ich mich in der Vorgerücktenübung über ein „sehr gut“ und „gut“ freuen. Leider gab es nicht, wie es mir in der Strafrechtsübung bei *Eberhard Schmidt* zuteil geworden ist, ein Buch als Preis zu gewinnen. Aber die Noten waren genug.

In Seminaren war *Professor Ulmer* zunächst sehr zurückhaltend. Er fiel den Referenten in keiner Weise ins Wort, sondern verstrickte sie nur nach dem Referat noch in eine Diskussion. Insoweit hob er sich sehr erfreulich von *Ernst Rabel* ab, der mit seinem Schüler *Eugen Ulmer* im Sommersemester 1950 ein Seminar zum englischen Recht veranstaltete. *Rabel* war außerordentlich kritisch, fiel über die Referenten her und machte sie buchstäblich klein. Dass mir das mit meinem Referat über die Fahrlässigkeit im englischen Recht nicht passiert ist, lag daran, dass ich das Buch eines Schülers von *Ernst Rabel* gefunden hatte, nämlich „*Kessler*, Die Fahrlässigkeit im nordamerikanischen Deliktsrecht“ und das ich wohl weitgehend exzerpierte.

Auch bei großen Reden zeigte sich *Eugen Ulmer* als Meister. Die wichtigste und interessanteste ist wohl seine Rektoratsrede aus dem Jahre 1959 zu dem Titel: „Wege zur europäischen Rechtseinheit“. Als *rector magnificus* der Universität München hatte er zunächst ein großes Begrüßungsprogramm zu bewältigen. Die folgende Rede war aber auch für Nichtjuristen verständlich und wurde aufmerksam verfolgt. Trotz seines Rektoramtes war er noch in den Lehrbetrieb eingespannt und hielt im Sommersemester 1959 eine Übung im Bürgerlichen Recht für Vorgerückte, bei der ich freilich als sein Assistent die Arbeiten entworfen und die Korrekturassistenten überwacht habe. Zu jeder Übungsstunde ist freilich *Eugen Ulmer* persönlich erschienen. Insoweit war er ganz Pflichtmensch.

V. Eugen Ulmer als Verwalter

Die Liste der Verwaltungsposten von *Eugen Ulmer* ist lang. Er war Mitherausgeber der Zeitschrift für das Gesamte Handelsrecht und Wirtschaftsrecht, er war Mitherausgeber der Juristenzeitung, ebenso Mitherausgeber der Zeitschrift Gewerblicher Rechtsschutz und Urheberrecht sowie ihres internationalen Teils. In München war er Vorstand des Instituts für Rechtsvergleichung an der Universität und leitete das Institut für Ausländisches und Internationales Patent-, Urheber- und Markenrecht (Deutsches Patentamt), wie das Personen- und Vorlesungsverzeichnis der Ludwig-Maximilians-Universität in München für das Sommersemester 1961 ausweist. Seit dem Jahr 1965 widmete er sich im Wesentlichen der Umwandlung des letztgenannten Instituts zu einem Institut der Max-Planck-Gesellschaft, zu dem er dann auch überwechselte. Doch das ist, wie *Rudyard Kipling* sagen würde, *another story*.

Die Bibliographie von Eugen Ulmer ist enthalten in: *Kolle/Nordemann*, Die Veröffentlichungen von Eugen Ulmer, S. 59–113, in: Max-Planck-Institut für ausländisches und internationales Patent-, Urheber- und Wettbewerbsrecht (Hrsg.), Eugen Ulmer zum Gedächtnis (1989), seine Lebensdaten finden sich an der gleichen Stelle, S. 115–121.

Lebenslauf von Eugen Ulmer

26. Juni 1903	Geburt von *Eugen Ulmer* als Sohn des Verlegers Dr. h.c. *Richard Ulmer* und seiner Ehefrau *Lilly*, geb. *Hedinger*
1913–1921	Karls-Gymnasium in Stuttgart
1921–1924	Studium der Rechtswissenschaften in Tübingen und Berlin
1924	Referendarexamen in Tübingen
1924–1927	Referendarausbildung in Stuttgart und Tübingen
1926	Promotion bei *Philipp Heck* („Die direkte Anweisung im modernen Zahlungsverkehr")
1928	Assistent bei *Martin Wolff* an der Universität Berlin
1928	Habilitation bei *Philipp Heck* („Warenzeichen und unlauterer Wettbewerb in ihrer Fortbildung durch die Rechtssprechung")
1928/29	Assistent bei *Philipp Heck* in Tübingen
1929	Ordentlicher Professor in Rostock
1930–1955	Ordentlicher Professor an der Universität Heidelberg
1938	„Das Recht der Wertpapiere"
1955	Ordentlicher Professor an der Universität München Vorstand des Instituts für Urheber- und Verlagsrecht in München
1956/57	Dekan der juristischen Fakultät der Universität München
1957	Vorstand des Instituts für Patent-, Urheber- und Markenrecht an der Universität München
1965	Wissenschaftliches Mitglied und Direktor des Max-Plack-Instituts für ausländisches und internationales Patent-, Urheber- und Wettbewerbsrecht
1971	Emeritierung als ordentlicher Professor
1973	Emeritierung als Geschäftführender Direktor und Wissenschaftliches Mitglied des Max-Plack-Instituts für ausländisches und internationales Patent-, Urheber- und Wettbewerbsrecht
26. April 1988	*Eugen Ulmer* stirbt in Heidelberg

Ausgewählte Schriften von Eugen Ulmer:

1. Die direkte Anweisung im modernen Zahlungsverkehr insbesondere das Dokumentenakkreditiv (1926)
2. Warenzeichen und unlauterer Wettbewerb in ihrer Fortbildung durch die Rechtsprechung (1929)
3. Das Recht der Wertpapiere (1938)
4. Urheber und Verlagsrecht (1951, 2. Aufl. 1960, 3. Aufl. 1981)
5. Der Rechtsschutz der ausübenden Künstler, der Hersteller von Tonträgern und der Sendegesellschaften in internationaler und rechtsvergleichender Sicht (1957)
6. Wege zu europäischer Rechtseinheit (1959)
7. Das Recht des unlauteren Wettbewerbs in den Mitgliedstaaten der Europäischen Wirtschaftsgemeinschaft, Band I (1965)
8. Der Urheberschutz wissenschaftlicher Werke unter besonderer Berücksichtigung der Programme elektronischer Rechenanlagen (1967)
9. Elektronische Datenbanken und Urheberrecht (1971)
10. Die Immaterialgüterrechte im internationalen Privatrecht (1975)
11. Gutachten zum Urhebervertragsrecht (1977)

Schüler: *Werner Lorenz*
Erwin Deutsch

Begegnung mit Wolfgang Fikentscher *

Bernhard Grossfeld/Wolfgang Fikentscher

„A teacher affects eternity; he can never tell where his influence stops“[1]

Lieber Wolfgang!

I. Berufsethik

Heute ist es mir zugefallen, Dich und Dein Werk in das neue Jahrhundert hinein zu begleiten. Am Beginn steht mein Dank, denn Du hast mich eingeführt in die akademische Lehre über Münster und Tübingen. Du hast mir den Raum verschafft, in dem ich mich dank Deines schöpferischen Vorbildes und Deiner wohlwollenden Toleranz entfalten konnte. Wie lang dauernd das gewirkt hat, magst Du daran ersehen: Nach meiner Rückkehr nach Münster bemühte ich mich, das Institut für Rechtsvergleichung, jetzt Institut für Internationales Wirtschaftsrecht, so zu führen, wie ich es bei Dir abgeguckt hatte.

* Vortrag am 29. Juni 2007 – Humboldt-Universität zu Berlin.
[1] *Henry Adams*, zit. nach *Albom*, Tuesdays with Morrie (1997), S. 79.

Deine Leitlinien waren ja: Junge Menschen für die Rechtsvergleichung und für das Internationale Wirtschaftsrecht zu interessieren, sie früh zu eigenen Veröffentlichungen zu ermutigen und ihnen den Weg ins Ausland zu öffnen (Rechtsvergleichung vor Ort!). Das Fortkommen junger Menschen stand und steht im Zentrum Deines Interesses. Dafür ließest Du uns viel Zeit; denn Du schriebst alles selbst, und das heutige „Schreibenlassen" entsprach nicht Deiner „Berufsethik". Dieses Wort umschreibt Deine Haltung als Professor.

Im Folgenden werde ich mich zurückhalten, denn: Zuviel Weihrauch schwärzt den Heiligen! Vor allem sollen Dein Werk und Du selbst zur Sprache kommen.

II. Lebensdaten

Von der Rechtsvergleichung her wissen wir, wie stark kulturelle Sichten, wie stark Rechtsgefühle geprägt sind durch die eigene Biographie. Deshalb möchte ich bei diesem *„storytracking"*[2] etwas verweilen und Dich zunächst „verorten".

Du wurdest geboren 1928 in Nürnberg und wuchsest auf in Leipzig, Markkleeberg, Bobingen bei Augsburg, Berlin-Lichterfelde, Riederau am Ammersee und in Augsburg (dort machtest Du das Abitur). Dein Vater *Erich*, aus einer fränkisch-augsburgischen Familie, war Seeoffizier im Ersten Weltkrieg und dann Ingenieur, teils in der Privatwirtschaft, teils in der Marine. Deine Mutter, *Elfriede* geb. *Albers*, kam aus Oldenburg und war Landwirtschaftslehrerin. Deine zwei Jahre jüngere Schwester, *Ellen*, ist promovierte Volkswirtin.

Wolfgang Fikentscher:

Über eine Prägung durch das Elternhaus muss ich mich weitgehend mit Nichtwissen erklären: Zu räumlich getrennt war der im Besonderen oft durch Vorkrieg, Krieg und Nachkrieg bedingte Abstand zu den Eltern. 1943 fiel eine Sprengbombe auf das Haus in Berlin, in dem unsere Wohnung lag, und in dem ich als einziger „Mann" für den Luftschutz- und Brandkontrolldienst zu sorgen hatte. Da wir gerade in Bayern Urlaub machten, überlebten wir und blieben dort bei freundlichen Verwandten.

Wohl hat mich beeinflusst der Doppelberuf meines Vaters, Seeoffizier und Ingenieur: das Suchen und Finden praktischer Lösungen, auch in schwierigen Situationen. Meine sensible, häufig kranke und den Haushalt vom Bett aus regierende Mutter hat mir sicherlich viel an Vorsicht und Weitsicht, an Geduld- und Glaubenskraft vermittelt.

[2] Vgl. *Gill*, Storytracking (1998).

Als Dreizehn- und Vierzehnjähriger war ich kinderlandverschickt aus dem bombardierten Berlin; als Fünfzehnjähriger kam ich zur Flak, zehn Monate lang in Folge in vier Lazarette, und danach zu einer ZBV- (Zur-besonderen-Verwendungs-) Kompanie des Volkssturms als dem letzten Aufgebot. Wir machten Polizeidienst in Landsberg am Lech. Als Siebzehnjähriger kehrte ich 1945 aus französischer Gefangenschaft nach Haus zurück – nicht entlassen, weil auf einem Transport geflohen – und ging als Knecht, Maurergehilfe und Holzfäller in die Landwirtschaft. Zu lernen gab es viel, unlösbare Probleme gab es keine.

Zu Beginn des Zweiten Weltkriegs (1939) warst Du elf, an dessen Ende (1945) sechzehn Jahre alt. Hitlergruß, Judenverfolgung und Bomben waren Begleiter Deiner Kindheit und Jugend. Als Fünfzehnjähriger kamst Du zur Flak, warst beim „letzten Aufgebot" des „Volksturms" und kehrtest als Siebzehnjähriger zurück aus französischer Kriegsgefangenschaft. Nach dem Abitur arbeitetest Du als Laborant in einer chemischen Fabrik. Du erfuhrst die „Verwilderung" des „Schwarzmarktes" und erlebtest die Währungsreform als eine „Revolution" im zweiten Semester Deines Studiums.

WOLFGANG FIKENTSCHER:

Die Währungsreform erlebte ich als Jurastudent in Erlangen. Zu zwölft wohnten wir in einem Raum des ehemaligen Wehrertüchtigungslagers. Wir lebten von Werkstudentenarbeit und vom Schwarzhandel und bestritten – auf der Grenze zwischen illegalen Geschäften und legalem Einkauf zu gestoppten Preisen lebend – damit auch die Studiengebühren.

Unvergesslich ist mir der Wandel im deutschen Umgangston in der Nacht vom 20. zum 21. Juni 1948, einem frischen, sonnigen Montag. Wo man noch am Samstag im Geschäft unfreundlich behandelt wurde, wenn man dieses oder jenes kaufen wollte, stand nun der Ladenbesitzer in der offenen Tür; er lud uns Schaufensterbestauner zum Kauf all der Herrlichkeiten ein, die über Nacht in volle Regale geraten waren. Das mussten die Heinzelmännchen der Marktwirtschaft gewesen sein, mit ihren unsichtbaren Händen: Lebensmittel, Süßwaren, Kleider, Mäntel, Jacken, Schals, Mützen, Schuhe, Socken, Schreibpapier, juristische Lehrbücher (Verfasser und Titel tönten uns aus der Vorlesung im Ohr, gesehen hatten wir sie nie), blitzneue Fahrradreifen, ganze Fahrräder – alles war da. Die Marktwirtschaft erwies zumindest eine Wirkung: Sie verursacht, dass Leute nett zueinander sind. Ganz Westdeutschland wurde binnen 24 Stunden liebenswürdig und zuvorkommend.

Du studiertest sechs Semester Jura in Erlangen und München. Deine Lehrer waren *Friedrich Lent*, *Edmund Mezger*, *Erich Kaufmann*, *Alfred Hueck*, *Murad Ferid* und *Eugen Ulmer*. Nach dem ersten Examen wurdest Du juristischer Mitarbeiter in der Rechtsabteilung der Firma Wacker-Chemie in München, damals unter alliierter IG-Farben-Kontrolle; dort bezog man

Dich ein in die Vorbereitungsarbeiten zum deutschen Gesetz gegen Wettbewerbsbeschränkungen von 1958. Von großer Bedeutung für Dich wurde 1952/53 das Studium an der *University of Michigan Law School* in Ann Arbor. Dort lerntest Du bei *Paul Kauper* Verfassungsrecht und bei *Saul Chesterfield Oppenheim* Kartellrecht und Lauterkeitsrecht. *Oppenheim* sponsorte Deine LL.M. Schrift „A Theory of Legal Monopolies". Du saßest in *Hessel E. Yntema's* kollisionsrechtlichem Seminar und schriebst für sein gerade gegründetes *American Journal of Comparative Law* Buchbesprechungen und Artikel.

In Ann Arbor begegnete Dir Deine zukünftige Frau, *Irmgard van den Berge* aus Den Haag; sie studierte politische Wissenschaften. Seit 1956 bist Du mit ihr verheiratet. Gemeinsam habt Ihr vier Kinder, zunächst zwei Söhne, *Kai* und *Markus* (beide Musiker), und dann Zwillinge: *Saskia* (Musikerin) und *Adrian* (Jurist). Drei Enkel: *Lina* (20), *Leonie* (6) und *Johannes* (2) bereichern Euer Leben.

III. Wissenschaftlicher Beginn

1952 startetest Du als Dozent für Arbeitsrecht an den DGB-Bundesschulen Kochel und Niederpöcking. Deine Professorenlaufbahn begann 1958 in Münster. Von dort hast Du Dich entfaltet vom Zivil- und Wirtschaftsrecht und der Rechtsvergleichung her über Tübingen und München zur vergleichenden Methodik des Rechts und zur Rechtsanthropologie. Alles das ist belegt durch Veröffentlichungen und begleitet von dankbaren Schülern.

Dich umgaben die Luft der „sozialen Marktwirtschaft" und deren europäische Dimension. Gemeinsam mit Deinem Schwager *Knut Borchardt* drangst Du ein in die Verbindung von „Wettbewerb, Wettbewerbsbeschränkung, Marktbeherrschung"[3]. Das Thema „Wettbewerb und gewerblicher Rechtsschutz" war Gegenstand Deiner Habilitationsschrift:[4] Das darin beschriebene Spannungsverhältnis von wirtschaftlicher Handlungsfreiheit und Immaterialgüterschutz hat Dich Dein Leben lang begleitet bis zum Wissenschaftlichen Mitglied des Münchner Max-Planck-Instituts für Geistiges Eigentum, Wettbewerbs- und Steuerrecht. Dein Habilitationsvater war *Alfred Hueck*.

Wolfgang Fikentscher:

Das Geheimnis seines Lehrerfolgs war geduldige Klarheit. Wer ihm zuhörte, beherrschte das behandelte Gebiet in allen Grundsätzen und in typisch

[3] *Borchardt/W. Fikentscher,* Wettbewerb, Wettbewerbsbeschränkung, Marktbeherrschung (1957).

[4] W. *Fikentscher,* Wettbewerb und gewerblicher Rechtsschutz (1958).

ausgewählten Einzelheiten. Eine Einladung zum Hueck Seminar gehörte zur Krone des Münchener Jurastudiums.

Ich erinnere eine Handelsrechtsübung, in der Alfred Hueck folgenden Fall besprach:

> *A kauft sich am Zeitungsstand eine Tageszeitung. In der Straßenbahn stellt er fest: Es ist die Zeitung von gestern! Mit diesem Fall bestritt Alfred Hueck zwei Stunden. Danach kannte man die Mängelhaftung von A bis Z.*

Die Gruppe der jungen Erneuerer umfasste die Namen: *Kurt Biedenkopf*, *Wolfgang Fikentscher*, *Ernst-Joachim Mestmäcker* und *Ernst Steindorff*. Alle durfte ich – vermittelt durch Dich – kennen lernen. Man könnte diese jungen „Sozialen Marktwirtschaftler" auch die zweite Generation der Freiburger Schule nennen, wenn man zur ersten Generation ihre Lehrer *Walter Eucken*, *Heinrich Kronstein*, *Franz Böhm* und *Walter Hallstein* zählt.

IV. Münster

Nach Münster kamst Du als Wettbewerbsrechtler mit internationalprivatrechtlichem und rechtsvergleichendem Hintergrund. Zunächst legtest Du eine feste „handwerkliche" Grundlage für Deine Vorlesungen im Bürgerlichen Gesetzbuch. Dafür steht Dein in zehn Auflagen erschienenes Buch „Schuldrecht"[5] – und der ein neues besonderes Schuldverhältnis begründende Aufsatz über den „Werkverschaffungsvertrag"[6].

Doch zeichnete sich hier schon ab die Wende in die historischen und methodischen Grundlagen des Rechts. Deinen Institutskollegen *Ernst Mestmäcker* faszinierte der *„mos geometricus"* der Aufklärungszeit, *Harry Westermann* hatte die Interessenjurisprudenz zur Wertungsjurisprudenz erweitert, *Max Kaser* und *Rudolf Gmür* vermittelten römische und germanische Rechtsgeschichte als Träger moderner Rechtssichten. Ich konnte diese Wende aus nächster Nähe beobachten, als Du im Jahr 1965 für das Humanistisches Gymnasium in Augsburg den Vortrag hieltest „Das humanistische Bildungsideal und die akademische Jugend". Hier geschah wohl der Durchbruch zur Methodenlehre und zur Anthropologie.

Maßgeblich wurde danach die Begegnung mit *Heinrich Kronstein*. Du warst im Jahre 1963 Gast in dessen Institut für Wirtschaftsrecht an der *Georgetown University* in Washington, USA. *Heinrich Kronstein* war den Nazis gerade noch entkommen. Ihm ging es um ein „Wisse die Wege" im Sinne der großen Benediktinerin *Hildegard von Bingen* (1098–1179), die Weltbild, Menschenbild und Gottesbild als untrennbar verbunden sah. Als

[5] W. *Fikentscher/Heinemann*, Schuldrecht (10. Aufl. 2006).

[6] W. *Fikentscher*, Der Werkverschaffungsvertrag, AcP 190 (1990), 34–111.

„Wanderer zwischen beiden Welten", zwischen Washington und Frankfurt, hatte er seiner unternehmensrechtlichen Ausrichtung eine kulturell rechtsvergleichende Dimension gegeben.

Kronstein verwies Dich auf *Oliver Wendell Holmes, Jr.*, der gesagt hatte: *„law is not based on logic but on experience"*. Zugleich aber „erschreckte" Dich der bei *Holmes* hervortretende Sozialdarwinismus, der das Recht des Stärkeren in den Vordergrund schob. Sein Satz in einem Fall von Zwangssterilisierung *„three generations of imbeciles are enough"* markiert eine Sicht, die Du seither bekämpfst. Mit allen Formen des *„legal realism"* setztest Du Dich kritisch auseinander. Ich erwähne nur die Namen *Karl N. Llewellyn*, *Jerome Frank* und *Charles E. Clark*, den wir gemeinsam in New Haven, Connecticut, besuchten.

Wolfgang Fikentscher:

Wer Heinrich Kronstein kennen lernte, konnte leicht ungeduldig werden. Er strahlte die Besonnenheit eines Menschen aus, der alles gut überlegt hat, zugleich aber auch die Unruhe eines Mahners, der seinen Gesprächspartner aufforderte mitzudenken und mitzumachen.

Aus Deutschland vertrieben trat er vom Judentum über zum Katholizismus benediktinischer Prägung. Noch in amerikanischer Uniform begann er 1945 mit Frankfurter Kollegen den Wiederaufbau der dortigen Fakultät. Das führte zu einem intensiven Austausch mit der Georgetown University Law School in Washington, D.C.

Mit Cortney Murray entwarf er die päpstliche Enzyklika über die Gewissensfreiheit und mit Walter Hallstein, August Berle, Helmut Coing u. a. die Römischen Verträge. Er hätte eine wissenschaftliche Biografie verdient. Allein seine Beiträge zum Freiburger Ordoliberalismus würden ein spannendes Kapitel füllen.

Prägend war die Washingtoner Begegnung mit dem ebenfalls aus Deutschland verjagten *Ludwig Hamburger.*[7] Er lebte im Untergeschoss des Hauses von Frau *Weyersberg*, der Sekretärin *Heinrich Kronsteins.*[8] Mit seinen kulturvergleichenden Zeit- und Organisationsstudien setzte er das Signal für eine rechtsanthropologische Methodenlehre, die über den *„legal realism"* hinausgeht.

[7] W. *Fikentscher*, Erinnerungen an den Rechtsoziologen Ludwig Hamburger, in: St. Lorenz u. a. (Hrsg.), Festschrift für Andreas Heldrich zum 70. Geburtstag (2005), S. 1119–1143.

[8] W. *Fikentscher*, Heinrich Kronstein †, JZ 1973, 133.

WOLFGANG FIKENTSCHER:

Ludwig Hamburger wurde aus seiner Genfer Professur vertrieben durch Aktionen des NS Studentenbundes, dessen Einfluss bis nach dort reichte. In den USA arbeitete er als Spezialist für deutsche Arbeitsorganisation, weil man mehr erfahren wollte über die deutsche Kriegswirtschaft. Er riet dazu, von der deutschen effizienten Arbeitsorganisation zu lernen, wenn man den Krieg gewinnen wolle. Man sagte ihm daraufhin: ‚You are new here. You should understand that in this country everybody has a constitutional right to make a fool of himself'. ‚An dem Tag', sagte Ludwig Hamburger zu mir, ‚begann ich die USA und ihre Bürger zu verstehen'.

Von Kronstein und Hamburger habe ich in den Jahren 1961 bis 1972 sehr viel gelernt, von der Wertungsjurisprudenz (Kronstein) bis zur Kulturvergleichung (Hamburger). Ich darf mich als Schüler beider bezeichnen. Beide waren menschliche Genies und ganz große, vielseitige Juristen.

V. Tübingen

Tübingen lockte Dich 1965 von Münster fort. Die Tübinger Fakultät sonnte sich im Glanz großer Namen, ich nenne nur *Ludwig Raiser*, *Josef Esser*, *Horst Schröder*, *Günther Dürig* und *Otto Bachof*.

Dir gelang es (im Bündnis mit Kollegen), *Ludwig Hamburger* wieder ein Heim in der alten Heimat zu verschaffen.

In Tübingen erlebtest Du den Sturm der 68iger, ähnlich wie in Berlin, Frankfurt und Göttingen, wo er über mich hereinbrach. Heute wird diese Zeit als eine Art von „*besonnter Vergangenheit*" von manchen verharmlost. Du gründetest eine politische Arbeitsgemeinschaft, in der Du wöchentlich mit Studenten deren Fragen zur Universitätsreform diskutiertest. Aus dem Kreis von Professoren mehrerer Universitäten und Fachleuten gründetest Du eine „Arbeitsgemeinschaft Meinungsfreiheit", die Gesetzentwürfe für äußere und innere Pressefreiheit ausarbeitete. Die dritte (Presse-)Kartellgesetznovelle von 1976 beruht auf diesen Entwürfen.

Du warst Gründungsmitglied des „Demokratischen Clubs Tübingen", der Vorträge zur Bekämpfung links- und rechtsradikaler Tendenzen vermittelte. Zwei Morddrohungen wurden gegen Dich gerichtet, die eine öffentlich aus dem „Republikanischen Club", die andere auf der Promotionsfeier eines Deiner Doktoranden.

WOLFGANG FIKENTSCHER:

Von Ludwig Raiser sagte man schon zu seinen Lebzeiten, er schreibe zwar nicht soviel wie andere, aber wenn er etwas schreibe, dann sehe danach das deutsche Privatrecht anders aus. Seine Arbeiten über die Allgemeinen Ge-

schäftsbedingungen, zur Gleichbehandlung, über das Eigentümer-Besitzer-Verhältnis und über die dinglichen Anwartschaften sind Meilensteine.

Mit ihm verbanden mich zwei Dauerthemen – wir aßen oft zusammen im Tübinger ‚Museum':

> *Der rechtliche Schutz der Freiheit, und die politischen Folgerungen aus Martin Luthers ‚Freiheit eines Christenmenschen'. Die ‚Studentenrevolution' hat uns – trotz häufig unterschiedlicher Standpunkte – nicht auseinander gebracht.*

Josef Esser ist für mich einer der größten deutschen Juristen überhaupt. Sein Schuldrecht zählt zu dem hellsichtigsten, was auf diesem Gebiet je geschrieben wurde. Persönlich verband uns, das darf ich sagen, gegenseitiger beruflicher – und oft humorvoller – Respekt. Ich machte ihn einmal vorsichtig darauf aufmerksam, dass er im letzten Kapitel seiner Schrift zum juristischen Vorverständnis Kurs auf das Naturrecht nehme und damit alles vorher Geschriebene in Frage stelle. Er sagt darauf nur: ‚Ach wissen Sie, Naturrecht ist eine Alterserscheinung'.

Esser, Gernhuber, Medicus und ich lasen in Tübingen, immer zwei und zwei, den Wiederholungskurs. In jenen Jahren gab es in Tübingen keinen Repetitor, obwohl es mancher versuchte. Aber die Studierenden sagten: „Das haben wir da drüben in der Uni besser".

VI. München

Die Studentenunruhen und Deine Herkunft legten es Dir nahe, im Jahre 1971 nach München zu wechseln. Dort hieltst Du über die Jahre zwölf einjährige Grundkurse mit jeweils 200–300 Studierenden. Aber Washington und Tübingen wirkten nach. In München erschienen die Werke der Reifezeit.

1. *Methoden des Rechts in vergleichender Darstellung*

Als *Fellow* des *Netherlands Institute for Advanced Study* in Wassenaar 1971/72 konntest Du die fünfbändigen „Methoden des Rechts in vergleichender Darstellung" abschließen.[9] Mit ihnen schufst Du die Grundlage eines weltweiten Verständnisses für die Balance zwischen marktwirtschaftlicher Dynamik und kultureller Bewährung. Die Bände sind *Heinrich Kronstein* gewidmet. Im Nachwort gedenkst Du dankbar *Ludwig Hamburgers* und seiner vielen Anregungen.[10] Die beiden stärkten Dein Selbstvertrauen, neue Pfade zu beschreiten.

[9] W. *Fikentscher,* Methoden des Rechts in vergleichender Darstellung (1975–1977).
[10] Siehe jetzt auch: W. *Fikentscher,* FS Heldrich (2005), S. 1119–1143; vgl. oben Fn. 7.

Du versuchst in Deinem Werk, die Frage nach dem objektiven Recht zu beantworten. Das beginnt bei „Frühen und Religiösen Recht" und führt Dich über „vorachsenzeitliche" und „nachachsenzeitliche" Gesellschaften (Begriffe, die *Karl Jaspers* einführte mit seiner „Achsenzeit" für die Zeit zwischen 800–400 v. Chr.). Du wanderst über das babylonische Exil einer jüdischen Elite, über Hinduismus und Buddha zur griechischen Tragik und von dort zum Rechtsverständnis in Judentum und Christentum. Über die Methodik des römischen Rechts „zwischen Hellenismus und Scholastik" lenkst Du uns dann zum Romanischen Rechtskreis und dessen Beitrag zu einer rechtsvergleichenden Methode.

Es folgen der anglo-amerikanische Rechtskreis, von dem ich nur einige zentrale Stichworte gebe: Scholastik und Reformation, modernes Fallrecht, „*Rule of Law*". Der amerikanische Teil ist von Persönlichkeiten geprägt: *Oliver Wendell Holmes, Jr.*, *Roscoe Pound*, *Benjamin Cardozo*, *Louis Dembitz Brandeis*, *Karl N. Llewellyn*, *Jerome Frank*[11] und *Learned Hand*, Namen, die auch mich seither begleiten. Lieber *Wolfgang*, es ist erstaunlich, was man bei Dir, ganz nebenbei, so mitbekam.

Dann schließt sich an der „Mitteleuropäische Rechtskreis", beginnend mit *David Hume* und *Immanuel Kant*. Über *Friedrich Carl von Savigny* geht es zu *Rudolph von Ihering*, der es Dir besonders angetan hat. Die Freirechtsschule erscheint ebenfalls. All das bringt uns an „Die moderne Wertfrage in der Methodologie des Rechts", wo auch *Harry Westermanns* gedacht wird.

Erst nach dieser breiten Grundlegung tritt die Rechtstheorie nach vorne unter den Stichworten „systematisches Denken" und „methodisches Denken". Über den Begriff der „Fallnorm" läuft das zu auf „Gesetzesrecht und Richterrecht"; es mündet in „Norm und Wert" und damit zu „Wertgewinnung" durch die Begegnung von naturrechtlichem Denken und Demokratie. Den Schluss bildet eine Vergewisserung „Zu den Grundlagen philosophischen Denkens über Recht".

Mit der Schöpfung des Begriffs „Fallnorm" gelingt Dir die verbindende Brücke zwischen einem Kodex-Recht nach Art der kontinentaleuropäischen Rechte und dem *case law* englischen und amerikanischen Stils. Das ist ein beschreitbarer Weg für die Europäische Union, die Kodex- und Fallrechtsländer sowie die Mischsysteme der Skandinavier vereint. Vielleicht ist es ein Durchbruch in die europäische Zukunft.

2. *Wirtschaftsrecht*

Mehr noch als Rechtsvergleichung und Methodenlehre erwuchs bei Dir das Wirtschaftsrecht aus der Lehre im Hörsaal. Die Mitgliedschaft im

[11] Vgl. *Rea-Frauchinger*, Der amerikanische Rechtsrealismus: Karl N. Llewellyn, Jerome Frank, Underhill Moore (2006).

Max-Planck-Institut für Geistiges Eigentum, Wettbewerbs- und Steuerrecht gab ebenfalls manche Anregung. Du schufst mit Blick auf ein Weltkartellrecht und auf das internationale Recht des geistigen Eigentums den Ausdruck „Weltinnenpolitik", mit dem sich heute andere schmücken.[12]

Ein weiteres Beispiel ist Dein zweibändiges „Wirtschaftsrecht"[13]. Als Pionier hattest Du erkannt, dass nationales Wirtschaftsrecht aus der Sicht globaler Märkte zu sehen und zu erfassen ist. Deshalb beginnen die beiden Bände mit dem „Weltwirtschaftsrecht" und gehen dann über zum „Europäischen Wirtschaftsrecht"; erst im zweiten Band kommt das „Deutsche Wirtschaftsrecht". Du siehst Deutschland aus globaler Sicht! Die zivilrechtliche Verankerung des Wirtschaftsrechts zeigt sich in dem Motto: „Die Freiheit – ein Recht". Das ist eine Absage an die Vorstellung, Freiheit sei etwas Naturwüchsiges, das sich von selbst einstelle, wenn man nur das *laisser faire* gelten lasse. Du schilderst das Wirtschaftsrecht auf den drei Ebenen Welt, Europa und Deutschland nach einem durchgängigen Prinzip, das von einer Zweiteilung in allgemeines und besonderes Wirtschaftsrecht ausgeht. Die beiden Bände sind *Richard Buxbaum* gewidmet.

Die Grundthese vermittelt der Titel des folgenden Werks: „Recht und wirtschaftliche Freiheit", das die Freiheit des Wettbewerbs und das transnationale Markenrecht bearbeitet. Darauf wiederum beruht der „Draft International Antitrust Code", den Du mit *Josef Drexl* und *Andreas Heinemann* sowie einem internationalen Kreis von Experten entwarfst.[14] „Freiheit als Aufgabe – Freedom as a Task"[15] schließlich zeigt den rechtsethischen Hintergrund.

WOLFGANG FIKENTSCHER:

Es ist merkwürdig, dachte ich mir 1980/1981 in Berkeley: Wenn Richard Buxbaum den Raum betritt, wird es im Zimmer heller, so gescheit ist er. Wer ihn kennt, kann diese innere Leuchtkraft bestätigen. Seiner Hilfsbereitschaft haben, ähnlich wie bei Kronstein, Generationen von Austauschstudenten und -dozenten zu danken.

Richard Buxbaums Bindungen an Europa sind eng. Sein Deutsch hat einen prächtigen hessischen Klang. Als Schulkind musste er mit seiner Familie der Verfolgung entfliehen. Er zählt zu jenen weltläufigen Juristen, die weit mehr

[12] W. *Fikentscher*, Wirtschaftskontrolle und Weltinnenpolitik, in: Beier u.a. (Hrsg.), Rechtsvergleichung, Interessenausgleich und Rechtsfortbildung, Festschrift für Eugen Ulmer (1973), GRUR Int. 1973, 478–486.

[13] W. *Fikentscher*, Wirtschaftsrecht (1983).

[14] W. *Fikentscher/Drexl/Heinemann* (Hrsg.), Draft International Antitrust Code, kommentierter Entwurf eines internationalen Wettbewerbsrechts mit ergänzenden Beiträgen (1995).

[15] W. *Fikentscher*, Freiheit als Aufgabe – Freedom as a Task (1997).

sind als Rechtswissenschaftler, nämlich auch Politiker und Ökonom. Hoffen wir, dass dieser Typ Jurist Nachfolger erhält.

3. *Modes of Thought*

Mit der aus dem Max-Planck-Institut erwachsenen Beratertätigkeit für Entwicklungsländer in der UNCTAD (seit 1975) trat die Anthropologie ins Zentrum. Im Jahre 1995 erschien „Modes of Thought: A Study in the Anthropology of Law and Religion"; die um ein längeres Vorwort und um manche Einzelheiten ergänzte zweite Auflage kam 2004 heraus.[16] Dies Werk ist Deiner Frau *Irmgard* gewidmet, an deren Weitblick und Lebensklugheit Du Deine Ideen zu testen pflegtest. Damit entfaltete sich zur vollen Blüte, was bereits so lange angelegt war. Du träumtest ja immer schon über den Tag hinaus und hattest die Kraft und die Disziplin, Träume wahr werden zu lassen.

Der Anstoß zur Anthropologie kam von *Leopold Pospíšil* 1987.[17] Ein Aufenthalt bei ihm in Yale 1986 machte Dich mit dem Handwerkszeug bekannt. *Irmgard* wiederum gab den Anstoß zur „Feldarbeit" bei *Pueblo-Indianern*, z.B. *Zuni* und *Hopi*, und bei benachbarten Stämmen (u.a. *Apachen*, *Navajo*, *Paiute*, *Tohono O'odham*, *Pascua Yaqui*, *Pima*) im Südwesten der USA und weiter nördlich (u.a. *Ojibway* und *Coquille*).

Wolfgang Fikentscher:

Auf Leopold Pospíšil machte mich aufmerksam der niederländische Anthropologe P. E. de Josselin de Jong (d.J.); er empfahl mir, Pospíšil's Werke zu lesen (was ich tat). Ich durfte in den 80iger Jahren eine anthropologische Tagung mitorganisieren und schlug vor, Pospíšil einzuladen.

Wir freundeten uns an, er, der Tscheche, der unter Deutschen und Russen gelitten hatte, und ich, dessen protestantische Vorfahren um ihres Glaubens willen aus Böhmen vertrieben worden waren. „Hurra", rief Pospíšil, als er das hörte, „jetzt sind wir quitt!". Ich schickte ihm meine ‚Methoden'. Er antwortete: „Was Du machst, ist Anthropologie, aber Du hast keine Ahnung davon. Komm zu mir nach Yale, ich bring's Dir bei".

Und so geschah's. Bis heute stehen wir in engem Austausch. Er schickte mir gerade seine (noch un-) „gesammelten Werke": Sechs Bücher und 98 Sonderdrucke. Sie werden derzeit verkartet für unsere Münchner rechtsanthropologische Bibliothek.

[16] W. *Fikentscher*, Modes of Thought: A Study in the Anthroplogy of Law and Religion (1995; 2. Aufl. 2004).

[17] Siehe W. *Fikentscher*, Synepeik und eine synepeische Definition des Rechts, in: ders./Köhler/Franke (Hrsg.), Entstehung und Wandel rechtlicher Traditionen, Veröffentlichungen des Instituts für Historische Anthropologie, Bd. 2 (1980), S. 12–53.

Wichtig wurde die Begegnung mit *Robert D. Cooter* von der *University of California* in Berkeley, USA. Seit 1988 betriebst Du mit ihm die ethnographische Feldarbeit bei 32 Stämmen des nordamerikanischen Südwestens. Dafür erhieltet Ihr als erste Anthropologen den Max-Planck-Forschungspreis.

WOLFGANG FIKENTSCHER:

Robert Cooter, Berkeley, und ich arbeiten seit 1988 zusammen in Vorlesungen, Seminaren und Veröffentlichungen, sowie in der Feldforschung bei nordamerikanischen Indianern. Es geht um ein besseres Verständnis bedrohter Völker durch Kenntnis ihrer Rechte. Das ist ihr eigenes Stammesrecht, nicht das Recht, das die herrschende Kultur erließ, um die Minderheit zu verwalten.

Ein Volk ist eben auch identifiziert durch sein angestammtes Recht. Kennt man dieses Recht und wendet man das Internationale Privatrecht an, dann gilt, was man kulturelle Eigenständigkeit nennen kann. Das ist, was Bob Cooter – selbst Professor für Wirtschaft an einer juristischen Fakultät – und ich im Sinn haben.

Dein Bild einer „*cultural complexity*“ verfestigte sich bei Forschungen im Santa Fe Institut, New Mexico, und durch Begegnungen mit der ursprünglichen Bevölkerung von Taiwan. So entwickeltest Du eine Kulturanthropologie als Sozial- und Kulturwissenschaft und damit als eine Geisteswissenschaft mit empirischer Methode.[18] Gelegentlich sprichst Du gleichsinnig auch von einer Theorie der Kulturvergleichung auf rechtlichem Gebiet.[19] Eine Plattform dafür bot Dir Deine Stellung in der Bayerischen Akademie der Wissenschaften, wo Du seit 1996 der kulturanthropologischen Kommission vorstehst.

In den „Modes of Thought“ („Denkarten“) zeigst Du, wie elementare „Weltsichten“ („Weltanschauungen“) das Bild vom Recht formen. Ausgehend von den Grundlagen in Deinen „Methoden des Rechts“ beziehst Du jetzt Ostasien und Südasien wieder stärker ein und führst uns erneut – und diesmal anthropologisch abgesichert – über die griechische Tragik zu Islam und Marxismus als „Weltsichten“. Dabei werden die politischen Folgen bedacht:

„The task is to find a way how individuals of different cultural mind-sets can live with each other without committing injustice“[20].

[18] W. *Fikentscher*/K. *Fikentscher*, Einleitung, in: W. Fikentscher (Hrsg.), Begegnung und Konflikt – eine kulturanthropologische Beweisaufnahme – (2001), S. 9, 15.

[19] W. *Fikentscher*, Wirtschaftliche Gerechtigkeit und kulturelle Gerechtigkeit (1997), S. 2.

[20] W. *Fikentscher* (Fn. 16), S. 502.

Schließlich gelangst Du zu einer vorsichtigen Annahme biologisch begründeter menschlicher Ordnungsuniversalien wie Eigentum und Freiheit des Wirtschaftens, die kulturellen Besonderheiten spannungsvoll gegenüberstehen. Deine Mitarbeit seit 1985 im *Gruter Institute for Law and Behavioral Research*, California, half Dir die Kulturanthropologie durch biologische Anthropologie zu ergänzen.

VII. Weltmarkt und kulturelle Gegebenheiten

In Deiner Münchner Abschiedsvorlesung von 1996 „Wirtschaftliche Gerechtigkeit und kulturelle Gerechtigkeit“[21] bringst Du die großen Themen Deiner Arbeit, Wirtschaftsrecht und Rechtsanthropologie, auf engem Raum zusammen. Damit begannst Du eine neue Berufsphase als Kulturanthropologe. Seitdem liest Du die Rechtsanthropologie mit der angrenzenden Wirtschafts- und der Religionsanthropologie in München und seit mehreren Jahren auch in Berkeley. Das ist eine Auseinandersetzung mit der Lehre von *„law and economics“*, etwa der *Chicago-School*. Nach ihr zählt nur die „Effizienz“ freier Märkte ohne Rücksicht auf die „Legitimität“ kleiner ethnischer Gruppen. Du plädierst daher für ein „kulturelles *Antitrust*“:

> *„Das Wirtschaftsrecht und die Rechtskulturvergleichung haben daher eines gemeinsam: Das rechtspolitische Anliegen des Schutzes der kleineren Einheit vor der größeren. Hier muss das Recht wachsam sein. Warum hat Justitia verbundene Augen? Damit man nicht sieht, dass sie schläft. Lassen wir sie Rechtstatsachenforschung betreiben, z. B. im Wirtschaftsrecht und in der Rechtsanthropologie“*[22].

Du nennst das auch *„umweltsoziale Marktwirtschaft“*[23] und siehst die *„Kulturvergleichung als unser aller Schicksal“*[24]. Sie verlangt, dass wir kulturelle Unterschiede beachten bei der Schaffung eines rechtlich verfassten Weltmarktes.[25] Die richtige Lösung bleibt stets *„natürlich-kulturell eingebunden“*[26].

Gerade auf diesem so fern- und doch so nahe liegenden Feld erkennen wir, wie *Wolfgang Fikentschers* Lebensweg ihn in neue Welten hineinträgt. Seit der Begegnung mit dem Recht der Wettbewerbsbeschränkung, seit dem „Erschrecken“ vor *Oliver Wendell Holmes* hat ihn die Frage nach „Macht

[21] W. *Fikentscher,* Wirtschaftliche Gerechtigkeit und kulturelle Gerechtigkeit; vom Sinn der Kulturvergleichung in Anthropologie, Wirtschaft und Recht; Abschiedsvorlesung (1997).

[22] W. *Fikentscher* (Fn. 21), S. 9.

[23] W. *Fikentscher* (Fn. 21), S. 13.

[24] W. *Fikentscher* (Fn. 21), S. 22.

[25] W. *Fikentscher* (Fn. 21), S. 26.

[26] W. *Fikentscher* (Fn. 21), S. 40.

und Recht" nicht mehr losgelassen[27]. Kann nur das Gesetz uns Freiheit geben, oder gibt es menschliche Universalien, die immer wieder die Hoffnung wecken auf ein Machtgleichgewicht – zu Hause und in einer globalen Welt?

VIII. Culture, Law and Economics

Die Kreise kommen zusammen. Du deutest das an in Deinem Buch „Culture, Law and Economics"[28], dass Du Deinen wirtschaftswissenschaftlichen „Paten" widmest: dem Wirtschaftshistoriker *Knut Borchardt* und dem *law-and-economics-Gelehrten Robert D. Cooter*. Der Traum Deiner Jugend und der Traum Deines Alters finden zueinander: Als Motto lesen wir *„I have worked for freedom …"*, ein Zitat von *„Sarah Winnemucca of the Northern Paiute"* in Oklahoma.

In dem Buch „Culture, Law and Economics" bringst Du *„Three Berkeley Lectures"* zusammen. Du erörterst zuerst *„The Legal and Anthropological Contexts of Markets"* und stellst damit die Wirtschaftsanthropologie auf „denkart"-bezogene Grundlagen. Mit der dann folgenden anthropologisch begründeten Markttheorie des individuellen (statt objektiven) Marktes entwickelst Du eine kulturell anpassungsfähige Markttheorie, die das neoklassische Modelldenken der heute allgemein verwendeten Mikro- und Makro-Ökonomie hinter sich lässt. Du beraubst sie ihrer theoretischen Basis und zwingst sie zu einer Empirie-festen Neukonzeption (der sie wohl nur bedingt wird standhalten können).

Danach gehst Du über zu *„From the Plurality of Economic Systems to the Rule of Cultural Respect as a General Principle of Antitrust"*; von dort gelangst Du zu *„Markets and Non-Markets of Collective Goods within the Model of Free Economy"*. Am Ende des letzten Abschnitts *„Constituting Global Economy"* kommt das Fazit:

> *„Thus we have found legal anchors for the rule, the exception to the rule, and the exception to the exception: a meta-theoretically safe, post-axial age, individual, long-range trust market; respect for and consideration given to cultural particularities; and an economic habeas corpus, or better: habeas mentem"*.

Können wir sprechen von einer globalen „Würde des Menschen" immer auch im Anderen? Du lehrst, andere tolerante Kulturen anzuerkennen als Partner zum Verständnis der Welt.

[27] W. *Fikentscher*, Power Controlling Societal Order, Economy, Religion, and the Modes of Thought, EWE 17 (2006), 31–34.

[28] W. *Fikentscher*, Culture, Law and Economics (2004).

IX. Zeuge des Jahrhunderts

In Deinem Aufsatz „Ein juristisches Jahrhundert"[29] geht es um das richtige Verhältnis vom Allgemeinen und Besonderen in den Sozialwissenschaften. Du schilderst die Strömungen, die Dich in die rechtsvergleichende Rechtsanthropologie getragen haben. Das möchte ich kurz zur eigenen Vergewisserung nachzeichnen.

Den Anfang der modernen Rechtsentwicklung siehst Du bei *Rudolf von Iherings* „Zweck im Recht" (1877–1883) und in der Interessenjurisprudenz, die sich nach den Erschütterungen der Nazizeit zur Wertungsjurisprudenz entfaltete. Die Kritik des amerikanischen *„legal realism"* wollte einen wissenschaftlich wertenden Ansatz im Recht. Der konkretisierte sich bei Dir im Verhältnis von Recht und Macht, wozu Dir das Wirtschaftsrecht als Hauptbeispiel aus der Lebenswelt diente. Du fasst zusammen:

> *„Auf keinem anderen Gebiet trug das Denken in gewerteten Zwecken im Recht so reiche Früchte wie im deutschen Wirtschafts- und Sozialrecht"*.

Von dort war es nur ein Schritt zu den kulturellen Bedingungen des Rechts, die Du – über das Recht hinausgehend – zur besseren Deutung der sehr vielen Kulturen in Geschichte und Gegenwart zusammenfasstest zu *„Denkarten"*.

Zum Schluss heißt es:

> *„Mit diesem Thema des rechten Maßes der Verallgemeinerung (...) entlässt das vorige Jahrhundert die Rechtswissenschaft in das gegenwärtige, verbunden mit der Warnung, dass man den kleinen Dingen auf den Grund zu gehen und ihnen ihren Zweck im Recht zukommen zu lassen habe, statt in spekulativen Verallgemeinerungen zu verharren. Die Treue zum Kleinen in der Zusammensicht des Großen scheint das Thema des Jahrhundertwechsels zu sein, auch im Recht"*.

Die *„ars aequi et boni"* als Kunstwerk!

X. Schluss

Noch einige persönliche Bemerkungen.

Als ich *Wolfgang Fikentscher* einmal in Münster fragte, wie er auf all das Neue stoße und die Kraft dazu gewinne, antwortete er sinngemäß: Man brauche nicht das Vertraute, um vorwärts zu gehen, so wichtig es als gesicherter Ausgangspunkt sei; man müsse im luftleeren Raum geradeaus wandern können. Dabei gingst Du stets anspruchslos „mit leichtem Gepäck"[30].

[29] W. *Fikentscher*, Ein juristisches Jahrhundert, Rechtshistorisches Journal 19 (2000), 560–567.

[30] Vgl. Mk 6, 7–13.

Zum Glück hattest Du Kräfte um Dich, die Dir im luftleeren Raum ein Geländer bereithielten: Deine Ehefrau *Irmgard* und Deine Familie.

Irmgard stammt aus Holland. Vielleicht fuhrt ihr deshalb bei Eurer ersten gemeinsamen Reise in die USA auf einem holländischen Schiff, auf der *„Statendam"*. Deine Frau stellt als Musiklehrerin stets die Verbindung zu dieser Kunst her. Drei Söhne und eine Tochter machen Euer Ensemble komplett: Verwundert es, dass Euer *Kai* Anthropologie der Musik lehrt, auch als Ausdruck einer *„counter culture"*? Mich wundert es nicht: Man muss etwas Chaos in sich haben, wenn man einen Stern zum Leuchten bringen will (*Nietzsche*). Das Erlebnis der Kunst regt an, immer wieder neue Horizonte zu suchen. *Wolfgang Fikentscher*, nebenbei ein Hobby-Aquarellist, aber kein chaotischer, ist dafür ein Vorbild.

Zu Deinem Lebenswerk gehören sechs Habilitanden und einhundertunddreizehn Doktoranden. Fünf von Deinen Doktoranden wurden Professoren oder Professorinnen im Inland, vier im Ausland, und weitere zehn von ihnen Honorarprofessoren oder Fachhochschulprofessoren, meist auf wirtschaftsrechtlichem Gebiet. Das sind viele Schüler, die Deine Gedanken lehrend weitergeben. – Ihnen allen hast Du den Freiraum geschaffen, in dem Sie sich entfalten konnten – unter dem Schutz Deiner anspornenden Toleranz.

Du bist für uns ein Glückstreffer! Wir alle danken Dir von ganzen Herzen!

Du vermitteltest uns die „Poesie des Rechts"[31]. Deshalb möchte ich schließen mit etwas Poesie von *Gottfried Keller*:

„Nationalität:
Volkstum und Sprache sind das Jugendland,
Darin die Völker wachsen und gedeihen,
Das Mutterhaus, nach dem sie sehnend schreien,
Wenn sie verschlagen sind auf fremden Strand.

Doch manchmal werden sie zum Gängelband,
Sogar zur Kette um den Hals der Freien;
Dann treiben Längsterwachsne Spielereien,
Genarrt von der Tyrannen schlauer Hand.

Hier trenne sich der lang vereinte Strom!
Versiegend schwinde <u>*der*</u> *im alten Staube,*
Der andre breche sich ein neues Bette!

Denn einen Pontifex nur fasst der Dom:
Das ist die Freiheit, der polit'sche Glaube,
Der löst und bindet jede Seelenkette!"

[31] Vgl. *Großfeld*, Rechtsvergleichende Poetik, „Und wer der Dichtkunst Stimme nicht vernimmt, Ist ein Barbar, er sei auch wer er sei", ZVglRWiss 105 (2006), 343–361.

Wolfgang Hefermehl (1906–2001)*

Peter Ulmer

I. Lebensdaten

1. Geburt, Ausbildung und erste Berufsfelder

Hefermehl wurde am 18. September 1906, also vor über 100 Jahren, geboren und zwar nicht, wie die Legende geht,[1] in Berlin, sondern in Elsterwerda,[2] einer mittleren Kreisstadt in der Lausitz. Sein Vater war damals in Naumburg Richter im preußischen Justizdienst; er brachte es im Laufe der Jahrzehnte bis zum Landgerichtspräsidenten in Wiesbaden. *Hefermehl* selbst ist bis zur Versetzung des Vaters nach Berlin 1913 zunächst in Elsterwerda aufgewachsen, obwohl seine Schlagfertigkeit, sein Witz, seine Unsentimentalität ihn für viele zum geborenen Berliner machten. Er war offenbar ein hoffnungsvoller Schüler, denn seine Eltern schickten ihn ab Untersekunda auf das berühmte,

* Vortrag am 16. Juni 2006 – Humboldt-Universität zu Berlin.

[1] *Gloy/Loschelder*, Wolfgang Hefermehl zum 90. Geburtstag, GRUR 1996, 515–517; so auch *Jauernig*, Grußworte, in: P. Ulmer (Hrsg.), Festgabe für Wolfgang Hefermehl aus Anlass des 90. Geburtstags am 18.9.1996 (1997), S. 19, 20.

[2] So zutr. *Müller-Graff*, Gedenkworte, in: Akademische Gedenkfeier für Prof. Dr. iur. Dr. iur. h.c. Wolfgang Hefermehl (2003), S. 9, 12.

1543 von *Moritz von Sachsen* als Fürstenschule gegründete althumanistische Gymnasium Schulpforta bei Naumburg, wo er auch das Abitur machte.

Es folgte das Studium ganz überwiegend in Berlin an der Friedrich-Wilhelms-Universität. Dort hat ihn wohl vor allem *Martin Wolff* geprägt.[3] Es heißt zwar, dass er zwischendurch auch – wohl je ein Semester – in Bonn und London studiert habe,[4] in der zweiten Hälfte der 20er Jahre noch recht ungewöhnlich, doch war davon in seinen späteren Berichten keine Rede. Die Ausbildung schloss er nach der Referendarzeit in Berlin 1934 mit zwei glänzend bestandenen Staatsexamina ab.

Als junger „Einserjurist" wurde *Hefermehl* alsbald in den preußischen Justizdienst übernommen, wo man ihn an das Reichsjustizministerium abordnete. Dort war er in der Abteilung für Handels- und Wirtschaftsrecht tätig und zunächst mit Fragen des Handels- und des Aktienrechts, darunter auch mit der Vorbereitung der Aktienrechtsreform 1937 befasst. Davon zeugen seine Kommentierungen in den beiden von Staatssekretär *Schlegelberger* herausgegebenen großen Kommentaren zum HGB und zum Aktiengesetz, letzterer unter dem Namen *„Schlegelberger/Quassowski"*, in denen er jeweils bereits – für einen erst kurze Zeit im Ministerium tätigen jungen Juristen eine ganz ungewöhnliche Ehre – als eigenständiger Verfasser wesentlicher Kommentarteile auftrat.[5] Zugleich war er Sekretär der handelsrechtlichen Fachsitzungen der Akademie für Deutsches Recht und machte bei dieser Gelegenheit die Bekanntschaft maßgebender Hochschullehrer der 30er Jahre, darunter *Heinrich Lehmann, Hans Carl Nipperdey, Alfred Hueck* und *Eugen Ulmer*. Hervorhebung aus dieser Zeit verdienen auch seine auf das Jahr 1935 zurückgehenden engen Kontakte mit *Adolf Baumbach*, dem ehemaligen Vorsitzenden des Wettbewerbssenats des Kammergerichts und höchst erfolgreichen „Erfinder" der Kategorie der „Kurz-Kommentare".[6] An diesen Werken wirkte *Hefermehl* bis zum Tode *Baumbachs* im Jahr 1945 bereits intensiv, wenn auch unter fremder Feder, mit, ehe er ab 1950 *Baumbachs* Kommentare zum Wertpapier- und Wettbewerbsrecht eigenständig fortführte und damit den Grundstein für seine beiden „Klassiker" legte.

Nach Kriegsbeginn wurde *Hefermehl* Referent für die Gesetzgebung zur Verwaltung des Feindvermögens. Diesen Fragen war auch seine Dissertation im Jahr 1944 bei *Wolfgang Siebert* gewidmet. Vom Kriegsdienst war *Hefer-*

[3] *Knopp*, Wolfgang Hefermehl, in: Verlag C.H. Beck (Hrsg.), Juristen im Portrait, Festschrift zum 225-jährigen Jubiläum des Verlags C.H. Beck (1988), S. 396–405.

[4] *Müller-Graff* (Fn. 2), S. 12.

[5] *Schlegelberger*, Kommentar zum Handelsgesetzbuch (5. Aufl. 1976 bis 1982) §§ 348 bis 372 und §§ 383 bis 406 HGB; *Schlegelberger/Quassowski*, Kommentar zum Aktiengesetz (1937), §§ 19, 20, 118–124, 135–144, 175–194, 219–232, 294–304 AktG.

[6] Vgl. *Hefermehls* lesenswerten Bericht über *Adolf Baumbachs* Leben und Werk, in: Verlag C.H. Beck (Hrsg.), Juristen im Portrait, Festschrift zum 225-jährigen Jubiläum des Verlags C.H. Beck (1988), S. 130, 134.

mehl freigestellt. 1939 heiratete er die aus einer westfälischen Juristenfamilie stammende *Ulla Billmann*. Zwei Söhne wurden Juristen, die Tochter Ärztin.

Die Ministeriumszeit endete 1945 mit der russischen Besetzung von Berlin. *Hefermehl* gelang nach kurzfristigem Untertauchen, wohl aus Furcht vor sowjetischer Verhaftung, die Flucht bei Nacht und Nebel mit dem Fahrrad nach Hamburg. Dort lebte er zunächst unter falschem Namen und arbeitete äußerlich unauffällig im Hinterzimmer für den schon damals wohlbekannten späteren BGH-Anwalt *Philipp Möhring*. Eine anonyme Anzeige führte im Jahre 1947 oder 1948 zu seiner Verhaftung. Diese erwies sich für ihn letztlich als Glücksfall, da er nach durchlaufenem Entnazifizierungsverfahren rehabilitiert entlassen wurde und fortan wieder unter eigenem Namen tätig sein konnte.

Es folgte der Aufbau eines sehr erfolgreichen Repetitoriums in Münster,[7] wohin seine Familie schon zu Kriegsende geflohen war. *Hefermehl* bildete dort nicht wenige Jahrgänge juristischer Studenten aus und zwar in der ganzen Breite des Zivilrechts unter Einbeziehung sogar der Grundfragen des Strafrechts. Aus dieser Zeit stammt sein berühmt gewordener Spruch „ich lese alles außer Kirchenrecht“[8].

Das Repetitorium gab er – ungern? – 1953 auf zugunsten der Habilitation bei *Hans Carl Nipperdey* in Köln. Dorthin übersiedelte dann auch die Familie, und es folgten zunächst zwei Jahre der Lehrtätigkeit und des Publizierens an der Universität zu Köln.

2. *Neubeginn als Hochschullehrer*

Zu dem ersten Schritt in die „akademische Welt“ außerhalb von Köln verhalf *Hefermehl* die Heidelberger Juristenfakultät, die ihm im Jahr 1955 zwar noch nicht die Nachfolge des nach München gegangenen *Eugen Ulmer* anvertrauen wollte, ihm jedoch zwei Semester lang dessen vakanten Lehrstuhl zur Vertretung übertrug. Einen ersten, noch wenig spektakulären Ruf erhielt *Hefermehl* im Jahr 1956, also im fortgeschrittenen Alter von 50 Jahren, an die Wirtschaftshochschule Mannheim, die damals noch keine Juristische Fakultät hatte und sich auf drei juristische Lehrstühle beschränken musste; sie band ihn auch in der Folgezeit durch eine Honorarprofessur an sich. Der Ruf nach Münster im Jahr 1959 bedeutete daher einen beachtlichen Karrieresprung. *Hefermehl* kam an die Fakultät, die durch *Harry Westermann* und andere über einen guten Ruf verfügte, und konnte dort auch an seinen Bekanntheitsgrad als Repetitor anknüpfen. Als sodann *Wolfgang Siebert* bereits 1961 unerwartet in Heidelberg starb, besann sich die Heidelberger Fakultät auf *Wolfgang Hefermehl* und erreichte es, ihn trotz der ihn

[7] Dazu näher *Knopp*, FS C.H. Beck (1988), S. 396, 397 f.

[8] *Knopp*, Für die Schüler, in: P. Ulmer (Hrsg.), Festgabe Hefermehl (1997), S. 37, 39.

an Münster bindenden dreijährigen Sperre vorzeitig dort loszueisen und für Heidelberg zu gewinnen. Der Schritt erwies sich für beide Seiten als Glücksfall. *Hefermehl* wurde alsbald zu einem der Sterne der Fakultät und fühlte sich mit seiner Familie auch seinerseits sehr wohl in seinem neu erbauten Haus in Ziegelhausen mit herrlichem Blick auf das Neckartal. In diese Zeit fiel neben einer Fülle von Promotionen auch die Habilitation von drei seiner Schüler, der Herren *Werner Knopp* und *Peter Ulmer* (jeweils 1968) sowie *Wilfried Tilmann* (1975). Der vierte, *Karlheinz Fezer*, schloss sich 1982 an.

Die Emeritierung im Jahr 1974 erlebte *Hefermehl* trotz seiner 68 Jahre als ein junggebliebener Hochschullehrer, der in den nächsten $2^1/_2$ Jahrzehnten nicht nur als führender Kommentator, sondern auch durch Fortführung der ihm besonders am Herzen liegenden Vorlesung über Wertpapierrecht jeweils im Wintersemester weiterhin die Hochschulszene bereicherte. Zum 65. und 70. Geburtstag erhielt *Hefermehl* nicht weniger als drei Festschriften,[9] denen sich zwei Festhefte der wettbewerbsrechtlichen Fachzeitschriften GRUR und WRP zum 90. Geburtstag anschlossen.[10] Im Jahr 1981 wurde ihm auf Vorschlag der Heidelberger Universität das Große Verdienstkreuz des Verdienstordens der Bundesrepublik Deutschland verliehen. Auch ehrte ihn die Universität durch Verleihung der Großen Universitätsmedaille.

Ein zusätzliches Wirkungsfeld erschloss sich *Hefermehl* in der zweiten Hälfte der 70er Jahre durch Übernahme einer Honorarprofessur an der Universität Salzburg. Dort versammelte er um sich einen eindrucksvollen Kreis von befreundeten Kollegen und Schülern, über die *Hans-Georg Koppensteiner* in einer bewegenden Rede auf der akademischen Gedenkfeier für *Hefermehl* berichtete,[11] und es wurde ihm die Ehrendoktorwürde verliehen. Auch gründete er dort einen zweiten Wohnsitz und verbrachte manche Wochen des Jahres in der ihm immer mehr ans Herz wachsenden Festspielstadt.

Auch in der Zeit nach seinem 90. Geburtstag im Jahr 1996, als sein Aktionsradius und seine Beweglichkeit aus Altersgründen nach und nach geringer wurden, blieb *Hefermehl* seinem Schreibtisch treu und beendete im September 2000, also mit 94 Jahren, die Arbeiten an der 22. Auflage des auf über 1900 Seiten angewachsenen Kommentars zum Wettbewerbsrechts getreu seiner – dem Wahlspruch „*Cogito ergo sum*“ von *Descartes* nachempfundenen – Devise: solange ich arbeite, lebe ich. Am 29. Oktober 2001, kurz nach seinem 95. Geburtstag, ist er gestorben.

[9] *Möhring/Ulmer/Wilde* (Hrsg.), Neue Entwicklungen im Wettbewerbs- und Warenzeichenrecht, Festschrift für Hefermehl (1971); *Böckenförde/Knopp* (Hrsg.), Rechtsfragen der Gegenwart, Festschrift für Hefermehl (1972); *Rob. Fischer/Gessler/Schilling/Serick/Ulmer* (Hrsg.), Strukturen und Entwicklungen im Handels-, Gesellschafts- und Wirtschaftsrecht, Festschrift für Hefermehl (1976).

[10] *Gloy/Loschelder*, GRUR 1996, 515–517; WRP 1996, 965–1018.

[11] *Koppensteiner*, Gedenkworte, in: Akademische Gedenkfeier für Prof. Dr. iur. Dr. iur. h.c. Wolfgang Hefermehl (2003), S. 37–46.

3. *Drei resümierende Feststellungen*

a) Vier (sechs) Geschichtsepochen

Aus heutiger Sicht auffallend ist die enorme Spannweite des Lebens und Wirkens von *Wolfgang Hefermehl.* Sie lässt sich in vier – oder genau genommen sogar in sechs – Geschichtsepochen mit ganz unterschiedlichen Lebens- und Rechtsverhältnissen einteilen. So verbrachte er seine Kindheit bis zum 12. Lebensjahr in der Kaiserzeit; er wird daher den ersten Weltkrieg bewusst miterlebt haben. Seine Jugend, sein Studium und die Referendarzeit fielen in die Weimarer Republik mit all' ihrem Auf und Ab. Die erste, erfolgreiche Berufskarriere verbrachte er, als dritte Lebensphase während der NS-Zeit, im Reichsjustizministerium, in dem er, als Angehöriger der preußischen Justiz, vom Gerichtsassessor bis zum Oberlandesgerichtsrat aufstieg. Es folgte der völlige Umbruch und Neuanfang in der Nachkriegszeit, beginnend mit seinem Untertauchen im Hinterzimmer von *Philipp Möhring*. In die fünfte und für ihn zentrale Epoche fiel seine Entwicklung zum berühmten Hochschullehrer und seine Ausstrahlung in den ersten vier Jahrzehnten der Bundesrepublik bis 1989. Die sechste Epoche begann mit der Wiedervereinigung, die *Wolfgang Hefermehl* dank seiner fortbestehenden Bindungen an die mitteldeutsche Herkunft mit tiefer Befriedigung erfüllte.

Blickt man aus heutiger Sicht auf diese Entwicklung und vor allem auf *Hefermehls* Tätigkeit im Reichsjustizministerium zurück, so fällt demjenigen, der in den letzten Jahrzehnten engen Kontakt mit ihm hatte, zweierlei auf. So brachte er von sich aus selten oder fast nie die Rede auf seine Zeit vor 1945, und auch auf Befragen gab er dazu nur zurückhaltende Antworten. Dabei war unverkennbar, dass ihn diese Zeit vor allem mit den Tätigkeiten im Handels- und Aktienrecht geprägt hat, was sich auch in der Fortführung der großen Kommentare des *Schlegelberger/Hefermehl* zum Handelsrecht und des *Gessler/Hefermehl/Eckardt/Kropff* zum Aktiengesetz eindrucksvoll zeigte. Aus dieser Zeit stammte auch seine enge Verbindung mit seinem Ministerialkollegen *Ernst Gessler*, dem nachmaligen Ministerialdirektor im Bundesjustizministerium und „Vater" der Aktienrechtsreform 1965, der ihm zum 80. Geburtstag eine glänzende Festrede hielt. Eine zweite Besonderheit sehe ich in der spürbaren Zurückhaltung *Hefermehls*, wenn es in den folgenden Jahrzehnten um politische Diskussionen ging. So wie er es im Sport mit der berühmten Devise von *Winston Churchill „no sports"* hielt, so stand er auch zur Politik, obwohl sein Herz wohl im bürgerlichen Lager schlug, auf spürbare Distanz.

b) Lehr-, Wander- und Meisterjahre

Meine zweite Feststellung zu den Lebensdaten betrifft die Einteilung seines zweiten, nach 1948 beginnenden Berufslebens in die drei klassischen Kategorien

- der *Lehrjahre*, zu denen ich das Münsteraner Repetitorium bis 1952, aber auch die Habilitation in Köln im Jahr 1953 mit anschließender Privatdozententätigkeit in Köln rechne,
- der *Wanderjahre* mit der Lehrstuhlvertretung in Heidelberg, dem ersten Lehrstuhl in Mannheim und der ersten gewichtigen Professur in Münster,
- und *schließlich* der zu Anfang der 60er Jahre in Heidelberg beginnenden *Meisterjahre*, gekennzeichnet durch seine unangefochtene Stellung als Kommentator im Bürgerlichen Recht, im Handels-, Gesellschafts- und Wettbewerbsrecht, seine großen Lehrerfolge und seine vielfach gefragte Tätigkeit als Gutachter, Rechtsberater und Schiedsrichter mit, wie es hieß, unangefochtener Autorität im Vorsitz vieler Schiedsgerichte.[12]

c) Dynamik und Spannkraft Hefermehls

Als dritte und letzte Feststellung mit Blick auf die Lebensdaten drängt es sich auf, die Dynamik und Spannkraft der Persönlichkeit von *Hefermehl* über nicht weniger als neun Jahrzehnte hervorzuheben. Ich denke an den erfolgreichen Neubeginn als Repetitor mit deutlich über 40 Jahren in Münster, während andere in diesem Alter nicht selten schon anfangen, sich geistig zur Ruhe zu setzen. Ich denke an den ersten Ruf, den er 1956, also mit 50 Jahren, erhielt, während das heutige Durchschnittsalter der Erstberufung bei 35 Jahren liegt. Ich denke vor allem an die Fortführung seiner Lehrtätigkeit bis fast zur Mitte seiner 90 Jahre, also im biblischen Alter von weit über 70 Jahren, und an die unermüdliche Bearbeitung der Neuauflagen im Wettbewerbs- und Wertpapierrecht sogar bis zum Anfang dieses Jahrhunderts. Und ich denke schließlich an den Neuaufbau eines zweiten Lebenskreises in Salzburg nach seiner Emeritierung und an sein dortiges, eindrucksvolles Wirken.

II. Der Jurist

1. Hefermehls juristische Berufe

Der zweite Teil des Vortrags ist *Wolfgang Hefermehl* als großem Juristen gewidmet, wie wir ihn in der zweiten Hälfte des 20. Jahrhunderts kennen, schätzen und verehren gelernt haben. Dabei konzentriere ich mich im wesentlichen einerseits auf seine *Publikationstätigkeit*, die sich neben einer Reihe maßgebender Zeitschriften- und Festschriftbeiträge[13] vor allem in sei-

[12] Vgl. nur *Gloy/Loschelder*, GRUR 1996, 517.

[13] Vgl. insbesondere *Hefermehl*, Der Anwendungsbereich des Wettbewerbsrechts, in: Dietz/Hueck/Reinhardt (Hrsg.), Festschrift für H.C. Nipperdey (1955), S. 283–301; *ders.*, Beurteilungen von Fusionen und Konzernbildungen nach Art. 85 und 86 des EWG-Ver-

ner meisterhaften Kunst als Kommentator niedergeschlagen hat,[14] und andererseits auf seine für viele Schülergenerationen auch heute noch beispielhafte *Lehrtätigkeit*, die zumal in den 50er Jahren, wie ich es selbst als Heidelberger Student erlebte, im Vergleich zum damals vorherrschenden Lehrstil erfrischend revolutionär erschien.

Ein vollständiges Bild von *Hefermehl* als Jurist würde voraussetzen, auch auf seine Zeit als Ministerialbeamter und vor allem auf seine große Praxis als Gutachter, Berater und Schiedsrichter einzugehen. Diesen Tätigkeiten verdanken wir nicht zuletzt den stets spürbaren Praxisbezug in seinem Denken und Wirken und den außerordentlich konzentrierten und disziplinierten Einsatz seiner Arbeitskraft. Indessen ist über seine Ministerialzeit trotz der damals entstandenen Kommentierungen in den beiden *Schlegelberger*-Werken[15] zu wenig Konkretes bekannt, um darüber ausführlich zu berichten; immerhin haben sich dem Zeitgeist Tribut leistende Äußerungen aus seiner Feder nicht feststellen lassen. Und die Tätigkeit als Rechtsgutachter, Berater und Schiedsrichter hat sich, wie das in solchen Fällen üblich ist, zu wenig im Licht der allgemeinen Öffentlichkeit abgespielt, um die vielen *Highlights* dieser in den 50er Jahren beginnenden Aktivitäten sichtbar werden zu lassen. Man kann nur feststellen, dass es seinerzeit wohl kaum große Rechtsstreitigkeiten insbesondere im Wettbewerbs- und Warenzeichenrecht, aber auch im Handels- und Aktienrecht gab, an denen *Wolfgang Hefermehl* nicht maßgeblich als Gutachter oder Schiedsrichter beteiligt war. Und sein bereits erwähntes, schönes Haus in Ziegelhausen bei Heidelberg sowie sein Lebensstil machten hinreichend deutlich, dass dieses Wirken nicht ohne adäquate materielle Kompensation blieb.

trages, in: Dietz/Hübner/Reinhardt (Hrsg.), Festschrift für H.C. Nipperdey, Bd. II (1965), S. 771–795; *ders.*, Grundfragen des Kontokorrents, in: Nipperdey (Hrsg.), Festschrift für Heinrich Lehmann (1956), S. 547–562; *ders.*, Der namensrechtliche Schutz geschäftlicher Kennzeichen, in: Dietz/Nipperdey/Ulmer (Hrsg.), Festschrift für Alfred Hueck (1959), S. 519–542; *ders.*, Zum Schutz der Farbe als Kennzeichnungsmittel, in: Hefermehl/Nipperdey (Hrsg.), Festschrift für Philipp Möhring (1965), S. 225–244; *ders.*, Rechtsfragen des Überweisungsverkehrs, in: ders./Nirk/Westermann (Hrsg.), Festschrift für Philipp Möhring (1975), S. 381–399; *ders.*, Deliktische Haftung des Gesellschafters einer Kapitalgesellschaft gegenüber Dritten, in: Bernhardt/ders./Schilling (Hrsg.), Freundesgabe für Hans Hengeler (1972), S. 88–104; *ders.*, Zur Haftung der Vorstandsmitglieder bei Ausführung von Hauptversammlungsbeschlüssen, in: Fischer/ders. (Hrsg.), Festschrift für Wolfgang Schilling (1973), S. 159–173; *ders.*, Schutz der berühmten Marke gegen Neuanmeldung gleicher oder verwechslungsfähiger Zeichen im Eintragungsverfahren, in: Beier u.a. (Hrsg.), Rechtsvergleichung, Interessenausgleich und Rechtsfortbildung, Festschrift für Eugen Ulmer (1973), GRUR Int. 1973, 425–430; sowie *ders.*, Vor- und Nacherbfolge bei der Beteiligung an einer Personenhandelsgesellschaft, in: ders./Gmür/Brox, Festschrift für Harry Westermann (1974), S. 223–240.

[14] Vgl. das vollständige Verzeichnis von *Hefermehls* Schriften aus den Jahren 1937 bis 1975, FS Hefermehl (1976), S. 489 ff.

[15] Vgl. die Nachw. in Fn. 5.

2. *Der Kommentator Hefermehl*

a) Wertungsgrundlagen

Bei dem Bemühen, das wissenschaftliche Werk eines großen Denkers und Forschers angemessen zu würdigen, liegt es nahe zu fragen, was über seinen Tod hinaus von seinem Werke „bleibt". So sind viele Nobelpreisträger der naturwissenschaftlichen und medizinischen Disziplinen mit ihren Leistungen unvergessen, und auch in den Geisteswissenschaften behalten eine Reihe von Namen noch lange Jahre nach dem Tod ihrer Träger einen bedeutenden Klang.

Bei den *Juristen* fallen solche Feststellungen schwerer – die Nachwelt flicht ihnen nur selten Kränze. Zwar gibt es eine Reihe von Lehrbüchern, die, wie etwa die Werke von *Larenz* zum Allgemeinen Teil und zum Schuldrecht oder von *Karsten Schmidt* zum Handels- und Gesellschaftsrecht, aber auch das „Recht der OHG" von *Alfred Hueck*, ihre maßgebliche Position über mehrere Jahrzehnte behalten haben. Auch verbinden sich mit manchen epochalen Erkenntnissen berühmte Namen; ich denke etwa an *Jherings* Entdeckung der *culpa in contrahendo* oder an *Staubs* Herausarbeitung der positiven Vertragsverletzung als besondere Kategorie des Rechts der Leistungsstörungen, aber auch an *Flumes* Schriften zum Wesen der Gesamthand oder an die im Wesentlichen auf *Canaris* zurückgehenden Erkenntnisse zur zivilrechtlichen Vertrauenshaftung. Indessen handelt es sich insoweit jeweils um ungewöhnliche, selten auftretende Phänomene, während der juristische Alltag auch großer Wissenschaftler mehr darauf beruht, die Gesetzgebung konstruktiv oder kritisch zu begleiten und bei der Rechtsanwendung Stein auf Stein zu setzen.

Hefermehl hat große Lehrbücher oder ähnliche Werke nicht verfasst; er war der Meister des Kommentars. Auch umstürzende Theorien waren seine Sache nicht; vielmehr wirkte er in erster Linie durch seine systematische Durchdringung und Fortentwicklung des geltenden Rechts unter souveräner Zusammenschau von Theorie und Praxis. Über diese Leistungen hinaus ist ihm „Bleibendes" allerdings jedenfalls auf dem Gebiet des Wettbewerbsrechts zu attestieren. Ich denke vor allem an seine beispielhafte, weithin akzeptierte Untergliederung der großen Generalklausel des § 1 a.F. UWG in fünf zentrale Abschnitte und zahlreiche Einzelfallgruppen[16] sowie an die von ihm maßgebend geprägte Diskussion zu den Funktionen und Schutzzwecken des Wettbewerbsrechts,[17] jeweils um der Praxis eine verlässliche Richtschnur

[16] Vgl. zuletzt die acht Seiten umfassende Inhaltsübersicht zu § 1 UWG in Baumbach/*Hefermehl*, Wettbewerbsrecht (22. Aufl. 2001).

[17] Baumbach/*Hefermehl* (Fn. 16), Einl. UWG Rn. 40 ff., im Anschluss an E. *Ulmer*, Sinnzusammenhänge im modernen Wettbewerbsrecht (1932) und *Nerreter*, Allgemeine Grundlagen eines deutschen Wettbewerbsrechts (1936). Vgl. dazu näher *Fezer*, Lauterkeitsrecht (2005), UWG § 1 Rn. 6 ff.

zur Abgrenzung des lauteren von dem gegen die guten Sitten verstoßenden Wettbewerb zu geben. Beides hat bekanntlich in der großen UWG-Reform des Jahres 2004, also erst unlängst seinen gesetzlichen Niederschlag gefunden. Denn die in den neuen § 3 UWG übernommene Generalklausel zum Verbot unlauteren Wettbewerbs wurde durch §§ 4, 7 Abs. 2 um zahlreiche gesetzliche Regelbeispiele unlauteren Wettbewerbs ergänzt, deren Herkunft aus der Fallgruppenlehre *Hefermehls* ersichtlich ist.[18] Auch ist es für ein deutsches Gesetz ganz ungewöhnlich, dass das neue UWG in § 1 mit einer Definition des Normzwecks des Gesetzes beginnt. Sie lautet:

> „Dieses Gesetz dient dem Schutz der Mitbewerber, der Verbraucherinnen und der Verbraucher sowie der sonstigen Marktteilnehmer vor unlauterem Wettbewerb. Es schützt zugleich das Interesse der Allgemeinheit an einem unverfälschten Wettbewerb."

Sieht man von der gesetzlichen Sondererwähnung der „Verbraucherinnen" ab, für die *Hefermehl* – trotz seiner bekannten Verehrung schöner Frauen – wenig Verständnis gehabt hätte, so ist die Herkunft dieser Vorschrift aus der von ihm maßgeblich geprägten Schutzzweck-Trias der Mitbewerber, der Verbraucher und sonstigen Abnehmer sowie der Allgemeinheit[19] unverkennbar. Ich komme darauf zurück.

b) Bürgerliches Recht

Die Übersicht über die wissenschaftlichen Werke von *Hefermehl* sei begonnen mit dem Bürgerlichen Recht. Hier waren es vor allem seine schon als „klassisch" zu bezeichnenden Kommentierungen im *Erman*[20] und im *Soergel*[21], die für viele Generationen von Juristen prägende Kraft entfalteten. An den Kommentierungen des *„Erman"* war er von Anfang an mit zahlreichen Abschnitten beteiligt; sie reichten vom Allgemeinen Teil über das Sachenrecht bis hinein sogar in das Familienrecht, wo er rund 200 Vorschriften aus dem Kindschafts-, Adoptions- und Vormundschaftsrecht erläuterte.[22] Legendär geworden ist insbesondere seine Kommentierung zum Recht des Eigentümer-/Besitzerverhältnisses im *Erman*: war es ihm in diesem bekannt dornenreichen Gestrüpp von Theorien und Meinungen doch in den nur 6 Seiten umfassenden Vorbemerkungen zu den §§ 987–993 BGB bestens gelungen,

[18] Vgl. nur *Hefermehl/Köhler/Bornkamm*, Wettbewerbsrecht (24. Aufl. 2006), UWG Einl. Tz. 2.14, 2.19 und *Köhler* (ebd.) § 4 Rn. 2.

[19] Vgl. die Nachw. in Fn. 17.

[20] Erman-*Hefermehl*, Kommentar zum Bürgerlichen Recht, seit der 2. Aufl. 1958 mit den Abschnitten der §§ 145 bis 163, 194 bis 240, 937 bis 1005, 1705 bis 1921 BGB (letztere bereits in der 1. Aufl. 1952).

[21] Soergel/Siebert-*Hefermehl*, Kommentar zum Bürgerlichen Recht, seit der 9. Aufl. 1959, mit den §§ 116 bis 144 BGB.

[22] Vgl. die Nachw. in Fn. 20.

die „Grundstrukturen" dieses Rechtsgebiets übersichtlich, klar und leicht nachvollziehbar herauszuarbeiten. Erlauben Sie mir, daraus die zentralen fünf Kernaussagen in den Rn. 4 bis 8 der Vorbemerkungen zu zitieren, um Ihnen dadurch zugleich einen kleinen Eindruck von der prägenden Kraft des *Hefermehl'schen* Kommentarstils zu geben.

> „§§ 987 ff. bestimmen die Haftung für Nutzungen und Schadensersatz danach, ob der Besitzer in Bezug auf seine Besitzberechtigung redlich oder unredlich ist. Hieraus folgt, dass die Vorschriften sich nur auf das Verhältnis des Eigentümers zu einem *unrechtmäßigen Besitzer* beziehen (Rn. 4).
>
> *Unrechtmäßig besitzt der Besitzer, dessen Besitz gegenüber dem Eigentümer nicht gerechtfertigt ist.* Hat der Besitzer kraft rechtlicher Sonderverbindung ein „Recht zum Besitz", das den Herausgabeanspruch aus § 985 ausschließt, so ist er ein rechtmäßiger Besitzer, der den Anspruch aus § 985 nicht verletzen kann (Rn. 5).
>
> *Der Wegfall der Besitzberechtigung* kann den rechtmäßigen nachträglich zum unrechtmäßigen Besitzer machen, so dass der Hauptanspruch auf Herausgabe gegen ihn gegeben ist. Umstritten ist dann aber die Anwendbarkeit der §§ 987 ff. (Rn. 6).
>
> *Auf den rechtmäßigen Besitzer* finden die vertraglichen oder gesetzlichen Vorschriften Anwendung die den Besitz gegenüber dem Eigentümer rechtfertigen. §§ 987 ff. gelten nicht, denn sie gehen davon aus, dass der Besitzer nach § 985 zur Herausgabe verpflichtet ist, also keine den Besitz rechtfertigende Sonderverbindung zwischen Eigentümer und Besitzer besteht (Rn. 7).
>
> Da die §§ 987 ff. nach Sinn und Zweck eine *Vindikationslage* voraussetzen, die nur im Verhältnis des Eigentümers zum unrechtmäßigen Besitzer vorliegt, ist es grundsätzlich bedenklich, diese Vorschriften auf den rechtmäßigen Besitzer analog anzuwenden und dadurch das Grundsystem wieder umzuwerfen (Rn. 8)."

Dass bei diesen „Paukenschlägen" viele im Lauf der Jahrzehnte von Schrifttum und Rechtsprechung angefügte Feinziselierungen zunächst auf der Strecke blieben, ist unverkennbar; sie wurden von *Hefermehl* in den Einzelkommentierungen nicht etwa außer Acht gelassen. Wichtig war ihm jedoch, dass trotz der zahlreichen Ausnahmen und Besonderheiten der Blick auf die Grundstrukturen und Funktionen des Rechts des Eigentümer-/Besitzerverhältnisses nicht verloren ging und dass für den Benutzer die jeweilige Rückkopplung der Ausnahmen zum Grundsystem erkennbar blieb.

Von klassischer Prägnanz sind auch, um ein weiteres Beispiel aus den Kommentierungen *Hefermehls* zum BGB aufzugreifen, seine Feststellungen im *Soergel* zum Wesen der Willenserklärung vor dem Hintergrund der jahrzehntelangen Auseinandersetzungen zwischen den Anhängern der Willenstheorie und der Erklärungstheorie und seine eigene Parteinahme für die verkehrsfreundliche sogenannte Geltungstheorie. Erlauben Sie mir, hierzu Rn. 16 aus den Vorbemerkungen zu § 116 BGB zu zitieren:

> „Die Willenserklärung als *Sozialakt* ist eine Handlung, die sich als Manifestation eines auf Erzielung eines Rechtserfolgs gerichteten Willens darstellt. Das Abstellen

auf das *äußere Verhalten* folgt nicht nur aus Gründen der Praktikabilität, sondern vor allem daraus, dass die Rechtsordnung im Gegensatz zur Psychologie das Verhalten einer Person nur in seiner Beziehung zur Außenwelt erfassen kann. Der rechtliche Ansatzpunkt ist ... der nach *außen in Geltung gesetzte Rechtsfolgewillen*, dessen Feststellung allgemeinen Auslegungsgrundsätzen (§§ 133, 157) unterliegt. ... Beim Tatbestand einer Willenserklärung handelt es sich um einen durch Auslegung zu ermittelnden *normativen Rechtsbegriff*. Wesentlich für sein Vorliegen ist ein *Handlungswille*, der sich auf das Verhalten als solches bezieht, nicht aber das Bewußtsein des Handelnden, aus seinem Verhalten könne auf den Vollzug eines Rechtsfolgewillens geschlossen werden. Reflexbewegungen sind keine Handlungen und können daher auch keine Willenserklärungen sein."

Mit dem *Hefermehl'schen* Rüstzeug des „nach außen in Geltung gesetzten Rechtsfolgewillens" war dem Leser die Richtung gewiesen, in der die zahlreichen Streitfragen auf diesem Gebiet von der bekannten Trierer Weinversteigerung bis zur Beurteilung des sozialtypischen Verhaltens einer überzeugenden Lösung zugeführt werden konnten.

c) Handels-, Gesellschafts- und Wertpapierrecht

Blicken wir als zweites auf *Hefermehls* Arbeiten zum Handels-, Gesellschafts- und Wertpapierrecht, so sind für den Kundigen die Assoziationen zum *Schlegelberger/Hefermehl* (heute: Münchener Kommentar zum HGB) mit dem Schwerpunkt bei den Handelsgeschäften, zum Aktiengesetzkommentar von *Gessler/Hefermehl* (heute: Münchener Kommentar zum Aktiengesetz) mit der Kommentierung des Vorstandsrechts als Kernmaterie sowie zum *Baumbach/Hefermehl* als berühmtem Klassiker des Wertpapierrechts[23] offensichtlich. Die z.T. in seine Ministerialzeit zurückgreifenden Kommentierungen hat *Hefermehl* bis in die letzten Jahrzehnte des 20. Jahrhunderts, beim Wertpapierrecht sogar darüber hinaus, fortgeführt. Auch sie zeichnen sich durchweg durch Klarheit und Prägnanz der Darstellung, systematischen Blick und Bemühen um praxistaugliche Lösungen aus und waren dadurch lange Jahrzehnte richtungsweisend. Aus heutiger Sicht ist zwar unverkennbar, dass zu einer Reihe von heute im Mittelpunkt der Diskussion stehenden Zentralfragen des *Aktienrechts*, darunter der notwendige Ermessensspielraum des Vorstands bei unternehmerischen Entscheidungen, also die sog. *business judgment rule*,[24] aber auch die Angemessenheit von Vorstandsgehältern vor dem Hintergrund etwa des Mannesmann-Prozesses[25] sowie schließlich die grundsätzliche Verpflichtung des Aufsichtsrats, Schadensersatzansprüche gegen Vorstandsmitglieder geltend zu machen,[26] bei *Hefermehl*

[23] *Baumbach/Hefermehl*, Wechselgesetz und Scheckgesetz (zuletzt 22. Aufl. 2000).
[24] Vgl. jetzt § 93 Abs. 1 S. 2 n.F. AktG.
[25] BGH, NJW 2006, 522.
[26] BGHZ 135, 244 – *ARAG/Garmenbeck*.

Aussagen nicht oder nur in Andeutungen zu finden sind. Indessen war *Hefermehl* kein Visionär, und die uns heute bewegenden Fragen spielten seinerzeit noch durchweg keine Rolle.

Die *handelsrechtlichen* Diskussionen nachhaltig prägend waren und sind vor allem die Erkenntnisse *Hefermehls* zum Wesen und zu den Rechtsgrundlagen des *Kontokorrents*. Er hat sie in einem richtungsweisenden Beitrag zur Festschrift für *Heinrich Lehmann* im Jahr 1956[27] sowie in der Kommentierung der §§ 355–357 HGB im *Schlegelberger/Hefermehl*[28] entfaltet. Bekanntlich gehörten die Fragen nach dem Wesen und der rechtlichen Beurteilung des Kontokorrents zu den zentralen handelsrechtlichen Materien der ersten Hälfte des 20. Jahrhunderts. *Hefermehl* räumte damit kurz und sarkastisch mit den folgenden Sätzen auf:[29]

> „Über das *Wesen* des Kontokorrents sind zahlreiche Theorien aufgestellt worden. Kennzeichnend für sie ist, dass die eine oder andere Wirkung des Kontokorrents besonders herausgestellt und auf dieser Grundlage ein künstliches Wesensgebilde des Kontokorrents entwickelt wird. Eine Auseinandersetzung mit diesen Theorien ist fruchtlos. Die Wirkungen des Kontokorrents beruhen auf dem *Willen* der Parteien, die ihren Geschäftsverkehr durch eine Verrechnung der beiderseitigen Ansprüche und Leistungen zu *vereinfachen* suchen. Gegenüber diesem von den Parteien verfolgten Vereinfachungszweck ist es grotesk, die *rechtliche* Beurteilung einer Kontokorrentbeziehung zum Mysterium zu machen."

Diesem „Mysterium" stellte *Hefermehl* seine am typischen Parteiwillen ausgerichtete Lehre von den zwei Elementen des Kontokorrentvertrags entgegen,[30] nämlich

1. die Kontokorrentabrede, wonach die beiderseitigen Ansprüche und Leistungen der Kontokorrentparteien zunächst nur *in Rechnung zu stellen* und in regelmäßigen Zeitabschnitten unter Feststellung des für die eine oder andere Partei sich ergebenden Saldos zu *verrechnen* sind, und
2. die „Geschäftsverbindung" als Grundlage oder Rahmen der Kontokorrentabrede, aus der die in das Kontokorrent einzustellenden beiderseitigen Ansprüche und Leistungen resultieren, wobei er als typische Beispiele den Bank- oder Girovertrag zwischen Kreditinstitut und Kunde sowie den Rahmenvertrag über laufende Einzelkaufverträge zwischen Hersteller und Händler erwähnte.

Mit diesem Grundgerüst war die Lösung für die Frage gegeben, welche rechtliche Bedeutung die Verrechnung und die Saldofeststellung am Ende der jeweiligen Rechnungsperiode haben. So hat die *Verrechnung* als solche nur

[27] *Hefermehl*, FS Lehmann (1956), S. 547 ff.
[28] Schlegelberger/*Hefermehl*, HGB (5. Aufl. 1976), § 355 Rn. 8 ff., Rn. 18 ff., 41 ff.
[29] Schlegelberger/*Hefermehl* (Fn. 28), § 355 Rn. 6.
[30] Schlegelberger/*Hefermehl* (Fn. 28), § 355 Rn. 10 bis 13.

die Funktion, den Überschuss der Forderungen des einen gegenüber denjenigen des anderen Teils zu ermitteln, während ein Recht, diesen Saldo als selbständige Forderung geltend zu machen, mit dem Rechnungsabschluss nicht verbunden ist. Dieses Recht hängt vielmehr vom Inhalt des *Geschäftsvertrages* ab, da dieser die Vereinbarungen der Parteien darüber enthält, ob der Saldo am Ende der Rechnungsperiode vom Schuldner auszugleichen ist oder ob er als erster Posten in die neue Rechnung eingestellt werden soll, wenn die Parteien nicht besondere Abreden darüber getroffen haben, dass bei „Kontoüberziehung" die überziehende Partei schon im Lauf der Rechnungsperiode zum Ausgleich verpflichtet ist.[31] Was zum anderen die einvernehmliche *Feststellung* des Saldos angeht, so bildet sie einen über die Rechenoperation der Saldoziehung oder Feststellung hinausgehenden, rechtlich als Schuldanerkenntnis zu qualifizierenden Rechtsakt der Kontokorrentparteien. Er begründet einen abstrakten Zahlungsanspruch der einen gegen die andere Partei auf den Saldo, wobei sich dessen Fälligkeit, wie schon erwähnt, nach dem Inhalt des Geschäftsvertrags richtet.[32]

Bahnbrechend wurden die Untersuchungen *Hefermehls* zum Kontokorrent vor allem für die Überwindung der bis dahin nicht nur in der Rechtsprechung, sondern auch in der Literatur vorherrschenden sog. Novationstheorie.[33] Sie ging bekanntlich dahin, dass die Feststellung bzw. Anerkennung des Saldos zur Novation, d.h. zur Ersetzung der Einzelforderungen durch die Saldoforderung führt. Mit Recht hat *Hefermehl*[34] die Unvereinbarkeit dieser Theorie mit dem typischen Parteiwillen der am Kontokorrentvertrag Beteiligten und ihre unhaltbaren Folgerungen aufgezeigt, nämlich:

a) den Verlust der mit den Einzelforderungen verbundenen, an deren Fortexistenz gebundenen und durch die Novation untergehenden Sicherheiten, soweit dem nicht die Vorschrift des § 356 HGB entgegensteht;
b) die Unmöglichkeit, bei einem nach Saldofeststellung entstehenden Streit über die Einzelforderungen auf diese zurückzugreifen und die dagegen bestehenden Einreden geltend zu machen, und
c) die Unvereinbarkeit der Novationstheorie mit dem Grundgedanken des § 364 Abs. 2 BGB, wonach die Übernahme einer neuen Verbindlichkeit durch den Schuldner im Zweifel nicht an Erfüllungs statt, sondern erfüllungshalber erfolgt.

Der von der früher h.M. befürchteten Geltendmachung der Einzelforderungen bei Verzicht auf die Rechtsfigur der Novation hielt *Hefermehl* zu Recht entgegen, dass dem der „Verrechnungs-Nexus" der Kontokorrentab-

[31] *Hefermehl*, FS Lehmann (1956), S. 547, 557.
[32] *Hefermehl*, FS Lehmann (1956), S. 547, 549, 554.
[33] Vgl. die Nachw. bei *Hefermehl*, FS Lehmann (1956), S. 547, 549.
[34] *Hefermehl*, FS Lehmann (1956), S. 547, 550 ff.

rede entgegenstehe.[35] Die Einzelforderungen bleiben m.a.W. in das Kontokorrent eingebunden und unterliegen dessen Schranken; die Parteien können sich jedoch für ihre Angriffs- oder Verteidigungsmittel gegen den Saldoausgleich auf diese Forderungen beziehen.

Offen geblieben war bei *Hefermehl* zunächst allerdings die Frage, welche Wirkungen die Verrechnung im Rahmen der Kontokorrentabrede für den Bestand der Einzelforderungen hat. Insoweit hat er sich später der von *Canaris*[36] begründeten Kritik an der „verhältnismäßigen Gesamtaufrechnung" angeschlossen, da diese zu einem „mosaikartigen Bündel von Forderungen unterschiedlicher Rechtsgrundlagen" führen müsse, und hat ihr die analog anzuwendende Vorschrift des § 366 Abs. 2 BGB über die interessengemäße Tilgungsreihenfolge entgegengestellt.[37]

Aus dem Kommentar zum *Wechselgesetz und Scheckgesetz*, dem *Hefermehl* seine für viele Juristengenerationen berühmt gewordenen, lehrbuchartig gestalteten „Grundzüge des Wertpapierrechts" vorangestellt hatte, erlauben Sie mir die folgende Zusammenfassung[38] zu zitieren, die seine Darstellung der stark divergierenden Wertpapierrechtstheorien[39] abschloss:

> „Zur Begründung einer *wertpapiermäßigen Verpflichtung* des Schuldners genügt beim Ersterwerb einer Forderung nicht der *Ausstellungsakt*. Hinzukommen muss ein wirksamer *Begebungsvertrag*. Auch wenn ein solcher Vertrag fehlt, kann jedoch eine Wertpapierverpflichtung gegenüber dem *gutgläubigen Erwerber* eines Inhaber- oder Orderpapiers, der das Eigentum an der im Umlauf befindlichen Urkunde erlangt hat, aufgrund des durch die Unterzeichnung in zurechenbarer Weise veranlassten *Rechtsscheins* entstehen (BGH-Zitate). … Es sind demnach *zwei* Entstehungsgründe zu unterscheiden: Der *Begebungsvertrag* und der *gutgläubige Erwerb* aufgrund zurechenbar veranlassten Rechtsscheins. Der Unterzeichner haftet auch bei Fehlen eines wirksamen Begebungsvertrags aufgrund des Rechtsscheins, den er in zurechenbarer Weise im Verkehr hervorgerufen hat."

Auch dieses Zitat belegt, wie mir scheint, eindrücklich die Souveränität *Hefermehls* im Umgang mit einem vieldiskutierten Theorienstreit, und die Benutzer seines Kommentars dankten es ihm.

d) Recht des unlauteren Wettbewerbs

Lassen Sie mich den Überblick beenden mit dem Spezialgebiet *Hefermehls* aus den letzten Jahrzehnten, nämlich dem Recht des unlauteren Wettbewerbs. Wie schon erwähnt, hat *Hefermehl* hier seit Anfang der 50er Jahre in mehr als 15 Auflagen die Hohe Schule seiner Kommentarkunst zur Geltung

[35] *Hefermehl*, FS Lehmann (1956), S. 547, 555 f.

[36] *Canaris*, Großkommentar HGB (3. Aufl. 1970), § 355 Rn. 68.

[37] Schlegelberger/*Hefermehl* (Fn. 28), § 355 Rn. 56.

[38] Baumbach/*Hefermehl* (Fn. 23), Grundzüge Rn. 30.

[39] Baumbach/*Hefermehl* (Fn. 23), Grundzüge Rn. 25 bis 29.

gebracht, indem er einerseits die Generalklausel des § 1 UWG durch Entwicklung und Verfeinerung seiner „Fallgruppen" transparent, praktikabel und berechenbar gemacht, andererseits der Rechtsanwendung und -fortbildung seitens der Gerichte unter Betonung der Schutzzwecke des Wettbewerbsrechts die Richtung gewiesen hat.[40]

Die große Vielzahl einzelner Fallgruppen hat *Hefermehl* dabei in die folgenden fünf Kapitel aufgeteilt:

1. Den *Kundenfang*, d.h. die Belästigung oder unlautere Verlockung der Kunden zum Vertragsabschluss unter Ausnutzung ihrer Unerfahrenheit oder Gefühle;
2. die *Behinderung* der Mitbewerber durch unlautere, den Absatz oder Bezug ihrer Waren oder Leistungen erschwerende Maßnahmen, durch Boykott und Diskriminierung, durch Anschwärzung oder unlauter vergleichende Werbung;
3. die *Ausbeutung* der Marktstellung von Mitbewerbern durch Nachahmung, Übernahme fremder Leistung, Ausbeutung fremden Rufs oder Ausspannen von Beschäftigten oder Kunden;
4. den unlauteren Vorsprung durch *Rechtsbruch*, sei es durch Verletzung vertraglicher Bindungen einschließlich des Verleitens Dritter zum Vertragsbruch, sei es durch Verstoß gegen wettbewerbsrelevante gesetzliche Vorschriften, d.h. den Verstoß gegen das Grundprinzip der *„par conditio concurrentium"*. Schließlich
5. die *Marktstörung*, d.h. die Gefährdung der Funktionsfähigkeit des Wettbewerbs durch unlautere Preiskämpfe oder das massenhafte Verschenken von Originalwaren.

Dass viele dieser Fallgruppen als gesetzliche Regelbeispiele zur großen Generalklausel des jetzigen § 3 UWG Eingang in die UWG-Reform 2004 gefunden und *Hefermehl* damit ein gesetzgeberisches Denkmal gesetzt haben, wurde schon erwähnt. Freilich handelt es sich um ein Denkmal, das angesichts der bevorstehenden Rechtsangleichung auf europäischer Ebene[41] Gefahr läuft, dieser Rechtsangleichung zum Opfer zu fallen. Entsprechendes gilt für die ebenfalls schon erwähnte Schutzzweckregelung im neuen

[40] Vgl. nur die Hinweise von *von Ungern-Sternberg*, Wettbewerbsbezogene Anwendung des § 1 UWG und normzweckgerechte Auslegung der Sittenwidrigkeit, in: Ahrens u.a. (Hrsg.), Festschrift für Erdmann (2002), S. 741, 745 f. auf *Hefermehls* Betonung der Funktionsbezogenheit des Rechtsbegriffs der guten Sitten (Wettbewerbsrecht, Einl. UWG Rn. 69) und deren Niederschlag in der neueren BGH-Rechtsprechung.

[41] Aufgrund der Richtlinie 2005/29/EG des Europäischen Parlaments und des Rates vom 11.5.2005 über unlautere Geschäftspraktiken im binnenmarktinternen Geschäftsverkehr zwischen Unternehmen und Verbrauchern, ABl. Nr. L 149/22. Zu ihrer bevorstehenden Umsetzung in deutsches Recht vgl. nur *Köhler*, Zur Umsetzung der Richtlinie über unlautere Geschäftspraktiken, GRUR 2005, 793–888. und *Sosnitza*, Die Richtlinie über unlautere Geschäftspraktiken – Voll- oder Teilharmonisierung?, WRP 2006, 1–7.

§ 1 UWG 2004. Es ist damit zu rechnen, dass sie künftig durch die für das europäische Recht typische vorrangige Akzentsetzung beim Verbraucherschutz relativiert wird.

Jedenfalls ist für die zweite Hälfte des 20. Jahrhunderts, im Ansatz auch noch heute festzuhalten, dass der *„Baumbach/Hefermehl"* sich über Jahrzehnte hinweg zur *Magna Charta* oder „Bibel" des Wettbewerbsrechts entwickelt und eine vorzügliche Grundlage für den diese Jahrzehnte prägenden Dialog zwischen *Hefermehl* und dem für das Wettbewerbsrecht federführenden I. Zivilsenat des BGH geboten hat. Entsprechendes könnte man bis zur Markenrechtsreform des Jahres 1994 für den *Hefermehl'schen* Kommentar zum Warenzeichengesetz als zweiten Teil seines „Wettbewerbsrechts" aufzeigen, ein Werk, das bekanntlich seither von seinem Schüler *Karlheinz Fezer* (Konstanz) in seinem Sinn fortgeführt wird.[42]

3. *Hefermehl als Hochschullehrer*

Der Überblick über die wissenschaftlichen Leistungen *Hefermehls* als Kommentator hat zugleich den Boden bereitet für die Darstellung seiner viele Generationen von Juristen prägenden Lehrerfolge. Denn seine Stärke, Grundstrukturen und Funktionen der jeweiligen Rechtsinstitute herauszuarbeiten, die von ihm sog. „Korsettstangen-Methode", und der stets spürbare Praxisbezug der *Hefermehl'schen* Lehrveranstaltungen entfalteten für die Hörer seiner Vorlesungen, Übungen und Seminare eine jedenfalls in den 50er Jahren unvergleichliche, aber auch Jahrzehnte später noch faszinierende Attraktivität und führten dazu, dass viele Hörer ihm auch im späteren Berufsleben jahrzehntelang die Treue hielten.

Hefermehls langjähriger, ihn von Mannheim über Münster nach Heidelberg begleitender Assistent und erster Habilitand, der spätere Präsident der Stiftung Preußischer Kulturbesitz *Werner Knopp*, hat diese Lehrerfolge bei der Feier zum 90. Geburtstag von *Wolfgang Hefermehl* auf die drei Kernelemente

1. der Beherrschung des Stoffes,
2. der Vermittlungsfähigkeit, d.h. der spezifischen Begabung zur Lehre, sowie
3. der Motivierungskraft

zurückgeführt.[43]

An der *Beherrschung des Stoffes* konnte, wie mein Bericht deutlich gemacht haben dürfte, kein Zweifel sein; insoweit kamen *Hefermehl* vor allem auch seine an *Martin Wolff* geschulte, klassische Methodenstrenge unter

[42] *Fezer*, Markenrecht (3. Aufl. 2001).

[43] *Knopp*, Festgabe Hefermehl (1997), S. 37, 39 ff.

ständiger Beachtung und Betonung der systematischen Zusammenhänge und seine Offenheit für Entwicklungen zugute, wie sie sich insbesondere an der Entfaltung der Generalklausel des § 1 UWG zeigte. Die *Fähigkeit zur Vermittlung*, also die Lehrbegabung *Hefermehls*, dokumentierte sich in der Klarheit und Verständlichkeit seiner Lehrsprache und in einem vorzüglichen Gefühl dafür, womit man das Interesse der Hörer wecken und erhalten sowie sie zum Mitdenken anspornen könne. Was schließlich die von *Hefermehl* ausgehende *Motivierungskraft* angeht, so waren für sie nicht zuletzt die starke menschliche Ausstrahlung *Hefermehls* und sein Interesse am weiteren Werdegang und am Schicksal seiner Schüler wesentlich. Diese dankten es ihm durch jahrzehntelange Anhänglichkeit. So verging kein runder Geburtstag *Hefermehls* in den Zeiten nach seiner Emeritierung, ohne dass frühere Schüler in großer Zahl nach Heidelberg kamen; legendär waren insbesondere die Omnibusse aus Münster mit z.T. noch auf die Repetitorzeit von *Hefermehl* zurückgehenden ehemaligen Hörern. Und als die Heidelberger Universität im Jahr 1996 die Feier zu seinem 90. Geburtstag mit einem Festakt in der Alten Aula ausrichtete, war nicht nur dieser Saal mit über 600 Gästen, darunter großen Teils Schülern, bis auf den letzten Platz besetzt, sondern es blieb den Teilnehmern auch unvergesslich in Erinnerung, wie sich alle Anwesenden spontan von ihren Plätzen erhoben und applaudierten, als *Wolfgang Hefermehl*, schon etwas altersgebeugt, die Aula betrat.

Erlauben Sie mir, hier zwei persönliche Erinnerungen einzuflechten. Die eine geht zurück auf die Lehrtätigkeit *Hefermehls* Mitte der 50er Jahre in Heidelberg. Man hatte dem damals noch wenig bekannten Lehrstuhlvertreter die feierliche und düstere, über keine Tafel und keine Hörsaalausstattung verfügende Alte Aula als denkbar ungeeigneten Hörsaal zugewiesen, in der er seine Vorlesung zum Wertpapierrecht abhalten sollte. Wir kamen zunächst zögerlich und skeptisch, waren aber alsbald von seinem Lehrstil beeindruckt. Denn er machte aus der Not eine Tugend und stand nicht etwa vorne auf der weit von den Hörern entfernten Lehrkanzel, sondern ging dozierend im Mittelgang der Aula auf und ab, wobei er durch kleine Kreidestückchen, die er in nicht geringer Zahl in der Tasche mitgebracht hatte und als Wurfgeschosse benutzte, dafür sorgte, dass auch solche Hörer, die vorübergehend abgeschaltet hatten, schnell wieder den Anschluss fanden und – wenn auch z.T. mit rotem Kopf – dem Geschehen folgten. Wir waren so fasziniert, dass nicht wenige von uns auch ihre Freundin mitbrachten, um ihr ein neues, uns überzeugendes Bild des Hochschullehrers vorzuführen.

Die zweite, schon akademischer geprägte Erinnerung bezieht sich auf die zweite Hälfte der 60er Jahre. Ich hatte mich damals nach fünf Jahren der Praxis entschlossen, es doch mit der zunächst vermiedenen Hochschullaufbahn zu versuchen, und *Hefermehl* hatte sich nach einem hierüber mit ihm geführten Gespräch auch bereit erklärt, meinen Antrag auf ein Habilitationsstipendium der DFG zu unterstützen. Selbstverständlich ging diese „Betreuung“

nicht ganz ohne Mitarbeit am Lehrstuhl *Hefermehl* ab, und dafür bot sich eine besondere Veranstaltung an, nämlich sein über viele Jahre fortgeführtes Seminar zu Grundfragen und aktuellen Entwicklungen des Wettbewerbs- und Warenzeichenrechts. Dessen Besonderheit bestand neben *Hefermehls* Könnerschaft auch darin, dass er als ständiger Mitstreiter in den Seminarsitzungen den Senatsvorsitzenden des Wettbewerbssenats des BGH, *Günther Wilde*, sowie den auf diesen und vielen anderen Gebieten unschlagbaren BGH-Anwalt *Philipp Möhring* hatte gewinnen können. Zwar wurden die Seminarsitzungen, wie üblich, durch je 1–2 studentische Referate zu den anstehenden Themen eingeleitet. Und die Referenten hatten auch jeweils kurz Gelegenheit, ihre Thesen zu verteidigen. Der eigentliche Genuss für die Beteiligten bestand dann aber darin, dass die drei Seminarleiter unter sich und mit den anwesenden Assistenten und Doktoranden die Diskussionen fortsetzten und die Veranstaltungen zu besonderen Erlebnissen machten. Zu ihnen gehörte auch eine Einladung, die *Philipp Möhring* am Ende des Sommersemesters 1968 in sein Landhaus am Fuschlsee aussprach und die von den Seminarteilnehmern gerne angenommen wurde. Von studentischem Protest, wie er bald danach, im Herbst 1968, in Heidelberg zu großen Unruhen und Vorlesungsstörungen führte, konnte bei diesem Ausflug keine Rede sein. Und nur am Rande sei erwähnt, dass es *Hefermehl* sogar in jenen unruhigen Zeiten durchweg gelang, sich als Streikbrecher zu betätigen und seine Vorlesungen ungestört durchzuführen. Dazu verhalf ihm neben seiner Durchsetzungskraft regelmäßig auch eine Tasche voller Bonbons, die er unter den zur Sitzblockade auf den Treppen der Neuen Universität angetretenen Studenten verteilte, worauf diese ihm bereitwillig eine Gasse auf dem Weg zum Hörsaal öffneten.

III. Die Persönlichkeit

In diesen Erinnerungen ist schon manches von der ungewöhnlichen Persönlichkeit *Wolfgang Hefermehls* angeklungen. Zu den sie prägenden Elementen gehörte auch seine bekannte Abstinenz gegenüber wissenschaftlichen Tagungen, für die ihm die Zeit zu schade war, sowie seine unverkennbare Zurückhaltung in Bezug auf Fakultätsämter und -sitzungen. So erfand er für sich etwa das Amt des „Feriendekans", der jeweils im August in Heidelberg das Zepter übernahm, solange alles in Ferien war und nur er die Stellung hielt, und er machte den Fakultätskollegen damit deutlich, dass er für das reguläre Dekansamt nicht zur Verfügung stand. Sein ihm über 35 Jahre eng verbundener Fachkollege *Othmar Jauernig* prägte diese Besonderheiten in das geflügelte Wort: „Bei Wolfgang Hefermehl ist zwar nicht alles, aber sehr vieles anders als bei Anderen"[44], und die Fakultät war es zufrieden.

[44] *Jauernig*, Festgabe Hefermehl (1997), S. 19.

Es wäre allerdings unzutreffend, wollte man aus dieser Zurückhaltung darauf schließen, dass *Hefermehl* für Anderes als die Arbeit am Schreibtisch, im Hörsaal und im Kontakt mit der Praxis keine Zeit und kein Interesse aufwandte. Ich erwähne etwa den silbergrauen Porsche als Markenzeichen *Wolfgang Hefermehls*, mit dem er seit Mitte der 60er Jahre unter unüberhörbar aufheulendem Motor durch Heidelberg preschte, nachdem es ihm in angeblich mehr als 60 Fahrstunden schließlich gelungen war, den Führerschein zu erlangen. Bekannt war sein – auch durch den Zweitwohnsitz Salzburg dokumentiertes – Interesse an Opern und Konzerten, aber auch an Büchern und Filmen, und er wäre auch im 100. Lebensjahr vor dem Fernseher gesessen und hätte die Berichte über die Fußballspiele verfolgt, wäre es ihm noch vergönnt gewesen, die Fußball-WM im Jahr 2006 zu erleben.

Lassen Sie mich die unverkennbare Lebenszugewandheit *Hefermehls* und sein nur scheinbar hinter kurz angebundenen Unterhaltungen oder Telefongesprächen verborgenes Anteilnehmen am Geschick nicht nur der ihm Nahestehenden, sondern auch weiterer Kreise von Zeitgenossen, Schülern und sonstigen Freunden abschließend an zwei Beispielen beleuchten.

So übernahm er, nicht nur für Außenstehende überraschend, schon kurz nach seiner Übersiedelung nach Heidelberg Anfang der 60er Jahre die Geschäftsführung der Universitäts-Gesellschaft Heidelberg, einer aus den Honoratioren der Gegend bestehenden und die finanzielle Förderung der Universität mit geselligem Leben verbindenden Vereinigung, und führte sie bis 1984, also kurz vor seinem 80. Geburtstag, zu einmaliger Blüte. Traditionell veranstaltete die Universitäts-Gesellschaft zwei herausragende Ereignisse pro Jahr, den Sommerausflug mit Omnibus zu einem interessanten Ziel, verbunden mit gutem Essen, in der weiteren Umgebung Heidelbergs, sowie die Jahresfeier im Spätherbst mit Gänsebraten im Europäischen Hof. Unter *Hefermehl* nahmen die Aktivitäten der Gesellschaft alsbald einen bemerkenswerten Aufschwung und behielten ihn über die ganzen Jahre seiner Regentschaft bei. Aus dem *einen* Omnibus für den Sommerausflug wurden im Lauf der Jahre zunächst *zwei* und schließlich *drei*, was den Sponsor BASF fast schon vor Probleme stellte, und der Tagesausflug entwickelte sich auf nachdrücklichen Wunsch nicht weniger Teilnehmer für diese zur Zweitagesfahrt mit Übernachtung. Im Mittelpunkt des Ganzen stand, vielfach bewundert, verehrt, wenn nicht sogar geliebt, *Wolfgang Hefermehl* in einer für ihn sonst ganz ungewohnten Rolle als Gesellschaftslöwe, und es galt in der Heidelberger und Mannheimer Gesellschaft als Ritterschlag, von ihm in die Gesellschaft aufgenommen zu werden. Sein Ausscheiden im Jahr 1984 bedeutete eine unverkennbare Zäsur, und seitdem reichte wieder ein Omnibus aus, um die Teilnehmer des Sommerausfluges angemessen zu befördern.

Eine weitere, für seine Umwelt auf den ersten Blick überraschende Facette seiner Persönlichkeit bestand in seiner Rolle als väterlicher Freund vieler Schülergenerationen. Sie wirkte auf alle, die in seiner Umgebung solche Erfahrungen sammeln durften, schon deshalb ganz unerwartet und überraschend, weil man *Hefermehl* typischerweise als dominierend, kurz angebunden, auf Distanz Wert legend, kurz als eine echte „Respektsperson" kennenlernte. Aber es war nicht nur sein unvergleichliches Gedächtnis und seine Anteilnahme am Schicksal derer, die ihm als Schüler oder Kollegen begegnet waren, sondern offenbar auch ein wirkliches Bedürfnis für ihn, den Lebensweg derer, die er etwas näher kennengelernt hatte, mit Anteilnahme, Aufmunterung und Hilfe zu verfolgen. Die Zahl derer, die solche Erfahrungen mit ihm machten, ist ungewöhnlich groß, und es konnte ihnen passieren, dass plötzlich das Telefon klingelte und sich am anderen Ende eine ihnen wohl bekannte Stimme mit dem für *Hefermehl* charakteristischen „Ich bins" meldete und scheinbar kurz angebunden fragte, wie die Dinge stünden und ob alles seine gute Ordnung habe. Mit solchen Anrufen war insbesondere dann zu rechnen, wenn einer der Schüler es zu einer Schlagzeile in der Zeitung gebracht hatte, weil er etwa in ein höheres Amt berufen worden war oder einen Orden erhalten hatte. Aber auch runde Geburtstage, Krankheiten oder Schicksalsschläge blieben selten ohne Reaktion des Großmeisters *Wolfgang Hefermehl.*

Aus eigener Erfahrung könnte ich auf diesem Gebiet manches berichten, beschränke mich aber wegen der fortgeschrittenen Zeit auf eine einzige Begebenheit. Als ich im Jahr 1991 das Rektorat der Universität Heidelberg übernahm, fand *Hefermehl* das zwar ganz unpassend und erinnerte mich daran, dass man seine Zeit und Erfahrung für viel bessere Zwecke einsetzen könne. In der Folgezeit zeigte er sich dann aber doch immer gut informiert über das Heidelberger Universitätsgeschehen und unterließ es selten, in unseren regelmäßigen Treffen bei einem Nachmittagskaffee im Heidelberger Eurotreff die eine oder andere kritische oder auch zustimmende Anmerkung zu machen. Überrascht war ich dann aber doch, als er nach Ende des Rektorats im Jahr 1997 mit einem großen Album zu mir kam, in das er während der ganzen sechs Jahre alle Zeitungsartikel, Bilder und Berichte über meine Aktivitäten als Rektor liebevoll gesammelt und eingeklebt hatte. Auf der ersten Seite fand sich kurz und lakonisch, wenn auch weit über das Ziel hinausschießend, der folgende Vers:

„Sein Wirken war epochal und ohne Fehl.
Das weiß jeder, so auch Sammler Hefermehl".

Wäre *Wolfgang Hefermehl* noch unter uns, würde ihm von seinen vielen Freunden und Schülern zum 100. Geburtstag im Herbst 2006 mit Sicherheit ein großes Fest bereitet. Aber auch in der Erinnerung behält der 18. September für alle, die *Hefermehl* nahestanden, seinen besonderen Glanz.

IV. Wichtigste Werke

Erman, Bürgerliches Gesetzbuch, Handkommentar (zuletzt 10. Aufl. 2000), §§ 145 bis 153, 194 bis 240, 937 bis 1005

Soergel, Kommentar zum Bürgerlichen Gesetzbuch (zuletzt 13. Aufl. 1999), §§ 104 bis 144

Schlegelberger, Handelsgesetzbuch (5. Aufl. 1976 bis 1982), §§ 343 bis 406 (zuletzt MünchKomm.HGB, 2001, §§ 355 bis 357, 363 bis 365)

Gessler/Hefermehl/Eckardt/Kropff, Kommentar zum Aktiengesetz (1973 ff.), §§ 53a bis 75, 76 bis 94, 179 bis 240

Baumbach/Hefermehl, Wettbewerbsrecht (zuletzt 22. Aufl. 2002)

Baumbach/Hefermehl, Warenzeichengesetz (zuletzt 12. Aufl. 1985)

Baumbach/Hefermehl, Wechsel- und Scheckgesetz (zuletzt 22. Aufl. 2000)

Walter Schmidt-Rimpler (1885–1975)*

FRITZ RITTNER

Obwohl *Walter Schmidt-Rimplers* Leben nahezu das ganze 20. Jahrhundert umfasst hat, war er doch ein Kind des vorangegangenen Jahrhunderts, und trotzdem wirken seine Arbeiten noch heute und weisen uns, wie sich zeigen wird, aussichtsreiche Wege in die Zukunft.[1] Freilich ist sein Name nicht in aller Munde. Er gehörte nämlich stets zu den „Stillen im Lande“ (*Gustav Freytag*), die auf die Kraft ihrer Worte und Gedanken vertrauen und nicht auf deren Lautstärke. Eine Illuminationsmethode, wie *Philipp Möhring* (1900–1979)[2] sie mir in meinen Jugendjahren einmal als Weg zu einer wenigs-

* Vortrag am 11. Mai 2007 – Humboldt Universität zu Berlin.

[1] Zu ihm vgl. vor allem *Gerhardt*, in: Ballerstedt/Gerhardt (Hrsg.), Memoriam Schmidt-Rimpler (1976), S. 7–18; *Ballerstedt*, Über Walter Schmidt-Rimplers wissenschaftliche Persönlichkeit in: Ballerstedt/Gerhardt (Hrsg.), Memoriam Schmidt-Rimpler (1976), S. 19–48.

[2] Zu ihm vgl. *Nicolini*, Philipp Möhring, in: C. H. Beck'sche Verlagsbuchhandlung (Hrsg.), Juristen im Portrait, Verlag und Autoren in 4 Jahrzehnten, Festschrift zum 225-jährigen Jubiläum des Verlages C. H. Beck (1988), S. 584–591.

tens fachbezogenen Popularität empfohlen hatte – den eigenen Namen möglichst überall als Verfasser, Mitverfasser, Herausgeber, Mitherausgeber usw. aufscheinen zu lassen –, war ihm stets fremd.

Das Bild, das ich Ihnen heute zu geben versuche, leidet indes von vornherein daran, dass sich meine unmittelbar erworbene Kenntnis auf den älter gewordenen *Schmidt-Rimpler* beschränkt; ich durfte ihn erst 1959 in dem ersten meiner Bonner Semester persönlich kennen lernen, als er sein 60. Jahr schon überschritten hatte. Deswegen wird auch wohl weniger von der Persönlichkeit meines Lehrers die Rede sein, als von seinen Werken und seinem Wirken. Jedenfalls kam er uns damals derart weltklug und weise vor, dass wir meinten, er sei schon in seinen frühen Jahren so geworden.

I. Leben und Wirken

1. Herkunft und Jugendzeit

Walter Schmidt-Rimpler wurde am 25. November 1885 in Marburg als Sohn des – noch heute vielen Augenärzten namentlich bekannten – Ophthalmologen *Hermann Schmidt-Rimpler* (1838–1915), damals Direktor der dortigen Universität-Augenklinik, geboren.[3] Da der Vater schon 1890 nach Göttingen ging, besuchte er zunächst die Schulen dieser Stadt und wechselte 1901 an das Gymnasium in Halle, wiederum dem Vater folgend.

Hermann Schmidt-Rimpler – so sein Name nach der Heirat mit *Hedwig Rimpler* im Jahre 1873 – entstammte einer kulturell und politisch sehr aufgeschlossenen Berliner Kaufmannsfamilie und war anscheinend gern Soldat. So wollte er anfangs Offizier, später Militärarzt werden und trat deswegen nach dem Abitur in die Kaiser-Wilhelms-Akademie in Berlin, die 1795 gegründete *Pépinière*, ein. Erst nachdem er – als Militärarzt bei den Gardekürassieren – an den Kriegen von 1864 und 1866 teilgenommen hatte, kam er als Stabsarzt an die Charité in Berlin, freilich zunächst in die chirurgische und innere Abteilung und erst später in die Augenabteilung, ohne jedoch daran zu denken, dass er jemals „Professor der Augenheilkunde werden könnte“[4]. Nach dem plötzlichen Tod des hochberühmten, aber schwerkranken Ophthalmologen *Albrecht von Graefe* (1828–1870), der sein eigentlicher Lehrer war, wird *Hermann Schmidt-Rimpler* schon im Sommer 1870 „dirigierender

[3] Zu *Hermann Schmidt-Rimpler* vgl. den Nachruf von *Th. Axenfeld*, Offene Korrespondenz, Hermann Schmidt-Rimpler †, Klinische Monatsblätter für Augenheilkunde 56 (1916), 102–119; *Küchle*, Augenkliniken deutschsprachiger Hochschulen und ihre Lehrstuhlinhaber im 19. und 20. Jahrhundert (2005), S. 182 (Göttingen), S. 197 f. (Halle) u. S. 222 f. (Marburg).

[4] So *Hermann Schmidt-Rimpler* in seinen Aufzeichnungen, zitiert nach *Axenfeld*, Klinische Monatsblätter für Augenheilkunde 56 (1916), 102, 104 f.

Arzt" in der Augenabteilung der Charité. Wenig später gelang es der kurhessischen Universität Marburg, ihn für eine neue ophthalmologische Professur zu gewinnen. Die Klinik war freilich zunächst in einem Mietshaus untergebracht; erst 1885 konnte *Hermann Schmidt-Rimpler* „eine schöne neue Klinik" beziehen.[5] Von 1890 bis 1901 in Göttingen tätig, kehrte er schließlich in das preußische Halle zurück, das auch dem Sohn zur akademischen Heimat wurde. *Hermann Schmidt-Rimpler* hatte vielfältige Interessen und Begabungen: Schon als Schüler schrieb er feuilletonistische Abhandlungen für Tageszeitungen, in Marburg war er nicht nur Universitätsrektor, sondern arbeitete auch als Stadtrat und als stellvertretender Bürgermeister, später auch in Halle als Stadtverordneter, mit „ungewöhnlichem Verwaltungstalent"[6], daneben auch in ärztlichen Vereinen und Standesorganisationen.

2. *Der Student*

So mögen es gerade diese öffentliche Verantwortung des Vaters sowie dessen hohes wissenschaftliches Engagement[7] gewesen sein, die den Sohn bewogen, Rechtswissenschaft zu studieren. Er ging zunächst für je ein Semestern nach Heidelberg, nach München und nach Berlin, wo er *Otto von Gierke*, *Josef Kohler* und *Franz von Liszt* hörte. Nach drei weiteren Semestern in Halle, seiner akademischen Heimat, die wohl noch etwas von dem nüchternen skeptisch-reformatorischen Geist des großen *Christian Thomasius* (1655–1728) spüren ließ, bestand er am 15. Juni 1907 am OLG Naumburg, dem Obergericht der damaligen Provinz Sachsen, die Erste Staatsprüfung. In Halle war zunächst *Rudolf Stammler* (1856–1938) sein Lehrer geworden, der als strenger Neukantianer die seinerzeitige Rechtsphilosophie und überhaupt die öffentliche Diskussion stark beeinflusst, auch über „Wirtschaft und Recht" sowie über wichtige dogmatische und rechtsgeschichtliche Probleme nachgedacht und geforscht hatte.[8]

Stammler hatte den jungen *Schmidt-Rimpler* auch zu der Dissertation „Eigentum und Dienstbarkeit" angeregt, aufgrund derer er 1911 in Halle promoviert wurde. Die Dissertation (56 S.) selbst umfasste freilich nur den ersten Hauptteil eines größeren Buches, das noch in demselben Jahr als

[5] *Axenfeld*, Klinische Monatsblätter für Augenheilkunde 56 (1916), 102, 107.

[6] So *Axenfeld*, Klinische Monatsblätter für Augenheilkunde 56 (1916), 102, 108.

[7] Vgl. *Axenfeld*, Klinische Monatsblätter für Augenheilkunde 56 (1916), 102, 109 ff. mit dem Schriftenverzeichnis 111–112.

[8] Vgl. nur seine großen Werke: *Stammler*, Wirtschaft und Recht nach der materialistischen Geschichtsauffassung (1896), (5. Aufl. 1924); *ders.*, Die Lehre von dem richtigen Rechte (1902), (2. Aufl. 1926); *ders.*, Theorie der Rechtswissenschaft (1911), (2. Aufl. 1923). Zu *Stammler* vgl. *Tatarin-Tarnheyden* (Hrsg.), Festgabe für Rudolf Stammler zum 70. Geburtstage am 19. Februar 1926 (1926); sowie *Albrecht Hesse*, Rudolf Stammler, in: v. Beckerath u. a. (Hrsg), HDSW Bd. 10, 1959, S. 15–16.

Monographie erschien, und zwar mit dem Untertitel „zugleich ein Beitrag von der Konfusion dinglicher Rechte nebst einem Exkurs über die Erbenhaftung im BGB“ (182 S.). Das Thema, das von der Praxis vorgegeben war und das die Lehre bis dahin kontrovers diskutiert hatte – so besonders der große Schweizer Jurist *Eugen Huber* (1849–1923) in: Die Eigentümerdienstbarkeit (1902) –, bearbeitet der noch sehr junge Verfasser ungewöhnlich selbständig, mit hohem Scharfsinn und bemerkenswerter dogmatischer Kraft. Während die Arbeit – besonders im 1. Hauptteil – noch etwas theoretisch und ziemlich in den Denkbahnen von *Stammler* verfährt, gewinnt sie im weiteren Verlauf erheblich an Überzeugungskraft und hat sich so auch mit ihren Thesen durchgesetzt.[9] – Noch im Jahr seiner Promotion bestand *Walter Schmidt-Rimpler* die Zweite Staatsprüfung und arbeitete sodann einige Zeit als Gerichtsassessor.

3. *Promotion und Habilitation*

Trotz dieses verheißungsvollen Beginns bei *Stammler* wendet sich *Schmidt-Rimpler* danach einem anderen akademischen Lehrer zu, nämlich dem Rechtshistoriker *Paul Rehme*[10] (1867–1941). Ob es die Rechtsgeschichte war, die ihn zu *Rehme* zog, oder die Persönlichkeit des von ihm hochgeschätzten Lehrers, wird wohl immer offen bleiben; sein Verhältnis zu *Stammler* und dessen wissenschaftlicher Konzeption war wohl etwas kritisch geworden.[11]

Bei *Rehme* konnte *Schmidt-Rimpler* vor allem an dessen handelsrechtsgeschichtlichen Forschungen, insbesondere aufgrund der mittelalterlichen Stadtbücher, anknüpfen und wählte so als Thema seiner Habilitationsschrift

[9] Vgl. nur RGZ 142, 234; BGHZ 41, 209; *Wolff*/L. *Raiser*, Sachenrecht (10. Aufl. 1957), § 108 I 1.

[10] Zu ihm vgl. die Nachrufe von *Schmidt-Rimpler*, Paul Rehme, ZHR 109 (1942/43), 13–33 und *Thieme*, In memoriam. Paul Rehme, SavZ 62 (1942), 559–566.

[11] Vgl. *Schmidt-Rimpler*, Zum Vertragsproblem, in: Baur/Esser/Kübler/Steindorff (Hrsg.), Funktionswandel der Privatrechtsinstitutionen, Festschrift für Ludwig Raiser zum 70. Geburtstag (1974), S. 3, 10 Fn. 38, wo er sich selbst als „in so manchem kritischen Stammler-Schüler“ bezeichnet. Die *Stammlerschen* Lehren waren mittlerweile wohl infolge ihrer Abstraktion und ihres überzogenen Formalismus in eine Sackgasse geraten; vgl. etwa E. *Kaufmann*, Das Wesen des Völkerrechts und die Clausula rebus sic stautibus (1911), S. 148 f.; *ders.* Kritik der neukantischen Rechtsphilosophie (1921), S. 11 ff. Ob *Schmidt-Rimpler* diese Arbeiten oder schon damals ihren Autor (1850–1972) selbst kannte, lässt sich leider nicht mehr feststellen; ich weiß aber aus meiner Bonner Zeit (1949–1959), dass beide freundschaftlich-kollegial miteinander in Verbindung waren; zu E. Kaufmann vgl. *Hanke*, Erich Kaufmann, in: Schmoeckel (Hrsg.), Die Juristen der Universität Bonn im „Dritten Reich“ (2004), S. 387–407 und *Kachel*, Erich Kaufmann, in: Schmoeckel (Hrsg.), Die Juristen der Universität Bonn im „Dritten Reich“ (2004), S. 408–424.

„Die Geschichte des Kommissionsgeschäfts in Deutschland“[12]. Seine damaligen Forschungen – auch in den Stadtarchiven, so besonders von Danzig und Köln –, die äußerst subtil die mannigfachen Erscheinungsformen des „Handelns für andere“ und ihre Entwicklung seit dem Hochmittelalter erarbeitet und so Bleibendes geschaffen haben, wirken bis in die Gegenwart nach und haben vor wenigen Jahren eine Fortsetzung angeregt.[13]

4. *Erste Professorenjahre*

Wohl bedingt durch die Kriegsverhältnisse – *Schmidt-Rimpler* war, soweit ich feststellen konnte, niemals Soldat, auch wenn er mit seiner schlanken, straffen Figur bis ins hohe Alter durchaus soldatisch erschien – erreicht ihn der erste Ruf erst 1919, und zwar auf ein Extraordinariat in Königsberg, das er aber schon ein Jahr später mit einem Ordinariat in Rostock tauschte, wo er sich indes anscheinend nicht sehr wohl gefühlt hat.[14] Schon darum ging er nach zwei Jahren an die Schlesische Friedrich-Wilhelm-Universität in Breslau, der Heimat seiner geliebten, musisch hochbegabten Frau *Katharina*, geb. *Hausdörfer* (1890–1958), die er schon 1919 geheiratet hatte und die zu seinem großen Schmerz vor ihm diese Welt verlassen sollte. Dort wirkte er über 15 Jahre besonders gern und fruchtbar als Lehrer und Forscher. Viele seiner Schüler auch aus der Praxis sind mir später begegnet; von den Hochschullehrern nenne ich nur *Horst Bartholomeyczik*, *Josef Wolany*, *Rudolf Bruns* und *Stefan Riesenfeld*.

In Breslau schrieb er auch seine beiden großen Monographien über den „Handlungsagenten“ und über das „Kommissionsgeschäft“, die 1928 in Bd. V von Ehrenbergs Handbuch des gesamten Handelsrechts herauskamen[15] und

[12] Beschränkt allerdings im ersten Band auf die Entwicklung bis zum Ende des 15. Jahrhunderts, als Buch schon 1915 erschienen. Der materialmäßig schon weitgehend vorbereitete 2. Band, der bis zur Jetztzeit gehen sollte (Vorwort, S. VIII), ist leider nie erschienen; vgl. dazu die Rezension von U. *Stutz*, Literatur, Dr. Walter Schmidt-Rimpler, Geschichte des Kommissionsgeschäfts in Deutschland. Erster Band. Die Zeit bis zum Ende des 15. Jahrhunderts, SavZ 36 (1915), 569–579; sowie *Schmidt-Rimpler*, Das Kommissionsgeschäft, in: Ehrenberg (Hrsg.), Ehrenbergs Handbuch des gesamten Handelsrechts, Bd. V. I. Abt. 1. Hälfte (1928), S. 477, 543 Fn. 1.

[13] Vgl. Th. *Landwehr*, Das Kommissionsgeschäft in Rechtswissenschaft, Gesetzgebung und Rechtspraxis vom 16. bis zum Ende des 18. Jahrhunderts (2002).

[14] So jedenfalls nach persönlichen Äußerungen mir gegenüber. Dem – gleichfalls aus Halle kommenden – *Hans-Erich Feine* (1880–1965), Nachfolger *Schmidt-Rimplers* auf dem Rostocker Lehrstuhl, ging es ähnlich; er hat, wie er gern erzählte, seine überaus wichtige Monographie über die GmbH (*Feine*, Die Gesellschaft mit beschränkter Haftung, in: Ehrenberg [Hrsg.], Ehrenbergs Handbuch des gesamten Handelsrechts, Bd. III Abtl. III 3 [1929]) nur geschrieben, um von Rostock fortberufen zu werden; er ging dann auch nach Tübingen.

[15] Nach dem mir vorliegenden Plan von 1918 sollte der damalige Privatdozent *W. Schmidt-Rimpler* auch noch den „Spediteur“ übernehmen.

die seinen Ruf als erstklassigen Dogmatiker begründeten;[16] von ihnen wird noch die Rede sein.

Obwohl er sehr gern in Breslau war, wechselte er 1937 bewusst an die Wirtschaftshochschule Berlin, deren Rektor er auch alsbald für ein Akademisches Jahr wurde. Er suchte dabei wohl nicht nur die Hauptstadt und die Stadt seiner Vorfahren, sondern auch, wie er mir häufig erzählte, den engeren Kontakt zu den Wirtschaftswissenschaften und der wirtschaftlichen Praxis.

Auch wenn er sich stets von politischen Aktivitäten fern gehalten hat, gewiss auch in seiner feinsinnigen Art dafür wenig geeignet war, zwang ihn die Nazi-Ideologie Flagge zu zeigen, aber eben eine andere als die offizielle. Er tat dies sogar in der Akademie für Deutsches Recht, einer Einrichtung des „Dritten Reiches“, die freilich auch „regelrechte Widerstandszellen“ in sich barg.[17] In einem ersten Vortrag legte er 1938 die Fundamente seines Rechtsdenkens offen.[18] Darauf baut seine – noch heute viel zitierte und oft missverstandene – Abhandlung „Grundfragen einer Erneuerung des Vertragsrechts“ auf,[19] der eine weitere Abhandlung folgen sollte,[20] die jedoch den Kriegswirren zum Opfer fiel. Auf beide Arbeiten werden wir auch noch zurückkommen.

5. *Der Anfang in Bonn*

Gegen Ende des Zweiten Weltkriegs verlor *Schmidt-Rimpler* in Berlin einen großen Teil seiner wissenschaftlichen Bibliothek sowie sämtliche wissenschaftlichen Aufzeichnungen und Manuskripte; die Wirtschaftshochschule, im Bezirk Mitte gelegen, fiel in den sowjetisch besetzten Sektor. Die Familie, inzwischen durch zwei tüchtige Söhne, *Reimar* (1920–1980) und *Eckard* (*1929), verstärkt, die aber beide, wohl dem großväterlichen Vorbild folgend, später Mediziner wurden, konnte sich freilich retten, und schon bald bemühten sich die wiedereröffneten Fakultäten um ihn. Schon im Wintersemester 1945/46 las er in Münster in Vertretung eines vakanten Ordinariats, und noch in demselben Semester berief ihn die Bonner Fakultät – die ihn schon 1931 für die Nachfolge des verstorbenen *Hans Schreuer primo loco* berufen wollte[21] – auf den Lehrstuhl für Deutsches Recht, Bürgerliches

[16] Vgl. nur die in jeder Hinsicht positive Rezension von *Hachenburg*, Walter Schmidt-Rimpler: Das Kommissionsgeschäft, JW 1929, 316; sowie *Ballerstedt* (Fn. 1), S. 19, 25 ff.: die beiden Arbeiten haben „nach ihrem Erscheinen alsbald Bewunderung ausgelöst“.

[17] So G. *Schmölders*, in seinen Lebenserinnerungen „Gut durchgekommen“ (1988), S. 119; daneben *Schmidt-Rimpler*, FS L. Raiser (1974), S. 3, 9.

[18] *Schmidt-Rimpler*, Vom System des Bürgerlichen, Handels- und Wirtschaftsrechts, in: Frank (Hrsg.), Zur Erneuerung des Bürgerlichen Rechts (1938), S. 79–94.

[19] *Schmidt-Rimpler*, Grundfragen einer Erneuerung des Vertragsrechts, AcP 147/49 (1941/44), 130–197.

[20] Vgl. *Schmidt-Rimpler*, AcP 147/49 (1941/44), 130 Fn. 1.

[21] Vgl. *Gerhardt* (Fn. 1), S. 7, 10.

Recht, Handels- und Wirtschaftsrechts, der seit dem Weggang *Karl Rauchs* nach Graz (1942) vakant war.[22] Es war der „Jubiläums-Lehrstuhl" der von Geffrub, der recht leistungsfähigen Fördergesellschaft, anlässlich der Hundert-Jahr-Feier der Universität Bonn 1917 geschaffen worden war und auf den sodann *Heinrich Göppert* als Erster berufen wurde.[23] Nachdem *Göppert* 1935 aus dem Amt gedrängt worden war, hatte der Dekan *Dölle* zunächst versucht, *Göppert* und den Lehrstuhl der Fakultät zu erhalten.[24] Nach dem frühen Tod *Göpperts* (1937) wurde *Karl Rauch*, der schon seit 1933 den deutschrechtlichen Lehrstuhl innehatte, auf den Jubiläums-Lehrstuhl „umgesetzt".[25]

6. *Die Bonner Jahre*

In den langen Jahren an der Rheinischen Friedrich Wilhelm-Universität hat *Walter Schmidt-Rimpler* eine reiche Ernte eingefahren. Dies gilt für alle Seiten seiner Tätigkeit an der Universität Bonn, über die ich aus eigenem Wissen berichten kann.

a) Der Lehrer

Als überaus gewissenhafter Lehrer trat er seinen Studenten zwar sehr verständnisvoll, aber auch mit hohem Anspruch entgegen. Seine Vorlesungen gingen auf ungewöhnliche Weise in die Tiefe; ich denke z.B. nur an seine Ausführungen zum Kaufmannsbegriff des HGB, die er leider nicht publiziert hat. Sie hätten manchen Späteren ihre irrigen Vorstellungen von einem angeblich modernen Unternehmensrecht und einem diesem entsprechenden Kaufmannsbegriff erspart, wie er nunmehr zum Schaden der Rechtssicherheit geltendes Recht ist.[26] Aufmerksame und wissenschaftlich aufgeschlossene Studenten gingen gern zu ihm. Aber nur recht wenige ließen sich von ihm promovieren; er galt als schwierig, und zwar nicht nur, weil er eine lückenlose Verwertung der Literatur verlangte. Wohl aus demselben Grunde konnte er in Bonn nur drei Jüngere habilitieren: 1953 den langjährigen Fakultätsassistenten *Fritz Brecher* (1915–2003), später Ordinarius in Kiel und Saar-

[22] Vgl. *Gerhardt* (Fn. 1), S. 7, 13; *Schmidt-Rimpler*, Gedenkrede auf Karl Rauch (1953), S. 10 sowie *Morel*, Karl Rauch, in: Schmoeckel (Hrsg.), Die Juristen der Universität Bonn im „Dritten Reich" (2004), S. 522, 537.

[23] Vgl. nur *Rittner*, Meine Universitäten und das Wirtschaftsrecht, 1939–2002 (2003), S. 13.

[24] Vgl. dazu *Wolff*, Heinrich Göppert, in: Schmoeckel (Hrsg.), Die Juristen der Universität Bonn im „Dritten Reich" (2004), S. 234, 246 f.

[25] So zutr. *Gerhardt* (Fn. 1), S. 7, 13.

[26] Vgl. dazu nur *Rittner*, Unternehmerfreiheit und Unternehmensrecht (1998), S. 335, 336 ff.

brücken, der aber wohl eigentlich ein Schüler von *Karl Rauch* war,[27] 1952 den Externen *Josef Wolany* (1907–1993), der, von *Schmidt-Rimpler* noch in Breslau für Recht und Rechtswissenschaft begeistert, inzwischen in der Justiz zum Bundesrichter aufgestiegen, sich wieder der Wissenschaft zuwenden wollte, später[28] in Saarbrücken als Ordinarius wirkte, und schließlich 1959 *Fritz Rittner* (*1921), der damals freilich keine Hochschulkarriere anstrebte, sondern rheinischer Notar werden wollte.[29]

Am besten entfaltete sich unser Lehrer in seinen Seminaren, wo sich sein unerbittliches Denken voll entfaltete und er seine Schüler auf sehr behutsame, aber nachhaltige Weise derart prägte, dass sie Zeit ihres Lebens nicht davon loskamen. Dafür nur ein Beispiel: Die zahlreichen Streitgespräche, die ich später mit *Stefan Riesenfeld* (1908–1991) führte, den *Schmidt-Rimpler* 1932 in Breslau promoviert hatte,[30] mündeten regelmäßig in der plötzlichen Erkenntnis, dass wir sachlich beide nach der Methode *Schmidt-Rimplers* dachten. Obwohl er mithin das Denken seiner Schüler für ihr ganzes Leben prägte, lag ihm nichts ferner, als eine Schule zu begründen. Nach seiner Emeritierung las *Schmidt-Rimpler* weiter, ging freilich, wie er zu sagen pflegte, „auf die Dörfer“, las namentlich das Wertpapierrecht und das Privatversicherungsrecht, und zwar didaktisch höchst geschickt als Sondergebiete des Vertragsschuldrechts.

b) Der Forscher

Als Forscher hat *Schmidt-Rimpler* zwar wiederholt das Feld gewechselt, aber doch beharrlich an seinem Programm festgehalten, nämlich das Recht umfassend zu durchdringen und besser zu verstehen. Dabei will ich seine rechtsgeschichtlichen Arbeiten hier beiseite lassen; sie hat *Ulrich Stutz* jedenfalls für die Habilitationsschrift kompetent und ausführlich gewürdigt.[31] Übrigens blieb *Schmidt-Rimpler* auch in seiner Bonner Zeit durchaus Rechtshistoriker: Er verfolgte die Publikationen, diskutierte häufig mit dem

[27] Mit der Habilitationsschrift: *Brecher,* Das Unternehmen als Rechtsgegenstand. Rechtstheoretische Grundlegung (1953); vgl. auch S. X, wonach *Karl Rauch* die Arbeit angeregt hatte.

[28] Mit einer leider nicht veröffentlichten Habilitationsschrift, vgl. aber *Wolany*, Rechte und Pflichten des Gesellschafters einer GmbH (1964).

[29] Mit der Habilitationsschrift: *Rittner,* Die werdende juristische Person. Untersuchungen zum Gesellschafts- und Unternehmensrecht (1973). Zur Vorgeschichte seiner Habilitation, die maßgeblich von *Schmidt-Rimpler* bestimmt worden war, vgl. *Rittner* (Fn. 23), S. 21 f.

[30] Vgl. *Riesenfeld,* Das Problem des gemischten Rechtsverhältnisses im Körperschaftsrecht unter besonderer Berücksichtigung der Versicherungsvereine auf Gegenseitigkeit (1932).

[31] Vgl. seine Rezension *Stutz,* SavZ 36 (1915), 569–579.

Rechtshistoriker *Hermann Conrad* (1904–1972) und war regelmäßig sachverständiger Korreferent rechtshistorischer Dissertationen.

In der Dogmatik hatte *Schmidt-Rimpler* mit seinen beiden Monographien in Ehrenbergs Handbuch Bleibendes geschaffen. Praxis und Theorie zehren bis heute davon.[32] Denn sie gehen auf dem Boden extensiver Rechtstatsachenforschung praktisch allen Fragen nach, die überhaupt aufkommen können, und bilden so eine Fundgrube für jeden Juristen weit über das Handelsrecht hinaus.[33] Eine dogmatisch nicht weniger bedeutende Leistung stellte sein umfangreicher Artikel „Wirtschaftsrecht" im HDSW dar.[34] Die – wohl ursprünglich als (Kurz-)Lehrbuch bei Mohr/Siebeck geplante, für ein Handwörterbuch fast zu ausführliche – Darstellung[35] überwindet den Gegensatz zwischen Privatrecht und Öffentlichem Recht durch eine Systematik, die grundsätzlich von den maßgeblichen Wertungsgedanken ausgeht[36] und so zu einem mehrdimensionalen Systemdenken führt.[37] Vor allem aber arbeitete er bis kurz vor seinem Tode weiter an seinen „Untersuchungen zur Vertragslehre", die er schon im Krieg begonnen hatte,[38] aber leider nicht mehr abschließen konnte; die umfangreichen Entwürfe und Manuskripte dazu musste ich, wie er verfügt hatte, nach seinem Tod vernichten.

Zu seinen wissenschaftlichen Arbeiten gehört auch seine Herausgebertätigkeit für HDSW, das das „Handwörterbuch der Staatswissenschaften"

[32] Zum Kommissionsrecht vgl. die geradezu begeisterte Rezension von *Hachenburg*, JW 1929, 316; Zum Handelsvertreterrecht vgl. nur *Rittner*, Das Handelsvertreterrecht in der Rechtsprechung des Bundesgerichtshofs, in: Heldrich/Hopt (Hrsg.), 50 Jahre Bundesgerichtshof, Festgabe aus der Wissenschaft, Bd. II Handels- und Wirtschaftsrecht, Europäisches und Internationales Recht (2000), S. 57–99; auch *Ballerstedt* (Fn. 1), S. 19, 25 ff.; P. *Ulmers* Habilitationsschrift „Der Vertragshändler" von 1968 setzt diese Tradition für einen gesetzlich nicht geregelten Vertragstyp fort, vgl. dazu *Rittner*, Vertragshändler und Vertragshändlervertrag, ZHR 135 (1971), 62–77.

[33] So z.B. für alle Arten mittelbarer Stellvertretung.

[34] *Schmidt-Rimpler*, Wirtschaftsrecht, in: v. Beckerath u.a. (Hrsg.), HDSW, Bd. 12 (1965), S. 686–731.

[35] Grundrisse des Bürgerlichen Rechts, herausgegeben von *Heinrich Stoll* und *Heinrich Lange*, damals wohl mit dem Titel „Unternehmer", wie die wirtschaftsrechtliche Hauptvorlesung seinerzeit hieß.

[36] *Schmidt-Rimpler* (Fn. 34), S. 686, 690; so schon *ders.* (Fn. 18), S. 79 f.

[37] Vgl. dazu *Rittner*, Über die Notwendigkeit des rechtssystematischen Denkens, in: Ascheri/Ebel/Heckel/Padoa-Schioppa/Pöggeler/Ranieri/Rütten (Hrsg.), „Ins Wasser geworfen und Ozeane durchquert" Festschrift für Knut Wolfgang Nörr (2003), S. 805, 807, 816 ff.

[38] Vgl. ob. *Schmidt-Rimpler*, AcP 147/49 (1941/44), 130–197 und die späteren Arbeiten: *ders.*, Zum Problem der Geschäftsgrundlage, in: Dietz/Hueck/Reinhardt (Hrsg.), Festschrift für Nipperdey zum 60. Geburtstag, 21. Januar 1955 (1955), S. 1–30; *ders.*, Eigenschaftsirrtum und Erklärungsirrtum, in: Nipperdey u.a. (Hrsg.), Festschrift für Heinrich Lehmann (1956), Bd. I, S. 213–233; sowie seine letzte Arbeit: *ders.*, FS L. Raiser (1974), S. 3–26.

ersetzen sollte,[39] aber leider nicht fortgesetzt wurde.[40] Stattdessen brachten die drei beteiligten Verlage ab 1977 ein „Handwörterbuch der Wirtschaftswissenschaften" heraus, obwohl der weitere Begriff „Sozialwissenschaften" doch wohl einen sinnvollen Ansatz bietet.[41] *Schmidt-Rimpler* nahm auch diese Aufgabe, die ihn fast zwei Jahrzehnte beanspruchte, sehr ernst, zumal er für die juristischen Artikel nur von dem Öffentlichrechtler *Werner Weber* (1904–1976) unterstützt wurde, den er allerdings noch als Kollegen der Wirtschaftshochschule Berlin gut kannte. Das HDSW brachte auch eine noch engere Zusammenarbeit mit dem fast gleichaltrigen *Erwin von Beckerath* (1889–1964), seinem Bonner wirtschaftswissenschaftlichen Kollegen, der ihm mit seinem kritischen Geist kongenial war.[42]

c) Der Rechtspolitiker

Schmidt-Rimpler bezeichnete sich gelegentlich als *„de lege ferenda-*Mann", und in der Tat dachte er auch immer rechtspolitisch, wusste aber sehr genau zu unterscheiden, ob er *de lege lata* oder *de lege ferenda* dachte und argumentierte, was sich leider für manche Autoren nicht mehr von selbst versteht.[43] Nachdem er schon 1938 in der Festschrift für *Hedemann* eine Grundlage „Zur Gesetzgebungstechnik"[44] und 1942 in einem kritischen Aufsatz die „Rechtsbildung", also überhaupt das Recht als eigenständige Aufgabe gegenüber der Wirtschaftspolitik herausgearbeitet hatte,[45] brachten ihm nach 1949 die Bonner Ministerialbeamten immer wieder neue rechtspolitische Fragen ins Haus. Ich nenne besonders die Arbeiten zur Handelsvertreternovelle von

[39] *Conrad/Elster* (Hrsg.), Handwörterbuch der Staatswissenschaften (1890–1897); (letzte, 4. Aufl. 1923–1929 *Elster/Weber* [Hrsg.] in 8 Bänden und einem Ergänzungsband).

[40] Zur Konzeption des HDSW vgl. nur *Taeuber*, Staatswissenschaft, in: v. Beckerath u.a. (Hrsg.), HDSW Bd. 9, 1956, S. 763, 764; auch die Rezensionsabhandlung zum HDSW von *Jecht*, Eine neue sozialwissenschaftliche Enzyklopädie: Das Handwörterbuch der Sozialwissenschaften, ZgS 108 (1952), 743–753; sowie *Schaeder*, Das Handwörterbuch der Sozialwissenschaften, Jahrbuch für Sozialwissenschaft 2 (1951), 205–212.

[41] *v. Kempski*, Sozialwissenschaft, in: v. Beckerath u.a. (Hrsg.), HDSW Bd. 9, 1956, S. 617, 625; auch *Rittner*, Die Rechtswissenschaft als Teil der Sozialwissenschaften, in: Streißler (Hrsg.), Die Einheit der Rechts- und Staatswissenschaft (1967) S. 97.

[42] Zu ihm vgl. *Salzwedel*, in: ders./Kloten (Hrsg.), In memoriam Erwin von Beckerath (1966), S. 5–7; *Kloten*, Erwin von Beckerath, in: Salzwedel/ders. (Hrsg.), In memoriam Erwin von Beckerath (1966), S. 8–36.

[43] So leider häufig die Neoliberale Schule; vgl. dazu *Rittner*, Zum gegenwärtigen Stand der neoliberalen Rechtstheorie, AcP 180 (1980), 392–402.

[44] *Schmidt-Rimpler*, Zur Gesetzgebungstechnik, in: Freisler/Löning/Nipperdey (Hrsg.), Festschrift für Justus Wilhelm Hedemann zum sechzigsten Geburtstag am 24. April 1938 (1938), S. 75–86.

[45] *Schmidt-Rimpler*, Wirtschaftspolitische Praxis und Rechtsbildung, DR 1942, 1731–1735.

1953,[46] die Arbeiten zum Gesetz gegen Wettbewerbsbeschränkungen, dem neuen deutschen Kartellrecht, von 1957[47] und zur Aktienrechtsreform, die allerdings erst 1965 zum Abschluss kam sowie die Diskussion um die Mitbestimmung in den Unternehmen. Nicht weniger lebhaft begleitete er den – mit der Montanunion beginnenden – europäischen Einigungsprozess. *Walter Hallstein*, damals Staatssekretär im Auswärtigen Amt, sodann der erste Kommissions-Präsident, kam häufig zu ihm; war er doch ein naher Fachkollege.

d) Der Institutsdirektor

Als Direktor des Instituts für Wirtschaftsrecht und Leiter des Industrierechtlichen Seminars führte *Schmidt-Rimpler* die von *Heinrich Göppert* begründete Tradition des ehemaligen „Stiftungslehrstuhls" fort.[48] Er gründete dazu die „Wirtschafts- und Steuerrechtliche Vereinigung Bonn e.V.", die erheblich zur Finanzierung des Instituts beitrug, heute noch besteht und von *Schmidt-Rimpler* vor allem in klarer Unabhängigkeit gegenüber den Sponsoren konzipiert und geführt wurde.[49] Das „Industrierechtliche Seminar" als wiederkehrende Veranstaltung versammelte am Montagnachmittag zahlreiche Vertreter aus der Praxis, der Unternehmen, Verbände und Ministerien sowie der Anwälte und Notare mit älteren Studenten, um unter seiner Leitung aktuelle Fragen, besonders der Rechtspolitik, zu diskutieren. Um die Studenten auf das einzelne Thema vorzubereiten, hielt ich nach Anweisung meines Lehrers eine Woche zuvor einen Sonderkurs ab, bei dem auch ich viel lernte.

Das Institut führte *Schmidt-Rimpler* in wenigen Räumen des alten Kurfürstlichen Schlosses mit seiner stillen Autorität wie eine Ein-Mann-Kanzlei: Er war als Chef für alles verantwortlich und sorgte sich überaus gütig um die ihm anvertrauten Mitarbeiter, einschließlich der Lehrbeauftragten und Honorarprofessoren, wie z.B. den aus Rolandia (Brasilien) heimkehrenden *Rudolf Isay*[50] oder seinen Breslauer Schüler *Stefan Riesenfeld*. Er kam mit einem Minimum an Assistenz aus, zumal er jede Zeile selbst – mit filigraner Handschrift – schrieb und niemals Hand- und Spanndienste verlangte. Seine besondere Sorge galt unserer Sekretärin, Fräulein (!) *Martha Patzschke*, die, aus Sachsen stammend, als junges Mädchen Ende des Krieges ein Bein verloren hatte und verständlicherweise sehr darunter litt. Der Institutsbibliothek, die praktisch neu aufgebaut werden musste, galt seine besondere Liebe:

[46] Vgl. dazu Ballerstedt (Fn. 1), S. 19, 25.
[47] Vgl. dazu des Näheren *Rittner* (Fn. 23), S. 18.
[48] Vgl. dazu des Näheren *Gerhard* (Fn. 1), S. 7, 12 f.
[49] Die Satzung war nach dem Modell des AktG formuliert.
[50] Vgl. dazu *Ballerstedt*, Gedächtnisrede auf R. Isay (1957), sowie *Rittner* (Fn. 23), S. 19.

Er prüfte alle Neuerscheinungen auf ihre Qualität und ließ sämtliche Antiquariatskataloge durcharbeiten, um die großen Lücken in den älteren Beständen wieder aufzufüllen. Auf Anfragen aus der Praxis ging er nur selten ein; es musste schon eine gewichtige Rechtsfrage sein, oder es musste „dem Menschen geholfen werden".

e) Der Kollege

Schmidt-Rimpler hatte kraft seiner ungewöhnlichen Persönlichkeit eine besonders geachtete Stellung sowohl innerhalb der Fakultät und der Universität als auch unter den – besonders kritischen – Zivilrechtlern. Das beste Zeugnis dafür liefert für alle Zeiten die Festschrift, die ihm, übrigens als erstem und bisher, soweit ich sehe, einzigem, die Bonner Fakultät zu seinem 70. Geburtstag widmete[51] sowie die Reden zu seinem Gedächtnis, die der Dekan *Walter Gerhardt* und der Nachfolger auf seinem Lehrstuhl *Kurt Ballerstedt* am 26. November 1975 im Festsaal der Bonner Universität gehalten haben.[52] Bei dieser Gelegenheit berichtet *Gerhardt* auch zutreffend, wie *Schmidt-Rimpler* auf den Zivilrechtslehrertagungen „als Nestor" die Sitzungen leitete und „wenn die Diskussion heiß entbrannt war und vollends zu verfahren drohte, er mit behutsam glättenden und ordnenden Worten nicht nur die Gemüter zu beschwichtigen verstand, sondern auch die Sachauseinandersetzung wieder auf das rechte Gleis führte"[53].

In einem Satz hat der Ökonom *Wilhelm Krelle* (1914–2004) auf einer Fakultätsfeier zum 50-jährigen Doktorjubiläum *Schmidt-Rimplers* 1961 zusammengefasst: „Seitdem ich der Fakultät angehöre und das Glück habe Sie zu kennen, sind Sie mir das Vorbild eines Gelehrten und einer in sich ruhenden, sicheren und klaren Persönlichkeit geworden. Ihr abgewogenes treffendes Urteil in allen schwierigen Fragen, Ihre selbstlose und herzliche Art, ihre selbstverständliche Hilfsbereitschaft haben mich tief beeindruckt"[54].

[51] Rechts- und Staatswissenschaftliche Fakultät der Rheinischen Friedrich-Wilhelms-Universität Bonn (Hrsg.), Festschrift zum 70. Geburtstag Walter Schmidt-Rimpler (1957), besprochen von E. *Hirsch*, Literatur, Festschrift zum 70. Geburtstag von Walter Schmidt-Rimpler, AcP 159 (1960) 346–356.

[52] *Ballerstedt,* (Fn. 1).

[53] So *Gerhardt* (Fn. 1), S. 7, 17 berichtend von der Zivilrechtslehrertagung 1969 (nicht wie *Gerhardt* schreibt 1959) in Bad Kreuznach. Genau dasselbe erlebte ich auf der Zivilrechtslehrertagung 1959 in Bad Nauheim, als *H.C. Nipperdey* und *Werner Flume* – wegen des BGH-Urteils im „Herrenreiterfall", heftig aneinander gerieten.

[54] Nach *Gerhardt* (Fn. 1), S. 7, 17 f.

II. Die großen Themen und ihre Zukunft

1. Vorbemerkungen

Was *Schmidt-Rimpler* jedenfalls für mich, aber auch für viele andere zu einem einzigartigen Lehrer werden ließ, habe ich vor einigen Jahren gelegentlich eines autobiographischen Vortrags in *fünf Punkten* komprimiert:[55]

- er fasste stets die gesamte Rechtsordnung in den Blick,
- er nahm wie kaum ein anderer die Begriffe und das System des Rechts ernst,
- er dachte jede Frage mit geradezu unerbittlicher Sachlichkeit zu Ende, wobei er auch stets die historischen, ökonomischen und politischen Aspekte voll einbegriff,
- er kämpfte – misstrauisch gegenüber allen Kollektiven und ihren Funktionären – leidenschaftlich für die Vertrags- und Gestaltungsfreiheit der Einzelnen, also für das Privatrecht,
- er entwickelte eine Theorie des Wirtschaftsrechts, die in die Zukunft wies.

Dieses Programm, das er, scheu wie er war, selbst niemals so formuliert hat, war derart anspruchsvoll, dass es viele Jüngere nicht gerade ermunterte, ihm zu folgen, obwohl es sich auch in der täglichen Praxis stets bewährt. Es hatte wohl auch dazu geführt, dass sein Gesamtwerk – zumal angesichts der heutigen (Un-)Sitten der Vielschreiberei – etwas schmal und auch etwas fragmentarisch blieb, wozu gewiss auch sein Ansatzwechsel von der Rechtsgeschichte zur Rechtdogmatik und später auch zur Rechtspolitik beigetragen hat.[56] Hinzu kam, dass *Schmidt-Rimpler* im Laufe der Zeit auch deswegen immer kritischer wurde, weil er die Fundamente seiner Lehren auf der Suche nach Wahrheit tiefer und tiefer zu gründen versuchte. Denn seine hohe Intelligenz nötigte ihn stets, jede gerade gewonnene Erkenntnis, praktisch jeden Satz, sogleich selbst zu widerlegen, was übrigens auch erklärt, weswegen seine Arbeiten von manchen als etwas umständlich empfunden werden.

Infolgedessen hatte er selbst eine geschlossene Rechtstheorie niemals entwickelt, geschweige denn so dargestellt, wie es etwa sein erster Lehrer, *Rudolf Stammler*, unternommen hatte.[57] Er wusste zu genau, dass das Recht wie alle menschlichen Phänomene ständig im Fluss und bloßes Menschenwerk ist. Dennoch suchte er für einige große Themen der Rechtswissenschaft jedenfalls auf lange Sicht bleibende, wenn auch selbstverständlich keine

[55] *Rittner*, (Fn. 23), S. 15f.

[56] So fehlt uns bei der Habilitationsschrift (vgl. ob. *Schmidt-Rimpler* [Fn. 12]) der zweite Teil und die zweite Abhandlung zur Vertragslehre (vgl. ob. *Schmidt-Rimpler*, AcP 147/49 [1941/44], 130–197) sowie die Darstellung des Speditionsrechts.

[57] Vgl. o. bei Fn. 8.

ewigen Erkenntnisse[58] und fand sie auch. Mit ihnen wollen wir uns im Weiteren näher beschäftigen. Es sind drei große Themen:

- Die Lehre vom Rechtssystem
- Die Lehre vom Vertrag
- Die Lehre vom Wirtschaftsrecht

Alles andere müssen wir hier beiseite lassen, obwohl fast in jeder Arbeit Goldkörner gerade auch zu diesen Themen stecken. Das gilt vor allem für die rechtshistorischen Arbeiten[59], für die ich überdies nicht kompetent bin. Es gilt nicht weniger für die beiden großen Monographien in *Ehrenbergs* Handbuch, die dem Zivil- und Handelsrechtler noch lange Zeit unverzichtbare Grundlagen für viele Probleme bieten.[60] Und es gilt auch für die zahlreichen versicherungsrechtlichen Arbeiten, mit denen der „(Auch-) Versicherungsrechtler"[61] auf wichtige Fragen dieses Rechtsgebiets schlüssige Antworten gegeben hat.[62]

2. *Die Lehre vom Rechtssystem*

Die Frage nach dem Rechtssystem und seinem richtigen Verständnis hat *Schmidt-Rimpler* – entgegen dem damaligen und wohl auch dem gegenwärtigen Zeitgeist – zeitlebens beschäftigt. Er folgt damit vor allem *Savigny* und der von diesem begründeten Tradition[63] und ignorierte mit Recht die Zweifel, welche die Philosophen inzwischen an ihren Systemen plagen.[64] Wie jeder gute Jurist sah er vielmehr die Rechtsordnung als Ganzes. Das Recht war für ihn zum einen die ständige, aber unerfüllbare Aufgabe im Sinne einer gerechten, richtigen Ordnung, zum anderen der jeweilige Versuch dazu im positiven Recht des Hier und Heute. Die positive Rechtsordnung sollte das richtige Handeln des Menschen, soweit möglich, gewährleisten. Die allgemeinen

[58] Vorbildlich z.B. schon in seiner Habilitationsschrift (ob. Fn. 12), S. 6 ff. die begrifflichen Klärungen des Kommissionsbegriffs, bes. seine Abgrenzung, gegenüber Gesellschaft und partiarisches Rechtsgeschäft, übrigens z. T. in erklärtem Widerspruch zu seinem Lehrer Paul Rehme (vgl. S. 11).

[59] Vgl. o. I.3.

[60] Vgl. o. I.4.

[61] Vgl. *Dreher*, Konkurssicherungsfond statt Wirtschaftsaufsicht?, in: Löwisch/Schmidt-Leithoff/Schmiedel (Hrsg.), Beiträge zum Handels- und Wirtschaftsrecht, Festschrift für Fritz Rittner zum 70. Geburtstag (1991), S. 93, 95.

[62] Etwa *Schmidt-Rimpler*, Zum Begriff der Versicherung, VersR 1963, 493–505; *ders.*, Die Gegenseitigkeit bei einseitig bedingten Verträgen, insbesondere beim Versicherungsvertrag, in: Ballerstedt/Steindorff u.a. (Hrsg.), Abhandlungen aus dem Gesamten Bürgerlichen Recht, Handelsrecht und Wirtschaftsrecht 36. Heft (1968), Beihefte der Zeitschrift für das Gesamte Handelsrecht und Wirtschaftsrecht.

[63] Vgl. etwa *Savigny*, System des heutigen Römischen Rechts, I. Bd. (1840), S. XXXVI ff.

[64] Vgl. etwa *Nietzsche*, Die Philosophie im tragischen Zeitalter der Griechen (1874), Vorwort; *Heidegger*, Beiträge zur Philosophie, 1936–38, Nr. 28, Gesamtausgabe Bd. III/65 (1989), S. 81 ff.

Regeln, die sie dazu enthält, sollen, so lehrt er, von dem „zentralen Gerechtigkeitsgedanken" sowie den „Richtigkeitsideen", also geistigen Prinzipien, getragen sein.[65] Die „Systembildung nach Lebensgebieten oder -sachverhalten" – wie z.B. in den angloamerikanischen Rechten üblich – ergäbe nämlich kein spezifisches System des Rechts.[66]

Dieses abendländische Verständnis des Rechts kommt übrigens durchaus ohne die Annahme eines Naturrechts aus, was auch *Schmidt-Rimpler* konsequent ablehnte.[67] Dennoch suchte er – selbst in dem geistigen Chaos des sog. Dritten Reiches – nach **bleibenden Erkenntnissen**, nach den Grundlagen jedenfalls des geltenden, modernen Rechtssystems, das „man nicht macht, sondern findet", wenn auch „in ewigem Suchen". Die Gliederung des Systems ergibt sich für ihn aus jenem „zentralen Gerechtigkeitsgedanken" und den „besonderen Richtigkeitsgedanken", die freilich erst in „wissenschaftlicher Forschungsarbeit bewusst werden". Das System besteht folglich nicht in der schlichten Zweidimensionalität einer Wandtafel, wie sie die ältere juristische Didaktik benutzte, sondern lässt sich nur durch Nachdenken zur Vorstellung bringen.[68]

Als Zentrum seines Verständnisses rechtssystematischer Untersuchungen sieht *Schmidt-Rimpler* – wie die abendländische Tradition seit dem spanischen Naturrecht[69] – die **Rechtsperson des Einzelnen** und seine Verantwortung – und dies unter dem Naziregime, das in seinem blinden Rassismus nur „Volksgenossen" anerkennen wollte, so der Entwurf des „Volksgesetzbuchs" (1942). Das Handeln des Einzelnen unter seiner „eigenen Verantwortung" wird so für *Schmidt-Rimpler* zur Grundlage des Vertragsrechts sowie des Eigentums und des Wettbewerbs-, ja überhaupt des Privatrechts, das bei ihm nicht nur *ex traditione* im Mittelpunkt steht. Das Privatrecht wird jedoch, so lehrt er weiter, durch die hoheitliche Gestaltung[70] von Seiten des Staates und der Selbstverwaltung ergänzt und z.T. mitgestaltet. Grundsätzlich steht der Gesetzgeber mithin häufig vor der „bangen Wahl zwischen hoheitlicher Gestaltung und Vertrag"[71], die freilich durch mögliche „Mischungen von beiden" erleichtert wird. Das System bildet für ihn eine Einheit, die der Einheit der Rechtsordnung entspricht[72] und die er gegen die Auflösungstenden-

[65] So *Schmidt-Rimpler* (Fn. 34), S. 686, 690; dort auch die folgenden Zitate.

[66] Dass die Rechte des Common Law überwiegend noch immer diesen Weg gehen, ist in ihrer Tradition gegründet, wird aber auch für sie mehr und mehr zweifelhaft; vgl. dazu *Rittner*, FS Nörr (2003), S. 805, 806 f.

[67] Vgl. *Schmidt-Rimpler* (Fn. 18), S. 79 ff. Die Konsequenzen für die Gesetzgebung zieht *Schmidt-Rimpler*, FS Hedemann (1938), S. 75, 82 ff.

[68] Vgl. *Rittner* FS Nörr (2003), S. 805, 816 ff.

[69] Vgl. etwa *Hattenhauer*, Person – Zur Geschichte eines Begriffs, JuS 1982, 405–411.

[70] Völlig klar freilich erst in der Abhandlung von 1941, *Schmidt-Rimpler*, AcP 147/49 (1941/44), 130, 165.

[71] So *Schmidt-Rimpler*, AcP 147/49 (1941/44), 130, 169.

[72] *Schmidt-Rimpler* (Fn. 18), S. 79–94.

zen der Nazizeit vehement verteidigt. – Jene Sätze folgen nicht aus einer Theorie, sondern aus der praktischen Erfahrung, die *Philipp Heck* zuvor so formuliert hatte: Der Richter hat „zwar den Einzelfall zu entscheiden, aber unter Anwendung der ganzen Rechtsordnung“[73]. Das gilt übrigens auch heute, ungeachtet der Entwicklung des europäischen Rechts.

Auf diese Weise überwindet *Schmidt-Rimpler* auch die **Dichotomie zwischen Öffentlichem Recht und Privatrecht**, wie sie leider noch immer die Struktur unserer Rechtsfakultäten bestimmt[74] und so den beiden Rechtsbereichen erschwert, die „Verzahnungen“ zu erkennen, wie sie namentlich im modernen Wirtschaftsrecht,[75] aber auch im Steuerrecht und im Sozialrecht häufig vorkommen.

Das Recht als System und damit als Einheit zu sehen, mag heute manchem noch schwerer fallen als früher: Die Spezialisierung lässt immer neue „Rechtsgebiete“ entstehen und die Praxis greift zwangsläufig oft zur Teamarbeit. Dennoch muss der Jurist auch heute noch stets das gesamte System in seinen Blick fassen; sonst verstehen sich auch die Spezialisten nicht mehr untereinander. *Schmidt-Rimpler* mahnt uns mit seiner neuen und leider noch nicht allgemein anerkannten Konzeption also zu Recht, das System ernstzunehmen.

3. *Die Lehre vom Vertrag*

Seine Lehre vom Vertrag hat *Schmidt-Rimpler* berühmt gemacht, obwohl sie Fragment bleiben musste[76] und obwohl sie immer wieder missverstanden und verfälscht wurde[77] und neuerdings sogar übersehen wird.[78] Dabei lässt sie sich in wenigen, einfachen Sätzen zusammenfassen, die freilich unter einer demokratischen Ordnung erheblich leichter zu formulieren sind als damals (1941) unter einer diktatorischen:

(1) Jede Rechtsgestaltung in einer modernen Rechtsordnung steht vor der „bangen Wahl“[79] zwischen dem hoheitlichen und dem privatautonomen Instrumentarium, die grundsätzlich gleichberechtigt sind,

[73] *Heck*, Begriffsbildung und Interessenjurisprudenz (1932), S. 107; zust. *Engisch*, Die Einheit der Rechtsordnung (1935), S. 28 f.

[74] Vgl. dazu *Rittner*, Über den Vorrang des Privatrechts, in: Dieckmann/Frank/Hanisch/Simitis (Hrsg.), Festschrift für Wolfram Müller-Freienfels (1986), S. 509, 510 f.

[75] Vgl. *Schmidt-Rimpler* (Fn. 34), S. 686, 694 bei II.A.a.

[76] Vgl. ob. bei I.5.

[77] Vgl. dazu schon *Schmidt-Rimpler*, FS L. Raiser (1974), S. 3; auch *Rittner*, Über das Verhältnis von Vertrag und Wettbewerb, AcP 188 (1988), 101, 121 ff.

[78] So *Kauhausen*, Nach der „Stunde Null“, Prinzipiendiskussion im Privatrecht nach 1945 (2007), S. 180; enttäuschend auch *Bachmann*, Private Ordnung, Grundlagen ziviler Regelsetzung (2006).

[79] Der Ausdruck stammt wohl, worauf mich *Meinrad Dreher* aufmerksam macht, von *Friedrich Schiller*: Das Ideal und das Leben, Vers 1 a.E. (dort: „zwischen Sinnenglück und Seelenfrieden“).

(2) für die Rechtsverhältnisse zwischen den Personen ist die privatautonome Gestaltung grundsätzlich vorzuziehen, weil durch alleinige hoheitliche Gestaltung, wie *Schmidt-Rimpler* 1941 schreibt, „alle Persönlichkeit erstickt, die persönliche Initiative und Wirkungskraft unterdrückt, die Verantwortungsfreude gehindert und eine sich auf die Gemeinschaft verlassende Verantwortungslosigkeit gezüchtet werden und die eigene Entwicklung der Persönlichkeit (...) stark gehemmt" sein würde,[80]

(3) der (Austausch-)Vertrag, das reguläre Instrument privatautonomer Gestaltung, ist ein „Mittel gerechter Ordnung"; denn er führt in der Regel schon deswegen zu richtigen Ergebnissen, weil jede Partei ihre Leistung für sich niederer bewertet, als die Leistung des anderen, also jene gern für diese hingibt,

(4) jene „bange Wahl" wird zudem dadurch erleichtert, dass das Vertragsrecht – wie überhaupt das Privatrecht – durch einzelne, punktuell eingesetzte hoheitliche Elemente ergänzt werden kann, wie wir sie schon lange verwenden, z.B. zwingendes Recht, Formvorschriften, Registerzwang, Kartellaufsicht.[81]

Wie schon *Jutta Limbach* 1986 mit Recht bemerkte, hatte *Schmidt-Rimpler* sein Konzept und dessen Begriffe „normativ geprägt", schon deswegen weil er „den Vertrag vor dem Zugriff des autoritären Staates (...) bewahren wollte"[82]. Deswegen dürfte seiner Vertragslehre auch nicht „ideale Bedingungen" unterstellt werden, wie es z.B. das AGB-Gesetz seinerzeit unternommen hatte[83] und später das Bundesverfassungsgericht nach einer „gestörten Vertragsparität" suchen ließ.[84]

Die spätere rechtspolitische Diskussion verwandelte jedoch unversehens Begriffe wie Richtigkeitsgewähr, Vertragsmechanismus und Interessenausgleich, die *Schmidt-Rimpler* höchst subtil und normativ verwendet hatte, in inhaltslose Schlagworte.[85] Selbst *Ludwig Raiser* wollte die Richtigkeitsgewähr des Vertrages bezweifeln, weil, wie er meinte, „der Glaube an sie noch über den auch von (ihm) geleugneten Glauben des früheren Liberalismus an eine aus dem Zusammenwirken aller Egoismen sich ergebende Har-

[80] *Schmidt-Rimpler*, AcP 147/49 (1941/44), 130, 170.

[81] *Schmidt-Rimpler*, FS L. Raiser (1974), S. 3, 25, *ders.* (Fn. 34), S. 686, 699 f. *ders.*, AcP 147/49 (1941/44), 130, 142: „zum Teil hoheitlich, zum Teil durch Vertrag gestaltet".

[82] *Limbach*, Die Kompensation von Ungleichgewichtslagen, KritV 1986, 165, 176 f.

[83] BT-Drs. 7/3919, S. 13: Das Gesetz sollte „nicht anders als die durch eine ungehemmte Entwicklung im Bereich der AGB gestörte Vertragsfreiheit wieder herstellen".

[84] Z.B. BVerfG 89, 214 und dazu *Rittner*, Die gestörte Vertragsparität und das Bundesverfassungsgericht, NJW 1984, 330 f.

[85] So in der Kritik mit Recht *Limbach*, KritV 1986, 165, 177 bei 2.

monie hinausgehe"[86]. Wie ein so kluger und *Schmidt-Rimpler* auch persönlich sehr gewogener Mann wie *Ludwig Raiser* die Vertragslehre derart grob missverstehen konnte, bleibt mir ein Rätsel.[87] Aber vielleicht hatte er damals das Privatrecht, mindestens wohl die Vertragsfreiheit schon aufgegeben.[88]

Seine Vertragslehre gründet *Schmidt-Rimpler* nämlich – in erklärtem Gegensatz zu den Verfechtern der bloßen Privatautonomie – primär nicht auf den Gedanken der Freiheit und der Willkür[89] der Einzelnen, sondern auf den *Gerechtigkeitsgedanken*[90]. Er bleibt also streng im juridischen Kontext und lässt sich nicht auf das Feld des Politischen locken, dass der Jurist überhaupt lieber meidet. Das hält seine Lehre auch unabhängig von der Staatsform und verleiht ihr dadurch eine besondere Überzeugungskraft. Freilich stellt sie die Alternative hoheitliche/privatrechtliche Rechtsgestaltung noch radikaler als es eine Freiheitsdoktrin vermag: Wenn schon der privatrechtliche Vertrag zwar „nicht selbst als Rechtsquelle", aber wohl als „im Einzelfall typischerweise richtige Regelung angesehen werden kann"[91], dann gelten für die Rechtssetzung, die Gesetzgebung, aber auch für die sonstigen hoheitlichen Aktivitäten noch erheblich höhere Anforderungen. Denn wie *Schmidt-Rimpler* (1941!) lehrt, soll der Gesetzgeber „das Richtige verwirklichen (...) weil man ihm die Fähigkeit dazu zutraut"[92]. Damit zwingt *Schmidt-Rimpler* der Staatsgewalt die Frage nach der Richtigkeit ihrer Entscheidungen auf und lässt zugleich die tatsächlichen Grenzen ihrer Realisierung erkennen. Wie schwer es selbst in einer demokratischen Ordnung den Hoheitsträgern fällt, solchen Anforderungen zu genügen, erleben wir zwar täglich aufs Neue.[93] Solche Erfahrungen bestätigen aber doch nur die normative Sicht *Schmidt-Rimplers*: wem öffentliche Gewalt anvertraut ist, hat sein Mandat nicht als

[86] L. *Raiser*, Vertragsfunktion und Vertragsfreiheit, in: Caemmerer/Fiesenhahn/Lange (Hrsg.), Hundert Jahre Deutsches Rechtsleben, Festschrift zum hundertjährigen Bestehen des Deutschen Juristentag 1860–1960 (1960), Bd. I, S. 101, 118 f.

[87] Vgl. die schon sehr maßvolle Stellungnahme von *Schmidt-Rimpler*, FS L. Raiser (1974), S. 3, S. 12.

[88] Vgl. L. *Raiser*, Vertragsfreiheit heute, JZ 1958, 1–8.

[89] So *Flume*, Allgemeiner Teil, Bd. 1 Das Rechtsgeschäft (1965), S. 6.

[90] Vgl. nur *Schmidt-Rimpler*, FS L. Raiser (1974), S. 3, 17, insbesondere zu *W. Burckardt* und *W. Flume*.

[91] So *Schmidt-Rimpler*, FS L. Raiser (1974), S. 3, 19 ff., 23 f., gegen *v. Hippel*, Das Problem der rechtsgeschäftlichen Privatautonomie (1936).

[92] *Schmidt-Rimpler*, AcP 147/49 (1941/44), 130, 162 in kritischer Distanz zu Parlamentariern, die „als Vertreter von Einzel- und Gruppeninteressen" agieren und so nur „Kompromisse erzeugen, deren Wesen darin liegt, dass sie von keiner grundsätzlichen Erwägung aus richtig sind".

[93] Vgl. dazu auch *Rittner*, Demokratie als Problem: Abschied vom Parlamentarismus?, JZ 2003, 641, 644 f.

Vertreter irgendwelcher Interessen, sondern als Repräsentant des Volkswillens anzusehen.[94]

Wenn ein Jurist unserer Tage diese Lehren verstehen will, stößt er vor allem auf zwei Hindernisse:

- dass die Lehren nicht vollständig vorliegen, also nicht das ganze Privatrecht umfassen,
- dass sie konsequent normativ angelegt sind, das Empirische also ganz am Rande lassen.

Die *Lücken in der Vertragslehre*, die wir – besonders nach dem Verlust der 2. Abhandlung – noch immer schmerzlich feststellen müssen, betreffen – mit den Worten *Schmidt-Rimplers* von 1941 – vor allem die „Einzeldurchführung"[95], auf die er aber auch immer wieder verweist.[96] Auch große Themen werden jedoch allenfalls gestreift. Da *Schmidt-Rimpler* – mit Recht – den gegenseitigen Vertrag, das Austauschgeschäft ins Zentrum rückt, spricht er die *einseitigen Rechtsgeschäfte* nur hier und dort an, besonders das Testament[97], das seine spezifische Richtigkeitsgewähr aber wohl darin hat, dass die Rechtsfolgen erst dadurch eintreten, dass der Testator sein Leben opfert.[98] Deswegen bleibt eigentlich als empfindliche Lücke nur das *Gesellschaftsrecht*, also die Verträge zu einem gemeinsamen Zweck bzw. zur Gründung einer privatrechtlichen Körperschaft,[99] beides Rechtsgeschäfte, für die die Figur des „Vertragsmechanismus" nicht recht passt, da er nun einmal mit dem Austauschgeschäft verbunden ist. So finden wir leider nur in dem Vortrag von 1938 zu der Systemfrage einige Hinweise darauf, wie *Schmidt-Rimpler* die Gesellschaftsverträge in seine Vertragslehre eingebaut hat:[100] Es sind „besondere Richtigkeitserwägungen", die dem Gesellschaftsrecht zugrunde liegen, so dass das Gesellschaftsrecht ein „besonderes Systemglied" innerhalb der Rechtsordnung darstellt.

Was schließlich die „eigentümliche Korrelation zwischen Vertrag und Wettbewerb"[101] angeht, gehört sie wohl primär in das Wirtschaftsrecht.[102] Im Kontext seiner Vertragslehre hält *Schmidt-Rimpler* aber fest, dass einerseits „die Richtigkeitsgewähr des Vertrages durch den Wettbewerb erhöht wird,

[94] Art. 38 Abs. 1 Satz 2 GG gilt grundsätzlich für alle Staatsorgane; vgl. *Seifert/Hönig*, Grundgesetz (1982), Art. 38 Rdnr. 9.

[95] *Schmidt-Rimpler*, AcP 147/49 (1941/44), 130 Fn. 1.

[96] Vgl. z.B. *Schmidt-Rimpler*, AcP 147/49 (1941/44), Fn. 32, 34, 36, 46, 72, 72a.

[97] *Schmidt-Rimpler*, AcP 147/49 (1941/44), 130, 153 ff. bes. Fn. 32.

[98] Zur Stiftung vgl. *Schmidt-Rimpler*, AcP 147/49 (1941/44), 130, 155 Fn. 32.

[99] Nur gestreift bei *Schmidt-Rimpler*, AcP 147/49 (1941/44), 130, 160 ff. beim Thema der Verbandsautonomie.

[100] Vgl. hierzu und zum Folgenden *Schmidt-Rimpler* (Fn. 18), S. 79, 88 f.

[101] *Schmidt-Rimpler* (Fn. 18), auch zum Folgenden.

[102] Vgl. dazu *Schmidt-Rimpler* (Fn. 34), S. 686, 691 f.

andererseits sich dessen Funktion nur voll entfalten kann, wenn sich richtige Verträge in der Wirtschaft auswirken"[103].

Von der empirischen Seite her wird die Vertragslehre *Schmidt-Rimplers* übrigens durch die Forschungen *F. A. von Hayeks* bestätigt, die heute in aller Munde sind: Die „spontane Ordnung", die *von Hayek* der „zentralen Leitung" gegenüberstellt,[104] sieht dieser als eine „Entdeckung" – durch *A. Smith* und seine Nachfolger –, und zwar als einer sich selbst bildenden „(...) Ordnung gesellschaftlicher Erscheinungen an, in der die Kenntnisse und die Geschicklichkeiten aller Mitglieder der Gesellschaft weit besser genutzt werden als in irgendeiner durch zentrale Leitung gebildeten Ordnung". Ob die klassischen Nationalökonomen die spontane Ordnung wirklich entdeckt haben, mag hier offen bleiben. Jedenfalls gab es diese schon vorher: Der Vertrag gehört wohl zu den ältesten Rechtsphänomenen überhaupt und lässt sich auch in späteren Zeiten selbst von den brutalsten Diktaturen nicht auslöschen, wie z.B. die Schwarzmärkte überall dort zeigen,[105] wo die Vertragsfreiheit zu sehr eingeschränkt ist. Die vor-staatliche Herkunft der Verträge spiegelt sich übrigens auch in der klassischen Naturrechtslehre wider, in der das Privatrecht durchaus überwog und sogar die politische Theorie auf den Vertragsverhältnissen begründet wurde.[106] Aber diese historisch-tatsächlichen Entwicklungen waren nicht *Schmidt-Rimplers* Themen, ihm ging es immer nur normativ um die „richtige Ordnung" durch den Vertrag.

4. Die Lehre vom Wirtschaftsrecht

Mit seiner Lehre vom Wirtschaftsrecht verfolgte *Schmidt-Rimpler* vor allem zwei Ziele:

- er verteidigte die Eigenständigkeit des Rechts gegen die – immer wiederkehrenden – Versuche der Ökonomen, das Wirtschaftsrecht zu einem „bloßen Zweckinstrument der angewandten Wirtschaftspolitik" zu deklassieren,[107]
- er fand das Wirtschaftsrecht als wesentliches Systemglied einer modernen Rechtsordnung, die die Selbstbestimmung der Einzelnen mit hoheitlicher Regelung verbindet.

[103] *Schmidt-Rimpler* (Fn. 18); dazu auch *Rittner*, AcP 188 (1988), 101–139.

[104] *v. Hayek*, Grundsätze einer liberalen Gesellschaftsordnung (1966), in: Vanberg (Hrsg.) Gesammelte Schriften in deutscher Sprache, Bd. 5 (2002), S. 69, 71.

[105] Vgl. *v. Hippel*, Das Problem der rechtsgeschäftlichen Privatautonomie (1936), § 7: Rechtsgeschäft im Naturstande, sachlich wohl auch gegen einer „Vertrag im rechtsleeren Raum", *Schmidt-Rimpler*, FS L. Raiser (1974), S. 3, 9 ff.

[106] Vgl. z.B. *Johannes Althusius* (1557–1638) und dazu *v. Gierke*, Johannes Althusius und die Entwicklung naturrechtlicher Staatstheorien (2. Aufl. 1902).

[107] So schon *Schmidt-Rimpler*, DR 1942, 1731–1735.

Das *Verhältnis von Recht und Wirtschaft* hat *Schmidt-Rimpler* schon 1942 in Auseinandersetzung mit *G. Schmölders*[108] u.a. mit klaren Worten und eindrücklichen Thesen festgehalten:[109] Dem Juristen ist aufgegeben, über eine gerechte Ordnung in allen ihren Einzelheiten möglichst konkret nachzudenken und ihre Möglichkeiten zu erforschen. Die Wirtschaftswissenschaft kann ihm dazu „viel Material bieten". Um dies zu verarbeiten, muss der Jurist jedoch „fähig (sein), auch wirtschaftswissenschaftlich zu denken"; der Rechtsforscher sollte idealiter „selbst wirtschaftswissenschaftliche Forschungen (treiben)", was unser Lehrer aber auch im umgekehrten Sinne fordert.

Gewiss lassen sich diese Forderungen, so berechtigt sie sind, heute noch weniger leicht erfüllen als vor 60 Jahren[110]. Der Stoff, den jede der beiden Wissenschaften nunmehr ihren Studenten zumutet, ist seitdem explosionsartig angewachsen. Doch ebenso wenig wie die Theorie kommt die gegenwärtige Praxis an jenen Forderungen vorbei, wie die tägliche Erfahrung lehrt. Wir Juristen befinden uns freilich neuerdings in einer eigenartigen Verteidigungsposition: Die Wirtschaftswissenschaftler verfügen in ihrem Englisch über eine *lingua franca*, die vor allem in den europäischen und internationalen Organen vorherrscht. Sie ermöglicht – fast wie die Mathematik – das zwanglose Gespräch, ja sogar die wissenschaftliche Arbeit über die staatlichen Grenzen hinweg, während sich die Juristen zunächst noch immer durch ihr nationales Recht beschränkt sehen und auch das europäische und internationale Recht möglichst in ihrer Sprache verstehen und darstellen. Ob und wann sich einmal wirklich europäisches Recht entwickelt, das die nationalen Rechte ablösen könnte – und in welcher Sprache –, vermag heute noch niemand zu sagen. Deshalb müssen wir Juristen noch lange Zeit mit dem „Platzvorteil" der Ökonomen im internationalen Verkehr rechnen und uns umso mehr anstrengen, die Ökonomen in Theorie und Praxis zu verstehen, auch was die Grenzen ihrer Wissenschaft angeht.

Sein *System des Wirtschaftsrechts* hatte *Schmidt-Rimpler* zum ersten Mal 1938, also in der Hochzeit des Nationalsozialismus, skizziert.[111] Der „Grundgedanke" dieses Systems liegt in der Aufgabe einer gesamtwirtschaftlich richtigen Ordnung, und zwar in einem Zusammenspiel hoheitlicher und privatautonomer Elemente.[112] Das setzt selbstverständlich ein mehrdimensionales

[108] *Schmölders*, Die Weiterbildung des Wirtschaftsrechts, Das Wirtschaftsrecht als angewandte Wirtschaftswissenschaft, ZgS 101 (1941), 64–81; *ders.*, Wirtschaftslenkung als angewandte Wirtschaftswissenschaft (1941).

[109] *Schmidt-Rimpler*, DR 1942, 1731, 1734 f., auch zum Folgenden.

[110] Vgl. dazu *Rittner*, Vom Nutzen und Nachteil der Ökonomie für das Wettbewerbsrecht, in: v. Verschuer/Gres (Hrsg.), Liber Amicorum für Alexander Riesenkampff zum siebzigsten Geburtstag (2006), S. 125–138.

[111] *Schmidt-Rimpler* (Fn. 18), S. 79, 86 ff.

[112] Deutlicher dann 1967 *Schmidt-Rimpler* (Fn. 34), S. 686, 690 ff., 703.

Systemdenken voraus, wie es *Schmidt-Rimpler* selbst erarbeitet hatte.[113] Daraus folgerte er weiter, dass der wirtschaftsrechtlichen Gestaltung grundsätzlich zwei Wege offen stehen: die unmittelbare Gestaltung durch den Staat und die „Selbstbestimmungsordnung", also die mittelbare Gestaltung durch Vertrag und Wettbewerb, von denen grundsätzlich diese den Vorrang haben sollte.[114]

Welchen Raum das positive Wirtschaftsrecht dieser Selbstbestimmungsordnung gibt, hängt selbstverständlich von der konkreten Regelung, d.h. vor allem von der Staatsverfassung, ab. Das Grundgesetz z.B. sieht den Einzelnen als Privatrechtsperson auch im Zentrum des Wirtschaftsrechts, in dem es ihm namentlich die Unternehmerfreiheit zubilligt[115] und die „planmäßige Formung und Organisation (der Gesellschaft und Wirtschaft) durch den Staat"[116] als verfassungswidrig ansieht. Das gilt übrigens auch für die europäische Union. Der „Verfassungsvertrag" von 2004 hatte in seinem Art. II 76 die „Unternehmerische Freiheit" sogar in seine Charta der Grundrechte aufgenommen. Aber auch ohne diese Positivierung bestimmen Vertrag und Wettbewerb primär die wirtschaftsrechtliche Ordnung der EU.[117]

Die wirtschaftsrechtliche Konzeption *Schmidt-Rimplers* vermag infolge ihres formalen Ansatzes schließlich auch *lenkungsgeneigte Ordnungen* zu erfassen, die dem Einzelnen weniger Freiheit geben. So hat *Schmidt-Rimpler* selbst 1938 gezeigt, dass seine Konzeption das Lenkungsrecht der Nationalsozialisten einerseits mit seiner Gliederung des Wirtschaftsrechts erfassen und andererseits Vertrag und Wettbewerb, also die Selbstbestimmungsordnung, dennoch möglichst weiten Raum lassen kann.[118] Und wir Jüngeren durften erleben, wie die Politiker und Juristen der Ostblockstaaten, als sie nach 1989 ihr Wirtschaftsrecht in eine freiheitliche Ordnung transformieren mussten, sich immer wieder von der Konzeption *Schmidt-Rimplers* leiten ließen.[119] Selbst die Chinesen haben, vor die gleiche Aufgabe gestellt, beschlossen, das – auf *Schmidt-Rimplers* Lehren aufbauende – Wirtschaftsrechtslehrbuch von *Rittner* und *Dreher* als „repräsentative deutsche Rechtsliteratur der Gegenwart" in ihr Übersetzungsprogramm aufzunehmen.[120]

[113] Vgl. ob. bei II.1. sowie *Schmidt-Rimpler,* (Fn. 34), S. 686, 694 ff.

[114] *Schmidt-Rimpler* (Fn. 34), S. 686, 705 f., 707.

[115] Vgl. nur *Rittner* (Fn. 26), S. 17 ff. u. pass.

[116] So BVerfGE 50, 290, 353.

[117] Vgl. *Rittner* (Fn. 26) S. 55 ff.

[118] *Schmidt-Rimpler* (Fn. 18), S. 79, 90 f.

[119] Vgl. nur *Rittner,* Die Umgestaltung in Osteuropa als wirtschaftsrechtliches Problem, WuW 1991, 95–105.

[120] *Rittner/Dreher,* Wirtschaftsrecht (3. Aufl. 2007).

III. Schluss und Ausblick

1. *Schlussbemerkungen*

Person und Werk *Schmidt-Rimplers* erscheinen vielen jüngeren Zeitgenossen wohl wie aus einer anderen Welt:

Die *deutsche Universität* und die Juristenfakultäten, die beide damals noch ein wenig an die Akademie von Athen erinnerten, jedenfalls wie das 19. Jahrhundert sie sich vorgestellt hatte,[121] hat der demokratische Gesetzgeber so fundamental verändert, wie es allenfalls der sowjetisch gelenkten DDR gelungen war.[122] Sie ist zu einer Massenveranstaltung der Berufsausbildung geworden, die ähnlich wie ein Unternehmen geführt wird und somit unterhalb der „Leitung" eigentlich nur „Kunden", besser gesagt: „Anstaltsnutzer" und „Angestellte" kennt, eine „Körperschaft" vielleicht noch, über die jedenfalls die Professoren die Kontrolle endgültig verloren haben.[123] Gewiss bleibt immer ein Rest – namentlich gut begabter und interessierter Studenten –, der hoffen lässt, dass die Wissenschaften weiterleben. Aber es fällt sehr schwer, sich einen Gelehrten wie *Walter Schmidt-Rimpler* unter den heutigen Verhältnissen der deutschen Universität vorzustellen. Wahrscheinlich wäre er niemals auf einen Lehrstuhl gelangt, vielleicht noch nicht einmal habilitiert, und es hätte ihn auch kaum gereizt, den entbehrungsreichen Beruf des Gelehrten anzustreben.

Recht und Rechtswissenschaft haben sich leider ähnlich gewandelt, wenn auch noch nicht so radikal. Das positive Recht hat zwar unter der Herrschaft des Grundgesetzes kräftig expandiert, dafür in seiner Qualität sehr verloren. Selbst der allzu eifrige Gesetzgeber hat anscheinend nicht mehr den Überblick über die Rechtsordnung und produziert oft nur ad hoc-Regelungen und keine dauerhaften Rechtssätze. Die Rechtswissenschaft hat es aus diesem Grunde nicht leicht mit ihrer Materie. Dazu verdrängen Schlagwörter oft das Nachdenken, das, wie *Schmidt-Rimpler* gezeigt hat, allein sowohl dem theoretisch wie dem praktisch arbeitenden Juristen helfen kann. Und die moderne Technik lässt eine riesige Masse an Wissen anhäufen, das als solches keine Früchte bringen, nicht einmal unserer unvermeidlichen „Halb-Bildung" abhelfen kann, über die der wahrhaft gelehrte *Schmidt-Rimpler* häufig für sich selbst geklagt hat. Überdies kämpft die Rechtswissenschaft, wie

[121] Vgl. etwa *v. Wilamowitz-Moellendorff*, Antigonos von Karystos (2. Aufl. 1965), S. 263 ff.

[122] Vgl. dazu schon *Rittner*, (Fn. 23), S. 35 f.

[123] Über die ersten Schritte dazu nach 1933 vgl. den Orientalisten P. *Kahle*, Die Universität Bonn vor und während der Nazi-Zeit (1923–1939), in: J.H. Kahle/W. Bleck (Hrsg.), Was hätten Sie getan? Die Flucht der Familie Kahle aus Nazi Deutschland, Die Universität Bonn vor und während der Nazi-Zeit (1923–1939) (1998), S. 91, 123; zuletzt P. *Häberle*, Die deutsche Universität darf nicht sterben – Ein Thesenpapier aus der Provinz –, JZ 2007, 183–184.

gesagt, noch mit der benachbarten Wirtschaftswissenschaft um den Einfluss auf Gesetzgebung und Rechtsprechung.

2. *Ausblick*

In dieser kritischen Situation weist uns *Walter Schmidt-Rimpler* aussichtsreiche Wege in die Zukunft, wenigstens für Recht und Rechtswissenschaft. Seine so konsequent sachlich-nüchterne Analyse gibt uns Juristen einen unangreifbaren Ausgangspunkt jenseits aller Ideologien und politischer Taktik: Es geht um die richtige Ordnung für den Einzelnen, wie ja wohl auch das Grundgesetz es vorsieht. Eine solche Ordnung kann in all ihrer Kompliziertheit nicht durch die situationsbezogene Rhetorik der Politiker gefunden werden, sondern nur im Wege des Nachdenkens der Juristen. Denn das Recht lebt als solches ja allein in den – freilich sehr wirkungsvollen – Vorstellungen[124] der Menschen, Vorstellungen, die in der „Laiensphäre" zwangsläufig mehr oder weniger unpräzise sind. Die exakten Vorstellungen, die wir für die tägliche Arbeit am Recht brauchen, stammen deswegen – anders als die Worte der Rhetoriker – nicht aus der augenblicklichen Argumentation, sondern aus der Arbeit, die Generationen von Juristen geleistet haben, um die Elemente einer richtigen Ordnung zu finden. *Schmidt-Rimpler* hat diese Vorstellungen in wesentlichen Punkten, wie wir gesehen haben, weitergeführt; wir müssen dort ansetzen, wo er aufgehört hat.

Nach alledem darf ich zum guten Ende den Satz übernehmen, mit dem *Martin Wolff* (1872–1953) an dieser Stelle – wenn auch wohl drüben im Hauptgebäude – vor rd. 75 Jahren seine Gedenkrede auf *Theodor Kipp* (1862–1931) geschlossen hat: „Seine wissenschaftlichen Gedanken aber werden auch die Jüngsten unter uns noch überleben"[125].

[124] Im Sinne von *Schopenhauer*, Die Welt als Wille und Vorstellung (3. Aufl. 1859), § 1, Anfang: „Die Welt ist meine Vorstellung".

[125] M. *Wolff*, Theodor Kipp (1932), S. 19.

5. Teil
Privatrechtsdogmatik und System

Ludwig Raiser*

FRIEDRICH KÜBLER

I. Zur Biographie[1]

1. Werdegang

Ludwig Raiser wurde am 27. Oktober 1904 in Stuttgart geboren. Das Elternhaus hatte großbürgerlichen Zuschnitt: sein Vater war der Generaldirektor – heute wäre das der Vorstandsvorsitzende – der Württembergischen Feuerversicherung. *Ludwig Raiser* absolvierte das hochreputierte Eberhard-Ludwigs-Gymnasium. Er strebte zunächst eine Laufbahn in der Versicherungswirtschaft an; dieser Absicht diente eine kaufmännische Lehre, die er in einem Versicherungsunternehmen absolvierte. Es schloss sich an das Jura-

* Vortrag am 8. Juni 2007 – Humboldt-Universität zu Berlin.

[1] Dieser Teil des Berichtes beruht auf eigenen Erinnerungen und mehr noch auf K. *Raiser* (Hrsg.), Zur Einführung, in: L. Raiser, Vom rechten Gebrauch der Freiheit. Aufsätze zu Politik, Recht, Wissenschaftspolitik und Kirche (1982), S. 19 ff.; sowie auf *Bälz*, Ludwig Raiser (27.10.1904–13.06.1980), Ein Lebensbericht, in: Eberhard-Karls-Universität Tübingen (Hrsg.), Zum 100. Geburtstag von Professor Dr. Dres. h.c. Ludwig Raiser (1904–1980) (2005), S. 11 ff.

studium in München, Genf und Berlin, das er 1927 mit einem hervorragenden Staatsexamen in Berlin abschloss.

Die Berliner Fakultät war damals glänzend besetzt. *Ludwig Raiser* hörte bei *Kipp*, *Titze*, *Flechtheim*, *Kaskel*, *Smend*, später auch bei *Ernst Rabel* und *Erich Kaufmann*, und vor allem bei *Martin Wolff*. Sie waren die Vorbilder, die den Entschluss zu einer wissenschaftlichen Laufbahn im Zivil- und Wirtschaftsrecht reifen ließen. Er wurde Assistent am neugegründeten Kaiser-Wilhelm-Institut für Ausländisches und Internationales Privatrecht; das ist heute das Hamburger Max-Planck-Institut. Direktor des Instituts war *Ernst Rabel*; zu den Assistentenkollegen zählten *Friedrich Kessler* und *Max Rheinstein*. Sie alle entstammten – wie auch *Martin Wolff* – jüdischen Familien und waren deshalb nach 1933 zur Emigration gezwungen.

1931 promovierte *Ludwig Raiser* bei *Martin Wolff* mit einer Dissertation über die Wechselerklärungen im Internationalen Privatrecht. Es schloss sich an ein Forschungsjahr in Heidelberg, wo er Seminare bei *Ernst Levi* und bei *Karl Jaspers* besuchte. 1933 wurde er von der Berliner Fakultät habilitiert; die wiederum von *Martin Wolff* betreute Habilitationsschrift war dem Recht der Allgemeinen Geschäftsbedingungen gewidmet; auf sie ist zurückzukommen.

2. *Umwege zum Beruf des Hochschullehrers*

Im September 1933 beteiligte er sich an einer Tagung, die sich kritisch mit den rechtstheoretischen Proklamationen des nationalsozialistischen Regimes befasste, das soeben die Macht in Deutschland usurpiert hatte. Deshalb wurden ihm und seinem Freund *Georg Meier*, einem jungen Romanisten, der im 2. Weltkrieg gefallen ist, die *venia legendi* verweigert; sie waren beide nicht berufbar. Er konnte noch das Buch über die AGB fertigstellen; es ist 1935 erschienen. Danach ging er nun doch in die Versicherungswirtschaft; er schloss sich der Magdeburger Gruppe an, in der er rasch zum Mitglied des Vorstands der Magdeburger Rückversicherung aufstieg. Er war zum Nachfolger des Vorstandsvorsitzenden *Franz Schäfer* vorgesehen. Doch 1942 wurde er an die neugegründete Universität Straßburg berufen. Sie sollte eine akademische Institution mit intensiver Ausstrahlung in ihr französisch geprägtes Hinterland werden. Deshalb wurden in Berlin die politischen Bedenken zurückgestellt. *Raiser* hat den Ruf angenommen; das war der Abschied von der Magdeburger. Mittlerweile war er aber zur Wehrmacht eingezogen; deshalb konnte er den Dienst in Straßburg nicht antreten; er hat dort keine Vorlesung gehalten.

Am Ende des Krieges geriet er in englische Kriegsgefangenschaft. Dort erreichte ihn ein Ruf an die Universität Göttingen. Deren erster Nachkriegsrektor, *Rudolf Smend*, erwirkte seine Entlassung aus dem Lager. Deshalb konnte er im Herbst 1945 seine erste Vorlesung halten. Göttingen war zwar unzerstört; es blieb aber nicht von den Nöten und Entbehrungen der Nachkriegszeit verschont. Trotzdem waren es Jahre, die er als glücklich empfunden hat. Endlich konnte er den Beruf des Hochschullehrers ausüben; seine Lehrveranstaltungen wurden alsbald zur Attraktion einer durch Krieg und Gefangenschaft geprägten Generation von Studenten.

3. *Ämter in und außerhalb der Universität*

In Göttingen begann auch der Weg, der ihn zeitweise weit aus der Universität hinausführte. Der Rektor *Smend* brauchte einen unbelasteten aber gleichwohl mit den Verhältnissen der NS-Jahre vertrauten Vorsitzenden der mit der Entnazifizierung des Lehrkörpers betrauten Kommission. *Ludwig Raiser* hat sich dieser wenig angenehmen Aufgabe nicht verweigert, die ihm den lebenslangen Groll einiger der Betroffenen eintrug. Dabei ließ er es an Einfühlung in die Lage der dem NS-Regime mehr oder weniger verfallenen Hochschullehrer nie fehlen. Er hat seine eigene Rolle, die der inneren Emigration, als ruhmlos angesehen; und er hat uns Jüngeren, die wir zu scharfen Urteilen über Publikationen aus den Jahren 1933 bis 1945 neigten, immer wieder ermahnt, uns in die Lage derjenigen zu versetzen, die sich nach der Machtergreifung zur Kooperation bereit gefunden hatten.

Andere Ämter schlossen sich an. Nach einem Gastsemester in Berlin wurde *Raiser* als Nachfolger *Smends* zweimal hintereinander zum Göttinger Rektor gewählt. Er war dadurch an der Neugründung der (West-)Deutschen Rektorenkonferenz beteiligt. Außerdem wirkte er maßgeblich mit an der Errichtung der Studienstiftung des Deutschen Volkes und des Hochschullehrerverbandes. Wichtiger noch war sein Beitrag zum Aufbau der Notgemeinschaft der Deutschen Wissenschaft, aus der alsbald die Deutsche Forschungsgemeinschaft (DFG) hervorging. Er wurde 1951 zu ihrem Präsidenten gewählt und hat dieses Amt 4 Jahre lang wahrgenommen; für diese Zeit war er von seinen Lehrverpflichtungen beurlaubt. Der Erfolg der DFG ist weithin sein Verdienst.

1955 wurde *Raiser* nach Köln, Heidelberg und Tübingen berufen. Er entschloss sich, Göttingen zu verlassen, um sich wieder verstärkt seinem eigentlichen Beruf, Lehre und Forschung zu widmen; und die Wahl fiel auf Tübingen. Das trug rasch Früchte: 1957 erschien die von ihm erarbeitete Neuauflage des Sachenrechts-Lehrbuches, das von *Martin Wolff* begründet und 1932 in der 9. Auflage erschienen war.

Aber dann wurden erneut externe Aufgaben an ihn herangetragen. Es begann sein Engagement für die Evangelische Kirche, auf das ich gleich zurückkommen werde. Er wurde in Aufsichtsräte der Versicherungswirtschaft und in den wissenschaftlichen Beirat des Bundeswirtschaftsministeriums berufen. 1957 wirkte er an der Gründung des Wissenschaftsrates mit, der die Hochschul- und Forschungspolitik zwischen Staat und Universitäten und zwischen Bund und Ländern koordinieren sollte. Er wurde alsbald mit der Leitung der Wissenschaftlichen Kommission betraut. Von 1961 bis 1965 hat er den Vorsitz des Gesamtgremiums wahrgenommen. Das war eine wichtige und arbeitsreiche Epoche, weil die Neugründung einer großen Zahl von Universitäten anstand; dazu zählten u.a. Augsburg, Bayreuth, Bremen, Bochum, Konstanz und Regensburg. Er hat im Gründungsauschuss der Universität Konstanz mitgewirkt und sich mit Erfolg dafür eingesetzt, dass die Rechtswissenschaft in die Sozialwissenschaftliche Fakultät eingliedert worden ist. Zugleich wurde er von *Berthold Beitz* mit der Neuordnung des *Krupp*'schen Unternehmens betraut; es ging vor allem darum, die Mehrzahl der Anteile in eine Stiftung zu überführen. Den Sommer und Frühherbst 1965 verbrachte er in den USA, als Gastprofessor in Berkeley.

Danach hoffte er, endlich mehr Zeit für wissenschaftliche Arbeit zu haben. Das Angebot des Bundesjustizministers *Gustav Heinemann*, als Nachfolger von *Bruno Heusinger* Präsident des Bundesgerichthofes zu werden, schlug er aus. Aber 1968, auf dem Höhepunkt der Studentenbewegung, drängten ihn Tübinger Kollegen, sich zum Rektor wählen zu lassen. Es war ihm klar, dass das Amt dieses Mal besonders schwer sein würde, aber er fühlte sich der Universität verpflichtet.[2] Und er stellte sich den Konflikten auf seine Weise. Als die Studenten das Rektorat besetzten, weigerte er sich, sehr zum Ärger der Mehrzahl der Ordinarien, die Polizei ins Haus zu holen. Stattdessen blieb er stoisch am Schreibtisch sitzen und las Akten; nach kurzer Zeit zogen sich die Besetzer zurück. Wenige Jahre später, bei seiner Entpflichtung 1973, ehrten ihn die Studenten mit einem Fackelzug; und die ASTA-Vorsitzende würdigte seine Rolle mit einer *Laudatio*, die durch schonungslose Offenheit und Ehrlichkeit bestach. Das war damals höchst ungewöhnlich und bestätigte, dass er die Lage richtig eingeschätzt hatte. Das Tübinger Rektorat hatte freilich noch andere Nachwirkungen. Angesichts einer schweren Krise, die vor allem auf der politischen Spaltung des Kontinents beruhte, wählte ihn die Europäische Rektorenkonferenz 1974 zu ihrem Präsidenten; er hat dieses Amt bis 1979, ein Jahr vor seinem Tod, ausgeübt.

Schließlich ist sein Engagement für die evangelische Kirche zu erwähnen.[3] Von 1949 bis 1973 war er Mitglied der Synode der EKD, davon lange Zeit als Vorsitzender ihrer Kammer für öffentliche Verantwortung und schließlich einige Jahre als ihr Präses. Mit seinem Namen sind vor allem zwei Denkschriften verbunden, die die Öffentlichkeit in hohem Maße beschäftigten: Die Denkschrift zur atomaren Bewaffnung der Bundeswehr von 1958 und die Ostdenkschrift von 1965 über „Die Lage der Vertriebenen und das Ver-

[2] Dazu L. *Raiser*, Universität und Staat im Licht der Tübinger Erfahrungen seit 1945, in: Neumann (Hrsg.), Wissenschaft an der Universität heute (1977) S. 1–44.

[3] Dazu *Scholder*, Die theologischen und kirchlichen Bezüge im Wirken Ludwig Raisers, in: Juristische Fakultät der Universität Tübingen (Hrsg.), Ludwig Raiser zum Gedächtnis (1982), S. 23–29.

hältnis des Deutschen Volkes zu seinen östlichen Nachbarn", die den Weg für eine neue Ostpolitik ebnete.

4. *„Die politische Verantwortung des Nichtpolitikers"*

Über diese vielfältigen Ämter, Verpflichtungen und Engagements war aus mehreren Gründen eingehend zu berichten. Sie haben das wissenschaftliche Werk in erheblichem Maße bestimmt; darauf ist zurückzukommen. Und sie hatten ihr eigenes Gewicht. Die *Gräfin Dönhoff* hat *Ludwig Raiser* in der „ZEIT" zum „knappen Dutzend" der einflussreichsten Männer der Bundesrepublik Deutschland gezählt. Auch wenn man dies für ein journalistisches *Overstatement* halten sollte, ist nicht zu bestreiten, dass es niemand gibt, der den Wiederaufbau des deutschen Hochschulwesens nach dem Zweiten Weltkrieg in vergleichbarem Maße beeinflusst hat. Hinzu kommt ein Weiteres. Nach dem Grauen des Krieges und den vorher nicht vorstellbaren Verbrechen des NS-Regimes empfand er in besonderem Maße die Verpflichtung, nach Kräften daran mitzuwirken, dass sich auch nur entfernt Ähnliches nicht wieder ereignen kann. Er war überzeugt, dass man dies nicht allein den Parteien und ihren Repräsentanten überlassen konnte; unerlässlich war auch – so eine von ihm gebrauchte Formulierung – die „politische Verantwortung des Nichtpolitikers". Das ist weiterhin aktuell, auch wenn wir heute eher von der politischen Rolle der Zivilgesellschaft sprechen würden.

II. Der akademische Lehrer

Die akademische Lehrtätigkeit kann ich nur streifen. Ich war schon in der Examensvorbereitung, als *Ludwig Raiser* nach Tübingen kam; deshalb habe ich nur einige wenige Vorlesungsstunden bei ihm gehört. Sie begannen früh am Morgen; *early to bed and early to Raiser* war die Devise seiner Hörer. Der Vortrag war glasklar gegliedert, ohne jede Prätention, schnörkellos an den Problemen orientiert und diszipliniert auch in der Nutzung der Zeit; ich habe nie erlebt oder gehört, dass der Stoff einer Vorlesung am Ende des Semesters nicht abgearbeitet gewesen wäre. Der Inhalt war eine faszinierende Kombination von praktischer Erfahrung, dogmatischer Analyse und rechtspolitischer Problemdiskussion. Die Lehrverpflichtungen wurden auch in Zeiten der drängenden Termine in Bonn, Berlin, Essen oder Frankfurt ohne Einschränkung erfüllt. Dazu ein Erlebnis aus dem Wintersemester 1964/65. Ich arbeitete an meiner Habilitation. *Raiser* war Präses der Synode, diese tagte von Donnerstag bis Samstag in Berlin. Die Fakultät veranstaltete einen Klausurenkurs, die von *Raiser* gestellte Zivilrechtsklausur musste just an diesem Freitag um 6 Uhr abends besprochen und zurückgegeben werden. Bei einem Treffen anfangs der Woche sagte ich eher beiläufig, ich würde die

Klausurbesprechung übernehmen. *Raiser* widersprach sofort: das sei seine Pflicht als Hochschullehrer; er werde die Synode für den Freitagnachmittag unterbrechen, mit dem Flieger zurückkommen, die Besprechung abhalten, dann nach Berlin zurückkehren und die Synode am Samstagvormittag fortsetzen. Ich gab nicht nach; es war das einzige Mal, dass wir so etwas wie einen Streit hatten. Schließlich sagte ich (nur halb im Spaß), ich habe den Eindruck, er traue mir die Klausurbesprechung nicht zu. Da lachte er und sagte: „Sie haben gewonnen". Der Klausurenkurs hat meine Besprechung überlebt.

Besonders zu erwähnen sind die Seminare. Sie waren bei den wissenschaftlich interessierten Studenten sehr begehrt und fanden in nahezu jedem Semester statt. Die Themen deckten ein breites Feld ab, fast so breit wie das der Publikationen, auf die ich gleich zu sprechen kommen werde. Die Diskussionen waren sehr offen und lebhaft; sie wurden zuweilen mit Leidenschaft ausgetragen; die Assistenten, Habilitanden und viele der Doktoranden nahmen regelmäßig teil. In der Zusammenfassung, die jede Sitzung abschloss, wurde von Mal zu Mal in Ansätzen und Umrissen greifbar, was wenig später als – nur in der Form fragmentarischer – Entwurf einer zeitgemäßen Privatrechtstheorie veröffentlicht wurde. Zusätzlichen Reiz bot die Chance zu einem Gespräch über andere als Fachfragen beim Ausklang in einem der universitätsnahen Gasthäuser. Das Seminar endete mit einer langen Wanderung, meist über die Schwäbische Alb; einmal sind wir 30 km durch ordentlich tiefen Schnee gestapft. *Ludwig Raiser* war ein erfahrener und ausdauernder Bergsteiger; fast alle seine Mitarbeiter teilten diese Passion.

Er konnte gegenüber den Studenten streng sein, wenn er die *minima moralia* wissenschaftlichen Arbeitens verletzt sah; das geschah nur selten. Im Übrigen war er von einer beispiellosen Großzügigkeit, vor allem auch gegenüber seinen Assistenten. Seine fast beständige Überlastung wurde nie auf die Mitarbeiter abgewälzt; er achtete sehr darauf, dass genügend Zeit zur Arbeit an Dissertationen und Habilitationen blieb, und erkundigte sich häufig nach dem jeweiligen Stand unserer Elaborate. Vor allem aber war er völlig offen und aufgeschlossen gegenüber allen Ansätzen, Methoden, Themen und Meinungen, mit denen wir ihn in unseren Projekten und Hervorbringungen konfrontierten. Wir alle waren an den Arbeiten für eine Neuauflage des erwähnten Lehrbuchs des Sachenrechts beteiligt, das von *Martin Wolff* begründet worden war, und zu der es leider nicht mehr gekommen ist. Jedem war klar, dass *Martin Wolff* ein begnadeter Dogmatiker und sein Buch eines der großen Werke der postpandektistischen deutschen Zivilistik war. Aber es entfaltete keine einengende Verbindlichkeit; es gab keine „Schule", auf deren Methoden oder Einsichten die nachfolgende Generation festgelegt war. Jeder konnte und sollte seinen eigenen Weg gehen.

III. Das wissenschaftliche Werk

1. Resignierte Selbsteinschätzung

Ludwig Raiser hat auf sein wissenschaftliches Lebenswerk nicht mit Genugtuung und noch nicht einmal mit Zufriedenheit zurückgeblickt. Es sei, so sagte er bei seiner Emeritierung, „notgedrungen Fragment geblieben"; er habe durch seine Publikationen „mehr Wechsel unterschrieben als eingelöst"[4]. Und im Vorwort der 1977 erschienenen Sammlung der wichtigsten Aufsätze heißt es, diese Arbeiten „zu den zentralen Fragen der politischen Funktion der Privatrechtsordnung" seien „nach der rechtspolitischen wie nach der rechtstheoretischen Seite bloße Bruchstücke geblieben"[5]. Im Sachenrecht war es ihm in den fünfziger Jahren – wie erwähnt – gelungen, eine Neuauflage des *Wolff*'schen Lehrbuchs zu Ende zu führen.[6] Die grundlegende Neubearbeitung dieses klassischen Werkes, die der zunehmenden öffentlich-rechtlichen Durchdringung des Liegenschaftsrechts und dem grundlegenden Wandel des Rechts der dinglichen Sicherheiten Rechnung tragen sollte, ist weit vorangetrieben, aber nicht abgeschlossen worden. Nicht weniger hat ihn geschmerzt, dass er kaum je genügend Zeit hatte, die ihn bedrängenden Fragen in der Form der umfassenden Monographie, zu der er sich besonders hingezogen fühlte, aufzuarbeiten und darzustellen. Auch das über Jahrzehnte geplante und immer wieder von Grund auf durchdachte „System des Wirtschaftsrechts" ist nicht geschrieben worden.[7] Als ich in den siebziger Jahren von Tübinger Kollegen gedrängt wurde, mich dort für das neue Amt des Universitätspräsidenten zu bewerben, hat er mich eindringlich davor gewarnt, den Fehler zu begehen, den er sich selber zuschrieb: nicht zu dem zu kommen, was den eigentlichen Reiz und Lohn des Hochschullehrerberufes ausmacht. Diese resignative Selbsteinschätzung erscheint verständlich, beim Rückblick auf das Gesamtwerk aber wenig begründet. Ich will das im folgenden in der Weise erklären, dass ich die Veröffentlichungen thematisch bündele und in dieser Anordnung kurz vorstelle und versuche, sie allgemeineren Entwicklungen zuzuordnen.

[4] L. *Raiser*, 50 Jahre Juristenleben, vorgetragen aus Anlass der Emeritierung am 12.11. 1973 im Auditorium Maximum der Universität Tübingen, in: ders. (Fn. 1), S. 59, 73 f.

[5] L. *Raiser*, Die Aufgabe des Privatrechts. Aufsätze zum Privat- und Wirtschaftsrecht aus drei Jahrzehnten (1977), S. VI.

[6] *Wolff*/L. *Raiser*, Sachenrecht (10. Bearbeitung 1957).

[7] L. *Raiser*, 50 Jahre Juristenleben, in: ders. (Fn. 1), S. 59, 66f. Vgl. auch *ders.*, Wirtschaftsverfassung als Rechtsproblem in: Rechts- und Staatswissenschaftliche Fakultät Göttingen (Hrsg.), Festschrift für J. von Gierke (1950), S. 181–200; *ders.*, Der Gegenstand des Wirtschaftsrechts, ZHR 143 (1979), 338–345.

2. *Der junge Autor*

Die ersten Veröffentlichungen sind durch das Programm des Kaiser-Wilhelm-Instituts bestimmt. Das gilt für die erwähnte Dissertation zu den Wirkungen der Wechselerklärungen im Internationalen Privatrecht.[8] Dieses Werk hat ihn weit über die Heimat hinaus vor allem in Frankreich und in Italien bekannt gemacht. In diese Kategorie gehört auch der Artikel über das Eigentum in dem vom Institut herausgegebenen Rechtsvergleichenden Handwörterbuch: Er belegt die perfekte Beherrschung der vergleichenden Methode.[9] Der nächste Schritt, die Habilitationsschrift über die AGB,[10] zeigt den jungen Wissenschaftler auf neuen, noch wenig begangenen Wegen. Das sich in den 20er Jahren entfaltende Phänomen der Allgemeinen Geschäftsbedingungen irritiert Praxis und Theorie, da es sich mit dem auf der noch frischen Zivilrechtskodifikation beruhenden dogmatischen Instrumentarium nicht befriedigend erfassen lässt. Die Abhandlung beginnt mit einer sehr gründlichen Untersuchung des Sachverhalts; schon hier manifestiert sich die Bereitschaft zu Interdisziplinarität, ein Interesse an den (anderen) Sozialwissenschaften, das später noch deutlicher hervortreten wird. Der Befund, dass Vertragsbedingungen vielfach nicht mehr ausgehandelt, sondern der Gegenseite schlicht aufgezwungen werden, spiegelt den Wandel der kleingewerblichen Strukturen, von denen die Verfasser des BGB ausgegangen waren, zu den zunehmend konzentrierten und kartellierten Großunternehmen des Industriezeitalters. Die von *Raiser* vorgeschlagenen Kontrollen erweisen sich als persuasiv: Sie werden von der höchstrichterlichen Rechtsprechung übernommen und gehen später in das AGB-Gesetz ein.

3. *Das Sachenrecht*

Das Interesse am Sachenrecht war offenbar schon im Studium durch die vielfältig als glanzvoll geschilderten Vorlesungen *Martin Wolffs* geweckt worden.[11] Die Arbeit an der Neuauflage seines Lehrbuchs wurde zum Anlass weiterer Veröffentlichungen zu Kernproblemen dieses Rechtsgebiets, etwa zu den Verwendungsansprüchen des Werkunternehmers[12] oder zum Verhältnis der §§ 985 ff. zu anderen Anspruchsgrundlagen.[13] Hervorzuheben ist die aus einem Vortrag für die Zivilrechtslehrervereinigung hervorgegangene

[8] L. *Raiser*, Die Wirkungen der Wechselerklärungen im Internationalen Privatrecht (1931).

[9] L. *Raiser*, Eigentum, in: Schlegelberger (Hrsg.), Rechtsvergleichendes Handwörterbuch für das Zivil- und Handelsrecht des In- und Auslandes, Bd. II (1929), S. 772–796.

[10] L. *Raiser*, Das Recht der Allgemeinen Geschäftsbedingungen (1935, Neudruck 1961).

[11] Vgl. dazu den kurzen Gedenkartikel L. *Raiser*, Martin Wolff 29.9.1872–20.7.1953, AcP 172 (1972), 489, 490 f.

[12] L. *Raiser*, Die Verwendungsansprüche des Werkunternehmers, JZ 1958, 681–685.

[13] L. *Raiser*, Die Subsidiarität der Vindikation und ihre Nebenfolgen, JZ 1961, 529–531.

Monographie über die dinglichen Anwartschaften.[14] Sie hat diese im BGB nur ansatzweise erwähnten Positionen zu festgefügten Rechtsinstituten entwickelt. Nicht weniger einflussreich war eine Abhandlung zum lange sehr streitigen Verhältnis von Eigentumsanspruch und Recht zum Besitz.[15] Diese Arbeiten zeigen *Raiser* als einen Meister der Zivilrechtsdogmatik. Der Einfluss von *Martin Wolff* ist noch in der Sprache zu spüren. Aber zugleich ist sich *Raiser* bewusst, dass es dabei nicht bleiben kann. Im Nachruf auf *Martin Wolff* schreibt er: „Der Preis der Geschlossenheit privatrechtlicher Systematik, die im Sachenrecht besonders fühlbar wird, ist freilich, wie im BGB selbst, so auch im *Wolff*'schen Lehrbuch die Ausblendung der Bezüge zum öffentlichen Recht und des – nur in schwachen Andeutungen sichtbar werdenden – gesellschaftlichen und wirtschaftlichen Hintergrunds der Rechtsinstitute. Eine auf den Schultern der Pandektistik stehende, zu hoher Kunst entwickelte, aber wohl auch allzu selbstgenügsam gewordene Zivilrechtsdogmatik stößt hier an ihre Grenzen“[16].

4. *Wirtschaftsrecht*

Die Überwindung einer im geschlossenen System operierenden Dogmatik zeigt sich noch deutlicher in den Publikationen, die einem weit verstandenen Wirtschaftsrecht zugeordnet werden können. Sie sind besonders stark von den Erfahrungen des erfolgreichen Managers geprägt und zeigen durchweg die Fähigkeit zur Verknüpfung rechtspolitischer Perspektiven mit praxisnaher Argumentation. Wichtige Themen sind die Mitbestimmung im Unternehmen,[17] die Bindung der Unternehmen an das öffentliche Interesse,[18] der kartellrechtliche Kontrahierungszwang[19] oder Grundfragen des Konzernrechts.[20] Diese letzte Publikation ist besonders wichtig; sie zeigt *Raiser* als

[14] L. *Raiser*, Dingliche Anwartschaften (1961).

[15] L. *Raiser*, Eigentumsanspruch und Recht zum Besitz, in: Caemmerer/Hallstein/Mann/ders. (Hrsg.), Festschrift für Wolff (1952), S. 123–140.

[16] L. *Raiser*, AcP 172 (1972), 489, 492 f.

[17] L. *Raiser*, Die wirtschaftsverfassungsrechtlichen Fragen der Gestaltung der Unternehmensformen, in: Ständige Deputation des Deutschen Juristentages (Hrgs.), 39. DJT (1952), B 57–76; *ders.*, Rechtsfragen der Mitbestimmung (1964).

[18] L. *Raiser*, Die Geltendmachung des öffentlichen Interesses gegenüber Unternehmen durch deren öffentliche Bindung, in: Rössling/Grüters (Hrsg.), Macht oder Ohnmacht des Eigentums (1959), S. 203 ff.

[19] L. *Raiser*, Kontrahierungszwang im Monopolrecht, in: Institut für ausländisches und internationales Wirtschaftsrecht an der Johann-Wolfgang-Goethe-Universität Frankfurt am Main in Verbindung mit Institute for International and Foreign Trade Law of the Georgetown University Law Center Washington, D.C. (Hrsg.), Kartelle und Monopole im modernen Recht, Bd. 2 (1961), S. 523–535.

[20] L. *Raiser*, Die Konzernbildung als Gegenstand rechts- und wirtschaftswissenschaftlicher Untersuchung, in: ders./Sauermann/Schneider (Hrsg.), Das Verhältnis der Wirtschaftswissenschaft zur Rechtswissenschaft, Soziologie und Statistik (1964), S. 51–56.

Mitveranstalter, Mitherausgeber und Autor in einem Projekt, in dem es vor allem um die Beziehungen zwischen Wirtschafts- und Rechtswissenschaft geht; darauf ist noch zurückzukommen. Besondere Erwähnung verdienen die Arbeiten zum Versicherungsrecht. Im Mittelpunkt steht der Versicherungsverein auf Gegenseitigkeit: die Bewahrung und behutsame Fortbildung dieser genossenschaftlichen Rechtsform erweist sich als durchgängiges Motiv von Untersuchungen, die der Verschmelzung, der Mitgliedervertretung und der Mitbestimmung gelten.[21]

5. *Universität und Hochschulpolitik*

Ein der juristischen Fachwelt weniger vertrauter Teil des Lebenswerkes ist durch die hochschulpolitische Tätigkeit und Erfahrung angeregt worden. Dabei geht es kaum je um rechtliche Detailprobleme; im Mittelpunkt stehen die Grundfragen: Was ist die Aufgabe, was die Stellung und die richtige Ordnung der Universität?[22] Schon in den fünfziger Jahren wird ihre Autonomie mit der Unerlässlichkeit ihrer öffentlichen Verantwortung gegen heraufziehende Bedrohungen verteidigt.[23] Ein Bericht über die Tübinger Universität, verfasst für die Festschrift zu ihrer 500-Jahr-Feier, verrät die wachsende Besorgnis, dass die Reste dieser Selbständigkeit zwischen den Mühlsteinen sprunghaft steigender Studentenzahlen und einer auf das Gruppenmodell fixierten Hochschulgesetzgebung zerrieben werden.[24] Verändert haben sich aber nicht nur die institutionellen Randbedingungen von Forschung und Lehre, sondern auch die wissenschaftliche Arbeit selbst. Das bezeugt besonders eindringlich ein Vortrag über „Wissenschaft als Beruf", der aus Anlass des hundertsten Geburtstages von *Max Weber* für die Stuttgarter Privatstudiengesellschaft verfasst und von ihr veröffentlicht worden ist: Am Wandel der Verfahren und Funktionen von Natur- und Sozialwissenschaften

[21] L. *Raiser*, Der Versicherungsverein auf Gegenseitigkeit, Versicherungswirtschaft 7 (1952), 505f.; *ders.*, Verschmelzung im Versicherungswesen auf Gegenseitigkeit, VersR 3 (1952), 329–331; *ders.*, Die Zulässigkeit des Kooptationssystems bei der Bildung von Mitgliedervertretungen großer Versicherungsvereine auf Gegenseitigkeit, ZfdgVersWiss 54 (1965), 465–485.

[22] L. *Raiser*, Das Bildungsziel der heutigen Universität (1965); *ders.*, Wiedereröffnung der Hochschulen – Ansätze und Neubeginn, in: Freie Universität Berlin (Hrsg.), Nationalsozialismus und die deutsche Universität (1966), S. 174–188; *ders.*, Deutsche Hochschulprobleme im Lichte amerikanischer Erfahrungen (1966); *ders.*, Aufgaben der Universität im europäischen Vergleich, in: Flitner/Herrmann, (Hrsg.), Universität heute – Wem dient sie? Wer steuert sie? (1977), S. 245–265. Weitere Texte in: ders. (Fn. 1), S. 228 ff.

[23] L. *Raiser*, Die Universität im Staat (1958), insbes. S. 14ff.; Wiederabdruck in: ders. (Fn. 1), S. 205 ff.

[24] L. *Raiser*, in: Neumann (Hrsg.) (Fn. 2), S. 1–44.

werden Notwendigkeit und Probleme einer spezifischen Berufsethik des Wissenschaftlers verdeutlicht.[25]

6. *Jurisprudenz und Theologie*

Die ertragreiche Spannung zwischen öffentlichem Handeln und praxisleitender Reflexion bestimmt schließlich einen weiteren Themenbereich: er betrifft das Verhältnis von weltlicher Ordnung und Jurisprudenz zu Kirche und Theologie.[26] Ich kann nur auf eine der zahlreichen einschlägigen Veröffentlichungen kurz eingehen: die zu Ehren des Berliner Lehrers und Göttinger Kollegen *Rudolf Smend* verfasste Abhandlung über „Christen und Nichtchristen im Recht"[27]. Sie analysiert die komplizierten Beziehungen der protestantischen Ethik zum beruflichen Ethos des Juristen, der seine Entscheidungen nicht nur vor dem Forum seiner säkularen und von konfligierenden Wertvorstellungen beherrschten Rechtsgemeinschaft, sondern zugleich vor der Instanz seines Gewissens zu verantworten hat.

7. *Zwischenbilanz*

Das Ihnen bislang Vorgetragene belegt die intensive Verflechtung von Lebensweg und wissenschaftlicher Arbeit: das praktische Engagement wirkt als ständiger Ansporn zu theoretischer Durchdringung; und die daraus gewonnenen Einsichten verwehren es, sich der Bürde der öffentlichen Ämter zu entziehen. Das Stichwort von der Verantwortung der Wissenschaft wird hier in ganz persönlicher und deshalb nicht nachahmbarer Weise mit Sinn erfüllt: Die rationale Durchdringung erlebter Problemzusammenhänge erweist sich als Antrieb, die theoretisch reflektierte Erfahrung wiederum praktisch zu verwerten und dadurch erneut zum Gegenstand systematischen Nachdenkens zu machen. Die enge Verbindung von Theorie und Praxis, von

[25] L. *Raiser*, Wissenschaft als Beruf (1964).

[26] L. *Raiser*, Recht und Sittlichkeit, in: Karrenberg (Hrsg.) Evangelisches Soziallexikon (1. Aufl. 1954), Sp. 841–845; *ders.*, Das „Recht auf Heimat" als Schlüssel zum deutschen Ostproblem?, Zeitschrift für evangelische Ethik 7 (1963), 384–390; *ders.*, Deutsche Ostpolitik im Lichte der Denkschrift der evangelischen Kirche, Europa-Archiv Beiträge und Berichte 21 (1966), 195–208; *ders.*, Der Beitrag der Evangelischen Kirche in Deutschland zur Wiedervereinigung, in: Froese (Hrsg.), Was soll aus Deutschland werden? (1968), S. 133–157; *ders.*, Versöhnung, in: Schultz (Hrsg.), Politik für Nichtpolitiker, Ein ABC zur aktuellen Diskussion (1970), 2. Bd., S. 236–242.; *ders.*, Kirche und Politik, in: Weckerling u.a. (Hrsg.), Jenseits vom Nullpunkt? Christsein im westlichen Deutschland, Bischof D. Kurt Scharf zum 70. Geburtstag am 21. Oktober 1972 (1972), S. 221–231. Weitere einschlägige Texte in: ders. (Fn. 1), S. 343 ff.

[27] L. *Raiser*, Christen und Nichtchristen im Recht, in: Rechts- und Staatswissenschaftliche Fakultät der Universität Göttingen (Hrsg.), Rechtsprobleme in Staat und Kirche, Festschrift für Rudolf Smend zum 70. Geburtstag (1952), S. 243–252.

Forschen und Gestalten, von wissenschaftlichem und politischem Ethos erklärt zudem das ungewöhnlich breite Themenspektrum der nur beispielhaft angeführten Schriften. Diese Verknüpfung erweckt freilich den Eindruck eines Erkenntnisinteresses, das maßgeblich von den Wegmarkierungen der äußeren Vita bestimmt wird und damit in starkem Maße als reaktiv, ja fast sporadisch und zufällig erscheint.

8. *Privatrechtstheorie*

Dass dieses Bild falsch ist, lässt sich an jenem Teil des Lebenswerks zeigen, dem *Ludwig Raiser* selbst entscheidende Bedeutung beigemessen hat. Es handelt sich um ein gutes Dutzend von durchweg kürzeren Abhandlungen, die in der Zeitspanne vom Beginn der Lehrtätigkeit und bis zum Lebensende am 13. Juni 1980, d.h. in fast dreieinhalb Jahrzehnten entstanden sind. Am Anfang dieser Reihe steht die Göttinger Antrittsvorlesung über den Gleichheitssatz im Privatrecht,[28] an ihrem Ende ein Beitrag zu der Festschrift für den Tübinger Kollegen *Fritz Baur* über das Eigentum als Menschenrecht,[29] dessen letzte Sätze dem Tode abgerungen worden sind. Andere Anlässe waren die Göttinger Rektoratsübernahme,[30] die Tübinger Ringvorlesung „summum ius – summa iniuria“[31], Einladungen ausländischer Fakultäten und wissenschaftlicher Vereinigungen[32] oder die Eröffnungsveranstaltung des 46. Deutschen Juristentages[33]. Die meisten dieser Texte sind 1977 als Taschenbuch veröffentlicht worden.[34] Im Vorwort zu diesem Band wird der „innere Zusammenhang“ betont, „die durchgehaltene Intention, die die Aufsätze gemeinsam kennzeichnet“[35]. Der Titel lautet: „Die Aufgabe des Privat-

[28] L. *Raiser*, Der Gleichheitsgrundsatz im Privatrecht, ZHR 111 (1949), 75–101, Wiederabdruck in: ders., Die Aufgabe des Privatrechts, Aufsätze zum Privatrecht aus drei Jahrzehnten (1977).

[29] L. *Raiser*, Eigentum als Menschenrecht, in: Grunsky/Stürner/Walter/Wolf (Hrsg.), Festschrift für Baur (1981), S. 105–118.

[30] L. *Raiser*, FS J. v. Gierke (1950), S. 181 ff.; Wiederabdruck: ders. (Fn. 28), S. 22–37.

[31] L. *Raiser*, Rechtsschutz und Institutionenschutz im Privatrecht, in: Rechtswissenschaftliche Abteilung der Rechts- und Wirtschaftswissenschaftlichen Fakultät der Universität Tübingen (Hrsg.), summum ius – summa iniuria, Individualgerechtigkeit und der Schutz allgemeiner Werte im Rechtsleben (1963), S. 145–167; Wiederabdruck in: ders. (Fn. 28), S. 124–144.

[32] L. *Raiser*, Der Stand der Lehre vom subjektiven Recht im deutschen Zivilrecht, Zeitschrift des Berner Juristenvereins 97 (1961), 121–160 und JZ 1961, 465–473, Wiederabdruck in: ders. (Fn. 28), S. 98–123; *ders.*, Die Zukunft des Privatrechts (1971), Wiederabdruck in: ders. (Fn. 28), S. 208–234.

[33] L. *Raiser*, Grundgesetz und Privatrechtsordnung, in: Ständige Deputation des Deutschen Juristentages (Hrsg.), 46. DJT (1967) Bd. II, B 5 – B 31, Wiederabdruck in: ders. (Fn. 28), S. 162–189.

[34] L. *Raiser* (Fn. 28).

[35] L. *Raiser* (Fn. 28), S. V.

rechts". Damit ist das – die unterschiedlichen Umstände und Anlässe der Entstehung übergreifende – Leitmotiv angegeben: Es geht darum, „das Proprium des Privatrechts, seine tragenden Prinzipien und seine spezifische Funktion innerhalb der Gesamtrechtsordnung herauszuarbeiten und diese Proprium sogleich als Aufgabe und Verantwortung des Juristen zu begreifen"[36]; mit anderen Worten: es geht um Privatrechtstheorie, die der zur Entscheidung berufenen Rechtspraxis, der Dogmatik, die für ihre tägliche Arbeit unerlässlichen Orientierungen sinnfällig vermitteln kann.[37]

Auch hier drängen sich im Rückblick grundlegende biographische Markierungen auf. Aber sie weichen signifikant von den erwähnten Verflechtungen des Lebensweges mit dem literarischen Werk ab: Es geht nunmehr um die Spur des inneren Werdegangs eines auf die Grundfragen seines Fachs konzentrierten Juristen. Das Schlüsselerlebnis des Studiums ist Mitte der zwanziger Jahre die Begegnung mit *Martin Wolff*; zur Vorbereitung der Vorgerücktenübung, so heißt es im erwähnten Lebensbericht, „arbeitete ich in den Ferien das Wolffsche Sachenrecht durch, und daran bin ich Jurist geworden"[38]. Das heißt: Dieser Prozess vollzieht sich im Kernbereich der klassischen Zivilistik, der es vorab um die Folgerichtigkeit des Systems und die Präzision ihrer Begriffe geht; die formale Brillanz des aus diesen Elementen errichteten Baus schützt die Eigenständigkeit des Privatrechts vor der Erosion durch die steigende Flut tiefgreifender sozialer Konflikte und Veränderungen.

Vor allem die erwähnten Schriften *Ludwig Raisers* zum Sachenrecht[39] zeigen, dass er eine vielleicht überwiegend gefühlsmäßige Bindung an die große Tradition der deutschen Pandektistik nie völlig abgestreift hat. Trotzdem werden schon in der Habilitationsschrift über die AGB die Ansätze eines völlig veränderten Verständnisses von Privatrecht sichtbar. In welchem Maße es sich von den überlieferten Selbstbeschränkungen konstruktiver Begrifflichkeit freigemacht hat, lässt sich schon dem methodischen Vorgehen ablesen: zunächst wird der wirtschaftliche Sachverhalt ermittelt, die sich anschließende rechtssoziologische Interpretation ergibt erste Wertungsaspekte, auf deren Basis die rechtspolitische Aufgabe ausformuliert wird; und sie fungiert wiederum als Wegweiser für die dogmatische Erarbeitung der systemgerechten Problemlösung.[40] Das Buch erhellt exemplarisch die Notwendigkeit wirtschaftsrechtlicher Durchdringung auch der Kernbereiche des

[36] L. *Raiser* (Fn. 28), S. V.

[37] Weil nämlich „auch die Praxis der Orientierung am Sinnzusammenhang bedarf, der über die Konfliktentscheidung im Einzelfall hinausweist", so in: *Raiser*, Die Zukunft des Privatrechts (1971), Wiederabdruck in: ders. (Fn. 28), S. 229.

[38] L. *Raiser*, 50 Jahre Juristenleben, in: ders. (Fn. 1), S. 59, 61.

[39] Vgl. die Nachweise zu Fn. 12–16.

[40] L. *Raiser* (Fn. 10), S. 15 ff., 59 ff., 90 ff., 109 ff.

bürgerlichen Rechts; es dokumentiert das Fortschreiten eines Wandlungsprozesses, der sich während der Weimarer Epoche mehrfach angedeutet hatte; als Beispiele seien nur erwähnt die Aufwertungsrechtsprechung des Reichsgerichts,[41] die Entstehung des kollektiven Arbeitsrechts[42] und *Martin Wolffs* Aufsatz über „Reichsverfassung und Eigentum"[43], der fast unvermittelt das Bedürfnis enthüllt, die bislang allein auf das Selbstverständnis der bürgerlichen Gesellschaft gegründete Privatrechtsordnung in der Verfassung zu verankern und so gegen politische Zugriffe abzusichern.

Der sich in diesen und anderen Erscheinungen abzeichnende „Funktionswandel der Privatrechtsinstitutionen" – so die mehrfach gebrauchte Formel[44] – ist das Thema, das unmittelbar nach dem Kriege aufgegriffen und bis zum Lebensende in immer neuen Anläufen, behutsam und doch mit Entschiedenheit, von Text zu Text weitergeführt und ausgearbeitet wird. Mit Sorge werden die restaurativen Tendenzen beobachtet, die als Reaktion auf den Nationalsozialismus zwar verständlich, aber für die Entwicklungs chancen der Privatrechtsordnung umso gefährlicher sind. Schon die Göttinger Antrittsvorlesung registriert im ersten Satz, dass der Vertreter der Zivilrechtswissenschaft stark versucht ist, „das Schifflein seiner Disziplin, mit zerbrochenem Mast und zerbeultem Rumpf, aber noch fahrtüchtig vom stürmischen Meer der Politik zurückzulenken in die stille Bucht der Rechtsdogmatik, der anspruchs- und gefahrlosen Handwerksarbeit am verlässlichen Material hergebrachter Denkfiguren und positiver Rechtssätze"[45].

In den sich anschließenden Untersuchungen wird die Notwendigkeit der Neuorientierung an der dogmatischen Entwicklung zentraler Rechtsinstitute,

[41] Zu ihrer sytemwandelnden Bedeutung eindringlich *Dawson*, The Oracles of the Law (1968), S. 461 ff.

[42] *Ludwig Raiser* erhielt während seines Studiums „kräftige Impulse (...) im Arbeitsrecht durch Kaskel"; so der Lebensbericht: L. *Raiser*, 50 Jahre Juristenleben, in: ders. (Fn. 1), S. 59, 62.

[43] M. *Wolff*, Reichsverfassung und Eigentum, in: Festgabe der Berliner Juristischen Fakultät für Wilhelm Kahl zum Doktorjubiläum am 19. April 1923 (1923), IV. Beitrag, insbesondere S. 18 und 21 f.

[44] Vgl. insbesondere L. *Raiser*, Die Zukunft des Privatrechts (1971), Wiederabdruck in: ders. (Fn. 28), S. 220, 222, 224; ähnliche Formulierungen schon in *ders.*, JZ 1958, 1 ff., Wiederabdruck in: ders. (Fn. 28), S. 38, 41 ff.; *ders.*, Rechtswissenschaft und Rechtspraxis, NJW 1964, 1201–1208, Wiederabdruck in: ders. (Fn. 28), S. 145, 151 ff.

[45] L. *Raiser*, FS J. v. Gierke (1950), S. 181 ff., Wiederabdruck in: ders. (Fn. 28), S. 1; vgl. auch *ders.*, Aufgabe und Verantwortung des Juristen in unserer Gesellschaft, in: Rechtswissenschaftliche Abteilung der Rechts- und Wirtschaftswissenschaftlichen Fakultät der Universität Tübingen (Hrsg.), Festschrift für Kern (1968), S. 383–401; Wiederabdruck in: ders. (Fn. 28), S. 190 ff.

vor allem des Vertrags und des subjektiven Rechts, nachgewiesen.[46] Den Bezugsrahmen bildet eine historische Rekonstruktion, die sich – eher zurückhaltend – auch einiger Erklärungsmuster anderer Disziplinen bedient. Die die späte Pandektistik und die Exegese des BGB beherrschende Vorstellung einer wertautarken Privatrechtsordnung, in deren Zentrum das isolierte Subjekt als Anknüpfungspunkt hochabstrakter Zurechnungen steht,[47] beruht auf den Überzeugungen der idealistischen Philosophie,[48] dem Harmonieglauben des Frühliberalismus[49] und der Annahme strikter Trennbarkeit von Staat und Gesellschaft.[50] In den Krisen und Erschütterungen des 20. Jahrhunderts haben diese Auffassungen ihre Glaubwürdigkeit verloren. „Subjekte des politischen und wirtschaftlichen Handelns sind in großem Umfang nicht mehr private Bürger, sondern Gruppen, Verbände und große Unternehmen durch ihre Funktionäre. Überdies ist jeder einzelne vielfach von den das Massendasein organisierenden Apparaten und ihren anonymen Machthabern abhängig, deren Leistungen er in Anspruch nehmen muß ... Das Leitbild der freien, selbstverantwortlichen Persönlichkeit, das die Philosophie des 19. Jahrhunderts auch für die Rechtslehre geprägt hatte, kann von uns nicht unverändert übernommen und verwirklicht werden ..."[51].

Mit anderen Worten: die Existenzbedingungen und Entfaltungschancen des Einzelnen werden nicht mehr allein durch die Automatik von Sozialabläufen gesichert, für die das Recht nur als wertneutrale Rahmenbedingung fungiert. Leben in Freiheit beruht auf der Leistungs- und Anpassungsfähigkeit von Institutionen, vor allem der marktwirtschaftlichen Ordnung und der demokratischen Verfassung; und es gehört zu den unabdingbaren Aufgaben des Privatrechts und des ihm verpflichteten Juristen,[52] zur Bewahrung und Förderung des Bestands und der Effizienz dieser Einrichtungen beizutragen.

[46] Grundlegend: L. *Raiser*, JZ 1958, 1 ff.; *ders.*, Vertragsfunktion und Vertragsfreiheit, in: Caemmerer/Friesenhahn/Lange (Hrsg.), 100 Jahre deutsches Rechtsleben, Festschrift zum hundertjährigen Bestehen des Deutschen Juristentages 1860–1960 (1960), Bd. 1, S. 101–134, Wiederabdruck in: ders. (Fn. 28), S. 62 ff.; *ders.*, Zeitschrift des Berner Juristenvereins 97 (1961), 121 ff.

[47] L. *Raiser*, Vertragsfunktion und Vertragsfreiheit (1960), S. 63; *ders.*, Zeitschrift des Bernischen Juristenvereins 97 (1961), S. 121–160; *ders.* (Fn. 31), S. 145 ff., Wiederabdruck in: ders. (Fn. 28), S. 125, *ders.* (Fn. 33), Wiederabdruck in: ders. (Fn. 28) S. 146; *ders.*, Die Zukunft des Privatrechts (1971), S. 209 ff.

[48] L. *Raiser*, Vertragsfunktion und Vertragsfreiheit (1960), *ders.*, NJW 1964, 1201 ff., Wiederabdruck in: ders. (Fn. 28), S. 151 f.

[49] L. *Raiser*, FS J. v. Gierke (1950), S. 181 ff., Wiederabdruck in: ders. (Fn. 28), S. 22, 35; *ders.*, Vertragsfunktion und Vertragsfreiheit (1960 s. Fn. 48), S. 87 f.

[50] L. *Raiser*, Vertragsfreiheit heute, JZ 1958, 1–8, Wiederabdruck in: ders. (Fn. 28), S. 38, 45; *ders.*, Die Zukunft des Privatrechts (1971), S. 219 f.

[51] L. *Raiser*, JZ 1958, 1–8.

[52] L. *Raiser*, FS Kern (1968), S. 383 ff., Wiederabdruck in: ders. (Fn. 28), S. 203 f.

Hier werden Affinitäten, auch persönlicher Natur, und zugleich die sachliche Distanz zu *Franz Böhm* und der von ihm begründeten Schule deutlich: Recht und Wirtschaft sind Kulturerscheinungen,[53] die nicht starr auf ein bestimmtes System festgelegt werden dürfen;[54] und die nicht zuletzt durch die Theologie vermittelten anthropologischen Einsichten verbieten es, den Menschen im Anwendungsfeld praxisbezogener Rechtstheorie zum bloßen Funktionselement eines mechanistischen Sozialmodells zurückzustutzen.[55] Das von *Böhm* entworfene Idealbild der Privatrechtsgesellschaft ist mit der Wirklichkeit nicht mehr zu vereinbaren: „Die Gesellschaft ist zum politischen Gemeinwesen verfasst; sie hat kein natürliches Gleichgewicht in sich selbst, sondern muß sich in Spannungen und Konflikten immer neu integrieren. Damit ist auch das von Generationen von Ziviljuristen gepflegte Ideal einer unpolitischen wertfreien Eigenständigkeit des Privatrechts zerbrochen; diese hat Teil an den Aufgaben allen Rechts, in jenen Spannungen und Konflikten Einrichtungen zu befestigen und Verfahrensweisen zu entwickeln, die den Ausgleich ermöglichen, und muß sich dabei an den für das politische Gemeinwesen verbindlichen Werten orientieren ... Nicht eine vom Staat distanzierte, sonder eine bei Wahrung ihrer Selbständigkeit in den Staat integrierte Privatrechtsgesellschaft und damit eine der Verfassung verpflichtete Privatrechtsordnung gilt es zu verwirklichen“[56]. Diese Sätze umschreiben das Programm einer Gruppe der nachfolgenden Generation von Zivilrechtslehrern, die sich nicht mit der überlieferten Zisilierkunst begnügten, sondern der Entwicklung von neuen Rechtsgebieten wie dem Anleger- oder Verbraucher- oder Datenschutzrecht oder den Problemen der Umwelt oder der Massenmedien zuwandten, alles Bereiche, die sich nicht länger allein dem öffentlichen oder dem Privatrecht zuordnen lassen.

IV. Was bleibt

Es läge nahe, mit der Abwandlung eines Satzes aus *Ludwig Raisers* Nachruf auf *Martin Wolff* zu enden[57]: „Was in der zweitausendjährigen Geschichte unserer Wissenschaft zählt, sind zuerst und zuletzt nicht Lehrmeinungen, Methoden und Philosopheme, sondern die großen Juristen“ – *Ludwig Raiser* war einer von ihnen. In der Erinnerung der Schüler wird indessen die Bedeutung der fortwirkenden wissenschaftlichen und politischen Anstöße vom Bild der Person überstrahlt. Was unvergesslich bleibt, ist der Einklang von

[53] L. *Raiser* (Fn. 28), S. 22, 27.

[54] L. *Raiser* (Fn. 28), S. 22, 35.

[55] Vgl. dazu die durch Ludwig Raiser angeregte Arbeit von *Runge*, Antinomien des Freiheitsbegriffs im Rechtsbild des Ordoliberalismus (1971).

[56] L. *Raiser* (Fn. 28), S. 162, 179.

[57] L. *Raiser*, AcP 172 (1972), 489, 497.

strengen Forderungen gegen sich selbst und geduldiger Rücksicht auf andere, von fast grenzenloser Bereitschaft zum Engagement und ruhiger Besonnenheit im Denken und Handeln, von nüchternem Weitblick und jener bezwingenden Gelassenheit, die nur dem zuteil wird, der sich der letzten Dinge sicher weiß.

Harry Westermann*

HANS SCHULTE

I. Lebensdaten

Harry Westermann wurde am 6. April 1909 in Grimersum in Ostfriesland als Sohn eines reformierten Pfarrers geboren. Er heiratete 1936 die niederländische Germanistikstudentin *Paula Schilt* und hatte mit ihr drei Söhne. Er starb am 31. Mai 1986 auf einer Reise in Vancouver.

II. Äußerer beruflicher Werdegang

Nach dem Abitur 1928 in Leer studierte *Harry Westermann* Jura in Freiburg, Wien und Göttingen. Im Dezember 1931 legte er beim OLG Celle die Erste Juristische Staatsprüfung ab und war seit März 1932 im Vorbereitungs-

* Vortrag am 16. Juni 2006 – Humboldt-Universität zu Berlin.

dienst. Nach Promotion (1933) und zweitem Staatsexamen (1935) war er in Göttingen vor allem als Repetitor tätig, nebenher auch als Rechtsanwalt. Auf die Repetitortätigkeit, die sehr erfolgreich war, ist er lebenslang stolz gewesen und oft zu sprechen gekommen. In seiner Abschiedsvorlesung 1974[1] ist er noch einmal ausführlich auf sie eingegangen, und Teilnehmer seines Repetitoriums sind zu dieser Abschiedsvorlesung nach Münster gekommen. Der Erfolg der Tätigkeit bestand auch darin, dass er sie 1938 aufgeben konnte, um sich ganz der Wissenschaft zu widmen. Er habilitierte sich 1940 an der Göttinger Fakultät, ging als Dozent nach Prag, war dort später a.o. Prof., flüchtete 1945 in seine Heimat Leer. Vor dem Wehrdienst hatten ihn eine schwere, lang dauernde Magenerkrankung (mit Resektion) und die extreme Personalnot der Prager Fakultät geschützt.

1949 wurde *Westermann*, nachdem er bereits seit Dezember 1945 Vorlesungen in Münster gehalten hatte,[2] von der dortigen Rechts- und Staatswissenschaftlichen Fakultät auf den Lehrstuhl für Zivilprozessrecht und Bürgerliches Recht berufen, den er bis zu seiner Emeritierung im Jahre 1974 innehatte. Er las demgemäß BGB und Zivilprozess, ersetzte Letzteres mit den Jahren aber mehr und mehr durch gesellschaftsrechtliche Vorlesungen.[3] In diese Zeit fallen vier abgelehnte Rufe nach Wien, München, Freiburg und Köln. *Westermann* war Dekan seiner Fakultät, danach Rektor seiner Universität (1953/54). Er war Mitbegründer und höchst aktives, angesehenes und einflussreiches Mitglied der Zivilrechtslehrervereinigung.

Westermann war, nicht selten auch intensiv im – wie man heute sagen würde – Wissenschaftsmanagement aktiv, nämlich vor allem bei Gründung und Förderung rechtswissenschaftlicher, meist aber interdisziplinärer Institute und Institutionen:[4] Seinem eigenen Institut für Berg- und Montanunionsrecht, besonders aber dem Institut für Genossenschaftswesen und, vor allem, Mitte der 60er Jahre dem Zentralinstitut für Raumplanung.[5] Hier kann auch das Landhaus Rothenfelde (in der Nähe Münsters) erwähnt werden, das er schon in seiner Zeit als Rektor erworben und gefördert hat und das seitdem der Fördergesellschaft gehört und der Universität als Tagungsstätte

[1] H. *Westermann*, 40 Jahre Lehre (1979), S. 19.

[2] Zu den damaligen äußeren Umständen s. H. *Westermann* (Fn. 1) in seiner Abschiedsvorlesung vom 18. Juli 1974.

[3] Ich folge bis hierhin weitgehend H. *Westermanns* eigener Beschreibung seines Werdegangs in seiner Abschiedsvorlesung (Fn. 1). – Einen schönen Einblick in seine gesellschaftsrechtliche Vorlesungstätigkeit bietet sein Aufsatz H. *Westermann*, Das Gesellschaftsrecht als Gegenstand der Lehre, in: Fischer u.a. (Hrsg.), Festschrift für Hefermehl (1976), S. 21–33.

[4] Hierzu auch *Großfeld*, Harry Westermann – Vom Ethos des Professors, in: Großfeld u.a. (Hrsg.), Westfälische Jurisprudenz (2000), S. 393, 395.

[5] Zusammen mit dem Wirtschaftswissenschaftler *H.-K. Schneider* und dem Soziologen *H. Schelsky*. Im Hintergrund wirkte aus Bonn der damalige Staatssekretär *W. Ernst* mit, der später lange geschäftsführender Direktor dieses Instituts war.

dient. *Westermanns* Schüler erinnern sich gern an viele Seminare, die dort von ihm abgehalten wurden. Maßgeblich tätig war er lange Jahre in der von ihm 1949 in Bocholt mitbegründeten Deutsch – Niederländischen Juristenkonferenz[6].

Westermann hat eine Fülle von Ehrungen erfahren. Ich erwähne nur drei davon: Die Festschrift zum 65. Geburtstag, herausgegeben von *Hefermehl, Brox* und *Gmür.* Die Münstersche Fakultät ehrt *Harry Westermann* bis heute mit der Verleihung des Harry-Westermann-Preises für exzellente Promotionen.[7] Die Bielefelder Fakultät hatte beschlossen, ihm die Ehrendoktorwürde zu verleihen, was er aber wegen seines plötzlichen Todes nicht mehr erfahren hat.

Westermann hat außerordentlich viele Doktoranden gehabt. Schon weil dies so war, muss ich den Kreis seiner Schüler hier sehr eng ziehen.[8] Wenn ich ihn auf seine Habilitanden beschränke, die zugleich mehrjährig wissenschaftliche Assistenten bei ihm waren, sind es gar nur drei:[9] Der früh verstorbene FU-Professor *Manfred Nitschke*, der besonders als Gesellschaftsrechtler hervorgetreten ist[10] und als Assistent stark an *Westermanns* gesellschaftsrechtlichem Handbuch[11] mitgearbeitet hat, *Jan Schapp*, Rechtsphilosoph und Zivilrechtler in Gießen (seit 2006 im Ruhestand) und ich[12]. Hierhin gehört aber auch *Carl-Heinz David*, der aus dem Zentralinstitut für Raumplanung hervorgegangen ist und kürzlich an der Universität Dortmund in den Ruhestand gegangen ist. Zum engsten Schülerkreis von *Harry Westermann* ge-

[6] Ich verdanke dieser Vereinigung meine erste Veröffentlichung, s. *Schulte*, Bericht zum Deutsch-Niederländischen Juristentreffen in Rotterdam am 6. und 7. Oktober 1962, JZ 1963, 184–185.

[7] Die Gründung der Stiftung geht vor allem auf *Kollhosser* zurück, der sie auch lange Jahre leitete.

[8] Wenn man den Kreis weiter zöge, würde man auf eine breite Palette verdienter und bedeutender Juristen aus Anwaltschaft, Richterschaft, Unternehmen und Verwaltungen stoßen. Ich erwähne nur einen, der gleichzeitig mit mir Assistent bei H. *Westermann* war: H. *Fornelli*, später Präsident des Nordrhein-Westfälischen Oberbergamtes in Dortmund.

[9] Einem vierten, *Dimopoulos-Vosikis*, versagte *Westermann* die Habilitation, ein Vorgang, der von damaligen Beobachtern noch heute für tragisch gehalten wird (die zur Habilitation vorgelegte Schrift hat ihr Autor dennoch veröffentlicht [s. dazu u., Fn. 65]). Sie wird bis heute zitiert, u.a. in H. *Westermann*, Sachenrecht (7. Aufl. 1998), § 31, Schrifttum. – Erwähnt werden muss, dass der bekannte, 2003 verstorbene Tübinger Strafrechtler *Baumann* in Münster habilitiert worden ist und zuvor bei H. *Westermann* wissenschaftlicher Assistent war.

[10] *Nitschke*, Die körperschaftlich strukturierte Personengesellschaft (1970).

[11] H. *Westermann*, Handbuch der Personengesellschaften, Losebl.-Ausg. (von Harry *Westermann* bis zur 3. Aufl. 1978).

[12] Mitarbeiter von H. *Westermann* inklusive Promotions- und Habilitationszeit mit einjähriger Unterbrechung von 1962 bis 1968, zunächst im Institut für Berg- und Montanunionsrecht, dann im Zentralinstitut für Raumplanung; *venia legendi* für Bürgerliches Recht, Zivilprozess, Bergrecht und Raumplanungsrecht; Ordinarius in Karlsruhe seit 1969, emeritiert 1998.

hören ganz gewiss aber auch *Bernhard Großfeld*, Münster, und *Bernd Rüthers*, Konstanz, beide in Münster habilitiert und dabei von *Westermann* sehr gefördert. Ihre großen wissenschaftlichen Erfolge haben ihn stets gefreut und stolz gemacht.[13]

Eine besondere Stellung im Verhältnis zu *Westermann* nimmt *Hans Brox* ein: Von einem „Schüler" *Westermanns* kann man bei ihm eigentlich nicht sprechen. Der 1920 geborene, 1949 in Bonn mit einer strafrechtlichen Arbeit promovierte *Brox* war nie Assistent bei *Westermann*. Aber er hatte dessen Anregung und Unterstützung bei der 1959 in Münster erfolgten Habilitation. Allerdings war *Brox* da längst schon Richter am OLG. Später verband *Westermann* mit *Brox*, der bald auch Fakultätskollege wurde, eine intensive, die Familien umfassende Freundschaft.

Ja, und dann ist da noch der eigentlichste und nähste, gewiss am intensivsten geförderte und geforderte und in allen Belangen in seine Fußstapfen tretende, ihn weiterführende, über ihn hinauswachsende, ihm oft so verblüffend ähnliche Schüler aus seinem Fleisch und Blut, also sein Sohn *Harm Peter Westermann*.

III. Das schriftliche Werk im Überblick

Das Frühwerk von *Harry Westermann* ist zeitlich und von den Anlässen her klar einzugrenzen: Es reicht von der Doktorarbeit[14] (1933) bis zu den Veröffentlichungen des Habilitationsvortrages[15] und der Habilitationsschrift[16] (beides 1942) und den Aufsätzen aus den 40er Jahren[17]. Sie behandeln vor allem bodenrechtliche und genossenschaftsrechliche Themen.

Harry Westermanns Hauptwerk, mit dem er als Wissenschaftler wie als akademischer Lehrer gleichermaßen bekannt wurde, ist sein Lehrbuch des Sachenrechts,[18] 1. Auflage bei C.F. Müller in Karlsruhe 1951, das er bis zur

[13] Deutlich jünger *Michalski*, Doktorand von H. *Westermann*, Habilitand von H. P. *Westermann*.

[14] H. *Westermann*, Die Konstruktion des Rechts an der eigenen Sache im Gebiet des BGB (1933).

[15] H. *Westermann*, Die Bestimmung des Rechtssubjekts durch Grundeigentum (1942).

[16] H. *Westermann*, Die Forstnutzungsrechte (1942).

[17] H. *Westermann*, Wald und Siedlung, Neues Bauerntum 1941, 381–384; *ders.*, Richterliche Abänderung eines vertraglichen Wettbewerbsverbots, ZAkDR 1942, 366–367; *ders.*, Die Neugestaltung des Liegenschaftsrechts als Teil des Bodenverfassungsrechts, ZAkDR 1943, 189–193; *ders.*, Werdendes Reichsforstrecht, ZAkDR 1943, 206–209; *ders.*, Hauptfragen des Bodenkreditrechts nach BGB und ABGB, Prager Archiv 1944, 213–219, 266–274, 429–436; *ders.*, Unternehmens- und Rechtskauf nach BGB und ABGB, Prager Archiv 1944, 59–72. Diese Aufzählung ist vermutlich nicht lückenlos.

[18] H. *Westermann*, Lehrbuch des Sachenrechts (1951, 5. Aufl. 1966); Nachtrag dazu: „Das Sachenrecht in der Fortentwicklung" (1973).

5. Aufl. 1966 mit Nachtrag 1973 bearbeitet hat. Ein großes Lehrbuch zum Allgemeinen Teil des BGB ist jahrelang in Arbeit gewesen, aber nie fertig geworden und schließlich liegen geblieben,[19] was ihn später oft geschmerzt hat. Allerdings hat *Westermann* im Erman-Kommentar[20] von Anfang an, d.h. seit 1948, als bereits ein Vorläufer dieses Kommentar erschien,[21] wichtige Teile des Allgemeinen Teils bearbeitet, nämlich das Vereinsrecht und das Stiftungsrecht, §§ 21–89, also sozusagen die Stammzelle seiner späteren intensiven Tätigkeit im Gesellschaftsrecht, sowie die §§ 104–144 (wie, neben großen Teilen des Sachenrechts,[22] auch allgemein-schuldrechtliche Vorschriften[23]). Sodann hat *Westermann* nicht nur ein Sachenrecht in der von ihm begründeten Reihe „Schwerpunkte" geschrieben,[24] mit dem er seinem großen Lehrbuch Sachenrecht bei den Studenten selbst Konkurrenz gemacht hat, sondern auch einen Allgemeinen Teil. Und ebenfalls für Studenten hat er die „Grundbegriffe des BGB. Eine Einführung an Hand von Fällen" geschrieben, die von 1958 bis 1973 sieben Auflagen erlebten. Diese Studienliteratur hat für ihn eine große Rolle gespielt. Dazu kommt, mit erheblichem Gewicht, seit 1967 sein Handbuch der Personengesellschaften,[25] ein Loseblattwerk, das er bis zur dritten Nachlieferung betreut hat. Hinzu kommen eine beträchtliche Reihe kleinerer selbständiger Veröffentlichungen, etwa seine Rektoratsrede[26] und seine Abschiedsvorlesung[27] und vor allem zum Bergrecht[28], aber auch seine viel zitierte Schrift „Person und Persönlichkeit als Wert im Zivilrecht"[29]. Ferner hat er, ich schätze, an die 200 Aufsätze (darunter besonders viele Festschriftenbeiträge), Urteilsanmerkungen und Buchbesprechungen verfasst.

[19] Seit etwa 1962. Meine Vorgängerin auf der Assistentenstelle hat noch 1961 daran gearbeitet. Ich selbst bin als Assistent von Anfang an mit anderen Dingen (vor allem Bergrecht) beschäftigt gewesen.

[20] *Erman*, Handkommentar zum BGB (1952); (4. Aufl. 1967–70), seit einem Nachtrag 1970 auf H. P. *Westermann* übergegangen (10. Aufl. 2000).

[21] *Böhle-Stammschräder/Groepper/Westermann*, Kommentar zum Allgemeinen Teil des BGB (1948).

[22] §§ 854–924, 929–936, 1006–1007, 1113–1203 sowie das WEG.

[23] §§ 328–432.

[24] H. *Westermann*, BGB Sachenrecht (1969).

[25] H. *Westermann* (Fn. 11).

[26] H. *Westermann*, Wesen und Grenzen der richterlichen Streitentscheidung im Zivilrecht (1955).

[27] H. *Westermann* (Fn. 1).

[28] H. *Westermann*, Das Verhältnis zwischen Bergbau und öffentlichen Verkehrsanstalten als Gegenstand richterlicher und gesetzgeberischer Bewertung (1966); sowie *ders.*, Freiheit des Unternehmers und des Grundeigentümers und ihre Pflichtenbindungen im öffentlichen Interesse nach dem Referentenentwurf eines Bundesberggesetzes (1973).

[29] H. *Westermann*, Person und Persönlichkeit als Wert im Zivilrecht (1957).

IV. Frühwerk

Wenn wir uns dem Rechtswissenschaftler *Harry Westermann* im Detail nähern, ist nicht zu übersehen, dass seine Anfänge zeitlich weitgehend mit dem Nationalsozialismus zusammenfallen: Seine mündliche Doktorprüfung hat er am 6. Dezember 1933 vor der Göttinger Fakultät abgelegt. Doktorvater war *Julius von Gierke*. Dieser war von der Seite seiner Mutter her, in der Terminologie der damaligen Zeit, „nicht rein arischer" Herkunft und wurde deshalb im Jahre 1938 zwangsweise emeritiert. Ob sein Doktorand *Westermann* deshalb irgendwelche Schwierigkeiten bekommen hat, weiß ich nicht. Denkbar scheint mir das durchaus. Immerhin aber hat ihn die nunmehr „entjudete" Göttinger Fakultät 1940 habilitiert. Er hat danach bis 1945 deutsches und österreichisches Zivilrecht an der Juristischen Fakultät der „Deutschen Karls-Universität Prag" gelehrt.

Und er hat veröffentlicht! Ich muss folglich an dieser Stelle der Frage nachgehen, was vom Ungeist jener Zeit in *Westermanns* rechtswissenschaftlichen schriftlichen Äußerungen zu finden ist. Ich beginne mit folgendem Zitat: „Der Kampf für deutsches Recht kann und wird nicht ruhen, solange es ein deutsches Volk gibt". Dies ist *nicht Harry Westermann*! Dies ist auch nicht ein anderer Autor aus der Zeit zwischen 1933 und 1945, – dies ist vielmehr von *Otto von Gierke* aus dem Jahre 1895![30] Ich bringe dies, um zu zeigen, in welche Sprachwelt junge Juristen damals auch ohne NSDAP hineingerieten. Ich sage nicht, dass die Sprachwelt *Otto von Gierkes* die einzig vorfindbare war. Aber sein Gewicht in der damaligen Rechtswissenschaft war groß, und wem deutsche Rechtsgeschichte nicht fremd war, und wer sich wie *Harry Westermann* von Anfang an stark für Bodenrecht interessierte, war dieser Sprache ausgesetzt und auf sie angewiesen. Ich sage dies deswegen, weil das Wort „Volk", insbes. der Ausdruck „Deutsches Volk", in heutigen Ohren ein verdächtiges Wort ist, ein Wort unter Nazi-Verdacht, der oft vorschnell zu Gewissheit wird. Heute vermeiden wir solchen Verdacht leicht, indem wir statt von „deutschem Volk" von „Gesellschaft dieses Landes" sprechen oder von der „deutschen Bevölkerung".[31]

In *Westermanns* Dissertation von 1933[32] findet sich noch nichts, was unter diesen Gesichtspunkten der Besprechung und Einordnung bedürfte.

Erst fast zehn Jahre später erschien *Westermanns* nächste Schrift:[33] Die stark erweiterte Fassung eines Vortrages im Göttinger Habilitationsverfah-

[30] *v. Gierke*, Deutsches Privatrecht, 1. Bd. (1895), Vorwort, S. VI.

[31] Dazu die Glosse von *Sick*, Der Dativ ist dem Genitiv sein Tod, Folge 3 (2006), S. 169 ff.

[32] H. *Westermann* (Fn. 14).

[33] H. *Westermann* (Fn. 15).

ren.[34] Hier heißt es wörtlich[35]: *„Der Nationalsozialismus hat das Recht gelehrt, daß das Verhältnis von Mensch und Boden etwas anderes und mehr ist, als eine vermögensrechtliche Erscheinung. Es erhält vielmehr durch die Tatsache, daß der Boden Teil des völkischen Lebensraums ist, seinen eigenen Gehalt und seine besondere Bedeutung. Bodenrecht ist völkisches Recht"*. Hier ist nun aus „Volk" „völkisch" geworden, und der Lehrherr Nationalsozialismus, dem diese Ausdrucksweise zu verdanken ist, wird ausdrücklich genannt. Inhaltlich ist der Satz allerdings damals wie heute richtig. Nur sagen wir es anders: Wir sprechen von der „gesteigerten Sozialpflichtigkeit" des Bodens. So mag es denn dahinstehen, ob diese Terminologie *Westermanns* mehr als Tünche ist.[36]

Zur gleichen Zeit, also ebenfalls 1942, erschien seine Habilitationsschrift[37]. Da klingt es auch gleich wieder stark nach dem verderblichen Gerede dieser Zeit, wenn es etwa heißt, es gehe in dem Buch um die *„Betrachtung der Beziehungen von Volk und Wald im Hinblick auf die rechtlichen Folgerungen"*[38]. Das ist „Blut und Boden" – Jargon. Weit schlimmer noch klingt allerdings: *„Die Eigenschaft der Forsten als Mittel zur Erhaltung und Wiedererweckung des germanisch-deutschen Lebensgefühls und damit des deutschen Menschen in seinen seelischen rassischen Werten ist ein ... zu bewertender Faktor bei seiner tatsächlichen und rechtlichen Beurteilung"*[39]. Dieses „rassisch" in diesem Text, – das ist mehr als man versuchen könnte, schön zu reden. Ich kann es nur so da stehen lassen, wie es steht. Ich muss allerdings bekennen, dass ich, als ich dies irgendwann in der ersten Hälfte der 60er Jahre, als ich *Westermanns* Assistent war, zum ersten Mal gelesen habe, vielleicht ein wenig verwundert und befremdet den Kopf geschüttelt habe, aber leicht darüber hinweggegangen bin. Mit *Westermann* habe ich darüber nie ein Wort gesprochen. Das Buch war in seinem Institut in Münster zugänglich.[40]

[34] Das Buch erschien 1942. Das Vorwort datiert von November 1941.

[35] H. *Westermann* (Fn. 15), S. 100, 101.

[36] Und so mag denn auch in die Fußnote verbannt sein die Beobachtung aus Fn. 16 auf S. 7 der genannten Schrift, wo der Autor *Ehrenzweig* mit dem Zusatz „(Jude)" zitiert wird (und im Literaturverzeichnis auf S. 115 der Schrift geschieht mit „Wolf" (gemeint ist M. *Wolff*) dasselbe, was ebenfalls allein der Zeit geschuldet war: Diese Zitierweise war seit 1936 amtlich verordnet; Einzelheiten dazu bei *Rüthers*, Entartetes Recht (2. Aufl. 1994), S. 138 ff.

[37] H. *Westermann* (Fn. 16).

[38] H. *Westermann* (Fn. 16), S. 2.

[39] H. *Westermann* (Fn. 16), S. 3, 4.

[40] H. *Westermann* zitiert auch später seine Forstnutzungsrechte durchaus noch: In der ersten Aufl. seines Sachenrechts (Fn. 18, 1. Aufl. 1951) zwar nicht im Abschnitt § 7 II 7, S. 39 f., über Forstrecht, wohl aber bei der Behandlung dinglicher Erwerbsrechte (§ 57 II 2, S. 255), dies auch noch in der 5. Aufl. S. 273 und in der 7. Aufl. S. 457. – Eigenzitate seiner „Bestimmung des Rechtssubjekts" (Fn. 15) finden sich in der 1. Aufl. seines Sachenrechts (Fn. 18, 1. Aufl. 1951) auf S. 33 und 353; seine Ansichten zu den Eigentümergrundpfandrechten zitiert er im Schrifttum zu § 117 in der 1. Aufl. des Sachenrechts (Aufsatz in Prager Archiv 1944, 269).

Zu meiner damaligen Zeit saß dort nur ein paar Türen weiter *Bernd Rüthers* im *Brox*schen Arbeitsrechtsinstitut an seiner Habilitationsschrift „Die unbegrenzte Auslegung“, die bekanntlich die nationalsozialistische Vergangenheit vieler damaliger angesehener Rechtswissenschaftler ans Tageslicht zog. *Westermann* gehört nicht zu dieser Gruppe. Er hat vielmehr trotz vollen Wissens um die Brisanz der *Rüthers*schen Untersuchung dessen Habilitation in der Münsterschen Fakultät nachhaltig gefördert.[41] Und erst kürzlich hat *Rüthers*[42] *Westermanns* Rolle am Rande der Tragik der Familie *Klausing* in Prag im Jahre 1944 geschildert und hinzugefügt, dass *Westermann* zum Nationalsozialismus „wie seine Schriften aus der Zeit zeigen, ein sehr distanziertes Verhältnis“ hatte. Ich habe dem nicht mehr hinzuzufügen als meinen Gesamteindruck von jenen beiden Schriften: Man kann ganz und gar nicht sagen (wie man es bei manchen Schriften anderer, später sehr angesehener Rechtswissenschaftler aus dieser Zeit bedauerlicherweise feststellen muss), sie seien nationalsozialistisch „durchdrungen“. Davon kann keine Rede sein.[43]

Ich möchte mich nun kurz dem eigentlichen, dem zivilrechtlichen Gehalt jener frühen Schriften *Westermanns* zuwenden.

In *Westermanns* Dissertation von 1933 über Rechte an eigener Sache[44] überrascht mich, wie stark der Autor bereits hier Methodologie reflektiert. Ich komme darauf eingehend zurück.

Auch inhaltlich sollte man die Dissertation nicht gänzlich übergehen: Das Thema der Rechte an eigener Sache hat *Westermann* nicht nur hier, sondern auch noch vierzig Jahre später besonders beschäftigt, nämlich bei einer gutachtlichen Stellungnahme in einem Gesetzgebungsverfahren zur Reform grundpfandrechtlicher Vorschriften.[45] Auch im späteren Sachenrechtslehrbuch taucht das Thema natürlich immer wieder auf, und zwar nicht nur beim

[41] S. bei *Rüthers*, Ideologie und Recht im Systemwechsel (1992), Vorwort, S. 7–8.

[42] *Rüthers*, Spiegelbild einer Verschwörung?, JZ 2005, 689, 690.

[43] Späteres Eingehen auf die NS-Zeit von H. *Westermann* (Fn. 29), S. 10, 11: „maßlose Übertreibung des völkischen Gedankens“. Er kritisiert dort, die „Identifizierung von Rechtsfähigkeit mit Zugehörigkeit zur Volksgemeinschaft“ mache alle anderen auf eine Schutzstellung angewiesen. Im Reichserbhofrecht sieht er ein Wiederaufleben ständischer Gedanken. In Fn. 14 der genannten Schrift geht er auf den damaligen Entwurf eines „Volksgesetzbuches“ ein: „Diese Auffassung ist weit entfernt von der des BGB, nach dem das schlichte Menschsein Grundlage der Rechtsfähigkeit ist“. In H. *Westermann* (Fn. 26), S. 27, spricht er „die erschütternden Untaten des NS-Staates“ an.

[44] H. *Westermann* (Fn. 14).

[45] Reform der Löschungsvormerkung, dazu H. *Westermann*, Vorschläge zur Reform des Hypotheken- und Grundbuchrechts (1972); *ders.*, Sicherung des Interesses am Rang des Grundpfandrechts, in: Baur u.a. (Hrsg.), Festgabe für Sontis, Beiträge zur europäischen Rechtsgeschichte und zum geltenden Zivilrecht (1977), S. 253–266; s. auch *Schapp*, Die Reform des Rechts der Löschungsvormerkung und das System des Grundpfandrechts, JuS 1979, 544–548.

Eigentümergrundpfandrecht, sondern z.B. auch bei der Eigentümergrunddienstbarkeit.[46]

Bemerkenswert scheinen mir in dieser frühen Veröffentlichung auch die Erörterungen zum Eigentum (zum „Wesen" des Eigentums). Die *Savigny*sche und *Windscheid*sche Charakterisierung als „an sich" oder „der Idee nach"[47] unbeschränktes Recht hält *Westermann* schon hier[48] für verfehlt: Die „Trennung einer Rechtsfigur in das Recht ‚seiner Idee nach' und in seine Erscheinungs- und Ausübungsform sind nicht haltbar", sagt er. Und: „Mit dem Wesen der Gemeinschaft sind unbeschränkte Rechte unvereinbar". Letzteres ist ein tragender bodenrechtlicher Grundgedanke, der bei *Westermann* auch später immer wieder auftaucht.[49] Mit „Wesen" allerdings hat er leider nicht nur hier, sondern auch später oft gearbeitet.

Insgesamt gesehen ist diese Dissertation aber ein Wühlen in den selbstquälerischen Begrifflichkeiten der Zivilrechtler des 19. und frühen 20. Jahrhunderts. Ich sehe *Westermann* hier als den Tiger, der in diesem Käfig hin und her rennt, an den Gitterstäben herumbiegt, Umrisse der Freiheit außerhalb sieht, aber noch nicht richtig rauskommt.

Als zweites ist *Westermanns* 1942 erschienener Habilitationsvortrag über subjektiv-dingliche Rechte zu erwähnen[50]: Der raffinierte Titel lautet: „Die Bestimmung des Rechtssubjekts durch Grundeigentum". Auch hier kann ich mich kurz fassen: Es geht erneut um einen speziellen Aspekt der beschränkten dinglichen Rechte, also wieder um eigentums-, und speziell fast ausschließlich liegenschaftsrechtliche Theorie (wie immer bei *Westermann* mit praktikablen Lösungsansätzen).

Bemerkenswert scheint mir eine Beobachtung *Westermanns* im alten deutschen Recht (im Anschluss an *Wieackers* „Wandlungen der Eigentumsverfassung" von 1935): Die teilweise Rechtsobjektivität der Person und die beziehungsetzende Funktion des Grundbesitzes machten es rechtstechnisch möglich, die gesamte Rechtsstellung des Menschen durch die Eigenschaften „seines" Bodens zu bestimmen. Es folgen diffizile Abgrenzungen zu nachbarlichen Einwirkungsrechten und Duldungspflichten (und anderen Erscheinungen, z.B. Grundpfandrechte und § 571 BGB). Auf S. 43 ff. geht es wieder um „das *Wesen*", jetzt das der Zuständigkeitsbestimmung durch Grundeigentum. Nach der begrifflichen Klarlegung sei zu versuchen, das „eigent-

[46] H. *Westermann* (Fn. 18, 5. Aufl. 1966), § 122 III 3.

[47] *Savigny*, System des heutigen römischen Rechts, Bd. I (1840), S. 367; *Windscheid/Kipp*, Lehrbuch des Pandektenrecht, Bd. 1 (8. Aufl. 1900), S. 757; dazu auch *Schulte*, Eigentum und öffentliches Interesse (1970), S. 56 f.

[48] H. *Westermann* (Fn. 14), S. 26 f.

[49] Vgl. weiter u. im Text zu V 5 a („nachbarliches Gemeinschaftsverhältnis").

[50] H. *Westermann* (Fn. 15).

liche Wesen" zu bestimmen. Zu diesen so oft versuchten Zugriffen auf ein „Wesen" der Dinge hat *Rüthers*[51] einiges gesagt, dem ich folge.

Hauptwerk *Westermanns* in dieser frühen Zeit sind seine ebenfalls 1942 erschienenen „Forstnutzungsrechte"[52], seine Habilitationsschrift. In ihr finden sich die Wurzeln der späteren intensiven Beschäftigung mit dem Genossenschaftsrecht, denn Forstnutzung spielte sich historisch weitgehend in genossenschaftlichen Formen ab, von denen in den 40er Jahren des vorigen Jahrhunderts noch viel mehr akut war als heute. Ich will darauf nicht weiter eingehen.

Überraschend modern erscheinen mir zwei Bemerkungen *Westermanns* in dieser Schrift: Er spricht schon hier die Raumordnung an, nämlich „die durch die Verteilung von Wald, Acker und Wohnstätte geschaffene Gliederung und Gestaltung des Raumes"[53], wie auch die ökologische Funktion des Waldes: „Wälder als Gestalter des Klimas des Gesamt- und Einzelraums ...", heißt es; und: das Fehlen von Wasserablauf und Luftströmungen könnten zu den schlimmsten Folgen führen. Wald sei unentbehrliches Mittel bei Abhaltung austrocknender Winde, Verhütung schädlicher Nachtfröste, Regelung des Grundwasserstandes[54] usw. Für einen Zivilrechtler waren derartige Beobachtungen und Bemerkungen damals wohl noch unüblicher als heute.

Zukunftsahnungen werden deutlich bei einer Bemerkung *Westermanns* über die Rolle des Einzeleigentums im Zusammenhang mit Wald: Bei der „rechtlichen Erfassung" der Wälder müsse dem Einzelnen eine feste gesicherte Stellung eingeräumt werden. Das ergebe sich aus seiner vom Recht anerkannten und gestalteten Persönlichkeit.[55] Daran fällt zweierlei auf: Einmal die wenig nationalsozialistische Betonung von Einzeleigentum und vor allem dessen Verbindung mit der Einzelpersönlichkeit als Grund für seine Anerkennung.

V. Sachenrecht

Nach dem Vorwort *Westermanns* zur 1. Aufl. seines Lehrbuchs des Sachenrechts sind „Zuordnung"[56] und „dinglicher Anspruch" „die beiden Pole des Sachenrechts", und er glaubt, in ihnen „für die Systematik eine in manchem

[51] Etwa in *Rüthers*, Rechtstheorie (2. Aufl. 2005), Rn. 576 ff., 919 ff.

[52] H. *Westermann* (Fn. 16), S. 4.

[53] H. *Westermann* (Fn. 16), S. 4.

[54] Wie vorige Fn. Es folgt breiter die Beschreibung der wirtschaftlichen Bedeutung des Waldes, S. 4–99.

[55] H. *Westermann* (Fn. 16), S. 9.

[56] In H. *Westermanns* (Fn. 15), S. 7 spricht er noch von „Zuständigkeit": Fälle, in denen sich die Person des Berechtigten aus der Zuständigkeit eines anderen Rechts ergibt; dazu Fn. 1: Unter „Zuständigkeit" werde die Zugehörigkeit eines Rechts oder einer Pflicht zu einer bestimmten Person verstanden.

neue Grundlage gefunden zu haben, von der aus sich neue Wege zur Lösung der schwierigen Frage des Verhältnisses von Sachen- und Schuldrecht und zu praktisch bedeutsamen Einzelfragen eröffnen". Zu diesen Punkten im Einzelnen:

1. *Zuordnung und Dinglichkeit*

Westermanns Kernsätze zu „Zuordnung" sind: „Das Wesen der dinglichen Rechte und folglich auch des Sachenrechts muss aus der zuordnenden Wirkung der Rechte abgeleitet werden"[57], und „In Wirklichkeit vermögen Absolutheit des Klageschutzes und Unmittelbarkeit der Objektbeziehung weder allein noch zusammen eine befriedigende Erklärung zu geben. Sie sind vielmehr nur *Ausflüsse der güterzuordnenden Funktion der dinglichen Rechte*"[58]. Allerdings sagt *Westermann* auch, es handle sich beim Ausdruck Zuordnung „nicht um einen apriorischen Begriff, sondern um die Umschreibung einer vom geltenden Recht entwickelten Institution"[59].

Durchgesetzt hat *Westermann* sich mit dieser Darstellungsweise nicht.[60] Das System des Sachenrechts wird heute oft auch ohne Benutzung des Ausdrucks Zuordnung behandelt. Wenn *Westermann* sagt, es eröffneten sich von hierher „neue Wege zur Lösung der schwierigen Frage des Verhältnisses von Sachen- zu Schuldrecht und zu praktisch bedeutsamen Einzelfragen", so ist mir das heute nicht mehr ganz zugänglich. Ich sehe keine Fragen praktischer Relevanz, deren Beantwortung ohne die Unterscheidung zwischen Schuldrecht und Sachenrecht unmöglich wäre. Worum es in der Systematik geht, kann man deutlicher als bei *Westermann* selbst[61] im Sachenrecht seines Schülers *Schapp* nachlesen.[62] Zur sachenrechtlichen Regelungsmaterie gehöre (u. a.) auch die schuldrechtliche Forderung, auch die Zession sei als zuordnungsänderndes Rechtsgeschäft ein Verfügungsgeschäft. Und da die Forderung ausschließlich ihrem Gläubiger zugeordnet sei, komme auch ihr inso-

[57] H. *Westermann* (Fn. 18, 5. Aufl. 1966), § 2 pr, unter Bezug auf *Wieacker*, Die Forderung als Mittel und Gegenstand der Vermögenszuordnung, Ein Beitrag zur Kritik der Unterscheidung zwischen Schuldrecht und Sachenrecht, DRW 1941, 49, 61; in: H. *Westermann* (Fn. 18, 5. Aufl. 1966), § 6 II 3, spricht er von der „wesensgemäßen einheitlichen Systematik des Sachenrechts als ‚Zuordnungsrecht'".

[58] Hervorhebung im Original.

[59] H. *Westermann* (Fn. 18, 5. Aufl. 1966), § 2 pr; vertieft zur Zuordnungslehre *Schapp*, Das subjektive Recht im Prozess der Rechtsgewinnung (1977), S. 39–48.

[60] Auf *Baur* und *Raiser*, deren Sachenrechte sich im Literaturverzeichnis der 5. Aufl. finden, wird nicht eingegangen. S. auch die Kritik bei *Raiser*, Buchbesprechung zu Harry Westermanns Lehrbuch des Sachenrechts, JR 1955, 118–119; dazu wiederum *Schapp*, (Fn. 59), S. 47.

[61] S. insb. H. *Westermann* (Fn. 18, 5. Aufl. 1966), § 2 pr und I und II, 2.

[62] *Schapp*, Sachenrecht (1989), S. 9.

weit „dinglicher Charakter" zu.[63] Das ist zwar vielleicht etwas überspitzt und terminologisch zumindest höchst ungewöhnlich ausgedrückt, aber inhaltlich deshalb nicht falsch und dürfte irgendwie auch *Westermanns* Meinung gewesen sein. Aber andere Sachenrechtslehrbücher zeigen, dass man auch ohne das Wort „Zuordnung" auskommt, ohne dass dadurch etwas an Durchblick und Scharfsinn verloren ginge. Zum Verständnis des Gesetzes ist der an sich sehr plastische, einprägsame und praktikable Ausdruck nicht zwingend erforderlich. Seine Wichtigkeit für die sachenrechtliche Dogmatik scheint mir *Westermann* überschätzt zu haben.

Das BGB spricht von Rechten „an" Sachen im Gegensatz zu Rechten „auf" eine Sache und unterscheidet damit dingliche Rechte von schuldrechtlichen Ansprüchen. Auch aus den dinglichen Rechten folgen u.U. Ansprüche, aber die sind dann eben nicht schuldrechtlich, sondern es handelt sich um *dingliche Ansprüche.* Sie sind nach *Westermann*[64] zumeist Folge einer „*doppelten* Zuordnung" einer Sache. Sie können also zwischen dem Eigentümer und Inhabern eines beschränkten dinglichen Rechts an seiner Sache, aber auch zwischen Eigentümer und (unberechtigtem) Besitzer[65] einer Sache bestehen. Die Beziehung zwischen Berechtigtem und Verpflichteten sei eine Person – Person – Beziehung, also dem Schuldrecht ähnlich, und zwar insb. deswegen, weil sie nur zwischen den beiden Beteiligten wirke. Der Unterschied bestehe nur in der Verschiedenheit des Entstehungstatbestandes. Daraus folge die Frage, ob die Vorschriften des allgemeinen Schuldrechts auch auf diese dinglichen Ansprüche anzuwenden seien. Diese Frage ist nun allerdings von hoher praktischer Relevanz, denn es geht vor allem darum, ob im Eigentümer-Besitzer-Verhältnis § 281 (heute 285) BGB, Bereicherungsrecht, Deliktrecht und Treu und Glauben anzuwenden sind. Aber aus einer scharfen Unterscheidung zwischen Sachen- und Schuldrecht folgt die Antwort gerade nicht.

2. *Theorie der Realobligation („dingliche Schuld")*

Westermann wirft in der fünften Auflage seines Sachenrechts[66] in § 94 unverändert wie schon in der ersten Auflage, die Frage nach dem „Wesen" des Grundpfandrechts auf.[67] Die Frage, ob der Eigentümer die Summe

[63] *Schapp* (Fn. 62), S. 10 sieht „die §§ 398 ff. als im Kern sachenrechtliche Regelung".

[64] H. *Westermann* (Fn. 18, 5. Aufl. 1966), § 2 III.

[65] Diesem ist nach H. *Westermann* aaO. der Besitz zugeordnet. Gegen die „doppelte Zuordnung" als bestimmendes Merkmal und Entstehungsgrund für Ansprüche im Eigentümer-Besitzer-Verhältnis: *Dimopoulos-Vosikis*, Die bereicherungs- und deliktsrechtlichen Elemente der §§ 978–1003 BGB (1966), S. 24–26.

[66] H. *Westermann* (Fn. 18, 5. Aufl. 1966).

[67] *Baur*, Lehrbuch des Sachenrechts (12. Aufl. 1983), § 36 II 2 a cc: Der Wortlaut „aus dem Grundstück zu zahlen" in §§ 1113, 1191, 1199 BGB deute auf die Auffassung hin, dass

schulde, so dass er in Verzug kommen könne, sei ohne Antwort auf diese Frage nicht zu beantworten. Die Bedeutung der Frage sei allerdings praktisch geringer als theoretisch. Sein Ergebnis ist: Der Eigentümer schulde nicht; aus dem Pfandrecht folge für den Gläubiger das Recht, das Grundstück zu verwerten. Die aus dem Verwertungsrecht folgenden Beziehungen zwischen Gläubiger und Eigentümer seien „typische dingliche Ansprüche" als Folgeerscheinung aus der doppelten Zuordnung der Sache. Daraus erkläre sich ohne besondere Schwierigkeiten der „schuldrechtliche Teil des Pfandrechts". Die Unterscheidung zwischen Haftung und nicht erzwingbarer Schuld entspreche nicht dem geltenden Recht.[68] Irgendwie ist mir eine solche sachenrechtliche Dogmatik fremd geworden.

3. *Wirtschaftsgrundstück*

Ein Begriff, der *Westermann* immer erstaunlich wichtig gewesen ist, ist der des Wirtschaftsgrundstücks. Schon in „Bestimmung des Rechtssubjekts"[69] nennt er es „eine für die einzelnen Rechtsverhältnisse eigenartige flächenmäßige Begrenzung des einzelnen Grundstücks", anders also als das Grundstück i.S. der GBO. Am deutlichsten wird das in § 1019 BGB: Bei der Grunddienstbarkeit begrenzen die Eigenschaften des herrschenden Grundstücks und die auf ihm gegebenen Möglichkeiten wirtschaftlicher Betätigung zwingend Inhalt und Umfang des Rechts.[70] Andere sind dem in etwa gefolgt, ohne dem Punkt große Bedeutung beizumessen.[71]

der Eigentümer schulde, aber nur mit dem Grundstück hafte. Dem Theorienstreit komme jedoch keine wesentliche praktische Bedeutung zu.

[68] Schon in H. *Westermann* (Fn. 15), S. 22, hat dieser die Theorie der Realobligation (= dingliche Schuld) abgelehnt, weil die Verpflichtung zur Duldung der Zwangsvollstreckung keine neben dem Zugriffsrecht bestehende Schuld des jeweiligen Eigentümers sei.

[69] H. *Westermann* (Fn. 15), S. 45.

[70] H. *Westermann* (Fn. 15), S. 45 Fn. 8, zu § 1019 BGB: Die objektive Beschaffenheit des Grundstücks muss die Verbindung des Rechts mit dem Grundstück rechtfertigen. Daraus folgt die Zulässigkeit der Beschränkung gewerblicher Konkurrenz durch eine Dienstbarkeit zugunsten eines entsprechenden Gewerbebetriebs auf dem herrschenden Grundstück. Siehe auch *ders.*, Sachenrecht (Fn. 18, 5. Aufl. 1966), § 122 II 3 b, S. 610: Der Charakter des herrschenden Grundstücks bestimmt Art und Umfang von Grunddienstbarkeiten zu seinen Gunsten (im Unterschied zu beschränkten persönlichen Dienstbarkeiten). In *ders.* (Fn. 15), S. 55, formuliert *Westermann*: „Grundstück i.S. der Rechtsträgerbestimmung durch das Grundeigentum ist daher nur ein bestimmter Teil der Erdoberfläche, der durch die innere Verbindung mit dem betreffenden Recht bestimmt wird". Im *Westermann*schen Sachenrecht (Fn. 18, 5. Aufl. 1966) zum „Wirtschaftsgrundstück" vor allem § 71 II.

[71] *Baur* (Fn. 67), § 15 III, S. 131: Im täglichen Leben wirtschaftliche Betrachtungsweise auf der Basis äußerlich erkennbarer Abgrenzung einheitlicher Nutzung und Bewirtschaftung. Diesen Begriff lege unser Recht „in aller Regel" *nicht* zugrunde. *Wolff-Raiser*, Sachenrecht (10. Aufl. 1957), § 37 I pr Fn. 1: Im RSiedlG von 1919 und in den Bodenreformgesetzen werde das Wort Grundstück im wirtschaftlichen Sinne verstanden als jeder einheitlich bewirtschaftete Grundbesitz, möge er auch auf verschiedenen Grundbuchblättern eingetragen sein.

4. Eigentum

Inhalt und Grenzen des Eigentums beschreibt *Westermann* im Allgemeinsten als „Spannungsverhältnis zwischen Freiheit und Bindung“[72]: Jeden treffe mit seinen Gütern die diesen immanente Rechtspflicht, „die Gemeinschaftsbelange zu berücksichtigen“, aber dem Eigentümer seien seine Rechte auch „als Mittel zur Entfaltung seiner Persönlichkeit zugeordnet“, was um so mehr gelte, als „Arbeit die vornehmste Quelle des Eigentums“ sei.[73] Diese Bemerkungen zeigen, dass hier das Bodeneigentum, nicht das Eigentum an beweglichen Sachen, im Mittelpunkt des Interesses steht. Der ganz starke bodenrechtliche Bezug *Westermanns* wird wieder deutlich. Wer hier bei *Westermann* allerdings sozialistische Töne heraushören wollte, läge gänzlich falsch.

Westermanns Grundansatz im Bodenrecht ist nicht nur in seinen Anfängen, sondern auch später allerdings deutlich stärker gemeinschaftsbezogen als sein allgemein eigentumsrechtlicher Ansatz. Am kürzesten erfasst das die Überschrift zu § 62 des Sachenrechts: „Das Grundstück im Raum“. Dieser Ansatz durchzieht alle Teile des Bodenrechts im *Westermann*schen Sachenrecht. So heißt es schon in § 6 über die Gliederung des Sachenrechts:[74] „Die Gesamtheit des deutschen Bodens bildet den *Lebensraum der Gemeinschaft*[75]. Dieser Raum ist Schauplatz der deutschen Geschichte und Lebensgrundlage des Volkes“.[76] Das sei Basis der rechtlichen Regelungen insb. im Nachbarrecht, im Agrarrecht und im Städtebaurecht.[77]

Das Agrarrecht (unter Einschluss des von *Westermann* in seiner Habilitationsschrift ja eingehend behandelten Forstrechts) steht weder im Sachenrechtslehrbuch[78] noch später mehr im Mittelpunkt seines Interesses.

[72] H. *Westermann* (Fn. 18, 5. Aufl. 1966), § 28 II 3.

[73] H. *Westermann* (Fn. 18, 5. Aufl. 1966), § 28 II 2. a).

[74] H. *Westermann* (Fn. 18, 5. Aufl. 1966), § 6 I 2 b) bb), S. 35; die folgende Stelle findet sich in der 7. Auflage (vgl. dort S. 42) in der Bearbeitung von H. P. *Westermann* nicht mehr.

[75] Hervorhebung im Original. – Als besonders typisch empfinde ich folgenden Satz: „Der Raum ist die Grundlage des Lebens der Rechtsgemeinschaft; seine Gestaltung ist auch Aufgabe des Rechts. Was in ihm und an ihm gestaltend geschieht, muss auch und gerade für das Recht von Bedeutung sein, wenn dieses seine Aufgabe erfüllen will, aus grundlegenden Wertvorstellungen heraus eine richtige Ordnung zu schaffen“ (so H. *Westermann* in Aktuelles und werdendes Recht der Mineralölfernleitungen [1964]).

[76] Gewiss klingt dies in heutigen Ohren immer wieder befremdlich (s. auch o. im Text bei IV). Warum *Westermann* solch „ornamentales Beiwerk“ (*Rüthers*, Die unbegrenzte Auslegung [6. Aufl. 2005], S. 359) nicht längst weggelassen hat, weiß ich nicht.

[77] H. *Westermann* (Fn. 18, 5. Aufl. 1966), § 62 I.

[78] H. *Westermann* (Fn. 18, 5. Aufl. 1966), § 7 I und II, dort unter 10. das Wasserrecht.

5. *Nachbarrecht*

a) Wertungsgrundlage Gemeinschaftsverhältnis

Besonders im Nachbarrecht tritt bei *Westermann* die Komponente der Raumbezogenheit des Einzelgrundstücks, seine Einbindung in das Ensemble, seine „Situationsgebundenheit“, in den Blick: „Grundlage der ausgleichenden Regelung ist die räumliche Gemeinschaft der Grundstücke“, heißt es immer wieder.[79] Für fast schon klassisch halte ich *Westermanns* Formulierung in einem Gutachten für den Bundeswohnungsbauminister:[80] „Die neuere Auffassung“, die seit der bekannten „Gute-Hoffnungs-Hütte-Entscheidung“ des Reichsgerichts von 1937[81] h.M. sei, „sieht in den nachbarrechtlichen Beziehungen Folgen des Zusammenliegens der Grundstücke im nachbarlichen Raum. Aus dieser räumlichen Gemeinschaft ergibt sich der Zwang, die entgegengesetzten ... Interessen der Eigentümer aneinander anzupassen“. Das zeigt zugleich allerdings auch sehr deutlich, dass es bei der wechselseitigen Rücksichtnahme ausschließlich um wechselbezügliche Schranken innerhalb der Gesellschaft der Grundeigentümer geht, nicht um Schranken gegenüber Dritten, etwa Mietern. Wenn es um Schranken geht, sind die Grundeigentümer bei *Westermann* unter sich.

Damit sind wir beim „nachbarlichen Gemeinschaftsverhältnis“, ein Ausdruck, von dem man auch heute kaum sagen kann, er sei ein Begriff. Er steht für den Gedanken, dass die Beziehung von Grundstücksnachbarn ohne weiteres eine Sonderbeziehung ist, die als solche auch schuldrechtliche Elemente enthält, was dann die Anwendung insbesondere der §§ 242 und 278 BGB bedeutet. Die Fundierung dieses Gedanken folgt für *Westermann*[82] aus der Reform des § 906 BGB im Jahre 1959. In dieser wurde die soeben erwähnte RG-Rechtsprechung zum privatrechtlichen Immissionsschutz[83] ins Gesetz übernommen. In dieser Rechtsprechung hält es das Reichsgericht[84] für zutreffend, dass von einem nachbarlichen Gemeinschaftsverhältnis gesprochen werde, in welchem die Nachbarn aufeinander Rücksicht zu nehmen hätten. Mit Übernahme dieser Entscheidung durch den Gesetzgeber, so *Westermann*, werde das nachbarliche Gemeinschaftsverhältnis als dogmatische Grundlage für das Verständnis des § 906 BGB anerkannt. Und darüber

[79] H. *Westermann* (Fn. 18, 5. Aufl. 1966), § 63 I 2.

[80] H. *Westermann*, Bauliches Nachbarrecht, Schriftenreihe des Bundesministers für Wohnungsbau (1954), S. 9.

[81] RGZ 154, 161; s. dazu *Klausing*, Richterspruch und Immissionsrecht, JW 1938, 1681–1689.

[82] H. *Westermann* (Fn. 18, 5. Aufl. 1966), § 63 I 2.

[83] D.h. wiederum die berühmte (zweite) Gute-Hoffnungs-Hütte-Entscheidung RGZ 154, 161 von 1937.

[84] Unter Bezugnahme vor allem auf *Klausing*, Immissionsrecht und Industrialisierung, JW 1937, 68–73.

hinaus: Nachdem der BGH es auch in anderen Fällen als in denen der feinkörperlichen Immissionen des § 906 erörtert habe, bilde es „auch die Grundlage für die Entscheidung im Gesetz nicht geregelter Fälle von Kollisionen im nachbarlichen Raum". Das ist vielleicht keine völlig zwingende, aber doch eine außerordentlich eingängige, überzeugende Ableitung. Sie mag zwar nicht alle bekehrt haben, hat aber doch das nachbarliche Gemeinschaftsverhältnis zu einer Idee gemacht, an der im Nachbarrecht heute niemand vorbeikommt.[85]

b) Wertungsgrundlage öffentliches Interesse

Das obige Zitat aus einem baurechtlichen Gutachten *Westermanns*[86] zur Pflicht wechselseitiger Rücksichtnahme unter Nachbarn fährt fort: „... gleichzeitig wird aber auch der nachbarliche Raum *im Interesse der Allgemeinheit* vernünftig gestaltet". Besonders in den Mittelpunkt gerückt ist dieser Gesichtspunkt in einem immissionsrechtlichen Festschriftaufsatz von 1973.[87] Vor allem wird hier das entscheidende Kriterium bei der Lösung der aus der Nachbarlage notwendig folgenden Kollision zwischen gegenläufigen Interessen von Nachbareigentümern deutlich gemacht: „Die Ausgleichsregelung ist dabei so angelegt, dass eine möglichst gute und intensive Nutzungsmöglichkeit aller Grundstücke als Teil des Raums das Ergebnis ist"[88]. Das optimale Ergebnis der Lösung der Interessenkollision *für die Allgemeinheit* sei der Gesichtspunkt des Gesetzes.[89] Auch das Privatrecht verfolge, wie das Beispiel des Nachbarrechts zeige, öffentliche Interessen.[90] Das und der ökonomische Gesichtspunkt des Gesetzgebers dabei werden hier in einer Deutlichkeit ausgesprochen, die in der Dogmatik des Sachenrechts damals nicht vorhanden war[91] und bis heute wenig zu finden ist. Diese Gedanken sind ein

[85] Zum heutigen Stand der Diskussion s. H. P. *Westermann*, Sachenrecht (7. Aufl. 1998), § 62 V.

[86] H. *Westermann* (Fn. 80), S. 9.

[87] H. *Westermann*, Die Funktion des Nachbarrechts, in: Paulus u.a. (Hrsg.), Festschrift für Larenz (1973), S. 1003–1026. Der Titel des Aufsatzes erhebt m.E. den Anspruch *Westermanns*, hier grundlegende Dinge zu sagen.

[88] H. *Westermann*, FS Larenz (1973), S. 1003, 1006; dort in Fn. 5 auch der Hinweis, dass die Regelungen von Notweg und Überbau „vor zweckwidriger Wertvernichtung" schützen sollen, was Ausfluss des nachbarlichen Gemeinschaftsverhältnisses sei. Dass der Gedanke einer ökonomisch sinnvollen Raumnutzung als Wertungsgesichtspunkt im Nachbarrecht schon auf *Jhering* zurückgeht, stellt H. *Westermann*, FS Larenz (1973), S. 1003, 1006 Fn. 6 dar; s. auch *Schulte* (Fn. 47), S. 19 Fn. 4.

[89] H. *Westermann*, FS Larenz (1973), S. 1003, 1007, 1013.

[90] H. *Westermann*, FS Larenz (1973), S. 1003, 1021 Fn. 34.

[91] Der Gedanke „sinnvolle Ausnutzung des Raumes" wird von *Westermann*, soweit ich sehe, erstmals in seiner 1958 erschienenen Schrift: Welche gesetzlichen Maßnahmen zur Luftreinhaltung und zur Verbesserung des Nachbarrechts sind erforderlich, Wissenschaftliche Abhandlungen der Arbeitsgemeinschaft für Forschung des Landes Nordrhein-

Vorstoß in Bereiche, die etwas später als „ökonomische Analyse des Rechts" behandelt wurden,[92] ohne dass deren Vertreter diesen deutschen Vorgänger jemals bemerkt hätten.[93]

c) Immissionsrecht

Das Immissionsrecht ist ein Schwerpunkt der späteren sachenrechtlichen Arbeiten von *Westermann*. Im Lehrbuch zeigt sich die zunehmende Bedeutung der Materie und zugleich das steigende Interesse von *Westermann* an ihr. Der zentrale Ausgangspunkt ist zu Beginn wie später allerdings wortgleich derselbe geblieben: Das Zusammenliegen der Grundstücke im Raum führe zu einer „Nutzungsgemeinschaft" und fordere gegenseitige Rücksichtnahme und Duldung von Einwirkungen.[94] Auf dieser Basis sieht *Westermann* von der ersten Auflage an, wie „das Rechtsgebiet des § 906 BGB wie kaum ein anderes im Sachenrecht in Fluss gekommen und in Einzelheiten unsicher geworden" ist.[95] Das ist Folge der erwähnten „Gute-Hoffnungs-Hütte-Entscheidung" des Reichsgerichts von 1937,[96] die entgegen dem damaligen Wortlaut des § 906 BGB einen Ausgleichsanspruch des geschädigten Eigentümers gegen einen ortsüblichen Groß-Emittenten gab.

Diese Beschäftigung mit dem Immissionsrecht hat *Westermann* dann eingehend fortgesetzt in einer Monographie[97] von 1958, in der Reformvorschläge insb. zu § 906 BGB erörtert werden, wobei es vor allem um Ausgleichsansprüche für vom Eigentümer zu duldende Beeinträchtigungen geht. Ich erwähne zwei Details, die mir wichtig und für *Westermanns* Denken bezeichnend erscheinen: Die Natur des Ausgleichsanspruchs aus § 906 BGB für ortsübliche, aber schwerwiegende Immissionen sei von dem Ersatzanspruch aus § 26 GewO (dem heutigen § 14 BImSchG) „wesensmäßig" unterschieden: Das eine, einschließlich des Ausgleichsanspruchs (§ 906 BGB), sei Inhaltsbestimmung des Grundeigentums, das andere, § 26 GewO, ein

Westfalen (1958) auf S. 19 geäußert. Ausführlich herausgearbeitet werden die nachbarrechtlichen Gesichtspunkte „notwendige Kollisionsregelung", „ökonomisch sinnvolle Raumnutzung" und öffentliches Interesse im Nachbarrecht bei *Schulte* (Fn. 47), S. 18 ff., 74, 75.

92 *Assmann/Kirchner/Schanze*, Ökonomische Analyse des Rechts (1978); *Horn*, Zur ökonomischen Rationalität des Privatrechts – Die privatrechtstheoretische Verwertbarkeit der ‚Economic Analysis of Law', AcP 176 (1976), 307–333. Die Nähe der Westermannschen nachbarrechtlichen Gedanken zur ökonomischen Rechtsanalyse wird bei *Schulte*, Ökonomische Analyse im Bergschadensrecht, Zeitschrift für Bergrecht 114 (1979), 137–142 verdeutlicht.

93 Die nachbarrechtlichen Bezüge fehlen auch in der vorzüglichen aber knappen Darstellung von *Wagner*, Prävention und Verhaltenssteuerung durch Privatrecht – Anmaßung oder legitime Aufgabe?, AcP 206 (2006), 352, 422 ff.

94 H. *Westermann* (Fn. 18, 1. Aufl. 1951), § 63 I 2.

95 Wie vorige Fn.

96 RGZ 154, 161.

97 H. *Westermann* (Fn. 91), S. 55.

Ersatzanspruch für eine „nach dem Eigentumsinhalt nicht hinzunehmende Einwirkung“[98]. Ich meine heute, dass diese Unterscheidung nicht machbar ist. Es mag damals auch zivilrechtlich die Assoziation zur Unterscheidung zwischen entschädigungsloser Inhaltsbestimmung und entschädigungspflichtiger Enteignung in der Luft gelegen haben, sie ist aber hier wie dort nicht haltbar.[99] Der andere Punkt ist folgender: *Westermann* sieht in seinen „Maßnahmen“ sehr deutlich die Gefahr unterschiedlicher Wertungen und Maßstäbe in § 906 BGB und § 26 GewO.[100] Es mag sein, dass hiermit auch seine Ansicht von der unterschiedlichen Rechtsnatur beider Regelungen zusammenhängt. Es könnte gut sein, dass *Westermanns* diesbezügliche Bemerkungen mit dazu beigetragen haben, dass in der vorläufig letzten Änderung des § 906 BGB in dessen Abs. 1 S. 2 und 3 nunmehr eine Verzahnung zwischen beiden Bereichen vorgenommen worden ist, wodurch allerdings, wie man wohl sagen muss, die Selbständigkeit der privatrechtlichen Regelung von der öffentlich-rechtlichen verloren gegangen ist, was aber nach meiner Meinung in Wirklichkeit nur darauf hinweist, dass es falsch ist, beide Regelungen nach ihrer unterschiedlichen Herkunft aus BGB bzw. (heute) BImSchG in privatrechtlich und öffentlich-rechtlich zu unterscheiden, statt anzuerkennen, dass hier eine behördliche Entscheidung (nämlich die immissionsrechtliche Anlagengenehmigung) eine privatrechtsgestaltende Wirkung hat,[101] dass beide Ausgleichsansprüche nicht zu unterscheiden und dass unterschiedliche Rechtswege auf diesem Gebiet antiquiert sind.

d) Bauliches Nachbarrecht

Die bauliche Grundstücksnutzung ist seit jeher ein gravierendes nachbarrechtliches Problem, das natürlich auch *Westermann* eingehend beschäftigt hat. Hier ist es zu einem besonders umfassenden Ersatz privatrechtlicher durch öffentlich-rechtliche Lösungen gekommen. *Westermann* hat das sehr früh gesehen: In der ersten Auflage des Sachenrechts, also 1951, beschreibt er das sich schon damals entwickelnde „städtische Raumordnungsrecht“[102], das er auch das sich schnell entwickelnde „städtische Bodenverwaltungsrecht“ nennt. In dieser Materie hat *Westermann* viel gearbeitet, und schon in der Entstehungszeit des BBauG hat er mehrfach Beiträge geliefert.[103] Er hat in

[98] Wie vorige Fn.

[99] Dazu zivilrechtlich insb. *Schapp*, Das Verhältnis von privatem und öffentlichem Nachbarrecht (1978), Erstes Kap. III–VI, S. 47ff., jedoch ohne Einbeziehung der verfassungsrechtlichen Aspekte der Eigentumsproblematik.

[100] S. H. *Westermann* (Fn. 91), insb. S. 53, 54.

[101] So schon *Schulte* (Fn. 47), S. 153 ff.; später auch *Schapp* (Fn. 99), S. 162 ff.

[102] H. *Westermann* (Fn. 18), § 62 II 2.

[103] So in der Monographie: H. *Westermann*, Bauliches Nachbarrecht (1954), und in dem Aufsatz *ders.*, Das Baurecht im Rechtssystem, BBauBl 1952, 137–140. Beides ist heute nur noch schwer verständlich: Der Begriff „Bauordnungsrecht“ wird darin anscheinend zu-

diesen Zusammenhängen auf nützliche Funktionen des Privatrechts hingewiesen, insbes. auf die Möglichkeiten der Grunddienstbarkeit.[104] Trotzdem hat er hier, wie mir scheint, den öffentlich-rechtlichen Regelungen ganz das Feld überlassen und dem Privatrecht Funktionen allenfalls in der mikroräumlichen Dimension belassen, also den heutigen Zustand schon recht früh vorweggenommen.

Nachbarrecht beim Bauen beginnt für *Westermann* mit der Frage nach der Baufreiheit: „Die Befugnis zum Bauen nach der Rechtsprechung und nach dem Bundesbaugesetz als Frage der Inhaltsbestimmung des Grundeigentums im Rahmen von Artikel 14 GG" ist der Titel eines großen Aufsatzes, in dem er diese Frage in den Mittelpunkt stellt.[105] Gesetzgebung und Rechtsprechung seien beide an die Wertungen des GG gebunden „und auf ihre vollziehende Konkretisierung ausgerichtet". Aber Art. 14 GG enthalte auch bzgl. der bindenden Wertung „keine festen, formal bestimmten Maßstäbe und Grenzen". Auch diese müssten vielmehr erst entwickelt werden. Das Spannungsverhältnis von Bindung und Freiheit, hier der typische Gegensatz zwischen dem Interesse des Grundeigentümers, beliebig zu bauen und dem Ordnungsinteresse der Allgemeinheit, verlange, alle Bauten sinnvoll in die Gesamtordnung einzufügen. Art. 14 GG gebe die Grundlage, darüber zu entscheiden.

Zur grundsätzlichen Frage der Baufreiheit sagt *Westermann*:[106] Das Gesetz mache die Entscheidung über die Baulandqualität „weitgehend" von der

meist in einem weiten Sinne, etwa der Ordnung des Bauens, also einschließlich des Bauplanungsrechts, verstanden. – Bei der Behandlung des baulichen Nachbarrechts im Einzelnen (Bauliches Nachbarrecht, S. 15 ff.) geht es dann allerdings ausschließlich um die landesrechtlich geregelten klassischen Nachbarrechtsinstitute wie gemeinsame Mauern, Leitungsrechte, Hammerschlags- und Leiterrecht u.ä. – Abgesehen davon machen *Westermanns* Ausführungen in der Gemengelage von Privatrecht und öffentlichem Recht hier einen sehr unsicheren, unglücklichen Eindruck, so heißt es aaO., S. 14, als Zwischenergebnis: „Die aus systematischen Gründen wünschenswerte saubere Trennung in Privatrecht und öffentliches Recht wird der tatsächlichen Verschmelzung von privaten Interessen und bauordnungsmäßiger Gestaltung im Interesse der Allgemeinheit nicht immer gerecht. Sie ist daher nicht als unbedingte Regel anzusehen. Man wird daher bei den einzelnen Rechtsinstitutionen zu prüfen haben, welche Methode zu den besten Ergebnissen führt".

[104] H. *Westermann*, (Fn. 18, 5. Aufl. 1966), § 122, hier auch zitiert die einschlägige, von *Westermann* angeregte und betreute Münsteraner Dissertation von *Zopfs*, Dienstbarkeiten und bauliche Ordnung (1962).

[105] H. *Westermann*, Die Befugnis zum Bauen nach der Rechtsprechung und nach dem Bundesbaugesetz als Frage der Inhaltsbestimmung des Grundeigentums im Rahmen von Artikel 14 GG, in: Dietz/Hübner (Hrsg.), Festschrift für Nipperdey, Bd. I (1965), S. 765–782. S. aber auch H. *Westermann*, Flexible Bestimmung des Eigentumsinhalts durch Nachbarrecht und Bebauungsplan, in: Zentralinstitut für Raumplanung (Hrsg.), Zur Theorie der allgemeinen und der regionalen Planung (1969), S. 86–114.

[106] H. *Westermann*, FS Nipperdey, Bd. I (1965), S. 765, 768 ff. – S. später aber auch *ders.*, Zulässigkeit und Folgen einer Aufspaltung des Bodeneigentums in Verfügungs- und Nutzungseigentum (1974).

planerischen Entscheidung abhängig. Es beschränke sich aufgabengemäß auf vollziehbare Rechtsfolgeanordnungen und lasse daher offen, ob die Baubefugnis im Grundeigentum enthalten oder dem Grundstück erst durch die Planung beigelegt werde. Er schließt sich anscheinend ganz der h.M. an,[107] also der Ansicht, die Baufreiheit sei prinzipiell im Grundeigentum enthalten, sagt dann aber:[108] „Der Willensentschluss der Gemeinde setzt also die Maßstäbe". Ihr stehe „Ermessensfreiheit" zu. Mit dem Plan gestalte die Gemeinde den Eigentumsinhalt. Allerdings: Das sei gesetzliche Inhaltsbestimmung, die sich in den Grenzen des Art. 14 I 1 GG halten müsse. Mir persönlich scheint das genau so widersprüchlich wie diese ganze h.M. von der Baufreiheit.[109] Ich vermute, dass *Westermann* hier eine Provokation scheute und fürchtete, fälschlich als eigentumskritisch angesehen zu werden, wenn er gegen das Dogma von der Baufreiheit angegangen wäre.

VI. Bergrecht

Westermann dürfte als Bergrechtler vielen gar nicht bekannt sein, wie ja Bergrecht überhaupt als eine abseitige Materie gilt, zumal als Nebengebiet des Sachenrechts. Dabei hat sich *Westermann* über viele Jahre, soviel ich weiß seit Beginn der 60er Jahre, intensiv mit Bergrecht beschäftigt.[110] Von Anfang an finden sich bergrechtliche Ausführungen in seinem Sachenrechtslehrbuch, wobei dorthin als Sachenrecht nur die Beziehungen zwischen Bergbauberechtigtem und Grundeigentümer und die grundstücksgleiche Stellung des Gewinnungsrechts gehören.[111] Das Verhältnis Bergwerkseigentümer – Grundeigentümer ist denn auch das Gebiet des Bergrechts, mit dem sich *Westermann* vor allem beschäftigt hat, also das Recht des Bergschadens, sozusagen das Hauptgebiet des Bergrechts in dem von Schäden durch Steinkohlenbergbau heimgesuchten Ruhrgebiet. Der Bergrechtler *Westermann* tritt dort vor allem in Gutachten für Bergwerksgesellschaften hervor, in

[107] H. *Westermann,* FS Nipperdey, Bd. I (1965), S. 765 ff., Fn. 6.

[108] H. *Westermann,* FS Nipperdey, Bd. I (1965), S. 765, 770.

[109] S. *Schulte*, Baufreiheit als Inhalt des Grundeigentums?, in: Brambring/Medicus/Vogt (Hrsg.), Festschrift für Hagen (1999), S. 197–207; *Schulte,* Das Dogma der Baufreiheit, DVBl. 1979, 133–142. S. auch *Pieroth/Schlink*, Grundrechte, Staatsrecht II (14. Aufl. 1998), Rz. 902.

[110] Die früheste mir bekannte Erwähnung einer bergrechtlichen Vorschrift bei *Westermann* (§ 141 der preuss. Allg. Berggesetzes von 1865 betr. dingl. Rückkaufrecht eines für den Bergbau enteigneten Grundeigentümers) findet sich in H. *Westermann* (Fn. 15), S. 14. In der 1. Aufl. seines Sachenrechts (Fn. 18) finden sich bergrechtliche Ausführungen in § 7 IV, § 61 II 4 und § 71 III, die eine eingehendere Beschäftigung mit der Materie schon für diese Zeit belegen.

[111] So H. *Westermann* (Fn. 18, 1. Aufl. 1951), § 7 IV, S. 49, s. dort auch, § 61 II 4, S. 277, 278 und § 71 III, S. 318; fast inhaltsgleich an denselben Gliederungsstellen auch in der 5. Aufl. ergänzt nur um einige Sätze über Probleme des Braunkohlenbergbaus.

einem großen Aufsatz zu den Rechtsprinzipien des preußischen Allgemeinen Berggesetzes von 1865, das bis 1980 gegolten hat,[112] aber auch in zwei monographischen Veröffentlichungen, eine zum Kernthema Bergbau und öffentliche Verkehrsanstalten, die andere zur Bergrechtsreform.[113]

Es gibt eine Reihe von Entwicklungen im Bergrecht, gegen die *Westermann* sich vergeblich gestemmt hat:

- Die trotz anders lautender Lippenbekenntnisse[114] weitgehende Außerachtlassung nachbarrechtlicher Betrachtungsweisen im Verhältnis zwischen Bergbau und Grundeigentum im BBergG und seiner Anwendung,
- der im Zusammenhang mit diesem Defizit stehende verfassungsgerichtlich verordnete „Primärschutz" des Grundeigentums auch gegenüber bergbaulichen Einwirkungen (Bergschaden als privatrechtliche Einwirkungsbefugnis contra Primärschutz durch das BVerfG),
- die subsidiäre Staatshaftung für Bergschäden,[115]
- der besonders starke Vorrang der oberirdischen Verkehrsanlagen gegenüber untertägigem Bergbau.

Es zeigt sich auch hier bei Bergbau und Grundeigentum die Verlagerung der Auseinandersetzung zwischen Nachbarn heraus aus der unmittelbaren privatrechtlichen Konfliktlösung hinein in das öffentlichrechtliche Anlagengenehmigungsverfahren.

Der Untergang des Steinkohlenbergbaus in Deutschland ist gewiss zum weit überwiegenden Teil eine Folge der niedrigen Weltmarktpreise für Steinkohle, deren Lagerstätten in vielen Teilen der Welt eben viel kostengünstiger sind als die nur noch in über 1000 Meter Tiefe zugänglichen Flöze in Deutschland. Einen gewissen Anteil an diesem Untergang haben aber auch die Skandalisierung des Kohlebergbaus durch den Naturschutz und ein als Primärschutz verstandener Schutz des Oberflächeneigentums.

Diese Entwicklungen haben auch *Westermann* hineingeführt in zentrale Fragen des verfassungsrechtlichen Eigentumsschutzes. Dies wird besonders deutlich im Nachtrag zur 5. Auflage seines Sachenrechts von 1972.[116]

[112] H. *Westermann*, Rechtsprinzipien des Preußischen Allgemeinen Berggesetzes, Zeitschrift für Bergrecht 106 (1965), 122–133.

[113] Zu beiden o. H. *Westermann* (Fn. 28).

[114] In der Begründung zum Regierungsentwurf zum BBergG, BT-Drs. 8/1315 Anlage 1; abgedruckt auch bei *Zydek*, Bundesberggesetz (1980), dort insb. S. 410 ff., insb. 412 („auch gesetzlich anerkanntes Nachbarschaftsverhältnis" zwischen Bergbau und Grundeigentum!). Auch der Bundesgerichtshof (BGHZ 57, 375, 386) ist *Westermann* bei der Anerkennung eines nachbarschaftlichen Verhältnisses zwischen Oberflächen- und Bergwerkseigentum gefolgt, ohne daraus indes die von *Westermann* gewünschten Konsequenzen zu ziehen.

[115] Hierzu ein Gutachten, mit dem sich BGHZ 53, 226 ff. ablehnend beschäftigt.

[116] H. *Westermann*, Das Sachenrecht in der Fortentwicklung (1973). Er beginnt auf S. 12 gleich mit einer kritischen Erwähnung der erwähnten BGH-Entscheidung über die subsidiäre Staatshaftung für Bergschäden (BGHZ 53, 226 ff.).

VII. Zusammenfassung: Privates und öffentliches Bodenrecht insgesamt

M.E. kann und muss man auf den drei *Westermann*schen Gebieten des Bodenrechts, denen er stärkere Bedeutung beigemessen und viel Arbeit gewidmet hat, ganz deutlich die einheitliche Klammer sehen, die auch *Westermann,* wie hier schon mehrfach hervorgehoben, von Anfang an immer wieder betont hat: Das Zusammenliegen im Raum führt zu starken wechselseitigen Einflüssen der Einzelrechte aufeinander. Das kann nicht ohne Einfluss auf ihren Inhalt bleiben, wenn die gesetzliche Inhaltsbestimmung sinnvoll, insb. auch ökonomisch vernünftig wirken will.

Die gemeinsame Klammer der genannten Regelungskomplexe ist aber auch ihr Herauswandern aus dem Privatrecht ins öffentliche Recht: Die Nutzungskollisionen zwischen den einzelnen privatrechtlichen Eigentumspositionen werden nicht mehr generell abstrakt in unmittelbar inhaltsbestimmenden Vorschriften geregelt, sondern viel konkreter in Verwaltungsentscheidungen, denen die Rechtsausübungen durch den Gesetzgeber präventiv unterworfen worden sind: Die Baugenehmigung, die gewerberechtliche Anlagengenehmigung, die bergrechtliche Betriebsplanzulassung und Planfeststellung.

Da ist von der Nützlichkeit des Privatrechts zum Gemeinwohl, vom Dienst des Privatrechts im öffentlichen Interesse, nicht viel übrig geblieben. Das Privatrecht ist das, mit dem der Eigentümer, der Nachbar, kleinräumig (und nach mancher Ansicht wohl engstirnig) seinen Eigennutz verfolgt, während es das öffentliche Recht ist, das seine Eigentumsnutzung in Zeit, Raum und öffentliches Interesse einordnet.

1951, in der ersten Auflage des Sachenrechts, findet sich im Abschnitt über den „Inhalt des Eigentums" bei *Westermann* (§ 61 I) noch keine grundsätzliche Aussage über die Rolle des öffentlichen Rechts bei der Ausgestaltung des Grundeigentums. Fünfzehn Jahre später, in der fünften Auflage, findet sich der Satz: „Der Inhalt der Eigentums wird dabei weitgehend öffentlich-rechtlich bestimmt; die Behandlung des Grundeigentums spiegelt so die enge Verflechtung von privatem und öffentlichem Recht wider". Viel früher aber schon hat *Westermann* jedenfalls gespürt, wohin die Reise geht: Schon in der ersten Auflage des Sachenrechts finden sich, wie schon erwähnt, unter der Paragraphenüberschrift „Das Grundstück im Raum" (§ 61) Abschnitte über „Das städtische Raumordnungsrecht", „Raumordnung als umfassende Aufgabe", Bauordnungsrecht (Baugestaltungsverordnung) und Umlegungsrecht auch im städtischen Bereich. In der fünften Auflage ist das dann ausgebaut zu „Raumordnung als umfassende Aufgabe" (sogar mit der kenntnisreichen Unterscheidung zwischen Raumplanung und Raumordnungspolitik) und in einem längeren Abschnitt über die Bauleitplanung nach dem BBauG (§ 62 III).

Irgendwie müsste diese Entwicklung des Bodenrechts, hier dargestellt an den Beispielen des Immissionsrechts, des baulichen Nachbarrechts und des Bergrechts, *Westermann* bitter gestimmt haben: Er hatte wie kein anderer auf den Charakter des Bodenrechts als „Raumrecht“ hingewiesen, also auf diesen wirkungsmächtigen Umstand, dass das einzelne Grundstück nur ein durch künstliche, sozusagen willkürliche, juristische Grenzen herausdefiniertes Teilstück eines Naturzusammenhangs ist, was zu unvermeidbaren Interessenkollisionen zwischen den Eigentümern führen muss, worauf das Privatrecht mit weitgehenden wechselseitigen Pflichten zur Rücksichtnahme und zum Ausgleich reagieren muss, wenn es eine ökonomisch sinnvolle Raumnutzung bewirken will. Und *Westermann* hat, wie gezeigt, nachdrücklich darauf hingewiesen, dass das Privatrecht, hier besonders das Nachbarrecht, dem öffentlichen Interesse dient und dem öffentlichen Interesse dienende Regelungen schafft. Wer dies erkannt hat und mit dem Herzen Privatrechtler ist, dem muss es folglich bitter sein, zu sehen, wie nun zunehmend diese Regelungen nicht mehr dem Privatrecht und seinen Mechanismen überlassen werden, sondern öffentlich-rechtliche, hoheitlich-planerische regulierende Eingriffe das Feld beherrschen. *Westermann* hat hier aber trotzdem, soweit ich sehe, nicht lamentiert oder, seriöser gesagt, nicht länger versucht, dieser Entwicklung argumentativ entgegen zu treten.

Ich könnte mir aber vorstellen, auch ohne dafür handfeste Belege zu haben, dass *Westermann* diese bodenrechtlichen Entwicklungen im Laufe der Zeit doch immer stärker und intensiver befremdet haben und auf Distanz gehen ließen, und zwar zugunsten immer stärkerer Beschäftigung mit dem Gebiet, wo private, insbesondere privatwirtschaftliche Initiative, Verantwortung, Risiko und Chancen noch im Mittelpunkt des Denkens, auch des Rechtsdenkens, stehen, also auf das Gebiet des Gesellschaftsrechts. Ich glaube, da hat er Grundbuch und Bebauungsplan, Immissionen und Bergschäden, ja vielleicht das ganze Sachenrecht, mit dem er groß und bekannt geworden ist, oft sehr gern hinter sich gelassen, um sich dem Gesellschaftsrecht zu widmen und den Personen und Persönlichkeiten, die vor dem Hintergrund und in den Fallstricken von Gesellschaftsverträgen um Geld und Macht ringen.

Mehr zum Gesellschaftsrecht (einschließlich Genossenschaftsrecht), wohl seinem Lieblingskind, in dem *Westermann* in seiner ganzen wissenschaftlichen Laufbahn intensiv als Autor, sehr stark aber auch als Gutachter und vor allem als Schiedsrichter tätig war, trage ich hier nicht vor, weil mir diese Gebiete nicht so nahe stehen wie die übrigen. Ich bin mir aber sicher, dass man hier einen ganz andere Juristen *Harry Westermann* erleben kann als im Sachenrecht und im übrigen Bodenrecht.[117]

[117] Zu seiner gesellschaftsrechtlichen Lehrtätigkeit H. *Westermann*, FS Hefermehl (1976), S. 21–33. Ein Teil seiner genossenschaftsrechtlichen Aufsätze ist in dem zum 60. Geburtstag

VIII. Methodenlehre

Westermann war, so gern und häufig er auf Praktikabilität und wirtschaftliche Vernunft von Ergebnissen abstellte, gewiss Theoretiker. Er betrieb auf den hier besprochenen Gebieten Rechtsdogmatik, d.h., er untersuchte seine Rechtsgebiete auf ihre Grundgedanken hin. Er tat das durchaus gern. Er hatte in hohem Maße das, was er „dogmatisches Fingerspitzengefühl" nannte. Er konnte Feinheiten herausarbeiten, wie es dogmatisch und didaktisch gleichermaßen beispielhaft etwa seine bekannten Erörterungen zu §§ 932–935 BGB zeigen.[118] Aber er betrieb Dogmatik eben nicht als Glasperlenspiel, nicht als Selbstzweck. Erstaunlich oft geht er über sehr prinzipielle Streitfragen hinweg mit dem schlichten Hinweis darauf, dass sie in der Praxis keine Bedeutung hätten, so bei dem Thema Fiktionstheorie *versus* reale Verbandsperson bei der juristischen Person[119] oder bei der Frage, ob auf Wohnungseigentum der Rechtsbegriff der Sache zutrifft, ob also Wohnungseigentum „begrifflich" Eigentum im Sinne des BGB ist oder nicht.[120]

Bei seiner Rechtsdogmatik hat *Westermann* sich wohl stets, jedenfalls öfter als viele andere, irgendwie die erstaunte Frage gestellt, was er da eigentlich tue, vor allem aber, *wie* er das tue, welche Methode es denn sei, mit der er vom Gegenstand seiner Wissenschaft, dem Text der Gesetze, zur Erkenntnis des Sinnes, der Bedeutung dieser Texte komme. Ich will sagen: *Westermann* hat Zeit seines wissenschaftlichen Lebens das Gefühl gehabt, dass dieses Denken nicht selbstverständlich ist, dass es vielmehr nicht nur inhaltlich, sondern auch erkenntnistheoretisch, bescheidener gesagt: methodisch, rechtfertigungsbedürftig ist.

Schon in *Westermanns* Dissertation von 1933 über Rechte an eigener Sache[121] überrascht, wie stark der Autor Methodologie reflektiert. Er beginnt gleich auf S. 1 mit unüberhörbaren Anklängen an *Jhering* und *Heck*: Die geschichtliche Betrachtung der Materie illustriere mit eminenter Deutlichkeit den „Sieg des Zweckgedankens im Recht über logisch konstruktive Momente"[122], und „das starke wirtschaftliche Bedürfnis und das Streben nach billigen Urteilen" habe die Anerkennung von Rechten an eigener Sache in

Westermanns erschienenen Band H. *Westermann,* Rechtsprobleme der Genossenschaften (1969) zusammengefasst.

[118] H. *Westermann* (Fn. 18, 5. Aufl. 1966), §§ 45 bis 50; s. auch H. *Westermann,* Grundlagen des Gutglaubensschutzes, JuS 1963, 1–8.

[119] Erman-*Westermann*, Handkommentar zum BGB (4. Aufl. 1967), Vorbem. zu § 21.

[120] Erman-*Westermann* (Fn. 119), Anm. 1 zu § 1 WEG.

[121] H. *Westermann* (Fn. 14).

[122] Dass *Westermann Jhering* hier nicht ausdrücklich zitiert, könnte vielleicht damit erklärt werden, dass es sich nur um eine schlagwortartige Anführung handelt und dass im Übrigen *Jherings*, Zweck im Recht (2 Bde. 1877/1883) und auch *Heck* zu dieser Zeit in aller Munde waren.

Rechtsprechung und Gesetzgebung durchgesetzt, und auf S. 8/9 spricht *Westermann* vom „Sieg des Zweckgedankens über das Dogma" (nämlich über das Dogma der Unmöglichkeit von Rechten an eigener Sache).[123] Gerade an diesem Beispiel lässt sich gut veranschaulichen, wie alte und neuere Rechtsdogmatik dachten: Die alte Schule hielt ein Recht an eigener Sache für unmöglich, weil *begrifflich* unmöglich: Wenn der Eigentümer schon das Vollrecht an der Sache habe, dann könne er nicht daneben noch ein beschränktes dingliches Recht an derselben Sache haben. Das sei denk-unmöglich. Hier kann man klar sehen, wo der Denkfehler einer solchen überspitzten Begriffsjurisprudenz liegt: Sie übersieht, dass es sich bei den Gegenständen, auf die sich juristische Begriffe beziehen, nicht um physische Gegenstände, sondern um „Gedankendinge" handelt. Bei solchen aber gibt es kein Hindernis, sie sich so zurechtzudenken, zurechtzulegen, wie sie einem als praktisch erscheinen, und rein gar nichts spricht dagegen, sich Rechte an eigener Sache auszudenken, sie juristisch möglich zu machen und auszugestalten. Heute ist uns das so selbstverständlich, dass gar nicht mehr darüber gesprochen wird. In den dreißiger Jahren des vorigen Jahrhunderts war es noch schwierig, sich von den Schranken vermeintlich zwingender Folgen von Begrifflichkeit frei zu machen. *Westermann* nennt solches Denken in seiner Dissertation[124] „konstruktive Jurisprudenz", was man so verstehen muss, dass die Gedankengebilde der Begriffsjuristen den Konstruktionen der Ingenieure gleichen wollten und dass sie glaubten, methodische Gesetze wie Statiker zu haben („more geometrico" sozusagen, wie die Philosophie *Spinozas*), an denen sie die Möglichkeit von juristischen Konstruktionen ablesen wollten, dass sie, wie *Savigny*[125], glaubten, Begriffe zu haben, mit denen sie rechnen konnten wie in der Mathematik.

Ausdrücklich Bezug nimmt *Westermann* in seiner Dissertation[126] auf *Heck*[127], dem er die „Besonderheit" zuerkennt, „die wirtschaftliche Bedeutung und Eigenart der Betrachtung und Erklärung eines Rechtsinstituts zugrunde zu legen". Kein Zweifel, *Westermann* war schon in diesen Anfängen ein methodenbewusster und praxisnaher, auch den „wirtschaftlichen Bedürfnissen" aufgeschlossener Jurist, nach dessen Einstellung sich die Begriffe nach dem Leben zu richten haben und nicht das Leben nach den Begriffen. Schon 1933 ist ihm als Beurteilungsfaktor und Wegweiser in der Materie die Praktikabilität der Regelung argumentativ zugänglich, so, wenn er die Untersuchung mit dem Ergebnis beschließt, dass die Vorschriften über Rechte an

[123] H. *Westermann* (Fn. 14), S. 1.

[124] H. *Westermann* (Fn. 14), S. 1.

[125] *v. Savigny*, Vom Beruf unserer Zeit für Gesetzgebung und Rechtswissenschaft (1814), S. 29.

[126] H. *Westermann* (Fn. 14), S. 47 ff.

[127] P. *Heck*, Grundriss des Sachenrechts (1930).

eigenen Sachen „soweit auszudehnen sind, als ein wirtschaftliches Bedürfnis dafür besteht“[128].

Schwierigkeiten mit der alten Denkweise hatte er trotzdem noch, zumindest in seinen Anfängen: Auf S. 23 seiner Dissertation fragt er nach „dem eigentlichen Wesen“ des Rechts an eigener Sache, und sagt, das Wesen der Konfusion, also des Zusammenfalls von Vollrecht und Teilrecht in einer Hand, müsse von der *„begrifflichen Eigenart“* der beiden Rechte her untersucht werden. Und dann prüft er das „Wesen des Eigentums“. *Westermann* und die Zeit sind über derartiges Problematisieren hinweggegangen: In der ersten Auflage seines Sachenrechts[129] spricht er im selben Zusammenhang vom „Sieg wirtschaftlicher Bestrebungen über konstruktive Grundsätze“. In der siebten Auflage des Sachenrechts[130] in der Bearbeitung durch *H.P. Westermann* unterbleibt bei den Rechten an eigener Sache inzwischen jeder Bezug auf methodische Hintergründe: Sie spielen heute keine Rolle mehr, weil sie selbstverständlich geworden sind.

Trotzdem: Es fällt auf, wie sehr zumindest der frühe *Westermann* immer wieder noch mit dem „Wesen“ der Dinge operiert: Nachdem er Vorkommen und wirtschaftlichen Zweck des Instituts bereits untersucht hat, fragt er nach „dem eigentlichen Wesen des Rechts an eigener Sache“ und nach „dem Wesen des Eigenrechts als solchem“[131]. Es sei daher erforderlich, „ganz allgemein“ das Wesen des Rechts an der eigenen Sache zu untersuchen, und zwar „ohne Abstellung auf eine seiner einzelnen Erscheinungsformen“[132]. Hier schimmert die Vorstellung durch, es gebe so etwas wie das Ding Recht an eigener Sache „an sich“, und dieses „Ding an sich“ vermöge man kraft reiner juristischer Vernunft (nämlich ohne Betrachtung seiner einzelnen gesetzlichen Ausformungen, also ganz ohne Empirie) zu erkennen. Ich mag dem nicht anhand dieser Dissertation weiter nachgehen, aber es scheint sinnvoll, zu fragen, wie sich dieser erkenntnistheoretische (methodologische) Ansatz, der bei *Westermann* von Anfang an in Widerspruch zu seinem Praktikabilitäts-Ansatz steht, weiterentwickelt.[133] Das könnte zugleich hin und wieder ein Schlaglicht auf die Entwicklung der deutschen Zivilrechtswissenschaft werfen.

Zum Thema Methodenlehre hat *Westermann* vor allem seine Rektoratsrede im Jahre 1955 gehalten: „Wesen und Grenzen der richterlichen Streit-

[128] H. *Westermann* (Fn. 14), S. 51.

[129] H. *Westermann* (Fn. 18, 1. Aufl. 1951) S. 13, 14, (5. Aufl.) S. 14, 15.

[130] 1995.

[131] H. *Westermann* (Fn. 14), S. 23ff., als Überschrift in der Gliederung vorn in der Arbeit.

[132] H. *Westermann* (Fn. 14), S. 23.

[133] Immerhin lassen sich schon in dieser Arbeit Widersprüche im erkenntnistheoretischen Ansatz aufzeigen: Auf S. 27 schreibt *Westermann*: „Mit Zurückführung auf Prinzipien, die sich in Tatsachen nicht zeigen, kann das Wesen eines Rechts nicht erläutert werden“.

entscheidung im Zivilrecht"[134]. Wie schon *Philipp Heck*, wie bereits *Windscheid* und vermutlich weitere Juristen wählte er die Methodenlehre zum Thema seiner Antrittsvorlesung als Rektor. Ich vermute, dass er damit in voller Kenntnis der Tradition einen Anspruch erhob. Es fragt sich, ob seine Erörterungen des Themas in der Rektoratsrede und im Rahmen einer Reihe von Veröffentlichungen zu anderen Themen[135] nun wirklich eine neue Methodenlehre oder doch wenigstens eine wichtige neue Variante geschaffen haben.[136] Ich meine, dass das *nicht* der Fall ist. *Rüthers* hat seit jeher *Philipp Heck* weit größere Bedeutung zugemessen als er *Harry Westermann* zugesteht.[137] Er konzediert *Westermann* lediglich noch, ihn habe eine vermeintliche Unschärfe des Interessebegriffs bei *Heck* bewogen, dessen Lehre in „Wertungsjurisprudenz" „umzutaufen". Allerdings: *Heck*s Grundpositionen seien dadurch „nicht nur erhalten, sondern noch verdeutlicht worden"[138].

Ich schließe mich dem an: *Heck* und *Westermann* stimmen der Sache nach völlig überein: Dass es nach Ende der Begriffsjurisprudenz darum geht, den Zweck der Gesetze zu erkennen, war seit dem späten *Jhering* klar, und dass dieser Zweck erkennbar wird, wenn man fragt, welche Belange bei der Regelung eines Sachverhalts, einer vorgestellten Situation, eines Problemkreises, eines Rechtsinstituts eine Rolle spielen und welches Gewicht ihnen der Gesetzgeber beigemessen hat. Dann ist die Namensgebung für diese Methode der Rechtserkenntnis nebensächlich. Von der Sache her ist eindeutig, dass es auch bei *Heck* nicht nur darum gehen kann, festzustellen, welche Interessen streiten, sondern vor allem und entscheidend darum, wie der Gesetzgeber diesen Streit regelt. Dass diese Regelung auf Wertungen beruht, hat *Heck* oft genug ausdrücklich klar gemacht,[139] und *Westermann* selbst führt seine Methodenlehre auf *Heck* zurück und bescheinigt der *Heck*schen Lehre ausdrücklich, sie werde besser „Wertjurisprudenz" genannt.[140] Es liegt allerdings

[134] H. *Westermann* (Fn. 26).

[135] So etwa in H. *Westermann*, Interessenkollisionen und ihre richterliche Wertung bei den Sicherungsrechten an Fahrnis und Forderungen (1954), S. 4 ff.; *ders.*, FS Nipperdey, Bd. I (1965), S. 765; *ders.* (Fn. 29); *ders.*, Zeitschrift für Bergrecht 106 (1965), 122 sowie *ders.*, Bergbau und öffentliche Verkehrsanstalten (Fn. 28), S. 23–25.

[136] Siehe dazu etwa (mit stark unterschiedlichen Nuancierungen) *Fikentscher*, Methoden des Rechts, Bd. III (1976), S. 406f., 411–415; *Larenz*, Methodenlehre der Rechtswissenschaft (1960), S. 123–125.

[137] *Rüthers* (Fn. 51), Rn. 524–545, wo er *Heck* breiten Raum widmet, *Westermann* aber kaum erwähnt (Rn. 266, 268 nur in den Fußnoten). Er konzediert *Westermann* lediglich noch, er habe, neben anderen, dazu beigetragen, dass *Hecks* Grundpositionen „nicht nur erhalten, sondern noch verdeutlicht" wurden (Rn. 532); und: Die Aufgliederung der verschiedenen Normschichten, die auf die Interessenjurisprudenz zurückgehe, sei von Vertretern der Wertungsjurisprudenz (*Westermann*) „ausformuliert" worden (Rn. 136).

[138] *Rüthers* (Fn. 51), Rn. 532.

[139] S. z.B. *Heck*, Gesetzesauslegung und Interessenjurisprudenz (1914), S. 230.

[140] H. *Westermann* (Fn. 28), S. 24 Fn. 31.

nicht fern, den *Heck*schen Begriff des Interesses misszuverstehen: *Westermann* setzt die Bedeutung des Wortes „Interesse" gleich mit „Bewertungsobjekt"[141], *Heck* aber versteht unter „Interesse" auch genau dasselbe wie *Westermann* unter „Wertung", wobei *Westermann* unserem heutigen Sprachgebrauch hier näher steht als *Heck*: *Westermann*[142] spricht von religiösen, ethischen, moralischen „Wertungen", die der Gesetzgeber als Bewertungsfaktoren wählen könne. *Heck* hingegen formuliert z.B., es sei ein allgemeines Prinzip, dass „in den gesetzlichen Werturteilen Gemeinschaftsinteressen zum Ausdruck kommen". Und ganz deutlich: „Die Gesetze sind die Resultante der in jeder Rechtsgemeinschaft einander gegenübertretenden und um Anerkennung ringenden Interessen materieller, nationaler, religiöser und ethischer Richtung"[143]. Überaus deutlich heißt es bei *Heck* selbst auch, erstes Stadium der Gesetzesentstehung sei „... die Sachentscheidung, die Anschauung und *Wertung* (!) der normbedürftigen Lebensbedürfnisse und Interessenkonflikte"[144]. Den wahren Grund, warum *Heck* selbst seine Lehre nicht als „Wertungsjurisprudenz" bezeichnet hat, sondern warum er diese Bezeichnung sogar für unzulässig hielt, hat er selbst genannt: Weil der Rechtswissenschaftler nicht selbst zu werten habe, sondern nur die Werturteile des Gesetzgebers ermittle. Es ist also ein ganz banaler, rein philologischer Grund, warum der Ausdruck „Wertung" nicht schon bei *Heck* im Namen seiner Methodenlehre erscheint. *Schapp*[145] formuliert denn auch ganz unbefangen: „Die Interessenjurisprudenz stellt die Wertungen durch Gesetzgeber und Richter in den Mittelpunkt ihres Rechtsgewinnungsmodells".

Es mag sein, dass die Gewichte bei *Westermann* manchmal ein wenig anders liegen als bei *Heck*. Er vertieft sich mehr in das, was „Wertung" ist. In heutiger Sprache: Es geht um – mehr oder weniger komplizierte – Sachverhalte, die geregelt werden sollen. Es geht sodann um die Belange, die der Gesetzgeber bei der Schaffung einer Norm berücksichtigt, sofern er überhaupt ein Regelungsbedürfnis sieht: Das sind einmal die Interessen, deren Konflikt geregelt wird, und das sind die Kriterien, mittels derer diese Interessen abgewogen werden. Völlig klar auseinander gehalten wird das alles bei *Westermann*[146], wie auch schon bei *Heck*[147], nicht.

Zu etwas wirklich Gründlichem, Monographischem, terminologisch voll Durchdachtem und Schlüssigem in der Methodenlehre ist *Westermann* nie gekommen. So sehr in ihm m.E. dieses „was tue ich da eigentlich?" immer

[141] H. *Westermann* (Fn. 28), S. 24.
[142] H. *Westermann* (Fn. 112), S. 122.
[143] *Heck* (Fn. 139), S. 17; s. dort auch S. 220: das Wort Interesse erstrecke sich auch auf „ideale Bestrebungen".
[144] *Heck*, Begriffsbildung und Interessenjurisprudenz (1932), S. 75.
[145] *Schapp*, Hauptprobleme der juristischen Methodenlehre (1983), S. 67.
[146] Terminologische Unschärfe bei *Westermann* rügt *Larenz* (Fn. 136), S. 124.
[147] So die berechtigte Kritik bei *Larenz* aaO.

mitschwang, wie auch häufige kleine methodische Hinweise zeigen,[148] so wenig fand er die Zeit, sich auf dieses Thema wirklich einmal voll zu konzentrieren. Er wird als Methodiker heute kaum noch zitiert. Sogar in der Schrift seines Schülers *Schapp* zur Methodenlehre[149] von 1983 kommt *Westermann* schon zu seinen Lebzeiten nicht mehr vor. Ich glaube trotzdem, dass er viel dazu beigetragen hat, dass Methodenlehre in der deutschsprachigen Rechtswissenschaft und Lehre ein wichtiges Fach war und blieb. Wenn insoweit heute kaum noch über ihn gesprochen wird, so muss man sich mit *Heck* trösten:

> „Ist der Inhalt einer Schrift Gemeingut geworden, so hat sie ihren Wert verloren. Wer hat die Zeit, Gemeinplätze zu lesen, auch wenn sie ursprünglich neu waren? Deshalb ist es auch kein Schaden, wenn die Urheber vergessen werden. Auch die Autoren verlieren das Interesse, wenn ihre Schriften veraltet sind. Diese ‚Erfolgsverdrängung' ist das natürliche Ende der Reformbewegungen, die sich durchsetzen, und ihrer Reformschriften".[150]

Dazu, dass *Westermann* als Methodiker heute kaum noch wahrgenommen wird, mag beigetragen haben, dass er seine Methodenlehre nur als eine Lehre von der Kunst des Richters formuliert hat, das Gesetz richtig zu verstehen, wobei ihm die Rechtswissenschaft hilft. Kaum zu erkennen hingegen sind methodische Reflexionen *Westermanns* über die Rechtswissenschaft, über die Rechtsdogmatik selbst. Einmal blitzt es auf: Bei der Darlegung seiner, wie er meint grundlegenden, Zuordnungslehre im Sachenrecht heißt es, wie schon erwähnt, beim Ausdruck „Zuordnung" handele es sich nicht um einen „apriorischen Begriff", sondern um die „Umschreibung einer vom geltenden Recht entwickelten Institution". Was meint er da mit „apriorisch" als Gegensatz zu einer „vom geltenden Recht entwickelten Institution"? Es liegt nahe, das zweite als induktiv, das erste, das „apriorische" als deduktiv-begriffsjuristisch entwickelt anzunehmen. Dann käme er auch hierin *Heck* nahe, der einmal sagte, erkenntnistheoretisch sei die alte Inversionsmethode der Begriffsjurisprudenz „der allgemeiner verbreiteten Erscheinung des *Begriffsrealismus*"[151] einzuordnen. Heute spricht auch *Ernst A. Kramer*[152] von „begriffsjuristischem Begriffsrealismus" und sieht den Fehler der Begriffsjurisprudenz darin, dass sie die juristischen Begriffe als „apriorisch vorgegebene,

[148] So etwa noch die Kurzfassung seiner Kerngedanken in seiner Abschiedsvorlesung H. *Westermann* (Fn. 1), S. 23, 24: Denkender Gehorsam gegenüber den Wertungen des Gesetzes im Rahmen der Verfassung.

[149] *Schapp* (Fn. 145), S. 67.

[150] *Heck*, Rechtserneuerung und juristische Methodenlehre (1936), S. 39.

[151] *Heck* (Fn. 139), S. 310. Auch E. A. *Kramer*, Juristische Methodenlehre (1998), S. 119, spricht von „begriffsjuristischem Begriffsrealismus" und sieht den Fehler der Begriffsjurisprudenz darin, dass sie die juristischen Begriffe als „apriorisch vorgegebene, ein abgehobenes Eigenleben führende Entitäten verstanden hat".

[152] E. A. *Kramer* (Fn. 151), S. 119.

ein abgehobenes Eigenleben führende Entitäten verstanden hat". Aber so philosophisch, insbesondere erkenntnistheoretisch infiziert war *Westermann* nicht, dass er hier weiterreflektiert hätte.

An dieser Stelle fügen sich gut noch ein paar Sätze über *Westermanns* juristisches und weltanschauliches Ethos ein: Seine oberste Richtschnur für den Richter war (ganz wie auch hier schon bei *Heck*): „Denkender Gehorsam" gegenüber dem Gesetz.[153] Das ist ziemlich positivistisch. Aber natürlich spürt auch *Westermann* die „naturrechtliche Welle nach 1945"[154]. So fragt auch er nach einem „Bollwerk gegen Unrecht in Form des Rechts"[155]. Jedoch bleibt er skeptisch gegenüber den Möglichkeiten, übergeordnete Maßstäbe als letzte Autorität zu formulieren. „Brauchbar sind", so formuliert er, „nur Grundsätze, die ihrem objektiven Gehalt nach so eindeutig sind, dass der Richter sie anwendend sich ihnen beugt"[156]. Und zudem relativiert er: Die Frage nach „einer justiziablen überpositiven Wertskala" hätten alle Zeiten und Kulturen unterschiedlich beantwortet, und zwar auch inhaltlich.[157] Zwar sieht er in der „Gerechtigkeitsidee"[158] einen „der höchsten Werte menschlichen Seins seit je", sie entziehe sich aber einer „formellen Begriffsbestimmung und einer materiellen Beschreibung". Nach solchen Relativierungen zieht *Westermann* sich dann auf das GG zurück:[159] Dieses sei positiviertes Naturrecht, das allerdings von seiner Zugehörigkeit zur Verfassung nicht abhängig sei. Als allerletzte Zuflucht sieht er die Möglichkeit eines „Rückgriffs auf die Zehn Gebote und ihre Inhaltsgestaltung im Neuen Testament". Diese seien zwar nicht Rechtssatz, aber Ausdruck der Gehorsamspflicht des Menschen gegen Gott mit ihren folgeweisen Grundforderungen für das menschliche Zusammenleben.[160] *Westermann* hat seine religiösen Grundüberzeugungen, soweit ich sehe, in seinen Veröffentlichungen sonst nie wieder angesprochen. Auch an dieser einzigen Stelle tut er es allerdings mit einem relativierenden Vorbehalt hinsichtlich der Gültigkeit dieser Quellen für das geltende Recht: Er will notfalls nicht schlicht einen strikten Bezug auf die Zehn Gebote, vielmehr befürwortet er lediglich einen „*überprüfenden* Rückgriff"[161]. Ich kann mir nicht vorstellen, dass ihm dabei nicht die Frage gekommen ist, woher man denn die Maßstäbe für solche Überprüfung nehmen soll.

[153] So etwa in H. *Westermann* (Fn. 26), S. 25.
[154] H. *Westermann* (Fn. 26), S. 27.
[155] H. *Westermann* (Fn. 26), S. 25.
[156] H. *Westermann* (Fn. 26), S. 25, 26.
[157] H. *Westermann* (Fn. 26), S. 26, 27.
[158] Diese wird auch in H. *Westermann* (Fn. 29), S. 7 angesprochen.
[159] H. *Westermann* (Fn. 26), S. 27 f.
[160] H. *Westermann* (Fn. 26), S. 28.
[161] H. *Westermann* (Fn. 26), S. 28.

Eine starke ethische Fundierung zeigt auch *Westermanns* Schrift „Person und Persönlichkeit als Wert im Zivilrecht“ von 1957: Er sieht im Schutz der Menschenwürde in Art. 1 GG zugleich die unantastbare Wertgrundlage für den Schutz der Persönlichkeit im BGB. Im Anschluss an *Dürig* vertritt auch *Westermann*[162] die Formel, dass der Mensch nicht zum Objekt gemacht werden dürfe, die ja gerade kürzlich wieder in der Entscheidung des BVerfG zum Flugsicherheitsgesetz die entscheidende Rolle gespielt hat.[163]

IX. *Westermann* als akademischer Lehrer

Harry Westermann war zu seinen Lebzeiten einer der bekanntesten deutschen Juraprofessoren. Er genoss höchstes Ansehen über den Kreis der Juristen dieses Landes hinaus. Er war zu seiner Zeit, das muss man so sagen, eine Berühmtheit.

Ein großer akademischer Lehrer war er aus zwei Gründen: Aus Pflichtgefühl und aus dem Herzen. Welches der stärkere der beiden Gründe war, weiß ich nicht.[164]

Speziell seine Beliebtheit bei den Studenten war zeitweise grenzenlos. Und das war ganz gewiss nicht auf billige Scheine und ungerechtfertigt gute Noten zurückzuführen, sondern allein auf seine unnachahmliche Art, Vorlesung zu halten. Die Adjektive engagiert, anregend, motivierend, locker, witzig, zynisch charakterisieren das nur schwach und unanschaulich. In seinen mündlichen Äußerungen innerhalb und außerhalb der Vorlesungen und Seminare war er gewiss ein großer Spötter.

Einen schlagenden Beweis für die Berühmtheit und Beliebtheit *Westermanns* als akademischem Lehrer fand ich in der *Laudatio* von *Marcus Lutter* für *Wolfgang Clement* (den früheren Bundeswirtschaftsminister, der in Münster Jura studiert und 1965 Erstes Staatsexamen gemacht hat) bei dessen Ehrenpromotion im Jahre 2004 in Bochum: *Clement* sei, so *Lutter* wörtlich „wie die meisten Ruhrgebietler damals nach Münster zum Studium gegangen, habe *Harry Westermann* gehört und Examen gemacht“[165]. Nichts

[162] H. *Westermann* (Fn. 29), insb. S. 7–14.

[163] S. dazu auch *Schlink*, Vergewisserungen: über Politik, Recht, Schreiben und Glauben (2005), S. 125, 126 f.

[164] Dass er auf juristische Didaktik nicht nur großen Wert legte, sondern sie mit Nachdruck selbst betrieb, ist durch einige viel zitierte Aufsätze gut zu belegen, s. H. *Westermann*, Haftung für fremdes Handeln, JuS 1961, 332–343, 383–387; *ders.*, JuS 1963, 1–8; *ders.*, Einheit und Vielfalt der Wertungen im Irrtumsrecht, JuS 1964, 169–177; *ders.*, Der konstitutive und deklaratorische Hoheitsakt als Tatbestand des Zivilrechts, in: Pawlowski/Wieacker (Hrsg.), Festschrift für Michaelis (1972), S. 336–353. Sogar noch die selbstkritischen Bemerkungen am Ende des zuletzt genannten Aufsatzes zeigen die Intensität der Westermannschen didaktischen Bemühungen.

[165] Dass dieser Text von M. *Lutter* stammt, ergibt sich aus http://www.ruhr-uni-bochum.de/aktuell/ehrenpromotion/Clement/.

zeigt besser als diese knappe Formulierung, wie ungeheuer verbreitet *Westermanns* Ruf als akademischer Lehrer war. Ich bin sicher, dass er Generationen von Studenten Freude an der Juristerei gemacht hat. Ich bin einer von vielen, die das erfahren haben und bis heute mit emotionaler Anhänglichkeit bekennen.

Aber *Harry Westermann* hat in den letzten Jahren seiner Vorlesungstätigkeit, genau gesagt seit 1968, mit den Studenten erhebliche Schwierigkeiten bekommen. Es mag nur ein kleiner Teil von Studenten gewesen sein, aber dieser kleine Teil bestimmte damals für einige Zeit die Szene. *Westermann* hat dies bald die Freude am Lehren verleidet und ihn dazu geführt, dass er sich frühzeitig emeritieren ließ. Ich entsinne mich lebhaft an eine Szene im Jahre 1968: Die erste Sitzung der Münsterschen Fakultät im Wintersemester, die erste, an der ich als Privatdozent teilnahm, die erste, an der auch Studenten teilnahmen. Einer von ihnen sprach *Westermann* als „Herr *Westermann*" an, also ohne Titel, was nach damaligem Brauch nur Kollegen erlaubt war (auch ich durfte das, für mich damals völlig selbstverständlich, erst nach der Habilitation). Diese Insubordination seitens eines Studenten hat *Westermann* ungeheuer erregt, und er hat spontan auf diesen Studenten eingeschrieen (ich kann das nicht anders nennen): „Für Sie immer noch Herr *Professor* Westermann ..." usw. Es war schrecklich. Es wurde verständlicherweise auch dadurch nicht besser, dass die Studenten ihn daraufhin in der Sitzung nur noch als „Herr *Professor Dr.* Westermann" anredeten.

Natürlich waren es nicht nur diese verbalen Spitzen, die *Westermann* so erregten, sondern gewiss vor allem das Verlangen der Studenten nach Mitsprache und vor allem Mitbestimmung und die neuen Vorschriften in Gesetz und Universitätsverfassung, die dies legitimierten. Durch dieses Verlangen wie durch diese verbalen Spielereien, durch diese damalige sog. „Studentenbewegung" fühlte *Westermann* sich in seiner Ehre als deutscher Ordinarius zutiefst getroffen und herabgesetzt. Er hatte in dieser Richtung ein ausgeprägtes Standesbewusstsein und Selbstverständnis. Politisch fand man ihn danach in einer Ecke, aus der er nicht gekommen war und in die er nicht hineingehörte. Meiner persönlichen sentimentalen Anhänglichkeit an *Harry Westermann* hat das nie Abbruch getan, auch wenn es mich völlig überrascht hat, wie wenig souverän er in diesen Zusammenhängen agiert hat.[166]

Ich möchte noch einige Dinge herausstellen, die *Westermann* in seiner Abschiedsvorlesung[167] 1974 vorgetragen hat. Zunächst ein wörtliches Zitat über die Repetitoren: „In der Tat ist es verwunderlich, dass neben den vom Staat

[166] In seiner Abschiedsvorlesung (Fn. 1), S. 7. spricht *Westermann* von „studentischen Kreisen", mit denen es mehrere Semester lang „zum Teil auch harte Auseinandersetzungen gegeben" habe. Versöhnlich fügt er hinzu, es habe aber „ein Bewusstsein letzter Gemeinsamkeiten in und für unsere Universität gegeben".

[167] H. *Westermann* (Fn. 1).

mit erheblichem Aufwand unterhaltenen rechtswissenschaftlichen Fakultäten private Repetitorien sich nicht nur halten, sondern zum Teil von den Studenten schlechthin anstelle der Universitätsveranstaltungen als Mittel zum Arbeiten gewählt werden". Die intensivere Mitarbeit der Studenten beim Repetitor führt *Westermann* u.a. darauf zurück, dass der Student dort bezahlen muss, auch finde unter den Repetitoren eine natürliche Auslese nach dem Grad ihrer didaktischen Fähigkeiten statt. Der merkwürdigste Grund für den Erfolg der Repetitoren aber, so *Westermann*[168] mit großer Betonung, liege in der nur durch Leistung zu erringenden Herr-im-Haus-Autorität des guten Repetitors gegenüber seinen Hörern. Dieser habe ein hohes persönliches Gewicht bei ihnen. Eigentlich erwarte man derartiges ja vom Hochschullehrer, der „nach hochgesteckten Kriterien" ausgewählt werde und „früher fast unbegrenztes Ansehen in der Öffentlichkeit" gehabt habe. Ich sehe in diesen Äußerungen im Jahre 1974 eine ätzende Kritik an den Zeitumständen (die dem Professor das „fast unbegrenzte Ansehen" genommen habe und der unliebsame, störende Hörer nicht aus der Vorlesung werfen könne), vor allem aber an der Lehre in den Juristischen Fakultäten. Hier einschlägig sind auch *Westermanns* Vorstellungen zur Studienreform: Er sieht, was das Jurastudium angeht, eine Entwicklung der Universität „zur verlängerten Schule", zur durchgehenden Betreuung der Studenten.[169] *Westermann* verteidigt demgegenüber die klassischen Ziele der Heranbildung zum selbständigen, methodenbewussten Denken in Freiheit und in Verantwortung gegenüber sich selbst.[170] *Westermann* bescheinigt sich hier selbst ein „sehr elitäres Denken" und Festhalten am Leistungsprinzip. Aus dieser Haltung hätten sich seine Kontroversen mit den Studenten ergeben.[171]

Das Ganze bekommt bei ihm aber noch eine entscheidende Wende:[172] Seine elitären Vorstellungen, die er besser, das wird hier deutlich, Vorstellungen zur Elitenbildung genannt hätte, würden sich in der Massenuniversität kaum durchsetzen lassen. Dieser Massenuniversität entsprächen wohl besser die von ihm eigentlich abgelehnten Verschulungsmodelle. Den Ausweg sieht er darin, die rechtswissenschaftlichen Fakultäten heutiger Prägung aufzugeben und durch rein auf Ausbildung bezogene Rechtsschulen zu ersetzen. Die große Zahl „praktischer Positionen" könne mit deren Absolventen besetzt werden. Die besten, auch schon in der Praxis bewährten Absolventen könnten dann ein echt wissenschaftliches Rechtsstudium an den entspre-

[168] H. *Westermann* (Fn. 1), S. 15, 16.

[169] H. *Westermann* (Fn. 1), S. 24, 25.

[170] H. *Westermann* (Fn. 1), S. 25.

[171] H. *Westermann* (Fn. 1), S. 27. Auch *Westermann* benutzt durchgehend *nicht* die Tandemformel „Studentinnen und Studenten" und vermeidet auch den Ausweg „Studierende"; allerdings spricht er gelegentlich, so an der soeben zitierten Stelle, von „Studentenschaft".

[172] H. *Westermann* (Fn. 1), S. 33 f.

chend reformierten Fakultäten beginnen und von dort in höhere, auch wissenschaftliche Positionen aufsteigen.

Wenn man mich fragt, ob *Westermann* den Bologna – Prozess befürwortet hätte, so antworte ich mit einem entschiedenen „Ja“ und belege dies mit den soeben besprochenen Passagen. Er sagt das zwar, wie es oft leider seine Art war, nicht ganz ohne salvatorische Klauseln, aber ich glaube, letztlich wäre er den Gang nach Bologna gegangen (wohl wissend, dass *sein* Amt dann die Lehre an den neuen Elite-Fakultäten gewesen wäre). Jedenfalls glaube ich, dass er viel reformfreudiger war, als es viele deutsche Rechtsfakultäten heute sind.

Bundesverfassungsrichter a.D. Prof. Dr. Hans Brox*

Wilfried Schlüter

Als herausragende Persönlichkeit unter den Juristen der Nachkriegszeit ist *Hans Brox* anlässlich seiner runden Geburtstage mehrfach gewürdigt worden.[1] Er ist wie kaum ein anderer Zivilrechtler aufgrund seiner vorzüglichen, didaktisch besonders gelungenen Lehrbücher aus den verschiedensten Rechtsgebieten Generationen von Juristen bekannt. Aufgrund seiner verschiedenen Berufsfelder und seiner vielfältigen Interessen ist er eine singuläre Erscheinung. In diesem Beitrag soll versucht werden, Leben und Werk dieses inzwischen 87-jährigen bedeutenden Wissenschaftlers, begnadeten akademischen Lehrers und erfahrenen Richters nachzuzeichnen. In seiner ungewöhnlichen Bescheidenheit hatte er sich mehrfach jede Würdigung durch eine Festschrift verbeten.

* Vortrag am 16. Juni 2006 – Humboldt-Universität zu Berlin.

[1] *Dütz*, Hans Brox zum 70. Geburtstag, NJW 1990, 2049–2050; *Rüthers*, Hans Brox 70 Jahre, JZ 1990, 749; *Rüthers*, Professor Dr. Hans Brox zum 75. Geburtstag, NJW 1995, 2086–2087; *Schlüter*, Hans Brox zum 80. Geburtstag, NJW 2000, 2330; *Rüthers*, Hans Brox 80 Jahre, JZ 2000, 764–765; *Dütz*, Hans Brox 80 Jahre, ArbuR 2000, 301–302; *Walker*, Hans Brox zum 80. Geburtstag, RdA 2000, 249; *Walker*, Hans Brox zum 85. Geburtstag, NJW 2005, 2286-2287; *Dütz*, Hans Brox zum 85. Geburtstag, JZ 2005, 781; *Rüthers*, Hans Brox zum 85. Geburtstag, RdA 2005, 251.

I. Schulische Ausbildung und Studium

Hans Brox ist am 9. August 1920 in der Industriestadt Dortmund geboren. Diese Arbeiterstadt hat ihn sehr geprägt. Er ist für alle, die ihn näher kennen, der Inbegriff westfälischer Bodenständigkeit, Zuverlässigkeit und Gradlinigkeit. Von 1930 bis 1938 besuchte er das Hindenburg-Realgymnasium seiner Heimatstadt. Vor den Verlockungen der nationalsozialistischen Ideologie blieb er durch die Erziehung in seinem christlichen Elternhaus und den Einfluss seines langjährigen Religionslehrers *Lorenz Jäger*, den späteren Paderborner Kardinal, bewahrt, mit dem er auch nach der Schulzeit viele Jahre eng verbunden war. Nach dem Abitur im Jahr 1938 musste er den Arbeitsdienst ableisten.

Von 1939–1940 studierte er in Paderborn Philosophie. Das Philosophicum legte er mit der Note „sehr gut" bis „gut" ab. Dieses Studium musste er 1940 abbrechen, weil er zur Wehrmacht eingezogen wurde. Wegen seiner ablehnenden Haltung gegenüber dem damaligen Regime strebte er keine Offizierslaufbahn an. Nach einer schweren Verwundung gelang es ihm mit Hilfe eines Chefarztes, bis zum Kriegsende als Sanitätssoldat in einem Lazarett eingesetzt zu werden.

Schon 1945 begann er in Bonn mit dem Studium der Rechtswissenschaft. Dieses Studium hatte er nicht gewählt, um Karriere zu machen, sondern weil es ihm ein persönliches Anliegen war, nach Jahren staatlicher Willkür dazu beizutragen, dass wieder rechtsstaatliche Verhältnisse geschaffen wurden. Seinem Studium widmete er sich vom ersten Tage an mit großem Engagement und Erfolg. Nach den Wirren des Krieges und dem Ende des von ihm zutiefst abgelehnten NS-Regimes genoss er es, frei von staatlicher Bevormundung zu studieren und wissenschaftlich zu arbeiten. Schon nach 6 Semestern legte er trotz der für heutige Begriffe katastrophalen Studienbedingungen die Erste Juristische Staatsprüfung mit der Note „ausgezeichnet" ab. Seine Examensarbeit wurde, was einmalig war, als Monographie veröffentlicht.[2]

Während seiner Referendarzeit, die er von 1948–1950 im Oberlandesgerichtsbezirk Hamm ableistete, promovierte er in Bonn mit einer strafrechtlichen Arbeit[3] mit der Note „*magna cum laude*". Die Große Juristische Staatsprüfung legte er 1950 ebenfalls mit glänzendem Erfolg („gut") ab.

[2] *Brox*, Die Einrede des nichterfüllten Vertrages beim Kauf (1948).
[3] *Brox*, Die arglistige Verleitung zur Eheschließung (1949).

II. Richterliche Tätigkeit in der ordentlichen Gerichtsbarkeit

Damit waren die Voraussetzungen für eine steile Justizkarriere geschaffen. Schon wenige Tage nach dem Assessorexamen wurde er beim Landgericht Dortmund als Gerichtsassessor eingestellt und bereits 1952 zum Landgerichtsrat und schon fünf Jahre später zum Oberlandesgerichtsrat am Oberlandesgericht Hamm ernannt. Er war von Anfang an (1954) Mitherausgeber der Zeitschrift Ehe und Familie (Zeitschrift für das gesamte Familienrecht), in der er schon während seiner Tätigkeit als Richter mehrere Aufsätze zum Zivilrecht und Prozessrecht veröffentlicht hat.[4] Wegen seiner hervorragenden fachlichen und didaktischen Fähigkeiten wurde ihm 1953 die Leitung einer Referendararbeitsgemeinschaft übertragen. Nach seiner Ernennung zum Oberlandesgerichtsrat war er weiterhin Leiter einer Arbeitsgemeinschaft; außerdem wurde ihm die gesamte Referendarbetreuung im Oberlandesgerichtsbezirk Hamm übertragen. Mehrere Generationen von Referendaren und Referendarinnen lernten ihn als gerechten und verständnisvollen „Referendarvater" schätzen.

Seit 1954 war er für mehr als drei Jahrzehnte Mitglied des Justizprüfungsamts für die Erste Juristische Staatsprüfung in Hamm und seit 1956 Mitglied des Prüfungsamts für die Große Juristische Staatsprüfung. Obwohl er an die Prüflinge hohe Anforderungen stellte, war er wegen seiner fairen und klaren Prüfung sehr geschätzt. Durch seine Tätigkeit im Justizprüfungsamt lernte er Prof. Dr. *Harry Westermann* näher kennen, der er ihn ermunterte, sich zu habilitieren und der auch seine Habilitation im Jahr 1959 betreut hat. Mit ihm war er bis zu dessen Tod eng verbunden.

III. Richterliche Tätigkeit in der Verfassungsgerichtsbarkeit

1. Als Mitglied des Verfassungsgerichtshofes für das Land Nordrhein-Westfalen

Mit seinem späteren Wechsel in die akademische Laufbahn war seine richterliche Tätigkeit keineswegs beendet. Von 1964 bis 1994 war er Richter am Verfassungsgerichtshof für das Land Nordrhein-Westfalen. In diesen drei Jahrzehnten hat er an zahllosen Verfahren mitgewirkt. Zu erwähnen sind vor allem die politisch brisanten Verfahren, die Anfang der 70er Jahre gegen die

[4] *Brox*, Abänderungsklage (§ 323 ZPO) oder Klage auf zusätzliche wiederkehrende Leistungen, FamRZ 1954, 237–240; *ders.*, Welche Einwendungen kann der Beklagte im Abänderungsrechtsstreit gemäß § 323 geltend machen?, FamRZ 1955, 66–68; Nochmals: *ders.*, Probleme der Abänderungsklage (§ 323 ZPO) und der „Unterhalts-Zusatzklage" (§ 258 ZPO), FamRZ 1955, 320–326; *ders.*, Die Vinkulierung des Vermögens im ganzen sowie der Haushaltsgegenstände und ihre Auswirkungen im Zivilprozeß, FamRZ 1961, 281–287.

Kommunale Gebietsreform vor dem Verfassungsgerichtshof anhängig waren. *Hans Brox*, von Hause aus Zivil- und nicht Öffentlichrechtler, genoss in diesem Gericht wegen seiner hohen Fachkompetenz, seiner inneren Unabhängigkeit, seiner Offenheit und Kollegialität höchstes Ansehen. Er hat die Rechtsprechung dieses Gerichtshofs maßgeblich mitgestaltet. Aus dieser richterlichen Tätigkeit ist seine Abhandlung über die „Rechtskraft und Gesetzeskraft von Entscheidungen des Verfassungsgerichtshofs"[5] entstanden. Seine großen Verdienste wurden durch die Verleihung des Verdienstordens des Landes Nordrhein-Westfalen gewürdigt.

2. *Als Richter am Bundesverfassungsgericht*

Für ihn völlig überraschend wurde der parteilose *Hans Brox* 1967 vom Richterwahlausschuss zum Richter am Bundesverfassungsgericht nominiert, dessen Erstem Senat er vom 1. September 1967 bis zum 7. November 1975 angehört hat. Eine ihm danach angebotene Wiederwahl lehnte er ab, weil er sich wieder mit voller Kraft Forschung und Lehre widmen wollte, die er auch während seiner Tätigkeit in Karlsruhe soweit wie möglich fortgeführt hatte. Seinem Senat, dessen Vorsitzende *Gebhard Müller* und seit 1971 *Ernst Benda* waren, gehörten als weitere besonders profilierte Persönlichkeiten u.a. die Richterin *Wiltraut Rupp von Brünneck* und die Richter *Werner Böhmer* und *Helmut Simon* an. *Hans Brox* war Berichterstatter für die Bereiche Arbeits- und Sozialrecht. In diesem sehr anspruchsvollen und aufreibenden Amt kam ihm seine langjährige richterliche Erfahrung sehr zu gute. Mit seinem ausgleichenden kollegialen Verhalten und seiner Grundsatztreue und Gradlinigkeit genoss er bei seinen richterlichen Kollegen großes Ansehen. Wegen seiner hohen Fachkompetenz und rationellen Arbeitsweise gelang es ihm, Rückstände in seinem Dezernat alsbald aufzuarbeiten und die Verfahrensdauer wesentlich zu verkürzen. Über sein Dezernat hinaus hat *Hans Brox* an zahlreichen grundlegenden Entscheidungen mitgewirkt, die für die Rechtsprechung und Gesetzgebung bis heute noch richtungweisend sind.

Zu nennen ist hier etwa der „Mephisto-Beschluss" über das Spannungsverhältnis zwischen Kunstfreiheit und postmortalem Persönlichkeitsschutz[6] und der „Soraya-Beschluss" über den Ersatz immaterieller Schäden bei Verletzung des allgemeinen Persönlichkeitsrechts.[7] Diese Entscheidungen wirken bis in die Gegenwart fort, weil durch sie die Grundlagen für die Fort-

[5] *Brox*, Rechtskraft und Gesetzeskraft von Entscheidungen des Verfassungsgerichtshofs, in: Präsidenten des Verfassungsgerichtshofes für das Land Nordrhein-Westfalen (Hrsg.), Verfassungsgerichtsbarkeit in Nordrhein-Westfalen, Festschrift zum 50-jährigen Bestehen des Verfassungsgerichtshofs für das Land Nordrhein-Westfalen (2002), S. 149–152.

[6] BVerfGE 30, 173.

[7] BVerfGE 34, 269.

entwicklung und den ständigen Ausbau des Persönlichkeitsschutzes geschaffen worden sind.

Zu erwähnen sind zwei weitere Entscheidungen, die für die Studienfreiheit und Wissenschaftsfreiheit von zentraler Bedeutung waren, nämlich das „numerus clausus-Urteil“[8] und das Hochschulurteil über die Gruppenuniversität.[9] Durch das erstgenannte Urteil wurden absoluten Zulassungsbeschränkungen enge Grenzen gesetzt. Diese Entscheidung war der Anlass für die Einrichtung der Länder übergreifenden Zentralstelle für die Vergabe von Studienplätzen (ZVS) in Dortmund. Durch das Hochschulurteil wurde das Vorschaltgesetz für ein Niedersächsisches Gesamthochschulgesetz vom 26. Oktober 1971[10] für verfassungswidrig erklärt, nicht weil hierdurch die Gruppenuniversität eingeführt wurde, sondern weil es Hochschullehrern, Wissenschaftlichen Mitarbeitern und Studenten in verschiedenen Universitätsgremien den gleichen Stimmanteil einräumte. Damit konnten die Hochschullehrer auch in Fragen von Forschung und Lehre von den anderen Gruppen überstimmt werden. Das Bundesverfassungsgericht hat derartige Regelungen mit der durch Art. 5 Abs. 3 GG geschützten Wissenschaftsfreiheit für unvereinbar erklärt. Damit war geklärt, dass die von Teilen der Studierenden mit Nachdruck vertretene Forderung nach einer Viertelparität oder gar die Forderung, dass sämtliche Universitätsmitglieder das gleiche Stimmrecht haben müssen (*„one man, one vote“*) mit Art. 5 Abs. 3 GG nicht zu vereinbaren war. Mit dieser grundlegenden, politisch damals sehr umstrittenen Entscheidung hat das Bundesverfassungsgericht unter maßgeblicher Mitwirkung von *Hans Brox* die Hochschulen davor bewahrt, zu einem Tummelplatz diffuser allgemein politischer Auseinandersetzungen zu werden und ihren Charakter als Stätten freier Forschung und Lehre zu verlieren.

Während der Zugehörigkeit von *Hans Brox* zum Ersten Senat ist auch das erste Abtreibungsurteil[11] ergangen, das zwar später durch das zweite Abtreibungsurteil des Zweiten Senats[12] modifiziert worden ist, das aber nach wie vor für den Schutz des werdenden Lebens und auch für die rechtliche Regelung der künstlichen Befruchtung von entscheidender Bedeutung ist.

Kennzeichnend für das Verständnis seiner Rolle als Richter am Bundesverfassungsgericht ist es, dass er während seiner Zugehörigkeit zum Ersten Senat niemals, auch wenn er mit der Entscheidung der Senatsmehrheit nicht einverstanden war, ein *„dissenting vote“* abgegeben hat. Das lag nicht nur daran, dass es ihm bei seiner ausgeprägten Bescheidenheit zuwider war, sich nach außen darzustellen. In seiner langjährigen richterlichen Tätigkeit in

[8] BVerfGE 33, 303.
[9] BVerfGE 35, 79.
[10] Niedersächsisches Gesetz- und VOBl 1971, 317.
[11] BVerfGE 39, 1.
[12] BVerfGE 88, 203.

Kollegialgerichten war es für ihn durchaus erträglich, überstimmt zu werden. Erwähnenswert ist auch, dass er zu keiner Zeit der Versuchung erlegen ist, sich öffentlich zu bereits ergangenen Entscheidungen seines Senats zu äußern. Damit hebt er sich wohltuend von einigen anderen Richtern des Bundesverfassungsgerichts ab. Für sein richterliches Verständnis war es erst recht ausgeschlossen – wie es heute bedauerlicher Weise immer öfter geschieht –, in den Medien rechtspolitische Forderungen aufzustellen und dem Gesetzgeber ungefragt Ratschläge zu erteilen.

Aus den Erfahrungen seiner richterlichen Tätigkeit am Bundesverfassungsgericht sind drei grundlegende Festschriftbeiträge entstanden. In dem einen beschäftigt er sich mit der Zulässigkeit einer erneuten Überprüfung einer Norm durch das Bundesverfassungsgericht.[13] In einem weiteren setzt er sich mit Problemen der Zulässigkeit einer Verfassungsbeschwerde auseinander.[14] Der dritte Festschriftbeitrag ist Rechtsproblemen bei richterlichen Abstimmungen gewidmet.[15]

Als Würdigung seiner engagierten und überaus erfolgreichen Tätigkeit am Bundesverfassungsgericht wurde ihm das Bundesverdienstkreuz verliehen.

IV. Tätigkeit als Hochschullehrer und Autor

1. *Wissenschaftlicher Werdegang*

Wie bereits erwähnt, hatte der bekannte Münsteraner Zivilrechtler *Harry Westermann Hans Brox* ermuntert, sich an der Rechts- und Staatswissenschaftlichen Fakultät der Westfälischen Wilhelms-Universität zu habilitieren. Wegen seiner wissenschaftlichen Interessen und seiner Freude am akademischen Unterricht griff er diese Anregung auf und ließ sich 1958 für sechs Monate ohne Bezüge von der Justiz beurlauben. In diesem unglaublich kurzen Zeitraum schrieb er seine auch heute noch viel beachtete Habilitationsschrift über die Einschränkung der Irrtumsanfechtung, die mit Unterstützung der Deutschen Forschungsgemeinschaft veröffentlicht worden ist.[16] Bei diesem Werk handelt es sich nicht nur um eine dogmatisch fundierte Untersuchung über den Zusammenhang von Irrtum, Geschäftsgrundlage und Mängelhaftung. Wie der Untertitel „Ein Beitrag zur Lehre von der Willens-

[13] *Brox*, Zur Zulässigkeit einer erneuten Überprüfung einer Norm durch das Bundesverfassungsgericht, in: Leibholz/Faller u.a. (Hrsg.), Menschenwürde und freiheitliche Rechtsordnung, Festschrift für Willi Geiger zum 65. Geburtstag (1974), S. 809–826.

[14] *Brox*, Zur Zulässigkeit der Verfassungsbeschwerde. Auslegungsschwierigkeiten bei § 90 I BVerfGG, in: Wilke/Weber (Hrsg.), Gedächtnisschrift für Friedrich Klein (1977), S. 75–88.

[15] *Brox*, Rechtsprobleme bei Abstimmungen beim Bundesverfassungsgericht, in: Ritterspach/Geiger (Hrsg.), Festschrift für Gebhard Müller (1970), S. 1–20.

[16] *Brox*, Die Einschränkung der Irrtumsanfechtung (1960).

erklärung und deren Auslegung" erkennen lässt, hat *Hans Brox* in dieser grundlegenden Arbeit sein hermeneutisches Grundverständnis von der Gesetzesinterpretation und der Auslegung von Willenserklärungen verdeutlicht.[17] Ebenso wie *Harry Westermann*, der seine Habilitationsschrift betreut hat, erweist er sich in dieser Untersuchung als leidenschaftlicher Vertreter der auf *Philipp Heck*[18] zurückgehenden Wertungs- und Interessenjurisprudenz. Von diesem methodischen Ansatz sind seine sämtlichen weiteren Veröffentlichungen geprägt. Das gilt in besonderem Maße für seine Lehrbücher, in denen er, wie schon sein Lehrer *Westermann* in seinem Sachenrechtslehrbuch[19] die Überzeugungskraft dieses methodischen Ansatzes unter Beweis stellt. Zusammen mit *Harry Westermann, Dietrich Reinicke, Johannes Wessels* und vielen anderen Kollegen hat er maßgeblich dazu beigetragen, dass das Erbe des großen Methodikers *Philipp Heck* in Münster nicht in Vergessenheit geraten ist.

Mit seiner Arbeit über die Einschränkung der Irrtumsanfechtung wurde *Hans Brox* von der Rechts- und Staatswissenschaftlichen Fakultät der Westfälischen Wilhelms-Universität 1959 habilitiert. Knapp zwei Jahre später erhielt er einen Ruf auf ein Extraordinariat an der Johannes Gutenberg-Universität in Mainz. Schon ein Jahr später wurde er als ordentlicher Professor für Bürgerliches Recht, Handelsrecht, Arbeitsrecht und Zivilprozessrecht an die Westfälische Wilhelms-Universität berufen. Außerdem wurde er zum geschäftsführenden Direktor des Instituts für Arbeits- und Wirtschaftsrecht (später Arbeits-, Sozial- und Wirtschaftsrecht Abt. I) ernannt. Trotz mehrerer auswärtiger Rufe hat er seiner Universität bis zu seiner Emeritierung im Jahr 1985 die Treue gehalten.

2. *Hans Brox als Autor*

a) Kennzeichnend für das wissenschaftliche Lebenswerk von *Hans Brox* ist es zum einen, dass er sich in seinen Monographien und zahlreichen Aufsätzen, Festschriftbeiträgen und Urteilsanmerkungen nicht auf einzelne Spezialgebiete beschränkt hat, sondern dass er nahezu alle wichtigen Gebiete des Zivilrechts – angefangen vom Bürgerlichen Recht über das Arbeitsrecht bis hin zum Handels-, Gesellschafts- und Wertpapierrecht – und auch das Zivilprozessrecht zum Gegenstand seiner Forschung gemacht hat. Zum anderen hat er auch bei seinen wissenschaftlichen Arbeiten immer eine Verbindung zur Rechtspraxis gesucht. Farbloses Theoretisieren ist ihm fremd.

[17] Hierzu auch *Brox*, Fragen der rechtsgeschäftlichen Privatautonomie, JZ 1967, 761–767.

[18] *Heck*, Begriffsbildung und Interessenjurisprudenz (1932); *ders.*, Das Problem der Rechtsgewinnung (2. Aufl. 1932).

[19] *Westermann*, Sachenrecht (5. Aufl. 1966).

Rechtsdogmatik ist für ihn kein Selbstzweck. Ihre Aufgabe erblickt er primär darin, den Rechtsstoff so aufzubereiten und zu ordnen, dass der Rechtspraxis eine dem Gleichheitssatz entsprechende Rechtsanwendung erleichtert wird. Auf Grund seiner langjährigen richterlichen Tätigkeit ist er mit der Rechtswirklichkeit und den praktischen Schwierigkeiten der Rechtsanwendung bestens vertraut.

Durch seine breit angelegten wissenschaftlichen Arbeiten in verschiedenen Rechtsgebieten war er in der Lage, in seinen Publikationen Zusammenhänge mit anderen Rechtsdisziplinen aufzuzeigen und aus diesen Wertungen und Erkenntnisse für die konkrete Problemlösung nutzbar zu machen.

Hans Brox versteht es, wie kaum ein anderer, auch schwierige Rechtsprobleme ohne Genauigkeitsverlust auf ihren Kern zurückzuführen und sie in einer klaren, bildreichen und schnörkellosen Sprache so darzustellen, dass sie auch von jungen Juristen verstanden werden können. Jedes hochgestochene, pseudowissenschaftliche Wortgetöse ist ihm zuwider. Mit seiner Frage: „Kann man das nicht einfacher ausdrücken?" hat er seine Assistenten und Doktoranden oft veranlasst, genauer nachzudenken.

Darin dürfte auch der beispiellose Erfolg seiner zahlreichen, in ungewöhnlich hohen Auflagen erschienenen Lehrbücher zu suchen sein. Die Zahl der Studierenden, die in den letzten Jahrzehnten nicht durch die Lehrbücher von *Brox* in wichtige Gebiete des Zivilrechts eingeführt worden sind, dürfte sehr gering sein.

Schon bald nach seiner Berufung nach Münster war es *Hans Brox* ein Anliegen, seine didaktischen Fähigkeiten auch als Autor von Lehrbüchern zu erproben. Angesichts der damals schon vorhandenen Lehrbücher hatten ihm manche Kollegen abgeraten, einen solchen Versuch zu starten, wie sich inzwischen herausgestellt hat, sehr zu Unrecht. Seine Lehrbücher wurden von Anfang an von den Studierenden voll akzeptiert. Sie haben – nicht immer zur uneingeschränkten Freude von Kollegen – unvorstellbare Auflagenhöhen erreicht. So ist das Lehrbuch zum Allgemeinen Teil des Bürgerlichen Gesetzbuchs bis 2006 in 30 Auflagen erschienen. Die Lehrbücher zum Allgemeinen Schuldrecht haben inzwischen (2006) 29 Auflagen und zum Besondern Schuldrecht 31 Auflagen erreicht. Die Lehrbücher zum Erbrecht sind bis dahin in der 21. Auflage und die zum Handels- und Wertpapierrechts in der 18. Auflage erschienen. Auch das Lehrbuch zum Arbeitsrecht hat inzwischen (zusammen mit *Rüthers*) 16 Auflagen erreicht. Das erst nach der Emeritierung zusammen mit seinem Schüler *Walker* verfasste Lehrbuch zum Zwangsvollstreckungsrecht ist inzwischen in 7. Auflage erschienen.

Insgesamt hat *Hans Brox* bis 2006 152 Auflagen seiner Bücher bearbeitet, mehr als die Mitglieder mancher Fakultäten zusammen. Es ist bewundernswert, dass er bis zum Alter von 85 Jahren mit eiserner Energie und Schaffenskraft allein den Neuauflagen einiger seiner Bücher gewidmet hat.

Erstaunlich ist es, dass *Hans Brox* neben dieser gewaltigen Arbeitsbelastung die Zeit gefunden hat, außer seinen Lehrbüchern zahlreiche richtungweisende Monographien, Aufsätze und Festschriftbeiträge aus verschiedensten zivilrechtlichen Rechtsgebieten zu veröffentlichen.

b) Als erstes großes Werk zum Arbeitsrecht verfasste er schon kurz nach seiner Ernennung zum Direktor des Instituts für Arbeits- und Wirtschaftsrecht zusammen mit *Bernd Rüthers* das Handbuch zum Arbeitskampfrecht[20], das damals konkurrenzlos war. In diesem Werk wurde erstmals das trotz seiner großen sozialen und wirtschaftlichen Bedeutung gesetzlich nicht geregelte Arbeitskampfrecht bis in seine materiell- und verfahrensrechtlichen Facetten hinein zusammenhängend dargestellt. Dieses Handbuch erschien 1982 in wesentlich erweiterter zweiter Auflage.[21] Trotz der Fortentwicklung des Arbeitskampfrechts, vor allem durch die Rechtsprechung des Bundesarbeitsgerichts, gilt es auch heute noch als Standardwerk.

Knapp zwei Jahre nach der ersten Auflage des Arbeitskampfrechts erschien 1967 die erste Auflage des schon erwähnten Arbeitsrechtslehrbuchs, das bei den Studierenden von Anfang an großen Anklang fand. Abgesehen davon hat sich *Brox* in zahlreichen weiteren Beiträgen und kritischen Anmerkungen zu höchstrichterlichen Entscheidungen mit Fragen des kollektiven und individuellen Arbeitsrechts befasst, damit die arbeitsrechtliche Rechtsprechung wesentlich beeinflusst und die Entwicklung dieses Rechtsgebiets gefördert. Einen Schwerpunkt bildeten hierbei Abhandlungen zum Tarifvertrags-[22] und Arbeitskampfrecht[23]. In mehreren weiteren Veröffentlichungen hat er sich

[20] *Brox/Rüthers*, Arbeitskampfrecht, Ein Handbuch für die Praxis (1965).

[21] *Brox/Rüthers*, Arbeitskampfrecht, Ein Handbuch für die Praxis (2. Aufl. 1982). An dieser Auflage waren zwei weitere Schüler von Brox (*Friedrich Jülicher* und *Wilfried Schlüter*) mit Beiträgen beteiligt.

[22] Z.B. *Brox*, Die Bedeutung von Günstigkeitsklauseln in Kollektivvereinbarungen, BB 1966, 1190–1194; *ders.*, Plakatwerbung der Gewerkschaften im Betrieb, DB 1965, 731–735; *ders.*, Anmerkung zu BAG v. 18.11.1965, SAE 1966, 193–196; *ders.*, Anmerkung zu BAG v. 3.11.1982, SAE 1983, 121–125; *ders.*, Anmerkung zu BAG v. 10.9.1985, SAE 1986/87, 229–235; *ders.*, Anmerkung zu BAG v. 29.1.1986, AP Nr. 115 zu §§ 22, 23 BAT (Mangelnde Bestimmtheit einer Tarifnorm) (AP 1986); *ders.*, Anmerkung zu BAG v. 16.9.1987, AP Nr. 15 zu § 4 TVG Effektivklausel (Tariflohn bei Arbeitszeitverkürzung) (AP 1988).

[23] Z.B. *Brox*, Zur Wirkung der rechtmäßigen Aussperrung auf den Arbeitsvertrag, in: Dietz/Hübner (Hrsg.), Festschrift für Hans Carl Nipperdey, Band II (1965), S. 55–78; *ders./Dudenbostel*, Die Zulässigkeit der Massenkündigung als Mittel des Arbeitskampfes, DB 1979, 1841–1846, 1893–1896; *ders.*, Die Folgen der Beteiligung des Arbeitnehmers am Streik für die Arbeitspflicht und den Anspruch auf Arbeitsvergütung, JA 1980, 628–634; *ders.*, Die Folgen des Streiks für die kämpfenden Verbände, JA 1980, 74–79; *ders.*, Aussperrung und einstweilige Verfügung bei rechtswidrigem Streik, JA 1982, 221–226. Urteilsanmerkungen z.B. *ders.*, Anmerkung zu BAG v. 25.10.1988, AP Nr. 110 zu Art. 9 GG Arbeitskampf (Suspendierende Aussperrung von Betriebsratsmitgliedern) (AP 1989); *ders.*, Urteilsanmerkung zu BAG vom 17.12.1964, SAE 1965, 137–139.

auch grundlegend mit Fragen der Arbeitnehmer-[24] und Arbeitgeberhaftung[25] befasst.

c) Außer den schon erwähnten zivilrechtlichen Lehrbüchern hat *Hans Brox* über mehrere Auflagen hinweg im Handkommentar von *Erman* die §§ 104–144 und die §§ 164–193 BGB bearbeitet. Ferner hat er zahlreiche Aufsätze und Urteilsanmerkungen[26] aus dem breiten Spektrum der fünf Bücher des BGB verfasst, die ihn als exzellenten, vielseitigen und ideenreichen Kenner des Bürgerlichen Rechts ausweisen. In seinen Abhandlungen behandelt er u.a. Fragen der Stellvertretung,[27] des Gefahrübergangs und der Mängelhaftung beim Kauf,[28] des Reisevertrags,[29] des Anwartschaftsrechts,[30] des Eigentümer-Besitzerverhältnisses,[31] des Nachbarrechts,[32] der Schlüsselgewalt,[33] der künstlichen Befruchtung,[34] der Auslegung[35] und zweckmäßigen Gestaltung[36] von Verfügungen von Todes wegen und der Grenzen der Testierfreiheit[37].

[24] *Brox/Walker*, Die Einschränkung der Arbeitnehmerhaftung gegenüber dem Arbeitgeber, DB 1985, 1469–1480; *Brox*, Gemeinsame Anmerkung zum Beschluss des BAG v. 12.10.1989 und zu BAG v. 12.10.1989, SAE 1990, 96–104; *ders.*, Anmerkung BAG v. 24.11.1987, AP Nr. 93 zu § 611 BGB – Haftung des Arbeitnehmers (AP 1989); *ders.*, Anmerkung zu BAG v. 23.3.1983, AP Nr. 82 zu § 611 BGB-Haftung des Arbeitnehmers (Zur Begrenzung der Haftung auf Vorsatz und grobe Fahrlässigkeit bei gefahrengeneigter Arbeit) (AP 1984); *ders.*, Urteilsanmerkung zu BAG v. 23.3.1984, SAE 1984, 217–222.

[25] *Brox*, Anmerkung zu BAG v. 8.5.1980, AP Nr. 6 zu § 611 BGB – Gefährdungshaftung (Schadensersatzanspruch des Arbeitnehmers gegen den Arbeitgeber für Schäden an Sachen des Arbeitnehmers) (AP 1981), *Hueck*, Anmerkung zu BAG v. 2.3.1956, AP Nr. 10 zu § 242 BGB – Ruhegehalt (Zur Haftung eines öffentlichen Arbeitgebers für eine Zusage) (AP 1956); *Brox*, Anmerkung zu BAG v. 11.08.1962, SAE 1963, 91–92 (Zur arbeitsrechtlichen Haftung der Gesellschafter einer GmbH).

[26] Z.B. *Brox*, Anmerkung zu BGH v. 30.4.1984, JZ 1984, 892–893 (Zum Nachlasskonkurs des Gesellschaftererben bei der OHG).

[27] *Brox*, Die Anfechtung bei der Stellvertretung, JA 1980, 449, 454.

[28] *Brox*, Die Gefahrtragung bei Untergang oder Verschlechterung der Kaufsache, JuS 1975, 1–8; *ders./Elsing*, Mängelhaftung bei Kauf, Miete und Werkvertrag, JuS 1976, 1–8.

[29] *Brox*, Das Reisevertragsgesetz, JA 1979, 493–498; *ders.*, Störungen durch geistig Behinderte als Reisemangel, NJW 1980, 1939–1940.

[30] *Brox*, Das Anwartschaftsrecht des Vorbehaltskäufers, JuS 1984, 657–668.

[31] *Brox*, Die Haftung des Besitzers für Zufallsschäden, JZ 1965, 516–520.

[32] *Brox*, Zur Lösung nachbarlicher Interessenkollisionen, JA 1984, 182–188.

[33] *Brox*, „Schlüsselgewalt" und „Haustürgeschäft", in: Schwab (Hrsg.), Staat, Kirche und Wissenschaft in einer pluralistischen Gesellschaft, Festschrift zum 65. Geburtstag von Paul Mikat (1989), S. 841–853.

[34] *Brox*, Die künstliche Befruchtung der Ehefrau durch den Samen des Ehemannes nach dessen Tod und das Erbrecht des Kindes nach seinem Vater, in: Küper/Welp (Hrsg.), Beiträge zur Rechtswissenschaft, Festschrift für Walter Stree und Johannes Wessels zum 70. Geburtstag (1993), S. 965–979.

[35] *Brox*, Der Bundesgerichtshof und die Andeutungstheorie, JA 1984, 549–557.

[36] *Brox*, Zweckmäßige Gestaltung der Erbfolge im Unternehmen, JA 1980, 561–566.

[37] *Brox*, Die Bestimmung des Nacherben oder des Gegenstandes der Zuwendung durch

d) Auch die zivilrechtlichen Nebengebiete, wie das Handels-, Gesellschafts- und Wertpapierrecht waren Gegenstand seiner Forschung. Außer seinem in vielen Auflagen erschienenen Lehrbuch zum Handels- und Wertpapierrecht hat *Hans Brox* mehrere größere Aufsätze zum Personenhandels-[38] und Kapitalgesellschaftsrecht[39] vorgelegt und in einer Ausbildungszeitschrift eine Anleitung zur Bearbeitung eines Wechselrechtsfalls[40] veröffentlicht.

e) Es ist nicht überraschend, dass sich *Hans Brox* bei seiner langjährigen, erfolgreichen richterlichen Tätigkeit in seinen Veröffentlichungen nicht nur mit dem materiellen, sondern auch mit dem Prozessrecht intensiv beschäftigt hat.

Ihm war es stets ein besonderes Anliegen, den angehenden Juristen und Juristinnen schon während ihres Studiums das Verfahrensrecht wegen seiner großen praktischen Bedeutung nahe zu bringen. Diesem Ziel diente vor allem sein erst nach seiner Emeritierung gemeinsam mit *Walker* verfasstes Lehrbuch zum Zwangsvollstreckungsrecht. Dieses Lehrbuch beschränkt sich zwar keineswegs darauf, Grundzüge darzustellen. Es hat eher den Charakter eines Handbuchs und Nachschlagewerks für die Praxis. Dennoch ist es, wie alle Werke von *Brox*, so geschrieben, dass es auch Studierende verstehen und mit Gewinn lesen können. Um den wissenschaftlichen Nachwuchs an das Prozess- und Zwangsvollstreckungsrecht heranzuführen, hat er in Ausbildungszeitschriften mehrere Aufsätze über besonders praxis- und examensrelevante Themen veröffentlicht, etwa über die Bedeutung der Beweislast im Zivilprozess,[41] die Erledigung der Hauptsache im Zivilprozess,[42] die Vollstreckungserinnerung[43] sowie die Drittwiderspruchsklage[44] und die Klage auf vorzeitige Befriedigung[45].

den Vorerben, in: Harms/Heckelmann u.a. (Hrsg.), Entwicklungstendenzen im Wirtschafts- und Unternehmensrecht, Festschrift für Horst Bartholomeyczik zum 70. Geburtstag (1973), S. 41–57; *ders.*, Die Einschränkung der Testierfreiheit durch § 14 des Heimgesetzes und das Verfassungsrecht, in: Klein/Kreuzer/Robbers/Schmiedermair/Weber (Hrsg.), Grundrechte, soziale Ordnung und Verfassungsgerichtsbarkeit, Festschrift für Ernst Benda zum 70. Geburtstag (1995), S. 17–31.

[38] *Brox*, Zur Gesamtvertretung einer Kommanditgesellschaft durch den Komplementär und den Kommanditisten, in: Hefermehl/Gmür u. a. (Hrsg.), Festschrift für Harry Westermann (1974), S. 21–35; *ders.*, Die unentgeltliche Aufnahme von Kindern in eine Familien-Personengesellschaft, in: Habscheid/Gaul u.a. (Hrsg.), Festschrift für Friedrich Wilhelm Bosch (1976), S. 75–88.

[39] *Brox*, Fehler bei der Leitung einer Hauptversammlung und ihre Folgen, DB 1965, 731–735.

[40] *Brox*, Der Aufbau des Gutachtens zu einem Wechselrechtsfall, JA 1980, 72–78; s. auch: *ders.*, Zur Methode der Bearbeitung eines zivilrechtlichen Falles, JA 1987, 169–176.

[41] *Brox*, Die Bedeutung der Beweislast im Zivilprozeß, JA 1979, 590–592.

[42] *Brox*, Zur Erledigung der Hauptsache im Zivilprozeß, JA 1983, 289–295.

[43] *Brox/Walker*, Die Vollstreckungserinnerung, JA 1986, 57–65.

[44] *Brox/Walker*, Die Drittwiderspruchsklage, JA 1986, 113–121.

[45] *Brox/Walker*, Die Klage auf vorzugsweise Befriedigung, JA 1987, 57–65.

Wem es neben der Lektüre dieser Abhandlungen vergönnt war, bei ihm Zivilprozessrecht oder Zwangsvollstreckungsrecht zu hören, der war von dem weit verbreiteten studentischen Vorurteil befreit, dass es sich bei diesem Rechtsgebiet um eine trockene, lebensferne und langweilige Materie handele. Seine Vorlesungen zum Zwangsvollstreckungsrecht waren weit über seine Emeritierung hinaus sehr gut besucht und sehr geschätzt.

Hans Brox hat sich darüber hinaus mehrfach mit grundlegenden wissenschaftlichen Beiträgen zu zentralen Fragen des Zivilprozesses geäußert.[46] Besonders hervorzuheben ist seine Abhandlung über die Beschwer als Rechtsmittelvoraussetzung,[47] die auf einen viel beachteten Vortrag zurückgeht, den er 1968 vor der Vereinigung der Zivilprozessrechtslehrer gehalten hat. Zu erwähnen sind weiterhin vor allem mehrere Aufsätze über die Rechts- und Bestandskraft richterlicher Entscheidungen[48] und sein Festschriftbeitrag zur Problematik von Haupt- und Hilfsanspruch.[49]

3. *Hans Brox als akademischer Lehrer*

a) *Hans Brox* hat in Münster von 1962 bis 1997, also noch zwölf Jahre über seine Emeritierung hinaus mit größtem Erfolg gelehrt. Er war bei Generationen von Studierenden sehr beliebt. In Münster war es ein ungeschriebenes Gesetz, mindestens eine Vorlesung bei ihm gehört zu haben. Seine Lehrtätigkeit genießt auch heute noch bei den angehenden Juristen einen legendären Ruf, obwohl sie ihn nicht mehr hören können, weil er zu seinem Bedauern aus gesundheitlichen Gründen nicht mehr lehren kann. In einer Veröffentlichung der Fachschaft Jura[50] heißt es über ihn u. a.: „Oft kopiert, nie erreicht“ oder: „Ich bin zwar Atheist, aber *Brox* ist schon so eine Art Papst für die Zivilrechtler“. Das Urteil über ihn wird wie folgt zusammengefasst: „Das Juridicum ohne Brox ist wie Münster ohne Regen.“ Und das will in Münster einiges heißen.

Für *Hans Brox* war die Ausbildung der Studierenden und die Förderung des wissenschaftlichen Nachwuchses ein Herzensanliegen. Das merkten seine Hörer und seine zahlreichen Assistenten. Fünf von ihnen hat *Hans*

[46] Auf seine Beiträge zum Verfassungsprozess wurde bereits früher im Zusammenhang mit seiner Tätigkeit in der Verfassungsgerichtsbarkeit eingegangen, dazu Fn. 5.

[47] *Brox*, Die Beschwer als Rechtsmittelvoraussetzung, ZZP 1968, 379–412.

[48] *Brox*, Die objektiven Grenzen der materiellen Rechtskraft im Zivilprozeß, JuS 1962, 121–128; *ders.*, Rechtskraft und Geschäftsgrundlage, NJW 1963, 689–694; *ders.*, Die Bindung des Richters an Entscheidungen anderer Gerichte, ZZP 1960, 46–59; *ders.*, Der Schutz der Rechte Dritter bei zivilgerichtlichen Gestaltungsklagen, FamRZ 1963, 392–398; s. auch *ders.*, (Fn. 4).

[49] *Brox*, Recht im Wandel, in: Ule/Schwab u. a. (Hrsg.), Recht im Wandel, Beiträge zu Strömungen und Fragen im heutigen Recht. Festschrift 150 Jahre Carl Heymanns Verlag KG (1965), S. 121–140.

[50] Jur. Info Nr. 1 (WS 04/05), S. 78, 80.

Brox bei ihrer Habilitation betreut.[51] Er hat sie nach Kräften gefördert, ihnen aber bei ihrer wissenschaftlichen Arbeit völlige Freiheit gelassen und es voll akzeptiert, wenn sie in Einzelfragen anderer Meinung waren. Nichts lag ihm ferner, als eine „Schule Brox" zu begründen. Dennoch sind alle seine Habilitanden von ihm entscheidend wissenschaftlich und persönlich geprägt worden. Er hat ihnen vorgelebt, dass die akademische Lehre und die Förderung des wissenschaftlichen Nachwuchses für einen Hochschullehrer ebenso wichtig sind wie die wissenschaftlichen Veröffentlichungen. Ich kann mich nicht entsinnen, dass *Hans Brox* sich in Vorlesungen von Mitarbeitern hat vertreten lassen.

Auf Grund seines breit angelegten wissenschaftlichen Werks und seiner langjährigen richterlichen Erfahrung sowie seiner ungewöhnlichen didaktischen Begabung gelang es ihm, seine Zuhörer zu fesseln und in seinen Bann zu ziehen. Er hat sich stets mit Erfolg darum bemüht, auch komplizierte Rechtsfragen durchsichtig und auch für den Anfänger verständlich darzustellen. Das gelang ihm auch dadurch, dass er die Rechtsprobleme anhand lebensnaher, häufig seiner richterlichen Praxis entlehnter plastischer Beispiele entwickelte, die er mit seinem hintergründigen Humor würzte.

Bei der Studierenden genoss er aber nicht nur wegen seiner profunden Fachkenntnisse, sondern auch als Persönlichkeit höchstes Ansehen. Wegen seiner Bescheidenheit, seiner Liebenswürdigkeit, seines Gerechtigkeitssinns und seiner christlich geprägten Menschlichkeit war er für sie als Autorität unangefochten. Die Studierenden haben ihn immer respektiert, auch wenn sie im Einzelfall anderer Meinung waren. *Hans Brox* hat sich – im wohltuenden Gegensatz zu manchen seiner Kollegen – nie aus Opportunismus den Zeitströmungen angepasst.

b) Seine unnachahmliche, schon legendäre Fähigkeit, auch schwierige und komplexe Rechtsprobleme so darzustellen und zu erklären, dass sie auch ein Nichtjurist versteht, hat *Hans Brox* über Jahre hinweg in 24 Fernsehsendungen der Reihe „Wie würden Sie entscheiden" unter Beweis gestellt und damit ein Millionenpublikum erreicht und überzeugt.

Hans Brox hat sich in seinem Leben wenig Freizeit gegönnt. Für ihn war und ist sein Beruf gleichzeitig sein Hobby, dem er sich unter Einsatz aller Kräfte gewidmet hat. Sein gewaltiges Lebenswerk als Richter, Wissenschaftler und akademischer Lehrer konnte er aber nur vollenden, weil ihm seine Frau *Ida-Maria*, geb. *Knust*, mit der er seit 1952 verheiratet ist, mit ihrer allgegenwärtigen Fürsorge in gesunden und kranken Tagen treu zur Seite gestanden hat und von ihm die lästigen Probleme des Alltags ferngehalten hat.

51 *Bernd Rüthers*, *Wilhelm Dütz*, *Wilfried Schlüter*, *Friedrich Jülicher* und *Wolf-Dietrich Walker.*

Joachim Gernhuber*

HARM PETER WESTERMANN

1. Die Vorlesungsreihe, in deren Rahmen ich heute spreche, gilt bedeutenden Wissenschaftlern und ihrem Lebenswerk. Um sich daran beteiligen zu können, muss man aber, obwohl der Titel der Reihe dies zu erfordern scheint, nicht unbedingt zu den sog. „Schülern" des Betreffenden gehören, obwohl natürlich die Person, ihre Würdigung und ihre menschlichen Umstände zum Bild eigentlich dazugehören. So enttäusche ich hoffentlich keine Erwartungen, wenn ich einleitend bekenne, dass ich persönlich *Joachim Gernhuber* zum ersten Mal gesehen habe, als ich im Zuge der Verhandlungen über den Ruf auf seine Nachfolge nach Tübingen kam. Zu diesem Zeitpunkt kannte ich immerhin schon seine Tochter, und wie die jüngeren Herren hier zugeben werden, ist es ja auch nichts Besonderes, dass man die Tochter vor dem Vater kennen lernt, aber das hatte hier doch einen anderen Hintergrund, die Tatsache nämlich, dass ich, als ich 1988 nach Tübingen berufen wurde, selber schon in fortgeschrittenem Alter war und auf eine gar nicht kleine Zahl von Doktoranden verweisen konnte, von denen einige – vor allem eben *Barbara Grunewald*, geb. *Gernhuber* – bereits habilitiert und auf einen Lehrstuhl berufen waren. Auf der anderen Seite hatte *Herr Gernhuber* zwar ebenfalls hervorragende Doktoranden, von denen sich aber keiner habilitiert hatte, so dass mir meine heutige Aufgabe in meiner Eigenschaft als Lehrstuhlnachfolger zufiel. Dazu sollte noch gesagt werden, dass bei meiner damaligen schwierigen Entscheidung, Berlin zu verlassen und nach Tübingen zu gehen, der Umstand eine nennenswerte Bedeutung hatte, dass es sich um den Lehrstuhl eines der Großen unserer Profession handelte, dem nachzufolgen, wie man heute sagt, eine Herausforderung war. Wenn heute ein Manager oder ein Fußballspieler dies sagen, meinen sie bekanntlich „mehr Geld"; aber wer die Gehaltsverhältnisse in Berlin und Baden-Württemberg kennt, weiß, dass es sich darum nicht gehandelt haben kann. Ich will versuchen, dies im Folgenden zu begründen.

2. *Joachim Gernhuber* wurde am 18. Juli 1923 in Ksiasz in Polen geboren, das in der Nähe von Poznan liegt, als Sohn eines evangelischen Pfarrers. Er musste also im zweiten Weltkrieg Soldat werden, wobei er sich eine schwere,

* Vortrag am 18. Januar 2007 – Humboldt-Universität zu Berlin.

ihn bis heute im Bewegungsablauf behindernde Verletzung zuzog. Das hatte aber auch den Vorteil, dass er studieren konnte, so dass er noch im Jahre 1944 in Jena das erste Staatsexamen ablegte. Wir wissen, dass ein Erfolg bei dieser ersten Hürde in der juristischen Ausbildung erhebliche Kräfte freisetzen kann, man nimmt hinfort an der juristischen Umwelt schon als aufmerksamer und manchmal auch schon kritischer Beobachter teil; ich sage das jetzt, weil mir vorschwebt, mich nachher schwerpunktmäßig und exemplarisch mit denjenigen Arbeiten *Gernhubers* zu befassen, deren Reiz darin liegt, dass der Autor einen jahrzehntelangen Überblick über rechts- und gesellschaftspolitische Entwicklungen unserer Kodifikation und die mit und ohne Eingriffe in das kodifizierte Recht vollzogenen Rechtsfortbildungen hatte, mit dem er meiner, erst seit den frühen 60er Jahren, also nach dem sog. Wirtschaftswunder ins Berufsleben eingetretenen Juristengeneration einen entscheidenden Schritt voraus war.

Zuerst sah es allerdings so aus, als werde sich *Gernhuber* hauptsächlich der Rechtsgeschichte zuwenden. Seine im Jahre 1947 abgeschlossene Promotion hatte zwar noch das Zwischenurteil im deutschen Zivilprozess behandelt, nach dem 2. Staatsexamen in Frankfurt ging *Gernhuber* aber als Assistent von *Hermann Conrad*, einem bekannten Rechtshistoriker, nach Bonn, wo er sich im Jahre 1951 mit einer Arbeit über „Die Landfriedensbewegung in Deutschland bis zum Mainzer Reichslandfrieden von 1235" habilitierte. Er veröffentlichte aber auch im selben Jahr des Erscheinens der Habilitationsschrift einen Aufsatz im AcP[1] über die Haftung für Hilfspersonen innerhalb des mitwirkenden Verschuldens und musste sich auch in einer Lehrstuhlvertretung in Frankfurt (betreffend den Lehrstuhl des später der Europapolitik berühmt gewordenen Walter Hallstein) im Bürgerlichen Recht bewähren, so dass er im Jahre 1955 in Kiel einen Lehrstuhl für Deutsche Rechtsgeschichte, Bürgerliches Recht und Handelsrecht erhielt, den er bis zum Jahre 1959, seinem Wechsel nach Tübingen, innehatte.

Mancher hier wird fragen, wieso denn dieser letztere Lehrstuhl, wenn auch 30 Jahre später, von einem Nachfolger besetzt wurde, der beim besten Willen nicht sagen kann, was der Mainzer Reichslandfrieden von 1235 bedeutet hat. Wir haben aber im Bereich der Juristischen Fakultäten nur selten Lehrstühle, die nur für Fächer wie Rechtsgeschichte, Rechtssoziologie oder Kriminologie zuständig sind; fast immer betreut der Lehrstuhlinhaber auch eines der „großen", im Lehrbetrieb nun einmal besonders gefragten Fächer. Ministerialbeamte und Universitätsrektoren ziehen hieraus manchmal den Schluss, dass an einer juristischen Fakultät jeweils 3–10 Leute dasselbe tun, dies ist aber ganz falsch, weil etwa ein „gelernter" Rechtshistoriker durchaus Bedeu-

[1] *Gernhuber*, Die Haftung für Hilfspersonen innerhalb des mitwirkenden Verschuldens, AcP 152 (1952/53), 69–83.

tendes in Lehre und Forschung zum Bürgerlichen oder Handelsrecht leisten kann. In *Joachim Gernhubers* Schriftenverzeichnis[2] finden sich daher von Anfang an bürgerlich-rechtliche und rechtshistorische Themen nebeneinander, und *Gernhuber* hatte auch im Jahre 1956 ein Referat auf dem Deutschen Rechtshistorikertag gehalten. Dennoch können sich in einem nicht auf ein Fach konzentrierten Arbeitsbereich Interessenverschiebungen ergeben. Bei *Gernhuber* schob sich während seiner ersten Zeit in Tübingen das Bürgerliche Recht mit dem Schwerpunkt auf dem Familienrecht und dem Schuldrecht stark in den Vordergrund. Im Jahre 1964 erschien die erste Auflage des maßstäblichen großen Lehrbuchs zum Familienrecht,[3] im Jahre 1976 ein als Studien- und Wiederholungsbuch konzipiertes Werk mit dem einfachen, aber vielsagenden Titel „Bürgerliches Recht", auf dessen Bedeutung ich noch zurück komme, daneben immer neuere Abhandlungen zu Grundproblemen des Familienrechts. Die nach meinen Informationen letzte Publikation rechtsgeschichtlichen Inhalts, eine sehr umfangreiche Arbeit, erschien in den frühen 60er Jahren in den *Recueils de la Société Jean Bodin* in Paris.[4] Sie betraf Staat- und Landfrieden im deutschen Mittelalter, also für *Gernhuber* kein ganz neues Thema. Daneben zeugen zahlreiche Rezensionen zu rechtsgeschichtlichen Büchern aus dieser Zeit[5] davon, dass die Rechtsgeschichte erst allmählich in den Hintergrund trat, eine freilich ganz organische Entwicklung eines Gelehrten, der (wie wir alle) darauf aus ist, für sich, also subjektiv, Neues zu erschließen.

3. Damit ist ein Phänomen angesprochen, das in dieser Vorlesungsreihe vielleicht auch sonst schon zur Sprache gekommen ist, nämlich die Verschiebung der Interessen – auch im Sinne von Erkenntnis-Interessen – und der Arbeitsmethoden eines Wissenschaftlers, die äußere Gründe haben kann: Lehrstuhlausstattung, Verantwortung für ein mit einem Lehrstuhl verbundenes Forschungsinstitut oder Seminar, Veränderung der Lehraufgaben –, aber auch auf rein persönlichen Entwicklungen beruhen kann. Wer hier bei der Veranstaltung dabei war, in der über meinen Vater berichtet wurde, erinnert sich vielleicht daran, dass er bis zu seiner Emeritierung einen Lehrstuhl für

[2] Auf dem Stand vom Jahre 1993 abgedr. in der Festschrift für Joachim Gernhuber (Hrsg. Lange u.a.), S. 985–987; seitdem noch weitere Titel: *Gernhuber*, Die verdrängende Vollmacht, JZ 1995, 381–390; *ders.*, Ruinöse Bürgschaften als Folge familiärer Verbundenheit, JZ 1995, 1086–1096; *ders.*, Der Gesamtschuldnerausgleich unter Ehegatten, JZ 1996, 696–701, 765–775; ferner mehrere große Urteilsanmerkungen.

[3] *Gernhuber/Coester-Waltjen*, Familienrecht (inzw. 5. Aufl. 2006).

[4] *Gernhuber*, Staat und Landfrieden im deutschen Staat des Mittelalters, Recueils de la Société Jean Bodin, Band XV: La Paix. Deux. Part (1989), S. 27–77.

[5] Mehrere Arbeiten betrafen etwa lübisches Recht, eine das Asylrecht bei den Germanen, zwei weitere die Gerichtsbarkeit und die Rechtsnatur des Krieges im Mittelalter; der Autor nahm aber auch zu Untersuchungen zur Strafrechtsgeschichte Stellung.

Zivilprozessrecht und Bürgerliches Recht innehatte, aber über Jahre hinweg das Gesellschaftsrecht in den Vordergrund seiner Arbeit gestellt hatte. Ähnlich hat es *Gernhuber* gehalten, was – soweit ich es überblicken kann – auch durch die Art seines Einsatzes in der Lehre bedingt war. Während einiger Jahre gehörten der Tübinger Juristenfakultät *Dieter Medicus* und *Joachim Gernhuber* an, die beide ein hauptsächlich für Studienzwecke geschriebenes Buch mit dem Titel „Bürgerliches Recht" vorgelegt haben; dasjenige von *Gernhuber* erschien erstmalig im Jahre 1976. Die zugrunde liegende Vorlesung war etwas anders bezeichnet, sie war ein „Systematischer Kurs im Bürgerlichen Recht" und diente dem Zweck, in einer Zeit zunehmend kasuistisch orientierter Vorlesungen die systematischen Korsettstangen des Rechtsgebiets verständlich zu machen und sie vor allem transparent zu halten. Das aus diesen Vorlesungen entstandene Werk von *Medicus*, das inzwischen über 20. Auflagen erlebt hat, kennen hier sicher alle, das von *Gernhuber* in 3. Auflage 1990 in der JuS-Schriftenreihe bei Beck erschienene hielt die ursprüngliche Konzeption durch, die sich von den heute überall angebotenen stark einzelfallbezogenen und z. T. auch weitgehend auf Original-Examensklausuren beruhenden fakultätseigenen Repetitoriumsveranstaltungen stark abhebt. Das schraubt natürlich die Ansprüche an den nacharbeitenden Studenten selbst im Vergleich zu dem wahrlich nicht einfachen Bestseller von *Medicus*, vor allem in den zahlreichen Querschnitten durch ähnliche, aber disparate Problemstellungen des bürgerlichen Rechts, noch etwas höher.

Als ich nach Tübingen berufen wurde, geschah dies anerkanntermaßen deshalb, weil man hoffte, ich würde die – nach dem Weggang von *Medicus* – für Generationen von Studenten maßstäblichen, für jeden Examenskandidaten obligatorischen Wiederholungskurse *Gernhubers* fortsetzen können – u. a. darin bestand die von mir vorhin erwähnte „Herausforderung", – wenn man auch zugeben muss, dass die Anforderungen schon damals – und seitdem noch deutlicher – in die Richtung des mit den kommerziellen Repetitorien konkurrierenden *crash-Kurses* gingen. Aber dennoch strahlte der Ruhm der stets vor mehreren hundert Hörern abgehaltenen Lehrveranstaltungen meines Vorgängers hell, dies auch deshalb, weil – wie mir von früheren, heute in Tübingen und Umgebung als Richter und Rechtsanwälte tätigen Teilnehmern berichtet wurde – der Vortrag des Dozenten zu Dialogen auf höchstem Niveau mit freiwillig mitspielenden Studenten Anlass gab. Sozusagen schlaglichtartig wurde mir dies, als ich frisch nach Tübingen umgezogen war, in einem Gespräch mit dem örtlichen Vertreter einer Hausratsversicherung klar, der mich fragte, was für einem Beruf ich in Tübingen nachgehen wolle, und auf meine wahrheitsgemäße Antwort begeistert mit der Bemerkung reagierte, Professor *Gernhuber* habe er immer mit großem Interesse gehört, habe aber leider nicht alles verstanden und sei später auch im Examen gescheitert. Er finde es aber eine sehr gute Idee, jetzt den Nachfolger des von ihm verehrten Professors zu versichern.

Die Episode hört sich ein wenig anekdotenhaft an, sie ist aber ernst gemeint. *Gernhuber* war als Dozent und Prüfer – ich war Beisitzer in seiner letzten Staatsprüfung – auf die Herausarbeitung klarer und intellektuell nachvollziehbarer Ableitungszusammenhänge aus dem Gesetz ausgerichtet. Er wollte sich dabei nicht mit Sentenzen begnügen, die als Stichwort eine Argumentation bezeichnen und auf den ersten Blick einleuchten mögen, einer kritischen Überprüfung auf ihre Herkunft – dabei zeigt sich auch der Rechtshistoriker – und ihre Verallgemeinerungsfähigkeit aber vielleicht nicht standhalten. Wir alle kennen die zu § 326 BGB a.F. anerkannte Regel, dass der Schuldner, dem eine „ernstliche und endgültige Erfüllungsverweigerung" zur Last gelegt werden kann, sich nicht mehr auf das Ausbleiben von Fristsetzung und Ablehnungsandrohung seitens des Gläubigers berufen kann; *Gernhuber* hat diese Redeweise in seiner m.W. letzten literarischen Äußerung in der Festschrift für *Medicus* im Jahre 1999[6] als eine „entbehrliche Umständlichkeit" entlarvt, was man sich für gleich liegende Fragestellungen des jetzt geltenden Rechts wohl auch wird merken müssen.

4. Es wird Zeit, dass ich vom Leben *Gernhubers* auf sein Werk übergehe, was ich allerdings teilweise schon getan habe. Deshalb erwähne ich nur kurz die Tatsache, dass *Gernhuber* in den Jahren 1963 und 1967 Rufe an die Fakultäten Marburg und Hamburg erhielt, die er – zum Glück für Tübingen – beide ablehnte, dass er in Tübingen – außer in der Rolle als eine der bestimmenden Figuren im Lehrbetrieb der Fakultät – großen Einfluss in gesamtuniversitären Einrichtungen gewann und auch außeruniversitär insbesondere in Gremien des Südwestfunks, der im Jahre 1998 mit dem Süddeutschen Rundfunk zum Südwestrundfunk (SWR) vereinigt wurde, also an hervorragender Stelle mitarbeitete. Das liegt deutlich außerhalb des normalen Tätigkeitsbereichs eines Privatrechtlers und zeigt, dass der Jurist, der sich fachlich in jede Normsituation einarbeiten kann und insbesondere auch gewohnt ist, zwischen Parteiinteressen und institutionellen Notwendigkeiten zu unterscheiden, auch auf einem seinem eigenen Alltag etwas fernstehenden Gebiet Besonderes leisten kann. Zu seinem 70sten Geburtstag im Jahre 1993 hatten sich nicht weniger als 47 Autoren zusammengefunden, *Gernhuber* mit einer Festschrift zu ehren. Als Mitherausgeber[7] kommt es mir nicht zu, über den Rang dieses Werks etwas zu sagen, ich beschränke mich auf den Hinweis, dass der Autorenkreis sehr maßgeblich und zahlenmäßig deutlich überwiegend aus Universitäts-Juristen zusammengesetzt war. Das bedeutet zum Glück nicht, dass der damalige Jubilar der Praxis unbekannt gewesen wäre –

[6] *Gernhuber*, Die endgültige Erfüllungsverweigerung, in: Beuthien u.a. (Hrsg.), Festschrift für Medicus (1999), S. 145–159.

[7] Meine Mitherausgeber waren die Tübinger Professoren *Hermann Lange* und *Knut Wolfgang Nörr*.

wir mussten die Festschrift ja schließlich auch finanzieren –, aber es zeigt, dass *Gernhubers* Bedeutung in erster Linie in seiner wissenschaftlichen Leistung, d.h. in der *sine ira et studio* durchgeführten Analyse von gesetzlichen Wertungen und praktischen Interessenkonflikten vor dem Hintergrund der Dogmatik des geltenden Rechts liegt. Es obliegt mir nun, diese letztere Behauptung näher zu belegen, was angesichts des Umfangs und des Tiefgangs des von *Gernhuber* vorgelegten Lebenswerks nicht leicht, eigentlich unmöglich ist. Ich muss deshalb zunächst einen kursorischen Überblick geben.

Das große Lehrbuch des Familienrechts ist schon erwähnt; hinzu treten umfangreiche und detailreiche Kommentierungen zum gesetzlichen Güterrecht im Münchener Kommentar zum BGB (in drei Auflagen, 1978, 1989 und 1993). *Gernhuber* hat diese familienrechtlichen Grundwerke durch eine im Jahre 1977 erschienene Monographie mit dem Titel „Neues Familienrecht" vorbereitet und begleitet, in der er – ich komme darauf zurück – aus seinem Herzen in rechtspolitischer und -dogmatischer Sicht keine Mördergrube gemacht hat, und auch in späteren Arbeiten, so über die Legislative und das BGB (Beitrag zu einem Sammelband mit dem Titel „40 Jahre Bundesrepublik Deutschland"[8]), kommt er aus der Sicht eines mit der historischen Entwicklung vertrauten Rechtsdogmatikers auf die zentralen Anliegen dieser Untersuchung zurück. Fast noch deutlicher wird dies in den vielfältigen Arbeiten zu Fragen des Schuldrechts, von denen manche in den großen wissenschaftlichen Monographien „Die Erfüllung und ihre Surrogate sowie das Erlöschen der Schuldverhältnisse aus anderen Gründen" aus dem Jahre 1983 und „Das Schuldverhältnis" aus dem Jahre 1989 aufgegriffen und in einen größeren Zusammenhang gestellt wurden.

Zu diesen beiden Büchern muss einiges gesagt werden. Es handelt sich um „Lehr- und Handbücher", die sich (bis zu einem gewissen Grad) als Fortführung des manchem hier vielleicht noch bekannten großen Lehrbuchs des Schuldrechts von *Enneccerus-Lehmann* verstanden (haben mögen), die aber inzwischen zu etwas völlig anderem mutiert sind. Das von *Gernhuber* herausgegebene vielbändige „Handbuch des Schuldrechts" ist auf 14 Bände angelegt, von denen bisher neun erschienen sind.[9] Mehrere dieser Werke, gerade die beiden von *Gernhuber* selbst geschriebenen, beschränken sich

[8] *Gernhuber*, Die Legislative und das BGB, in: Nörr (Hrsg.), Vierzig Jahre Bundesrepublik Deutschland – vierzig Jahre Rechtsentwicklung (1990), S. 115–141. Es handelt sich um einen Beitrag zu einer Ringvorlesung der Tübinger Juristenfakultät aus dem Jahre 1989.

[9] *Lange/Schiemann*, Schadensersatz (3. Aufl. 2003); *Nörr/Scheyhing/Pöggeler*, Sukzessionen (2. Aufl. 1999); *Gernhuber*, Die Erfüllung und ihre Surrogate (2. Aufl. 1994); *Reuter/Martinek*, Ungerechtfertigte Bereicherung (1983); *Selb*, Mehrheit von Schuldnern und Gläubigern (1984); *Gitter*, Gebrauchsüberlassungsverträge (1988); *Gernhuber*, Das Schuldverhältnis (1989); *Huber*, Leistungsstörungen, Bd. 1 und 2 (1999), *Heermann*, Geld und Geldgeschäfte (2003); zul. *Grunewald*, Kaufrecht (2006).

nicht auf einzelne Institute des Allgemeinen Schuldrechts oder einen Vertragstyp, sondern fügen sich in eine Gesamtkonzeption ein, die die wissenschaftlichen Entwicklungen und die praktische Handhabung des gesamten Schuldrechts umfasst. Besonders zu erwähnen sind die Schrift von *Nörr/Scheying/Pöggeler* über „Sukzessionen", das große Werk von *Reuter* und *Martinek* über ungerechtfertigte Bereicherung, das Buch von *Gitter* über Gebrauchsüberlassungsverträge, das schon mehrfach aufgelegte Buch von *Lange* und *Schiemann* über Schadensersatz, schließlich das *magnum opus* von *Ulrich Huber* über Leistungsstörungen – unglücklicherweise erschienen kurz vor der Schuldrechtsreform. Das zuletzt erschienene Buch von *Grunewald* über das Kaufrecht markiert sodann durch die volle Einbeziehung des UN-Kaufrechts (CISG) gewissermaßen einen Aufbruch in neue Zeiten. Neben dem Familienrecht bilden die in diesem Rahmen geschriebenen und herausgegebenen großen Werke einen Markstein für die Vorstellung und Bewertung des Gelehrten *Joachim Gernhuber*.

5. Natürlich kann ich diese These im vorgegebenen zeitlichen Rahmen nicht im Einzelnen belegen. Ich beschränke mich daher im Folgenden auf einige Schriften *Gernhubers*, von denen ich glaube, dass sie Charakteristisches enthalten, das man dann auch in den genannten größeren Werken wiederfindet.

a) Eines der zentralen theoretischen Anliegen *Gernhubers*, bei dessen Verfolgung seine vielfache Beschäftigung mit dem Familienrecht und dem Recht der Schuldverhältnisse das Anschauungsmaterial bildete, betrifft die Leistungsfähigkeit einer Kodifikation – in diesem Fall also des BGB – im Wandel der Zeiten,[10] also angesichts der im Laufe der Zeit zunehmend zahlreichen Sondergesetze, der richterlichen Rechtsfortbildung *praeter* und *contra legem* und der legislativen Eingriffe in den eigentlichen Kodex. Man muss sehen, dass dies durch einen Juristen geschah, der sich in den Jahren nach dem zweiten Weltkrieg entfaltete, in einer Zeit also, die, um nach dem Zusammenbruch vieler Werte einigermaßen sicheren Boden unter den Füßen zu gewinnen, auf das „alte" BGB und die Judikatur des Reichsgerichts zurückgreifen wollte und musste. Untersuchungen über den Wert einer Kodifikation gibt es im deutschen Zivilrecht nicht viele, persönlich erinnere ich mich sonst nur an einen Aufsatz von *Kübler* aus dem Jahre 1969, der aber – ebenfalls nicht verwunderlich – auch vom Umgang mit den bekanntlich ganz andersartigen Verhältnissen im US-amerikanischen Recht geprägt ist.[11] Anders als manche Wissenschaftler seiner Generation ist für *Gernhuber* das BGB keineswegs sakrosankt, er sieht und benennt Schwächen in der Schwerpunktsetzung, im

[10] Siehe *Gernhuber* (Fn. 8), S. 115 ff.
[11] *Kübler*, Kodifikation und Demokratie, JZ 1969, 645–651.

Eingehen auf Grundsätze und Einzelheiten, auch in der Terminologie. Im Familienrecht, das sich in seiner modernen, erstmals durch das Gleichberechtigungsgesetz, sodann durch das Nichtehelichenrecht stark umgestalteten Fassung wirklich eine Strecke weit vom „alten" BGB entfernt hatte, findet er immer noch tradierte, wohl nicht nur juristische Denkweisen und Richtigkeitsüberzeugungen vor, wie z.B. die Reduzierung des Verhältnisses zwischen dem nichtehelichen Kind und seinem Vater auf die bloße Zahlvaterschaft, die er kritisiert.[12] Die häufige Abneigung gegenüber Sondergesetzen, die nicht ins BGB integriert sind, obwohl sie bürgerlich-rechtliche Materien betreffen, teilt *Gernhuber* in dieser Undifferenziertheit nicht, er weiß, dass das BGB nicht mehr „ein allumfassendes Vademecum des Zivilrechts" sein kann.[13] Und er stellt auch fest, dass „für den gepflegten Umfang mit dem BGB die unbestreitbaren Unschärfen einiger Sonderprivatrechte so wesentlich nicht" seien.[14] Das war seinerzeit hauptsächlich auf das Sozialmodell des Verbraucherschutzes gemünzt, die Fragestellung hat sich aber seither sicher erheblich zugespitzt, wenn man an die Einflüsse des Arbeits- und Wirtschaftsrechts denkt.[15]

In derselben Untersuchung beschränkt sich *Gernhuber* aber nicht auf die Betrachtungen zu einzelnen Rechtsgebieten, sondern bemüht sich um eine grundlegende Systematisierung des gesetzgeberischen Umgangs mit der „alten" Kodifikation. Er unterscheidet zwischen „sich selbst überlassenen Kodifikationen", um die die Legislative sich nicht oder nur geringfügig glaubt kümmern zu müssen,[16] und preisgegebenen Kodifikationen, denen die Legislative nicht mehr den gesamten Regelungsbedarf anvertrauen will, ihn also anderswo erfasst, und schließlich „angepassten" Kodifikationen, in die neue Problemfelder nicht mehr integriert werden. Wir wissen – und *Gernhuber* zeigte dies in der Ringvorlesung der Tübinger Fakultät aus dem Jahre 1989 auch sehr deutlich auf –, dass in den ersten vier Jahrzehnten der Bundesrepublik die Einstellung zu den verschiedenen BGB-Materien in dieser Hinsicht vielfach gewechselt hat, wobei *Gernhuber* mit Blick auf die Juristen seiner Epoche feststellte, „dass das BGB alle überlebte, die gewillt waren, ihm ein unrühmliches Ende zu bereiten."[17] In der auch schon erwähnten Monographie über „Neues Familienrecht" aus dem Jahr 1977, die im Untertitel als „Abhandlung zum Stil des jüngeren Familienrechts" bezeichnet ist, wird – damals durchaus naheliegend – das Familiengesetzbuch

[12] *Gernhuber* (Fn. 8), S. 115 ff.

[13] *Gernhuber* (Fn. 8), S. 115, 129.

[14] *Gernhuber* (Fn. 8), S. 115, 136.

[15] Dazu H. P. *Westermann*, Sonderprivatrechtliche Sozialmodelle und das allgemeine Privatrecht, AcP 178 (1978), 150–195.

[16] Das treffe „fast" auf das Sachenrecht zu, *Gernhuber* (Fn. 8), S. 115, 132 f.

[17] *Gernhuber* (Fn. 8), S. 115, 119.

der DDR näher betrachtet,[18] wobei die Feststellung bemerkenswert ist, dass die Ordnungsstruktur dieses Rechts „von den ideologischen Prämissen entweder überhaupt nicht oder nur peripher determiniert war“, und auch der Stil des BGB Vorbild geblieben war und sogar manches von den Inhalten übernommen wurde. Wer einmal Scheidungsurteile auf der Grundlage des FGB gesehen oder eine Trauung vor einem Standesamt der DDR miterlebt hat – für mich trifft beides zu –, wird bestätigen, dass sich das Familienrecht des BGB viel stärker behauptet hat, als man angesichts der überaus zahlreichen Reformen gerade dieses Rechtsgebiets hätte meinen können.

Dabei bleibt *Gernhuber* aber nicht stehen. Vielmehr nimmt er in teils scharfsinnigen, manchmal auch etwas ironischen Überlegungen und Wendungen die Tendenz des modernen Gesetzgebers, aber auch schon der „alten“ Kodifikation, aufs Korn, mit plakativen Obersätzen und rechtstechnisch nicht deutlich determinierten generalklauselartigen Handlungsanweisungen Interessenkonflikte, die zumeist vorher im politischen Raum ausgetragen worden waren, zu bewältigen oder dies zumindest zu versuchen. Das wird exemplifiziert am „Kindeswohl“, das häufiger als Leitmotiv angeführt wurde, welcher Gedanke aber überraschenderweise schon in dem in Weimar mit dem Gesetz über religiöse Kindererziehung eingeläuteten „Jahrhundert des Kindes“ aufgetaucht war – man sieht, wie schwer es ist, in unserem Gebiet etwas wirklich Neues zu machen. Vielleicht wäre dies mit dem von *Gernhuber* auch später noch einmal kurz eingeforderten „Recht der Alten“[19] eher möglich gewesen, und es würde interessieren, wie *Gernhuber* heute unter diesem Aspekt die letzten, ihm damals noch nicht bekannten Reformen des Entmündigungs- und Betreuungsrechts sieht, die unter dem Gesichtspunkt der (verbleibenden und weiterhin anzuerkennenden) Fähigkeiten zur Selbstbestimmung, aber auch im Hinblick auf Möglichkeiten einer antizipierten Selbstbestimmung, in jüngster Zeit wieder auf ihre Realitätsnähe untersucht werden.[20]

Um auf die gesetzgeberischen Handlungsanweisungen zurückzukommen, so interessierten unseren Autor – wie auch mich, der ich als Rechtsreferendar noch die klassischen Alimentenprozesse mitbekommen habe – die heute in § 1600 d Absatz 2 Satz 2 BGB erwähnten „schwerwiegenden Zweifel“ an der Vaterschaft des beklagten Mannes in ihrer praktischen Handhabung nach der inzwischen deutlichen Verfeinerung der Wahrscheinlichkeit der Ergebnisse von Vaterschaftsuntersuchungen.[21] Dabei will *Gernhuber* – ganz bezeichnend für seine Denk- und Arbeitsweise – die verbreitete Vorstellung, ein

[18] *Gernhuber*, „Neues Familienrecht“ – eine Abhandlung zum Stil des jüngeren Familienrechts (1977), S. 20 ff.

[19] Dazu wiederum *Gernhuber* (Fn. 8), S. 115, 121.

[20] So referierte *Spickhoff* auf der Tagung der Zivilrechtslehrervereinigung im Jahre 2007 über „Autonomie und Heteronomie im Alter“, demnächst in AcP.

[21] *Gernhuber* (Fn. 18), S. 96 ff., 98.

Kind habe ein Recht auf einen Vater, auch wenn die Abstammung fragwürdig ist, nicht mitmachen. In diesem Zusammenhang liest man dann mit Vergnügen *Gernhuber at his best*, nämlich den Schlusssatz dieses Abschnitts, der da lautet: „Wer ‚schwerwiegende Zweifel' als Zweifel charakterisiert, die ‚um einen allerdings theoretisch kaum abgrenzbaren Teil gewichtiger sind als geringe Zweifel', der kann schwerlich für sich in Anspruch nehmen, etwas Bemerkenswertes gesagt zu haben". Da es sich hier immerhin um eine Formulierung des BGH gehandelt hatte, wird man mir eine Bemerkung abnehmen, die ich anlässlich der Überreichung der Festschrift für *Gernhuber* gebraucht habe, wonach man ihn im wissenschaftlichen, aber auch im universitätspolitischen Diskurs lieber auf der eigenen als auf der Gegenseite gehabt habe.

Es wäre reizvoll, *Gernhubers* Gedanken zur „sich selbst überlassenen" oder „angepassten" Kodifikation in Anwendung auf die Schuldrechtsreform des Jahres 2001 konkretisiert zu sehen, nachdem er die Ansätze zu einer solchen Reform, der es in den 80er Jahren des vorigen Jahrhunderts noch an dem Impuls durch die Verbrauchsgüterkaufrechtsrichtlinie fehlte, und deren Bild deshalb in den Worten *Gernhubers* „zwischen Euphorie und Resignation" schwankte,[22] nicht wie damals manche in Bausch und Bogen verworfen hatte. *Gernhuber* hätte sich bei einer Fortsetzung seiner früheren Ideen zur Akzeptanz der bewahrenswerten Teile der Kodifikation einschließlich des Richterrechts und zu ihrer Integration zeitgerechter rechtspolitischer Überzeugungen mit seiner Tochter und seinem Lehrstuhlnachfolger unterhalten können, die an der „neuen" Kommission mitarbeiteten, und die Unterstützung hätten brauchen können gegenüber der im damaligen Schrifttum geäußerten Vermutung, wir hätten „die Probleme offensichtlich geistig nicht durchdrungen" und hätten „ein unentwickeltes Verständnis für die Sachzusammenhänge".[23] Freilich hatte *Gernhuber* in dem erwähnten Vortrag vom Jahr 1989 den Vorläufer des späteren, zu einem praktischen Ende gekommenen Kodifikationswerks betrachtet, nämlich die vom Bundesministerium der Justiz in der ersten Hälfte der 80er Jahre in Auftrag gegebenen großen Gutachten zur Überarbeitung des Schuldrechts sowie die Arbeit der damals eingesetzten Schuldrechtskommission (deren Abschlussbericht erst später vorgelegt wurde). Wie viele damalige Betrachter maß er dem groß angelegten Plan keine großen Chancen bei, obwohl er meinte, wenn es nur gelinge, eine brauchbare Konzeption des Verjährungsrechts zustande zu bringen, sei schon viel gewonnen.[24] In diesem Zusammenhang interessierte ihn weiterführend die Frage, ob und wann der Gesetzgeber neu geregelte

[22] *Gernhuber* (Fn. 8), S. 115, 123 ff.

[23] Dazu meine Nachweise in: H. P. *Westermann*, Das Recht des Verkäufers zur „zweiten Andienung": bestimmende Leitidee des neuen Kaufrechts oder Ärgernis?, in: Heldrich u. a. (Hrsg.), Festschrift für Canaris (2007), Bd. I, S. 1261–1280.

[24] Auch dazu *Gernhuber* (Fn. 8), S. 115, 124.

Materien in Sondergesetzen niederlegen oder in den Kodex integrieren soll. Das wurde nicht nur, wie schon erwähnt, mit Blick auf den Verbraucherschutz, sondern daneben auch unter Berücksichtigung der Gefährdungshaftung behandelt, wobei *Gernhuber* deutlich die Schwierigkeiten ansprach, die möglicherweise notwendigen neuen legislatorischen Lösungen konzeptionell mit dem Geist der Kodifikation abzustimmen. Dabei fiel ihm „die erstaunliche Lebenskraft längst abgetakelter juristischer Theorien" auf, er ließ sich also keineswegs allein von der Furcht vor Eingriffen in das BGB-System leiten und schrecken. Persönlich fühle ich mich sehr wohl bei der von Gernhuber angesprochenen Vorstellung, das „partikuläre Sozialmodell" des Verbraucherschutzes überlagere zuvor allgemeingültiges Bürgerliches Recht mit „situativ begrenztem Geltungsanspruch".[25] Wir würden allerdings heute, auch in Ansehung des Umgangs unserer Nachbarländer mit der Verbrauchsgüterkaufsrechtsrichtlinie, die Alternative zwischen Sondergesetz und Integration ins BGB wohl entspannter sehen als damals *Gernhuber*, der an anderer Stelle auch bemerkt, bei „Eindringen internationalen und ausländischen Rechts müsse man wohl manches neu durchdenken". Wiederum – natürlich auch als Demonstration der Verbindung von Scharfsinn und Ironie – sollte hier einer der Kernsätze unseres Autors zu diesem Fragenkreis[26] zitiert werden:

> *„Für alles, was geschah, gibt es ein anderes, was nicht geschah, obwohl es hätte geschehen müssen, wenn je Konsequenz des Handelns erstrebt worden wäre, und für alles, was gerade so und nicht anders geschah, gibt es ein anderes, was gerade so nicht geschah, obwohl es gerade so und nicht anders hätte geschehen müssen, wenn es sich je darum gehandelt hätte, ein selbst gesetztes Gebot der Folgerichtigkeit nicht zu missachten".*

b) Das Phänomen einer Kodifikation von gelebtem und tradiertem Recht hat *Gernhuber* in einer verwandten, aber doch etwas abweichenden Richtung untersucht. Es geht dabei um Begriffsbildung in Legaldefinitionen und in generalklauselartigen, wie man auch sagt: wertausfüllungsbedürftigen Normen. *Gernhuber* greift hier in zwei veröffentlichten Vorträgen sehr hoch und befasst sich mit der Billigkeit, einmal mit der „Billigkeit und ihrem Preis", zum anderen mit der „integrierten Billigkeit", worunter verstanden wird die Billigkeit als Tatbestandselement des gesetzten Rechts.[27] Der Autor versteht

[25] *Gernhuber* (Fn. 8), S. 115, 137 unter Bezugnahme auf *Lieb*, Sonderprivatrecht für Ungleichgewichtslagen? Überlegungen zum Anwendungsbereich der sogenannten Inhaltskontrolle privatrechtlicher Verträge, AcP 178 (1978), 196–226.

[26] Auch dazu *Gernhuber* (Fn. 8), S. 115, 133 f.

[27] *Gernhuber*, Die Billigkeit und ihr Preis, in: Rechtswissenschaftliche Abteilung der Rechts- und Wirtschaftswissenschaftlichen Fakultät der Universität Tübingen (Hrsg.), Summum ius – summa iniuria (1963), S. 205–223; *ders.*, Die integrierte Billigkeit, in: ders. (Hrsg.), Tradition und Fortschritt im Recht, Festschrift der Tübinger Juristenfakultät zu ihrem 500-jährigen Bestehen (1977), S. 193–221.

Billigkeit nicht nur im Sinne von Angemessenheit, wie wir es aus §§ 315ff. BGB kennen, sondern auf einer höheren Ebene als „Konkordanz von Wertbewusstsein und Wertverwirklichung", die in Normen geschieht, wenn Recht als billig bezeichnet werden will, und die eine Rolle in der Rechtsanwendung spielt, „wenn der Einzelfall nach seinem Recht verlangt". Unter beiden Aspekten wirkt die Billigkeit als Korrektiv der Abstraktion der Rechtssätze, und als solche gehört sie zum Prüfungsprogramm auch und gerade des Rechtsanwenders, zumeist des Richters, der auch bei Schweigen des Gesetzes, also gerade nicht bei Integration der Billigkeit in einen gesetzlichen Tatbestand, aufgerufen sein könne (nicht immer sein muss), die im Recht selbst angelegten Tendenzen „unter steter Kontrolle durch das Wertbewusstsein des Volkes" zu aktivieren.

Dass diese Sätze von einem Autor stammen, der kurz vorher eine wichtige Untersuchung über das gesunde Volksempfinden im Nationalsozialismus vorgelegt hatte,[28] der also um die Gefahren einer Umwertung und z.T. Perversion der wertausfüllungsbedürftigen Begriffe wusste, erstaunt nur bei oberflächlicher Anschauung. Gernhuber geht es um Rationalität und die Ehrlichkeit der Berufung auf sie, gerade im Gegensatz zur Ableitung aus dem Zeitgeist, wobei allerdings klar ist, dass in jedem Fall die Billigkeit im Spannungsfeld zwischen abstrakter Rechtsregel und konkretem Einzelfall wirkt. Dieser Gegensatz, allen praktischen Juristen aus Einzelfallentscheidungen bekannt, erschöpft das Thema aber nicht, da, wie Gernhuber einräumt, auch die Legislative billiges Recht setzen kann oder doch wenigstens setzen will, wenn auch in abstrakt formulierten Normen, in denen Wertakzente wirken, die in vorgelagerten Rechtssätzen an sich als irrelevant ausgeschieden wurden.

Ich muss gestehen, dass ich mich bei der Lektüre dieser beiden Texte schwer getan habe, die ich als Äußerungen zur Rechtstheorie qualifizieren würde, die mir aus eigener Tätigkeit nicht genügend vertraut ist. Mir haben deshalb vor allem diejenigen Darlegungen eingeleuchtet, die als Gefahr der Billigkeitsgesetzgebung oder -justiz die Auflösung einer gesetzgeberischen Entscheidung und damit eine Willkürlichkeit bei der Fallbeurteilung begründen. Die Beispiele stammen größtenteils wieder aus dem Familienrecht:[29] Der Gesetzgeber gewähre einem Ehegatten Zugewinnausgleich, weil er wohlverdient sei, er kürze ihn andererseits, um andere Gläubiger nicht zu gefährden, möglicherweise, weil deren Rechte doch dem einem unentgeltlichen Erwerb vergleichbaren Zugewinnausgleichsanspruch vorgehen. Es verwundert nicht, dass *Gernhuber* in diesem Zusammenhang in § 1371 Abs. 1 BGB einen absurden Rechtssatz sieht, der vom Sachverhalt ganz abstrahiere, den

[28] *Gernhuber*, Das völkische Recht – ein Beitrag zur Rechtstheorie des Nationalsozialismus, in: Rechtswissenschaftliche Abteilung der Rechts- und Wirtschaftswissenschaftlichen Fakultät der Universität Tübingen (Hrsg.), Festschrift für E. Kern (1968), S. 167–200.

[29] *Gernhuber* (Fn. 18); besonders signifikant im Abschnitt „Unwahrheiten", aaO. S. 122 f.

er zu regeln vorgibt. Es geht hier um den Zugewinnausgleich nach dem Tod eines der Ehegatten, der bekanntlich durch Erhöhung des gesetzlichen Erbteils des Überlebenden geschieht, wobei für unerheblich erklärt wird, ob die Ehegatten im Einzelfall einen Zugewinn erzielt haben. Mit dieser Norm, so *Gernhuber*, sei den Juristen „die Welt des Mirakels eröffnet worden", denn, so wörtlich und eindrucksvoll zugespitzt: „existenten Zugewinn ausgleichen kann schließlich jeder, nicht existenten ausgleichen, das kann nur das BGB – jedenfalls wenn man seinen Worten Glauben schenken will". Geht man mit dieser kühlen Nüchternheit an weitere Billigkeitsnormen des BGB heran, so fallen natürlich im Familien-, genauer Scheidungsrecht die verschiedenen, teils abgestuften, teils gegenläufigen Härteklauseln auf, im Vermögensrecht und, wie ich als Außenseiter hinzufügen möchte, im Gesellschaftsrecht, die zahlreichen Berufungen auf Zumutbarkeit für die eine Seite, der auf der anderen Seite Unzumutbarkeit eines Geschehens, einer Rechtsfolge oder einfach nur einer Person gegenüberstehen muss.

Da mir heute die ausschnittsweise Präsentation des Lebenswerks eines Wissenschaftlers obliegt, stellt sich spätestens hier die Frage, welche Tragweite heute solche hochkomplexen Überlegungen – ich habe nur erste Ansätze wiedergegeben und hoffentlich richtig verstanden – haben. Kritik an künstlich mit Farbe oder Sinn versehenen Begriffsbildungen und Handlungsanweisungen ist von den Juristen zu aller Zeit geübt worden, wenn auch nicht immer gleich laut und offen. *Gernhuber* bekennt sich aber zur Notlage des Gesetzgebers, dem er zwar – wie gezeigt – bisweilen einen Zerrspiegel vorhält, woraus sich dann aber Hinweise und Ratschläge an den Rechtsanwender ergeben, der sich seinerseits der verschiedenen Funktionen der in eine Kodifikation auch alten Stils integrierten Billigkeit bewusst werden und bleiben soll. Wer Rechtswissenschaft in dieser Weise betreibt, ist für die Bewältigung auch äußerst vielschichtiger Problembereiche gerüstet, wie sie unser Schuldrecht überreichlich liefert. Darauf soll noch kurz anhand einiger weniger Beiträge *Gernhubers* zu dem bereits erwähnten Handbuch „Das Schuldverhältnis" eingegangen werden.

c) Da das Leistungsstörungsrecht, die Abtretung und das Schadensrecht, wie gesagt, in der Schriftenreihe von anderen Autoren bearbeitet werden, stellen die beiden von *Gernhuber* geschriebenen Bücher praktisch die umfangreichsten Materien des Allgemeinen Schuldrechts dar. Das bedeutet weitgehende Vollständigkeit in der Problemauswahl und die Notwendigkeit zur sorgfältigen Dokumentation herrschender Meinungen, ihrer Entstehung, praktischen Auswirkung und Vereinbarkeit mit den Forderungen von Gerechtigkeit und Billigkeit. Dass sich alles das im Buch findet, ist somit selbstverständlich; nicht so die fast unglaubliche Fähigkeit und Bereitschaft des Verfassers, auf die Ansichten und Äußerungen anderer einschließlich der Judikatur einzugehen, sie ernst zu nehmen, sie aber auch nicht deswegen zu unterstützen, weil sie so zahlreich sind. Wir kennen alle die großen, z.T. staunenswerten Literaturverzeichnisse vor Einzelparagraphen in großen und kleinen Kommentaren, in Lehr- und Handbüchern; wer sich aber die Mühe macht, einmal zu schauen, wie viele von diesen Abhandlungen mit z.T. hoch interessanten Titeln nachher im Text ausgewertet werden – man kann dies ja an den Fußnoten sehen –, kann im Gegensatz dazu die Leistung einschätzen, die hinter den großen Büchern *Gernhubers* steht, wobei auch erkennbar ist, dass es sich hier nicht nur um Lesefrüchte handelt, sondern um das Ergebnis eigener Durcharbeitung. Ich habe dies Jahre hindurch bei den Neuauflagen zum *Erman-Kommentar* beobachtet und weidlich genützt, immer wieder als Kontrolle der eigenen Ansichten. Dies bezieht sich natürlich auf diejenigen Gegenstände, die auch in einem kürzeren Kommentar, wie es der *Erman* ist, zur Sprache kommen müssen; zur Vorbereitung auf heute habe ich daher einen Abschnitt des Buches angesehen, dessen Thema gewöhnlich mit einem einzigen Satz abgehandelt wird, den von *Gernhuber* sogenannten „belastenden Drittwirkungen".[30]

Man pflegt zu sagen, dass Verträge zu Lasten Dritter unzulässig sind, aber das hat nicht das Entstehen sogenannter reflektorischer Drittwirkungen verhindert. Das Beispiel des Kaufs eines Buchs bei dem Buchhändler, dessen Verfasser, wie es auch im Vorwort heißt, durch den Verlagsvertrag zu einer Neubearbeitung verpflichtet ist,[31] hat mich, wenn ich an die z.T. von mir bedienten Abnehmer des *Erman*, des Münchner Kommentars zum BGB oder der „Schwerpunkte" Sachenrecht denke, erzittern lassen; aber bekannter sind ohnehin die direkten Drittwirkungen, wie sie sich etwa bei der Stellvertreterhaftung aus *culpa in contrahendo* zeigen.[32] Dass hierbei tatsächlich Nicht-Vertragspartner vertragliche und nicht nur deliktische Pflichten treffen, was wir als gesichertes Ergebnis einer Rechtsfortbildung kennen, ist bei einem von dem Dritten als Vertreter zustandegebrachten, also inhaltlich determinierten Vertrag nicht so erstaunlich, wohl aber bei der weiterhin im Vordringen begriffenen Vermittler- und Sachwalterhaftung, die im neuesten wissenschaftlichen Schrifttum in die Nähe eines neuen deliktischen Tatbestandes, einer Art § 823 Abs. 3 BGB, gebracht worden ist.[33] *Gernhuber*

[30] *Gernhuber*, Das Schuldverhältnis (1989), § 23. Mancher von meinen Funden ist für meinen Vortrag über „Drittinteressen und öffentliches Wohl als Elemente der Bewertung privater Rechtsverhältnisse" im Rahmen der Zivilrechtslehrertagung 2007 (demnächst in AcP) herangezogen worden.

[31] *Gernhuber* (Fn. 30), § 23 I, S. 553.

[32] *Gernhuber* (Fn. 30), § 23 II, S. 554 ff.

[33] Dazu näher *Schlechtriem*, Schutzpflichten und geschützte Personen, Überlegungen aus rechtsvergleichender Sicht zu Verträgen mit Schutzwirkungen zugunsten Dritter aus Anlaß von BGH 13.11.1997, ZR 144/94, in: Beuthien u.a. (Hrsg.), Festschrift für Medicus (1999), S. 529–542; *Karampatzos*, Vom Vertrag mit Schutzwirkung für Dritte zur berufsbezogenen Vertrauenshaftung (2005).

unterscheidet bei der Erörterung sehr bezeichnend zwischen „Vertragspartei“ und „Verhandlungspartei“, was im Zeitpunkt, als er dies schrieb, ganz neu war. Nimmt man die mittlerweile stark verschärfte Haftung aus allerlei Tatbeständen des Wertpapier- und Anlagengeschäfts hinzu, so zeigt sich, dass *Gernhubers* vorsichtiger Ansatz gegenüber den immer neuen hier erfundenen Verkehrspflichten den Vorteil hat, die „belastenden Drittwirkungen“ noch im bestehenden Schuldverhältnis absichern zu können. Man muss natürlich auch sehen, dass derartige Überlegungen, denen im Buch eine gründliche Darstellung der vertraglichen Schutzwirkungen für Dritte vorausgegangen ist, in einer Zeit, in der man derartige Probleme schwerpunktmäßig mit gesellschaftspolitischen Argumenten und Vorurteilen angeht, nicht überall gleich beachtet werden. Sie verdienten dies aber, gerade weil sie von einem Autor ausgehen, der, wie gezeigt, alles andere ist als ein konservativer Rechtsdogmatiker, dem neuere Richtungen nicht passen.

6. Ich muss zum Schluss kommen und kann das mit meinem vorherigen Satz ganz gut einleiten. Ich weiß nicht und kann nicht nachprüfen, ob die Arbeiten eines von der Rechtgeschichte gekommenen und ihre Impulse auch bei Fragen des geltenden Rechts aufnehmenden Autors wie *Gernhuber*, der sich im Übrigen aber der Kodifikation auch dort verpflichtet fühlt, wo sie hochkomplizierte Rechtsverhältnisse mit Beteiligung von mehr als zwei Personen im Grunde nicht regeln konnte, im Ausland wahrgenommen worden sind. Das würde allerdings angesichts mancher sehr stark durch typische Konflikte in einer „alten“ Kodifikation beeinflussten Themenstellung[34] etwas verwundern. Viele unserer Fachkollegen, erst recht die für die Einschätzung von Fakultäten und ihren Mitgliedern als „exzellent“ und somit förderungswürdig Verantwortlichen, gewinnen ihr Selbstverständnis – nicht unbedingt ihr Ansehen – hauptsächlich aus ihren Auslandskontakten, auch wenn diese, wie häufig, einigen touristischen Anstrich aufweisen. Aber die Dinge gehen nun einmal weiter, und einen „Anstrich“ wollte ich dem von mir heute zu Würdigenden nun gerade nicht verpassen, sondern hatte mir vorgenommen, einen Wissenschaftler aus seiner Zeit und in seiner Zeit darzustellen. Was ihn selbst betrifft, so blickt er auf ein, soviel ich weiß, abgeschlossenes Lebenswerk zurück; er ist Urgroßvater und hat schwere Krankheiten gut überstan-

[34] Zu erwähnen sind etwa *Gernhuber*, Drittwirkungen im Schuldverhältnis kraft Leistungsnähe, in: Festschrift für Nikisch (1958); S. 249–274; *ders.*, Austausch und Kredit im rechtsgeschäftlichen Verbund – zur Lehre von den Vertragsverbindungen, in: Paulus u.a. (Hrsg.), Festschrift für Larenz (1973), S. 455–494; *ders.*, Gläubiger, Schuldner und Dritte – eine Kritik der Lehre von den „Verträgen mit Schutzwirkung für Dritte“ und der Rechtsprechung zum „Haftungsausschluss mit Wirkung für Dritte“, JZ 1962, 553–558; s. auch *ders.*, Synallagma und Zession, in: Baur u.a. (Hrsg.), Festschrift für Raiser (1974), S. 57–98; *ders.*, Freiheit und Bindung des Vorbehaltskäufers nach Übertragung seines Anwartschaftsrechts, in: Grunsky u.a. (Hrsg.), Festschrift für Baur (1981), S. 31–49.

den, so dass kein Anlass bestand, meine heutige Bemerkungen retrospektiv anzulegen. Ich hoffe aber, dass es gelungen ist, auch in fachlicher Hinsicht die bleibende Aktualität dessen, was er geleistet hat, nachzuweisen.

Leo Rosenberg*

Karl Heinz Schwab

I. Rosenbergs akademischer Werdegang

Leo Rosenberg wurde am 7. Januar 1879 als Sohn eines Fabrikanten in Fraustadt in Schlesien (zwischen Glogau und Lissa) geboren. Schon mit 17 Jahren legte er am dortigen Gymnasium, unter Überspringen einer Klasse, die Reifeprüfung ab. Danach widmete er sich dem Studium der Rechte zunächst in Freiburg, dann in München, unter anderem bei *Lothar Seuffert*, und schließlich in Breslau. Dort promovierte er im Jahre 1900, kaum 21 Jahre alt, bei dem Prozessualisten *Otto Fischer* über die Beweislast. *Rosenberg* selbst schrieb in einer privaten Aufzeichnung: „Von großer Bedeutung wurde für mich, dass dort (in Breslau) im Sommersemester als Preisarbeit die Beweislast im Bürgerlichen Gesetzbuch gestellt wurde. Ich war im 3. Semester noch nicht reif für die Arbeit, hatte noch keinen Zivilprozess gehört, wurde aber von der Aufgabe gepackt, die mich in den folgenden Semestern beschäftigte, und promovierte 1900 in Breslau." Dieses Zitat findet sich in der lesenwerten und von der herzlichen Verbundenheit des Schülers zum früheren Lehrer zeugenden Würdigung *Rosenbergs* durch *Eduard Bötticher* in ‚Giessener Gelehrte in der ersten Hälfte des 20. Jahrhunderts', Marburg 1982, S. 778 ff.

Dem Buch des kaum volljährigen Doktoranden war ein Erfolg vergönnt, wie ihn wohl kaum eine Dissertation je erlebt hat. Bis zum heutigen Tag hat die in der Beweislast vertretene Normentheorie Wissenschaft und Rechtsprechung maßgeblich beeinflusst. Fünf Auflagen hat die „Beweislast" erlebt. Die

* Der Beitrag ist auf Vorschlag des Verfassers entnommen aus Heinrichs/Franzki/Schmalz/Stolleis (Hrsg.), Deutsche Juristen jüdischer Herkunft (1993), S. 667–676. Herausgeber und Verlag danken dem Verlag C. H. Beck für die Abdruckgenehmigung.

1. und auch die 2. Auflage (1953), die 4. Auflage (1956) und schließlich die unveränderte 5. Auflage (1963) wurden im Verlage C. H. Beck veröffentlicht.

Nach dem so wohlgelungenen Erstlingswerk ließen die Neigung zur wissenschaftlichen Arbeit und die Freude daran *Rosenberg* nicht mehr los. In der Referendarzeit, die er in Posen verbrachte, entstanden zwei große Abhandlungen, und zwar über den Schuldnerverzug[1] und über das qualifizierte Geständnis.[2] Im Jahre 1904 legte *Rosenberg* das Assessorexamen in Berlin ab. Im Anschluss daran entschloss er sich zur Hochschullehrerlaufbahn, obgleich ihm, nachdem er einen Anwalt am Reichsgericht erfolgreich vertreten hatte, die Zulassung zur Rechtsanwaltschaft am Reichsgericht in Aussicht gestellt worden war. Dass dieser Entschluss zur Hochschullaufbahn ohne Anlehnung an einen akademischen Lehrer gefasst wurde, beweist, wie selbstständig und auch selbstbewusst *Rosenberg* seinen Lebensweg plante. Schon im Jahre 1905 legte er der Juristischen Fakultät in Göttingen die ersten 300 Seiten seiner „Stellvertretung im Prozeß" als Habilitationsschrift vor. Daraus entstand das große, über 1000 Seiten umfassende Werk der Stellvertretung, das im Jahre 1908 im Verlag von Franz Vahlen erschienen ist. Die Bedeutung dieses Buches lag insbesondere darin, dass zum ersten Mal das Wesen der Stellvertretung im Prozess monographisch bearbeitet wurde. In die Göttinger Zeit fällt die Eheschließung *Rosenbergs* mit *Hedwig Peter*, der Tochter des Göttinger Ordinarius *Botanik*. Auch die älteste Tochter *Rosenbergs* kam in Göttingen zur Welt.

II. Rosenbergs Wirken in Gießen, Leipzig und München

Der Ruf *Rosenbergs* als glänzender Wissenschaftler und eindrucksvoller akademischer Lehrer verbreitete sich bald und führte im Jahre 1912 zu seiner Berufung nach Gießen. Dort war er zunächst als Extraordinarius und dann von 1916 bis 1932 als Ordinarius tätig. Oft hat er in späteren Jahren erzählt, dass er in Gießen die schönsten Jahre seines Lebens verbracht habe. Sie waren eine Zeit fruchtbarsten Wirkens. In der Geborgenheit der kleinen Universitätsstadt (die juristische Fakultät hatte damals 300 Studenten) fand *Rosenberg* Zeit und Kraft zu intensiver wissenschaftlicher Arbeit. Hier entstanden auch seine beiden wichtigsten Werke. Im Jahre 1919 erschien im Rahmen des von *Hölder* und *Schollmeyer* geplanten Großkommentars zum BGB der erste Halbband des Sachenrechts (Kommentar zu den §§ 854 bis 902 BGB). Leider ließ sich der Plan des Großkommentars nicht verwirklichen. Wie sehr dieser Kommentar Wissenschaft und Praxis beeinflusst hat, zeigt die Tat-

[1] *Rosenberg*, Der Verzug des Gläubigers, IherJB 43 (1901), 141–298.

[2] *Rosenberg*, Zur Lehre vom sog. qualifizierten Geständnisse. Die Verteilung der Beweislast bei Streit über den Abschluß und Inhalt eines Vertrages, AcP 94 (1903), 1–141.

sache, dass Rosenbergs Sachenrecht noch heute in den großen Lehrbüchern und Kommentaren zum Sachenrecht zitiert wird.

Ein besonderer Höhepunkt der Gießener Zeit war für *Rosenberg* das Jahr 1927. In diesem Jahr erschien die 1. Auflage seines Lehrbuchs des deutschen Zivilprozessrechts, und außerdem wählte ihn die Universität zu ihrem Rektor. Damals war *Rosenberg* gerade 48 Jahre alt und stand in der Blüte seines Lebens. Sein Schüler *Eduard Bötticher* schildert in dem schon erwähnten Beitrag, wie er am Tag der Rektoratsfeier dem neugewählten Rektor mit seiner strahlenden Frau und seinen vier Kindern auf dem Sommerfest der Gießener Universität begegnete: Ein Bild beruflichen Erfolges und familiären Glücks! *Rosenbergs* Lehrbuch wurde bei seinem Erscheinen von *Ernst Jaeger*, dem späteren Leipziger Kollegen, als großer Wurf bezeichnet. Dass diese Beurteilung von den deutschen Juristen allgemein geteilt wurde, zeigt die schnelle Folge der weiteren Auflagen. Schon 1929 erschien die 2. Auflage, 1931 die 3. Auflage. Mit diesem Lehrbuch setzte sich *Rosenberg* an die Spitze der deutschen Prozessrechtswissenschaft.

Diese Bewertung wurde auch durch den Ruf bestätigt, der ihn im Jahre 1932 als Nachfolger *Richard Schmidts* nach Leipzig führte. In der angesehenen Leipziger Juristen-Fakultät und an der Seite von *Ernst Jaeger* wäre *Rosenberg* gewiss ein glänzendes Wirken beschieden gewesen. In einem schönen Haus in Markkleeberg, das sich noch heute im Familienbesitz befindet, fand die Familie eine neue Heimat. Dann aber fand im Jahre 1934 *Rosenbergs* Wirken ein jähes Ende. Mit 55 Jahren wurde er durch eine Verfügung des Reichsstatthalters in Sachsen nach § 6 des Gesetzes zur Wiederherstellung des Berufsbeamtentums vom 7. April 1933 zwangsweise pensioniert, „damit der von ihm bekleidete Lehrstuhl im Interesse eines den neuen Bedürfnissen entsprechenden Aufbaus der Juristischen Fakultät verwendet werden konnte", wie es in den Akten heißt. Später wurde ihm auch noch die Pension entzogen. Zwei Jahre lang konnte er als Mitarbeiter bei einem Anwalt am Reichsgericht tätig sein, dann musste er auch diese Tätigkeit einstellen. Über das, was er in den Jahren des Dritten Reiches erlebt und erlitten hat, hat Rosenberg nur selten gesprochen. Klage und Anklage entsprachen nicht seinem Wesen. Zwei seiner Schwestern sind in Theresienstadt ums Leben gekommen. Er selbst verdankt es wohl nur einem gütigen Geschick, dass er in einem von seiner Frau erworbenen Ferienhaus in Stiefenhofen im Allgäu die Zeit der nationalsozialistischen Herrschaft überleben konnte. In diese Zeit schwerer Bedrängnis fällt im Jahre 1944 auch noch der Tod der jüngeren Tochter, ein die Familie tief bedrückender Schicksalsschlag.

Endlich kam dann im Jahre 1945 die Wende. *Rosenberg* wurde im Alter von 67 Jahren nach München berufen, in einem Alter, in dem heute Professoren schon emeritiert sind oder zur Emeritierung heranstehen. Für die juristische Fakultät in München war es ein Glück, dass sie einen Wissenschaftler von solchem Format trotz mehrerer anderer Rufe (nach Berlin, Frankfurt und Marburg) gewinnen konnte. Seine Heimatuniversität Leipzig hatte ihm nur die Emeritierung angeboten. In München konnte er dagegen seine volle Lehrtätigkeit wieder ausüben. Freilich hatte er fünf Jahre lang nur die Rechtstellung eines kommissarischen Vertreters. Erst 1951 wurde er wieder in das Beamtenverhältnis auf Lebenszeit berufen.

Die Stadt München und auch die Universität waren damals in einem schlimmen Zustand. Eine Wohnung zu bekommen war fast unmöglich. So musste sich *Rosenberg* in der ersten Zeit mit einem möblierten Zimmer in der Neureuther Straße begnügen. Später erhielt er für seine Familie eine Notunterkunft im Haus eines medizinischen Kollegen in Bogenhausen. Schließlich konnte er nach der Währungsreform eine geräumige Wohnung in der Königinstraße 69 in unmittelbarer Nähe der Universität beziehen. Dort fand sich dann auch wieder Platz für seine große Bibliothek.

Viele tausend Studenten haben von 1946 bis 1955 in München bei *Rosenberg* Zivilprozess, aber auch bürgerlichrechtliche Vorlesungen über den allgemeinen Teil, das Sachenrecht und das Erbrecht gehört und dabei die Grundlage ihres juristischen Wissens erworben. Zu Beginn seiner Tätigkeit in München waren in dem strengen Winter 1946 und auch noch in dem darauf folgenden Winter die Hörsäle der Universität nicht geheizt. Während die Studenten frierend im Mantel im Hörsaal saßen, hielt *Rosenberg* seine Vorlesungen stets ohne Mantel. Ihm schien die Kälte nichts anzuhaben. Dem Verfasser dieser Zeilen hat er später erzählt, dass er schon frühzeitig abgehärtet worden sei. Seinen ersten Mantel habe er erst bei der Konfirmation erhalten.

Den Studenten dieser Nachkriegsjahre und vor allem den Kriegsheimkehrern werden die Vorlesungen *Rosenbergs* und seine Übungen unvergesslich bleiben. Die Vorlesungen zeichneten sich nicht durch eine besondere rhetorische Begabung aus, sie wirkten vielmehr durch die Klarheit der Gedanken und durch die Prägnanz des Vortrags. Kein Satz wurde wiederholt; Vorschriften über die Zustellung wurden in derselben Weise vorgetragen wie etwa die Probleme des Streitgegenstandes. Die vielfältigen pädagogischen Bemühungen der heutigen Zeit waren damals nicht üblich. So wurden keine Umdrucke verteilt und man besuchte im Rahmen der Zivilprozessrechtsvorlesung auch keine Gerichtssitzungen. In den Vorlesungen gab es noch keinen Dialog zwischen Dozenten und Studenten. Trotzdem war die Wirkung *Rosenbergs* auf die Studenten enorm, weil seine Hörer spürten, dass hier ein ganz großer Könner seines Fachs vor ihnen stand. Besonderen Eindruck machten auf die Studenten die zivilprosessualen Übungen. Sie waren ein Muster an Klarheit und für manchen geradezu ein ästhetischer Genuss.

In München konnte sich *Rosenberg* auch wieder der Neuauflage seines berühmten Lehrbuches widmen, das 1949 in 4. Auflage erschien. *Rosenberg* war es ein besonderes Anliegen, dass sein Buch den Studenten preiswert zur Verfügung gestellt werden konnte. Als seinem damaligen Assistenten fiel mir die Aufgabe zu, verbilligte Exemplare an Studenten zu verkaufen. Der Andrang war riesengroß, und viele Hunderte von Studenten haben damals das *Rosenberg'sche* Buch erworben, glücklich darüber, es nun endlich besitzen zu können.

In das Jahr 1949 fiel auch der 70. Geburtstag *Rosenbergs*, an dem ihm Fachkollegen eine Festgabe überreichten. Sie war wohl eine der ersten Festschriften, die nach dem Krieg erscheinen konnten. Auf die langersehnte 4. Auflage des Lehrbuchs folgten in kurzen Abständen fünf weitere Auflagen bis zur 9. Auflage im Jahre 1961. Die 5. Auflage wurde auch in die spanische Sprache übersetzt und ist im Verlag *Antonio Bosch* in Buenos Aires erschienen. An der zehnten Auflage hat *Rosenberg* noch bis zuletzt gearbeitet.

III. Die Zeit nach der Emeritierung

Im Alter von 73 Jahren wurde *Rosenberg* im Jahre 1952 emeritiert. Auch als Emerititus behielt er seine Vorlesungstätigkeit zunächst bei. Erst als er im Jahre 1955 in der Gabriel-Max-Straße 26 im schönen Villenvorort Harlaching ein Haus erbaut und bezogen hatte, wurde ihm der lange Weg zur Universität zu beschwerlich. Dass er sich noch im Alter von 75 Jahren zum Bau eines Hauses entschloss, zeigt, über welche Tatkraft er auch im hohen Alter verfügte. Acht Jahre konnte er noch mit seiner Gattin und seiner ältesten Tochter in dem neuen Heim verbringen. Heute hat das Haus leider einer Eigentumswohnanlage Platz machen müssen. Wenn *Rosenberg* auch die Vorlesungstätigkeit eingestellt hatte, so arbeitete er doch in diesen Jahren unermüdlich und ohne die Hilfe von Assistenten an seinem Lehrbuch weiter. Außerdem erledigte er die umfangreiche Arbeit, die die Schriftleitung der Zeitschrift für Zivilprozess (ZZP) mit sich brachte. Wann immer man ihn besuchte, traf man ihn in Arbeit vertieft an seinem Schreibtisch an. Nachdem er schon 1933 Mitherausgeber der ZZP zusammen mit *Jaeger*, *von Staff* und *Kann* gewesen war, übernahm er nach dem Zweiten Weltkrieg vom 64. Band an, dem ersten Nachkriegsband, wieder die Schriftleitung. Bei der Herausgabe der ZZP wurde er zunächst von *Adolf Schönke* und, nach dessen frühem Tod, von *Friedrich Lent* unterstützt. Nach *Lents* Tod im Jahre 1961 durfte ich selbst als Mitherausgeber in die Schriftleitung eintreten.

Die Freundschaft mit *Friedrich Lent* gehörte zu den Freuden seines Alters. *Lent* war trotz seiner Gegnerschaft zum Nationalsozialismus nach dem Zusammenbruch von den Amerikanern von seinem Erlanger Lehrstuhl entfernt worden, weil er bis 1933 als Abgeordneter der deutschnationalen Volkspartei Mitglied des Reichstags gewesen war. Als sich die Unbegründetheit der Vorwürfe herausstellte, war sein Lehrstuhl aber schon neu besetzt. So blieb nur der Weg zur Emeritierung. Kurz danach verließ *Lent* Erlangen und zog nach Herrsching am Ammersee und später nach München. Dort bahnte sich die Freundschaft der beiden kongenialen Persönlichkeiten an. Als *Rosenberg* 80 Jahre alt wurde, überreichte ihm *Lent* im Namen seiner Fachkollegen ein Festheft der ZZP.[3] Für den 85. Geburtstag *Rosenbergs*, den er leider nicht mehr erlebte, war eine weitere Festgabe vorbereitet, die mit einer Würdigung von *Eduard Bötticher* als Gedächtnisheft erschienen ist.[4] Bis zu seinem Tode am 18. Dezember 1963 war *Rosenberg* unermüdlich tätig. Auf dem Waldfriedhof in München hat er zusammen mit seiner Frau und seiner ältesten Tochter seine Ruhestätte gefunden.

In den letzten Jahren seines Lebens hat *Rosenberg* hohe Ehrungen erfahren. So wurde er Ehrendoktor der Staatswissenschaftlichen Fakultäten der Universität München und der Universität Innsbruck. Die Bayerische Akademie der Wissenschaften ernannte ihn zu ihrem Mitglied. Er wurde mit dem Großen Bundesverdienstkreuz und nach seinem Tode auch noch mit dem bayerischen Verdienstorden ausgezeichnet. Als alten Gießener Professor und Rektor hat ihn aber besonders die Ernennung zum Ehrensenator der Universität Gießen gefreut. Diese Würde wurde ihm, wie es in der Ernennungsurkunde heißt, zuteil in Anerkennung seiner hohen Verdienste als Forscher auf dem Gebiet des Zivilprozessrechts, als Lehrer einer Generation von Juristen in Hessen und als ehemaliger Rektor der Universität. Sie ist auch auf seinem Grabstein im Münchener Waldfriedhof verzeichnet.

IV. Rosenbergs wissenschaftliche Bedeutung

Rosenbergs Bedeutung für die deutsche Rechtswissenschaft ist vor allem mit seinem Lehrbuch des Zivilprozessrechts aufs engste verbunden. In Anlage und Aufbau unterschied sich schon die erste Auflage vom Jahr 1927 deutlich von anderen damals vorhandenen Lehrbüchern. Im Umfang blieb es zwar hinter den großen Werken von *Hellwig*, *Wach* und *Richard Schmidt* zurück, gewiss aber nicht im Inhalt. Durch klare, straffe Systematik, durch scharfe Herausarbeitung der Grundgedanken und knappe Begriffsbestimmungen schuf *Rosenberg* ein wissenschaftlich und pädagogisch meisterhaftes Werk. Seinen großen Erfolg verdankt es nicht zuletzt auch der engen Verbindung von Theorie und Praxis. Stets hat *Rosenberg* die Praxis der Gerichte aufs sorgfältigste beobachtet, denn er war der Meinung, dass auf keinem Gebiet die Praxis eine solche Beachtung beanspruchen dürfe wie gerade im Zivilprozessrecht. Und umgekehrt hat die Praxis aus dem Lehrbuch reichen

[3] Vgl. *Rosenberg*, Friedrich Lent, 6. Januar 1882 bis 30. April 1960, ZZP 73 (1960), 321–323. Überreicht wurde: *Rosenberg/Schwab* (Hrsg.), Festschrift für Friedrich Lent zum 75. Geburtstag, 6.1.1957 (1957).

[4] Vgl. *Bötticher*, Leo Rosenberg † 18. Dezember 1963 zum Gedächtnis, ZZP 77 (1964), 1–3.

Nutzen gezogen. Immer wieder haben die Gerichte und insbesondere die höchsten Gerichte bei *Rosenbergs* Lehrbuch Rat geholt und sich auf seine Meinung gestützt.

Die Erkenntnis vieler wichtiger Institutionen unseres Prozessrechts geht auf *Rosenberg* und vor allem auf seine Darstellung im Lehrbuch zurück.

So hat er schon in der ersten Auflage die Grundsätze seiner Lehre vom Streitgegenstand entwickelt. Sie bestand in der Abkehr vom materiellrechtlichen Anspruch und der Entdeckung eines Anspruchs eigener Art, des prozessualen Anspruchs. Wie sehr ihn die Erforschung des Streitgegenstands beschäftigt hat, geht aus seiner eigenen Schilderung in ZZP 57, 313 (einer seiner letzten Abhandlungen vor der Entfernung aus seinem Amt) hervor. *Rosenberg* schreibt an dieser Stelle:

> „Der Begriff des Streitgegenstands ist lange verkannt worden. Der unglückliche Streit zwischen der Substantiierungs- und der Individualisierungstheorie, der zudem an einer ganz falschen Stelle, bei der Auslegung von § 253 Abs. 2 Nr. 2 ZPO ansetzte, hat viel dazu beigetragen. Mir selbst ist er erst nach jahrzehntelanger Bemühung und Beobachtung der Praxis gelungen, den Begriff richtig und brauchbar zu bestimmen, weil ich in der überkommenen Vorstellung jener beiden Theorien groß geworden und lange darin befangen war. Noch in meinem Aufsatz über die Veränderung des rechtlichen Gesichtpunkts in dieser Zeitschrift (ZZP 49, 38 ff.) bin ich nicht zur vollen Wahrheit durchgedrungen, habe aber unmittelbar davor gestanden. In meinem Lehrbuch glaube ich die zutreffende Begriffsbestimmung gegeben zu haben."

Was diese Lehre für die Eigenständigkeit des Prozessrechts als Wissenschaft bedeutet hat, wird erst deutlich, wenn man die Auswirkungen der *Rosenbergschen* Streitgegenstandslehre auf Klagenhäufung, Klageänderung, Rechtshängigkeit und materielle Rechtskraft betrachtet. Alle diese Institutionen des Prozessrechts sind mit dem prozessualen Streitgegenstandsbegriff eng verbunden. Bei ihnen allen führt die Abkehr vom materiellrechtlichen Anspruch zu richtigen Ergebnissen. Dass diese Lehre vom prozessualen Anspruch mannigfachen Angriffen bis heute widerstanden hat, ist ein Beweis für ihre dogmatische und praktische Bewährung.

Mit der Erkenntnis des wahren Wesens des Streitgegenstands war die Lehre vom sog. Rechtsschutzanspruch, der bis zum Erscheinen von *Rosenbergs* Lehrbuch in der Lehre vom Prozessrecht viele Anhänger hatte (so *Wach*, *Hellwig*, *Stein*), nicht zu vereinen. Der Rechtsschutzanspruch erwies sich als ungeeignet, das Wesen zentraler Probleme des Prozesses wie der Klagenhäufung, der Klageänderung, der Rechtshängigkeit und der Rechtskraft zu erklären. Zu Recht stellt *Rosenberg* schon in der ersten Auflage seines Lehrbuchs fest, für die Systematik der Prozessrechtswissenschaft leiste er nichts. Diese Auffassung hat sich in den sechs Jahrzehnten seit dem Erscheinen von *Rosenbergs* Lehrbuch durchgesetzt. Auch hier haben Bemühungen der neueren Zeit, dem Rechtsschutzanspruch wieder ins Leben zu verhelfen, nicht zum Erfolg geführt. Soweit im Rechtsschutzanspruch ein Anspruch auf Rechtsgewährung gesehen wurde, wird diese Aufgabe von dem allgemein anerkannten Justizanspruch erfüllt. Er hat nach *Rosenbergs* eigenen Worten[5] zum Inhalt, dass die Rechtspflegeorgane den Parteien rechtliches Gehör geben, die Parteien die Möglichkeit haben, die Gerichte anzurufen und dass die Gerichte denjenigen Rechtspflegeakt vornehmen, der nach Maßgabe des objektiven Rechts der Sachlage angepasst ist. Bei dem Justizanspruch handelt es sich wirklich um einen Anspruch gegen den Staat, der im Falle der Justizverweigerung von den Verfassungsgerichten durchgesetzt werden kann. Er bildet die Brücke zwischen materiellem Recht und Prozess.

Stets wird *Rosenbergs* Name auch mit der Lehre von der Beweislast verknüpft sein. Die Normentheorie, die er in seiner Dissertation begründet hat, hat bis heute ihre Richtigkeit bewiesen. Sie geht von der Rechtsnatur der materiellrechtlichen Normen aus und besagt, dass jede Partei die Voraussetzungen der ihr günstigen Normen zu beweisen habe. So trägt der Kläger die Beweislast für die Voraussetzungen der rechtsbegründenden Normen, der Beklagte dagegen die Beweislast für die Voraussetzungen der rechtsvernichtenden und der rechtshindernden Normen. Mit diesen materiellrechtlichen Normen sind die Beweislastnormen aufs engste verbunden. Sie treten, soweit ausdrückliche Vorschriften fehlen, als ungeschriebene Normen zum materiellen Recht hinzu und wenden sich an den Richter, der Beweislast entsprechend zu entscheiden. Bedenken gegen die Normentheorie, die vor allem in den letzen zwei Jahrzehnten geäußert wurden, haben deren Berechtigung jedenfalls im Grundsatz nicht zu erschüttern vermocht. Wie segensreich hat sich diese Theorie auf die Praxis des Zivilprozesses ausgewirkt! Gerichten und Anwälten hat sie in schwierigen Beweisfragen eine klare Richtschnur an die Hand gegeben, nach der nun schon fast ein Jahrhundert lang verfahren wird. Nur in Ausnahmefällen, wie bei der Beweisvereitelung, bei der Verletzung von Berufspflichten oder bei der Produzentenhaftung haben andere Gesichtspunkte Anerkennung gefunden und zu gewissen Modifikationen der Normentheorie geführt.

Seit der ersten Auflage seines Lehrbuchs hat *Rosenberg* besonderen Wert auf die Darstellung der Prozesshandlungen gelegt. So wie die Rechtsgeschäfte die Bausteine des bürgerlichen Rechts sind, bilden die Prozesshandlungen die Bausteine des Prozessrechts. Beide aber müssen scharf voneinander unterschieden werden. Weder in den Voraussetzungen noch in den Wirkungen stimmen sie überein. Hier zeigt sich, dass der Prozess ein dreidimensionales Geschehen darstellt, an dem nicht nur die Parteien, sondern auch das Gericht beteiligt ist. So gelten für die Formen, in denen Prozesshandlungen vorgenommen werden, andere Vorschriften als für Rechtsgeschäfte. Dasselbe gilt für die Fristen, in denen Prozesshandlungen vorzunehmen sind. Insbesondere

[5] Vgl. *Rosenberg*, Lehrbuch des Deutschen Zivilprozeßrechts (9. Aufl. 1961), § 2 II 3a.

aber unterscheiden sich Prozesshandlungen von Rechtsgeschäften darin, dass sie nicht anfechtbar sind. Die Herausarbeitung dieser Unterschiede hat viel zu der Erkenntnis beigetragen, dass das Prozessrecht kein Anhängsel des Bürgerlichen Rechts, sondern ein eigenständiges Gebiet der Rechtswissenschaft bildet. Dies ist gewiss mit ein Verdienst von *Leo Rosenberg*.

Schließlich bleibt auch *Rosenbergs* Name mit der Lehre von der materiellen Rechtskraft für immer verbunden. Schon in der ersten Auflage seines Lehrbuchs vertrat er eine prozessuale Theorie der materiellen Rechtskraft und zwar in der Form der *ne bis in idem* – Lehre, die sein Schüler *Eduard Bötticher* später in seiner Habilitationsschrift[6] überzeugend begründet hat. Zu dieser Zeit war die materiellrechtliche Rechtskrafttheorie noch nicht überwunden. Die prozessuale Rechtskrafttheorie aber wurde von vielen Prozessualisten in der von *Stein* und *Hellwig* vertretenen Art gelehrt, wonach der Richter an die urteilsmäßige Feststellung gebunden war und nicht abweichend entscheiden durfte. *Rosenberg* lehrte dagegen, dass jede neue Verhandlung und Entscheidung ausgeschlossen und daher unzulässig sei. Damit wurde die materielle Rechtskraft zur negativen Prozessvoraussetzung erhoben. Zur damaligen Zeit war dies eine von der herrschenden Meinung abweichende Einzelansicht. Heute ist sie in der Rechtsprechung und Literatur zur herrschenden Meinung geworden. Sie wird am zwanglosesten der vom Verfahrensrecht zu lösenden Aufgabe gerecht, eine nochmalige und insbesondere eine widersprechende Entscheidung über den Streitgegenstand zu verhindern. Sie bewährt sich, wenn der Streitgegenstand eines neuen Prozesses identisch mit dem Streitgegenstand des rechtskräftig entschiedenen Prozesses ist oder wenn er sein kontradiktorisches Gegenteil darstellt. Aber auch bei Präjudizialität kommt die *ne bis in idem* – Lehre zum richtigen Ergebnis, indem sie eine neue Entscheidung über den rechtskräftig entschiedenen Anspruch für unzulässig erklärt und damit den Richter an die rechtskräftige Entscheidung bindet.

Alle diese Leistungen zeigen, dass *Rosenberg* ein großer Dogmatiker des Rechts war. In einer Zeit, in der die Dogmatik des Prozessrechts von manchem kritisch bewertet wird, bedarf dies besonderer Betonung. *Karl Engisch*, der in Gießen *Rosenbergs* Schüler und später in München sein Fakultätskollege war, hat die Bedeutung *Rosenbergs* gerade als Dogmatiker in einem Nachruf für das Jahrbuch der Bayerischen Akademie er Wissenschaften im Jahre 1964[7] wie folgt gewürdigt:

> „Obwohl in jungen Jahren auch auf dem Felde des Römischen Rechts forschend und lehrend, zählte er doch nicht zu jenen, die der Rechtswissenschaft ihren Rang

[6] *Bötticher*, Kritische Beiträge zur Lehre von der materiellen Rechtskraft im Zivilprozeß (1930).

[7] *Engisch*, Zum 100. Geburtstag Leo Rosenbergs, in: Jahrbuch der Bayerischen Akademie der Wisschenschaften (Hrsg.), Jahrbuch der Bayerischen Akademie der Wissenschaften (1964), S. 176–179, abgedruckt auch in ZZP 92 (1979), 1–3.

nur dadurch zu sichern glauben, daß sie sich als Rechtshistoriker oder Rechtsphilosophen oder Rechtsvergleicher betätigen. Rosenberg war vielmehr tief überzeugt von der Bedeutung des geltenden Rechts, von der Wichtigkeit der Aufgabe, dessen sachgerechte Auslegung und Anwendung wissenschaftlich zu gewährleisten, zugleich der studierenden Jugend Sinn und Gehalt der Gesetzte zu erschließen. So war Rosenberg durchaus „Dogmatiker". Und wenngleich er das praktische Ergebnis nicht aus den Augen ließ, war er doch kein Feind der viel verlästerten „konstruktiven" Jurisprudenz, da er es mit der Auffassung hielt, daß nur Konstruktion zu einer rechten Theorie und einem geschlossenen System hinführen können."

So darf *Rosenberg* mit Fug und Recht an die Seite der großen Wissenschaftler des Zivilprozessrechts gestellt werden, an die Seite *Adolf Wachs* und *Konrad Hellwigs*. Wie diesen war es ihm vergönnt, einen bestimmenden Einfluss auf eine ganze Epoche deutschen Prozessrechts zu nehmen. Sein Lehrbuch wird auch in Zukunft dazu beitragen, dass *Rosenbergs* Leistungen für das deutsche Prozessrecht unvergessen bleiben.

V. Veröffentlichungen von Leo Rosenberg (Auswahl)

Die Beweislast nach der Civilprozeßordnung und dem Bürgerlichen Gesetzbuch (1. Aufl. 1900, 2. Aufl. 1923, 3. Aufl. 1953, 4. Aufl. 1956, 5. Aufl. 1963)

Der Verzug des Gläubigers, IherJB 43 (1901), S. 141–289

Zur Lehre vom sog. Qualifizierten Geständnisse. Die Verteilung der Beweislast bei Streit über den Abschluß und Inhalt eines Vertrages, AcP 94 (1903), 1–141 und Nachtrag zu der Abhandlung I, 314–316

Stellvertretung im Prozeß (1908)

Verfügungen zu Gunsten Dritter, DJZ 1912, Sp. 541–547

Der Entwurf eines Reichsgesetztes über das Erbbaurecht, DJZ 1918, Sp. 477–480 (1919)

Sachenrecht, erster Halbband (1919)

Lehrbuch des Deutschen Zivilprozessrechts (1. Aufl. 1927, 2. Aufl. 1929, 3. Aufl. 1931, 4. Aufl. 1949, 5. Aufl. 1951, 6. Aufl. 1954, 7. Aufl. 1956, 8. Aufl. 1960, 9. Aufl. 1961)

Die Gründe der Rechtsbildung (1928)

Fünfzig Jahre „Zivilprozessordnung für das Deutsche Reich", DJZ 1929, Sp. 1292–1298

Die Zukunft der Deutschen Zivilprozessordnung, DJZ 1931, Sp. 47–52

Zur Lehre vom Streitgegenstand, Sonderdruck aus der Festgabe für Richard Schmidt (1932)

Zum Entwurf einer Zivilprozessordnung, ZZP 57 (1933), 185–339

Das neue Zivilprozessrecht nach dem Gesetz vom 27. Oktober 1933, ZZP 58 (1934), 283–361

Erhaltung und Fortbildung der deutschen Rechtseinheit auf dem Gebiet des Zivilprozessrechts, NJW 1949, 692–695

VI. Literatur zu Leo Rosenberg (Auswahl)

C. H. Beck'sche Verlagsbuchhandlung (Hrsg.), Beiträge zum Zivilprozessrecht, Festgabe zum 70. Geburtstag (1949)

Festheft der Zeitschrift für Zivilprozeß zum 80. Geburtstag, ZZP 72 (1959), 1–2

Nachruf auf Rosenberg von Eduard *Bötticher*, Leo Rosenberg † 18. Dezember 1963 zum Gedächtnis, ZZP 77 (1964), 1–3

Nachruf auf Rosenberg von Karl Heinz *Schwab*, Mitteilung, Leo Rosenberg †, NJW 1964, 288

Würdigung Rosenbergs durch Eduard *Bötticher* in: Gundel/Moraw/Press (Hrsg.), Giessener Gelehrte in der ersten Hälfte des 20. Jahrhunderts, Marburg (1982), S. 778–788

Würdigung Rosenbergs anlässlich seines 100. Geburtstags durch Karl *Engisch*, Zum 100. Geburtstag Leo Rosenbergs, ZZP 92 (1979), 1–3

Würdigung Rosenbergs durch Karl Heinz *Schwab*, Leo Rosenberg, Der große Prozessualist, in: C. H. Beck (Hrsg.), Juristen im Portrait, Verlag und Autoren in 4 Jahrzehnten, Festschrift zum 225-jährigen Jubiläum des Verlags C. H. Beck (1988), S. 650–656

Fritz Baur – Rechtswissenschaft zwischen Tradition, Dogmatik und Aufbruch*

Rolf Stürner

I. Einleitung

Mit dem Namen *Fritz Baurs* verbindet man in Deutschland zunächst einmal das Sachenrecht, wie es im Gedächtnis auch der jüngeren Generation vor allem in Gestalt des immer wieder neu aufgelegten Lehrbuchs fortlebt. Weniger bekannt ist *Fritz Baur* als einer der bedeutendsten Prozessualisten seiner Zeit mit großer internationaler Ausstrahlung. Eine Darstellung muss versuchen, beiden Seiten seiner wissenschaftlichen Persönlichkeit gerecht zu werden. Man kann das Werk eines Wissenschaftlers von seinem persönlichen Werdegang nur schwer trennen. So empfiehlt es sich, den Lebensweg *Fritz Baurs* in seinen wichtigen Grundlinien nachzuzeichnen, ehe zuerst sein sachenrechtliches und dann sein prozessuales Schaffen Würdigung erfahren soll. Natürlich interessiert die Leser eines solchen Vortrags auch der Horizont des Schülers, der seinen Lehrer beschreibt, die Quelle seiner Wissenschaft und Maßstäblichkeit. Entgegen der überkommenen Anstandsregel bürgerlicher Bescheidenheit, nicht mit sich selbst zu beginnen, sei deshalb meine Beziehung zu *Fritz Baur* am Anfang kurz beschrieben.

* Vortrag am 11. Mai 2007 – Humboldt-Universität zu Berlin.

II. Die Bekanntschaft mit Fritz Baur und das Schülerverhältnis

Fritz Baur habe ich kennen gelernt, als ich in Tübingen 1962 mit dem Studium der Rechtswissenschaft begann, also als er etwa 50 Jahre alt war. Ich habe seine Vorlesungen im Allgemeinen Teil des BGB und Sachenrecht besucht und dabei seine schlichte Art der Erläuterung komplizierter Strukturen, seinen väterlichen Umgangsstil, seinen dialogischen Unterricht und seinen Humor schätzen gelernt. Nach dem Examen habe ich bei ihm promoviert und war Mitarbeiter in der Redaktion der von ihm mitherausgegebenen Juristenzeitung. Nach dem Assessorexamen und kurzer Zeit richterlicher Tätigkeit war ich von 1972–1976 Assistent an seinem Lehrstuhl und habe bei ihm habilitiert. Während dieser Zeit entwickelte sich ein engeres persönliches und wissenschaftliches Verhältnis, das sich in den folgenden beiden Jahrzehnten noch intensivierte und dazu führte, dass ich viele Aufgaben von *Fritz Baur* übernommen habe oder mir Andere später Aufgaben übertrugen, die auch *Fritz Baur* wahrgenommen hatte: Mitautorenschaft im Lehrbuch des Zwangsvollstreckungs-, Konkurs- und Vergleichsrechts und im Lehrbuch des Sachenrechts, Kommentierung des *Soergel*'schen Sachenrechts, Mitherausgeberschaft der Juristenzeitung und der ZZP, Vorsitzender der Vereinigung der Zivilprozessrechtslehrer etc. In den Augen *Fritz Baurs* und vieler Kollegen handelt es sich bei diesem Versuch einer Würdigung also um den Bericht eines Schülers, der mit seinem Lehrer manches teilte und vertraut war. Dies mag eine Würdigung einerseits interessant machen, weil sie einen inneren Einblick gewähren kann; andererseits sind ihrer Objektivität Grenzen gesetzt, auch nach Jahren des Abstands, die mich selbst zu einem älteren Herrn gemacht haben. Vieles sehe ich heute vielleicht etwas anders als vor rund 30 Jahren, aber die Bewunderung für meinen Lehrer hat der Geschichte Stand gehalten, vor allem eine menschliche Wertschätzung, die auch dort überdauert, wo Jahrzehnte die Maßstäbe verändert haben.

III. Kurzer Abriss des Lebensweges und seines prägenden Einflusses

Es kann nicht darum gehen, einen vollständigen Lebenslauf darzustellen, aber die wichtigen Stationen und Lebensereignisse verdienen Erwähnung, die den späteren Wissenschaftler geprägt haben:[1] die Geburt im Jahre 1911 in Dillingen an der Donau, einem etwas eintönigen bayerischen Landstrich, den

[1] *Fritz Baur* hat in höherem Alter 1987 für Verwandte und enge Freunde („privatissime") eine Darstellung seines Lebensweges und seiner Erinnerungen verfasst, auf die sich die folgenden Ausführungen teilweise stützen – soweit sie für Öffentlichkeit taugen. Weitere biographische Daten finden sich in *Grunsky u.a.*, Geleitwort, in: ders. u.a. (Hrsg.), Festschrift für Fritz Baur (1981), S. IX/X sowie S. 753 (Kommissionen, Ehrungen u. dgl.) und im Schrifttumsverzeichnis (S. 754 ff.).

die Studenten mit „nix, nox, nebulae" zu charakterisieren pflegten; die Kindheit in einer bürgerlichen Familie des unteren Mittelstandes, der Großvater Lehrer und der Vater kaufmännischer Leiter einer Baumwollweberei, die Großmutter Inhaberin eines Gemischtwarenladens mit ständig bangem Blick auf den Kurs des „Dollaar" in der Inflationszeit; die Gymnasialzeit im Stuttgarter Eberhard-Ludwig-Gymnasium, dem humanistischen Traditionsgymnasium des gebildeten Bürgertums, in dem der Neuling vom Lande rasch zum Primus arrivierte, wobei seine Lateinkenntnisse noch in höherem Alter die Doktoranden deklassierten; die Studentenzeit in München und Tübingen, die von den Nöten der Inflationszeit und den Anfängen des Dritten Reiches überschattet war; das Tübinger Staatsexamen 1933 im Alter von 22 Jahren mit späterer Promotion im Schadensersatzrecht im Jahre 1934; die richterliche Tätigkeit in Zivilsachen am Landgericht Tübingen und die Tübinger Habilitation 1940, also mit 29 Jahren, allerdings bereits während des Heimaturlaubes des Soldaten *Fritz Baur*, der den Frankreichfeldzug und Russlandfeldzug volle 5 Jahre mitzumachen hatte; die Rückkehr nach 1945 und der Neuanfang bei Tübinger Gerichten und in den Ministerien des Landes Südwürttemberg-Hohenzollern, wo er sich der Wertschätzung *Carlo Schmids*, *Viktor Renners* – beides Sozialdemokraten – und *Gebhard Müllers*, des späteren Ministerpräsidenten des Südweststaates und Bundesverfassungsgerichtspräsidenten (CDU) erfreute; die Professuren in Mainz und dann Tübingen, einer in den sechziger Jahren besonders blühenden Fakultät; die hohe Anerkennung seiner Arbeit in Gestalt des Vorsitzes der Zivilprozessrechtslehrervereinigung, der Mitgliedschaft in den Justizreformkommissionen und der Ständigen Deputation des Deutschen Juristentages; endlich die hohe Wertschätzung als akademischer Lehrer, wie sie sich in zahlreichen studentischen Fackelzügen artikulierte, und die geradezu väterliche Verehrung im Kreise der Internationalen Vereinigung für Prozessrecht durch ausländische Kollegen – für einen Deutschen der Nachkriegszeit keine Selbstverständlichkeit. Viele fremde Prozessrechtslehrervereinigungen ernannten ihn zum Ehrenmitglied. In höherem Alter verliehen ihm die Universitäten Innsbruck und Athen den Ehrendoktor. *Fritz Baur* wurde über 81 Jahre alt, war bis zum Jahre vor seinem Tode literarisch aktiv und ein treuer Besucher wissenschaftlicher Tagungen. Interessant mag sein, dass der ursprüngliche Katholik in höherem Alter zum Protestantismus wechselte, der Konfession seiner von ihm hoch geschätzten und verehrten Ehefrau, die aus einer preußisch/württembergischen Beamten- und Arztfamilie stammte.

Fritz Baurs Lebensweg spiegelt das deutsche Schicksal mit all seinen Brüchen, Tiefen und Höhen, mit Licht und Schatten. In Gesprächen mit vertrauten Jüngeren hat *Fritz Baur* Zeiten des Schattens nie ausgespart und sich vor allem trotz seines relativ jugendlichen Alters in der NS-Zeit nie dem kritischen Nachdenken über diese Zeit entzogen. Seine wissenschaftliche Laufbahn begann mit einer recht weltläufigen, stark rechtsvergleichenden

Doktorarbeit zum Schadensersatzrecht, die den Geist eines international geprägten Wissenschaftsverständnisses atmet und in welcher der 24-jährige Autor dem „neuen Zeitgeist" der Jahre nach 1933 allenfalls sehr beiläufigen Tribut zollt.[2] Die Parteimitgliedschaft des ursprünglich dem Zentrum nahe stehenden 25-jährigen jungen Zivilrichters und die kurze Habilitationsschrift „Bindung an Entscheidungen"[3], die der 29-jährige während eines Fronturlaubs fertig stellte, zeigen dann Zugeständnisse, die *Fritz Baur* stets zutiefst bedauert und als Last mitgetragen hat,[4] obwohl sie vor dem Hintergrund schwerer Entgleisungen älterer Kollegen mit Vorbildfunktion und politischen Drucks auf junge Juristen eine eher zurückhaltende Beurteilung verdienen.[5] Führende Politiker beider großen demokratischen Parteien wie *Viktor Renner* und *Gebhard Müller* haben dies gleich gesehen und *Fritz Baur* sehr früh zu verantwortlicher Mitarbeit in den regionalen Ministerien wiedererrichteter deutscher Staatlichkeit herangezogen. Als allerdings während seiner Rektorwahl in den sechziger Jahren Gegenkandidaten und ihr Klientel aus der Zeit des Nationalsozialismus Argumente gegen *Fritz Baur* zu sammeln versuchten, ließ er sich zwar mit großer Mehrheit wählen, trat dann aber das Amt nicht an in der achtbaren Überzeugung, dass die Vergangenheit doch eher Zurückhaltung bei der Wahrnehmung solcher Repräsentationsämter empfehle. Sowohl die Redlichkeit dieser Haltung als auch ihre Konsequenz muss man hoch schätzen – gerade im Umfeld jener Zeit, in der nicht selten die politische Moral von Persönlichkeiten tonangebend war, deren eigene jugendliche Vergangenheit ihnen – wie wir heute wissen – weder ehrlicher Aufarbeitung noch gar einer Offenlegung wert schien.[6]

Fritz Baur gehört zu der Generation deutscher Hochschullehrer, welche die Erfahrung des Zusammenbruchs politischer Kultur in den Anfangsjahren ihrer akademischen Karriere tief geprägt hat. Diese Prägung hatte mannigfache Auswirkungen. Einmal eine deutliche Rückkehr zum Liberalismus und zu den humanistischen Traditionen, in denen man Sicherheit und Selbstver-

[2] *Baur*, Entwicklung und Reform des Schadensersatzrechts (1935); wieder aufgenommen ist diese Thematik in: *ders.*, Einige Bemerkungen zum Stand des Schadensausgleichsrechts, in: ders. u.a. (Hrsg.), Funktionswandel der Privatrechtsinstitutionen, Festschrift für Ludwig Raiser zum 70. Geburtstag (1974), S. 119–139.

[3] *Baur*, Die Bindung an Entscheidungen (1940); dazu auch *Bettermann*, Über die Bindung der Verwaltung an zivilgerichtliche Urteile, FS Baur (1981), S. 273–296.

[4] Dies gilt auch für die Mitautorenschaft an dem von *Heinrich Stoll*, seinem Lehrer, 1935 zunächst allein verfassten Grundriss „Deutsches Bauernrecht", den *Fritz Baur* nach dem Tode seines Lehrers noch als sein Assistent 1938 übernahm und dann in mehreren Auflagen fortführte.

[5] Dazu nach wie vor gültig *Rüthers*, Die unbegrenzte Auslegung (6. Aufl. 2005), mit zahlreichen Nachweisen; zur menschlichen Bewertung insbesondere auch das Nachwort S. 477 ff., 482 ff.

[6] Dazu Der Spiegel Nr. 34/06, 46 ff., 64 f. (*Grass*, *Höllerer*, *Wapnewski*, *Jens*) und FAZ vom 29.09.06, Nr. 227, 35 (*Grass/Karl Schiller*).

gewisserung suchte. Zum anderen eine Präferenz für die Dogmatik als einem Fundus geronnener rechtlicher Weisheit, die über politischen Strömungen stand.[7] Schließlich aber ein unermüdlicher Einsatz für Selbstverwaltung und die Zusammenarbeit mit der Studentenschaft, die er partnerschaftlich verstand und deren Abschaffung als verfasste Einheit er ebenso bedauerte wie ihren Niedergang. Endlich eine deutliche Neigung, zur Mitarbeit in demokratischen Parteien zu ermutigen, denen er selbst aufgrund mehr persönlicher Verbindungen allen nahe stand – für ihn ein Gebot politischer Toleranz. Die Unruhen der sechziger und siebziger Jahre ließen Unsicherheiten erneut aufbrechen, was nur wenige so recht eigentlich durchschauten und sie etwas hilflos an formalen Positionen festhalten ließ. Es gehört zu den Vorzügen *Fritz Baurs*, dass er diese Zusammenhänge erkannte und er sich so vor einem Hardlinertum bewahrte, obwohl er Übergriffe als außerordentlich beschwerend empfand. Letztlich war es die Phase der Ablehnung oder gar Bekämpfung bürgerlich-liberaler Traditionen, die ihn zur Emeritierung schon mit 65 Jahren bewog, obwohl seine Vorlesungen in hohem Ansehen standen und sich enthusiastischen Zuspruchs erfreuten. Er konnte noch – sehr befriedigt – erleben, wie sich der Pendelschlag weltanschaulichen Wechsels wieder mäßigte und später die Wiedervereinigung das radikale antipodische Regime des Kommunismus zu Fall brachte.[8] Liberalismus und Toleranz sowie die politische Priorität für ein geeintes demokratisches und stabiles Europa waren für ihn die Lehren aus den Zusammenbrüchen politischer Kultur in seiner Jugend – eine tiefe und ehrliche Überzeugung, welche die Jungakademiker seines Kreises und sowohl deutsche wie ausländische Kollegen hoch schätzten.[9]

IV. Fritz Baur und das Sachenrecht

1. Während sich – wie schon Eingangs erwähnt – das wissenschaftliche Ansehen *Fritz Baurs* im Ausland und damit sein internationaler Rang vornehmlich auf das Verfahrensrecht gründet, verbinden *deutsche* Wissenschaft

[7] Dazu allgemein *Stürner*, Der deutsche Prozessrechtslehrer am Ende des 20. Jahrhunderts, in: ders. (Hrsg.), Festschrift G. Lüke (1997), S. 829–844.

[8] Dazu das Schlusswort *Fritz Baurs* in: Grunsky u.a. (Hrsg.), Wege zu einem europäischen Zivilprozessrecht (1992), S. 145 ff., 148.

[9] Umfassende Würdigung bei U. *Diederichsen*, Fritz Baur – Zivilrechtsdogmatik und Menschlichkeit, AcP 193 (1993), 391–422. Die wichtigsten wissenschaftlichen Veröffentlichungen *Fritz Baurs* in Zeitschriften und Sammelwerken sind von seinen Schülern in zwei Bänden gesammelt und herausgegeben worden: *Baur*, Beiträge zur Gerichtsverfassung und zum Zivilprozessrecht (1983), *ders.*, Beiträge zum materiellen Recht und Verfahrensrecht (1986); beide Bände herausgegeben von *Wolfgang Grunsky*, *Rolf Stürner*, *Manfred Wolf* und *Gerhard Walter*.

und Praxis mit dem Namen *Fritz Baurs* in erster Linie das Sachenrecht.[10] Beide Werke zum Sachenrecht, die er betreute oder schuf, hatten über lange Jahre eine gewisse Monopolstellung. Dies gilt einmal für die Kommentierung des Immobiliarsachenrechts im *Soergel*'schen Kommentar, neben dem sich die Konkurrenz des *Staudinger*'schen Kommentars nur schleppend etablierte und der erst im Münchener Kommentar einen zusätzlichen Wettbewerber bekommen hat. Es gilt aber auch für das große Lehrbuch *Fritz Baurs* zum Sachenrecht. Dieses Werk, das *Fritz Baur* ohne Zweifel als das Herzstück seiner Lebensarbeit betrachtet hat,[11] stand nach dem Selbstverständnis *Fritz Baurs* in der Tradition des *Heck*'schen Lehrbuches[12], das *Fritz Baur* auffallend oft zitiert hat und mit dessen Gedanken er sich auch dort auseinandersetzt, wo *Philipp Heck* den Gang der Rechtsentwicklung nicht prägen konnte, z.B. mit seiner Lehre vom Rang der Grundstücksrechte oder von der Überwindung der Abstraktheit der Grundschuld.[13] Gleichsam Antipoden und Partner kritischer Auseinandersetzung waren ihm die Werke von *Wolff/Raiser* und *Harry Westermann*. *Ludwig Raiser*, der ältere Kollege und Zimmernachbar *Fritz Baurs*, hatte das *Wolff*'sche Lehrbuch neu aufgelegt[14] und beobachtete das Wachstum des neuen Lehrbuchs mit skeptischem Wohlwollen; dabei mag viel zur Entspannung beigetragen haben, dass sich die wissenschaftlichen Interessen *Ludwig Raisers* mehr und mehr gesellschaftsrechtlichen, wettbewerbsrechtlichen und rechtspolitischen Fragestellungen zugewandt hatten und für sachenrechtliche Dogmatik nur wenig Raum übrig blieb. Immerhin hat *Fritz Baur* die Autorität des älteren Kollegen mit sachenrechtlicher Ausstrahlung anfänglich als Ansporn und Maßstab empfunden. Ob es ein Zufall ist, dass zwei sachenrechtliche Werke hohen Ranges gerade von süddeutschen Autoren geschaffen und betreut waren, oder könnte es sein, dass die Materie süddeutscher Mentalität besonders entgegenkommt? Das Lehrbuch *Harry Westermanns*[15] hatte ähnlich wie *Fritz Baur* die Interessenjurisprudenz zum methodischen Ausgangspunkt erhoben und blieb das maßgebliche Parallelwerk. Aber auch einen *Harry Westermann* konnte, wie wir wissen, das Sachenrecht in seiner breiten lehrbuchmäßigen Darstellung nicht halten.[16] So war es mehr und mehr das *Baur*'sche Werk, das zum regelmäßig neu aufgelegten und bearbeiteten Standardwerk wurde. Mit den Auto-

[10] Dazu schon *Stürner*, Fritz Baur und das Sachenrecht, in: Juristische Fakultät in Zusammenarbeit mit dem Presseamt der Eberhard-Karls-Universität Tübingen (Hrsg.), Zum Gedenken an Professor Dr. Dr. h.c. Dr. h.c. Fritz Baur (1911–1992) (1994), S. 79–87.

[11] *Baur*, Sachenrecht (1. Aufl. 1960).

[12] *Heck*, Grundriss des Sachenrechts (1930).

[13] Dazu *Baur/Stürner*, Sachenrecht (17. Aufl. 1999), § 45 I 1, Rn. 1 ff.

[14] *Wolff*/L. *Raiser*, Sachenrecht (10. Aufl. 1957).

[15] H. *Westermann*, Lehrbuch des Sachenrechts (5. Aufl. 1966; Nachtrag 1973).

[16] Eine Neuauflage durch den Sohn *Harm Peter Westermann* und Mitautoren erfolgte erst wieder als 6. Aufl. 1990 (Bd. I) und 1988 (Bd. II).

ren kürzer gefasster Studienbücher verbanden *Fritz Baur* enge persönliche Beziehungen, so mit dem berühmten Prozessualisten *Karl Heinz Schwab*[17] und seinem Schüler *Manfred Wolf*[18]; die Zielsetzung der Werke war so verschieden, dass sie sich mehr ergänzten als wissenschaftlich befehdeten.

2. *Fritz Baur* war sonach *der* Sachenrechtler seiner Epoche, der diesem Rechtsgebiet volle Treue hielt und den Verlockungen anderer, rechtspolitisch bewegterer Rechtsgebiete widerstand. Man ist bei einem Wissenschaftler geneigt zu fragen: Was hat er in seinem Gebiet bewegt? Dabei stellt man zunächst erstaunt fest, dass *Fritz Baur* zwar im Prozessrecht viele originäre Anstöße gegeben hat, die leicht sichtbare Wirkungen zeitigten, im Sachenrecht die Dinge jedoch ungleich schwieriger liegen. Die Aufsätze *Fritz Baurs* zu sachenrechtlichen Themen sind zunächst wesentlich seltener als im Verfahrensrecht, und sie haben mehr dogmenbildend gewirkt als spektakuläre Neuanstöße gesucht. Zu denken ist in erster Linie an seine Beiträge zur Rechtswidrigkeitslehre im Rahmen des § 1004 BGB und bei Unterlassungsdelikten,[19] ferner an seine Aufsätze zum Immissionsrecht, wo ihn vor allem die Nahtstellen zwischen öffentlichem und privatem Recht fasziniert haben.[20] Seine Überlegungen zum Eigentumsrecht verteidigen die klassische liberale Position gegen öffentlich-rechtliche und verfassungsrichterliche Entleerungsversuche.[21] Gerade der ältere Gelehrte *Fritz Baur* sah hier Gefahren heraufziehen, die ihn veranlassten, seinem sachenrechtlichen Lehrbuch ein Zitat aus der älteren Verfassungsrechtsprechung voranzustellen: „Das Eigentum ist ein elementares Grundrecht, das in einem inneren Zusammenhang mit der Garantie persönlicher Freiheit steht. Ihm kommt im Gesamtgefüge der Grundrechte die Aufgabe zu, dem Träger des Grundrechts einen Freiheitsraum im vermögensrechtlichen Bereich sicherzustellen und damit eine eigenverantwortliche Gestaltung des Lebens zu ermöglichen. Die Garantie des Eigentums als Rechtseinrichtung dient der Sicherung dieses Grundrechts. Das Grundrecht des Einzelnen setzt das Rechtsinstitut ‚Eigentum' voraus; es wäre nicht wirksam gewährleistet, wenn der Gesetzgeber an die Stelle des

[17] *Lent*, Sachenrecht. Ein Studienbuch (1949); *Lent/Schwab*, Sachenrecht (9. Aufl. 1962).

[18] M. *Wolf*, Grundrisse des Rechts. Sachenrecht (1976).

[19] *Baur*, Der Beseitigungsanspruch nach § 1004 BGB, AcP 160 (1961), 465–493; *ders.*, Zu der Terminologie und einigen Sachproblemen der „vorbeugenden Unterlassungsklage", JZ 1966, 381–383.

[20] *Baur*, Die ideelle Immission, in: Vereinigung griechischer Prozessrechtler (Hrsg.), Festschrift Michelakis (1973), S. 59–67; *ders.*, Die privatrechtlichen Auswirkungen des Bundesimmissionsschutzgesetzes, JZ 1974, 657–661.; *ders.*, Möglichkeiten und Grenzen des Zivilrechts bei der Gewährleistung öffentlicher und sozialer Erfordernisse im Bodenrecht, AcP 176 (1976), 97–118; *ders.*, Die Gegenseitige Durchdringung von privatem und öffentlichem Recht im Bereich des Bodeneigentums, in: ders./Larenz/Wieacker (Hrsg.), Festschrift für Sontis (1977), S. 181–201.

[21] Deutlich *Baur*, Sachenrecht (15. Aufl. 1989), § 24 I 5, S. 218 ff.

Privateigentums etwas setzen könnte, was den Namen ‚Eigentum' nicht mehr verdient" (BVerfGE 24, 367, 369).

Nichts ist charakteristischer für den Sachenrechtler *Fritz Baur* als die Auswahl dieses Zitats. Er betrachtete das Sachenrecht als ein Recht ausgewogener Zuordnung dinglicher Freiheiten im Dienste der Persönlichkeitsentfaltung. Diese Sicht war liberal-konservativ und sozial engagiert zugleich; sie widerstritt aber jedwedem radikalreformerischen Eifer, der Hand an die Welt der Freiheiten des überkommenen bürgerlichen Sachenrechts anlegen wollte. Vielmehr waren es für *Fritz Baur* gerade die Freiheitsräume des Sachenrechts, die Mittel sozialer Ausgewogenheit sein sollten; hoheitlichen Übergriffen und Regulierungen stand er eher skeptisch gegenüber. Der Abschnitt zum Eigentum im Sachenrechtslehrbuch schildert nicht nur das Eigentum im eigentlichen Rechtssinne, sondern alle Formen gegenständlicher Freiheit und Berechtigung vom dinglichen Volleigentum über das Wohnungseigentum, das Erbbaurecht, das Wohnrecht bis zur Miete als verdinglichtem schuldrechtlichen Vertrag;[22] vom echten dinglichen Eigentum über Bergeigentum, landwirtschaftliches Hofeigentum, Wasserrechte bis zum Unternehmenseigentum.[23] Er hat die Eigentumsordnung in allen ihren Ausformungen als Sozialordnung verstanden, Eigentum war für ihn der Schlüssel zum sozialen Ausgleich. Darin unterschied er sich von anderen, die im Eigentum und eigentumsähnlichen Rechten nur die Garantie sahen, dass „der einzelne ein Minimum an materiellen Gütern sein eigen nennen kann", wie dies *Ludwig Raiser* in seinem berühmten und letzten Beitrag „Das Eigentum als Menschenrecht" in der Festschrift für *Fritz Baur* formulierte[24] – auch in kritischer Auseinandersetzung mit *Günter Dürig*[25], der wie *Fritz Baur* dem Eigentum grundlegendere und vorrechtliche Bedeutung zugewiesen hatte.

3. Wenn man diesen Ansatzpunkt *Fritz Baurs* aufgenommen hat, dann beginnt man auch zu begreifen, warum ihn die dogmatische Feinarbeit am Sachenrecht bis ins hohe Alter faszinieren konnte. Die Sachenrechtsordnung war für ihn das Instrument zur Erhaltung oder Zuweisung von Freiheiten im privaten und wirtschaftlichen Bereich, der Streit um die Grenzen des Eigentums eines Unternehmens mit der öffentlichen Hand schien ihm nicht gewichtiger als der Konflikt zwischen dem Warengläubiger und Kreditgläubiger um das Sicherungseigentum oder der Besitzschutz des Mieters. Wer die Fülle von Beispielen in seinem Lehrbuch liest, begegnet in ihnen den großen gesellschaftlichen Kollisionen ebenso wie den Alltagsproblemen des „kleinen Mannes".

[22] *Baur*, Sachenrecht (15. Aufl. 1989), § 29, S. 276 ff.; gleich *Baur/Stürner*, Sachenrecht (17. Aufl. 1999), § 29, S. 330 ff.

[23] *Baur*, Sachenrecht (15. Aufl. 1989), §§ 27, 28; gleich die 17. Aufl. 1999.

[24] L. *Raiser*, Das Eigentum als Menschenrecht, FS Baur (1981), S. 105, 117.

[25] *Dürig*, Das Eigentum als Menschenrecht, ZgS 109 (1953), 326–350.

Das *Baur*'sche Verständnis des Sachenrechts verlangte vor diesem Hintergrund nicht nur liebevolle Solidität in dogmatischen Fragen, sondern auch redlichen Umgang mit Tatsachen. Im *Baur*'schen Lehrbuch findet sich seit jeher eine Fülle von Rechtstatsachen zum Sachenrecht, etwa im Bodenkreditrecht oder im Grundstücksrecht – lange ehe Rechtssoziologie oder Rechtstatsachenforschung sich als selbständige Wissenschaften zu etablieren versuchten.

4. Das *Baur*'sche Sachenrecht verlangt seinen Lesern viel ab. Trotzdem hat es Auflagenhöhen erreicht, die vielen Kurzlehrbüchern nicht vergönnt sind. Es ist trotz seiner Fülle nie zum Handbuch geworden, in dem die Praxis Detailprobleme nachschlägt oder das Gerichten als Datenträger zum Beleg eigener Meinung in Einzelfragen dienen könnte. Es war nie ein Buch zum Durchlesen, aber doch ein Werk zum Durcharbeiten einzelner Kapitel oder Sachgebiete. Letztlich hat die zahlreiche Leserschaft gespürt, dass dieses Werk wie kaum ein anderes Gesamtgefüge und Einzelfrage in glückliche Harmonie bringt. Man kann den goldenen Schnitt zwischen einordnender Dogmatik und Einzelfallpflege, wie ihn *Fritz Baur* erreicht hat, nicht darstellen, ohne auf den Umgang *Fritz Baurs* mit dem Fallbeispiel zu sprechen zu kommen. Es gibt bedeutende Lehrbücher und systematische Darstellungen von Rechtsgebieten praktisch ohne Fallbeispiele, die durch ihre Abstraktion und dogmatische Kraft bestechen, oder auch Lehrbücher, die nur hin und wieder kurze Beispiele einstreuen oder mit kurzen Beispielen einführen, um sich dann dem System zu widmen. Andere Darstellungen – wie etwa auch manche Repetitorien, und *Fritz Baur* hat über lange Jahre weite Teile eines angesehenen Repetitoriums betreut[26] – gehen gerade umgekehrt von einem Fall aus und entfalten an ihm ganze Stoffgebiete. Beide Darstellungstypen haben ihre Probleme. Die systematische Darstellung mit Fallbeispielen neigt zu einem sterilen Nebeneinander, die Stoffentfaltung anhand eines Falles lässt leicht die Grundfragen und Grundentscheidungen eines Rechtsgebiets ohne das nötige Gewicht. *Fritz Baur* hat deshalb eine Mischform zwischen beiden Möglichkeiten gewählt. Meist zeichnet er ein Bild der zu bewältigenden Interessenkonflikte und der Funktion des rechtlichen Instrumentariums bei der Konfliktbewältigung, um dann in einem ausführlichen Fallbeispiel nicht nur eine kurze Veranschaulichung zu geben, sondern ein oft sehr feines Netz rechtlicher Details zu spinnen, das viele Einzelfragen dokumentiert und am konkreten Konfliktpotential aufrollt. Man ist oft erstaunt, wie viele Informationen er auf diese Weise auf geringem Raum in lebendiger Dynamik ein-

[26] Es handelte sich um das *Hartmann*'sche Repetitorium, ein ausschließlich schriftliches Repetitorium, das aufgeteilt war in Grundrisse, Problemdarstellungen, Prüfungsgespräche und Klausuren mit Musterlösung, sowie eine Kartei der deutschen Rechtsprechung. Es hat viele – auch sehr erfolgreiche – Nachahmer gefunden.

prägsam vermitteln kann. Dies setzt große Sorgfalt und Geduld bei der Auswahl der Beispiele voraus und Disziplin beim Durchdenken des konkreten Beispielsfalles, der dann die Qualität eines kleinen Rechtsgutachtens erlangt. *Fritz Baur* hat oft stundenlang an einem einzelnen Beispiel gearbeitet und nicht geruht, bis er das Spiel der Interessen, ihre dogmatische Erfassung durch das Recht und die Farbigkeit der Lebenswirklichkeit mit ihrer Vielzahl einzelner Konfliktmöglichkeiten in einem geglückten ausführlichen Beispiel eingefangen hatte. Letztlich waren ihm Darstellungen ohne geglückte Beispiele ein Gräuel, und Dissertationen oder Arbeiten seiner Schüler ohne konkretisierendes Fallmaterial waren seiner stets väterlichen, aber deutlichen Kritik sicher.

5. So steht das *Baur*'sche Sachenrecht für die literarische Darstellung einer sachenrechtlichen Epoche, und als solche hat es breite Leserschaft gefunden und wird es überleben; ganz unabhängig von der Qualität seiner Fortführung und Bearbeitung, die wegen des persönlich-schriftstellerischen Charakters des Werkes durchaus nicht ohne Problem ist und viel Einfühlungsvermögen verlangt.[27] Die europäische Rechtsvereinheitlichung wird auch das Sachenrecht irgendwann voll erfassen und mit ihren Überformungen und Veränderungen dieses Werk in seiner überkommenen Gestalt in die Geschichte verweisen, aber es wird in der deutschen Rechtsgeschichte seinen Platz behalten – mehr kann kein Rechtswissenschaftler erwarten, und nur wenige Autoren erreichen dieses Ziel. *Fritz Baur* hat gerade sein Arbeiten im Sachenrecht immer als Dienst an Wissenschaft und Recht verstanden und nie als literarische Selbstverwirklichung, und er war sich der Endlichkeit menschlichen Bemühens um das Recht sehr bewusst. Trotzdem wohnt in jedem Wissenschaftler doch der Wunsch nach bleibender Schöpfung, die seine Erinnerung bewahrt. Nicht nur seinen Schülern, Generationen von jungen Juristen und den Wissenschaftlern unserer Epoche wird das Werk *Fritz Baurs* eingeprägt bleiben, sondern auch eine Nachwelt wird seine Darstellung bewundern, wenn sie auf den Spuren der Rechtsgeschichte die wandelbaren Grundlagen freiheitlicher Gesellschaftsordnung erforschen will.

V. Der Prozessualist Fritz Baur

Während im Sachenrecht eher der bewahrende Wissenschaftler begegnet, der sich nur vorsichtig einer Umgestaltung traditionell-liberaler Positionen öffnet, ergibt sich im Prozessrecht ein völlig anderes Bild. Zwar gibt es auch hier eher dogmatische Arbeiten, die unter Kennern noch bekannt sind und

[27] *Baur/Stürner*, Sachenrecht (16. Aufl. 1992, 17. Aufl. 1999).

hie und da in Zitaten der Gerichte begegnen.[28] Sie machen aber nicht die prozessuale Substanz aus, die *Fritz Baurs* bis heute überdauernden Weltruhm als Prozessualist begründet haben. Hier geht es um andere, grundlegendere Arbeiten, für die sich Zitat suchende Gerichte weniger interessieren.

1. Zunächst einmal gibt es zwei prozessuale Werke, die in Pionierarbeit sich neu entwickelnde Rechtsgebiete einer Systematisierung und theoretischen Grundlegung zugeführt haben. Die „Studien zum einstweiligen Rechtsschutz" waren europaweit und vielleicht sogar weltweit der erste moderne Versuch, dieses Rechtsgebiet neu zu ordnen, um auf diese Weise seiner zukunftsträchtigen Bedeutung gerecht zu werden, die uns heute selbstverständlich ist.[29] Diese Arbeit hatte Vorbildfunktion für deutsche Habilitationsschriften (*Dieter Leipold*[30], *Eberhard Schilken*[31] etc.) und für Arbeiten in Europa, Südamerika und Japan. Wie sich die Genialität eines Komponisten – so *Joseph Haydn* – letztlich im Ersinnen der Melodie offenbart, so ist das Gefühl für sich entwickelnde neue Fragestellungen der Prüfstein wissenschaftlicher Originalität.

Das zweite Werk, das *Fritz Baurs* Blick für neue Forschungsfelder offenbart, ist das Lehrbuch der Freiwilligen Gerichtsbarkeit.[32] Wiederum hat *Fritz Baur* diese Materie weltweit als erster wissenschaftlich erschlossen, mit diesem Werk verknüpft sich sein wissenschaftlicher Ruhm als Prozessualist. *Fritz Baur* wollte dem Allgemeinen Teil dieses Werkes einen Besonderen Teil folgen lassen. Dazu ist es nie gekommen. *Fritz Baur* hat mir in höherem Alter die Fragmente seines Manuskripts gezeigt. Was war der Grund dieses Scheiterns und Abbruchs? Es war der Markt, der vielleicht nicht immer so klug ist, wie es heute gängiger Auffassung entspricht. Das Lehrbuch fand zwar hervorragende wissenschaftliche Aufnahme, aber der Käuferkreis blieb klein. Dies hat *Fritz Baur* entmutigt. Wissenschaftlicher Purist war er nie, sein pragmatischer Geist verlangte nach Wirkung, wo sie juristischem Arbeiten versagt schien, versuchte er nicht, gegen die Realität anzuschwimmen. Später zehrten allerdings Darstellungen der Freiwilligen Gerichtsbarkeit im In- und

[28] *Baur*, Der Anspruch auf rechtliches Gehör, AcP 153 (1954), 393–412; *ders.*, Zur „Beschwer" im Rechtsmittelverfahren des Zivilprozesses, in: Rosenberg/Schwab (Hrsg.), Festschrift für Friedrich Lent (1956), S. 1–16; *ders.*, Ist die Anschlussberufung (Anschlussrevision) ein Rechtsmittel?, in: Festschrift Fragistas (1966), S. 359 ff.; *ders.*, Einige Bemerkungen zum verfahrensrechtlichen ordre public, in: Kummer/Walder (Hrsg.), Festschrift zum 70. Geburtstag von Dr. iur. Max Guldener (1973), S. 1–20 etc.

[29] *Baur*, Studien zum einstweiligen Rechtsschutz (1967).

[30] *Leipold*, Grundlagen des einstweiligen Rechtsschutzes (1971).

[31] *Schilken*, Die Befriedigungsverfügung (1976).

[32] *Baur*, Freiwillige Gerichtsbarkeit, Bd. I (1955).

Ausland von der Systematik dieses Pilotwerks,[33] das seinem Schöpfer zwar Ruhm, aber keine praktisch umsetzbare Resonanz eingebracht hat.[34]

2. Die Rechtswissenschaft gestaltet selten die Wirklichkeit, nur wenigen Ideen ist es vergönnt, die Welt umzuformen. *Fritz Baur* gehört zu den wenigen Rechtswissenschaftlern der neuesten Zeit, denen dies tatsächlich gelungen ist. In seiner kleinen, 1966 erschienenen Monographie „Wege zu einer Konzentration der mündlichen Verhandlung im Zivilprozess"[35] entwickelte *Fritz Baur* die Idee einer gründlich vorbereiteten Hauptverhandlung im Zivilprozess, die in einem Termin Verhandlung und Beweisaufnahme erledigt. Dabei war ihm der Strafprozess Vorbild, wo der Gedanke einheitlicher Hauptverhandlung die Epochen der Rechtsgeschichte überlebt hatte – teilweise auch nach Formen der Wiederauferstehung. Zunächst geschah wenig, wie so oft, wenn Professoren etwas schreiben. Aber wenige Jahre später startete beim LG Stuttgart der Versuch einer Umsetzung dieses Gedankens, das sog. „Stuttgarter Modell". Es war so erfolgreich,[36] dass es die Reform des deutschen Zivilprozesses 1976 maßgeblich prägte.[37] Dieses „Hauptverhandlungsmodell", das sich wegen seiner größeren Flexibilität vom *Trial*-Modell Angloamerikas mit seinem ausladenden *pre-trial* unterscheidet,[38] begann dann einen praktisch weltweiten Siegeszug. Es prägte den *Código Modelo Iberoamericano*[39] und die spätere Reform des spanischen Prozesses 2001.[40] Auch der neue englische Prozess ist – wiewohl englische Juristen rechtsvergleichende kontinentale Einflüsse ungern zugestehen – von diesem Grundmuster maßgeblich geprägt.[41] Die vom *American Law Institute* und UNIDROIT 2004 verabschiedeten *„Principles of Transnational Civil Proce-*

[33] In Deutschland insbesondere *Habscheid*, Freiwillige Gerichtsbarkeit (7. Aufl. 1983); *Brehm*, Freiwillige Gerichtsbarkeit (3. Aufl. 2002).

[34] Ein Studienbuch zur FGG aus der Feder *Fritz Baurs* hat etwas länger überlebt: *Baur/Wolf*, Grundbegriffe des Rechts der freiwilligen Gerichtsbarkeit (2. Aufl. 1980).

[35] Abgedruckt in: *Baur*, Beiträge zur Gerichtsverfassung und zum Zivilprozessrecht (1983), S. 223–248; ähnlich schon *ders.*, Die Vorbereitung der mündlichen Verhandlung im Zivilprozess, ZZP 66 (1953), 209–224.

[36] Dies war das hohe Verdienst des damaligen Vorsitzenden Richters am LG *Rolf Bender*; dazu *Bender*, The Stuttgart model, in: Access to Justice, Vol. II, Book 2 (1979), S. 431 ff.

[37] Dazu *Rosenberg/Schwab/Gottwald*, Zivilprozessrecht (16. Aufl. 2004), § 81 Rn. 3, S. 518.

[38] Dazu *Murray/Stürner*, German Civil Justice (2004), insbes. S. 239 ff.

[39] Hierzu *Barbosa Moreira*, Le code-modèle de procédure civile pour l'Amérique latine de l'Institut Ibero-Américain de Droit Processuel, ZZPInt 3 (1998), 437 ff., 440 f.

[40] Vgl. *Ortells Ramos*, Der neue spanische Zivilprozess, ZZPInt 5 (2000), 95 ff., 102 f.

[41] Statt vieler *Andrews*, English Civil Procedure (2003), mn. 6.33 ff., 6.43 ff., S. 119 ff.; *Stürner*, Anglo-American and Continental Civil Procedure: The English Reform as a Model for Further Harmonization?, in: Andenas/Andrews/Nazzini (Hrsg.), The Future of Transnational Civil Litigation (2004), S. 9–12.

dure" favorisieren dieses Hauptverhandlungsmodell.[42] Mit ihm verbindet die kontinentale und kontinental beeinflusste Prozesskultur den Namen *Fritz Baurs*. Er hatte es ohne rechtsvergleichendes Ausholen entwickelt, aber eben die richtige Idee zur rechten Zeit geboren oder wieder entdeckt.

3. Das ausländische Ansehen *Fritz Baurs* als Prozessualist beruht schließlich auch darauf, dass er als einer der ersten Verfahrensrechtler versucht hat, das liberale zivilprozessuale Prozessmodell mit sozialen Erfordernissen zu versöhnen. Davon zeugen Arbeiten wie „Sozialer Ausgleich durch Richterspruch" (1956)[43] oder „Armenrecht und Rechtsschutzversicherung" (1972)[44]. Als *Fritz Baur* sich diesen Fragen widmete, hat die etablierte prozessuale Gilde wenig applaudiert. Heute hat sich die Realität diesen Fragen gestellt, mit einer Selbstverständlichkeit, die ursprüngliche Promotoren vergessen lässt. *Legal Aid*, *Acces to Justice* sind weltweit diskutierte Themen, die Rechtsschutzversicherung ist deutsche Realität. Die Promotoren origineller Gedanken wissenschaftlich unredlichem Vergessen zu entreißen, bleibt die Aufgabe intellektuell redlicher Rückbesinnung.

VI. Der Mensch Fritz Baur

Abschließend noch einige Worte zum Menschen *Fritz Baur*, wie ich ihn die letzten Jahrzehnte seines Lebens erlebt habe. Was waren die hervorstehenden Wesensmerkmale dieser durchaus originellen Persönlichkeit? Zunächst einmal eine äußere Bescheidenheit, die den großen Auftritt scheute; die Präsentationskultur der heutigen Marktgesellschaft, die Bücher und Werke schon lange vor ihrer Entstehung ankündigen lässt und dies mit hervorragender Selbstevaluation, wäre dieser Generation von Wissenschaftlern sicher ein Gräuel. Hinter dieser Bescheidenheit verbarg sich durchaus das Selbstbewusstsein einer Persönlichkeit, die um ihr Können wusste. Der Schlichtheit des Auftritts entsprach ein schnörkelloser Stil wissenschaftlicher Präsentation – ohne sprachliche Kapriolen und inhaltliche Längen. Ausladende Werke waren seine Sache nicht; was man nicht kurz in wenigen verständlichen Sätzen möglichst allgemeinverständlich darlegen konnte, schien *Fritz Baur* unausgegoren. Rechtliches Denken in begrifflichen Gebäuden ohne Realitätsbezug fand bei ihm wenig Verständnis. Repetitiven und unoriginellen Beiträgen widmete er keine Zeit, er war kein Freund der Massenproduktion. Kommentierungen waren ihm eher Pflichtübung, kein Lebensprogramm, weil dies – wie er sich ausdrückte – eigentlich jeder konnte. Mit-

[42] Dazu *Stürner*, The Principles of Transnational Civil Procedure. An Introduction to Their Basic Conceptions, RabelsZ 69 (2005), S. 201 ff., 223 ff. mwN.

[43] *Baur*, Sozialer Ausgleich durch Richterspruch, JZ 1957, 193–197.

[44] *Baur*, Armenrecht und Rechtsschutzversicherung, JZ 1972, 75–78.

arbeiter, die wöchentlich einen Beitrag zu schreiben geneigt waren, mahnte er ab und empfahl ihnen die Lektüre grundlegender Werke und Spaziergänge, um ihre Originalität zu fördern. Deskriptive Rechtsvergleichung hielt er für keine Wissenschaft, seine Bewunderung galt der rechtskulturellen Analyse, die er aber selbst nicht betrieb.[45] *Fritz Baur* war durchaus sprachbegabt, er sprach französisch, italienisch sowie englisch und schöpfte dabei aus dem Latein und Griechisch seiner humanistischen Erziehung. Ausländischen Kollegen gewährte er reichliche und großzügige Gastfreundschaft und bereiste selbst sehr viele und fast alle wichtigen Länder der Welt. Trotzdem war seine eigene Beziehung zur Rechtsvergleichung eher statischer Natur, der Gedanke an rezeptive Umsetzung in Deutschland blieb ihm eher fremd.[46] Dogmatik war ihm ein wichtiger Prüfstein eigenen Denkens, aber er hat filigranen Konstruktivismus stets instrumental verstanden und gehandhabt und zu allzu großer Akribie heitere Distanz gewahrt. Die hinter der Dogmatik stehenden Grundstrukturen erschienen ihm wichtiger. Reine Lösungen, puristische Ansätze und kompromisslose Modelle waren ihm verdächtig und seiner lockeren Ironie sicher. Wichtig war ihm das richtige Maß, die Proportionalität einer rechtlichen Gestaltung, durchaus auch ihre Ästhetik und ethische Verankerung in ausgewogener humanistischer Tradition. Lange Diskussionen mochte er nicht, er bevorzugte den konzentrierten Dialog, der die Prolegomena offen legte und auf die Einsicht des anderen Teils vertraute, ohne eifernd überzeugen zu wollen. Natürlich war er jeder Ideologie abhold; zu den modernen Versuchen zur Erklärung des Weltganzen durch *Law and Economics* und Institutionenökonomie hätte er – den ideologischen Impetus sicher ertastend – den Kopf geschüttelt. Auch diese Form der Distanz war das Ergebnis seiner deutschen Lebenserfahrung, und gerade sie hat in meinen Augen hohe Bewunderung verdient.

Fritz Baur war eine Persönlichkeit, die zwischenmenschliche Beziehungen pflegte und dabei kein Mensch der modernen *Open Access-Gesellschaft*, die das Geborgenheitsgefühl vertrauter Umgebung nicht selten als Ballast zu betrachten geneigt ist. Er erwartete Loyalität und war auch stets bereit, Loyalität zu üben. Familie und Freundeskreis waren ihm wichtige Elemente einer auf menschliche Wärme angelegten Privatsphäre. Materiellen Gütern begegnete er mit gesundem Sinn für wirtschaftliche Realitäten, aber auch Wohlstand war für ihn eine Frage der Proportionalität, sodass er Reichtum und Gewinn nur bewundern konnte, wenn ein soziales Grundmaß beachtet war. Es war dieses Gefühl sozialer Proportionalität, das sein Rechtsdenken und sein Privatleben bestimmte, eine Grundhaltung, die uns auch und gerade in heutiger Zeit noch etwas zu sagen hat oder doch zu sagen haben sollte.

[45] Darin liegt der Grund seiner Bewunderung für Wissenschaftler wie *Josef Esser* oder *Mauro Cappelletti*.

[46] Zur zeitgenössischen Einordnung dieser Grundhaltung *Stürner*, Der deutsche Prozessrechtslehrer am Ende des 20. Jahrhunderts, FS Lüke (1997), S. 829, 830 ff.

Bildnachweis

Mit Ausnahme der unten aufgeführten Bilder stammen alle aus Privatbesitz bzw. aus dem Verlagsarchiv.

Verlag, Herausgeber und Autoren danken den Familien und Freunden der Zivilrechtslehrer für die Erlaubnis zum Abdruck ihres Bildmaterials.

Wir danken den Verlagen C. H. Beck, München, J. C. B. Mohr (Paul Siebeck), Tübingen und Vandenhoeck & Ruprecht, Göttingen für die Erteilung einer Abdruckgenehmigung für die nachstehend verwendeten Bilder.

S. 16 Ernst Rabel: *Dölle/Rheinstein/Zweigert* (Hrsg.), Festschrift für Ernst Rabel zum 80. Geburtstag, Bd. 1, Rechtsvergleichung und internationales Privatrecht, Tübingen (J. C. B. Mohr [Paul Siebeck]), 1954.

S. 30 Franz Böhm: *Sauermann/Mestmäcker* (Hrsg.), Festschrift für Franz Böhm zum 80. Geburtstag, Wirtschaftsordnung und Staatsverfassung, Tübingen (J. C. B. Mohr [Paul Siebeck]), 1975 (ISBN 3-16-336612-0).

S. 56 Helmut Coing: *Horn* (Hrsg.), Festschrift für Helmut Coing zum 70. Geburtstag, Europäisches Rechtsdenken in Geschichte und Gegenwart, Bd. 1, München (Verlag C. H. Beck), 1982 (ISBN 3-406-08669-1).

S. 72 Franz Wieacker: *Behrends/Dießelhorst/Lange/Liebs/Wolf/Wollenschläger* (Hrsg.), Festschrift für Franz Wieacker zum 70. Geburtstag, Göttingen (Vandenhoeck & Ruprecht), 1978 (ISBN 3-525-18231-7).

S. 148 Hans Carl Nipperdey: *Dietz/Hueck/Rheinhardt* (Hrsg.), Festschrift für Hans Carl Nipperdey zum 60. Geburtstag, München/Berlin (Verlag C. H. Beck), 1955, S. 148.

S. 206 Eugen Ulmer: Foto Meinen

S. 286 Ludwig Raiser: *Baur/Esser/Kübler/Steindorff* (Hrsg.), Festschrift für Ludwig Raiser zum 70. Geburtstag, Funktionswandel der Privatrechtsinstitutionen, Tübingen (J. C. B. Mohr [Paul Siebeck]), 1974 (ISBN 3-16-636402-1).

S. 354 Joachim Gernhuber: *Lange/Nörr/Westermann* (Hrsg.), Festschrift für Joachim Gernhuber zum 70. Geburtstag, Tübingen (J. C. B. Mohr [Paul Siebeck]), 1993 (ISBN 3-16-146132-0).

S. 372 Leo Rosenberg: *Schwab*, Der große Prozessualist, in: Heinrichs/Franzki/Schlaz/Stolleis (Hrsg.), Deutsche Juristen Jüdischer Herkunft, München (Verlag C. H. Beck), 1993 (ISBN 3-406-36960-X), S. 668.

S. 384 Fritz Baur: *Grunsky/Stürner/Walter/Wolf* (Hrsg.), Festschrift für Fritz Baur zum 70. Geburtstag, Tübingen (J. C. B. Mohr [Paul Siebeck]), 1981 (ISBN 3-16-643712-6).

Für den Fall, dass trotz sorgfältiger Recherchen nicht alle Inhaber von Rechten an den abgedruckten Bilder ermittelt wurden, bitten wir die Rechteinhaber, sich zur Klärung etwaig bestehender Ansprüche an den Verlag zu wenden.

www.ingramcontent.com/pod-product-compliance
Lightning Source LLC
LaVergne TN
LVHW010653300926
849161LV00005B/1111
* 9 7 8 3 8 9 9 4 9 4 5 6 3 *